ପ୍ରାୟୋଗିକ ଉତ୍ତର-ସଂରଚନାବାଦ ବନାମ୍ ଓଡ଼ିଆ ସାହିତ୍ୟ

ପ୍ରାୟୋଗିକ ଉତ୍ତର-ସଂରଚନାବାଦ ବନାମ୍ ଓଡ଼ିଆ ସାହିତ୍ୟ

ଡକ୍ଟର ରବୀନ୍ଦ୍ର କୁମାର ଦାସ

BLACK EAGLE BOOKS
2021

BLACK EAGLE BOOKS
USA address:
7464 Wisdom Lane
Dublin, OH 43016

India address:
E/312, Trident Galaxy, Kalinga Nagar,
Bhubaneswar-751003, Odisha, India

E-mail: info@blackeaglebooks.org
Website: www.blackeaglebooks.org

First International Edition Published by
BLACK EAGLE BOOKS, 2021

APPLIED POST-STUCTURALISM VS ODIA LITERATURE
Critic- **Dr. Rabindra Kumar Das** (Santiniketan)

Copyright © Dr. Rabindra Kumar Das

All rights reserved. No part of this publication may be reproduced, stored in a retrieval system, or transmitted, in any form or by any means, electronic, mechanical, photocopying, recording or otherwise without the prior permission of the publisher.

Cover & Interior Design: Ezy's Publication

ISBN- 978-1-64560-224-8 (Paperback)

Printed in the United States of America

ଉତ୍ସର୍ଗ

ଯେଉଁମାନେ ଠିକ୍ ମୋହରି ପରି ପ୍ରତିନିୟତ ଓଡ଼ିଆ ଭାଷା ସାହିତ୍ୟକୁ ନୂଆ ନୂଆ ଆଲୋକରେ ଆଲିଙ୍ଗନ କରିବାକୁ ଡେଇଁ ପଡ଼ନ୍ତି, ସେଇମାନଙ୍କ ହାତରେ ଏହି ସମାଲୋଚନା ପୁସ୍ତକଟିକୁ ସଅଁପି ଦେଉଛି ।

— ଡକ୍ଟର ରବୀନ୍ଦ୍ର କୁମାର ଦାସ

କିଛି କହିବାକୁ ଚାହେଁ

ସମାଲୋଚନା ଲେଖିବା ଜମାରୁ ଗୋଟିଏ ସହଜ ପଥ ନୁହେଁ । ଏଥିପାଇଁ ଫାଟିବାକୁ ପଡ଼େ। ଫୁଟିବାକୁ ପଡ଼େ । ଫିଟିବାକୁ ବି ପଡ଼େ। ଶବ୍ଦାର୍ଥମାନଙ୍କ ସହିତ ଶବ୍ଦାର୍ଥୋ ସହିତୌ ବି ହେବାକୁ ପଡ଼େ। ସେଇ ରୀତିରେ "ପ୍ରାୟୋଗିକ ଉତ୍ତର-ସଂରଚନାବାଦ ବନାମ୍ ଓଡ଼ିଆ ସାହିତ୍ୟ" ହେଉଛି ମୋର ଚତୁର୍ଥ ସମାଲୋଚନା ଗ୍ରନ୍ଥ। ପୂର୍ବ ପରି ଏଇ ଗ୍ରନ୍ଥଟି ମଧ୍ୟ ବହୁ ନୂଆ ନୂଆ ବିଶ୍ୱ ସମାଲୋଚନାଧାରାର ପ୍ରାୟୋଗିକ ବୈବିଧ୍ୟକୁ ପାଥେୟ କରି ଗୁନ୍ଥା ଯାଇଛି ।

ଆମ ସର୍ଜନଶୀଳ ଲେଖକମାନେ କାଳେ କାଳେ ବହୁମୁଖୀ । ସେ ସାରଳା ଦାସ ହୁଅନ୍ତୁ ବା ଫକୀରମୋହନ ବା ଗୋପିନାଥ ବା ମନୋଜ ବା ୧୯୬୦ ପରବର୍ତ୍ତୀ ଯେ କେହି ବି । ଏମାନେ ନିଜ ନିଜ ସମକାଳର ଆବଶ୍ୟକତାକୁ ଦୃଷ୍ଟିରେ ରଖି ସାହିତ୍ୟ ରଚିଛନ୍ତି। ଏମାନଙ୍କ ମଧ୍ୟରୁ ଅଧିକାଂଶ ପରୀକ୍ଷଣପ୍ରବଣ ।

ତେବେ ୧୯୬୦ ପରବର୍ତ୍ତୀ ସାହିତ୍ୟସର୍ଜନାସମୂହର ଆକଳନ ବିଶ୍ୱସାହିତ୍ୟ ତଥା ବିଶ୍ୱସାହିତ୍ୟ ସମାଲୋଚନା ସହିତ ସମତାଳିତ କରାଇ ବୋଧହୁଏ ଠିକ୍ ଭାବରେ ଏଯାବତ୍ ପରିବେଷଣ କରାଯାଇ ନାହିଁ। କେବଳ ୧୯୬୦ ରୁ ୧୯୭୦ ମଧ୍ୟରେ ଓଡ଼ିଆ ସାହିତ୍ୟରେ କୁମାର, କୃଷ୍ଣଚରଣ, ସୁରେନ୍ଦ୍ର, ମନୋରଞ୍ଜନ, ଗୋବିନ୍ଦ, ରମେଶ, ଗୋପିନାଥ,

ବିଜୟ, ସଚ୍ଚିଦାନନ୍ଦ, ବିନୋଦଚନ୍ଦ୍ର, ଅନନ୍ତ, ରମାକାନ୍ତ, ସୀତାକାନ୍ତ, ଚନ୍ଦ୍ରଶେଖର, ଶାନ୍ତନୁମାନେ ଯେଭଳି ପରୀକ୍ଷାମଗ୍ନ ଏବଂ ପ୍ରୟୋଗମଗ୍ନ ହେଇ ସାଧନାମଗ୍ନ ହେଇଛନ୍ତି, ସେତିକିରେ ଆମେ ଉତ୍ତର-ସଂରଚନାବାଦୀ ବା ଉତ୍ତର- ଆଧୁନିକତାବାଦୀ ବିଶ୍ୱ ସାହିତ୍ୟ ଧାରା ସହିତ ସମତାଳ ଏବଂ ସମକାଳ ହୋଇ ସ୍ୱକୀୟ ସ୍ୱାତନ୍ତ୍ୟ ଲଭିଛୁ କହିଲେ ଅତିକଥନ ହେବ ନାହିଁ ।

ସେଥିପାଇଁ ଗବେଷଣା ବହୁ ପରିତଳୀୟତା ଅର୍ଜନ କରୁ । ତହିଁରେ ଆମ ସେନ୍ସ ଅଫ୍ ସେଲ୍ଫ ଏବଂ ଆଇଡେଣ୍ଟିଟିକୁ ବି ଚିହ୍ନଟ କରାଯାଉ । ଗବେଷଣା କ୍ଷେତ୍ରରେ ଏକପାଖିଆ କିମ୍ବା ଏକଦେଶଦର୍ଶିଆ ମାନସିକତାକୁ ପରିହାର କରାଯାଉ । ଫଳରେ ଆମ ଭାଷା ସାହିତ୍ୟର ଲେଖକଲେଖିକାମାନଙ୍କ ଅନାବିଷ୍କୃତ ତାକତ୍ ସମୂହ ସମ୍ମୁଖୀକୃତ ହେଇପାରିବ ।

ଆମ ଭାଷାସାହିତ୍ୟର ଲେଖକଲେଖିକାମାନଙ୍କ ଅନାବିଷ୍କୃତ ତାକତ୍‌କୁ ନବୀନ ଗବେଷକଗବେଷିକାମାନଙ୍କ ନିକଟରେ ପରିବେଷଣ କରିବା ପାଇଁ ଏ ସମାଲୋଚନା ଗ୍ରନ୍ଥଟି ରଚିତ । ଜାଣେନା ଏହା କାହାଙ୍କୁ ଆକର୍ଷଣ କି କାହାଙ୍କୁ ବିକର୍ଷଣ କରିବ ବା କରିବ ନାହିଁ । କାହିଁକି ନା ଏ ପୃଥିବୀରେ କେତେବେଳେ, କେଉଁଠି, କାହାଠି କ'ଣ ଘଟିବ କିଏ ଜାଣେ ? ସବୁ କିଛି ଆଉ ପୂର୍ବପରି କଥନୀୟ ହେଇ ରହୁନାହିଁ । ନ ରହିବା ମଧ୍ୟ ଉଚିତ୍ । ବିବର୍ତ୍ତନରେ କ'ଣ କିଛି ସ୍ଥିର ବା ଅପରିବର୍ତ୍ତନୀୟ ହେଇ ରହେ ? ନା କେବେ ବି ନୁହେଁ । ସବୁ କିଛି ଆପେକ୍ଷିକ । ସବୁ ଗୋଟିଏ ପ୍ରକ୍ରିୟା-ସ୍ୱୟଂଶାସିତ, ସ୍ୱୟଂବାଚିତ ପୁଣି ସ୍ୱୟଂକୃତ । ତେଣୁ ନିଜ ସୁବିଧା ପାଇଁ ବନ୍ଧ ବନ୍ଧା ନ ଯାଉ । ବାସ୍ ।

ଡକ୍ଟର ରବୀନ୍ଦ୍ର କୁମାର ଦାସ

ନଭେମ୍ବର ୨୦୨୧

(ଶାନ୍ତିନିକେତନ)

ପ୍ରତ୍ୟୟ ଓ ପ୍ରତୀତିର ପଙ୍‌କ୍ତି କତିପୟ

"Il n'y a pas de hors- texte."
(Jacques Derrida / Of Grammatology)

ଜାକ୍ ଡେରିଡାଙ୍କ ଏହି 'ଉପଲବ୍‌ଧି' ହିଁ ବିଶ୍ୱର ପ୍ରଚଳିତ-ପାରଂପରିକ-ଦର୍ଶନ-ଜଗତରେ ଏକ ସ୍ୱତନ୍ତ୍ର ଦୃଷ୍ଟିଭଂଗୀ ପ୍ରତି ଅଂଗୀକାରବଦ୍ଧତା ସୃଷ୍ଟି କରିଛି। ସେହି ଦୃଷ୍ଟିଭଂଗୀଟି ନିର୍ଦ୍ଦିଷ୍ଟ ନୁହେଁ, ଅଧିକନ୍ତୁ ସେଇଟି ଏକ ସାମୟିକ, ପାରିସ୍ଥିତିକ ବା ପ୍ରାବୃତ୍ତିକ ଉପଲବ୍‌ଧି ମାତ୍ର। ଆହୁରି ସରଳ ଭାଷାରେ କହିଲେ ସେଇଟି ହେଉଛି ଏକ ସାମୟିକ ଅନୁଭବ ବା ଅଭିଜ୍ଞତା, ଯାହା ଉତ୍ତର କାଳରେ ପ୍ରଭାବିତ, ପରିବର୍ତ୍ତିତ, ପରିବର୍ଦ୍ଧିତ ଓ ସଂସ୍କରିତ ହେବାର ଯଥେଷ୍ଟ ସମ୍ଭାବନା ରହିଛି। କାରଣ 'ବିନିର୍ମାଣ' ଠାରୁ ବଡ଼ ସତ୍ୟ ଏହି ଜଗତରେ କ'ଣ କିଛି ଥାଇପାରେ? ପ୍ରତି ମୁହୂର୍ତ୍ତରେ ଅତ୍ର-ତତ୍ର-ସର୍ବତ୍ର ଅତ୍ୟନ୍ତ ନିରବତା ଓ ସନ୍ତର୍ପଣତାର ସହ ଅଚିନ୍ତ୍ୟ-ଅରୂପ ସତ୍ତାଧାରୀ ଏକ ଅନୁପମ କାରିଗର ଅହରହ ଏହି ବିନିର୍ମାଣରେ ବିଲିପ୍ତ। ପ୍ରତିଟି ନିର୍ମିତି ପଛରେ ରହିଛି ଏହି ଦିବ୍ୟ ବିନିର୍ମାଣର ଚିନ୍ତାତୀତ ତରଂଗ। କିନ୍ତୁ ସବୁଠାରୁ ବଡ଼ କଥାଟି ହେଉଛି ସେହି ସୃଷ୍ଟିଟିର ନିର୍ମିତିରେ ଉଭୟ ନିର୍ମାଣ ଓ ବିନିର୍ମାଣ ପ୍ରକ୍ରିୟା ରହିଥାଏ। ତେଣୁ 'ପାଠ'ଟିଏ ବିନିର୍ମିତ ହେଲେ ତା'ର ପ୍ରାଣସତ୍ତା ବଦଳିଯାଏନି। ଖାଲି ବାହାର ଲୋକର ବା ଦେଖିବା ଲୋକର ଦୃଷ୍ଟିମତେ ଏହା ଦେଖାଯାଏ, ପ୍ରତୀୟମାନ ହୋଇଥାଏ। ଅତଏବ ଏସବୁ ଉପଲବ୍‌ଧି

ଏକ ଏକ ପ୍ରତୀୟମାନ ସତ୍ୟ- ଚିରନ୍ତନ ନୁହେଁ। ଯଦି କିଛି ଚିରନ୍ତନ, ତେବେ ତାହା ହେଉଛି ବିନିର୍ମାଣ। ବୋଧହୁଏ ସେଥିପାଇଁ ଡେରିଡା କହିଥିଲେ ଟେକ୍‌ସ୍ଟ ବା ପାଠ ବାହାରେ କିଛି ନଥାଏ ("there is nothing outside the text")।

ଉତ୍ତରସଂରଚନା ପ୍ରସ୍ଥ ସଂପର୍କରେ ଆଲୋଚନା କରିବାକୁ ଗଲାବେଳେ ଫରାସୀ ସମାଜତତ୍ତ୍ୱବିତ୍ ଜାଁ ବୋଦ୍ରିଆର୍ଡ (Jean Baudrillard) କହିଥିବା କଥାଟିଏ ମନେପଡ଼େ। ""We need a visible past, a visible continuum, a visible myth of origin to reassure us as to our ends, since ultimately we have never believed in them." ଉତ୍ତରସଂରଚନା ଜଗତକୁ ପରୀକ୍ଷାତ୍ମକ ଦୃଷ୍ଟିରେ ଦେଖିଥାଏ। ପ୍ରଥାସିଦ୍ଧ ଦୃଷ୍ଟିକୁ ଭିନ୍ନ ଦର୍ଶନର ମାପକାଠିରେ ମାପକରି ନୂତନ ଆପେକ୍ଷିତ ସତ୍ୟ ବା ସନ୍ନିବେଶିତ ତଥା ଲୁକ୍‌କାୟିତ ସତ୍ୟକୁ ଲୋକଲୋଚନକୁ ଆଣିବାର ପ୍ରବୃତ୍ତିକୁ 'ଉତ୍ତରସଂରଚନା' କୁହାଯାଏ। ଚିରାଚରିତ, ଗତାନୁଗତିକ ଟେକ୍‌ସ୍ଟୁଆଲ କନ୍‌ଷ୍ଟ୍ରକ୍ଟକୁ ଏହା ବାଧ୍ୟବାଧକତାରେ ସ୍ୱୀକାର କରେ ନାହିଁ। ଅଧିକନ୍ତୁ ଏହା ଚାଲେଞ୍ଜ୍ କରେ, ଆହ୍ୱାନ ଦିଏ, ଚମକାଇ ନିଦରୁ ଉଠାଏ। ପ୍ରତି ମୁହୂର୍ତ୍ତରେ ସୂର୍ଯ୍ୟୋଦୟ କରାଏ, ପତ୍ର କଅଁଳାଏ ଓ ଅଙ୍କୁରିତ କରାଏ। ଏହି ଉତ୍ତରସଂରଚନା ଦୃଷ୍ଟି ଏକ ମାନସ ଦେଶର ଖେଳ। ସୂଚକର ଅନ୍ତହୀନ ବା ନିରନ୍ତର ଆବେଦନ (endless play of signfiers), ଉପସ୍ଥିତି - ଅନୁପସ୍ଥିତି / ବର୍ତ୍ତମାନତା - ଅବର୍ତ୍ତମାନତା (presence & absence), ଉପସ୍ଥିତିର ସମୀକ୍ଷା (critique of presence), critique of totalizing 'master narratives', plethora of micro-narratives, intertextuality without origin, wirterly text, death of the author, ସମାଲୋଚନାକୁ ଏକ ଅଧିଭାଷା ବା Metalanguage ଭାବରେ ବ୍ୟବହାର, 'denaturalizing the supposedly natural' ଟକ୍‌ନିକ୍ - ଭାଷାର ଉତ୍ପାଦନକ୍ଷମ ପ୍ରକୃତି ପ୍ରତି ପ୍ରଗାଢ଼ ପ୍ରତ୍ୟୟ, ବାର୍ଥ (Barthes)ଙ୍କ ସୁସ୍ଥ ଚିହ୍ନ (healthy signs), the phenomenon of 'writing and the surplus' ଓ 'the surplus of writing', 'supplement at the origin', କେନ୍ଦ୍ର, ସର୍ଜନାକ୍ଷେତ୍ର, ଭାଷାର ଓ ଭାବନାର ଦ୍ୱୈତ ସଂରଚନା (binary structure) ବା ନିର୍ମିତି, ବିନିର୍ମାଣ, logocentrism, phonocentrism, gap, aporia, impasse, trace, defer / differ, origin and end (work) ବନାମ ଭାଷା ଓ ଭାବନାର ଦ୍ୱୈତ ନିର୍ମିତିଗତ ଆବେଦନ ଓ ସୂଚନାର ଆବେଦନ (play of signification of text) ପ୍ରଭୃତି ଉତ୍ତରସଂରଚନାର ଏକ ଏକ tool ଓ

technique। ଡକ୍ଟର ଦାସଙ୍କ ଏହି ସଂକଳନରେ ସ୍ଥାନିତ ଉପର୍ଯ୍ୟାଲୋଚ୍ୟ ଦର୍ଶନକୈନ୍ଦ୍ରିକ ଦୃଷ୍ଟିକୋଣ ଓ ମୂଲ୍ୟାୟନର ରୂପଚିତ୍ର ଗୁଡ଼ିକ ଏହି ସବୁ ଉପକରଣଦ୍ୱାରା ପରିପୁଷ୍ଟ ହୋଇଛି ବୋଲି ସ୍ପଷ୍ଟ ଜଣାପଡୁଛି।

ବୋଦ୍ରିଆର୍ଡ ଆହୁରି କହିଛନ୍ତି- "And so art is everywhere, since artifice is at the very heart of reality. And so art is dead, not only because its cirtical transcendence is gone, but beacuse reality itself, entirely impregnated by an aesthetic which is inseparable from its own structure, has been confused with its own image. Reality no longer has the time to take on the appearance of reality. It no longer even surpasses finction: it captures every dream even before it takes on the appearance of a dream." ଉତ୍ତର ସଂରଚନାବାଦୀ ଆବେଦନ ସମୟରେ ସମାଲୋଚକ / ପାଠକ ଲେଖକଟିର ସ୍ଥାନକୁ ଅଧିକାର କରି 'ପାଠ' ମଧ୍ୟକୁ ଅନୁପ୍ରବେଶ କରିଥାଏ। ପ୍ରତି ଟେକ୍‌ସ୍ଟର ଅର୍ଥ ଅଛି। ପ୍ରତ୍ୟେକ ଅର୍ଥ କେତେକ ନିର୍ଦ୍ଦିଷ୍ଟ କାରକ ଦ୍ୱାରା ପ୍ରଭାବିତ ହୋଇଥାଏ। ଅତଏବ ଜଣେ ଉତ୍ତରସଂରଚନାବାଦୀ ସେ କାରକଗୁଡ଼ିକୁ ପରୀକ୍ଷା କରିବାରେ ଲାଗିପଡ଼େ। ସାଂସ୍କୃତିକ ନିୟମାବଳୀ, ପରିସର, ପାଠକ, ଅନ୍ୟାନ୍ୟ ସାହିତ୍ୟ ବା ଅନ୍ୟାନ୍ୟ କାରକ (ସାମାଜିକ, ରାଜନୀତିକ, ଆର୍ଥନୀତିକ, ଦାର୍ଶନିକ ଓ ମନସ୍ତାତ୍ତ୍ୱିକ ଇତ୍ୟାଦି) ପ୍ରଭୃତିକୁ ଆଖିଆଗରେ ରଖି ସେ ଟେକ୍‌ସ୍ଟର ବିବେଚନା କରିଥାଏ। ବିଶେଷକରି text context ମଧ୍ୟରେ Binaries ଓ dichotomiesକୁ ଏପରି ସମାଲୋଚକ ସର୍ବାଗ୍ରେ ପ୍ରାଧାନ୍ୟ ଦେଇଥାଆନ୍ତି। ଟେରୀ ଇଗଲ୍‌ଟନ କହନ୍ତି- "Post-structuralism is among other things a kind of theoritical hangover from the failed uprising of' 68, a way of keeping the revolution warm at the level of language, blending the euphoric libertarianism of that moment with the stoical melancholia of its aftermath." କହିବା ବାହୁଲ୍ୟ ଯେ, ଡକ୍ଟର ଦାସଙ୍କ ଏହି ପୁସ୍ତକଟି ଏକ ନିଦା ଉତ୍ତରସଂରଚନାବାଦୀ ଦର୍ଶନକୈନ୍ଦ୍ରିକ ଦୃଷ୍ଟିର ଦିଗନ୍ତ ବିସ୍ତାରୀ ସମ୍ଭାବନାମୟ ଚିତ୍ରପଟ୍ଟ ମାତ୍ର।

'ପ୍ରାୟୋଗିକ ଉତ୍ତରସଂରଚନାବାଦ ବନାମ ଓଡ଼ିଆ ସାହିତ୍ୟ' ପୁସ୍ତକଟି ଯଥାର୍ଥରେ ପ୍ରାୟୋଗିକ। ଏକବିଂଶ ଶତାବ୍ଦୀର ଓଡ଼ିଆ ସମାଲୋଚନା କ୍ଷେତ୍ରରେ ଏକାଧାରରେ ଏହା ଏକ ଗୁରୁତ୍ୱପୂର୍ଣ୍ଣ ମାଇଲଖୁଣ୍ଟ ଓ ଆଲୋକବର୍ତ୍ତିକା। ଡକ୍ଟର ଦାସଙ୍କ

ସମାଲୋଚନା ଗୁଡ଼ିକର ଶୀର୍ଷକ ଠାରୁ ଆରମ୍ଭ କରି ଶବ୍ଦ ପ୍ରୟୋଗ ପର୍ଯ୍ୟନ୍ତ ସବୁଠାରେ ସଂରଚନାର ଆଭାସ ମିଳୁଥିଲେ ହେଁ କନ୍‌ଟେକ୍‌ସ୍ଟ ବା ପ୍ରସଂଗାଲୋଚନା ବେଳକୁ ସେ ଡେରିଡ଼ା, ଫୁକୋ, ବାର୍ଥ, ଲାକାଁ ପ୍ରମୁଖଙ୍କ ସହୋଦର ବା ସହୃଦୟ ସମଦ୍ରଷ୍ଟା ପରି ପ୍ରତୀତ ହୁଅନ୍ତି। ଦଶଟି ଯାକ ସମାଲୋଚନା ସ୍ୱ-ସ୍ୱ ଗୁଣ ଓ ରୂପରେ ସ୍ୱତନ୍ତ୍ର। ଶୁଭେନ୍ଦୁ ମୋହନ ଦାସଙ୍କ ପରି ପ୍ରତିଭାଦୀପ୍ତ ଅଥଚ ଅନାଲୋଚିତ ଲେଖକଙ୍କୁ ଏପରି ଏକ ମନକୁ ମନ ମିଶୁଥିବା ଅଗଣା ଉପରେ ମାପିବା, ଗପିବା ଓ ଛାତିତଳ କଥାକୁ ଛାପିଆଣିବା ଟେକ୍‌ନିକ୍‌ଟି ଭାରି ଭଲଲାଗିଲା। ଡକ୍ଟର ଦାସଙ୍କ କଥାବାର୍ତ୍ତା, ହାବଭାବରୁ ଯେତିକି ଜଣାଯାଏ, ସେ ସେପଟ ଜଗତ ବା ଏଇ ପୃଥ୍ୱୀ ବାହାର ଜଗତର ବୈଚିତ୍ର୍ୟ ଓ ଆକର୍ଷଣ ପ୍ରତି ଅଧିକତର ସମ୍ମୋହିତ। ବାସ୍ତବରେ ସେଇଟି 'Unknown' ଅଥଚ 'Greater Reality' ମାତ୍ର। ଉତ୍ତରସଂରଚନା ଯେଉଁ ସତ୍ୟଗୁଡ଼ିକର ସନ୍ଧାନ ବିଭିନ୍ନ ଆୟାମରେ କରିଚାଲିଛି, ଡକ୍ଟର ଦାସ ସାରସ୍ୱତ ସ୍ରଷ୍ଟାଟିରେ ସେହି ଚେତନାଗତ ଖାଲଢିପରେ ଆଲୋଚ୍ୟ ମହାଜାଗତିକ ବିପୁଳ ସତ୍ୟର ସମ୍ଭାବନାକୁ ଆଣି ଅତ୍ୟନ୍ତ ସନ୍ତର୍ପଣତାର ସହିତ ଯୋଡ଼ିଛନ୍ତି। ତେବେ ଏହି ପୁସ୍ତକଟି ଶତାଧିକ ପ୍ରତିଭାର ଆଲୋକଧାରାକୁ ଯୋଡ଼ିବା ଭିତରେ ଚୈତନ୍ୟ ଓ ଦର୍ଶନର ମହାକର୍ଷଣ ଶକ୍ତି ଦ୍ୱାରା ସୃଷ୍ଟ ଅନେକ ତାରକାଙ୍କୁ ଯୋଡ଼ି ନୂତନ ଛାୟାପଥ ବା ଆକାଶଗଂଗାଟିଏ ପ୍ରସ୍ତୁତ କରିବ- ଏଥିରେ ତିଳେମାତ୍ର ସନ୍ଦେହ ନାହିଁ।

ଏଣୁ ଯଥାର୍ଥରେ ଏକବିଂଶ ଶତାବ୍ଦୀର ଓଡ଼ିଆ ସମାଲୋଚନା କ୍ଷେତ୍ରରେ ଏକ ଆଲୋକବର୍ତ୍ତିକାପ୍ରାୟ ଆଗତ ଓ ଅନାଗତ ଉଭୟଙ୍କୁ ପଥପ୍ରଦର୍ଶନ କରିବାର ତାକତ୍ ରଖିଥିବା ଏହି ସାରସ୍ୱତ ସମୀକ୍ଷା ପୁସ୍ତକଟିର ପ୍ରକାଶନରେ ମୁଁ ଅତ୍ୟନ୍ତ ଆହ୍ଲାଦିତ ଓ ପୁଲକିତ। ମୋ'ର ବିଶ୍ୱାସ- ଏହି ପୁସ୍ତକଟି ଏହି ଅର୍ଦ୍ଧଶତାବ୍ଦୀ ମଧ୍ୟରେ ବୌଦ୍ଧିକ-ସାରସ୍ୱତ ବିପ୍ଳବ ଆଣିବାରେ ସମର୍ଥ ହେବ। ଶେଷରେ ତାଙ୍କରି ପାଖରେ ମୋ'ର ସକଳ କାମନା ଓ ଯାଚନା, ଯାହାଙ୍କର 'ଅକଳନ୍ତି ଶକ୍ତିସ୍ରୋତ'ରୁ ଏହି 'ଉଜ୍ଜ୍ୱଳ ଶକ୍ତିପୁଞ୍ଜ'ର ସର୍ଜନା ଓ ସମ୍ଭାବନା- ସେ ଏହାର ଯଥାର୍ଥ ଦାୟିତ୍ୱ ନିଅନ୍ତୁ !

ଡକ୍ଟର ସନ୍ତୋଷ କୁମାର ନାୟକ
ବିଭାଗମୁଖ୍ୟ, ଅଧିସ୍ନାତକ ଓଡ଼ିଆ ବିଭାଗ
ଫକୀର ମୋହନ ସ୍ୱୟଂଶାସିତ ମହାବିଦ୍ୟାଳୟ
ବାଲେଶ୍ୱର-୭୫୬୦୦୧, ଓଡ଼ିଶା
ଭ୍ରାମ୍ୟଭାଷ- ୮୩୨୮୯୦୯୧୫୭
ଇମେଲ୍-santoshonly123@gmail.com

ଗ୍ରନ୍ଥ ସଂପର୍କିତ ମନ୍ତବ୍ୟ

ଡ.ରବୀନ୍ଦ୍ର କୁମାର ଦାସ ସାଂପ୍ରତିକ ସମାଲୋଚନା କ୍ଷେତ୍ରରେ ଏକ ବ୍ୟତିକ୍ରମ। ପ୍ରାୟୋଗିକ ଭାଷାବିଜ୍ଞାନର ସଂରଚନାତ୍ମକ ଅନୁଶୀଳନରେ, ଉତ୍ତର ଆଧୁନିକ ଅବବୋଧରେ ତାତ୍ତ୍ୱିକ ବିଶ୍ଳେଷଣରେ ଏବଂ ସାହିତ୍ୟର ସଂହତି ଓ ଐତିହ୍ୟର ପୁନର୍ମୂଲ୍ୟାୟନରେ ସେ ଯେଉଁ ମୌଳିକତା ଦେଖାଇଛନ୍ତି, ତାହା ବାସ୍ତବରେ ଅନନ୍ୟ । ହେଗେଲ, ଆଇନ୍‌ଷ୍ଟାଇନ୍, ଡେରିଦା, ସସ୍ୟୁର, ବାଖ୍‌ତିନ୍, ଆଲଥ୍ୟୁସର, ଫୁକୋ ଆଦି ନୂତନ ବିଶ୍ୱର ଭାବ ଓ ରୂପ ନିର୍ମାତାମାନଙ୍କୁ ଅତିନିଷ୍ଠାର ସହ ସେ ପଢ଼ିଛନ୍ତି । 'ଶୈଳୀବିଜ୍ଞାନର ଆଲୋକରେ ଫକୀରମୋହନଙ୍କ ଉପନ୍ୟାସ, ପ୍ରାୟୋଗିକ ଶୈଳୀବିଜ୍ଞାନ', 'ଉତ୍ତର ଆଧୁନିକ ସମାଲୋଚନାବାଦର କାଠଗଡ଼ାରେ ଓଡ଼ିଆ ସାହିତ୍ୟ ଆଦି ତାଙ୍କର ଅଧ୍ୟୟନ ଓ ଅନ୍ତର୍ଲୋକର ଶ୍ରେଷ୍ଠ ଉଦ୍‌ଭାସନ । ଏହି ଧାରାର ଏକ ସଫଳ ସମାଲୋଚନା ଗ୍ରନ୍ଥ ହେଉଛି "ପ୍ରାୟୋଗିକ ଉତ୍ତର ସଂରଚନାବାଦ ବନାମ ଓଡ଼ିଆ ସାହିତ୍ୟ ।" ଏଥିରେ ସ୍ଥାନିତ ଦଶଟି ସମାଲୋଚନାତ୍ମକ ଲେଖା ଶାଶ୍ୱତୀ ଓ ସାଂପ୍ରତିକୀ ଭାବଦ୍ୟୋତନାର ସୂକ୍ଷ୍ମାତିସୂକ୍ଷ୍ମ ବିଶ୍ଳେଷଣଗତ ଅପୂର୍ବ ସମ୍ବନ୍ଧ ସୂତ୍ରରେ ବିଧୃତ ହୋଇଛନ୍ତି । ଏଥିରେ ସନ୍ନିବିଷ୍ଟ ପ୍ରତିଟି ସମାଲୋଚନା ଏକକୁ ଆରେକ । Text, Texture ଓ contentକୁ ନେଇ ବିଶ୍ୱ ସମାଲୋଚନା ସାହିତ୍ୟରେ ଯେଉଁ ସବୁ ନୂତନ ପରୀକ୍ଷାନିରୀକ୍ଷା କରାଯାଉଛି, ତା'ର ବିଶ୍ଳେଷଣାତ୍ମକ ସହାବସ୍ଥିତି

ଏଥିରେ ବିଦ୍ୟମାନ। ଏ ଧରଣର ସମାଲୋଚନା ପଦ୍ଧତିକୁ କୌଣସି ଧରାବନ୍ଧା ନିୟମରେ ବାନ୍ଧିହୁଏ ନାହିଁ; ବରଂ ଏହା ଆମକୁ ଏକ ନୂତନ ନିଷ୍କର୍ଷ ବିନ୍ଦୁ ଆଡ଼କୁ ନେଇଯାଏ।

ପ୍ରକୃତରେ ଜଣେ ସତ ଶିଳ୍ପୀ ଯେତେ ବିଶୁଦ୍ଧ ଓ ପରିଣତ ହୁଏ, ତା'ର ପ୍ରଜ୍ଞାର ଆଲୋକରେ, ସେ ସେତେ ନୂତନ ଦିଗନ୍ତର ଉନ୍ମୋଚନ କରେ। ତା'ର ସାହିତ୍ୟ ବିବେକ ବହୁ ଦେଶଦର୍ଶୀ ହୁଏ । ନିଜେ ସମାଲୋଚକ ଡ.ଦାସ ମଧ୍ୟ ଏହାକୁ ଅନୁଭବିଛନ୍ତି ଏବଂ ସ୍ୱୀକାର କରିଛନ୍ତି ଆଲୋଚ୍ୟଗ୍ରନ୍ଥର ପ୍ରାରମ୍ଭରେ- "ଗବେଷଣା ସର୍ବଦା ବହୁ ପରିତଳୀୟତା ଅର୍ଜନକରୁ। ତହିଁରେ ଆମ ସେନ୍ସ ଅଫ ସେଲ୍ଫ ଏବଂ ଆଇଡେଣ୍ଟିଟିକୁ ବି ଚିହ୍ନଟ କରୁ।

ଏ କ୍ଷେତ୍ରରେ ଏକ ପାଖିଆ କିମ୍ବା ଏକଦେଶଦର୍ଶୀ ମାନସିକତାକୁ ପରିହାର କରାଯାଉ। xxxକାହିଁକି ନା ସବୁକିଛି ଆପେକ୍ଷିକ । ସବୁ ଗୋଟିଏ ପ୍ରକ୍ରିୟା-ସ୍ୱୟଂଶାସିତ, ସ୍ୱୟଂବାଚିତ ପୁଣି ସ୍ୱୟଂକୃତ । ତେଣୁ ନିଜ ସୁବିଧା ପାଇଁ ବନ୍ଧ ବନ୍ଧା ନ ଯାଉ।"

ଶେଷରେ ଏତିକି କୁହାଯାଇପାରେ ଯେ ସୁପ୍ରତିଷ୍ଠିତ ପ୍ରକାଶନୀ ସଂସ୍ଥା 'ବ୍ଲାକ୍ ଈଗଲ ବୁକ୍ସ' (ଆମେରିକା) ଦ୍ୱାରା ପ୍ରକାଶିତ ଡ. ରବୀନ୍ଦ୍ର କୁମାର ଦାସଙ୍କର ଏହି ସମାଲୋଚନା ଗ୍ରନ୍ଥଟି ନୂତନ ବିବେକ ନିର୍ମାଣକରୁ, ତା'ରି ପ୍ରଜ୍ଞାଦୀପ୍ତ ସ୍ଫୋଟବିନ୍ଦୁ ସଞ୍ଚରିଯାଉ ସବୁରି ଚେତନାରେ ଏବଂ ନୂଆ ପଥଟିଏ ନିର୍ମାଣ କରୁ ସଂପ୍ରତି ପ୍ରାୟୋଗିକ ଓଡ଼ିଆ ସମାଲୋଚନା କ୍ଷେତ୍ରରେ।

ଅଧ୍ୟାପକ ଡ. ଶ୍ରୀକାନ୍ତ କୁମାର ବାରିକ
ସ୍ନାତକୋତ୍ତର ଓଡ଼ିଆ ବିଭାଗ
ସରକାରୀ ସ୍ୱୟଂଶାସିତ ମହାବିଦ୍ୟାଳୟ, ଅନୁଗୋଳ

ବିଷୟ ସୂଚୀ

କ୍ର.ନଂ	ବିଷୟ	ପୃଷ୍ଠାସଂଖ୍ୟା
୧.	'ମୁଖା-ମୁହଁ-କଥକ-କଥା ବନାମ 'ଶୂନ୍ୟକାଳ' ବନାମ୍ 'ସଂଳାପବାଦ'	୧୭
୨.	ଲଚୁ ଲମୂଆ ଚଇଶ ବନାମ୍ ଶବ୍ଦର ଆମ୍ବୂଳଚୂଳ ବନାମ୍ ମନୋଜ ପଣ୍ଡାଙ୍କ 'ଶବ୍ଦର ଆମ୍ବୂଳଚୂଳ'	୩୮
୩.	ଆଭାଁ-ଗର୍ଡ ବନାମ ଅନାମ ଗୋଷ୍ଠୀ ବନାମ ଅନାମ କବିତା	୪୯
୪.	ବହିର୍ବୀୟନ ବନାମ ଅନ୍ତର୍ବୟନ ବନାମ ଦେବ୍ରାଜ ଲେଙ୍କାଙ୍କ ଗଳ୍ପ ଦିଗନ୍ତ	୭୦
୫.	ମେଟାଫିକ୍ସନ୍ (ଅଧିକଥା) ବନାମ୍ ମନୋଜ ଦାସଙ୍କ 'ଅମୃତ ଫଳ'	୧୦୧
୬.	୯୯.୯୯ ବନାମ୍ ୦.୦୧ ବନାମ୍ ବିନୋଦଚନ୍ଦ୍ର ନାୟକଙ୍କ କାବ୍ୟଜଗତ	୧୨୫
୭.	ପଚାଶ ବର୍ଷର ପ୍ରୟାସ; କିଛି ଅବସୋସ୍, କିଛି ସବିଶେଷ ବନାମ୍ କବି ଶୁଭେନ୍ଦୁ ମୋହନ ଦାସ	୧୩୫
୮.	ଗାଳ୍ପିକ ଅଧ୍ୟାପକ ବିଶ୍ୱରଂଜନଙ୍କ ଗଳ୍ପମାନଙ୍କୁ ମୁଁ ଯେମିତି ଜାଣେ	୧୫୪
୯.	୧୯୮୦ ପରବର୍ତ୍ତୀ କତିପୟ ଓଡ଼ିଆ ଉପନ୍ୟାସ: ଏକ ଉତ୍ତର ସଂରଚନାବାଦୀ ବିମର୍ଶ	୧୭୦
୧୦.	'ଯୁଦ୍ଧ ଏବଂ ଉତ୍ତରାମାନେ' ବନାମ୍ 'ମୁଁ ଏବଂ ଆମ୍ଭେମାନେ'	୧୮୯

ମୁଖା-ମୁହଁ-କଥକ-କଥା ବନାମ 'ଶୂନ୍ୟକାଳ' ବନାମ୍ 'ସଂଳାପବାଦ'

ସଂକ୍ଷିପ୍ତ ସାର- କଥକ ସତ୍ୟପ୍ରିୟଙ୍କ 'ଶୂନ୍ୟକାଳ' (ପ୍ରଥମ ପ୍ରକାଶ-୨୦୦୮, ଅଗ୍ରଦୂତ, କଟକ-୨) ସାହିତ୍ୟ କୃତିର କାନ୍ଧସହିତ କାନ୍ଧ ମିଳାଇ, ଆଖିସହିତ ଆଖି ନିରେଖି ଏବଂ ହୃଦୟ ସହିତ ହୃଦୟ ମନ୍ଥାଇ ଯାହା ମିଳିଛି ତାହାକୁ ଅବଲମ୍ବନ କରି ମିଖାଇଲ ମିଖାଇଲୋଭିଚ୍ ବାଖ୍‌ତିନ୍‌ଙ୍କ ସଂଳାପବାଦର ଆଲୋକରେ ଏ ପ୍ରବନ୍ଧଟି ପ୍ରସ୍ତୁତ କରାଯାଇଛି।

ଆରମ୍ଭ ଭାଗ

'ଶୂନ୍ୟକାଳ'ର ପ୍ରଚ୍ଛଦରେ ଗୋଟିଏ ମୁଖାର ଚିତ୍ର ରହିଛି। ଏ ମୁଖାତଳେ ନିଶ୍ଚୟ ଗୋଟାଏ ମୁହଁ ଥିବ। ସେ ମୁହଁ ହୁଏତ ମୁଦ୍ରାରେ ନ ହେଲେ ଠାଣିରେ ନ ହେଲେ କଥାରେ କିଛି ସ୍ଥାନ-କାଳ-ପାତ୍ରକୈନ୍ଦ୍ରିକ ଖୋଜ ସମୂହକୁ ଆଲୋଚ୍ୟ ସାହିତ୍ୟ କୃତିରେ ପ୍ରଦର୍ଶନ କରିଥିବ। କେମିତି କରିଥିବ- ଆସ ପରୀକ୍ଷାକରି ବୋଧିବା।

ମୁଖା-ମୁହଁ-କଥକ-କଥା : ସଂଳାପ-ସଂଳାପବାଦ (Dialogism)। ମୁଖା ତଳେ ମୁହଁ। କଥକର ମୁହଁ। କଥକ କହୁଛି। "ଯାଦୁଗଡ଼ କଥା। ବିଚ୍ଛିନ୍ନାଞ୍ଚଳର କଥା। ତା'ର ଲୋକ-ବାକ କଥା। ତା'ର ରଜା, ମନ୍ତ୍ରୀ କଥା। ତା'ର ପାଗଳ ରାଜକୁମାରର କଥା। ନଦୀପଠା, ପାହାଡ଼ର କଥା। ତା'ର ମୁଖା-ନାଚର ଆଖଡ଼ା ତଥା କ୍ଷେତ ଖମାରର କଥା। ଛଅ ଶହ ବର୍ଷ ତଳର ଇତିହାସ କଥା-ଲୋକକଥା-ସଂସ୍କୃତିର କଥା।"[୧]

କଥକ କହୁଛି। ମୋ କଥା। ଆମ କଥା। ତମ କଥା। ତମମାନଙ୍କ କଥା।

ତାଙ୍କ କଥା। ସେମାନଙ୍କ କଥା। ରବୀନ୍ଦ୍ର କଥା। ସତ୍ୟପ୍ରିୟ କଥା। ଶ୍ରୀକାନ୍ତ କଥା। ସତ୍ୟପ୍ରକାଶ ପଟ୍ଟନାୟକ କଥା। ରାମ-ଶାମ-ଯଦୁ କଥା। ସୀତା-ରାଧା-ଲଳିତା କଥା। ଏବିସିଡ଼ି, ଏକ୍ସୱାଇଜେଡ୍ କଥା। ପରୀକଥା। ନିର୍ଭୟା କଥା। କଟା ପାପୁଲି କଥା। ଜାତକ କଥା। ପଞ୍ଚତନ୍ତ୍ର କଥା। ଚନ୍ଦ୍ରାବେହେରାଣୀ-ଅଳକା କଥା। 'ଲୋ ରେବୀ, ଲୋ ନିଆଁ, ଲୋ ଚୁଲୀ' କଥା। 'ମାର୍ଚେଣ୍ଟ ଅଫ୍ ଭେନିସ୍' କଥା। ଇଚ୍ଛାମତୀ କଥା। ଶ୍ୟାମା କଥା। ଚଣ୍ଡାଳିକା କଥା। ପୁରାଣ କଥା। ପରାଣ କଥା। କଥା କେବଳ କଥା। ଖାଣ୍ଟି ବାସ୍ତବ କଥା। ବାସ୍!

ଶୂନ୍ୟ। ଶୂନ୍ୟରେ ଶୂନ୍ୟ ମିଶିଲେ ଶୂନ୍ୟ। ଶୂନ୍ୟରୁ ଶୂନ୍ୟକୁ ଫେଡ଼ିଲେ ଶୂନ୍ୟ। ଶୂନ୍ୟକୁ ଶୂନ୍ୟରେ ଗୁଣିଲେ ଶୂନ୍ୟ। ଶୂନ୍ୟରେ ଶୂନ୍ୟ ହରିଲେ ଶୂନ୍ୟ। ଶୂନ୍ୟର ଅର୍ଥ 'ଶୂନ୍ୟ' ହୋଇପାରେ; 'ଖାଲି' ହୋଇପାରେ; 'ଫମ୍ପା' ହୋଇପାରେ; 'ରହିତ' ହୋଇପାରେ; ବିହୀନ' ହେଇପାରେ; 'ନିରର୍ଥକ' ହୋଇପାରେ; 'ନିର୍ଜନତା' ହୋଇପାରେ- 'ନାସ୍ତିକତା' ଆଦି ବି ହେଇପାରେ; ହେଇପାରେ ଆଇନ୍‌ଷ୍ଟାଇନ୍‌ଙ୍କର ଆପେକ୍ଷିକ ତତ୍ତ୍ୱ; ହେଇପାରେ ଷ୍ଟିଫେନ ହକିଂଙ୍କ "The Grand Disign; ବା ସେହି ଗ୍ରାଣ୍ଡ ଡିଜାଇନ୍ ଗ୍ରନ୍ଥର -ସେହି ପ୍ରସିଦ୍ଧ ଉକ୍ତି- ଯଥା : "We create history by our observation, rather than history creating us." ଅର୍ଥାତ୍- "ଇତିହାସ ଆମକୁ ସୃଷ୍ଟିକରିବା ପରିବର୍ତ୍ତେ ଆମେ ଆମର ପର୍ଯ୍ୟବେକ୍ଷଣ ଦ୍ୱାରା ଇତିହାସ ସୃଷ୍ଟି କରୁ"- - - ; ହୋଇପାରେ ଶୂନ୍ୟ କୌଣସି ସଂଖ୍ୟାର ବାମରେ ଯୋଚାହେଲେ ମୂଲ୍ୟହୀନ ଏବଂ ଡାହାଣରେ ଯୋଚା ହେଲେ ମୂଲ୍ୟଯୁକ୍ତ; ହୋଇପାରେ କୌଣସି ଶବ୍ଦର ଡାଏଁରେ ଯୋଚାହେଲେ ବିଶେଷଣସୂଚକ; ଯଥା କାଳଶୂନ୍ୟ; ବା ବାଏଁରେ ଯୋଚା ହେଲେ ଅନିର୍ଦ୍ଦିଷ୍ଟ ଅଭିପ୍ରାୟସୂଚକ ଅର୍ଥ ନିଷ୍ପାଦକ- ଯେମିତିକି 'ଶୂନ୍ୟକାଳ'।

ଶୂନ୍ୟକାଳର ବିଭିନ୍ନ ଆଭିଧାନିକ ଅର୍ଥରହିଛି। ଯଥା- (୧) ଯେଉଁ କାଳରେ ଯୋଜନାବଦ୍ଧଭାବରେ ସାମରିକ ଅଭିଯାନ ଆରମ୍ଭ ହେବାପାଇଁ ସ୍ଥିର କରାଯାଇଛି। (୨) ଯେଉଁ କାଳରେ କୌଣସି ଏକ ଗୁରୁତ୍ୱପୂର୍ଣ୍ଣ କିମ୍ୱା ଉଲ୍ଲେଖନୀୟ ଘଟଣା ଘଟିବାକୁ ସ୍ଥିର ହୋଇଛି। (୩) ଏମିତି ଏକ କାଳ ଯେଉଁ କାଳରେ ଏକ ଗୁରୁତ୍ୱପୂର୍ଣ୍ଣ କିମ୍ବା ନିର୍ଣ୍ଣାୟକ ପରିବର୍ତ୍ତନ ଗ୍ରହଣ କରାଯିବାପାଇଁ ପ୍ରସ୍ତୁତି ଶେଷ ହୋଇଛି। ଏହି ତିନୋଟିଯାକ ଶୂନ୍ୟକାଳ ସମ୍ବନ୍ଧିତ ଅଭିଧାର୍ଥ ସହିତ ସତ୍ୟପ୍ରିୟ ମହାଳିକଙ୍କ 'ଶୂନ୍ୟକାଳ' ଉପନ୍ୟାସର ଆଖ୍ୟାନକୈନ୍ଦ୍ରିକ ଭାବଗତ ଆଭିପ୍ରାୟିକତା ଆଦୌ ଖାପ୍ ଖାଉ ନାହିଁ। କାରଣ ଉପରୋକ୍ତ ତିନୋଟିଯାକ ଟୀକାରେ ସ୍ଥିର ଏବଂ ଅପରିବର୍ତ୍ତନୀୟ ଅର୍ଥବିନ୍ୟାସ ଘଟିଛି, ସେଥିପାଇଁ।

ଅବିରତ ଚଳମାନତା, ଅବାରିତ ପରିବର୍ତ୍ତନୀୟତା ଏବଂ ତାତ୍କାଳିକ କାର୍ଯ୍ୟସଂପାଦନା (Performativity) ହେଉଛି ଉତ୍ତରଆଧୁନିକ ମହାବ୍ୟାଖ୍ୟାନ (Discourse)ର ପ୍ରମୁଖ ଭାବସାର। ପାରମ୍ପରିକତାବାଦ (Conventionalism) ଥିଲା ଏକପାର୍ଶ୍ୱିକତା ଭିତ୍ତିକ; ଆଧୁନିକତାବାଦ ହେଲା ଦ୍ୱିପାର୍ଶ୍ୱିକତା (Bipolarity) ଭିତ୍ତିକ; କିନ୍ତୁ ଅଧୁନା ଯାହାକୁ ଉତ୍ତରଆଧୁନିକ କାଳଖଣ୍ଡ ବୋଲି କୁହାଯାଉଛି, ତାହା ହେଉଛି ବହୁପାର୍ଶ୍ୱିକତା (multipolarity) ଭିତ୍ତିକ। ଏଠାରେ ଯେକୌଣସି ସ୍ଥାନ କାଳ-ପାତ୍ର, କାର୍ଯ୍ୟକାରଣ ସଂପର୍କ ନଥାଇ ବି ଯେକୌଣସି ସ୍ଥାନ-କାଳ-ପାତ୍ର ଭିତରକୁ ସଂପ୍ରସାରିତ ହୋଇଯାଇପାରେ। ଏଠାରେ ଅତୀତ-ବର୍ତ୍ତମାନ-ଭବିଷ୍ୟତ ବୋଲି ତିନୋଟି ସମୟରେଖା ନାହିଁ। ସବୁ ସମୟ ହେଉଛି ଗୋଟିଏ କାଳ। ଯେମିତିକି 'ଶୂନ୍ୟକାଳ'। ଏ 'ଶୂନ୍ୟକାଳ'ରେ ଆତୀତିକତା, ବାର୍ତ୍ତମାନିକତା ଏବଂ ଭବିତବ୍ୟତା ମଧ୍ୟରେ ପାର୍ଥକ୍ୟ ପରିବର୍ତ୍ତେ ପରିପୂରକତା ଏବଂ ପ୍ରତିଯୋଗିତା ପରିବର୍ତ୍ତେ ସହଯୋଗିତା ସଂପାଦିତ ହୋଇଥାଏ-ଅନବରତ ସ୍ଥାନାନ୍ତରୀକରଣ, କାଳାନ୍ତରୀକରଣ ଏବଂ ପାତ୍ରାନ୍ତରୀକରଣ ପ୍ରକ୍ରିୟା ମାଧ୍ୟମରେ। ଫଳରେ ଦୂରତା ପରିବର୍ତ୍ତେ ନିକଟତା; ଭିନ୍ନତା ପରିବର୍ତ୍ତେ ଅଭିନ୍ନତା, ଜାତୀୟତା ପରିବର୍ତ୍ତେ ଅନ୍ତର୍ଜାତୀୟ ସହସମ୍ବନ୍ଧ ପ୍ରତିଷ୍ଠିତ ହେଇପାରୁଛି।' ଏମିତି ଏକ ବିଶ୍ୱାୟିତ ଅନ୍ତର୍ସଂପୃକ୍ତି ଦ୍ୱାରା କୌଣସି ଅଞ୍ଚଳ, କୌଣସି ଦେଶ, କୌଣସି ରାଜ୍ୟ ତଥାକଥିତ ସୀମାରେଖା ପାରିହୋଇ ବିଶ୍ୱାୟିତ ହୋଇ ପାରୁଛି। ଫଳରେ ନୃତ୍ୟ, ସଂଗୀତ, ସାହିତ୍ୟ, ଚିତ୍ରକଳା ସ୍ଥାପତ୍ୟାଦି ବିଶ୍ୱାୟିତ ପ୍ରସିଦ୍ଧି ଏବଂ ସାଧାରଣୀକରଣତା (generalization) ଅର୍ଜନ କରିପାରୁଛି। ଯାହାର ନମୁନା ହେଉଛି 'ଶୂନ୍ୟକାଳ' ଉପନ୍ୟାସର ଚିତ୍ରିତ ଯାଦୁଗଡ଼ର ମୁଖାନାଚ ପରମ୍ପରା। ସେ କଥା ପରେ ଆଲୋଚିତ ହେବ।

ମଝିଭାଗ

ସତ୍ୟପ୍ରିୟଙ୍କ 'ଶୂନ୍ୟକାଳ' କଥାକୃତିରେ ଜଣେ ମୁଁ-ବାଚକ କଥକ କହୁଛି। ତତ୍ପରେ ତାହା ଆପେ ଆପେ ମୁଁ-ବଚନୀୟ ସଂଳାପରୁ ବହୁବଚନୀୟ ସଂଳାପରେ ସଂପ୍ରସାରିତ ହେଇଯାଉଛି। ଅର୍ଥାତ୍ 'ଶୂନ୍ୟକାଳ' ଉପନ୍ୟାସର କଥକ ସତ୍ୟପ୍ରିୟ ମହାଳିକ ଯାଦୁଗଡ଼ର ଅତୀତ ଏବଂ ବର୍ତ୍ତମାନର ଚରିତ୍ରଗତ, ସ୍ଥାନଗତ, କାଳଗତ ବଚନୀୟତାକୁ ଆମ ସାମ୍ନାରେ ତୋଳି ଧରୁଛନ୍ତି। ଫଳତଃ ଶହ ଶହ ବର୍ଷ ତଳର ସ୍ଥିର ପାଚେରୀ ବିଗଠିତ ହୋଇ ଆମ ସମ୍ମୁଖରେ ଗଠନୋତ୍ତର ଢାଞ୍ଚାରେ ସମକାଳୀନ ବହୁପାର୍ଶ୍ୱିକୀ ସମାନ୍ତରତା ନିର୍ମାଣ କରୁଛି।

ସେଥିପାଇଁ କଥକ ସତ୍ୟପ୍ରିୟଙ୍କ ଭାଷାରେ- "ମାତ୍ର ଏତେ ବର୍ଷ ପରେ ବି

ଯାଦୁଗଡ଼ ଯେମିତି ଥିଲା ସେମିତି ଅଛି। କେଉଁଠି କିଛି ବଦଳି ଯାଇନାହିଁ। ଯେମିତି ସମୟ ସ୍ତବ୍ଧ। କାଳ ଗତିହୀନ। ଅବିଚଳ, ଟିକିଏ ବି ବଦଳିନାହିଁ ଲୋକଙ୍କ ମାନସିକତା। ରଜାଯାଇ ମନ୍ତ୍ରୀ ଆସିଲେଣି। ରାଜତନ୍ତ୍ର ଯାଇ ଲୋକତନ୍ତ୍ର ଆସିଲାଣି। ମାତ୍ର କେଉଁଠି କିଛି ମୌଳିକ ପରିବର୍ତ୍ତନ ହୋଇନାହିଁ। ଲୋକମାନେ ସେଇ ରଜା-ରାଜୁଡ଼ା ଅମଳର ଗୋଟେ ପାରଂପରିକ ଭୟ ଓ ହୀନମନ୍ୟତା, ଚାପଲୁସି ଓ ଚଞ୍ଚକତା, ଆଳସ୍ୟ ଓ ଅବିଶ୍ୱସ୍ତତାର ଦୁର୍ବିସହ ଜୀବନ ଘେନି ବଞ୍ଚିରହିଛନ୍ତି ଓ ବଞ୍ଚିରହିଥିବେ। କେବଳ କାହାଣୀର ଚରିତ୍ର ହେବାପାଇଁ; କାହାଣୀ ତିଆରି କରିବା ପାଇଁ ନୁହେଁ।

ଆଉ, ମୋର ଭୂମିକା ତ କେବଳ ବଦ୍ରିପ୍ରସାଦ ପରି କାହାଣୀ ଶୁଣାଇବା। ମୁଁ ଜାଣେନି ମୋର ଏ ଅସରନ୍ତି କାହାଣୀ କେତେବେଳେ ପାଲଟିଯିବ ଗୋଟେ ଲମ୍ବା 'ଜୋକ୍' ବା ମୋତେ ମିଳିବ ପ୍ରାଣଦଣ୍ଡ। ମାତ୍ର ମୁଁ ଓ ମୋ ଛାଇ ଦିହେଁ ସମାନ। ଠିକ୍ ବଦ୍ରିପ୍ରସାଦ ପରି। ଠିକ୍ ତା' ଛାଇପରି। କାରଣ ମୁଁ ବି ମୁଖା ପିନ୍ଧିଥାଏ ଓ ନାଚୁଥାଏ ଚିରକାଳ।"[୨]

କଥକ, ଯାଦୁଗଡ଼, ସମୟ, ଚରିତ୍ର, ମାନସିକତା, ରଜା, ମନ୍ତ୍ରୀ, ରାଜତନ୍ତ୍ର, ଲୋକତନ୍ତ୍ର, ଭୟ, ହୀନମନ୍ୟତା, ଚାପୁଲୁସି, ଚଞ୍ଚକତା, ଆଳସ୍ୟ, ଅବିଶ୍ୱସ୍ତତା, କାହାଣୀ, ଅସରନ୍ତି କାହାଣୀ, ଜୋକ୍, ପ୍ରାଣଦଣ୍ଡ, ଛଶହ, ମୁଖା, ଅଭିନୟ, ବଦ୍ରିପ୍ରସାଦ, ଚନ୍ଦ୍ରଭାନୁ, ଚନ୍ଦ୍ରଭାନୁଙ୍କ ଅଲୌକିକ ସ୍ୱପ୍ନ, ଯାଦୁଗଡ଼ର ପାଗଳ, ଅର୍ଦ୍ଧପାଗଳ, ବିକଳାଙ୍ଗ ରାଜପୁତ୍, ଇତିହାସ, ଜନଜାତି ଭୂୟାଁ, ପ୍ରଫେସର, ବିଚାରକ, ଛାତ୍ରୀ, ନଅ ଜଣ ଛାତ୍ରୀ, ପୁରୁଷ, ବୋଲକରା କାଣ୍ଡୁରୁ, ଲିଡିଆ, ସୁଇଡେନ୍ ଓ' ମାର୍ଲେ, ସୂର୍ଯ୍ୟଦେବତା, ସିଂଙ୍ଗବୋଙ୍ଗା, ସିଂହ, ସିଂ, କବିରାଜ ଭୂତନାଥ ମାହାତୋ, ନୃତ୍ୟଶିଳ୍ପୀ ନଟବର, ସୁନାରି ଚକ୍ରଧର, ମାରିଆ ଲିଚ୍, ସଲିମ୍, ମକରଧ୍ୱଜ, ହନିଫ୍, ଛଉନୃତ୍ୟ କେନ୍ଦ୍ର, ଭବିଷ୍ୟତ ସଂସ୍ଥା, ଦଣ୍ଡପାଣି, ରୋହିଦାସ ସୋରେନ୍, ଟୋଲା, ବିହାରୀ କଲୋନୀ, ଧୂର୍ତ୍ତା ମହିଳା ଭାନୁମତୀ, ବଡ଼ବାବୁ, ଅମୃତଗଛ, ମଖନଲାଲ, ପେଲେସ୍ ଭିଡ଼ିଓ ହଲ୍, ଚାପାକଳ, ଭାରୁଆ, ଓକିଲ, କ୍ଲାଏଣ୍ଟ, ମ୍ୟାଜିକ୍‌ବାଲା, କାମବାଣ ତୈଳ, ଧର୍ମାନ୍ତରୀକରଣ, ଭାଲୁବସା, କରିଆମୁଣ୍ଡା, ଗ୍ରାହାମ୍‌ହେଡ୍ ବୋଲ୍ଟ, ତ୍ୟାଗରାଜ, ଝାଡ଼ଖଣ୍ଡ ସାମ୍ମୁଖ୍ୟ, ବନାଗୁପ୍ତା, ସୁରେଇ ମୁଣ୍ଡା, ଚିରକା ମାଝି, କର୍ପୂରୀ ଠାକୁର, ବିଦ୍ୟାସାଗର, ମୌଲାନା ମଲ୍ଲିକା, ବହୁରୂପୀ, ଇମ୍ରାନ୍ ଖାଁ, ଇସ୍‌ମାଇଲ ମିଆଁ, ଭିକାରୀ ପଟ୍ଟନାୟକ, କୁଳଦେବୀ ଗାବ୍ରିଏଲ, କେଶବତୀ ଦେବଦାସୀ, ବୀରବଲ୍, ବ୍ରାହ୍ମଣ, ପେଟୁଆ ଅଫିସର, ଚନ୍ଦାମୁଣ୍ଡିଆ କଣ୍ଠିଆ ଜମାଦାର, କୁଆଁରୀ କନ୍ୟା, ରୟସ୍, ଚକଉକିଦାର, ପୁଣ୍ଡରୀକ ଯକ୍ଷ, ଇସିପୁରିଆ ଜଗନ୍ନାଥ, ଇନ୍ଦିବର, ବାଲ୍ମିକୀ, ଦେଶୀ ହାକିମ, ନିଉ ଇଣ୍ଡିଆ ପ୍ରିଣ୍ଟିଂ କମ୍ପାନୀ, ଘନଶ୍ୟାମ ଓରଫ୍ ଘନିଆ,

ନଖିଆ ଓଭର ଟାଇମ୍, ମସ୍ତରାମ, ରସ ମଲେଇ, ଲେଟର ପ୍ରେସ୍, ସ୍କ୍ରିନ୍ ପ୍ରିଣ୍ଟିଂ, ବଳରାମ ପଟ୍ଟନାୟକ, ଫରେଷ୍ଟ ଡିପାର୍ଟମେଣ୍ଟ, ମୁଖା ଶିଳ୍ପୀ, ଧର୍ମଶାଳା ଗେଟ୍, ମନ୍ଦିର, ଗୀର୍ଜା, ମସ୍‌ଜିଦ୍, ଡଙ୍ଗା, ଧୁମ୍‌ସା, ଲବଙ୍ଗଲତା, ଯାଦୁଗଡ଼ ହାସ୍‌ପାତାଳ, ବଶୀକରଣ ବିଦ୍ୟା, ଇନ୍ଦ୍ରନୀଳ, ମ୍ୟୁନିସିପାଲିଟି, ଟେଷ୍ଟାପୋଷି, ସ୍କୁଲମାଷ୍ଟର, ସୁଟ୍‌କେଶ, ସବର୍ଣ୍ଣ, ଯୁକ୍ତିତର୍କ ଆଦି ବହୁବିଧ ସ୍ଥାନ, ଚରିତ୍ର, କାଳ, ଘଟଣା ତଥା ଉପାଦାନରେ 'ଶୂନ୍ୟକାଳ'ର କଳେବର ସଂରଚିତ। ଏଗୁଡ଼ିକୁ ପାଥେୟକରି କଥାବସ୍ତୁ ଗତିଶୀଳ।

ଆରମ୍ଭରୁ ଶେଷଯାଏଁ କଥକ ହିଁ କହୁଛି। କଥକର ସଂଳାପ ହିଁ ଏ ଉପନ୍ୟାସର ସାମଗ୍ରିକ ବିନ୍ୟାସ ପାଇଁ ହୋଇଛି ସହାୟକ। ଅନେକ ଶବ୍ଦ, ଅନେକ ବାକ୍ୟ, ଅନେକ ପାଠାଂଶ ଏବଂ ସର୍ବମୋଟ ତେରଟି ଉପକଥା ଦ୍ୱାରା ମୂଳ କାହାଣୀର ଧାରା-ପ୍ରବାହ ଲହରାୟିତ ହୋଇଛି। କାହାଣୀ କଥନର ପାରମ୍ପରିକ ପ୍ରାରୂପ ସହିତ ସମକାଳୀନ ଆବଶ୍ୟକ ଅବବୋଧକୁ ମିଶ୍ରଣ କରାଇ ଏକ ନବନିର୍ମିତ ଶୈଳୀରେ ଉପନ୍ୟାସର କାହାଣୀସମଗ୍ରକୁ ଗୋଟିଏ ସିଗ୍ନିଫାୟାରରୁ ଆଉ ଗୋଟିଏ ସିଗ୍ନିଫାୟାର୍‌କୁ ଅବିରତ ସ୍ଥାନାନ୍ତରୀକରଣ କରାଇଛନ୍ତି ଔପନ୍ୟାସିକ। ତାଙ୍କ ଭାଷାରେ "କାହାଣୀରୁ କାହାଣୀର ଗତି। କାହାଣୀର ଅବିରତ ଧାରା-ପ୍ରବାହ। ଅନେକଗୁଡ଼ିଏ ଉପକଥା ମୂଳ କାହାଣୀକୁ ବାନ୍ଧି ରଖିଛନ୍ତି ବା ମୂଳ କାହାଣୀ ଅନେକ ଗୁଡ଼ିଏ ଉପକଥାକୁ ବାନ୍ଧି ରଖିଛି। ମୁଖ୍ୟ ଚରିତ୍ର କାହାଣୀଟିଏ ଶୁଣାଇଛି ଆମୂଳଚୂଳ।"[୩]

ଶେଷଭାଗ

"ଡାଏଲଜିକ୍ସ ବା ସଂଳାପତତ୍ତ୍ୱ ଋଷିଆର ମିଖାଇଲ ବାଖତିନଙ୍କ ଉପନ୍ୟାସ ଆଲୋଚନାରୁ ବିକାଶଲାଭ କରିଥିଲା। ପ୍ରତ୍ୟେକ ଉକ୍ତିର ଉଚ୍ଚାରଣରେ ଗୋଟିଏ ଚରିତ୍ର ତା'ର ସାମଗ୍ରିକ ସମକାଳୀନ ଅବସ୍ଥାର ପରିଚୟ ଦେଇଥାଏ ବୋଲି ବାଖ୍‌ତିନ୍‌ଙ୍କ ବିଶ୍ୱାସ। ୧୯୨୯ରେ ସେ ଲେଖିଥିବା 'Problemy Poetiki Dostoevskogo' (Problems of Dostoevsky's Poetics) ତାଙ୍କର ଏକ ମୁଖ୍ୟ ରଚନା। ସେଥିରେ ସେ ଟଲଷ୍ଟୟ ଏବଂ ଦସ୍ତୋଭସ୍କିଙ୍କ ଉପନ୍ୟାସମାନଙ୍କୁ ତୁଳନା କରି ପ୍ରକାଶ ଭଙ୍ଗୀର ପାର୍ଥକ୍ୟ ସୂଚିତ କରିଛନ୍ତି। ଟଲଷ୍ଟୟଙ୍କର ଉପନ୍ୟାସରେ ଥିବା ସ୍ୱର ଲେଖକଙ୍କର। ଲେଖକ ଚାହୁଁଥିବା ସତ୍ୟହିଁ ଚରିତ୍ରମାନଙ୍କ ସ୍ୱରକୁ ନିୟନ୍ତ୍ରିତ କରିଛି। ଲେଖକଙ୍କ ନିୟନ୍ତ୍ରଣରେ ହିଁ ସମସ୍ତ ସ୍ୱରର ସାମଗ୍ରିକତା ନିର୍ଣ୍ଣିତ ହୋଇଛି। କିନ୍ତୁ ଦସ୍ତୋଭସ୍କିଙ୍କ ଉପନ୍ୟାସରେ ପ୍ରତି ଚରିତ୍ର ତା'ର ସ୍ୱକୀୟ ସ୍ୱରକୁ ବଜାୟ ରଖିଛନ୍ତି। ସେମାନେ ଔପନ୍ୟାସିକଙ୍କ ସୃଷ୍ଟ ଦୁନିଆର ଜଡ଼ ପଦାର୍ଥ ନହୋଇ ମୁକ୍ତିକାମୀ ବିକଳ୍ପ

ସ୍ୱରମାନଙ୍କର ମୌଳିକ ଉଚ୍ଚାରଣ ରୂପେ ଠିଆ ହୋଇଛନ୍ତି। ବାଖ୍‌ତିନ୍ ଦସ୍ତୋଭସ୍କିଙ୍କ ଉପନ୍ୟାସକୁ ସଂଳାପାଶ୍ରୟୀ (Polyphonic / dialogic) ଅର୍ଥାତ୍ ବହୁ ସ୍ୱରର ସଂସର୍ଗ ରୂପେ ଅଭିହିତ କରିଛନ୍ତି।"(୪)

କହିବା ବାହୁଲ୍ୟ ଯେ ସତ୍ୟପ୍ରିୟଙ୍କ 'ଶୂନ୍ୟକାଳ' ଉପନ୍ୟାସରେ ବହୁ ସ୍ୱରର ସଂସର୍ଗ ହୋଇଛି। ଏଠାରେ ଔପନ୍ୟାସିକ ଗୋଟିଏ ଚାନ୍ସରେ ବଦ୍ରିପ୍ରସାଦ ପରି କାହାଣୀ ପରିବେଷଣରେ ତତ୍ପରତା ପ୍ରଦର୍ଶ ଅଛନ୍ତି।(୫) ସେ ବଦ୍ରିପ୍ରସାଦ ଏବଂ ତାଙ୍କ ଛାଇ ମଧ୍ୟ ବଦ୍ରିପ୍ରସାଦର ଛାଇପରି। " ସମୟ ସ୍ତବ୍ଧ" ଅର୍ଥାତ୍ ଶୂନ୍ୟକାଳ। "କାଳ ଓ କାଳାତୀତ- ଏକାକାର।"(୬) ଅର୍ଥାତ୍ ଶୂନ୍ୟକାଳ। "ଗତିହୀନ କାଳଚକ୍ର ସ୍ଥିର ଅଥଚ ଗତିଶୀଳ।"(୭) ଅର୍ଥାତ୍ ଶୂନ୍ୟକାଳ। "ଇତିହାସ, କଳ୍ପନା ଓ ବର୍ତ୍ତମାନ ଯେଉଁଠି ପହଞ୍ଚେ ସେଠି ଥାଏ ଗୋଟେ ନିର୍ବହମାନ ନଈ।"(୮) ଅର୍ଥାତ୍ ଶୂନ୍ୟକାଳ। "ସାତ ଶହ ପାହାଡ଼।"(୯) ଅର୍ଥାତ୍ ଶୂନ୍ୟକାଳ। "କୁହୁକିତ ଜଂଗଲ ଓ ଏକ ପ୍ରାଗୈତିହାସିକ ଯାଦୁ ନଗରୀ।"(୧୦) ଅର୍ଥାତ୍ ଶୂନ୍ୟକାଳ। ମୁଖାନାଚ : ଯାହାର ଇତିହାସ ଆଦିମ ଜନଜାତିର ଜନ୍ମ ଓ ତାରା,ଆକାଶ, ମହୁଲଗଛ, ଶାଳଫୁଲ, ଟିକି ଟିକି ଧୂଳି, ଧୂମକେତୁ ଓ ଇନ୍ଦ୍ରଧନୁରୁ ଆରମ୍ଭ..." (୧୧) ଅର୍ଥାତ୍ ଶୂନ୍ୟକାଳ।

'ଶୂନ୍ୟକାଳ' ଉପନ୍ୟାସରେ ସର୍ବମୋଟ ୧୩ଟି ଉପକଥା ରହିଛି। 'ଚତୁର ବିନୋଦ' (ବ୍ରଜନାଥ ବଡ଼ ଜେନା)ରେ ନାୟକ ମୋହନାଙ୍ଗ ନାୟିକା ଚଞ୍ଚଳାକ୍ଷୀଙ୍କୁ ବିଭିନ୍ନ ବିନୋଦ (ହାସ, ରସ, ନୀତି, ପ୍ରୀତି) ପରିବେଷଣ କରିବା ସମୟରେ ମୂଳଗଳ୍ପରେ ଯେଉଁଭଳି ଚାରିଗୋଟି ଶାଖାଗଳ୍ପ ଏବଂ ସେହି ଶାଖାଗଳ୍ପ ମଧ୍ୟରେ ଅନେକ ପ୍ରଶାଖା ଗଳ୍ପ ସଂଯୁକ୍ତ ହୋଇଛି ଠିକ୍ ସେହିପରି ଆଲୋଚ୍ୟ ଉପନ୍ୟାସରେ ମୁଖାପିନ୍ଧା କଥକ ବଦ୍ରିପ୍ରସାଦ ମଣିମା ଏବଂ ପାରିଷଦବର୍ଗଙ୍କୁ ମୁଖ୍ୟଗଳ୍ପରେ ମୂଳକାହାଣୀ ଶୁଣାଇବା ସମୟରେ ୧୩ଟି ଶାଖା କାହାଣୀ ଏବଂ ସେହି ଶାଖା କାହାଣୀ ସହିତ ଗୁଡ଼ିଏ ପ୍ରଶାଖା କାହାଣୀ ମଧ୍ୟ ସଂଯୁକ୍ତ କରାଯାଇଛି। ଶାଖାକାହାଣୀ ବା ଉପକାହାଣୀଗୁଡ଼ିକ ହେଉଛି- (୧) ରାଜ କୁମାର ଚନ୍ଦ୍ରଭାନୁ ପ୍ରସଙ୍ଗ(୨) ମୁଖା ନାଚ ଓ ନଟବର କଥା (୩) ମକରଧ୍ୱଜ: ପ୍ରଥମ ରାତ୍ରିର କାହାଣୀ (୪) ମକର ଧ୍ୱଜ : ଦ୍ୱିତୀୟ ରାତ୍ରିର କାହାଣୀ (୫) ଛେଳି, କୁକୁର ଓ ଦଣ୍ଡପାଣିକଥା (୬) କାଣ୍ଡରୁ ଓ ଭୂତନାଥ ଚରିତ୍ର (୭) କରିଆମୁଣ୍ଡା ଓ କୁଶବିନ୍ଧ ତ୍ୟାଗରାଜ ଉପାଖ୍ୟାନ (୮) କବୁତର ଓ ହନୁମାନର କଟାମୁଣ୍ଡ (୯) କେଶବତୀ ଦେବଦାସୀ, ରଜା ଓ ବ୍ରାହ୍ମଣ ପ୍ରସଙ୍ଗ (୧୦) ବୀରବଲର କଥା (୧୧) ମୁଖା ସଂପର୍କରେ କେତୋଟି ତଥ୍ୟ (୧୨) ଘାସିରାମ ଚଉକିଦାର ଏବଂ (୧୩) ଜୋକ୍, ମୃତ୍ୟୁଦଣ୍ଡ ଓ ଦୁର୍ଭାଗ୍ୟ।

ତେରଟି ଯାକ ଶାଖା କାହାଣୀରେ ଅନେକ ସାମାଜିକ-ରାଜନୀତିକ-ଆର୍ଥନୀତିକ-ସାଂସ୍କୃତିକ କ୍ଷମତା ରାଜନୀତି ତଥା ତଜ୍ଜନିତ ସମସ୍ୟା ପ୍ରଭୃତିକୁ ଜଣେ ପୋଷ୍ଟ କଲୋନିଆଲ ଇତିହାସ ଲେଖକ ଭଳି ଔପନାସିକ ସଂଗ୍ରଥିଛନ୍ତି ଏଇ କଥାକୃତି ମଧ୍ୟରେ।

ପ୍ରବନ୍ଧର ଏଇ ଭାଗରେ ଏବେ 'ଶୂନ୍ୟକାଳ'ର ବିବିଧ ଅନୁଷଙ୍ଗକୁ ସଂଳାପବାଦର ବିଭିନ୍ନ ଅନୁସଙ୍ଗ ସହିତ ଯୋଡ଼ି ଫେଡ଼ି ହରି ଗୁଣି କଥକୀୟ ଅଭିପ୍ରାୟକୁ ସମ୍ମୁଖକୁ ଅଣାଯାଉ।

କ୍ରୋନୋଟୋପ୍ ବନାମ୍ 'ଶୂନ୍ୟକାଳ'

କ୍ରୋନୋଟେପ୍ ହେଉଛି "the place where the knats of narrative are tied and united. (Bakhtin)". ଅର୍ଥାତ୍ ଯେଉଁଠାରେ ଆଖ୍ୟାନର ବା କଥାର ବା ବୃତ୍ତାନ୍ତର ଗଣ୍ଠିସମୂହ ପ୍ରବନ୍ଧିତ ଏବଂ ଐକ୍ୟବଦ୍ଧ ହୋଇଥାଏ, ତାହାକୁ କ୍ରୋନୋଟୋପ କୁହାଯାଏ। ଏହା ମହାବ୍ୟାଖ୍ୟାନ (discourse) ମଧ୍ୟରେ ଅନ୍ତର୍ପାଠୀୟ (intertextual) ଅବିଚ୍ଛିନ୍ନତା ନିର୍ମାଣ କରିଥାଏ। ଯାହା ଆମେ ଏକରୁ ତ୍ରୟୋଦଶ ଶୀର୍ଷକଯୁକ୍ତ ପରିଚ୍ଛେଦରେ ଦେଖିବାକୁ ପାଉ। ଏଇ ଧରଣର ପ୍ରକ୍ରିୟାକୁ ବାଖତିନ୍ ସ୍ଥାନଗତ (Space) ଏବଂ କାଳଗତ (Time) ସଜ୍ଜୀକରଣରେ ସହଯୋଗୀ ବୋଲି କହିଛନ୍ତି। ତତ୍‌ସହିତ ଏହି ପ୍ରକ୍ରିୟାକୁ ସେ ଭାଷା ଏବଂ ମହାବ୍ୟାଖ୍ୟାନର ସୂତ୍ରଧର ବା କ୍ରୋନୋଟୋପିକ୍ ଇତିହାସ ବୋଲି ନାମିତ କରିଛନ୍ତି।

କ୍ରୋନୋଟୋପିକ୍ ଇତିହାସର ବୈଶିଷ୍ଟ୍ୟ ଅନୁସାରେ ସତ୍ୟପ୍ରିୟଙ୍କ 'ଶୂନ୍ୟକାଳ'ର କଥ୍ୟକେନ୍ଦ୍ର ହେଉଛି ଯାଦୁଗଡ଼। ଯେଉଁଠି ଅନେକ ଚରିତ୍ର, ଅନେକ ଘଟଣା, ଅନେକ କାର୍ଯ୍ୟର ମିଳିତ ଅର୍କେଷ୍ଟ୍ରା ପ୍ରଦର୍ଶିତ ହୋଇଛି। ଏବେ ସେହି ବୃତ୍ତାନ୍ତସମୂହରେ କଂକ୍ରିଟାଇଜିଂ ରିପ୍ରେଜେଣ୍ଟେସନକୁ ଏଠାରେ ବିଶ୍ଳେଷଣ କରାଯାଉ-

(କ) **ସ୍ଥାନଗତ କ୍ରୋନୋଟୋପ :-** ରାଜକୁମାର ଚନ୍ଦ୍ରଭାନୁ ଚରିତ୍ରଜଣକ ଯେଉଁ ସ୍ଥାନରେ ରହନ୍ତି- ସତ୍ୟପ୍ରିୟଙ୍କ ଭାଷାରେ ତାହା ହେଉଛି- "ଯେବେ କ୍ଷମତା ଥିଲା, ରାଜ୍ୟ ଥିଲା ଓ ରାଜାଙ୍କ ଅନୁଶାସନ ଥିଲା, ସେତେବେଳେ ଚନ୍ଦ୍ରଭାନୁର ଜନ୍ମ ହୋଇନଥିଲା। ଏବେ ସେସବୁ ଇତିହାସ। ତଥାପି ସେହି ଇତିହାସକୁ ଖୋଳାଖୋଳି କଲେ ମିଳିବ ସାତଶହ ପାହାଡ଼। ଏହି ପାହାଡ଼ ଘେରିରହିଛି ଚତୁଃପାର୍ଶ୍ୱ। ଗଡ଼ ଆଗରେ ସୁଗଭୀର ଗଡ଼ଖାଇ। ଗଡ଼ର ପଛପାଖେ ତିନିକୋଶ ବ୍ୟାପୀ ଏକ ପ୍ରାଗୈତିହାସିକ ନଈ। ନଈର ଛାତିରେ ସ୍ଥାନେ ସ୍ଥାନେ ସୁଉଚ୍ଚ ପର୍ବତର ସ୍ତନ ଓ ମସୃଣ ବାଲିର ନାଭିକ୍ଷେତ୍ର। ଗଡ଼ର ଆଗରେ କଳାନିପୁଣ ଶିଳାର ଭାସ୍କର୍ଯ୍ୟ। ଶୂନ୍ୟମନ୍ଦିର। ଯାହା ଦେଖିବା କଥା ଖାଲି ବାହାରୁ ଦେଖ।" (ଶୂନ୍ୟକାଳ-ପୃ-୭-୮)। ଏହି ସ୍ଥାନିକ

କ୍ରୋନୋଟୋପର ନାମ ଯାଦୁଗଡ଼। ଚନ୍ଦ୍ରଭାନୁର ପୂର୍ବ ପୁରୁଷ ଛଅଶହ ବର୍ଷପୂର୍ବରୁ ଏଇଠି ଶାସନତନ୍ତ୍ର ପ୍ରତିଷ୍ଠା କରିଥିଲେ। ତା' ପୂର୍ବରୁ ଏହି ଅଞ୍ଚଳ ଘଞ୍ଚ ଜଙ୍ଗଲ, ବନ୍ୟଜନ୍ତୁ.... ଏବଂ କିଛି ଆଦିମ ଜନଜାତି ଦ୍ୱାରା ପରିବେଷ୍ଟିତ ତଥା ଅଧ୍ୟୁଷିତ ଥିଲା। ଔପନ୍ୟାସିକ ରାଜାରାଜୁଡ଼ା ଶାସନ ତନ୍ତ୍ରରେ ଏଭଳି ଅପ୍ରତ୍ୟାଶିତ ଏବଂ ଅବୈଧ ନିରଙ୍କୁଶତାକୁ ବ୍ୟଙ୍ଗକରି କହୁଛନ୍ତି- "କାଳେ କାଳେ ଶାସନତନ୍ତ୍ର ଏମିତି। ବଳାତ୍କାର କରାଯାଇ ଛଡ଼ାଇ ଅଣାଯାଏ। ପୁଣି ବଳାତ୍କାର ଓ ପୁଣି ହସ୍ତାନ୍ତର। ସାମ, ଦାନ, ଦଣ୍ଡ, ଭେଦ ଦ୍ୱାରା ଆୟତ୍ତାଧୀନ ଶାସନ ପୁଣି ହସ୍ତାନ୍ତର ହୋଇଯାଏ। ବେଶ ବଦଳେ, ଦେଶ ବଦଳେ। ଶାସକ ବଦଳେ ମାତ୍ର ଶାସନ ବଦଳେ ନାହିଁ।" (ପୃ-୮)

ଯାଦୁଗଡ଼ର ଶାସନ ଆଜି ଆଉ ନାହିଁ। ରାଜ୍ୟ ଚାଲିଯାଇଛି। କେବଳ ପଡ଼ିରହିଛି ରାଜବାଟୀ, ସଂପତ୍ତି ଏବଂ ଶେଷ ରଶ୍ମି ରାଜକୁମାର ଚନ୍ଦ୍ରଭାନୁ। ଯାଦୁଗଡ଼ର କ୍ରୋନୋଟୋପିକ୍ ଭୂମିଖଣ୍ଡ ବହୁବିଧ ବୈଚିତ୍ର୍ୟଦ୍ୱାରା ପରିବେଷ୍ଟିତ। ଏଇ ଭୂମିଖଣ୍ଡରେ ପ୍ରଫେସରଙ୍କ ଭଡ଼ାଘର, ରାଜବାଟୀ, କଣ୍ଟ୍ରୋଲ ଦୋକାନ, ପେଲେସ ଭିଡ଼ିଓ ହଲ, ନଟବରର ଘର, ଥାନା, ବଙ୍ଗାଳି ଟୋଲା, ମ୍ୟୁନିସିପାଲିଟି ଅଫିସ୍, ହାଟ, କାଳୀମନ୍ଦିର, ମସଜିଦ୍, ଚର୍ଚ୍ଚ, ମୁସଲମାନ ବସ୍ତି, ଛାପାଖାନା (ନିଉ ଇଣ୍ଡିଆ ପ୍ରିଣ୍ଟିଂ କମ୍ପାନୀ), ଚା'ଦୋକାନ, ଜଗନ୍ନାଥ ମନ୍ଦିର, ପାନ ଦୋକାନ, ମକରଧ୍ୱଜର ଘର, ଚକ୍ରଧର ସୁନାରୀ ଦୋକାନ, କୁକୁଡ଼ା ଲଢ଼େଇ ପଡ଼ିଆ, ଧର୍ମଶାଳା, ହାସ୍‌ପାତାଳ, ଟେଣ୍ଟାପୋଷି ପାହାଡ଼, କୋର୍ଟ ଆଦି ରହିଚି। ଏହି ସ୍ଥାନଗୁଡ଼ିକର ଅତୀତ ଏବଂ ବର୍ତ୍ତମାନ ସର୍ବସ୍ୱ ପ୍ରାସଙ୍ଗିକତା ହିଁ 'ଶୂନ୍ୟକାଳ' ଉପନ୍ୟାସର କଥ୍ୟ ବକ୍ତବ୍ୟ। ଏହି ସ୍ଥାନସମୂହକୁ କେନ୍ଦ୍ରକରି ଚରିତ୍ରମାନେ ଗତିଶୀଳ ତଥା ଚଳଚଞ୍ଚଳ ହୋଇଉଠିଛନ୍ତି। ସମସ୍ୟା, ସଂକଟ, ସୁଯୋଗ, ବ୍ୟର୍ଥତା, ସାର୍ଥକତା, ବୀଭତ୍ସତା, ନୈଷ୍ଠୁର୍ଯ୍ୟ ଆଦି ସକଳ ବାହ୍ୟ ଏବଂ ଅଭ୍ୟନ୍ତର ଭାବବୋଧ ଏହି ସ୍ଥାନଗୁଡ଼ିକରେ ପରିବେଷଣ କରିଛନ୍ତି କଥାକାର।

ସ୍ଥାନଗତ ଉପାଦାନ ସମୂହ ହେଉଛନ୍ତି ଅଣମାନବୀୟ ଅନୁଷଙ୍ଗ। ଏମାନେ ସାମୟିକତା ସହିତ ସଂଯୁକ୍ତ ହୋଇ ପାତ୍ରଗତ ବିସ୍ତୃତି ସମୂହକୁ ପରିଶୀଳିତ କରାଇଥାନ୍ତି। ଫଳରେ ଆମେ ଉପନ୍ୟାସରେ ବର୍ଣ୍ଣିତ ଘଟଣାଗୁଡ଼ିକର କ୍ରମିକ ଶୃଙ୍ଖଳାକୁ ଭେଟୁ। ତା' ସହିତ ସମକାଳ ଏବଂ ସମତାଳ ମଧ୍ୟ ହେଉ। ସେଥିପାଇଁ ବାଖ୍‌ତିନ୍ କ୍ରୋନୋଟୋପ୍‌କୁ କଥାୟନର ସଂଗଠନୀ କେନ୍ଦ୍ର ବୋଲି କହିଛନ୍ତି।

(ଖ) କାଳଗତ କ୍ରୋନୋଟୋପ୍ :- କାଳବନ୍ଧ ବା କାଳାନୁକ୍ରମିକତା ହେଉଛି କାଳଗତ କ୍ରୋନୋଟୋପ୍‌ର କେନ୍ଦ୍ର। ଏହା କଥାକୃତିର କଥାବନ୍ଧ, ଚରିତ୍ରବନ୍ଧ, ଘଟଣା ବନ୍ଧ, ସ୍ଥାନ ବନ୍ଧ ଆଦି ସହିତ ଅନ୍ତର୍ନିହିତ ସଂପୃକ୍ତି ରକ୍ଷା କରିଥାଏ। କଥାକୃତିରେ

ଯେତେବେଳେ କଥାନିର୍ମାଣ କରାଯାଏ ସେତେବେଳେ ଏହି କାଳଗତ କ୍ରୋନୋଟୋପ ଏକ ଅନ୍ତରୀଣ ରେଳଧାରଣା ଭଳି ଭୂମିକା ତୁଲାଏ। ଏହାଦ୍ୱାରା ଇତିହାସର କେନା, ଇତିହାସର ଉଦ୍‌ଗମ, ଇତିହାସର ଗଣ୍ଠି, ଶାଖା, ପ୍ରଶାଖା ଆଦି ଗୋଟିଏ ଗୋଟିଏ ଅନିବାର୍ଯ୍ୟ ଅନୁଷଙ୍ଗ ରୂପରେ ସ୍ୱତଃ ସମୁଦ୍ଭୂତ ହୁଅନ୍ତି। ତଦ୍ଦ୍ୱାରା କଥାକୃତିରେ କଥାୟିତ ଚରିତ୍ର, ସ୍ଥାନାଦି ଦୃଶ୍ୟ ତଥା ବୋଧଚିତ୍ର ରୂପେ ପାଠକ ସମ୍ମୁଖରେ ଦଣ୍ଡାୟମାନ ହୁଅନ୍ତି। 'ଶୂନ୍ୟକାଳ' କଥାକୃତିରେ ଯେଉଁ କାଳଗତ କ୍ରୋନୋଟୋପକୁ ଏକ ପରିତଳୀୟ ଉପାଦାନ ଭାବରେ କଥାକାର ଗ୍ରହଣ କରିଛନ୍ତି, ତହିଁରେ ଥିବା ସମୁଦାୟ ଅବଧି ହେଉଛି ଛଅ ଶହ ବର୍ଷ। ଯାହା ପୂର୍ବରୁ ସୂଚିତ ହୋଇଛି।

ସତ୍ୟପ୍ରିୟଙ୍କ 'ଶୂନ୍ୟକାଳ' ଉପନ୍ୟାସର ନାମକରଣରେ ଯେଉଁ କୂଟ ବା ବ୍ୟଞ୍ଜନା ରହିଛି- ତାହାର ଭାବଗତ ଅବବୋଧର ଅନ୍ୟ ନାମ 'କାଳହୀନ କାଳ' ହେଇପାରେ ବା ହେଇପାରେ 'between the two lines' ମଧ୍ୟସ୍ଥ ଫାଙ୍କ୍ ବା ହେଇପାରେ ଅନବରତ ସ୍ଥାନାନ୍ତରୀକରଣ, କାଳାନ୍ତରୀକରଣ, ପାତ୍ରାନ୍ତରୀକରଣ ବା ବହୁବଚନୀୟ (Pluralistic) ମହାବ୍ୟାଖ୍ୟାନ (discourse)। ତେବେ ଉପନ୍ୟାସ ଅନ୍ତର୍ଗତ କାଳଗତ କ୍ରୋନୋଟୋପକୁ ନିମ୍ନୋକ୍ତ ପ୍ରକାରେ ବର୍ଗୀକୃତ କରାଯାଇପାରେ।

୧) ରୋମାଞ୍ଚକର ବା ଦୁଃସାହସିକତା (adventure)ଯୁକ୍ତ କାଳଗତ କ୍ରୋନୋଟୋପ ଭାବରେ ପ୍ରାଣଦଣ୍ଡ ପାଇଥିବା କଥକ ବା ବଦ୍ରିପ୍ରସାଦର ବୃତ୍ତାନ୍ତ କଥନର ଆରମ୍ଭରୁ ଉପସଂହାର ପର୍ଯ୍ୟନ୍ତ ସମୟ ଖଣ୍ଡକୁ ଗ୍ରହଣ କରାଯାଇପାରେ। ଯେଉଁ ସମୟ ଖଣ୍ଡର ତରଙ୍ଗରେ ଭାସି ଭାସି ଏକ ଅନିର୍ଦ୍ଦିଷ୍ଟ ଆଗାମୀ ଆଡ଼କୁ କଥକ ଅତ୍ୟନ୍ତ ନିର୍ଭୀକତା ତଥା ଚତୁରତାର ସହିତ ଅଗ୍ରସର ହେଇଛି ମୁଖାଯୁକ୍ତ ହେଇ।

ବଦ୍ରିପ୍ରସାଦର ଇତିହାସ ଏକ ଜୋକ୍‌ର ଇତିହାସ। ସେ ହିଁ କଥକ। ମୁଖାପିନ୍ଧା କଥକ। ସମୟକୁ ଚିହ୍ନିଥିବା କଥକ। ସମୟହୀନତାକୁ ଚିହ୍ନିଥିବା କଥକ। ଯିଏ "ଏ ସଂସାରର ନୀତି, ନିୟମ, ଆଇନ୍-କାନୁନ-ଏ ମଣିଷଗଢ଼ା ସଂବିଧାନର ସୀମିତ ପରିସର ବାହାରେ ଏକ ପୃଥିବୀ ରହିଛି ବୋଲି ଜାଣେ। ଚନ୍ଦ୍ରଭାନୁ, ନଟବର, ପ୍ରଫେସର, ଚକ୍ରଧର ସୁନାରୀ, କାଣ୍ଡରୁ, ଘାସିରାମ, ଚଉକିଦାର, ଇନ୍ଦ୍ରନୀଳ ଓ ବଦ୍ରିପ୍ରସାଦମାନେ ସରି ନାହାନ୍ତି ବା ସରନ୍ତି ନାହିଁ ବୋଲି କଥକ ଜାଣେ। ସେ ଜାଣେ ବଦ୍ରିପ୍ରସାଦର ଜୋକ୍ "ଆରମ୍ଭରୁ ହିଁ ଶେଷ ହୋଇଯାଇପାରେ ବା ଶେଷରୁ ହିଁ ଆରମ୍ଭ।" ଅତଏବ ସକଳ ସ୍ଥାନ-କାଳ-ପାତ୍ର ଏକ ଅନନ୍ତକାଳିକ କ୍ରୋନୋଟୋପଦ୍ୱାରା ଅନବରତ ସ୍ଥାନାତୀତ, କାଳାତୀତ ଏବଂ ପାତ୍ରାତୀତ ହୋଇ ବଦ୍ରିପ୍ରସାଦର କାଳବନ୍ଧଠାରୁ କଥକର କାଳବନ୍ଧ ଭିତରକୁ ପୁଣି କଥକର କାଳବନ୍ଧଠାରୁ ବଦ୍ରିପ୍ରସାଦର ଛାଇର କାଳବନ୍ଧ ଯାଏଁ ଯାଆଆସ କରିପାରନ୍ତି।

କାଳଗତ କ୍ରୋନୋଟୋପ ଦୃଷ୍ଟିକୋଣରୁ ଆଲୋଚ୍ୟ ଉପନ୍ୟାସରେ ପ୍ରାକୃତିକ (Natural) ଜୈବିକ (biological) ନିତ୍ୟନୈମିତ୍ତିକ (everyday) ଚକ୍ରାକାର (cyclical), ପାରମ୍ପରିକ, ପ୍ରଥାଭିତ୍ତିକ, ଐତିହାସିକ, ଆଞ୍ଚଳିକ, ଜୀବନୀମୂଳକ ଉତ୍ସବକୈନ୍ଦ୍ରିକ, ଯୌନମୂଳକ, ସ୍ୱପ୍ନମୂଳକ, ବିଫଳତାମୂଳକ, ଆହ୍ୱାନମୂଳକ, ଶୃଙ୍ଖଳିତ, ସମ୍ଭାବ୍ୟତାମୂଳକ ଆଦି କାଳବନ୍ଧର ସଂଯୋଜନା କରାଯାଇଛି। ଏହି ସଂଯୋଜନା ମାଧ୍ୟମରେ କଥାକାର ଯାଦୁଗଡ଼ର ଇତିହାସ ସହିତ ଜଡ଼ିତ ବହୁବିଧ କ୍ରୋନୋଟୋପର ବୈଶିଷ୍ଟ୍ୟକୁ ନିରୂପଣ କରିପାରିଛନ୍ତି।

୨) ରାଜବଂଶର ଇତିହାସ, ମୁଖାନାଚର ଇତିହାସ୍, ରାଜ୍‌ପୁତ୍ ଜାତିର ଇତିହାସ, ସିଙ୍ଗବୋଙ୍ଗା (ସୂର୍ଯ୍ୟଦେବତା) ଅପଭ୍ରଷ୍ଟ ହୋଇ 'ସିଂ'ରେ ପରିଣତ ହେବାର କାଳାନୁକ୍ରମିକ ଇତିହାସ, ସିଂ ରାଜବଂଶର ସାଂସ୍କୃତିକ ଇତିହାସ, ଝାଡ଼ଖଣ୍ଡ ଇତିହାସ ଆଦିର ନିର୍ମିତିରେ କାଳବନ୍ଧଗତ କ୍ରୋନୋଟୋପ କାର୍ଯ୍ୟ କରିଛି।

୩) ନଟବର ବୁଢ଼ା ଅଧାଲଙ୍ଗଳା ହୋଇ ତଳେ ପଡ଼ିବା; ଖଟିଆରେ ନିର୍ଘାତ ମାଇକିନା ବସିବା; ଭାନୁମତୀ ଘର ଭିତରୁ ଚାପା କଥାବାର୍ତ୍ତାର ଅଶ୍ଳୀଳ ଭଗ୍ନାଂଶ ଭାସିଆସିବା, ମ୍ୟାଜିକ୍ ବାଲା ମ୍ୟାଜିକ୍ ଦେଖାଇ ଯୌନୋଦ୍ଦୀପକ ତେଲ ବିକ୍ରିକରିବା, କରିଆ ମୁଣ୍ଡାର ଝିଅକୁ ତ୍ୟାଗରାଜ ଉଠାଇ ନେଇ ବିକ୍ରି କରିଦେବା; କେଶବତୀ ଦେବଦାସୀ ବାର ପୁରୁଷର ତେର ମନ ତୋଷିବା; କେଶବତୀର ବାପା ଗ୍ୟାବ୍ରିଏଲ କେଶବତୀକୁ ଦେହ ବ୍ୟବସାୟ ପାଇଁ ବାଧ କରିବା; 'ରସମଲେଇ' ପୁସ୍ତକରେ ସ୍ଥାନିତ ହୋଇଥିବା ନିଷିଦ୍ଧ ଶବ୍ଦପୁଞ୍ଜ ସାଙ୍ଗକୁ ଗୋପନୀୟ ଅଙ୍ଗପ୍ରତ୍ୟଙ୍ଗର ବର୍ଣ୍ଣନା ତଥା ନଗ୍ନବିକାର ଓ ଜାନ୍ତବ ପରିଚର୍ଚ୍ଚା ଇତ୍ୟାଦିର ପରିବେଷଣରେ ଯେଉଁ କାଳଗତ ଆନୁକ୍ରମିକତା ଏବଂ ସଂସ୍ଥିତିକତାକୁ ପାଥେୟ ଭାବରେ ଗ୍ରହଣ କରାହୋଇଛି, ତହିଁରେ ଯୌନମୂଳକ କାଳଗତ କ୍ରୋନୋଟୋପକୁ ମୁଖ୍ୟ ଅବଲମ୍ବନ ବୋଲି ବିଚାର କରାଯାଇଛି। କାଳକୈନ୍ଦ୍ରିକ କ୍ରୋନୋଟୋପରେ କଥାବସ୍ତୁଗତ ଘଟଣା ବିନ୍ୟାସର ଘଟିତ ଅବଧି ହିଁ ପ୍ରମୁଖ ପ୍ରକାର୍ଯ୍ୟ ରୂପେ ସହଯୋଗ କରିଥାଏ।

୪) ଯାଦୁଗଡ଼ର ଆଞ୍ଚଳିକ ତଥା ପ୍ରଥାବଦ୍ଧ ମୁଖାନାଚକୁ ଅନ୍ୟତମ କାଳଗତ କ୍ରୋନୋଟୋପ ଭାବରେ ନିଆଯାଇପାରେ। ଦେବଦାସୀ ପରଂପରା ମଧ୍ୟ ଏଇ କୋଟିରଭୁକ୍ତ କ୍ରୋନୋଟୋପ। ସମୟରୁ ସମୟକୁ ଏହି ମୁଖାନାଚର ପରମ୍ପରାରେ ପରିବର୍ତ୍ତନ ଦେଖାଦେଇଛି। ପ୍ରାରମ୍ଭିକ ରୂପ ଭାବରେ ଏ ନାଚ ଗୋଟିଏ କାଳରେ ପାଇକ ନାଚ, ବା ସାମରିକ ନୃତ୍ୟାଭ୍ୟାସ ଅସ୍ତ୍ରଚାଳନା ଓ କୁସ୍ତି ବା ଶରୀର ଚାଳନାର କୌଶଳ ହିଁ ଥିଲା ଏଇ ଅବସ୍ଥାର ଅନ୍ୟ ନାମ। ପୌରାଣିକ ଆଖ୍ୟାନ ସହିତ କଳ୍ପନା

ଓ ବାସ୍ତବତାର ଚିତ୍ର ସବୁ ମିଶାଇ ଅନୁଶାସନ ବା ପ୍ରଥା ନିର୍ମାଣ କରିବାର ସମୟଗତ ବ୍ୟବସ୍ଥା ହିଁ ଆଲୋଚ୍ୟ ଉପନ୍ୟାସର ଗତିବିଧିକୁ ମହିମା ମଣ୍ଡିତ କରାଯାଇଛି। ନିୟମ ଓ ନିର୍ଣ୍ଣୟ କ୍ରମେ ନୃତ୍ୟକୁ ଶୃଙ୍ଖଳାରେ ବାନ୍ଧି ଦେଇଛି।

ପାରଂପରିକ କାଳଗତ କ୍ରୋନୋଟୋପର ପ୍ରଚୁର ଦୃଷ୍ଟାନ୍ତ 'ଶୂନ୍ୟକାଳ' ଉପନ୍ୟାସରେ ସଂଗ୍ରଥିତ। ପରମ୍ପରା ବା ପ୍ରଥାସିଦ୍ଧ ବ୍ୟବସ୍ଥା ମଧ୍ୟରେ ଯାଦୁଗଡ଼ର ଜନଜୀବନ ସଂଚାଳିତ। ସେଠାରେ ହିନ୍ଦୁ, ମୁସଲ୍‌ମାନ ଓ ଖ୍ରୀଷ୍ଟିୟାନ ଧର୍ମର ମଣିଷ ନିଜ ନିଜ ଧର୍ମକୁ ନେଇ ବଞ୍ଚନ୍ତି। ତା ସହିତ ମନ୍ଦିର, ମସ୍‌ଜିଦ୍, ଚର୍ଚ୍ଚ ଆଦି ନୈଷ୍ଠିକ ଧର୍ମାନୁଷ୍ଠାନମାନ ମଧ୍ୟ ଯାଦୁଗଡ଼ରେ ରହିଛି।

ଠାକୁର ଖାନ୍‌ଦାନର ଉତ୍ତରାଧିକାରୀ କର୍ପୂରୀ ଠାକୁର ଯେଉଁ ମାଈ କବୁତର 'ମଲ୍ଲିକା'କୁ ଖାଇବାକୁ ଦେଉଥିଲା ଓ ଭଲ ପାଉଥିଲା ସେହି ମାଈ କବୁତର ଗୋଟିଏ ଅଣ୍ଡିରା କବୁତର ସହିତ ମସ୍‌ଜିଦ୍‌ରେ ଯାଇ ରହିବା ଘଟଣାକୁ ନେଇ ହିନ୍ଦୁ ଏବଂ ମୁସଲମାନଙ୍କ ମଧ୍ୟରେ ସାଂପ୍ରଦାୟିକ ମତଭେଦ ଦେଖାଦେଇଥିଲା। କେବଳ ସେତିକି ନୁହେଁ, ଯାଦୁଗଡ଼ର ଯେଉଁ ବହୁରୂପୀ ଜଣକ ବିଭିନ୍ନ ବେଶ ହେଇ ଜନସାଧାରଣଙ୍କ ମନତୁଷ୍ଟି କରି ଗୁଜୁରାଣ ମେଣ୍ଟାଉଥିଲା, ସେ ଯେଉଁଦିନ ହନୁମାନ୍ ହେଇ ଜୟ ଶ୍ରୀରାମ ବାହୁରେ ଲେଖି ଓ ମୁହଁରେ ଉଚ୍ଚାରି ମସ୍‌ଜିଦ୍ ଲେନ୍‌ରେ ପଶିଲା, ସେଇଦିନ ତାକୁ ଇସ୍‌ମାଇଲ୍ ମିଆଁ, କରିମ୍ ଖାଁ ପ୍ରମୁଖ ମିଶି ହତ୍ୟା କରିଦେଇଥିଲେ। କାଳଗତ କ୍ରୋନୋଟୋପ୍ ସହିତ ସଂଯୁକ୍ତ ପ୍ରଥା, ପରଂପରା ଆଦିର ବିଭିନ୍ନ ଦୃଷ୍ଟାନ୍ତ 'ଶୂନ୍ୟକାଳ' ଉପନ୍ୟାସରେ ରହିଛି। ସେଗୁଡ଼ିକର ପୁଙ୍ଖାନୁପୁଙ୍ଖ ବିଶ୍ଳେଷଣ ଏଠାରେ ସମ୍ଭବ ନୁହେଁ।

୫)ଶେଷରେ ଚକ୍ରାକାର କାର୍ଯ୍ୟଗତ କ୍ରୋନୋଟୋପ ଭାବେ ଉପନ୍ୟାସରେ ବର୍ଣ୍ଣିତ କାଳାନୁକ୍ରମିକ ଘଟଣା ବିନ୍ୟାସ ସହିତ ସମକାଳୀନ ଘଟଣା ବିନ୍ୟାସକୁ ଯୋଡ଼ି ଆଲୋଚନା କରାଯାଇପାରେ। ସବୁଠାରୁ ଗୁରୁତ୍ୱପୂର୍ଣ୍ଣ କଥା ହେଉଛି ଉପନ୍ୟାସରେ ଅଭିବ୍ୟକ୍ତ ହୋଇଥିବା ସ୍ଥାନ କିମ୍ବା କାଳ ଏଠାରେ ଏକସ୍ଥାନିକ କି ଏକକାଳିକ ନୁହେଁ। ଏହା ଏକ ନିରବଧି ପ୍ରକ୍ରିୟା। ଏଠାରେ କଥକର କାଳ, ବଦ୍ରିପ୍ରସାଦର କାଳ, ସତ୍ୟପ୍ରିୟ ମହାଲିକଙ୍କ କାଳ ତଥା ଆମତମସେମାନଙ୍କ କାଳ କଦାପି ରୈଖିକତାଯୁକ୍ତ ଧାରାବାହିକତା ଦ୍ୱାରା ଚଳମାନ ନୁହେଁ; ବରଂ ଏହା ବୃତ୍ତୀୟ ବା ଚକ୍ରାକାର (Cyclical)। ଏହା ଗୋଟିଏ ବୃତ୍ତର ପରିଧିସ୍ଥ ବିଭିନ୍ନ ବିନ୍ଦୁ ଭଳି। ଯାହା ପୃଥକ୍ ପୃଥକ୍ ବୋଧ ହେଉଥିଲେ ମଧ୍ୟ ବୃତ୍ତାକାର। ଏହି ବୃତ୍ତୀୟତାଯୁକ୍ତ ଘଟଣା ପ୍ରବାହରେ ଶୂନ୍ୟକାଳସ୍ଥ ଅସରନ୍ତି କାହାଣୀ ଗୋଟାଏ ଲମ୍ବା ଜୋକ୍ ପରି ଘୂର୍ଣ୍ଣାୟମାନ। ଏହା ଥିଲା, ଅଛି, ରହିବ ମଧ୍ୟ।

ସ୍ଥାନଗତ ଏବଂ କାଳଗତ କ୍ରୋନୋଟୋପ୍ ସହିତ ସର୍ବଦା ଚରିତ୍ର (ମାନବୀୟ ଏବଂ ଅଣମାନବୀୟ)ମାନେ ବନ୍ଧିତ ହୋଇରହିଥାନ୍ତି। ତଦ୍ଧାରା ବହୁରଂଗୀ ଘଟଣା ଜଂଜିର ଭଳି ଲମ୍ବମାନତା ଅର୍ଜନ କରେ। 'ଶୂନ୍ୟକାଳ' ଉପନ୍ୟାସରେ ସଂଗ୍ରଥିତ ପ୍ରତ୍ୟେକ ମାନବୀୟ ଏବଂ ଅଣମାନବୀୟ ଚରିତ୍ରମାନଙ୍କର ସ୍ୱକୀୟ ଗୁରୁତ୍ୱ ଏବଂ ଅସ୍ମିତା ରହିଛି । ରାଜବଂଶୀୟ ଚରିତ୍ରଠାରୁ ଆରମ୍ଭକରି ରାଜନୀତିକ ନେତା, ଦେବଦାସୀ, ବେଶ୍ୟା, ପ୍ରଫେସର ଏଭଳିକି ହାତୀ, ମୟୂର ପର୍ଯ୍ୟନ୍ତ ସଭିଏଁ ଗୋଟିଏ ଗୋଟିଏ ଅନିବାର୍ଯ୍ୟ ଏକକ ରୂପେ ଆଲୋଚ୍ୟ ଉପନ୍ୟାସରେ ଦାୟିତ୍ୱ ସଂପାଦନ କରିଛନ୍ତି। ଏମାନଙ୍କ ଦ୍ୱାରା ବହୁବିଧ ସଂସ୍କୃତି, ଐତିହ୍ୟ, ପରଂପରା, ପ୍ରଥା, ଚଳଣି, ରୀତିନୀତି ଆଦି ସମ୍ମୁଖୀକୃତ ହୋଇଛି। ଆଲୋଚନାର ଏହି ପର୍ଯ୍ୟାୟରେ କେତେକ ମାନବୀୟ ଏବଂ ଅଣମାନବୀୟ ଚରିତ୍ରଙ୍କୁ ଏଠାରେ ସଂଯୁକ୍ତ କରି ବିଶ୍ଳେଷଣ କରାଯାଉ।

ସ୍ଥାନଗତ କ୍ରୋନୋଟୋପ ହେଉଛି ଏମିତି ଏକ ସ୍ଥାନ ଯେଉଁଠି ଆଖ୍ୟାନର ଗଣ୍ଠିସମୂହ ଗଣ୍ଠା ହେଇଥାଏ ଏବଂ ତାହାକୁ ଆନୁକ୍ରମିକତାର ସହିତ ସେଇଠି ଗଣ୍ଠିମୁକ୍ତ ମଧ୍ୟ କରାଯାଏ। ଭାବଗତ ବିସ୍ତାରଣ ଏବଂ ବୟନାତ୍ମକ ଆକୃତି ହେଉଛି କ୍ରୋନୋଟୋପ। କାଳ ବା ସମୟଗତ କ୍ରୋନୋଟୋପ ବସ୍ତୁପରକ ପ୍ରାରୂପ ପ୍ରଦାନ କରେ। କଥ୍ୟ ଭୂମିକୁ ଆଗକୁ ଆଗକୁ ବଢ଼ାଇ ବଢ଼ାଇ ବିସ୍ତାରିତ କରାଏ ଏବଂ ଘଟଣାକ୍ରମକୁ ପ୍ରତିନିଧିକତା ପ୍ରଦାନ କରେ। ଫଳରେ ଘଟଣା ସମୂହ ପ୍ରବନ୍ଧିତ ହୁଏ। ସ୍ଥାନିକ ସମୟ ଏବଂ ଚରିତ୍ର/ପାତ୍ରକୁ କ୍ରୋନୋଟୋପ ସଂଚାଳିତ କରେ। ମୂର୍ତ୍ତ ବା ଘନ ରୂପ ପ୍ରଦାନ କରେ। ତେଣୁ କାଳାନୁକ୍ରମିକ ସମୟ ଏବଂ ସ୍ଥାନିକ ପ୍ରବାହକୁ ଚରିତ୍ରମାନଙ୍କ ମାଧ୍ୟମରେ ସଂଯୋଜିତ କରାଏ କ୍ରୋନୋଟୋପ। ଚରିତ୍ରମାନଙ୍କର ସହାୟତାରେ ଉଭୟ ସ୍ଥାନଗତ ଏବଂ କାଳଗତ କ୍ରୋନୋଟୋପ୍ ସହସମ୍ବନ୍ଧିତ ହୁଏ। ସେଥିପାଇଁ ବାଖ୍ତିନ୍ କହନ୍ତି :- "The image of man is always intrinsically chronotope." ଅର୍ଥାତ୍ ସାହିତ୍ୟରେ ଚରିତ୍ର ବା ମଣିଷର ଭାବମୂର୍ତ୍ତି ହିଁ ସର୍ବଦା ଆଭ୍ୟନ୍ତରୀଣ ଦୃଷ୍ଟିକୋଣରୁ କାଳାନୁକ୍ରମିକ (Chronology) ଏବଂ ସଂସ୍ଥିତିକ (topology) ପ୍ରତିନିଧି ଭାବରେ ବିବେଚିତ ହୋଇଥାଏ। ମଣିଷର ସୌଭାଗ୍ୟ, ଦୁର୍ଭାଗ୍ୟ, ବିପର୍ଯ୍ୟୟ, ଉତ୍‌ଥାନ, ପତନ, ବିଷାଦ, ଆହ୍ଲାଦାଦି ମାନବୀୟ ଉପକ୍ରମଗୁଡ଼ିକ କଥା ସାହିତ୍ୟର ପରିବେଶଗତ ସରଂଚନା ଏବଂ କାଳାନୁକ୍ରମିକ ବିସ୍ତାରଣ ପାଇଁ ଇନ୍ଧନ ଯୋଗାଇଥାଏ। ଏହା ଏକ କ୍ରିୟାତ୍ମକ ତଥା ପ୍ରୟୋଗାତ୍ମକ ପ୍ରକାର୍ଯ୍ୟ।

'ଶୂନ୍ୟକାଳ' ଉପନ୍ୟାସରେ ଏହି ପ୍ରୟୋଗାତ୍ମକ ପ୍ରକାର୍ଯ୍ୟର ସଂବର୍ଦ୍ଧନ ପାଇଁ

ବିଭିନ୍ନ ଚରିତ୍ରର ଭାବାତ୍ମକ ତାତ୍ପର୍ଯ୍ୟ କିଭଳି ଗୁରୁତ୍ୱପୂର୍ଣ୍ଣ ଭୂମିକା ନିର୍ବାହ କରିଛି, ତାହା ସଂକ୍ଷିପ୍ତରେ ସଦୃଷ୍ଟାନ୍ତ ଆଲୋଚନ କରାଯାଉ।

(ଗ) ଚରିତ୍ରଗତ କ୍ରୋନୋଟୋପ- 'ଶୂନ୍ୟକାଳ' ଉପନ୍ୟାସର ବୃତ୍ତାନ୍ତ ଅନ୍ତର୍ଗତ ଯାଦୁଗଡ଼କୁ କେନ୍ଦ୍ରକରି କଥାବସ୍ତୁ ଆରମ୍ଭର ଶେଷଯାଏଁ ସଂପ୍ରସାରିତ। କ୍ରୋନୋଟୋପିକ୍ ଦୃଷ୍ଟିରୁ ସକଳ ସାମୟିକ ତଥା ସ୍ଥାନିକ ସମ୍ବନ୍ଧର ଅନ୍ତର୍ନିହିତ ସଂଯୋଗ ତଥା ସଂପୃକ୍ତିକୁ ଔପନ୍ୟାସିକ ଏହି ଯାଦୁଗଡ଼ ମଧ୍ୟରେ; ନହେଲେ ଯାଦୁଗଡ଼ ସହିତ ସମ୍ବନ୍ଧିତ ଅନ୍ୟ ପିରମଣ୍ଡଳର ପ୍ରେକ୍ଷାପଟରେ ପରିବେଷଣ କରାଇଛନ୍ତି। ଅବଲୀଳା କ୍ରମେ ରାଜକୁମାର ଚନ୍ଦ୍ରଭାନୁଙ୍କ ସହିତ ତଥା ଯାଦୁଗଡ଼ର ମୁଖାନାଚ ସଂସ୍କୃତି ସହିତ ଉପନ୍ୟାସର କଥାବିନ୍ୟାସକୁ ତୋଳାଇ କଥାବସ୍ତୁକୁ ସେ ଗତିଶୀଳ କରାଇଛନ୍ତି। ଫଳରେ ଉପନ୍ୟାସରେ ବର୍ଣ୍ଣିତ ଘଟଣାଗୁଡ଼ିକ ପାଇଁ ଯାଦୁଗଡ଼ ହେଇଉଠିଛି ଯଥାକ୍ରମେ କାଳାନୁକ୍ରମିକ ଏବଂ ସଂସ୍ଥିତିକ କେନ୍ଦ୍ରବିନ୍ଦୁ।

ଯାଦୁଗଡ଼ର ରାଜକୁମାର ଚନ୍ଦ୍ରଭାନୁଙ୍କ ଜୀବନ ପରିଧି ସହିତ ସମତାଳ ହେଇଉଠିଛନ୍ତି କାଳକ୍ରମେ ପ୍ରଫେସର, ବୋଲକରା କାଣ୍ଡରୁ, କବିରାଜ ଭୂତନାଥ ମାହାତୋ। ପ୍ରଫେସର ମୁଖାନାଚ ସଂପର୍କରେ ଗବେଷଣା କରନ୍ତି। ସେ ବିବାହିତ। ପାଞ୍ଚଟି ସନ୍ତାନସନ୍ତତିଙ୍କ ଜନ୍ମଦାତା। ପରିବାରଠାରୁ ଦୂରରେ ରହି ନିଃସଙ୍ଗ ଜୀବନ ବଞ୍ଚନ୍ତି ସେ। ବୋଲକରା କାଣ୍ଡରୁ ରାଜକୁମାରଙ୍କର ଖାସ୍ ପାଖଲୋକ। ଚନ୍ଦ୍ରଭାନୁଙ୍କର ସେବା କରେ। ତାଙ୍କ ପାଇଁ ପାନୀୟ ଆଣିଦିଏ ଆଉ ଖାଦ୍ୟପ୍ରସ୍ତୁତ କରିଦିଏ। ମାହାତୋ ଚେରମୂଳି ଜଡ଼ିବୁଟିରୁ ଔଷଧ ତିଆରୁଥିବା କବିରାଜ।

ଯାଦୁଗଡ଼ର କ୍ରୋନୋଟୋପିକ୍ ଇତିହାସଗତ ପରମ୍ପରା ସହିତ ମୁଖାନାଚ ପରମ୍ପରା ଜଡ଼ିତ। ଦୀର୍ଘ ବର୍ଷଧରି ପ୍ରଚଳିତ ମୁଖାନାଚ ପରମ୍ପରାର ବର୍ତ୍ତମାନ ପ୍ରତିନିଧି ହେଉଛି ନୃତ୍ୟଶିଳ୍ପୀ ଚକ୍ରଧର। ସେ 'ନୃତ୍ୟରତ୍ନ' ସମ୍ମାନରେ ସମ୍ମାନିତ। ନଟବରର ମୁଖାନାଚ ଏକ କଞ୍ଜୁମିଙ୍ଗ୍ ପ୍ରଡକ୍ଟ ଭାବରେ ଦେଶବିଦେଶରେ ପରିଚିତ। ସେ ଉସ୍ତାଦ୍। ମଦ୍ୟପ। ସ୍ତ୍ରୈଣ। ତା' ପରିବାର ବିପର୍ଯ୍ୟସ୍ତ ତାହାରି ଏଇସବୁ ଅଧୋପତନଶୀଳ ଖୋଇ ପାଇଁ। ତେବେ ମୁଖାନାଚ ଐତିହ୍ୟ ସହିତ ଯାଦୁଗଡ଼ ସଂପୃକ୍ତ। ସେଥିପାଇଁ ମୁଖାନାଚ ଘରାନା ଅନ୍ତର୍ଗତ ନୃତ୍ୟଶୈଳୀ, ତାଳ, ରାଗରାଗିଣୀ, କର୍ମଶାଳା, ଆଲୋଚନାଚକ୍ର, ଲାସ୍ୟ, ହାସ୍ୟ ଓ ତାଣ୍ଡବ ବର୍ଣ୍ଣିତ ମୁଖାପ୍ରସଙ୍ଗକୁ ଔପନ୍ୟାସିକ ଏ ଉପନ୍ୟାସରେ ଉପସ୍ଥାପନ କରିଛନ୍ତି।

ଯାଦୁଗଡ଼ର ମୁଖାନାଚ ଉପରେ ଗବେଷଣା କରିବା ପାଇଁ ମାରିଆ ଲିଚ୍ ଫ୍ରାନ୍ସରୁ ଆସିଛି। ଯାଦୁଗଡ଼ର ମୁଖାନାଚର ଇତିହାସ ଓ ପରଂପରା ଦେଶବିଦେଶରେ ଚର୍ଚ୍ଚିତ।

ସେଥିପାଇଁ ଏହାର ସଂରକ୍ଷଣ ଓ ସଂଚାଳନ ପାଇଁ ଯୋଜନା ଓ ପ୍ରସ୍ତାବ ସରକାରୀ ତଥା ବେସରକାରୀ ସ୍ତରରେ ଆଗତ ହୋଇଛି। କ୍ରମଶଃ ଏହି ମୁଖାନାଚକୁ ଏକ ଉପଭୋକ୍ତାବାଦୀ ନୃତ୍ୟସଂସ୍କୃତିରେ ପରିଣତ କରିଦେବା ଉଦ୍ଦେଶ୍ୟରେ ନଟବରର ଶିଷ୍ୟ ଓ ସ୍ଥାନୀୟ କେତେକ ବୁଦ୍ଧିଜୀବୀ ମସୁଧା କରିଛନ୍ତି। ଫଳରେ ସତ୍ୟପ୍ରିୟଙ୍କ ଭାଷାରେ- "ସେଇଠୁ ମୁଖାନାଚର ଦୁର୍ଦ୍ଦିନ ଆରମ୍ଭ। ଏହା ନିଷ୍ଠା ଓ ସାଧନାର ଭୂଇଁରୁ ଓହ୍ଲେଇ ଆସି ଠିଆ ହେଲା ସ୍ୱାର୍ଥ ଓ ସଂକୀର୍ଣ୍ଣତାର କାଠଗଡ଼ାରେ। ଛୋଟବଡ଼ ମୁଖାନାଚ ପ୍ରଶିକ୍ଷଣ ଓ ଗବେଷଣା ସଂସ୍ଥା ସବୁ ମୁଣ୍ଡଟେକି ଉଠିଲେ।" (ପୃ-୨୦)

ଯାଦୁଗଡ଼ରେ ଯେଉଁ ଛୋଟବଡ଼ ମୁଖାନାଚ ଉସ୍ତାଦ୍‌ମାନେ ଥିଲେ ସେମାନଙ୍କ ମଧ୍ୟରେ ମକରଧ୍ୱଜ ଅନ୍ୟତମ। ମକରଧ୍ୱଜ ଜଣେ ନୃତ୍ୟ ବିଶେଷଜ୍ଞ, କଳାପ୍ରେମୀ, ସଂସ୍କୃତିର ରକ୍ଷକ। ଏହି ଚରିତ୍ର ଜଣକ ସଲିମ୍ ନାମକ ଜଣେ ଚରିତ୍ର ସହିତ ମିଶି ଗଞ୍ଜେଇ ଚୋରାଚାଲାଣ୍ କରେ। ମକରଧ୍ୱଜ ଜଣେ କଣ୍ଟ୍ରୋଲ୍ ଦୋକାନୀ ମଧ୍ୟ। ମକର ଧ୍ୱଜର ପତ୍ନୀ ମୃତ। ଚାରିଟା ବଢ଼ିଲା ଝିଅ, ଗୋଟିଏ ଅର୍ଦ୍ଧପାଗଳ ପୁଅ। ମକରଧ୍ୱଜ ଏକାବେଳେକେ ତିନିଟା ଭାଷା କହିପାରେ। ଯାଦୁଗଡ଼ରେ ଗୋଟାଏ ହାଟ ରହିଛି। ସେଇ ହାଟ ବୁଧବାର ବସେ। ସେଠାରେ ମହୁଲି, ପିତାଶାଗ, କନ୍ଦମୂଳ, ବାଇଗଣ, ବଣୁଆ ଛତୁ, ରୁଗୁଡ଼ା, ସୀତାଫୁଲ, ଚେରମୂଳ, କୁସୁମ ତେଲ, ନିମ ତେଲ, ଶାଳ ଦାନ୍ତ କାଠି, ପିତାଳୁ, ଶୁଖିଲା ଶାଗ, ହଳଦୀଗୁଣ୍ଡ, ବାଜରା, ଯଅ, ମାଣ୍ଡିଆ, ମକା, କୁକୁଡ଼ା ଲଢ଼େଇ କାତି, ମୂଷା ଓ ଓଡ଼ଶମରା, ପାରାଛୁଆ, ହଂସ ଅଣ୍ଡା, କୁକୁଡ଼ା ଆଦି ବିକ୍ରି ହୁଏ।

ମୁଖାନାଚର ଉସ୍ତାଦ୍ ନଟବର, ଯିଏକି ତା ଆଖଡ଼ା ଶାଳରେ ଦଣ୍ଡବୈଠକ ମାରୁଥିବା ଯୁବକମାନଙ୍କୁ "ଦାରୁ ପିଅ କି ଦାରୀ ସାଙ୍ଗରେ ଶୁଅ ହେଲେ ସିଂହପରି ବଞ୍ଚ"ବୋଲି ପରାମର୍ଶ ଦିଏ- ସେହି ନଟବରଙ୍କ ସହିତ ଚକ୍ରଧର ସୁନାରୀ ନାମରେ ଜଣେ ମୁଖାନାଚ ଶିଳ୍ପୀ ଯୋଡ଼ି ହେଇଯାଇଛନ୍ତି। ଚ଼କ୍ରଧର ସୁନାରୀ କାନରେ ଫାସିଆ ଫୁଡ଼ାଇଥାଏ; ଦାନ୍ତ ଦେଖାଇ ଗୀତ ଗାଇଲା ପରି କଥା କୁହେ; ତାଳ, ଲୟ ଓ ରାଗରାଗିଣୀ ବିଷୟରେ ଚର୍ଚ୍ଚା କରେ। ମାଇଚିଆ ସ୍ୱଭାବର। ପ୍ରତ୍ୟେକ ନୃତ୍ୟପରଂପରାରେ ପ୍ରାୟତଃ ଏଇଭଳି ଉତ୍ତରାଧିକାରୀ ଜଣେ ଜଣେ ରହିଥିବାର ଦେଖାଯାଏ।

ଯାଦୁଗଡ଼ର ଆଉ ଜଣେ କ୍ରୋନୋଟୋପିକ୍ ଚରିତ୍ର ହେଲେ ଦଣ୍ଡପାଣି ମିଶ୍ର। ଘରୋଇ ସଞ୍ଚୟ ଓ ଅର୍ଥଲଗାଣକାରୀ ସଂସ୍ଥା 'ଭବିଷ୍ୟତ'ର ବ୍ରାଞ୍ଚ ମ୍ୟାନେଜର ସେ। ରୋହିଦାସ ସୋରେନ୍ ନାମରେ ଜଣେ ଚରିତ୍ର ଦ୍ୱାରା ଦଣ୍ଡପାଣି ମିଛ ବଳାତ୍କାର କେଶ ମାମଲାରେ ଜେଲଦଣ୍ଡ ଭୋଗିଛନ୍ତି। ଫଳରେ ତାଙ୍କ 'ଭବିଷ୍ୟତ' ସଂସ୍ଥା ବୁଡ଼ିଯାଇଛି।

ଦଣ୍ଡପାଣି ଯୋଉ ସ୍ତ୍ରୀ ଲୋକଟି ପାଇଁ ବଳାତ୍କାର ମାମଲାରେ ଫସିଥିଲେ ସେ ହେଲେ ଭାନୁମତୀ। ଭାନୁମତୀ ବେଶ୍ୟା। ଏଇ ଭାନୁମତୀ ମକର ଧ୍ୱଜଙ୍କ ଜୀବନର ଏକମାତ୍ର ସାହାରା ଏବଂ ଆଶ୍ୱାସନା ଥିଲା। "ଭାନୁମତୀ ଯାହାକୁ ଧରେ ତାକୁ ନାଶେ। ତା ହାତରେ ସବୁ ନାଚିବେ। ଓକିଲ, ଜଜ୍, ଥାନାବାବୁ, ଯାଦବ, ହାକିମ, ମିଛ ସାକ୍ଷୀ...। ଯାଦୁଗଡ଼ର ନିଶା ସମ୍ରାଟ ସଲିମ୍ ବି ବେଳେବେଳେ ଭାନୁମତୀର ଶରଣ ପଶେ। ଭାନୁମତୀ ଅନେକଙ୍କ କାମରେ ଆସେ। ଅନେକେ ଭାନୁମତୀର କାମରେ ଆସନ୍ତି।"

ଯାଦୁଗଡ଼ର କବିରାଜ ହେଉଛନ୍ତି ଭୂତନାଥ ମାହାତୋ। ଏଇ ଚରିତ୍ରଟି ନିଜକୁ ମଶାଣି ସାଧକ ବୋଲି କହେ। ଦୁରାରୋଗ୍ୟ ବ୍ୟାଧିର ଉପଶମ ପାଇଁ ମନ୍ତ୍ରସିଦ୍ଧ ତାବିଜ ଲୋକଙ୍କୁ ଦିଏ । ହାତରେ ଗୋଟେ ଧରିଥାଏ ତାଳପତ୍ରର ପ୍ରାଚୀନ ପୋଥି । ରାଜକୁମାର ଚନ୍ଦ୍ରଭାନୁଙ୍କୁ 'ଅମୃତ ଗଛ' ଦେଇ ଚିର ସବୁଜତା ପ୍ରଦାନ କରିବ ବୋଲି ପ୍ରତିଶ୍ରୁତି ଦିଏ।

କାଣ୍ଡରୁ ଚନ୍ଦ୍ରଭାନୁଙ୍କର ଖାସ୍ ଲୋକ। କାଣ୍ଡରୁର ବାପା ରାଜାଙ୍କ ପାଞ୍ଜିଆ ଥିଲେ। ରାଜାଙ୍କ ଆଦେଶ ଓ ଅନୁଶାସନ, ବଂଶାବଳୀ ଓ ଚିଠିପତ୍ର ସବୁ ସେ ଲେଖିରଖୁଥିଲେ। ସେଥିପାଇଁ ରାଜା ତାଙ୍କୁ ନିଷ୍କର ଭୂମି ଦାନ କରିଥିଲେ। ଏବେ ସେଇ ଭୂମିରେ ମ୍ୟୁନସିପାଲିଟି ବସ୍‌ଷ୍ଟାଣ୍ଡ କରିଛି। କାଣ୍ଡରୁ ସେଇ ଜାଗାଟିକୁ ମ୍ୟୁନିସିପାଲିଟିକୁ ବିକ୍ରି କରିଦେଇଛି। ସେଇ ଜାଗାରେ ଏବେ ବସ୍‌ଷ୍ଟାଣ୍ଡ ସହିତ ପାଣିଟାଙ୍କିଟିଏ ବି ନିର୍ମାଣ କରାଯାଇଛି। କାଣ୍ଡରୁ ପ୍ରସଙ୍ଗର ବ୍ୟାଖ୍ୟା କରିବା ସମୟରେ କଥାକାର ଯାଦୁଗଡ଼ର ପ୍ରାଚୀନ ଐତିହ୍ୟ ତଥା ପରମ୍ପରାକୁ ଉତ୍‌ଥାପନ କରିଛନ୍ତି। ଯଥା : "ଆଜି ସେସବୁ ଇତିହାସ। ଯେମିତି ଇତିହାସ ହୋଇଗଲା ଗୋଟେ ଜାତି, ଭାଷା ଓ ସଂସ୍କୃତି। ଯାଦୁଗଡ଼ ଏକଦା ଥିଲା ପ୍ରାଚୀନ କଳିଙ୍ଗର ଅଂଶବିଶେଷ। ଆଜି ଯାଦୁଗଡ଼ ବିଚ୍ଛିନ୍ନାଞ୍ଚଳ। ଏଠି ଯେଉଁ ସ୍ଥାନୀୟ ଲୋକମାନେ ଏକଦା ନିଜକୁ ଓଡ଼ିଆ ବୋଲି ପରିଚୟ ଦେଇଥିଲେ ଓ ଆଷାଢ଼ ମାସରେ ଜଗନ୍ନାଥ ମନ୍ଦିର ଆଗରେ ରଥ ଟାଣୁଥିଲେ ଓ ଘର ଆଗରେ ଝୋଟି ମୁରୁଜ ପକାଉଥିଲେ, ସେସବୁ କ୍ରମେ ମଳିନ ପଡ଼ିଆସିଲା। ଓଡ଼ିଆ ଭାଷା କହିବା ପରିବର୍ତ୍ତେ, ସେମାନେ ହିନ୍ଦୀ କହିଲେ। ହିନ୍ଦୀ ଲେଖିଲେ। ମାତୃଭାଷା ନଲେଖି ଲେଖିଲେ ହିନ୍ଦୀ।

କାଣ୍ଡରୁ ଓଡ଼ିଶା ଯାଇଥିଲା ଅନେକବାର। ପ୍ରାଚୀନ କଳିଙ୍ଗର ଭୂଗୋଳ ଓ ଇତିହାସ, ରାଜା ଓ ମହାତ୍ମାମାନଙ୍କ ବିବରଣୀ ତା' ଜିଭ ଅଗରେ ଥିଲା। ସେ ଗପୁଥିଲା ଅନର୍ଗଳ ଓ ପ୍ରଫେସରଙ୍କୁ ଭାରି ମାନୁଥିଲା। କହୁଥିଲା, ଆମେ ଏଠି ନା ବିହାରୀ ନା

ଓଡ଼ିଆ। ଓଡ଼ିଶା ସରକାରକୁ କହି ଏଟାକୁ ଓଡ଼ିଶାରେ ମିଶାଇ ଦିଅ। ବିଜୁ ପଟ୍ଟନାୟକ ଗଲା, ତା' ପୁଅକୁ କହିଲେ ସେ କରିପାରନ୍ତା। ଉତ୍କଳ ସମ୍ମିଳନୀ ବାଲା ଆସି ବୁଲିଗଲେ ଏଠୁ। କଣ ଦେଖିଲେ? ଖଣ୍ଡିଆ ଭୂତ ପରି ଠିଆ ହେଇଚି ଗୋପବନ୍ଧୁ ପାଠାଗାର। ପାଠାଗାରକୁ ବହି ଆସେନି। କେହି ପଢ଼ନ୍ତିନି। ଓଡ଼ିଆ ସ୍କୁଲ୍‌ରେ ହିନ୍ଦୀ ପଢ଼ାଯାଏ। ବିହାରୀ ଶିକ୍ଷକ ଦେଖେ ଓଡ଼ିଆ ପରୀକ୍ଷା ଖାତା। ପାଠ୍ୟପୁସ୍ତକ ମିଳେନି ଓଡ଼ିଶାରୁ। କି ପାଇଁ କିଏ ପଢ଼ିବ ଓଡ଼ିଆ?

ନିଜେ କାଣ୍ଡରୁ ବିଚ୍ଛିନ୍ନାଞ୍ଚଳର ଇତିହାସ। କିପରି ଏକ ଷଡ଼ଯନ୍ତ୍ରର ଶିକାର ହୋଇ ସ୍ୱାର୍ଥପର ରାଜନେତାମାନେ ଛିନ୍ନ କରିଦେଲେ ଓଡ଼ିଶାରୁ ଯାଦୁଗଡ଼କୁ ତାର କାହାଣୀ କହେ। କିନ୍ତୁ ସେସବୁ କାହାଣୀ ଆଜି। ସେ ସବୁ ଥାଉ। ଚନ୍ଦ୍ରଭାନୁ ସଙ୍ଗେ ତାରି ଭାରି ଭଲ ପଟେ। ପ୍ରଥମ କାରଣ ଚନ୍ଦ୍ରଭାନୁକୁ ସେ ଭାବେ ତା'ର ଅନ୍ନଦାତା ଓ ଦ୍ୱିତୀୟ କାରଣ ଚନ୍ଦ୍ରଭାନୁ ଯେପରି ନିଃସଙ୍ଗ ସେ ବି ସେପରି। ସେ ନଥିଲେ ଚନ୍ଦ୍ରଭାନୁ ନଥାନ୍ତା। ଚନ୍ଦ୍ରଭାନୁ ନଥିଲେ ସେ ନଥାନ୍ତା।" (ପୃ-୩୬-୩୭)

ଏଠାରେ ଯେଉଁ କ୍ରୋନୋଟୋପିକ୍ ଦୁର୍ଦ୍ଦଶା କଥା କଥାକାର ଅବତାରଣା କରିଛନ୍ତି, ତାହାକୁ ଏକ ଅସ୍ମିତାଗତ ସଂକଟ ବୋଲି କୁହାଯାଇପାରେ। ରାଜନୀତିର ପଶାପାଲିରେ ଅଦ୍ୟାବଧି ସୁଦ୍ଧା ଷଢ଼େଇକଳା, ଖରସୁଆଁ ଠାରୁ ଆରମ୍ଭକରି ମେଦିନୀପୁର, ବସ୍ତର ଆଦି ଅଞ୍ଚଳ ଓଡ଼ିଶା ସହିତ ମିଶ୍ରଣ ହୋଇପାରିଲେ ନାହିଁ। ସେଠାକାର ଲୋକେ ମୂଳତଃ ଓଡ଼ିଆ ଭାଷା ଏବଂ ଜାତିର ହୋଇଥିଲେ ମଧ୍ୟ ସେମାନେ ସେଇ ବିଚ୍ଛିନ୍ନାଞ୍ଚଳମାନଙ୍କରେ ନ ଯଯୌ ନ ତସ୍ଥୌ ଅବସ୍ଥାରେ ଚିରକାଳ ରହିଗଲେ ଓଡ଼ିଶାଠାରୁ ପୃଥକ୍ ହୋଇ। ଯାହାର ବଳିଷ୍ଠ ଦୃଷ୍ଟାନ୍ତ ଭାବରେ ଯାଦୁଗଡ଼ ବିଚ୍ଛିନ୍ନାଞ୍ଚଳଟି ଏଇ ଉପନ୍ୟାସରେ ଗୋଟିଏ କାରୁଣ୍ୟର ସ୍ୱରଲିପି ପରି ଏଯାବତ୍ ଦଣ୍ଡାୟମାନ ହେଇରହିଛି। ଏଠାକାର ଲୋକେ ଏବେ ମଧ୍ୟ ଭାଷିକ-ସାଂସ୍କୃତିକ ଏବଂ ସର୍ବୋପରି ଜାତୀୟ ସଂକଟ ନୁହେଁ; ବରଂ ଏହା ଭାରତବର୍ଷ ତଥା ପୃଥିବୀର ପ୍ରତ୍ୟେକ ବିଚ୍ଛିନ୍ନାଞ୍ଚଳର ସଂକଟମାନଙ୍କର ବହୁବଚନୀୟ ପ୍ରତିନିଧି।

ଉପରାଲୋଚିତ ମାନବୀୟ ଏବଂ ଅଣମାନବୀୟ ସ୍ଥାନ ଏବଂ ଚରିତ୍ର ବ୍ୟତୀତ କରିଆମୁଣ୍ଡା, ସୁରେଇ ମୁଣ୍ଡା, ସୁକୁଲା ମାଝି, ଚିରକା ମାଟି ପ୍ରଭୃତି ଆଦିବାସୀ; ଫାଦର ଗ୍ରାହାମ୍ ହେଡବୋଲ୍ଟ, ଝିଅ ବେପାରୀ ତ୍ୟାଗରାଜ; ପୁରୋହିତ କର୍ପୂରୀ ଠାକୁର; ବହୁରୂପୀ; ଇମ୍ରାନ୍ ଖାଁ, ଇସ୍‌ମାଇଲ୍ ଖାଁ ପ୍ରମୁଖ ମୁସଲମାନ; ମୁଖା କାରୀଗର ଭିକାରୀ ପଟ୍ଟନାୟକ; କେଶବତୀ ଦେବଦାସୀ; କେଶବତୀ ସହିତ ସଂପୃକ୍ତ ଥିବା ତା' ବାପା ଗାବ୍ରିଏଲ, ରଜା, ବ୍ରାହ୍ମଣ, ଥାନେଦାର ଏବଂ ରୟସ; ମନ୍ତ୍ରୀ, ପେଟୁଆ, ଅଫିସର ଓ

ଚନ୍ଦାମୁଣ୍ଡିଆ କଣ୍ଟିଆ ଥାନେଦାର; ଇସିପୁରିଆ ଜଗନ୍ନାଥ, ଇନ୍ଦିବର, ବୀରବର ଓ ବାଲ୍ମିକୀ; ଦେଶୀ ହାକିମ; ନିଉ ଇଣ୍ଡିଆ ପ୍ରିଣ୍ଟିଂ କମ୍ପାନୀ, ଘନଶ୍ୟାମ ଓରଫ୍ ଘନିଆ; ନଖିଆ, ଘାସିରାମ ମାଝୀ, ଚଉକିଦାର; ଯାଦୁଗଡ଼ ହାସପାତାଳର ନର୍ସ ଲବଙ୍ଗଲତା, ମୁନିସିପାଲିଟି ଚେୟାରମ୍ୟାନ ଇନ୍ଦ୍ରନୀଳ, ବଦ୍ରିପ୍ରସାଦ, ଭିଡ଼ିଓ ହଲ ଆଦି ଯାଦୁଗଡ଼ର ଅତୀତ ଏବଂ ବର୍ତ୍ତମାନ ପରମ୍ପରା ସହିତ ସଂଯୁକ୍ତ ହୋଇଛନ୍ତି। ଏଇ ଚରିତ୍ରମୂଳକ କ୍ରୋନୋଟୋପ ଗୁଡ଼ିକ କେବେ ଶେଷ ହୁଅନ୍ତି ନାହିଁ। ଏମାନେ ଗୋଟିଏ ଚରିତ୍ରରୁ ଆଉ ଗୋଟିଏ ଚରିତ୍ରକୁ; ଗୋଟିଏ ସ୍ଥାନରୁ ଆଉ ଗୋଟିଏ ସ୍ଥାନକୁ ଏବଂ ଗୋଟିଏ କାଳରୁ ଆଉ ଗୋଟିଏ କାଳକୁ ଗତିଶୀଳ ହୋଇଚାଲିଥାନ୍ତି ଅନବରତ। ଅର୍ଥାତ୍ ଏମାନେ ଯୁଗେ ଯୁଗେ କାଳେ କାଳେ ରହିଥିଲେ; ରହିଛନ୍ତି; ରହିଥିବେ ମଧ୍ୟ। ଏମାନଙ୍କ ଗପର ଶେଷ ନାହିଁ। 'ଶେଷ ହେଲାପରି ଲାଗୁଥିବ ଅଥଚ ସରୁନଥିବ ଠିକ୍ ବଦ୍ରିପ୍ରସାଦର ଜୋକ୍ ପରି।' (ପୃ-୧୧୯)।

ସତ୍ୟପ୍ରିୟଙ୍କ 'ଶୂନ୍ୟକାଳ' ଉପନ୍ୟାସର ବୃତ୍ତାନ୍ତ ଭୂମି ହେଉଛି ଯାଦୁଗଡ଼। ଯାଦୁଗଡ଼ ଏକ କଳ୍ପ-ରାଜ୍ୟ। ଯାଦୁଗଡ଼ ବିଚ୍ଛିନ୍ନାଞ୍ଚଳରେ ଲେଖକ ଜୀବିକା ପାଇଁ ରହିଛନ୍ତି। ତାଙ୍କ ଭାଷାରେ- "ଯେଉଁ ବିଚ୍ଛିନ୍ନାଞ୍ଚଳରେ ମୁଁ ଅଛି, ତାକୁ ମୁଁ ଦୀର୍ଘଦିନ ଧରି ବଞ୍ଚିଛି। ତା'ର ଲୋକ-ବାକ, ତାର ରଜା, ମନ୍ତ୍ରୀ, ତା'ର- ପାଗଳ ରାଜକୁମାରଙ୍କ ସାଙ୍ଗେ ମୁଁ ଘୂରି ବୁଲିଛି ନଦୀ-ପଠା, ପାହାଡ଼, ମୁଖା-ନାଚର ଆଖଡ଼ା, କ୍ଷେତ ଖମାର। ତା'ର ଛଅ ଶହ ବର୍ଷ ତଳର ଇତିହାସ ଓ ଲୋକକଥାକୁ ଅଧ୍ୟୟନ କରିଛି। ତା'ର ଲୋକ-ସଂସ୍କୃତି, ଭାଷା ଓ ସାହିତ୍ୟର ଚର୍ଚ୍ଚାକରିଛି।" (ପୃ-୫ ଏବଂ ୬)।

ଆଲୋଚ୍ୟ ଉପନ୍ୟାସରେ ସତ୍ୟପ୍ରିୟ ମହାଲିକ ବିଶେଷକରି ସାଂସ୍କୃତିକ-ଭାଷିକ-ଧାର୍ମିକ-କଳାଗତ ଦ୍ୱନ୍ଦ୍ୱ ଏବଂ ସଂକଟକୁ ପ୍ରତ୍ୟକ୍ଷରୂପେ ପ୍ରକାଶ କରିବାକୁ ଚେଷ୍ଟା କରିଛନ୍ତି। ଫଳରେ ବିଚ୍ଛିନ୍ନାଞ୍ଚଳ ବା କଳ୍ପରାଜ୍ୟ ଯାଦୁଗଡ଼ର ସାଂସ୍କୃତିକ ଅବଧାରଣା (ଯଥା :-ସେଥିପାଇଁ ସେଠାକାର ଲୋକମାନଙ୍କର ସାମାଜିକ ଜୀବନଶୈଳୀ (ଭାଷା, ବେଶପୋଷାକ,ଖାଦ୍ୟ, ନୃତ୍ୟ ,ସଂଗୀତ, ଧର୍ମ, ପରିବାର ବ୍ୟବସ୍ଥା,ମନୋଭାବ,ମୂଲ୍ୟବୋଧ ଏବଂ ବିଶ୍ୱାସ ଇତ୍ୟାଦି) ଭିତ୍ତିକ ମୌଳିକ ସ୍ଥିତି ଏବଂ ଅବକ୍ଷୟ ଚିତ୍ର ଉପନ୍ୟାସରେ ଚିତ୍ରିତ। ଅବକ୍ଷୟର ଦୃଷ୍ଟାନ୍ତ ରୂପେ ରାଜକୁମାର ଚନ୍ଦ୍ରଭାନୁଙ୍କର ରାଜକୀୟ ଆଭିଜାତ୍ୟର ଦୁରବସ୍ଥା, ପ୍ରଫେସରଙ୍କର ଛାତ୍ରୀମାନଙ୍କ ପ୍ରତି ଆସକ୍ତି; ଭୂତନାଥଙ୍କ ମିଥ୍ୟା କବିରାଜୀ; ନଟବରର ନିର୍ଘାତ ମାଇକିନା ପ୍ରୀତି, ମୁଖା ନାଚକୁ ଏକ ସଫଳ ବ୍ୟାବସାୟିକ ଉଦ୍ୟୋଗ ଭାବରେ ବିବେଚନା କରିବା; ଗଞ୍ଜେଇ ଚୋରା ଚାଲାଣି; ଭାନୁମତୀ ବେଶ୍ୟା ପ୍ରସଙ୍ଗ;

ଦଣ୍ଡପାଣି ନାମରେ ମିଥ୍ୟା ବଳାତ୍କାର ଆରୋପ; ପେଲେସ୍ ଭିଡ଼ିଓ ହଲ୍‌ରେ ବୟସ୍କଙ୍କ ପାଇଁ ଉଦ୍ଦିଷ୍ଟ ସିନେମା ପ୍ରଦର୍ଶନ; ବିଚ୍ଛିନ୍ନାଞ୍ଚଳ ଯାଦୁଗଡ଼ ଓଡ଼ିଶା ସହିତ ମିଶ୍ରଣ ନହୋଇ ପୃଥକ୍ ଭାବରେ ରହିଥିବା ପ୍ରସଙ୍ଗ; ଦଶଟଙ୍କା ବିନିମୟରେ 'କାମବାଣ' ତୈଳ ବିକ୍ରିକରିବା; ଖ୍ରୀଷ୍ଟିୟାନ୍ ଫାଦରଙ୍କ ଦ୍ୱାରା ଆଦିବାସୀ ମାନଙ୍କର ଧର୍ମାନ୍ତରୀକରଣ; କରିଆ ମୁଣ୍ଡା ଦ୍ୱାରା ସୁକୁଲା ମାଝୀକୁ ହତ୍ୟା କରିବା; ଯୁବତୀ ଝିଅମାନଙ୍କୁ ଅପହରଣ କରି ତ୍ୟାଗରାଜ ସେଇ ଝିଅମାନଙ୍କୁ ଚୋରାଚାଲାଣ କରିବା; କରିଆମୁଣ୍ଡା ଗାଁ ପାଖରେ ହେଲିକେପ୍ଟରରୁ ବିଦେଶୀ ଅସ୍ତ୍ରଶସ୍ତ୍ର ପଡ଼ିବା; ବହୁରୂପୀକୁ ଗଳାକାଟି ହତ୍ୟା; ଗାବ୍ରିଏଲର୍ ଝିଅ କଳାବତୀକୁ ଦେବଦାସୀ ଘୋଷଣା କରାଇ ତାକୁ ବ୍ରାହ୍ମଣ ଓ ରଜା ଉପଭୋଗ କରିବା (ଯଥା :- କଳାବତୀ ଦେବଦାସୀ ହେଲା। ଯେଉଁଦିନ ଦେବଦାସୀ ହେଇ ମନ୍ଦିରକୁ ଗଲା ଓ ଶୃଙ୍ଗାର ରସରେ ଦେବତାଙ୍କୁ ରସିଲା, ମରମକୁ କଷିଲା, ବ୍ରାହ୍ମଣ ଓ ସେବକଙ୍କ କରମକୁ ଦଂଶିଲା- ସେଇଦିନ ରଜାଘରୁ ପାଲିଙ୍କି ଆସି ଲାଗିଲା କଳାବତୀ ଘରେ। କଳାବତୀ ଆଗରୁ କେବେ ରାଜମହଲ ଭିତରକୁ ଯାଇ ନଥିଲା। ପୁଣି ଏତେ ନିକଟରେ ରଜା। ଗୋଟେ ଲଙ୍ଗଳା ରଜା। ମାତାଲ ଓ ବାଉଳି ହେଉଥିବା ଅବୋଧ ଶିଶୁଟିଏ ପରି ନିରୀହ ରଜା। ଭୋଗିଲା ଚଉଷଠି ବନ୍ଧରେ ସାରାରାତି ଓ ଶେଷରେ ପୂଜା କଲା, ଅର୍ଚ୍ଚନା କଲା। ଧୂପ-ଦୀପ-ନୈବେଦ୍ୟ ଦେଇ ବର ମାଗିଲା। ମାଆ ବୋଲି କହି ଦଣ୍ଡବତ ହେଲା।); ରାଜ୍ୟଗଲା ଓ ସରକାର ଆସିଲା; ମସ୍ତରାମ ଦ୍ୱାରା ଲିଖିତ 'ରସମଲେଇ' ଗ୍ରନ୍ଥର ବୀଭତ୍ସ ବର୍ଣ୍ଣନା ସହିତ ଗୋପନୀୟ ଅଙ୍ଗପ୍ରତ୍ୟଙ୍ଗର ଉନ୍ମୁକ୍ତ ପ୍ରଦର୍ଶନ ତଥା ନଗ୍ନ ବିକାରର ମାଂସଳ ଓ ଜାନ୍ତବ ପରିଚର୍ଚ୍ଚା; ରତ୍ନଲୋଭୀ ଦଲାଲମାନେ ଟେଣ୍ଟାପୋଷି ପାହାଡ଼କୁ ଆସି ପଥର କିଣିବା; ଯାଦୁଗଡ଼ରେ ବର୍ଣ୍ଣ ବୈଷମ୍ୟ ଦଙ୍ଗା ସୃଷ୍ଟିହେବା; ଅସବର୍ଣ୍ଣଙ୍କର ତିରିଶଟି ଘରପୋଡ଼ି ଦେବା; ତଣ୍ଟିକାଟି ଏଗାର ଜଣ ସବର୍ଣ୍ଣକୁ ହତ୍ୟା କରିବା; ଅର୍ଥ, କ୍ଷମତା ଓ ଐଶ୍ୱର୍ଯ୍ୟ ଭୋଗ କରୁଥିବା ଇନ୍ଦ୍ରନୀଳ ଖନା ବଦ୍ରିପ୍ରସାଦକୁ ମିଥ୍ୟା ଅଭିଯୋଗରେ ଜେଲଦଣ୍ଡ ତଥା ମୃତ୍ୟୁଦଣ୍ଡାଦେଶ ଦିଆଇବା ଇତ୍ୟାଦିକୁ ବିଚାରକୁ ନିଆଯାଇପାରେ। ମୂଲ୍ୟବୋଧ ବା ପରମ୍ପରାକୈନ୍ଦ୍ରିକ ସ୍ଥିତି ଯାଦୁଗଡ଼ରେ ସଂପୂର୍ଣ୍ଣ ଭାବେ ଭୁଷୁଡ଼ି ପଡ଼ିଛି କହିଲେ ଅତ୍ୟୁକ୍ତି ହେବ ନାହିଁ।

ପ୍ରତ୍ୟେକଙ୍କୁ ପ୍ରତ୍ୟେକଙ୍କ ସହିତ ସଂଯୋଗ ପୂର୍ବକ ପ୍ରତ୍ୟେକ ସ୍ଥାନଚିତ୍ର, କାଳଚିତ୍ର ଏବଂ ଚରିତ୍ରଚିତ୍ରଙ୍କୁ ସ୍ଥାନୋତ୍ତର (beyond space); କାଳୋତ୍ତର (beyond time boundary) ଏବଂ ଚରିତ୍ରୋତ୍ତର (beyond race boundary)

କରାଇ ଗୋଟାଏ ଘୂର୍ଣ୍ଣାୟମାନ ଚକ୍ରର ପରିଧିସ୍ଥ ବିଭିନ୍ନ ବିନ୍ଦୁରେ ପ୍ରତ୍ୟେକ ଚରିତ୍ର, ପ୍ରତ୍ୟେକ ସ୍ଥାନ ଏବଂ ପ୍ରତ୍ୟେକ କାଳକୁ ସ୍ଥାପନକରି କାଳାନୁକ୍ରମିକ (diachronic) ଗଣ୍ଡି ମଧ୍ୟରୁ ସମକାଳୀନ (Synchronic) ପ୍ରାସଙ୍ଗିକତା (relevance) ମଧ୍ୟକୁ କ୍ଷେପଣ କରିବା ହିଁ 'ଶୂନ୍ୟକାଳ' କଥାକୃତିର ମୂଳ ଲକ୍ଷ୍ୟ। ଏଠାରେ କଥକ ଯିଏ; କଥାକାର ସିଏ; ବଦ୍ରିପ୍ରସାଦ ମଧ୍ୟ ସିଏ। ରୈଖିକତା ଅନୁପସ୍ଥିତ। କାଳଗତ ବିଭାଜନ ଅନୁପସ୍ଥିତ। ଘଟଣା, ଚରିତ୍ରାଦି ହେଇପାରନ୍ତି ଛଅ ଶହ ବର୍ଷ ତଳର; ହେଇପାରେ ବର୍ତ୍ତମାନ ଏକ ରିକ୍ତ ମୁହୂର୍ତ୍ତ(Zero hour)ର; ହେଇପାରେ ଆଗାମୀ ଛଅ ଶହ ବର୍ଷ ପରର। ସ୍ପାଇରାଲ ବୃତ୍ତୀୟ। କେବଳ ତଳସ୍ଥ ପରିଧିରୁ ଉପରସ୍ଥ ପରିଧିକୁ ଯିବା ଏବଂ ପୁନଶ୍ଚ ଉପରସ୍ଥ ପରିଧିରୁ ତଳସ୍ଥ ପରିଧିକୁ ଆସିବା। କେବଳ ଗୋଟିଏ କାଳ। ଇହ ନାହିଁ କି ପର ନାହିଁ। ଆଜି ନାହିଁ କି କାଲି ନାହିଁ। ସମସ୍ତ କାଳ ଶୂନ୍ୟ। ଶୂନ୍ୟକାଳ। କେବଳ ଏକ ଉଚ୍ଚାରଣ।

ଏହି ଯେଉଁ ଉଚ୍ଚାରଣ / ସଂଳାପ (Utterance / dialogue); ଯାହା ବ୍ୟକ୍ତିଗତ, ଆଞ୍ଚଳିକ ବା ସ୍ଥାନୀୟ ସୀମାକୁ ଅତିକ୍ରମ କରି ଗୋଟିଏ finalizability ବା ଅମୀମାଂସିତତା ଦିଗରେ ସଂପ୍ରସାରିତ, ତାହା ହିଁ ତ ମିଖାଇଲ ବାଖ୍ତିନଙ୍କ ଡାୟାଲଜିକ ଇମାଜିନେସନ। ଠିକ୍ ସତ୍ୟପ୍ରିୟଙ୍କ କଳ୍ପଭୂମି ପରି।

ବାଖ୍ତିନ୍ କହନ୍ତି- "ଏ ବିଶ୍ୱରେ ଏ ଯାଏଁ କିଛି ଚୂଡ଼ାନ୍ତ ନିଷ୍ପତ୍ତି ସଂଘଟିତ ହୋଇନାହିଁ। ବିଶ୍ୱପାଇଁ ଏବଂ ବିଶ୍ୱସମ୍ବନ୍ଧୀୟ କୌଣସି ବ୍ୟାଖ୍ୟାନକୁ କୌଣସି ଚରମ ଶବ୍ଦରେ ପ୍ରକାଶ କରାଯାଇପାରିବ ନାହିଁ। ବିଶ୍ୱ ଏବେ ମଧ୍ୟ ମୁକ୍ତ ଏବଂ ସ୍ୱାଧୀନ। ସବୁକିଛି ଏବେ ମଧ୍ୟ ଭବିଷ୍ୟତରେ ରହିଛି ଏବଂ ଭବିଷ୍ୟତରେ ରହିବ ମଧ୍ୟ। (Problems of Dostoevosky's Poetics, P-66)

ସତ୍ୟପ୍ରିୟ ଓରଫ କଥକ ଓରଫ୍ କଥାକାର କହନ୍ତି : "ହଁ ଠିକ୍। ବଦ୍ରିପ୍ରସାଦର ଜୋକ୍ ପରି। ଯାହା (କଥା) ଆରମ୍ଭରୁ ଶେଷ ହୋଇଯାଇପାରେ ବା ଶେଷରୁ ହିଁ ଆରମ୍ଭ । ଶେଷ ହେଲାପରି ଲାଗୁଥିବ ଅଥଚ ସରୁନଥିବ।" (ପୃ-୧୧୯)

ବାଖ୍ତିନ୍ କହନ୍ତି - "ଉପନ୍ୟାସ ତଥା ଆନୁସଙ୍ଗିକ ଗଦ୍ୟ ରଚନା ହେଉଛି ପ୍ରକୃତି 'ସଂଳାପ ତଥା ବାର୍ତ୍ତାଳାପ ପାଇଁ ପ୍ରକୃଷ୍ଟ ମାଧ୍ୟମ। ଦୈନନ୍ଦିନ ଜୀବନରେ ଦୃଶ୍ୟମାନ ବିଭିନ୍ନ ଘଟଣା ଉପନ୍ୟାସରେ ରୂପପାଏ।" (ପ୍ର.ଡି. ସାହୁ- ପୃ-୮୮)

ସତ୍ୟପ୍ରିୟ କହନ୍ତି : 'ଏହା (ଉପନ୍ୟାସ)ର ସଂରଚନା ବା କ୍ରାଫ୍ଟ ମଧ୍ୟ ପ୍ରାଚୀନ କାହାଣୀ କଥନର ପରମ୍ପରା ଦ୍ୱାରା ସଂଯୋଜିତ। ମୁଖ୍ୟ ଚରିତ୍ର କାହାଣୀଟିଏ ଶୁଣାଇଛି ଆମୂଳଚୂଳ।" (ପୃ-୫)। ସେହି କାହାଣୀ ବା ବାର୍ତ୍ତାଳାପ ସଂଳାପ ବା ଡାୟଲଗ୍।

ବାଖ୍‌ତିନ୍ କହନ୍ତି- "ପ୍ରତି ବଚନଶୀଳ ବା କହୁଥିବା 'ମୁଁ'ଟି ଗୋଟିଏ ଏକକ ବ୍ୟକ୍ତି ସତ୍ତା ନୁହେଁ। ଏକକ ବ୍ୟକ୍ତି ସତ୍ତା ଭଳି ପ୍ରତୀୟମାନ ହେଲେ ମଧ୍ୟ ଏହି 'ମୁଁ'ଟି ଗୋଟିଏ ବହୁବଚନ 'ମାନେ'।"

ସତ୍ୟପ୍ରିୟ କହନ୍ତି- "ମଣିମା ମୁଁ ମୋ ନିଜ ବିଷୟରେ କିଛି କହିନାହିଁ। ତେବେ ମୋର ଗପ ସରିନାହିଁ। ଆହୁରି ବାକି ଅଛି। ଚନ୍ଦ୍ରଭାନୁ, ନଟବର, ପ୍ରଫେସର, ଚକ୍ରଧର, ସୁନାରୀ, କାଣ୍ଡରୁ, ମାରିଆ, ମକରଧ୍ୱଜ, ଦଣ୍ଡପାଣି, ରୋହିଦାସ, ଭୂତନାଥ ମାହାତୋ, କରିଆମୁଣ୍ଡା, ତ୍ୟାଗରାଜ, କେଶବତୀ, ବୀରବଲ, କର୍ପୂରୀ ଠାକୁର, ବହୁରୂପୀ, ମୁଖାନାଚ ଓ ଭିକାରୀଚରଣ, ଘାସିରାମ ଚଉକିଦାର ଓ ବଦ୍ରିପ୍ରସାଦମାନେ ସରି ନାହାନ୍ତି।' (ପୃ-୧୧୯)

ତେବେ ବାଖ୍‌ତିନ୍ ଯେଉଁ ପଲିଫୋନିକ୍ ବା ଡାଇଲଗ୍ ବା ବହୁସ୍ୱରର ସଂସର୍ଗ ରୂପେ ଉପନ୍ୟାସକୁ ଅଭିହିତ କରିଛନ୍ତି, ଏଠାରେ ଅର୍ଥାତ୍ 'ଶୂନ୍ୟକାଳ' ଉପନ୍ୟାସରେ ଅବିକଳ ସେହି ସହସମ୍ବନ୍ଧ ଏବଂ ସହସଂଘଟନ ସୃଷ୍ଟି ହୋଇଛି। ଏଠାରେ ଯେତେ ସ୍ଥାନ-କାଳ-ପାତ୍ର ରହିଛନ୍ତି, ସେସବୁ ବହୁ ସ୍ୱରର ସଂସର୍ଗ ରୂପେ ବିବେଚିତ। ଆଲୋଚ୍ୟ ଉପନ୍ୟାସରେ କଥକଠାରୁ ଗପ ଶୁଣୁଥିବା ମଣିମା, ପାତ୍ରମଂତ୍ରୀ କେବଳ ସ୍ୱଗତାଶ୍ରୟୀ ବା monologic ନୁହଁନ୍ତି। ଏମାନେ ମଧ୍ୟ ବହୁସ୍ୱରୀୟ (Polyphonic) ସଂପୃକ୍ତିର ପରିଚାୟକ। ତେବେ ବଦ୍ରିପ୍ରସାଦ ପରି ମୁଖାଦ୍ୱାରା 'ଅସଲ ରୂପ ଲୁଚିଯାଇ ଏକ ଛଦ୍ମରୂପ ଓ ଆକୃତି ପଦାକୁ ଦେଖାଯାଏ। ମୁଖା ହେଉଛି ଛଳନା ଓ ଛଦ୍ମତା ସେଇ ଛଳନା ବା ଛଦ୍ମତା ବ୍ୟକ୍ତିତ୍ୱକୁ ଅଲଗାଭାବେ ଫୁଟାଏ। ଯାହା ପ୍ରକୃତ ବ୍ୟକ୍ତି ସହିତ କୌଣସି ଭାବେ ସଂପୃକ୍ତ ନଥାଏ।" (ପୃ-୪୬)।

ତେଣୁ ଯେତେବେଳେ କଥକ ଓରଫ୍ ବଦ୍ରିପ୍ରସାଦ ଓରଫ କଥାକାର ଓରଫ କଥା ଆଲୋଚକ ଓରଫ କଥା ଆଲୋଚନା ଗ୍ରନ୍ଥର ପ୍ରକାଶକ ଓରଫ୍ ଏକସ ୱାଇ ଜେଡ୍ ମୁହଁରୁ ମୁଖା କାଢ଼ି ପକାନ୍ତି, ସେତେବେଳେ ଛାଇ ତିରୋହିତ ହେଇଯାଏ। ବ୍ୟବଧାନ ହ୍ରାସ ପାଏ। ନାଚ ଏବଂ ଅଭିନୟ ବନ୍ଦ ହେଇଯାଏ। ସକଳ ସ୍ଥାନ-କାଳ-ଚରିତ୍ରମୂଳକ କ୍ରୋନୋଟୋପ ସେତେବେଳେ ସ୍ଥାନାନ୍ତରିତ, କାଳାନ୍ତରିତ ଏବଂ ଚରିତ୍ରାନ୍ତରିତ ହେଇଯାଆନ୍ତି ଠିକ୍ ବାଖ୍‌ତିନ୍‌ଙ୍କ ଡାଏଲଜିକ୍ ଇମାଜିନେସନ୍ ଭଳି ଏବଂ ସତ୍ୟପ୍ରିୟଙ୍କ କଳ୍ପରାଜ୍ୟ ବା fictional land ଯାଦୁଗଡ଼ ପରି। ଠିକ୍ ସେତିକିବେଳେ ପୁନଶ୍ଚ କଥାକାର କହି ଉଠନ୍ତି- "ଆଉ, ମୋର ଭୂମିକା ତ କେବଳ ବଦ୍ରିପ୍ରସାଦ ପରି କାହାଣୀ ଶୁଣାଇବା। ମୁଁ ଜାଣେନି ମୋର ଏ ଅସରନ୍ତି କାହାଣୀ କେତେବେଳେ ପାଲଟିଯିବ ଗୋଟେ ଲମ୍ବା 'ଜୋକ୍' ବା ମୋତେ ମିଳିବ ପ୍ରାଣଦଣ୍ଡ। ମାତ୍ର ମୁଁ ଓ ମୋ ଛାଇ ଦିହେଁ ସମାନ। ଠିକ୍ ବଦ୍ରିପ୍ରସାଦ ପରି। ଠିକ୍ ତା ଛାଇପରି। କାରଣ ମୁଁ ବି ମୁଖା

ପିନ୍ଧିଥାଏ ଓ ନାଚୁଥାଏ 'ଚିରକାଳ'। (ପୃ-୭)। ପୁଣି ଚନ୍ଦ୍ରଭାନୁଠାରୁ ଆରମ୍ଭ କରି ମାରିଆଯାଏଁ; ରାଜବାଟୀଠାରୁ ଆରମ୍ଭ କରି ଟେଷ୍ଟାପୋଷିଯାଏଁ ସକଳେ ଜୀଇଁ ଉଠନ୍ତି। ପୁଣି ଆରମ୍ଭ ହୁଏ ସ୍ୱକୀୟ ଅବବୋଧ ଏବଂ ଅସ୍ମିତା (sense of self and identity) କୈନ୍ଦ୍ରିକ ଉତ୍ତର ଉପନିବେଶବାଦୀ ଇତିହାସ ରଚନାର ଶୂନ୍ୟକାଳ; ସାଂସ୍କୃତିକ ସଂକଟକୈନ୍ଦ୍ରିକ ଇତିହାସ ରଚନାର ଶୂନ୍ୟକାଳ; ଉପଭୋକ୍ତାବାଦୀ ମାନସିକ ସ୍ଥାପତ୍ୟର ବିରୋଧାଭାସଧର୍ମୀ ଇତିହାସ ରଚନାର ଶୂନ୍ୟକାଳ। ଶୂନ୍ୟକାଳ। ଶୂନ୍ୟକାଳ।

■

ପ୍ରାନ୍ତଟୀକା

୧) (ନିଷ୍କର୍ଷ)- 'ଯାହା ମୋତେ କହିବାର ନଥିଲା'। ପୃ -୫ ଏବଂ ୬। ଶୂନ୍ୟକାଳ। ସତ୍ୟପ୍ରିୟ ମହାଳିକ। ଅଗ୍ରଦୂତ, କଟକ-୨। ପ୍ରଥମ ସଂସ୍କରଣ- ୨୦୦୮।

୨) ସେହି ପୁସ୍ତକ- ପୃ-୬।

୩) ସେହି ପୁସ୍ତକ-ପୃ-୫।

୪) ସାଂପ୍ରତିକ ସାହିତ୍ୟ ସମାଲୋଚନା ଓ ସଂରଚନାବାଦ- ଡ. ଚିତ୍ତରଞ୍ଜନ ମିଶ୍ର, ଗ୍ରନ୍ଥମନ୍ଦିର- କଟକ-୨, ୨୦୧୩, ପୃ-୯-୧୯।

୫) ଶୂନ୍ୟକାଳ-ପୃ-୭।

୬) ସେହି ପୁସ୍ତକ- ପୃ-୭।

୭) ସେହି ପୁସ୍ତକ-ପୃ-୭।

୮) ସେହି ପୁସ୍ତକ-ପୃ-୭।

୯) ସେହି ପୁସ୍ତକ-ପୃ-୭।

୧୦) ସେହି ପୁସ୍ତକ- ପୃ-୭।

୧୧) ସେହି ପୁସ୍ତକ।

୧୨) Introduction 23, The Bakhtin Reader Selected Writings of Bakthin, Medvedev, Voloshinov- Edited by Pam Morris- Arnold Publicshers- 2003.

ସହାୟକ ଗ୍ରନ୍ଥସୂଚୀ

୧) ମିଶ୍ର, ଡ. ଚିତ୍ତରଞ୍ଜନ : ସାଂପ୍ରତିକ ସାହିତ୍ୟ ଓ ତତ୍ତ୍ୱ ବିଚାର, (ଗ୍ରନ୍ଥମନ୍ଦିର ବିନୋଦ ବିହାରୀ, କଟକ-୨) ୨୦୧୫।

୨) Morris, Pam : The Bakhtin Reader, (Arnold, London) 1994.

୩) Sahu, Professer Dharanidhar : Concepts, Contexts And Texts, (Teerataranga Publication) 2015

୪) ମିଶ୍ର, ଚିତ୍ତରଂଜନ : ସାଂପ୍ରତିକ ପାଶ୍ଚାତ୍ୟ ସାହିତ୍ୟ ତତ୍ତ୍ୱ; (ଗ୍ରନ୍ଥମନ୍ଦିର, କଟକ-) ୨୦୧୩।

ଲଟୁ ଲମୂଆ ରଉଶ ବନାମ୍ ଶଉର ଆମୂଳଚୂଳ ବନାମ୍ ମନୋଜ ପଣ୍ଡାଙ୍କ 'ଶଉର ଆମୂଳଚୂଳ'

ସଂକ୍ଷିପ୍ତ ସାର- ଆଲୋଚ୍ୟ ପ୍ରବନ୍ଧରେ ସଂରଚନାବାଦ ଏବଂ ଉତ୍ତର ସଂରଚନାବାଦ ମଧ୍ୟରେ ଥିବା ମୌଳିକ ପାର୍ଥକ୍ୟ, ସଂଘର୍ଷ, ବିବାଦ, ପ୍ରତ୍ୟାଖ୍ୟାନ, ଗ୍ରହଣ, ସମାନ୍ତରତା ପ୍ରଭୃତିକୁ ଆଲୋଚନା କରିବାକୁ ଚେଷ୍ଟା କରାଯାଇଛି। ମନୋଜ ପଣ୍ଡାଙ୍କର 'ଶଉର ଆମୂଳଚୂଳ' ଗଳ୍ପକୁ ଏହି ଆଲୋଚନାରେ ନମୁନା ଭାବରେ ନିଆଯାଇଛି । ତେବେ ଏହି ଯେଉଁ ଆଲୋଚନା ଏହା ଗୋଟିଏ ଗଳ୍ପକୁ ନେଇ ହୋଇଥିଲେ ମଧ୍ୟ ଏହା ଏକ ସୂକ୍ଷ୍ମ ବା Micro ଅଧ୍ୟୟନ ଭାବରେ ବିଚାର୍ଯ୍ୟ। ମନୋଜ ପଣ୍ଡାଙ୍କ 'ଶଉର ଆମୂଳ ଚୂଳ' ଏମିତି ଏକ ଗଳ୍ପ ଯେଉଁଥିରେ ଅତି ପ୍ରତ୍ୟକ୍ଷ ଭାବରେ ସସ୍ୟୁର ଏବଂ ଡେରିଡା ବା ବିନ୍ୟାସବାଦ ଏବଂ ପ୍ରତିବିନ୍ୟାସବାଦ ମଧ୍ୟରେ ହାତାହାତି ଲଢ଼େଇ ହେଲାଭଳି ଜଣାପଡ଼େ। ତେଣୁ ସେହି ପ୍ରସଙ୍ଗକୁ ଭିତ୍ତିକରି ଆଲୋଚ୍ୟ Micro ବିଶ୍ଳେଷଣଧର୍ମୀ ପ୍ରବନ୍ଧଟି ପ୍ରସ୍ତୁତ ।

ସଖି ! କେମିତି ଛଅ ? ତମ ନମ ଭଲ ଅଛିତ ? ଦିଯ ଭଲ ନାହିଁ । ଝଲ କେଉଁ ସମୁଦ୍ର କୂଳକୁ ଯିବା । ବେଳାଭୂଇଁରେ ସିବ କରି ତମର ଆଉ ମୋର ଦପାକୁ ସମୁଦ୍ର ଢେଉରେ ଚବଚବ କରିବା । ନହେଲେ ଝଲ ଗୋଟେ କେଉଁ ପାହାଡ଼ ଉପରକୁ ଯିବା। ତୁମେ ସେଇଠି ଗୋଟେ ବଡ଼ ଥରପ ଉପରେ ବସି ଲାବଣ୍ୟବତୀ ପରି ଶାୟିତା ହୋଇ ରହିବ। ମୁଁ ଚନ୍ଦ୍ରଭାନୁ ସାଜି କୁମତ ନେଇ ତାବିକ ଲେଖିବି।

ସଖି ! ମୋ ଚିଠି ପଢ଼ି ବିରକ୍ତ ହେଲ କି ? ବିରକ୍ତ ହୁଅ ନାହିଁ । ଦେଖ, ସେହି ଯେଉଁ ରେଖାଙ୍କିତ ଶଉଗୁଡ଼ିକ ମୁଁ ବଦମାସି କରି ଲେଖିଚି; ସେଗୁଡ଼ିକୁ ସୋଲଟାଇ

ଲେଖିଦେଲେ ଏହିଭଳି ହେବ ଅର୍ଥାତ୍ ସେଗୁଡ଼ିକୁ ଠିକ୍ ବାଗରେ ଲେଖିଲେ ଯଥାକ୍ରମେ ଅଛ, ମନ, ଯଦି, ବସି, ପାଦ, ପଥର, ତମକୁ, କବିତା ଆଦି ହେବ । ଏବେ ଯେଉଁ ଶବ୍ଦଗୁଡ଼ିକ ମୁଁ ଠିକ୍‌ଭାବରେ ଲେଖିଲି ସେଗୁଡ଼ିକର ଅର୍ଥ ତମେ ବୁଝିପାରୁଛ। କାହିଁକି ବୁଝିପାରୁଛ କହିଲ ? ସେଗୁଡ଼ିକର ଅର୍ଥ ଆମ ଭାଷାରେ ସ୍ଥିର ହୋଇଛି ଏବଂ ସେହି ଅର୍ଥ ବିଶିଷ୍ଟ ଶବ୍ଦଗୁଡ଼ିକୁ ଆମେ ଆମ ଭାଷାରେ ଭାବ ଅଭିବ୍ୟକ୍ତି ପାଇଁ ବ୍ୟବହାର କରି ଆସୁଛେ। ସେଥିପାଇଁ। ସେଗୁଡ଼ିକୁ ମୁଁ ଯଦି ଓଲଟାଇ କରି ଲେଖିବି, ତେବେ ନିର୍ଦ୍ଦିଷ୍ଟ ଅର୍ଥପ୍ରତୀତି ସେଠାରେ ବାଧାପ୍ରାପ୍ତ ହେବ ଏବଂ ଏକ ହାସ୍ୟାତ୍ମକ ସ୍ଥିତି ସେଠାରେ ଉତ୍ପନ୍ନ ହେବ। ତା' ସହିତ ସେଗୁଡ଼ିକ ଆଉ କିଛି ଭିନ୍ନ ଅର୍ଥରେ ବୋଧହୁଏ ସୂଚିତ କରିବ।

ସଖି ! ପ୍ରବନ୍ଧର ଶୀର୍ଷକରେ ମଧ ଯେଉଁ ଲଚୂ, ଲମୂଆ, ରଦ୍ଧଶ ଲେଖାଯାଇଛି, ତାହାକୁ ଯଦି ଓଲଟା କରି ଲେଖାହେବ ତାହେଲେ ତାହା ହେବ ଶବ୍ଦର ଆମୂଳଚୂଳ। ଏହି ଶବ୍ଦର ଆମୂଳଚୂଳ ବାକ୍ୟାଂଶ ଦ୍ୱାରା ଆମେ ଗୋଟିଏ ନିର୍ଦ୍ଦିଷ୍ଟ ଅର୍ଥ ପାଇ ପାରୁଛେ। ଅର୍ଥାତ୍ ଏଇଟି ହେଉଛି ମନୋଜ ପଣ୍ଡାଙ୍କ ରଚିତ ଗୋଟିଏ କ୍ଷୁଦ୍ରଗଳ୍ପ। ଯେଉଁ କ୍ଷୁଦ୍ରଗଳ୍ପର ଶୀର୍ଷକ ବା ନାମ ହେଉଛି 'ଶବ୍ଦର ଆମୂଳଚୂଳ'।

ସଖି ! ଏଇ ଯେଉଁ 'ଶବ୍ଦର ଆମୂଳଚୂଳ' ଗଳ୍ପ ଯାହାକୁ ମୁଁ ଏଠାରେ ଆଲୋଚନା କରିବାପାଇଁ ଇଚ୍ଛାପ୍ରକାଶ କରିଛି, ସେଥିରେ ଗାଳ୍ପିକ ମନୋଜ ପଣ୍ଡା ଜାଣିଜାଣି ଏମିତି କିଛି କାଣ୍ଡ କାରଖାନା କରିଛନ୍ତି, ଯେଉଁଥିରେ ଶବ୍ଦର କାଳାନୁକ୍ରମିକ ଅର୍ଥ ଏକ ସଂଶୟାତ୍ମକ ସ୍ଥିତିକୁ ଚାଲିଯାଇଛି । ଅର୍ଥାତ୍ ଯାହାକୁ diachronic ବା ଭାଷାର କାଳାନୁକ୍ରମିକ ସ୍ତର ବୋଲି କୁହାଯାଏ, ସେଥିରେ ପ୍ରତ୍ୟେକ ବସ୍ତୁକୁ ବୁଝିବାପାଇଁ କିଛି କିଛି ଶବ୍ଦ ତିଆରି କରାଯାଇଥାଏ। ଯେମିତି ଗୋଟିଏ ବସ୍ତୁର ବିଭିନ୍ନ ନାମ ମଧ ରହିଛି । ଯାହାକୁ ଆମେ ପ୍ରତିଶବ୍ଦ ବୋଲି କହୁ। ଅର୍ଥାତ୍ ଗୋଟିଏ ଶବ୍ଦର ଏକାଧିକ ସମାର୍ଥବାଚକ ଶବ୍ଦ। ଏହି ବ୍ୟବସ୍ଥା କେବଳ ଓଡ଼ିଆ ଭାଷା କି ହିନ୍ଦୀ ଭାଷା କି ବଙ୍ଗଳା ଭାଷା କି ସଂସ୍କୃତ ଭାଷାରେ ନାହିଁ; ବରଂ ଏହା ପୃଥିବୀର ବିଭିନ୍ନ ଭାଷାରେ ରହିଛି। ତା'ର ଅର୍ଥ ହେଉଛି ଆମେ ପୃଥିବୀର ବିଭିନ୍ନ ବସ୍ତୁବିଶେଷକୁ ବୁଝିବା ପାଇଁ (ସେ କ୍ରିୟା ହୋଇପାରେ ବା ହେଇପାରେ ନାଁ ବା ହେଇପାରେ କୌଣସି ଜୀବ କି ଜଡ଼ର ନାଁ, ଅର୍ଥାତ୍ ସବୁପ୍ରକାର ନାମକୁ, ଗୁଣକୁ, ଜାତିକୁ, ଅବସ୍ଥା ଆଦିକୁ) ଆମେ ଭିନ୍ନ ଭିନ୍ନ ଶବ୍ଦ ନିର୍ମାଣ କରିଛୁ। ତା' ଭିତରେ ହୁଏତ କିଛି କିଛି ଶବ୍ଦ ତା'ର ମୂଳ ରୂପରୁ ବିଚ୍ୟୁତ ହୋଇ କାଳକ୍ରମେ ବିରୂପିତ ରୂପ ଗ୍ରହଣ କରିଛନ୍ତି। ପୁଣି ବିଭିନ୍ନ ପ୍ରକାର ଶବ୍ଦ ଦେଶଜ, ତଦ୍ଭବ, ତତ୍ସମ, ବୈଦେଶିକ ପ୍ରଭୃତି ନାମରେ ନାମିତ ହୋଇଛନ୍ତି । ତେବେ ଗୋଟିଏ ଭାଷା କୁଟୁମ୍ବ ବା ଭାଷା ବ୍ୟବସ୍ଥା ମଧରେ ପ୍ରଚଳିତ

ଶବ୍ଦ ସମୂହ ଦୀର୍ଘ କାଳ ଧରି ଏକ ନିର୍ଦ୍ଦିଷ୍ଟ ଅର୍ଥକୁ ବହନ କରି କରି ଚାଲିଥାନ୍ତି। ସେହି ଭାଷାରେ ସେଗୁଡ଼ିକୁ ଗୋଟିଏ ଗୋଟିଏ Sign ବା ଶବ୍ଦ ସଂକେତ ଭାବରେ ବିଚାର କରାଯାଇଥାଏ । ତାହାକୁ ସଂରଚନାବାଦରେ ଚିହ୍ନ ବା ସଂକେତ ବା Signifier ବୋଲି କୁହାଯାଏ। ସେଗୁଡ଼ିକ ଯେତେବେଳେ ନିର୍ଦ୍ଦିଷ୍ଟ ଅର୍ଥ ପ୍ରକାଶ କରନ୍ତି ସେତେବେଳେ ତାହାକୁ ପ୍ରକାଶିତ ଅର୍ଥ ବା ବାଚ୍ୟାର୍ଥ ଇତ୍ୟାଦି ବୋଲି ନାମିତ କରାଯାଇଥାଏ ।

ପ୍ରତ୍ୟେକ ଭାଷାରେ ପ୍ରଚଳିତ ଥିବା ଏହି ଶବ୍ଦଗୁଡ଼ିକ ଏକ ଶୃଙ୍ଖଳିତ ଧ୍ୱନିବିନ୍ୟାସ ମାଧ୍ୟମରେ ଗଠିତ ହୋଇଥାନ୍ତି । ଯାହାକୁ ସସ୍ୟୁର୍ ଲାଙ୍ଗ୍ (Langue) ବୋଲି କହନ୍ତି ଏବଂ ସେହି ଲାଙ୍ଗ୍‌ର ପ୍ରାୟୋଗିକ ରୂପକୁ ବା ପ୍ରାୟୋଗିକ ପ୍ରକ୍ରିୟାକୁ ସସ୍ୟୁର୍ 'ପେରୋଲ୍' ବୋଲି କହିଛନ୍ତି। ତେବେ ଏହି ଲାଙ୍ଗ୍ ଏବଂ ପେରୋଲ୍ ପ୍ରତ୍ୟେକ ଭାଷାରେ ରହିଥିବାର ଦେଖାଯାଏ । ନିର୍ଦ୍ଦିଷ୍ଟ ଭାଷାଭାଷୀ ଲୋକମାନେ ଏହିଭଳି ଭାବରେ ଏକ ଭାଷାକୁଟୁମ୍ବ ମଧ୍ୟରେ ଶବ୍ଦର କାଳାନୁକ୍ରମିକ ଅର୍ଥ ଏବଂ ସମକାଳୀନ ଅର୍ଥକୁ ହିଁ ବୁଝିବାକୁ ଚେଷ୍ଟା କରିଥାନ୍ତି ଏବଂ ଏହି ବୁଝିବା ବା ବୁଝାମଣା ଦ୍ୱାରା ସେହି ନିର୍ଦ୍ଦିଷ୍ଟ ଭାଷା ପରିବାର ମଧ୍ୟରେ ଭାବ ବିନିମୟ ସହଜ ହୁଏ। ଫଳରେ ଏକ ଭାଷିକ ସଂପର୍କ ବା Kinship system ନିର୍ମାଣ ହୋଇଥାଏ।

'ଶବ୍ଦର ଆମୂଳଚୂଳ' ଗଳ୍ପରେ ମୁଖ୍ୟଚରିତ୍ର ହେଉଛି ବଂଶୀଧର ମୁଣ୍ଡ । ବଂଶୀଧର ମୁଣ୍ଡ ବାପାଙ୍କ ନାମ ଶ୍ରୀମାନ୍ ରୁଦ୍ରନାରାୟଣ ମୁଣ୍ଡ। ତାଙ୍କ ଘର ହେଉଛି ବାହାଦୂର ବଗିଚାପଡ଼ା, କଳାହାଣ୍ଡି। ବଂଶୀଧର ମୁଣ୍ଡ ଜଣେ ଉତ୍ତର ଆଧୁନିକ ବା ଉତ୍ତର ସଂରଚନାବାଦୀ ବିଶ୍ୱ ବାସିନ୍ଦା ଭଳି ଏ ଗଳ୍ପରେ ଚିତ୍ରିତ । ବଂଶୀଧରକୁ ଛାଡ଼ିଦେବା ପରେ ଆଉ ଯେଉଁ ଚରିତ୍ରମାନେ ଏ ଗଳ୍ପରେ ରହିଛନ୍ତି ସେମାନେ ସଭିଏଁ ସଂରଚନାବାଦୀ ବିଶ୍ୱର ବାସିନ୍ଦା ଭଳି । ଅର୍ଥାତ୍ ଏ ଗଳ୍ପରେ ଗୋଟିଏ ପାର୍ଶ୍ୱରେ ରହିଛି ଚିରାଚରିତ Establishment ବା ପ୍ରତିଷ୍ଠିତ ଅବଧାରଣାଗତ ବିସ୍ତାରଣ ଏବଂ ଆଉ ଗୋଟିଏ ପାର୍ଶ୍ୱରେ ରହିଛି ଏହି ପ୍ରତିଷ୍ଠିତ ଅବଧାରଣାଗତ ବିସ୍ତାରଣକୁ ଭାଙ୍ଗିଦେଇ ଏକ ନୂତନ ବିସ୍ତାରଣ ଆଡ଼କୁ ଜନ୍ମୁଖ ହୋଇଉଠିବାର ଏକ ଅଣପାରମ୍ପରିକ ଦୃଷ୍ଟିଶୀଳତା। ଏ ଗଳ୍ପରେ ବିଶେଷକରି ଶବ୍ଦର ଅର୍ଥ ଏବଂ ଶବ୍ଦର ସଂରଚନା ଉପରେ ଅଧିକ ଗୁରୁତ୍ୱ ପ୍ରଦାନ କରାଯାଇଛି । ଗୋଟିଏ ପାଖରେ ଫାଇନାଲ୍ ଏବଂ ଷ୍ଟେବଲ ମିନିଙ୍ଗ୍ ଏବଂ ଟ୍ରୁଥ୍‌କୁ ପ୍ରତିଷ୍ଠିତ ଏବଂ ସ୍ଥିର ରଖିବାକୁ ଚେଷ୍ଟା କରାଯାଉଥିବା ବେଳେ ଆଉ ଏକ ପାଖରେ ଏ ଗଳ୍ପରେ ଭାଷା ବା ଶବ୍ଦର ସ୍ଥିର ଏବଂ ସର୍ବଶେଷ ଅର୍ଥ ତଥା ସତ୍ୟସିଦ୍ଧତାକୁ ବିଗଠିତ କରିବାପାଇଁ ଚେଷ୍ଟା କରାଯାଇଛି ।

ବଂଶୀଧର ଚରିତ୍ରଟି ଜଣେ ସ୍କୁଲ୍ ଛାତ୍ର । ତାକୁ ବିଭିନ୍ନ ଜିନିଷ ଅର୍ଥାତ୍ ବିଭିନ୍ନ ସ୍ଥାନ, କାଳ, ପାତ୍ର ଭିନ୍ନଭିନ୍ନ ପରିସ୍ଥିତିରେ ଭିନ୍ନ ଭିନ୍ନ ବୋଧହୁଏ। ଯେମିତିକି ସେ କାନ୍ଥକୁ ଲାଗି ବସିଛି। ଅଦିନିଆ ବର୍ଷାକୁ ଦେଖୁଛି । ଏହି ସମୟରେ ବର୍ଷା ଅଜାଡ଼ି ହେଇ ପଡୁଛି । ପାଣି ବିନ୍ଦୁର ଧାଡ଼ି ଲମ୍ବିଛି, ପଡୁଛି, ମିଳେଇଯାଉଛି। ଯେତେବେଳେ ଜଳ ବିନ୍ଦୁ ଗଡ଼ିଗଡ଼ି ଯାଉଛି, ସେତେବେଳେ ବଂଶୀଧରକୁ ଲାଗୁଛି ଏଇ ବିନ୍ଦୁ ବିନ୍ଦୁ ଜଳ ଅସରନ୍ତି ବିନ୍ଦୁ । ତାକୁ ଲାଗୁଛି ଇଏ ଜଳ ନା ବିନ୍ଦୁ । ଅର୍ଥାତ୍ ଜଳର ସ୍ଥିର ଅର୍ଥକୁ ନେଇ ବଂଶୀଧର ମଧ୍ୟରେ ସଂଶୟ ସୃଷ୍ଟି ହେଉଛି। ଯେଉଁ ସଂଶୟକୁ ସର୍ବପ୍ରଥମେ ଜ୍ୟାକ୍ସ ଡେରିଡା ତାଙ୍କ ବିଗଠନବାଦୀ ସିଦ୍ଧାନ୍ତରେ ଗୋଚରୀଭୂତ କରିବା ପାଇଁ ୧୯୬୫ ପରବର୍ତ୍ତୀ କାଳଖଣ୍ଡରେ ଚେଷ୍ଟା କରିଥିଲେ। ସେଥିପାଇଁ ବଂଶୀଧରକୁ ଲାଗୁଛି "ଜଳ ଖସି ଜଳରେ ମିଶୁଛି, ବିନ୍ଦୁ ଆସି କେଁଉଠି ମିଶୁଛି ? ବିନ୍ଦୁ ଶବ୍ଦଟି ଖସୁଛି । ଶବ୍ଦ ଖସୁଛି। ଶବ୍ଦମାନେ ଧାଁଇ ଧାଇଁ ଖସୁଛନ୍ତି ଏବଂ ଉଭେଇଯାଉଛନ୍ତି ଏବଂ ଲୋପ ପାଇଯାଉଛନ୍ତି, ମରୁଛନ୍ତି ।"(ପୃଷ୍ଠା-୧୪ ମାୟାବଗିଚା, ଶବ୍ଦର ଆମୂଳଚୂଳ) । ତେଣୁ ବଂଶୀଧର ତା' ବାପାଙ୍କୁ କହିଛି "ଆସ ! ଦେଖ ! ଶବ୍ଦମାନେ କେମିତି ଦଉଡ଼ିଛନ୍ତି । ଖସିପଡ଼ି ପୁଣି ମରିଯାଉଛନ୍ତି । ଦେଖ ! ଶବ୍ଦମାନଙ୍କର ମୃତ୍ୟୁ।"(ପୃଷ୍ଠା-୧୫)

ବଂଶୀଧର ବାପା ଯେହେତୁ ଜଣେ ସଂରଚନାବାଦୀ ମଣିଷ, ସେଥିପାଇଁ ତାଙ୍କ ଆଖି,କାନ, ନାକ ଆଦି ଏଭଳି ଉଦ୍ଭଟ ବକ୍ତବ୍ୟକୁ ଗ୍ରହଣ କରିପାରିନାହାଁନ୍ତି । ସେଥିପାଇଁ ତାଙ୍କ ଭିତରେ ବିମର୍ଷ ଭାବ ଦେଖାଦେଇଛି। ତା'ପରେ ସେ ବଂଶୀଧରକୁ ଘରଭିତରକୁ ଭାତ ଖୋଇବା ପାଁଇ ନେଇଯାଇଛନ୍ତି। ଭାତ ଖାଉ ଖାଉ ବଂଶୀଧରର ମଧ୍ୟ ସେହିଭଳି ଅସଂଗତିଯୁକ୍ତ ଭାବନା ସୃଷ୍ଟି ହୋଇଛି । ଯେତେବେଳେ ମାଆ ଭାତ ବାଢ଼ି ଦେଇଛନ୍ତି, ସେତେବେଳେ ଗାଳ୍ପିକ ମନୋଜ ପଣ୍ଡା କହୁଛନ୍ତି "ବଂଶୀଧର ଦେଖିଲା, ତା' ଥାଳିରେ ଭାତ ରଖାହୋଇଛି। ସେ ଭାତ ଖାଇବ। ଭାତ ଶବ୍ଦକୁ ଖାଇବ । ସେ ଶବ୍ଦ ଖାଇବ । ଥାଳିଏ ଶବ୍ଦ ଖାଇବ। ଶବ୍ଦମାନେ ତା' ପେଟଭିତରକୁ ଯିବେ । ପେଟ ତା'ର ଗୋଳମାଳ ହୋଇ ଯାଇପାରେ । ହଜାର ହଜାର ଭାତ ଶବ୍ଦ ତା' ପେଟ ଭିତରେ ମରିଯିବେ । ଶବ୍ଦମାନଙ୍କ ମୃତ୍ୟୁକଥା ଭାବିଲେ ତା' ମୁଣ୍ଡ କଣ ହେଇଯାଉଛି। ସେ ତା' ମାଆକୁ କହିଲା "ମାଆ ! ମୁଁ ଭାତ ଶବ୍ଦ ଚୋବାଇ ଚୋବାଇ ଖାଉଛି ।" (ପୃଷ୍ଠା-୧୫)

ବଂଶୀଧରର ଏଭଳି ଚିନ୍ତା ମଧ୍ୟରେ ଯେଉଁ ବିଚ୍ଛିନ୍ନତା ଏବଂ ବିଯୁକ୍ତିକରଣମୂଳକ ବିରୋଧାଭାସ ସୃଷ୍ଟି ହୋଇଛି, ତଦ୍ୱାରା ବାପାମାଆ ଭାଙ୍ଗି ପଡ଼ିଛନ୍ତି । ବଂଶୀଧରର ଏଭଳି ଆଚରଣ ତଥା କଥୋପକଥନ ମଧ୍ୟରେ ସେମାନଙ୍କ ପ୍ରଚଳିତ ପୃଥିବୀର ବିଧିବ୍ୟବସ୍ଥାକୁ ଦେଖିବାକୁ ସେମାନେ ପାଇନାହାଁନ୍ତି । ସେଥିପାଇଁ ସେମାନେ ବ୍ୟସ୍ତ

ହୋଇଉଠିଛନ୍ତି । ପୁଣି ବଂଶୀଧର ପାଇଁ ଏହା ସତ୍ୟତାଯୁକ୍ତ । ସେ ସତ୍ୟତା କିନ୍ତୁ ଅସ୍ଥିର ଏବଂ ପରିବର୍ତ୍ତନୀୟ। ବଂଶୀଧର ଜାଣେ ସତ୍ୟତା ଦୃଷ୍ଟିଗୋଚର ଉପରେ ନୁହେଁ - ବରଂ ବୋଧ ଓ ଅନ୍ତର୍ଦୃଷ୍ଟି ଉପରେ ପର୍ଯ୍ୟବସିତ । ଯେଉଁ କଥା ଆପେକ୍ଷିକ ତତ୍ତ୍ୱ ଏବଂ କ୍ୱାଣ୍ଟମ୍ ତତ୍ତ୍ୱରେ କୁହାଯାଇଥାଏ, ସେହିକଥା ବଂଶୀଧରର ବାଳକ ମାନସରେ ଘଟିତ ହୋଇଛି।

ବଂଶୀଧର ଏକମାସ ପରେ ସତ୍ୟବାଦୀ ବନ ବିଦ୍ୟାଳୟକୁ ଯିବ। ବଂଶୀଧର ଏତାଦୃଶ ଉଦ୍ଭଟତାଯୁକ୍ତ ଆଚରଣ ତଥା କଥୋପକଥନକୁ ଭିତ୍ତିକରି ତାଙ୍କ ବାପା ଯେଉଁ ଚିଠିଟି ସତ୍ୟବାଦୀ ବନ ବିଦ୍ୟାଳୟକୁ ଦେଇଥିଲେ, ସେ ଚିଠିର ଉତ୍ତର ସ୍ୱରୂପ ସତ୍ୟବାଦୀ ବନ ବିଦ୍ୟାଳୟରେ ବଂଶୀଧର ନାମ ଲେଖାଇବା ପାଇଁ ଯୋଗ୍ୟ ବିବେଚିତ ହୋଇଛି ବୋଲି ଉତ୍ତର ଆସିଛି । ଅର୍ଥାତ୍ ସେମାନେ (ସତ୍ୟବାଦୀର ଶିକ୍ଷକମାନେ) ବଂଶୀଧରର ଏଭଳି ଆଚରଣ ତଥା କଥୋପକଥନ ମଧ୍ୟରେ ଏକ ବିଶେଷ ବିଚକ୍ଷଣତା ଦେଖିପାରିଛନ୍ତି । ସେଥିପାଇଁ ସତ୍ୟବାଦୀ ବନ ବିଦ୍ୟାଳୟର ପ୍ରଧାନ ଶିକ୍ଷକ ନୀଳକଣ୍ଠ ଦାସ ଏକ ଅନୁମତି ପତ୍ର ଚୈତ୍ର ମାସ ତାରିଖ-୧୦, ଏପ୍ରିଲ୍ ୧୯୧୩ ମସିହାରେ ବାହାଦୂର ବଗିରପଡ଼ା, କଳାହାଣ୍ଡି ପଠାଇଛନ୍ତି। ସେ ଚିଠି ପାଇବା ପରେ ବଂଶୀଧରକୁ ସତ୍ୟବାଦୀ ବନ ବିଦ୍ୟାଳୟରେ ବିଦ୍ୟା ଅଧ୍ୟୟନ ପାଇଁ ପଠେଇବାକୁ ସମସ୍ତ ପ୍ରକାର ବନ୍ଦୋବସ୍ତ ହୋଇଛି ।

ବନ୍ଦୋବସ୍ତ ସ୍ୱରୂପ କଳାହାଣ୍ଡିର ମହାରାଜା "ଯଥାଶୀଘ୍ର ପିଲାଟିକୁ ସତ୍ୟବାଦୀ ପଠାଯାଉ। ଖର୍ଚ୍ଚ ପାଇଁ ଆପଣ କିଛି ଚିନ୍ତା କରିବେ ନାହିଁ । ଆମେ ସେ ଚିନ୍ତା କରିବୁ" ବୋଲି ପ୍ରତିଶ୍ରୁତି ରୁଦ୍ରନାରାୟଣଙ୍କୁ ଦେଇଛନ୍ତି । ତା'ପରେ ହାତୀ, ରୋଷେଇଆ ଏବଂ ଯୁବରାଜଙ୍କ ଶିକ୍ଷକ ବାବୁ ଶ୍ରୀମାନ୍ ରୋହିଣୀକାନ୍ତ ମୁଖାର୍ଜୀଙ୍କୁ ସତ୍ୟବାଦୀରେ ବଂଶୀଧରକୁ ଛାଡ଼ି ଆସିବା ପାଇଁ ମହାରାଜା ପରାମର୍ଶ ଦେଇଛନ୍ତି । ତା' ମଧ୍ୟ ପାଳନ କରାଯାଇଛି। ରୋହିଣୀକାନ୍ତ ବଂଶୀଧରକୁ ନେଇ ପ୍ରଥମେ ହାତୀରେ ସୁବର୍ଣ୍ଣପୁର ପର୍ଯ୍ୟନ୍ତ ଯାଇଛନ୍ତି । ସୁବର୍ଣ୍ଣପୁରରେ ଦେଓ୍ୱାନଙ୍କୁ ଭେଟି ସେଠାରୁ ନୌକା ଯୋଗେ ସାକ୍ଷୀଗୋପାଳ ଯିବାର ବ୍ୟବସ୍ଥା କରିଦେବା ପାଇଁ ଅନୁରୋଧ ଜଣାଇଛନ୍ତି। ତାହା ମଧ୍ୟ ପାଳନ କରାଯାଇଛି । ଅର୍ଥାତ୍ ଇତ୍ୟବସରରେ ବଂଶୀଧର ସତ୍ୟବାଦୀ ବନ ବିଦ୍ୟାଳୟରେ ପାଦ ଥାପିଛି। ସେଠାରେ ବିଦ୍ୟା ଅଧ୍ୟୟନ କରିବାପାଇଁ।

ସତ୍ୟବାଦୀ ବନବିଦ୍ୟାଳୟ, ସାକ୍ଷୀଗୋପାଳ, ସୁବର୍ଣ୍ଣପୁର, କଳାହାଣ୍ଡି, ମହାରାଜା ରୋହିଣୀକାନ୍ତ, ବଂଶୀଧରଙ୍କ ବାପାମାଆ, ବନ ବିଦ୍ୟାଳୟର ବର୍ତ୍ତମାନ ଛାତ୍ରସଂଖ୍ୟା' ଶହେ ପଞ୍ଚାଅଶୀ , ସତ୍ୟବାଦୀର ଅନ୍ୟ ଶିକ୍ଷକବୃନ୍ଦ, ଗାଈ, ଘାସ ଇତ୍ୟାଦିର ଅର୍ଥ

ସଂରଚନାବାଦୀ ସିଦ୍ଧାନ୍ତ ଅନୁସାରେ ସ୍ଥିର, ଅପରିବର୍ତ୍ତନୀୟ, ସର୍ବଜନୀନ । ଏହି ଶବ୍ଦଗୁଡ଼ିକ ଜଣେ ଜଣେ ନିର୍ଦ୍ଦିଷ୍ଟ ମଣିଷ ବିଶେଷକୁ କିମ୍ବା ବସ୍ତୁବିଶେଷକୁ କିମ୍ବା ସ୍ଥାନ ବିଶେଷକୁ କିମ୍ବା ପରିବେଶ ବିଶେଷକୁ ସଂକେତିତ କରୁଛନ୍ତି; କିନ୍ତୁ ଏ ସଂକେତ ବିନ୍ୟାସ ମଧ୍ୟରେ ବଂଶୀଧରର ବୈୟକ୍ତିକ ପରିମଣ୍ଡଳ ଆଦୌ ବିଜଡ଼ିତ କିମ୍ବା ସଂଶ୍ଲିଷ୍ଟ କିମ୍ବା ସଂଗ୍ରଥିତ କିମ୍ବା ବିନ୍ୟସ୍ତ ନାହିଁ। ତା' ଭିତରେ ଏଇ ଯେଉଁ ଚିରାଚରିତ ଶବ୍ଦ ଏବଂ ତା'ର ସ୍ଥିର ଅର୍ଥ ସେହିଥିରୁ ବା ତା'ର ମାୟାଜାଲରୁ ମୁକୁଳିବାପାଇଁ ଅନ୍ୱେଷଣ ଜାରିରହିଛି । ବଂଶୀଧର ମଧ୍ୟରେ ଅନେକ ପ୍ରଶ୍ନ। ଯେମିତିକି – "ଶବ୍ଦ କ'ଣ ? ଏତେ ଶବ୍ଦ ଆସିଲା କେଉଁଠୁ ? କିଏ ବସ୍ତୁମାନଙ୍କର ନାମକରଣ କଲା ? ପ୍ରାଣୀମାନଙ୍କର ନାମକରଣ ବି କେମିତି ହେଲା ? ଶବ୍ଦର ଅର୍ଥ କ'ଣ ? ଶବ୍ଦଠାରୁ ଅର୍ଥର ଦୂରତ୍ୱ କେତେ ? ଅର୍ଥ ବି ତ ଅନ୍ୟ ଏକ ଶବ୍ଦ, ତା'ର ଅର୍ଥ କ'ଣ ? ଏପରି ଶବ୍ଦରୁ ଅର୍ଥ ଏବଂ ଅର୍ଥରୁ ଅର୍ଥ, ପୁଣି ଅର୍ଥରୁ ଶବ୍ଦ, ଶବ୍ଦରୁ ଅର୍ଥ, ପୁଣି ଅର୍ଥରୁ ଅର୍ଥ। ଏସବୁ ଏହା ଏକ ଲମ୍ବା ରାସ୍ତା ନା ଗୋଲାକାର ରାସ୍ତା ? ବଂଶୀଧର ଭାବିପାରେନା । ଯଦି ସିଧା ରାସ୍ତା ତେବେ ଏହା ଅନନ୍ତ ଆଡ଼କୁ। ଯଦି ଏହା ଗୋଲାକାର ତେବେ ମୂଳଶବ୍ଦକୁ ଫେରିବାକୁ ପଡ଼େ । ଏହା ବୃତ୍ତର ପ୍ରଥମ ଶବ୍ଦ, ମୂଳ ଶବ୍ଦଟି କ'ଣ ?" (ପୃଷ୍ଠା-୧୬)

ବଂଶୀଧର ଖୋଜୁଛି। କିନ୍ତୁ ତା' ଖୋଜାର ଶେଷ ନାହିଁ। ଅସରନ୍ତି ତା'ର ଖୋଜା। ସେ ଯେତିକି ପ୍ରଶ୍ନର ସମ୍ମୁଖୀନ ହେଉଛି, ସେତିକି ପ୍ରଶ୍ନର ଉତ୍ତରମାଳା ତା' ପାଖରେ ସନ୍ତୁଷ୍ଟିର ବାତାବରଣ ନିର୍ମାଣ କରିପାରୁ ନାହିଁ।

ସଂରଚନାବାଦରେ କୁହାଯାଏ ବସ୍ତୁର ନାମ ବା ଅର୍ଥ ସଂରଚନାରୁ ଉଦ୍ଭୂତ । ଯାହା ଦୃଷ୍ଟିର ଅନ୍ତରାଳରେ ରହିଥାଏ। ଅର୍ଥାତ୍ ସଂରଚନା ହେଉଛି ଭାଷାର କେନ୍ଦ୍ରୀୟ ବିଶେଷତ୍ୱ। ତେଣୁ ତାହା ସର୍ବଜନୀନ ଦୃଷ୍ଟିକୋଣରୁ ବ୍ୟବସ୍ଥିତ ଏବଂ ସଂରଚନାତ୍ମକ ହେବାପାଇଁ ବାଧ୍ୟ । କିନ୍ତୁ ବଂଶୀଧର ଏ ସିଦ୍ଧାନ୍ତକୁ ଗ୍ରହଣ କରିପାରେ ନାହିଁ। ସେଥିପାଇଁ ସେ ସର୍ବଦା ଆପେକ୍ଷିକ ଭାବରେ ଭିନ୍ନଭିନ୍ନ ଦୃଷ୍ଟିକୋଣର ସମ୍ମୁଖୀନ ହୁଏ । ଅହରହ ସମ୍ମୁଖୀନ ହୁଏ । 'Traditional view of coherent Identity' ବା ସଂଗତିଯୁକ୍ତ ଏକତ୍ୱ ସହିତ ଯେଉଁ ପାରମ୍ପରିକ ଦୃଷ୍ଟିକୋଣ ରହିଥାଏ, ତାକୁ ବଂଶୀଧର ପ୍ରତ୍ୟାଖାନ କରିଛି । ଏ ପ୍ରତ୍ୟାଖ୍ୟାନ ଏମିତି ଏକ ପ୍ରତ୍ୟାଖ୍ୟାନ ଯେଉଁଠି ସବୁକିଛି ବିକେନ୍ଦ୍ରିତ ହୋଇଯାଇଛି । ବିକେନ୍ଦ୍ରିତ ହେଇଯାଇଛି ଶବ୍ଦର ସ୍ଥିର ଅର୍ଥ; ସମାଜର ସ୍ଥିର ବ୍ୟବସ୍ଥା ଏବଂ ତଥାକଥିତ ସ୍ୱକୀୟ ଅବବୋଧ ମଧ୍ୟରେ ସ୍ଥିର ହୋଇ ରହିଥିବା ଯୁଗଯୁଗର ଶୃଙ୍ଖଳିତ ତଥା ଅପରିବର୍ତ୍ତନୀୟ ବିନ୍ୟାସକରଣ ।

ଜ୍ୟାକ୍ସ ଡେରିଡ଼ା ସେଦିନ କହୁଥିଲେ 'Meaning is a continuously'

ଅର୍ଥାତ୍ ଅର୍ଥ ହେଉଛି ଅବିରତ ଖେଳାଯାଉଥିବା ଏକ ଖେଳ ସଦୃଶ। ସେଠି ସର୍ବଶେଷ ପ୍ରକାଶିତ ଅର୍ଥ ବୋଲି ମଧ୍ୟ କିଛି ନାହିଁ । ସେଠି କୌଣସି ଅର୍ଥ ସ୍ଥିର ନୁହେଁ। ଏଭଳିକି ଯାହାକୁ ମଣିଷ ସତ୍ୟ ବୋଲି ବିବେଚନା କରେ ତାହା ମଧ୍ୟ ଆଉ କାହା ଦୃଷ୍ଟିକୋଣରେ ବିକେନ୍ଦ୍ରିତ ମଧ୍ୟ ହୋଇଯାଇପାରେ। ତେଣୁ ଅର୍ଥ ବହୁମୁଖୀ । ଅର୍ଥର ବହୁ ପରିତଳ ରହିଛି । ସେହିଭଳି ଧାରଣାଅବଧାରଣାର ମଧ୍ୟ ବହୁ ପାର୍ଶ୍ୱ ରହିଛି । ଏହାକୁ ଉତ୍ତର ସଂରଚନାବାଦୀମାନଙ୍କ ଭାଷାରେ 'Shift of meaning' ବୋଲି କୁହାଯାଏ ।

ବଂଶୀଧର ଭିତରେ ସର୍ବଦା 'Shift of Meaning' କାର୍ଯ୍ୟ କରୁଥାଏ। ସେଥିପାଇଁ ସେ ଦିନେ ତା' ମାଆକୁ କହିଲା "ଇଂରେଜମାନେ ପାଣିକୁ 'Water' ନ କହି 'ବାଟର' ବା 'ମାଟର୍' କହିଥିଲେ କ'ଣ ହେଇଥାନ୍ତା ? 'ହିନ୍ଦୀ' ପାନି ନକହି 'ଆନି', 'ଯାନି' କହିଥିଲେ ଅସୁବିଧା କେଉଁଠି ରହିଥାନ୍ତା? ମୁଁ ତ ଆଦୌ ବୁଝିପାରୁନାହିଁ ।" (ପୃଷ୍ଠା-୧୬) । ବଂଶୀଧର ତା' ନିଜ ବାପା ମାଆଙ୍କ ପାଖରେ ଥିଲାବେଳେ ଯେଉଁ ତାତ୍କାଳିକ ସ୍ୱୟଂକ୍ରିୟତାର ସହଜାତ ଇଚ୍ଛାରେ ପରିଚାଳିତ ହେଇ ଜୀବନକୁ ବଂଚୁଥିଲା, ଜୀବନକୁ ଦେଖୁଥିଲା ଏବଂ ଜୀବନକୁ ଭାଷାରେ ଅଭିବ୍ୟକ୍ତ ମଧ୍ୟ କରୁଥିଲା, ଠିକ୍ ସେହିଭଳି କରିଛି ସତ୍ୟବାଦୀ ବନ ବିଦ୍ୟାଳୟରେ।

ବଂଶୀଧର ସତ୍ୟବାଦୀରେ ପହଂଚିବାର ପଞ୍ଚମ ଦିନ ବଡ଼ିଭୋର ସମୟରେ ଯେତେବେଳେ ସେ ଗୋଟିଏ ବୁଢୀ ଗାଈକୁ ଜାମ୍ବୁଡାଳ ଖାଇବାକୁ ଏକାକୀ ଦେଉଥିଲା, ଠିକ୍ ସେତିକିବେଳେ ଗୋପବଂଧୁ ଦାସ, ନୀଳକଣ୍ଠ ଦାସ, ଗୋଦାବରୀଶ ମିଶ୍ର ଏବଂ ହରିହର ଆଚାର୍ଯ୍ୟ ଦାନ୍ତକାଠି ଘଷି ଘଷି ତା' ପାଖକୁ ଆସିଥିଲେ । ତା'ପରେ ପଚାରିଥିଲେ "ବଂଶୀଧର ଗାଈକୁ ପତ୍ର ଖୁଆଉଛ !" ବଂଶୀଧର କହିଥିଲା "ପତ୍ର ଖୁଆଉଛି। କିନ୍ତୁ ଗାଈକୁ ନୁହେଁ।" ସମସ୍ତେ ଚମକି ପଡ଼ିଥିଲେ। 'କାହାକୁ ପତ୍ର ଖୁଆଉଛ' ବୋଲି ପ୍ରଶ୍ନ ମଧ୍ୟ କରିଥିଲେ । କିନ୍ତୁ ବଂଶୀଧର କହିଥିଲା "ଜାଣେନା ସାର୍ । ଗାଈକୁ ପ୍ରଥମେ 'ଗାଈ' ବୋଲି କିଏ କହିଲା, କାହିଁକି କହିଲା? 'ବାଘ' ବା 'ଗଛ' ବୋଲି କାହିଁକି କୁହାଗଲା ନାହିଁ? ଗାଈ କ'ଣ ଜାଣେ ତାକୁ ଗାଈ କୁହାଯାଉଛି ବୋଲି? ସେ କ'ଣ ଖୁସି ? ତାକୁ ବାଘ କହିଥିଲେ ବା ଜିରାଫ୍ କହିଥିଲେ ସେ କ'ଣ ଦୁଃଖ କରିଥାନ୍ତା? ସାର୍ ଗାଈକୁ ଏଣିକି ଆମେ ଏକ ନୂଆ ନାମରେ ଡାକିବା । ଆମ ବିଦ୍ୟାଳୟର ଗୋଶାଳାରେ କେତୋଟି ଗାଈ ନା, ନା। କେତୋଟି କମଣ୍ଡଳୁ ଅଛନ୍ତି? ଗାଈକୁ ଏଣିକି ଆମେ କମଣ୍ଡଳୁ ଡାକିବା । ମୁଁ ଗୋଟିଏ କମଣ୍ଡଳୁକୁ ଜାମ୍ବୁଡାଳ ଖୁଆଉଛି ।

ଗାଈକୁ ଗାଈ ବୋଲି କହିବା ହେଉଛି ଏକ ସଂରଚନାବାଦୀ ସିଦ୍ଧାନ୍ତ। କାରଣ ଏଠାରେ 'ଗାଈ' 'Signifier ଟି ସ୍ଥିର ଅର୍ଥ ବହନ କରୁଛି। କିନ୍ତୁ 'ଗାଈ' ନାମକ

ବସ୍ତୁକୁ ଯଦି ଗାଈ ବୋଲି ନକହି 'ଗଛ' କି 'ଜିରାଫ୍' କି 'ବାଘ' କୁହାଯାଇଥାନ୍ତା, ହୁଏତ ସେ ଗାଈ ରୂପକ ବସ୍ତୁକୁ ସେ ନାଁରେ ମଧ୍ୟ ଲୋକମାନେ ବୁଝିଥାନ୍ତେ। ସେଥିପାଇଁ ଏଭଳି ଶବ୍ଦବିନ୍ୟାସ ପଶ୍ଚାତ୍‌ରେ ଯାଦୃଚ୍ଛିକତା କାର୍ଯ୍ୟ କରିଛି ବୋଲି ସସ୍ୟୁର କହନ୍ତି । କିନ୍ତୁ ସସ୍ୟୁର ଏକଥା କହି ସାରିବାପରେ ପ୍ରତ୍ୟେକ ଶବ୍ଦର ଅର୍ଥ ସ୍ଥିର ଏବଂ ଅପରିବର୍ତ୍ତନୀୟ ତଥା ପ୍ରତ୍ୟେକ ଶବ୍ଦ ଏକ ନିର୍ଦ୍ଦିଷ୍ଟ ବସ୍ତୁ ବିଶେଷକୁ ବୁଝାଇଥାଏ ପ୍ରତ୍ୟେକ ଶବ୍ଦ ଦ୍ୱୈବିରୋଧିକ ପ୍ରତୀତି ଦ୍ୱାରା ନିୟନ୍ତ୍ରିତ ଏବଂ ପ୍ରତ୍ୟେକ ଶବ୍ଦରେ ଏକ ବସ୍ତୁଚିତ୍ର ବା ଆକୃତି ବା ସଂକେତ ରହିଥାଏ ବୋଲି କହିଛନ୍ତି । କିନ୍ତୁ ସସ୍ୟୁରଙ୍କର ଏହି ସ୍ଥିର ଅର୍ଥଗତ ବ୍ୟାଖ୍ୟାନ ବା ସିଦ୍ଧାନ୍ତକୁ ଡେରିଡା ଅସ୍ୱୀକାର କରନ୍ତି । ସେଥିପାଇଁ ଉତ୍ତର-ସଂରଚନା **'Multiple Interpretation'** ବା ଅର୍ଥସ୍ତରୀୟ ବହୁମୁଖୀ ବ୍ୟାଖ୍ୟାକରଣକୁ ଗୁରୁତ୍ୱ ପ୍ରଦାନ କରିଥାଏ। ଯେଉଁ ବ୍ୟାଖ୍ୟାକରଣର ଅଭିକର୍ତ୍ତା ଭାବରେ ବଂଶୀଧର ଏ ଗଳ୍ପରେ ପରିଶୀଳିତ ହୋଇଛି।

ଉତ୍ତର ସଂରଚନାବାଦରେ ଅର୍ଥସ୍ତରୀୟ ସଂଶୟ ବା ବିରୋଧାଭାସ ସୃଷ୍ଟି ହୋଇଥାଏ। ତଦ୍ଦ୍ୱାରା ସାହିତ୍ୟକୃତି, ସଂସ୍କୃତି, ସମାଜ ପ୍ରଭୃତିକୁ ମଧ୍ୟ ଗୋଟିଏ ଗୋଟିଏ ଚିରାଚରିତ ଅନ୍ତରଙ୍ଗ ସ୍ଥିର ବ୍ୟବସ୍ଥା ଭାବରେ ବିଚାର କରାଯାଏ ନାହିଁ । ସେଠାରେ କୁହାଯାଏ ସବୁକିଛି ମୁକ୍ତ ଏବଂ ଚଳମାନ। ଶବ୍ଦ ବା ଶବ୍ଦସମୂହ, ଅର୍ଥ ବା ଅର୍ଥସମୂହ, ଶବ୍ଦବିନ୍ୟାସ ବା ଶବ୍ଦବିନ୍ୟାସସମୂହ ସ୍ଥିରାର୍ଥଭିତ୍ତିକ ନୁହେଁ। ଅର୍ଥବିନ୍ୟାସ ବା ଅର୍ଥବିନ୍ୟାସସମୂହର କୌଣସି ରୈଖିକ ବିନ୍ୟାସ ନାହିଁ । ସବୁକିଛି **Non-Linear**। ସବୁକିଛି ସଂରଚିତ ବୋଧ ହେଉଥିଲେ ମଧ୍ୟ ଅଣସଂରଚିତ। ତେଣୁ ଏଠାରେ ଅର୍ଥସ୍ତରରେ ସର୍ବଦା ନୂତନତା ସୃଷ୍ଟି ହୁଏ । ଅର୍ଥାତ୍ ଏକ ସ୍ଥିର ଅର୍ଥ ବିଶିଷ୍ଟ ଶବ୍ଦ ବୋଲି ଯାହାକୁ କୁହାଯାଏ, ତାହାକୁ ଉତ୍ତରସଂରଚନାବାଦୀ ବା ବିଗଠନବାଦୀ ଚିନ୍ତାନାୟକମାନେ ଭିନ୍ନ ଭିନ୍ନ ଦୃଷ୍ଟିରେ ବିଚାର କରନ୍ତି। ଫଳରେ ଅର୍ଥ ସ୍ତରରେ ବହୁମୁଖୀନତା ସହିତ ବହୁପାର୍ଶ୍ୱିକତା ଏବଂ ବହୁ ସ୍ୱରୀୟତା ନିଷ୍ପାଦିତ ହୁଏ। ସେଥିପାଇଁ ଗାଳ୍ପିକ ଏଠାରେ ବଂଶୀଧର ମୁଖରେ କୁହାଉଛନ୍ତି ଯେ "ସବୁ ନାମବାଚକ ଶବ୍ଦକୁ କାଢ଼ି ଫିଙ୍ଗି ଦିଆଯାଇଛି। ଶବ୍ଦମାନଙ୍କ ସହିତ ପ୍ରାଣୀର, ବସ୍ତୁତ୍ୱମାନଙ୍କର କିଛି ସଂପର୍କ ନାହିଁ । ଶବ୍ଦ ସେମାନଙ୍କୁ ଏକ ଖୋଳପା ପିନ୍ଧାଇ ଢାଙ୍କି ରଖିଥିଲା । ଏବେ ସେମାନେ ମୃତ ନହୋଇ ସ୍ଥିର ନହୋଇ ଅମୂର୍ତ୍ତ ଓ ଅସ୍ଥିର ହୋଇଯାଇଛନ୍ତି। ବିକଟାଳ ଓ ଅସଂଗଠିତ ହୋଇଯାଇଛନ୍ତି।" (ପୃଷ୍ଠା- ୨୩)

ତେଣୁ ଗାଈ ବଦଳରେ 'କାଇ' ବା 'ଘାଇ' ବୋଲି କହିବା କିଛି ଫରକ୍ ପଡ଼ିବ ନାହିଁ । "ଗାଈର ଚାରୋଟି ଗୋଡ଼, ଗୋଟିଏ ଲାଞ୍ଜ, ଦୁଇଟି ଶିଙ୍ଗ, ଗୋଟିଏ ପହ୍ଲା । ସେ

କ୍ଷୀର ଦିଏ। ତା'ର ଗୋବର ସାର ହୁଏ। ଏମିତି କହିଲେ କାହାର କିଛି ବୁଝିବାରେ ଅସୁବିଧା ରହେନାହିଁ।" (ପୃଷ୍ଠା-୨୩)। "ତେଣୁ ଅକ୍ଷର, ଉଚ୍ଚାରଣ ଶବ୍ଦ, ଏମାନେ କିଛି ହେଲେ ଅର୍ଥ ପ୍ରକାଶ କରନ୍ତି ନାହିଁ ଏବଂ ଯଦି 'ଅର୍ଥ' ଖୋଜାଯାଏ ତେବେ ଏମାନେ ସଭିଏଁ ତାଙ୍କ ମୂଳ ଉତ୍ସକୁ ଫେରି ଯାଆନ୍ତି, ଗୋଲାକାର ପଥରେ । ସତେ ଯେପରି ଆମେ ସେମାନଙ୍କୁ ତଡ଼ି ନେଉଁ, ଘଉଡ଼େଇ ନେଉଁ।" (ପୃଷ୍ଠା-୨୪)। "ତେଣୁ 'ଅର୍ଥ' ଖୋଜିଲେ ଆମେ ଅକ୍ଷରରୁ ଅକ୍ଷରକୁ, ଉଚ୍ଚାରଣରୁ ଉଚ୍ଚାରଣକୁ, ଶବ୍ଦରୁ ଶବ୍ଦକୁ, ବାକ୍ୟରୁ ବାକ୍ୟକୁ, ପାରାଗ୍ରାଫ୍‌ରୁ ପାରାଗ୍ରାଫ୍‌କୁ, ଗ୍ରନ୍ଥରୁ ଗ୍ରନ୍ଥକୁ, ଅତୀତର ଗ୍ରନ୍ଥରୁ ଭବିଷ୍ୟତର କାଳ୍ପନିକ ଗ୍ରନ୍ଥକୁ ଘୁଞ୍ଚି ଘୁଞ୍ଚି , ଡେଇଁ ଡେଇଁ ଯିବା ଏବଂ ଶେଷରେ ହାଲିଆ ହେଇ ମୂଳ ଜାଗାକୁ ଫେରିବା" (ପୃଷ୍ଠା- ୨୪) । ସେଥିପାଇଁ ସସ୍ୟୁର୍ କହିଥିବା '**No one has yet seen a signified without a signifire**' ର ମାନକତା ଏଠାରେ ଉଲଂଘିତ ।

ପ୍ରତିବିନ୍ୟାସବାଦ ବା ଉତ୍ତର-ସଂରଚନାବାଦରେ ବାରମ୍ବାର ବାରମ୍ବାର ଅର୍ଥସ୍ତରରେ ଓଲଟପାଲଟ ପ୍ରକ୍ରିୟା ସଂଘଟନ ହୋଇଥାଏ । ଏଥିରେ ସର୍ବଦା ଅର୍ଥର ବୈକଳ୍ପିକ ଦିଗକୁ ଇଙ୍ଗିତ ପ୍ରଦାନ କରାଯାଇଥାଏ । ତେଣୁ ଅର୍ଥ ବିନ୍ୟାସ କ୍ଷେତ୍ରରେ ଯେଉଁ ଏକମୁଖୀ ନିରଙ୍କୁଶ ଆଧିପତ୍ୟ ରହିଆସିଥିଲା ସଂରଚନାବାଦରେ ତାହା ଏଠାରେ ବିଘ୍ନିତ, ବିପଥିତ ହେଇଗଲା । ଅର୍ଥସ୍ତରୀୟ ନିଶ୍ଚୟତା ମଧ୍ୟ ଏଠାରେ ରହିଲା ନାହିଁ। ସଂରଚନାବାଦରେ ଜ୍ଞାନ ଏବଂ କ୍ଷମତାର ଖେଳ ଭିତରେ ଅର୍ଥ ଯେଭଳି ଭାବରେ ଦ୍ୱୈତ ବୈପରିତ୍ୟର ଶିକାର ହେଇଥିଲା ତାହାକୁ ମୁକ୍ତ କଲେ ଜ୍ୟାକ୍ସ ଡେରିଡା। ସେମାନଙ୍କୁ ସେ ଉନ୍ମୋଚିତ କରିଦେଇ ଅର୍ଥସ୍ତରୀୟ ବହୁମୁଖୀନତା ସୃଷ୍ଟିକଲେ । ଏହି ଅର୍ଥସ୍ତରୀୟ ବହୁମୁଖୀନତାର ଦୃଷ୍ଟାନ୍ତ ବଂଶୀଧର ମୁଖନିଃସୃତ ବକ୍ତବ୍ୟରେ ଲକ୍ଷ୍ୟ କରାଯାଏ। 'ଶବ୍ଦର ଆମୂଳ ଚୂଳ' ଗଳ୍ପରେ ଗାଳ୍ପିକ ମନୋଜ ପଣ୍ଡା ବଂଶୀଧର ମୁଖରେ ଏତାଦୃଶ ସଂଳାପମାନ ଉଚ୍ଚାରଣ କରାଇ ଚିରାଚରିତ ମୂଳଭୂତ ସଂରଚନାକୁ ଭାଙ୍ଗିଦେଇଛନ୍ତି । ଏପରିକି ବ୍ୟାକରଣ ସମ୍ମତ ପ୍ରାରୂପଗତ ଏକାଗ୍ରତା ମଧ୍ୟ ଏ ଗଳ୍ପରେ ଅନୁପସ୍ଥିତ। ବ୍ୟାକରଣରେ ଯେଉଁ ଆସତ୍ତି, ଆକାଂକ୍ଷା, ଯୋଗ୍ୟତା ପ୍ରଭୃତି ଭାଷାର ଲାକ୍ଷଣିକ ନିୟମ ଥିଲା, ତାହା ଖଣ୍ଡ ବିଖଣ୍ଡିତ ହୋଇଯାଇଛି। ସେଥିପାଇଁ ବଂଶୀଧରକୁ ଦେଖାଯାଇଛି "ଗଛମାନେ ଉଗ୍ରରୂପ ଧରି ଧାଇଁ ଆସୁଛନ୍ତି । ତାଳମାନେ ପ୍ରକାଣ୍ଡ ସାପ ପରି ଲମ୍ବିଆସି ଝଡ଼ପରି ଦୋହଲୁଛନ୍ତି । ଘାସମାନେ ମୁଣ୍ଡ ଯାଏଁ ଉଚ୍ଚ ହେଲେଣି। ଘରମାନ ଧାଇଁ ଆସୁଛନ୍ତି । କବାଟ, ଝରକାମାନେ ଇତସ୍ତତଃ ଉଡୁଛନ୍ତି । ବସ୍ତୁମାନଙ୍କର ବାତ୍ୟା ଅସିଛି, ବନ୍ୟା ଆସିଛି । ସମସ୍ତେ ଉଗ୍ର ରୂପ ଧରି ମାଡ଼ି ଆସୁଛନ୍ତି ପାହାଡ଼ ପରି, ଲାଭା ପରି। ପୃଥିବୀ ଫାଟି ପଡୁଛି।"(ପୃଷ୍ଠା-୨୪)।

ଏଠାରେ ଭାଷାର କାଳାନୁକ୍ରମିକ ସ୍ତର ପ୍ରତିହତ ହୋଇଛି । ତା' ସହିତ ଭାଷିକ ସଂରଚନାକୁ ପୂର୍ବରୁ ଯେଭଳି ଗୋଟିଏ ଫ୍ରେମ୍ ମଧ୍ୟରେ ସ୍ଥାପନ କରାଯାଉଥିଲା; ଭାଷା ଗୋଟିଏ ସିଷ୍ଟମ୍ ବା ଯାନ୍ତ୍ରିକ ବ୍ୟବସ୍ଥା ବୋଲି ବିବେଚନା କରାଯାଉଥିଲା-ସେ ବିବେଚନା ଏଠାରେ ସଂଶୟାତ୍ମକ ବୋଲି ମନେ ହେଉଛି। ଏଠି ଯୁଗ ଯୁଗ ଧରି ବିଶ୍ୱାସ କରାଯାଇ ଆସୁଥିବା ଭାବକୈନ୍ଦ୍ରିକତାର ଅବଧାରଣା ଭାଙ୍ଗିଯାଇଛି ଏବଂ ସବୁକିଛି ଏକ ବିକେନ୍ଦ୍ରିତ ଅବସ୍ଥାରେ ପହଞ୍ଚିଛି । ଏହା ଏକ ନୂତନ ଘଟଣା ବା **events**ର ଅୟମାରମ୍ଭ ଭାବରେ ପରିଗଣିତ ହେଇପାରେ ।

ପ୍ରତି ମୁହୂର୍ତ୍ତରେ ବିଭିନ୍ନ ଭାବଜଗତକୁ ଉତ୍ତରିତ ଏବଂ ବିଭିନ୍ନ ଭାବ ଜଗତରୁ ଅବତରିତ ହୋଇ ପାର୍ଥିବ ପରିମଣ୍ଡଳରେ ଇନ୍ଦ୍ରିୟଗତ ବ୍ୟାକରଣକୁ ଅତିକ୍ରମ କରି ବଂଶୀଧର ଏକ ବ୍ୟାକରଣୋତ୍ତର ତଥା ରୈଖିକ ବିନ୍ୟାସର ପରିମଣ୍ଡଳକୁ ଲଙ୍ଘିତ ହୋଇଛି। ଏଭଳି ଲଙ୍ଘନ ଦ୍ୱାରା ବଂଶୀଧର ଅଚେତ ହୋଇପଡ଼ିଛି । ବଂଶୀଧରକୁ ଗୋପବନ୍ଧୁ ଗୋଦାବରୀଶ, ନୀଳକଣ୍ଠ, ହରିହର ଏହି ଚାରିଜଣ ମିଶି କୋଠରୀକୁ ନେଇଯାଇଛନ୍ତି । ତା'ପରେ ବଂଶୀଧରକୁ ସମସ୍ତେ ଘେରିଯାଇଛନ୍ତି। ପରୀକ୍ଷାନିରୀକ୍ଷା କରିଛନ୍ତି। କାଟ ଛାଟ୍ କରିଛନ୍ତି । ତା'ପରେ ଷାଠିଏ ଘଣ୍ଟାର ଗୋଟିଏ ସାକ୍ଷାତ୍‌କାର ନେଇଛନ୍ତି ବଂଶୀଧରଠାରୁ। ପରେ ଦେଖାଯାଇଛି 'ଶବ୍ଦର ଆମୂଳଚୂଳ' ନାମରେ ଗୋଟିଏ ପାଣ୍ଡୁଲିପି ବଂଶୀଧର କୋଠରୀରୁ ପ୍ରାପ୍ତ ହୋଇଛି । କିନ୍ତୁ ସେହି ଦିନଠାରୁ ବଂଶୀଧରକୁ ଆଉ କେହି ଦେଖିବାକୁ ପାଇନାହାଁନ୍ତି । ତା'କୁ ହଇଜା ହୋଇଯାଇଛି। ଡାକ୍ତରଙ୍କର ସବୁ ଚେଷ୍ଟା ସତ୍ତ୍ୱେ କୋଠରୀ ଭିତରୁ ପାଞ୍ଚଦିନ ପରେ ଶବ ବାହାରିଛି ।

ଯେଭଳି ଭାବରେ ସସ୍ୟୁର୍ ପନ୍ଥୀ ଏବଂ ଡେରିଡା ପନ୍ଥୀ ଚେତନା ଏବଂ ବ୍ୟାକରଣ ମଧ୍ୟରେ ହାତାହାତି ଲଢ଼େଇ ହେଇଛି, ସେହି ଲଢ଼େଇରେ ଅବଶ୍ୟ ଡେରିଡା ପନ୍ଥୀ ବ୍ୟକ୍ତିସତ୍ତାଟିଏ ତିଷ୍ଠି ରହିବା ସମ୍ଭବ ହୋଇନାହିଁ। କାରଣ ସେ ସମୟ ଆସିନାହିଁ। ଯେଉଁ ସମୟ ଖଣ୍ଡରେ ଦୃଶ୍ୟ ବହିର୍ଭୂତ ଦୃଶ୍ୟ, ସ୍ୱାଦ ବହିର୍ଭୂତ ସ୍ୱାଦ, ଶ୍ରାବ୍ୟ ବହିର୍ଭୂତ ଶ୍ରବଣ, ସ୍ପର୍ଶ ବହିର୍ଭୂତ ସ୍ପର୍ଶ, ଘ୍ରାଣ ବହିର୍ଭୂତ ଘ୍ରାଣକୁ ମଣିଷ ଗ୍ରହଣ କରିନେବ। ଯଦି ମଣିଷ ଏହାକୁ ଗ୍ରହଣ କରିନିଏ, ତେବେ ସବୁକିଛି ବୃତ୍ତାକାର ପଥରେ ଘୂରିବାକୁ ଲାଗିବେ । ରୈଖିକତା ଅନ୍ତର୍ହିତ ହୋଇଯିବ। ତେଣୁ ବଂଶୀଧର ଭାବିତ ହେଇଛି "ଗୋଟିଏ ଶବ୍ଦ ତା'ର ଅର୍ଥ, ପୁଣି ଶବ୍ଦ। ଏହିପରି ଗୋଟିଏ ଶବ୍ଦପାଇଁ ଗୋଟିଏ ବୃତ୍ତଯଦି ହୁଏ, ତେବେ ଲକ୍ଷେ ଶବ୍ଦ ପାଇଁ ଲକ୍ଷେ ବୃତ୍ତ ହେବ । ତାହା ହେବ ଏହି ସୌରମଣ୍ଡଳର ପ୍ରଥମ ଶବ୍ଦ । ତାହା କ'ଣ, ତାହା କିପରି ଓ କେଉଁଠୁ ଆସିଲା, ତା'ର ଅର୍ଥ କ'ଣ , ଅର୍ଥଟି ଅନ୍ୟ ଏକ ଶବ୍ଦ ନା ଧ୍ୱନି ? ଶବ୍ଦମାନଙ୍କର ଏ ପ୍ରକାର ମାୟାଜାଲରୁ ମୁକୁଳିବାର ବାଟ କ'ଣ ?" (ପୃଷ୍ଠା- ୧୬) ।

ତେଣୁ ଏ ପୃଥିବୀରେ ତଥାକଥିତ ଶବ୍ଦର ସ୍ଥିର ଅର୍ଥକୁ ନେଇ ଯେଉଁ ଦେଣନେଣ, ଯେଉଁ ସ୍ୱାର୍ଥକୈନ୍ଦ୍ରିକ ସମ୍ବନ୍ଧ, ଯେଉଁ କାର୍ଯ୍ୟଘେନା ଚିନ୍ତନମନନ, ଉଭୟ ଲେଖନ ପ୍ରକ୍ରିୟା ଏବଂ କଥନ ପ୍ରକ୍ରିୟା କ୍ଷେତ୍ରରେ ବିରାଟ କାୟା ବିସ୍ତାର କରିଛି, ସେଥିରୁ ମୁକୁଳିବା ଏତେ ସହଜ ନୁହେଁ। ସେଥିରୁ ମୁକୁଳିବାପାଇଁ ଯଦି କେହି ବଂଶୀଧର ଭଳି ଚେଷ୍ଟାକରେ ବା ଆଚରଣ ପ୍ରଦର୍ଶନ କରେ, ତେବେ ତା'କୁ ନିଶ୍ଚୟ ହଇଜା ହେବ ଏବଂ ତା' କୋଠରୀରୁ ତା' ଶବକୁ ନିଷ୍କାସନ କରାଯିବ। ସେଥିପାଇଁ "ଏ ପୃଥିବୀର ବ୍ୟବସ୍ଥା ଅର୍ଥାତ୍ ଏ ପୃଥିବୀର କାର୍ଯ୍ୟକାରଣଗତ ସଂପର୍କ ସହିତ କାର୍ଯ୍ୟକାରଣହୀନ ସଂପର୍କ ଓ ବ୍ୟବସ୍ଥାର ଅହରହ ଲଢ଼େଇ ଚାଲିଛି। ସେ ଲଢ଼େଇରେ କିଏ କେତେବେଳେ ହାରିଯିବ ଏବଂ କିଏ କେତେବେଳେ ଜିତି ଯିବ, ତାହା କହିହେବ ନାହିଁ। ତେବେ ଏ ଲଢ଼େଇ ଅବ୍ୟାହତ ରହିବ । ଏ ହେଉଛି ଗୋଟିଏ ନୂତନ ଉଦ୍‌ବର୍ତ୍ତନର ବାହକ । ଏହା ଆଜି ନ ହେଲେ କାଲି ମଧ୍ୟ ଆଉ ଏକ ପରମ୍ପରା ହେଇ ଛିଡ଼ାହେବ।

ଓଡ଼ିଆ ଗଳ୍ପ ସାହିତ୍ୟରେ ଗଳ୍ପ ରଚନା କ୍ଷେତ୍ରରେ ବିଭିନ୍ନ ପରୀକ୍ଷାନିରୀକ୍ଷା କରିଛନ୍ତି ସ୍ୱର୍ଗତ ମନୋଜ ପଣ୍ଡା। ଗଳ୍ପର ଉଭୟ ପ୍ରାରୂପ ଏବଂ ବକ୍ତବ୍ୟରେ ସେ ଅଣପାରମ୍ପରିକ ବିନ୍ୟାସ ଘଟାଇଛନ୍ତି। ଶବ୍ଦ ଶବ୍ଦ ମଧ୍ୟରେ ଥିବା ଅର୍ଥ, ଶବ୍ଦାନ୍ତର, ଅର୍ଥାନ୍ତର, ଶବ୍ଦାର୍ଥର ବିବିଧଦିଗନ୍ତ ଆଦିକୁ ଭିତ୍ତିକରି ଶବ୍ଦଖେଳ ମାଧ୍ୟମରେ ଏଭଳି 'ଶବ୍ଦର ଆମୂଳଚୂଳ' ଶୀର୍ଷକ ଗଳ୍ପଟିକୁ ସେ ରଚନା କରିବାରେ ସମର୍ଥ ହୋଇଛନ୍ତି। ତେବେ ବଂଶୀଧର ଚରିତ୍ର ମାଧ୍ୟମରେ ଏହି ଗଳ୍ପ ମଧ୍ୟରେ ଉଭୟ ଆଙ୍ଗିକ ଏବଂ ବକ୍ତବ୍ୟବିନ୍ୟାସ କ୍ଷେତ୍ରରେ ଯେଭଳି ନବୀନତା ସମ୍ପାଦିତ ହୋଇଛି, ତାହା ଏ ଗଳ୍ପକୁ ଆମୂଳଚୂଳ ଏକ ସାର୍ଥକ ତଥା ଶ୍ରେଷ୍ଠ ଗଳ୍ପର ମାନ୍ୟତା ପ୍ରଦାନ କରି ଓଡ଼ିଆ ଗଳ୍ପ ସାହିତ୍ୟରେ ତା'କୁ କାଳୋର୍ତ୍ତୀର୍ଣ୍ଣତା ପ୍ରଦାନ କରିବ ନିଶ୍ଚୟ।

■

ସହାୟକ ଗ୍ରନ୍ଥ ସୂଚୀ :

୧. ପଣ୍ଡା, ମନୋଜ କୁମାର: ମାୟା ବଗିଚ଼ା, ଦକ୍ଷ ବୁକ୍ସ - ବାଦାମବାଡି, କଟକ, ଦ୍ୱିତୀୟ ସଂସ୍କରଣ - ୨୦୧୫

୨. ପଟ୍ଟନାୟକ, ଜିତେନ୍ଦ୍ର ନାରାୟଣ : ସାମ୍ପ୍ରତି ପାଶ୍ଚାତ୍ୟ ସମାଲୋଚନା ତତ୍ତ୍ୱ, ବିଦ୍ୟାପୁରୀ, କଟକ, ପ୍ରଥମ ପ୍ରକାଶ, ୨୦୦୬।

୩. ନାରଙ୍ଗ, ଗୋପୀଚନ୍ଦ : ସଂରଚନାବାଦ ଉତ୍ତର ସଂରଚନାବାଦ ଏବଂ ପ୍ରାଚ୍ୟ କାବ୍ୟ ତତ୍ତ୍ୱ, ସାହିତ୍ୟ ଅକାଡେମୀ, ନୂଆ ଦିଲ୍ଲୀ, ପ୍ରଥମ ସଂସ୍କରଣ, ୨୦୧୩

୪. Nair, Pramod K: Contemporary, Literary and Cultural Theory from structualism to Ecocriticism, Pearson, Noeda, First Impression, 2010

ଆଭଁ-ଗର୍ଡ ବନାମ ଅନାମ ଗୋଷ୍ଠୀ ବନାମ ଅନାମ କବିତା

ସାରାଂଶ: ଆଲୋଚ୍ୟ ପ୍ରବନ୍ଧରେ ଇଉରୋପୀୟ ଆଭଁ-ଗାର୍ଡ ଆନ୍ଦୋଳନ ସମ୍ପର୍କରେ ସଂକ୍ଷିପ୍ତ ସୂଚନା ପ୍ରଦତ୍ତ । ସେହି ଆନ୍ଦୋଳନର ବିବିଧ ବୈଶିଷ୍ଟ୍ୟ ସହିତ ଅନାମ ଗୋଷ୍ଠୀଙ୍କର କେମିତି ତାଳମେଳ ରହିଛି, ତାହା ସୂଚିତ। ଅନାମ ଗୋଷ୍ଠୀ ଦ୍ୱାରା ରଚିତ ଅନାମ କବିତାରେ ତାହାର ତୁଳନାତ୍ମକ ଆକଳନ ହିଁ ଏ ପ୍ରବନ୍ଧର ଭିତ୍ତିମୂଳ।

-୧-

ଆଭଁ-ଗର୍ଡ (Avant-garde) ଏକ ୟୁରୋପୀୟ ଆନ୍ଦୋଳନ। ଏହା କଳା, ସାହିତ୍ୟ ଏବଂ ଫେସନ କ୍ଷେତ୍ରକୁ ବିଶେଷ ଭାବେ ପ୍ରଭାବିତ କରିଥିଲା। ପ୍ରଥମେ ଫ୍ରାନ୍ସ, ଇଟାଲୀ ପରେ ଜର୍ମାନୀ ଏବଂ ଶେଷରେ ଅନ୍ୟ ଇଂରାଜୀ କଥିତ ଦେଶ ସମୂହରେ ବିସ୍ତାର ଲାଭ କରିଥିଲା । କୁହାଯାଏ ଏହି ଆଭାନ୍ତ-ଗାର୍ଦ ବା ଆଭଁ-ଗର୍ଡ ସର୍ବପ୍ରଥମେ ଫରାସୀ ସୈନ୍ୟବାହିନୀରେ Advance-guard ଅର୍ଥରେ ବ୍ୟବହାର କରାଯାଉଥିଲା ।[୧] ତା' ପରେ ଆସିଲା କଳା, ସାହିତ୍ୟ ଏବଂ ଫେସନ କ୍ଷେତ୍ରକୁ। ଏହି ଆନ୍ଦୋଳନର ପ୍ରତ୍ୟେକ ପର୍ଯ୍ୟାୟରେ ଘଟିଥିବା ବିପ୍ଳବଗୁଡ଼ିକୁ ଚାରି ଭାଗରେ ବିଭକ୍ତ କରାଯାଇପାରେ।

(୧) ପ୍ରାଥମିକ ପର୍ଯ୍ୟାୟ :

ପ୍ରକୃତିବାଦ, ପ୍ରତୀକବାଦ ଓ ନବ୍ୟ-ସାହିତ୍ୟଧାରା। ଏଥିସହିତ ଊନବିଂଶ ଶତାବ୍ଦୀରେ

ସାହିତ୍ୟିକ ଚିନ୍ତନ ସମାପ୍ତ ହେଉଛି। ସାହିତ୍ୟରେ Whitman,Laforgue ଓ Rimbaudଙ୍କ କବିତାକୁ ଉଦାହରଣ ସ୍ୱରୂପ ଗ୍ରହଣ କରାଯାଇପାରେ । (୨) **ଦ୍ୱିତୀୟ ପର୍ଯ୍ୟାୟ:** ବିଂଶ ଶତାବ୍ଦୀର ଆରମ୍ଭ। ଡାଡାଇଜମ୍, ସରରିଆଲିଜମ୍ ଓ ନିର୍ମାଣବାଦ (Costructivist) ବିଂଶ ଶତାବ୍ଦୀର ତୃତୀୟ ଦଶକ ପରଠୁ ବଦଳିଛି । (୩) **ତୃତୀୟ ପର୍ଯ୍ୟାୟ**ରେ: ପ୍ରତୀକବାଦ, ପ୍ରତୀକଧର୍ମୀ ବାସ୍ତବବାଦ, ପ୍ରତୀକଧର୍ମୀ ଅଭିବ୍ୟଞ୍ଜନାବାଦ, ବିଲମ୍ବିତ ପ୍ରତୀକବାଦ ଓ ନବ୍ୟବିଦଗ୍ଧବାଦ(Non-classicism)ଙ୍କୁ ମଧ୍ୟ ଏଥିରେ ଅନ୍ତର୍ଭୁକ୍ତ କରାଯାଇପାରେ । (୪) **ଚତୁର୍ଥ ପର୍ଯ୍ୟାୟ:** ଇତାଲୀୟ ଭବିଷ୍ୟବାଦ, ଫରାସୀ କ୍ୟୁବିଜମ୍, ଜର୍ମାନୀର ଅଭିବ୍ୟଞ୍ଜନବାଦ।[୨]

ଆଭାଁ-ଗର୍ଡ ଆନ୍ଦୋଳନର ଯେଉଁ ବୈଶିଷ୍ଟ୍ୟଗୁଡ଼ିକ ରହିଛି, ତନ୍ମଧ୍ୟରେ ଅନ୍ୱେଷଣ(exploration), ମାର୍ଗନିର୍ଣ୍ଣୟ (pathfinding), ନବପ୍ରବର୍ତ୍ତନ (innovation), ଉଦ୍ଭାବନ (invention) ପ୍ରଭୃତି ଅନ୍ୟତମ। ତେବେ କିଛି ନୂଆକରି ଦେଖାଇବା (something new), କିଛି ଅଗ୍ରଗତା ବା ଆଗାମୀର କଥା କହିବା (something advance or ahead of its time)ଏବଂ କିଛି ବିପ୍ଳବାତ୍ମକ ଧାରା ନିର୍ମାଣ କରିବା (something revolutionary)ହିଁ ଥିଲା ଆଭାଁ-ଗର୍ଡ କଳା ଏବଂ ସାହିତ୍ୟିକ ଆନ୍ଦୋଳନର ପ୍ରଧାନ ଲକ୍ଷ୍ୟ।[୩]

ଆଭାଁ-ଗର୍ଡ ଆନ୍ଦୋଳନ ପରିସରଭୁକ୍ତ ଡାଡାବାଦ, ଅଭିବ୍ୟକ୍ତିବାଦ, ଚିତ୍ରକଳ୍ପବାଦ, ଅତିବାସ୍ତବବାଦ, ଭବିଷ୍ୟବାଦ, ପ୍ରାରୂପବାଦ ପ୍ରଭୃତିରେ ଯେଉଁ ଗୁଣଧର୍ମ ରହିଛି ଏବଂ ଯେଉଁ ଗୁଣଧର୍ମ ସହିତ ଅନାମ କବିତାର ଉଭୟ ଭାବଗତ ଏବଂ କଳାଗତ ଅନିବାର୍ଯ୍ୟ ସାଦୃଶ୍ୟ ରହିଛି, ସେଗୁଡ଼ିକୁ ନିମ୍ନରେ ବିନ୍ଦୁଭିତ୍ତିରେ ଉଲ୍ଲେଖ କରାଗଲା । ଯଥା-

୧) ପାରମ୍ପରିକ ଧାରା ଏବଂ ମୂଲ୍ୟବୋଧକୁ ବର୍ଜନ କରି ନବୀନ ଧାରାର ନିର୍ମାଣ ।

୨) ପୁରାତନ ତର୍କ, ନିୟମ ଏବଂ ସିଦ୍ଧାନ୍ତକୁ ନିର୍ବୋଧ ବୋଲି ଜ୍ଞାନ କରିବା ।

୩) ପ୍ରଚଳିତ ଧାରଣାର ପୁନର୍ବିନ୍ୟାସ।

୪) ସାହିତ୍ୟ କ୍ଷେତ୍ରରେ ପ୍ରତିଷ୍ଠିତ କ୍ଷମତାଶାଳୀ ବର୍ଗଙ୍କ ଏକଚାଟିଆ ଆଧିପତ୍ୟକୁ ଅସ୍ୱୀକାର କରି ସାହିତ୍ୟରେ ନବୀନ ପରୀକ୍ଷଣ ଏବଂ ନବୀନ ରୀତିର ପ୍ରଚଳନ । ଏହାକୁ ଏକ ଆହ୍ୱାନ ଭାବରେ ଗ୍ରହଣ କରି ଦୃଢ଼ତାର ସହିତ ବଜାୟ ରଖିବାରେ ପ୍ରତିବଦ୍ଧତା।

୫) ବାସ୍ତବତାକୁ ଭିନ୍ନ ଦୃଷ୍ଟିରେ ଆକଳନ ।

୬) ମୂଳ କ୍ଲାସିକ୍ ବାସ୍ତବତାବାଦୀ ସ୍ଥିତିକୁ ଅଗ୍ରାହ୍ୟ ।

୭) ପ୍ରଚଳିତ ସଂସ୍କୃତିର ଉପେକ୍ଷା।
୮) ସ୍ୱକୀୟ ରୀତିରେ ଚିନ୍ତନ ।
୯) ଉଦ୍ଦେଶ୍ୟମୂଳକ ଭାବରେ ପାରମ୍ପରିକତା(orthodoxy)କୁ ପ୍ରତ୍ୟାଖ୍ୟାନ ।
୧୦) ଚରମ ସାମାଜିକ ସଂସ୍କାର ଆନୟନ ।
୧୧) କଳା ଏବଂ ସାହିତ୍ୟକୁ ସମାଜ ପରିବର୍ତ୍ତନର ଆୟୁଧ ଭାବେ ବିବେଚନା ।
୧୨) ଧରାବନ୍ଧା କଳାତ୍ମକତାକୁ ଜ୍ଞାତସାରରେ ଅଯୌକ୍ତିକ ଘୋଷଣା ।
୧୩) ପାରମ୍ପରିକତାର ବିପରୀତରେ; ମୂଲ୍ୟବୋଧର ବିପରୀତରେ; ଯୁକ୍ତିର ବିପରୀତରେ; ସତ୍ୟର ବିପରୀତରେ; ଧରାବନ୍ଧା କଳାର ବିପରୀତରେ ବିଦ୍ରୋହର ସ୍ୱର ଉତ୍ତୋଳନ ।
୧୪) ଏକକାଳୀନ ବହୁମୁଖୀ ଦୃଷ୍ଟିକୋଣରୁ ଜୀବନ ଏବଂ ଜଗତର ବ୍ୟାଖ୍ୟା।
୧୫) ସରଳତା ଏବଂ ଆଧ୍ୟାତ୍ମିକ ସାରବତ୍ତାର ଆଦର ।
୧୬) ତାତ୍‌କାଳିକତା ପ୍ରତି ଗୁରୁତ୍ୱାରୋପ ।
୧୭) ସକଳ ପ୍ରକାର ଅସ୍ତିତ୍ୱର ପୁନଃପରୀକ୍ଷଣ ।
୧୮) ଯୁଦ୍ଧଖୋର ଆତଙ୍କ ପ୍ରତି ଆଗ୍ରହ ବିରୋଧରେ ବିଦ୍ରୋହ।

ରମେଶ ପ୍ରସାଦ ପାଣିଗ୍ରାହୀଙ୍କ ଭାଷାରେ ତା'ର ଅର୍ଥ ହେଲା, 'ଊନବିଂଶ ଶତାବ୍ଦୀର ସମସ୍ତ ସାହିତ୍ୟ ତତ୍ତ୍ୱକୁ ଭାଙ୍ଗିଦିଆଗଲା ବିଂଶ ଶତାବ୍ଦୀର ଆରମ୍ଭରେ। ଅର୍ଥାତ୍ ବିଦଗ୍ଧ ସାହିତ୍ୟର ପରମ୍ପରାକୁ ଭାଙ୍ଗିଥିଲା ସ୍ୱଚ୍ଛନ୍ଦବାଦ (Romanticism) ଏବଂ ସ୍ୱଚ୍ଛନ୍ଦବାଦକୁ ଭାଙ୍ଗିଲା ବାସ୍ତବବାଦ ଏବଂ ସ୍ୱଚ୍ଛନ୍ଦବାଦ ଓ ବାସ୍ତବବାଦ ଉଭୟକୁ ଭାଙ୍ଗିଲା ଆଭଁଗର୍ଡ୍।' [୪]

ମୋଟ ଉପରେ ଆଭଁ-ଗର୍ଡ ହେଉଛି- " a smalll self-conscious group of artists and authors who deliberately undertake, to "make it new." By violating the accepted conventions and properties not only of art but of social discourse, they set out to create ever-new artistic forms and styles and to introduce neither to neglected, and sometimes for hidden, subject matter. Frequently avanta garde artists present themeselves as "alienated" from the established order, against which they assert their own autonomy, a prominent aim is to shock the senibilites of the conventional reader and of challange the norms and pieties of the dominant bourgeous culture."[୫]

J.A.Cuddon ଉପରୋକ୍ତ ଇଂରାଜୀ ଉଦ୍ଧୃତାଂଶରେ ଆଭାଁ-ଗର୍ଡ ଗୋଷ୍ଠୀ ସଂପର୍କରେ ଯେଉଁ ମନ୍ତବ୍ୟ ପ୍ରଦାନ କରିଛନ୍ତି, ତାହା ଓଡ଼ିଶାରେ ବିଂଶ ଶତାବ୍ଦୀର ଷଷ୍ଠ ଦଶନ୍ଧିର ଶେଷ କାଳାଂଶରେ ଆବିର୍ଭୂତ ହୋଇଥିବା ଅନାମଗୋଷ୍ଠୀଙ୍କ ସହିତ ସିଧାସଳଖ ସମ୍ପୃକ୍ତି ରହିଥିବାର ନମୁନା ମିଳେ। ଓଡ଼ିଶାରେ ଯେଉଁ ଅନାମଗୋଷ୍ଠୀଙ୍କର ୧୯୬୯ରେ ଆବିର୍ଭାବ ଘଟିଥିଲା ସେହି ଗୋଷ୍ଠୀଟି ଗୋଟିଏ (୧) ଛୋଟ ଗୋଷ୍ଠୀ ଥିଲା (୨) ସେମାନଙ୍କ ମଧ୍ୟରୁ ଅଧିକାଂଶ ଲେଖକ ଆତ୍ମସଚେତନ ଥିଲେ(୩) କିଛି ଗୋଟିଏ ନୂଆକରି ଦେଖାଇବା ପାଇଁ ସେମାନେ ପ୍ରତିବଦ୍ଧ ହୋଇଥିଲେ। (୪) ତତ୍କାଳୀନ ଓଡ଼ିଶାର ସାମାଜିକ ମହାବ୍ୟାଖ୍ୟାନରେ ସମ୍ମିଳିତ ହୋଇଥିବା ପାରମ୍ପରିକ ଲେଖକମାନଙ୍କର ଲେଖକୀୟ ଗୁଣଧର୍ମକୁ ଉଲଙ୍ଘନ କରିବାକୁ ପ୍ରୟାସ କରିଥିଲେ । (୫) ଶୈଳୀ ଏବଂ ପ୍ରାରୂପ କ୍ଷେତ୍ରରେ ଓଡ଼ିଆ ସାହିତ୍ୟ ଜଗତରେ ଅନାମ ଗୋଷ୍ଠୀ ନବୀନତାର ନିର୍ମାଣ ପାଇଁ ପ୍ରଚେଷ୍ଟା କରିଥିଲେ । (୬) ଏମାନଙ୍କୁ ସେତେବେଳେ ଘୋର ବିରୋଧ କରିଥିଲେ ରକ୍ଷଣଶୀଳ ତଥା କ୍ଷମତାଶାଳୀ ବ୍ୟକ୍ତିମାନେ । ଏମିତିକି ଏମାନେ ବହୁପ୍ରକାରର ଧମକଚମକର ସମ୍ମୁଖୀନ ହୋଇଥିଲେ। (୭)ସେଥିପାଇଁ ଏହି ଅନାମ ଗୋଷ୍ଠୀଭୁକ୍ତ ସାହିତ୍ୟସ୍ରଷ୍ଟାମାନେ ପ୍ରତିଷ୍ଠିତ ଶୃଙ୍ଖଳାଠାରୁ ନିଜକୁ ବିଚ୍ଛିନ୍ନ କରାଇବାକୁ ତତ୍ପରତା ପ୍ରଦର୍ଶନ କରିଥିଲେ। (୮) ତତ୍କାଳୀନ ଓଡ଼ିଶାର ପ୍ରଭାବଶାଳୀ ବୁର୍ଜୋଆ ଗୋଷ୍ଠୀଙ୍କ ଦ୍ୱାରା ଅନାମ ଦଳ କଟୁ ସମାଲୋଚନା ତଥା ବିରୋଧର ଶରବ୍ୟ ହୋଇଥିଲେ ମଧ୍ୟ ସ୍ୱକୀୟ ଅବବୋଧଗତ ବିଶେଷତ୍ୱକୁ ପ୍ରଚାର କରିବାରେ ପାଶ୍ଚାତ୍‌ପଦ ହୋଇନଥିଲେ।

-୨-

ଅନାମ ଗୋଷ୍ଠୀଙ୍କର ମୁଖ୍ୟ ଥିଲେ କୁମାର ମହାନ୍ତି। ତାଙ୍କର ଅନ୍ୟତମ ସହଯୋଗୀମାନେ ହେଲେ ଚିତ୍ତରଞ୍ଜନ ମିଶ୍ର, ନାରାୟଣ ପ୍ରସାଦ ସିଂ, ନୀଳମାଧବ ମିଶ୍ର, ଅପୂର୍ବ ମହାନ୍ତି, ଉଦୟ ଦାସ। ଅପ୍ରେଲ ୧୯୬୯ ମସିହାରେ ପ୍ରକାଶିତ ଅନାମ ଗୋଷ୍ଠୀର 'କ୍ରାନ୍ତିକାରୀ ଲେଖନୀର ସାମୟିକ ଲଘୁପତ୍ର ; 'ଅନାମ' ପତ୍ରିକାରେ ଅନାମମାନଙ୍କର ଉପରୋକ୍ତ କ୍ରମରେ ନାମୋଲ୍ଲେଖ ରହିଛି। ଏମାନଙ୍କୁ ଯୋଗାଯୋଗ କରିବାର ଠିକଣା ଥିଲା ଦଇତାପଡ଼ା ସାହି, ପୁରୀ । ପତ୍ରିକାର ମୂଲ୍ୟ ମାତ୍ର ଚାଳିଶ ପଇସା ଥିଲା। ଏହି ପତ୍ରିକାରେ 'ଅନାମ' ଶିରୋନାମାରେ ଦୁଇପୃଷ୍ଠା ବିଶିଷ୍ଟ ଯେଉଁ ବକ୍ତବ୍ୟଟି ଲିପିବଦ୍ଧ ହୋଇଛି, ତା'ର ସଂକ୍ଷିପ୍ତସାର ଏହିପରି ଯଥା-(୧) ଏଇ ଯୁଗରେ ଯେତେବେଳେ ସମସ୍ତ ପରମ୍ପରାବାଦୀ ଶବ୍ଦ ଅର୍ଥହୀନ ସେଥିରେ ପୁଣି ନାମର ମୋହ କାହିଁକି ?(୨) ଦୈତ୍ୱ ବ୍ୟକ୍ତିତ୍ୱ, ଦ୍ୱୈତ ନୈତିକତା, ଭଣ୍ଡ, ଧର୍ମ, ଅସାମାଜିକ ସମାଜ,

ବେଶ୍ୟାବାଦୀ ରାଜନୀତି, ଅଜଣା ମୂଲ୍ୟବୋଧରେ ମନୁଷ୍ୟର ମାନସିକ ଅର୍ଥନୈତିକ, ଦୈହିକ ସମ୍ବଳହୀନତା; ଆଜି ଆମ ଚକ୍ଷୁ ସମ୍ମୁଖରେ ଏକ ଏକ ବିରାଟ ପ୍ରଶ୍ନବାଚୀ । (୩) ଚତୁର୍ପାର୍ଶ୍ୱରେ ଜମିଥିବା ଏବଂ କଣ୍ଠ ଅବରୋଧ କରି ବାତାବରଣରେ ମର୍ମନ୍ତୁଦ କ୍ରନ୍ଦନ ଜାତ କରାଉଥିବା ଏଇ ଅସୁମାର ପ୍ରଶ୍ନବାଚୀ ହିଁ ଆମର ଜନ୍ମଦାତା । (୪) ତେଣୁ ଆମେ ନିଜର ପଥ ବାଛି ନେଇଛୁ । ଯଦିଓ ଚସରଠୁଁ ହିପ୍‌ପି ଯାଏଁ......ଡାରୱିନ୍‌ଙ୍କଠାରୁ ସାର୍ତ୍ରେଙ୍କ ଯାଏ କବିତାରେ ଆଣିପାରୁନୁ; ସେଥିପାଇଁ ଆମେ ଦୁଃଖିତ ନୋହୁଁ। କାରଣ ଆମର ଆସ୍ଥା ଅଛି; ଆମେ କେବଳ 'ଆମେ'ରେ ହିଁ ରହିଛୁ। (୫) ତେବେ କ'ଣ ଆମେ ପୂର୍ବପୁରୁଷଙ୍କ ପରି ଭାଙ୍ଗ ଖାଇ ଢୋଲକୀ ବଜାଇ ଈଶ୍ୱର ଭକ୍ତିର ଗୀତ ରଚନା କରି ଯୁଗକୁ ଭୁଲିଯିବୁ? ଏ ସମସ୍ତ ବ୍ୟାକୁଳତା.....ଏ ଅଶାନ୍ତ ଏବଂ ଏ ଅନ୍ତର୍ନିହିତ ଅନନ୍ତ ଜ୍ୱଳନ କେଉଁ କେଉଁ ପରିସ୍ଥିତିର ଦାନ? ଏହା ବ୍ୟକ୍ତିକୈନ୍ଦ୍ରିକ ନା ସମାଜକୈନ୍ଦ୍ରିକ? (୬) ଯାହା ଅଙ୍ଗେ ନିଭଉଛୁ ତା' ଆମେ ବିନା ଭୟ, ନିସଙ୍କୋଚ ଏବଂ ଲଜ୍ଜାବିହୀନ ଭାବେ ପ୍ରକାଶ କରୁଛୁ । (୭) ଆମେ ପୋଥିପଢ଼ା ଦର୍ଶନ ଏବଂ ଦ୍ୱୈତ-ବ୍ୟକ୍ତିତ୍ୱର ଦାସତ୍ୱ ସ୍ୱୀକାର କରିବାର ଘୋର ବିରୋଧୀ। (୮) xxଆମର ନିଜ ଉପରେ ଏବଂ ନିଜ ରଚନା ଉପରେ ପୂର୍ଣ୍ଣ ବିଶ୍ୱାସ ଅଛି। (୯) xxଆମେ ଭାବୁ; ସିଧା ଅଭିବ୍ୟକ୍ତି ଓ ପରିବେଶର ରୂପ କବିତାରେ ପ୍ରତିଫଳିତ ହେବା ଆବଶ୍ୟକ । ରଚନା ଏବଂ ରଚୟିତାର ବ୍ୟକ୍ତିତ୍ୱ ଭିତରେ ଫରକ୍ ଯେତେ କମ୍ ହେବ ରଚନା ସେତିକି ପ୍ରଭାବଶାଳୀ ଏବଂ ମନୋଜ୍ଞ ହେବ। (୧୦) ତା'ପରେ ବିଷୟ ଯାହା କିଛି ବି ହେଉ: ଗୁପ୍ତାଙ୍ଗ....ସମାଜ.....ବା ରାଜନୀତି।"(୬)

ଅନାମ ଗୋଷ୍ଠୀର ଦର୍ଶନ ହେଉଛି- 'ଆମେ ସବୁ ନାମ। ଆମକୁ ବାନ୍ଧି ରଖିଥିବା ସୂତା ହିଁ ଅନାମ। ତେଣୁ ମୁଁ ସବୁ ନା; ଏହି ସୂତାଟି ଆଗେ।'(୭)

'ଅନାମ' ପତ୍ରିକାର ପ୍ରଥମ ସଂଖ୍ୟାରେ ପ୍ରକାଶିତ କବିତା ଏବଂ ବକ୍ତବ୍ୟାଦିର ଯେଉଁ ସ୍ୱୟଂଶାସିତ (autonomy) ତଥା ସ୍ୱୟଂକ୍ରିୟ ଅଭିପ୍ରାୟ ରହିଥିଲା, ବୋଧହୁଏ ରକ୍ଷଣଶୀଳ ବର୍ଗଙ୍କର ଭୟଙ୍କର ବିରୋଧ ଯୋଗୁଁ ପରବର୍ତ୍ତୀ ସଂଖ୍ୟାଗୁଡ଼ିକରେ ତାହା ଏକ ଅଘୋଷ ନମନୀୟତା ଦିଗରେ ଗତିଶୀଳ ହୋଇଛି । 'ଅନାମ-୧୫' ସଂଖ୍ୟାରେ ଅନାମ ଭାବନାର ଉତ୍ସମୁଖ ଭାବରେ ପଞ୍ଚସଖା କବି ଶିଶୁ ଅନନ୍ତ ଦାସ (ଅନାମ ଅଜପା ସେ ଭାବକୁ ହ୍ୱନ୍ତି ଦୃଶ୍ୟ) ଏବଂ ଅଚ୍ୟୁତାନନ୍ଦ ଦାସ (ଅନାମରୁ ନାମ ଜନମ ହୋଇ)ଙ୍କ ସାହିତ୍ୟକୁ ଚିହ୍ନଟ କରାଯାଇଛି। "ଅନ୍ଧକାରାଚ୍ଛନ୍ନ ଅତୀତ, ଅଠାଳିଆ ମୃତ ଆଭିଜାତ୍ୟ, ଶ୍ୱାସରୁଦ୍ଧ ବର୍ତ୍ତମାନ ଏବଂ ବିଦେଶୀ ଋଣରେ ଲଦା ସନ୍ଦିଗ୍ଧ ଭବିଷ୍ୟତକୁ ନେଇ ଯଦି କେହି ଆମ କବିତାର ବୌଦ୍ଧିକତା ସମ୍ପର୍କରେ ଯୁକ୍ତି କରେ ତା'ହେଲେ

ସେ କେବଳ ମୂର୍ଖ ଏବଂ ହାସ୍ୟାସ୍ପଦ ହେବନି, ବରଂ ଭୟାନକ ଅପରାଧୀ ଏବଂ ସମାଜ ଦ୍ରୋହୀ ହେବ।" ବୋଲି ଘୋଷଣାନାମା ଜାରି କରିଥିବା ଅନାମ ଗୋଷ୍ଠୀ କ୍ରମେ ଉଦାର ନୀତି ଅବଲମ୍ବନ କରିଛି । ପରେ ପରେ ମଧୁ ମହାନ୍ତି, ହରିହର ମିଶ୍ର, ଚିତ୍ରଲେଖା ରଥ, ପ୍ରଫୁଲ୍ଲ ମିଶ୍ର, ସରୋଜିନୀ ପଟ୍ଟନାୟକ, ଫନୀ ମହାନ୍ତି, ଅଧ୍ୟାପକ ବିଶ୍ୱରଂଜନ, ସୁଧୀର ପଟ୍ଟନାୟକ, ମନୁ ଦାଶ, ସଂଜୟ ଶତପଥୀ ପ୍ରମୁଖ ଅନାମ ସାହିତ୍ୟ ଘେର ଭିତରକୁ ପ୍ରବେଶ କରିଛନ୍ତି । କବିତା ସହିତ ଗଳ୍ପ, ପ୍ରବନ୍ଧ ନାଟକ ଆଦି ରଚନା କରାଯାଇଛି। ଜଗନ୍ନାଥଙ୍କ ସାମ୍ୟବାଦୀ ତଥା ମୈତ୍ରୀବାଦୀ ଚେତନାରେ ଅନାମ ଉଜ୍ଜୀବିତ ବୋଲି କୁହାଯାଇଛି (ଅନାମ-୧୩, କୁମାର ମହାନ୍ତି)। ତଥାକଥିତ ପ୍ରତୀକ, ରୂପକଳ୍ପ ଓ ବାଗାଡ଼ମ୍ବରକୁ ବିରୋଧ କରି ସର୍ବସାଧାରଣଙ୍କ ପାଇଁ ସାହିତ୍ୟ ରଚିବୁ ବୋଲି ପ୍ରତିଜ୍ଞାବଦ୍ଧ ହୋଇଥିବା ଅନାମ ଅବଶେଷରେ ସେଇ ଚିରାଚରିତ ରାସ୍ତାରେ ଧାବିତ ହେଉଥିବାର ଦେଖି କୁମାର ମହାନ୍ତି ନିଜେ ମଧ ଦୁଃଖ ପ୍ରକାଶ କରିଛନ୍ତି। (ପ୍ରେମାନନ୍ଦ ମହାପାତ୍ର - ଓ.ସା.ଇ, ପୃ-୯୭୭-୭୮)।

-୩-

ଅପ୍ରେଲ ମାସ ୧୯୬୯ ମସିହାରେ 'ଅନାମ'ପତ୍ରିକାର ପ୍ରଥମ ସଂଖ୍ୟାରେ ଦୁଇପୃଷ୍ଠା ବିଶିଷ୍ଟ କୁମାର ମହାନ୍ତିଙ୍କର ଯେଉଁ ବକ୍ତବ୍ୟ ରହିଛି, ତାହା ସମଗ୍ର ଓଡ଼ିଆ ସାହିତ୍ୟର ଇତିହାସ ପାଇଁ ଅତ୍ୟନ୍ତ ଗୁରୁତ୍ୱପୂର୍ଣ୍ଣ ମନେହୁଏ। ଏଇ କିଛି ଦଶନ୍ଧି ହେବ ଓଡ଼ିଆ ସାହିତ୍ୟରେ ଯେଉଁ ଉତ୍ତର ଆଧୁନିକ ଅନୁଷଙ୍ଗ ୧୯୮୦ ପରବର୍ତ୍ତୀ କାଳଖଣ୍ଡରେ ଦେଖାଦେଇଛି ବୋଲି କୁହାଯାଇଛି, ତାହାର ଅଧିକାଂଶ ଗୁଣଧର୍ମ ଅନାମ ସାହିତ୍ୟରେ ପରିଦୃଷ୍ଟ। ମୂଲ୍ୟବୋଧହୀନତା, ସ୍ୱୟଂକ୍ରିୟତା, ଉଦ୍ଭଟତା, ତାତ୍କାଳିକତା, ଉଦ୍ଦେଶ୍ୟହୀନତା, ପରିବର୍ତ୍ତନୀୟତା, ପ୍ରତିଯୁକ୍ତି, ପ୍ରତିସତ୍ୟ (antitruth), ପ୍ରତିଚିନ୍ତା (antithought), ପ୍ରତିଶୃଙ୍ଖଳା, ଶ୍ଳେଷ ଏବଂ ସର୍ବୋପରି ଏଷ୍ଟାବ୍ଲିଶ୍‌ମେଣ୍ଟ ବିରୋଧୀ ଉଦ୍‌ବେଳନ ପ୍ରଭୃତି ହେଉଛି ଗୋଟିଏ ଗୋଟିଏ ଉତ୍ତର ଆଧୁନିକାବାଦୀ ଗୁଣଧର୍ମ। ଏହି ଗୁଣଧର୍ମ ସମୂହ ଅନାମ ସାହିତ୍ୟରେ ଅତ୍ର-ତତ୍ର-ସର୍ବତ୍ର ବିଦ୍ୟମାନ । ମୋତେ ଲାଗେ ଓଡ଼ିଆ ସାହିତ୍ୟରେ ଉତ୍ତର ଆଧୁନିକତା ଏଇ ଅନାମ ଆନ୍ଦୋଳନ କାଳରୁ ହିଁ ଆରମ୍ଭ ହୋଇଛି। ୧୯୮୦ରୁ ନୁହେଁ। ଅବଶ୍ୟ ଏକଥା କେବଳ କହିଦେଲେ ହେବନାହିଁ । ଅକ୍ଷୟ ମହାନ୍ତି, ମନୋରଂଜନ ଦାସ, ବିଜୟ ମିଶ୍ର, ରମେଶ ପ୍ରସାଦ ପାଣିଗ୍ରାହୀ, କହ୍ନେଇଲାଲ,ସୁରେନ୍ଦ୍ର ମହାନ୍ତି, କୃଷ୍ଣଚରଣ ବେହେରା, ରମାକାନ୍ତ ଦାସ, ଶାନ୍ତନୁ ଆଚାର୍ଯ୍ୟ, ଗୋବିନ୍ଦ ଦାସ, ଜଗଦୀଶ ମହାନ୍ତି ପ୍ରମୁଖଙ୍କ ସତୁରି ଦଶକର ସାହିତ୍ୟକୁ ପରୀକ୍ଷାନିରୀକ୍ଷା କରି- ତା'ର ନାଡ଼ିଟିପି ତହିଁରେ ଉତ୍ତର ଆଧୁନିକତାର ଶୋଣିତ ପ୍ରବାହିତ

ହେଉଛି କି ନାହିଁ ନ ପରଖିବା ଯାଏଁ ଏ ବିଷୟରେ ଗୋଟାଏ, ସ୍ଥିର ନିର୍ଣ୍ଣୟ କରିହେବ ନାହିଁ। ଏହା ଆଉ ଏକ ଗବେଷଣାର ଅପେକ୍ଷା ରଖେ ।

॥୩॥

ଅନାମ ଗୋଷ୍ଠୀଙ୍କୁ ଓଡ଼ିଶାର ଆଭାଁ-ଗର୍ଡ଼ ନାମରେ ନାମିତ କରିହେବ । ଆଭାନ୍ତ-ଗର୍ଡ ସାହିତ୍ୟ ଆନ୍ଦୋଳନର ଚାହାଣି-ଚଳଣି-ଚମକ ଏମାନଙ୍କ ମଧ୍ୟରେ ପ୍ରତ୍ୟକ୍ଷିକୃତ ହୋଇଥିବାର ଲକ୍ଷ୍ୟ କରାଯାଏ। ତେବେ ଏଠାରେ ଅନାମ କାବ୍ୟ ଆନ୍ଦୋଳନକୁ ଭିତ୍ତିକରି ଆଲୋଚନାକୁ ଆଗକୁ ନିଆଯାଉ।

ଅନାମ ଗୋଷ୍ଠୀର ଅଗ୍ରଜ ପଥଚାରୀ ତଥା ପଥ ପ୍ରଦର୍ଶକ କବି କୁମାର ମହାନ୍ତିଙ୍କର ସହର ଏବଂ ଗାଆଁକୁ କେନ୍ଦ୍ରକରି 'ଅନାମ' ପତ୍ରିକାର ପ୍ରଥମ ସଂଖ୍ୟାରେ ଦୁଇଟି କବିତା ପ୍ରକାଶିତ । କବିତା ଦୁଇଟିର କୌଣସି ଶୀର୍ଷକ ନାହିଁ। କେବଳ ବିନ୍ଦୁ ଚିହ୍ନିତ । ବିନ୍ଦୁ ଚିହ୍ନିତ ଶୀର୍ଷକହୀନ କବିତା ରଚନାକରିବା ଥିଲା ଅନାମ କବିଙ୍କର ଅନ୍ୟତମ ଆଭିମୁଖ୍ୟ । ସେଥିପାଇଁ କୁମାର ମହାନ୍ତିଙ୍କ ସମେତ ଅନ୍ୟ ଅନାମମାନେ ପ୍ରଥମେ ପ୍ରଥମେ ଏଇଭଳି ଶୀର୍ଷକହୀନ କବିତା ରଚନା କରୁଥିଲେ।

କୁମାର ମହାନ୍ତିଙ୍କର ସହରକୈନ୍ଦ୍ରିକ ପ୍ରଥମ କବିତାରେ ସହରୀ ଜୀବନର ତଥାକଥିତ ଭଣ୍ଡାମି ତଥା ସିମୁଲେସନ୍‌କୁ ବେନକାବ୍ କରାଯାଇଛି । ଛଳନାପୂର୍ଣ୍ଣ ସହର। ଏଠାରେ ସହର କହିଲେ ପୁରୀ ସହରକୁ ହିଁ ବୁଝାଏ। ଏ ସହରର ପୁରୁଷମାନେ କେମିତି ଭାଙ୍ଗ ଖାଆନ୍ତି; ଅଶ୍ଳୀଳ ଡାହୁକ ଗୀତ ଶରଧା ବାଲିରେ ଶ୍ରବଣ କରନ୍ତି; 'ନାହୁଲା ଟୋକାଙ୍କ ନରମ ନିତମ୍ବେ କେମିତି ସଳିତା ଜାଳନ୍ତି' ଅର୍ଥାତ୍ ସମଲିଙ୍ଗୀ ଯୌନ ସମ୍ବନ୍ଧ ରଖନ୍ତି; ମାଛମାଂସ ଭକ୍ଷଣ କରି ପୂଜକମାନେ କେମିତି ଯାତ୍ରୀମାନଙ୍କୁ ବୋକାବନାନ୍ତି; ନାରୀମାନେ ବେଶ୍ୟାବୃତ୍ତିରେ କେମିତି ଲିପ୍ତ ରହନ୍ତି; ଦେଶୀବିଦେଶୀ କୁମାରୀମାନେ ଏଠାରେ କେମିତି ଗର୍ଭପାତ କରାନ୍ତି ଏବଂ ଭ୍ରୁଣକୁ ତାଳବଣିଆ କିମ୍ବା ଅଠର ନଳାରେ ବିସର୍ଜନ କରନ୍ତି; ପୁଞ୍ଜିପତିମାନେ କେମିତି କଳାବଜାରୀ କରି ବଡ଼ଦାଣ୍ଡରେ ଧର୍ମଶାଳା ନିର୍ମାଣ କରନ୍ତି; ଏ ସହରରେ କେମିତି ବୈଜ୍ଞାନିକ, ବୁଦ୍ଧିଜୀବୀ, ମତବାଦ, ଜାତିଧର୍ମବର୍ଣ୍ଣ ପଣ୍ୟ ସାମଗ୍ରୀରେ ପରିଣତ ହୁଅନ୍ତି- ତା'ର ନଗ୍ନ ଏବଂ ହିଆଥରା ଚିତ୍ର ଏଇ ପ୍ରଥମ କବିତାରେ ଅଭିବ୍ୟକ୍ତ। ଏଭଳି ବିପଥିତ ବିପର୍ଯ୍ୟୟର ଚିତ୍ର କେବଳ ପୁରୀ କାହିଁକି, ସମସ୍ତ ମନ୍ଦିର ବା ଧର୍ମାନୁଷ୍ଠାନ କୈନ୍ଦ୍ରିକ ସହରରେ ଦୃଷ୍ଟିଗୋଚର ହୁଏ। ଏଭଳି ବର୍ବରତା ପ୍ରତ୍ୟେକ ଉପଭୋକ୍ତାବାଦୀ ସହରୀ ଜୀବନରେ ସଂଘଟିତ ହୁଏ।

ଦ୍ୱିତୀୟ କବିତାଟିରେ ଗ୍ରାମ୍ୟଜୀବନର ରୁଗ୍‌ଣତାକୁ କବି ଦର୍ଶାଇଛନ୍ତି ।

ସଚ୍ଚିରାଉତରାୟ 'ପଲ୍ଲୀଶ୍ରୀ' ସଂକଳନରେ ଗାଆଁର ଚିତ୍ରକୁ ସ୍ୱକୀୟ ଅବବୋଧରେ ଯେତେଦୂର ପର୍ଯ୍ୟନ୍ତ ଅଙ୍କନ କରିଯାଇଥିଲେ ତା'ର ଦୀର୍ଘ ଦୁଇ ଦଶନ୍ଧି ପରେ କୁମାର ମହାନ୍ତି ସେହି ଚିତ୍ରପଟ୍ଟର ପ୍ରାରୂପକୁ ତାତ୍କାଳିକ ପରିପ୍ରେକ୍ଷିତରେ ସଂପ୍ରସାରିତ କରାଇଛନ୍ତି । ଫଳରେ ଗାଆଁରେ 'ମୂତ ଏବଂ ଗୋବରର ସବୁ ଗନ୍ଧ ନେଇ/ ପବନ ଖାଉଛି ଧକ୍‌କା ରୋଗାକ୍ରାନ୍ତ ଗୋରୁର କାନ୍ଧରେ।' ପୁଣି 'କଣାଚାଳ ଭଙ୍ଗା ବାରଣ୍ଡାରେ ଅନ୍ଧ ବୁଢ଼ୀ/ ଅଣଓଲା ମାଟିଟେଲା ପରି' ବସିରହି ଭାବି ହେଉଛି 'କିଏ ସେଠି ଥିଲାଦିନେ ? ଆଜି କେହି ନାହିଁ।' ଆଉ 'ମାଟିଆ ଚିଲର ପଞ୍ଝାରୁ ଖସିପଡ଼ିଥିବା / ଅଧାମରା ମୂଷାପରି / ଏ ଗାଆଁର ଘରସବୁ' ଠିଆ । ସେଇଠି 'ଏବେ କି କରିବା'ର ପ୍ରଶ୍ନବାଚୀ; ଅନେକ ବେମାରୀ ଏବଂ 'ଚିନ୍ତାଖାଏ ଗଣ୍ଡି'। ସେ ଗାଁ ଆଜି ଉଦାସ। ଯିଏ ସେଠି ବଞ୍ଚିଛି ସେ ବୃଦ୍ଧ, ରୁଗ୍ଣ ଏବଂ ଅସବୁଜ । ଉଧାରକରା ଭାଷା, ରୂପକ, ଶୈଳୀକୁ ନେଇ ବୌଦ୍ଧିକତାର କୁହେଳୀ ସୃଷ୍ଟି କରୁଥିବା ଇଲିୟଟୀୟ ପନ୍ଥୀକୁ ଯେଉଁ କୁମାର ମହାନ୍ତି ଦିନେ ବିରୋଧ କରୁଥିଲେ, ତାଙ୍କର ଏହି ଗ୍ରାମକୈନ୍ଦ୍ରିକ କବିତାଟିରେ ପ୍ରାୟତଃ ଆରମ୍ଭରୁ ଶେଷଯାଏ ରୂପକ, ଚିତ୍ରକଳ୍ପ ଆଦିର ଆନୁକ୍ରମିକ ପ୍ରୟୋଗ ଦେଖି ମୋତେ ଆଶ୍ଚର୍ଯ୍ୟ ଲାଗିଲା- ତାହା ପୁଣି 'ଅନାମ'ର ପ୍ରଥମ ସଂଖ୍ୟାରେ ।

ଆଭାଁ-ଗର୍ଡ ଆନ୍ଦୋଳନକାରୀମାନେ ଯେଉଁଭଳି ପ୍ରତିପତ୍ତିଶାଳିତାକୁ ଅଗ୍ରାହ୍ୟ (avoiding the hegemonic claim), ପାରଂପରିକ ମୂଲ୍ୟବୋଧର ବର୍ଜନ (destory of traditional values),ସତ୍ୟ ବୋଲି କିଛି ନାହିଁ (having no truths); ବିଶ୍ୱାସ ବୋଲି କିଛି ନାହିଁ, (having no beliefs); ନିୟମ ବୋଲି କିଛି ନାହିଁ (having no rules); ସ୍ଥିର କ୍ଲାସିକ୍ ଅବଧାରଣାର ବର୍ଜନ (rejection of survival of the fundamentals of classic realism); ସ୍ଥିର ତଥା ନିଷ୍କମ୍ପ ଅସ୍ମିତା ସଂପର୍କିତ ବର୍ଣ୍ଣନାର ଅସ୍ୱୀକାରକୁ (rejection of the depiction of fixed stable self) ଭିତ୍ତିକରି ଶହ ଶହ ପ୍ରଶ୍ନଚିହ୍ନ ଲଗାଉଥିଲେ ଅନାମ ଗୋଷ୍ଠୀର କବିମାନେ ମଧ୍ୟ ସେହିପରି କରିଛନ୍ତି । ଚିରାଚରିତ ପ୍ରଥାବଦ୍ଧ ସାମାଜିକ ବ୍ୟବସ୍ଥାରେ ରକ୍ଷଣଶୀଳ ମଣିଷମାନେ ସୁଖଦୁଃଖ, ଜୀବନମରଣ, ପିତାଙ୍କର ଚରିତ୍ର, ମାତାର ଗର୍ଭଶୂଳ, କୁଆଁ କୁଆଁ ରାବ, ମଶାଣି, ପୃଥିବୀ, ଜାତି, ବିଶ୍ୱାସ, କୈବଲ୍ୟ, ଭରସା, ଅନୁଭୂତି, ଅକ୍ଷରଅଣକ୍ଷର, ଅଣଚାଶ, ମହାକାଳ, ଆଦିର ପାଷ୍ଟାତରେ ବିଭିନ୍ନ ସୂତ୍ର (maxim) ଖଞ୍ଜିଦେଇ ସେସବୁ ମଧ୍ୟରେ କିଭଳି ଦ୍ୱିପାର୍ଶ୍ୱିକ ବିପରୀତ ଭାବ ରହିଛି, ତାହାକୁ ସ୍ଥିର କରିଦେଇଥାନ୍ତି । ତଦ୍ୱାରା ବ୍ୟବସ୍ଥାରେ ଏକଦେଶଦର୍ଶିତା ନିଷ୍ପନ୍ନ ହୋଇଥାଏ। ଏଭଳି ବ୍ୟବସ୍ଥା ଉପରେ ପ୍ରଶ୍ନଚିହ୍ନ ଲଗାଇଛନ୍ତି କବି କୁମାର ମହାନ୍ତି

ତାଙ୍କ 'ଅନାମ ଛନ୍ଦ' କବିତା ସଂକଳନରେ । ସେହିପରି ଆଲୋଚ୍ୟ କବିତା ସଂକଳନସ୍ଥ ଗୋଟିଏ କବିତାରେ 'ବାବୁଧନ' ସମ୍ବୋଧନସୂଚକ ପଦ ପ୍ରୟୋଗ କରି ଗାଦି, ସଂପତ୍ତି ପ୍ରଭୃତି ମୌଳବାଦୀ ବ୍ୟବସ୍ଥାର ଅପରିବର୍ତ୍ତନୀୟତା ଉପରେ ବିଦ୍ରୁପାତ୍ମକ ଆରୋପ ଲଗାଇଛନ୍ତି କବି କୁମାର ମହାନ୍ତି ।

'ଅନାମ ଛନ୍ଦ' ସଂକଳନରେ 'ଅନାମରେ ଭାଙ୍ଗିବାର ବେଳା' ଏଇ ବାକ୍ୟାଂଶଯୁକ୍ତ କବିତାରେ କୁମାର ମହାନ୍ତି ଆତୀତିକ ବ୍ୟବସ୍ଥାକୁ ଭାଙ୍ଗି ତା' ସ୍ଥାନରେ ନବୀନ ବିନ୍ୟାସ କରାଯିବାକୁ ଯୁଗୋପଯୋଗୀ ତଥା ବାଞ୍ଛନୀୟ ବୋଲି ଘୋଷଣା କରିଛନ୍ତି। ତାଙ୍କରି ଭାଷାରେ 'ଭାଙ୍ଗଇ କିଏ ସେ କବିଏ ଯୋଡ଼ଇ / ଗଢ଼ିବା ଭାଙ୍ଗିବା କାଳର ଛଇ/ ଛଇ କଢ଼ା ଲୋକ ଖୋଜୁଛି ଛାଇ/ ଛାଇ ପଛେ ପଛେ ଧାଇଁ/ ଅନାମରେ ଭାଙ୍ଗିବାର ବେଳା ଏଇ ।'(ଅନାମ ଛନ୍ଦ)

ଚିତ୍ତରଞ୍ଜନ ଦାସ କୁମାର ମହାନ୍ତିଙ୍କୁ ଜଣେ ସମ୍ବେଦନଶୀଳ ଅଭିନୟଶୂନ୍ୟ ମଣିଷ ବୋଲି କହିଛନ୍ତି। ତାଙ୍କ 'ଅନାମଙ୍କ ମଧ୍ୟରେ ତଥାପି ନାମଟିଏ' ପ୍ରବନ୍ଧରେ । କୁମାର ମହାନ୍ତିଙ୍କର ଅନେକ କବିତା ରହିଛି, ଯେଉଁ କବିତାଗୁଡ଼ିକରେ ବିଦ୍ରୋହର ସ୍ୱର ଅନୁରଣିତ। ଅଜସ୍ର ପ୍ରଶ୍ନ ବାଣରେ କବି ଜର୍ଜରିତ କରି ପକାଇଛନ୍ତି ପାତ୍ରମନ୍ତ୍ରୀ କଟୁଆଳବର୍ଗଙ୍କୁ- ଗୀର୍ଜା ମନ୍ଦିର ମସ୍‌ଜିଦର ନିରଙ୍କୁଶ ଆଧିପତ୍ୟକୁ- ନିଶ୍ଚିତର ଅନ୍ତର୍ହୀନ ଇତିହାସ ପୃଷ୍ଠାକୁ- ପୂଜା ପାଠ, ଭୋଗ ଧୂପ, ଘଣ୍ଟମାଡ଼, ଆଲ୍ଲା ହୋ ଆକବର ଡାକକୁ- ପୁରୀ ନଗରର କାମଳ ଭୂଗୋଳକୁ - ନାରୀର ଯୌବନକୁ - ସଖା ସହୋଦର ପୁତ୍ର-ପତ୍ନୀ-ଭୃତ୍ୟଙ୍କୁ ଏବଂ ତା ସହିତ ଧରମ ଦାସ ମହାସେଠ୍‌କୁ। ସବୁ ସତ୍ତ୍ୱେ ବି ସେ କେଉଁଠି ଏଇ ବ୍ୟବସ୍ଥାର ଅବ୍ୟବସ୍ଥିତ ଉତ୍ତର କିମ୍ବା ସମାଧାନ ନ ପାଇଁ କହିଛନ୍ତି- 'ନାହିଁ ନାହିଁ ସବୁ ଖାଲି ନାହିଁ / ପାପର ପ୍ରାୟଶ୍ଚିତ୍ତ ପାଇଁ/ ଗୀର୍ଜା, ମନ୍ଦିର, ମସ୍‌ଜିଦ୍ ନାହିଁ/ ଆମ ପ୍ରାଣ ଆମେ ନେଇ ବୁଡ଼ିଲୁ ଏଥର/ ଶୋକସଭା କରିବାକୁ/ ଆମ ହାତେ ବେଳ ମଧ୍ୟ ନାହିଁ।' (ଅନାମ ବାୟାର ଗୀତ)

'ଅନାମ' ପ୍ରଥମ ସଂଖ୍ୟାରେ ପୃଷ୍ଠା ଆଠ ଏବଂ ନଅର କବି ନୀଳମାଧବ ମିଶ୍ରଙ୍କର ଯେଉଁ ଦୁଇଟି କବିତା ରହିଛି ତହିଁରେ ଏଇ ଦୃଶ୍ୟମାନ ଦୁନିଆର ଅନ୍ତଃସାର ଶୂନ୍ୟତା ଚିତ୍ରାୟିତ ହୋଇଛି। କବି ପ୍ରଥମେ ଆତ୍ମସ୍ୱୀକାରୋକ୍ତି ଛଳରେ ନିଜ ପକେଟ୍‌ରେ ନିଜେ ରଖୁଥିବା ହିସାବ ଖାତାଟିକୁ ଭୟ କରୁଛନ୍ତି ବୋଲି କହିଛନ୍ତି। ଏ ହିସାବ ଖାତାଟି ଦୈନନ୍ଦିନ ଜୀବନର ସ୍ଥୁଳ ହିସାବନିକାଶ କରୁଥିବା ଗୋଟିଏ ନିତ୍ୟନୈମିତ୍ତିକ ଧରାବନ୍ଧା ଜୀବନର ପ୍ରତୀକ ଭାବରେ ଏ କବିତାରେ କଥିତ। ଧରାବନ୍ଧା ଜୀବନରେ ବୈୟକ୍ତିକ ମଣିଷଟି ସଦା ଅଭୁକ୍ତ ରହେ । ସମସ୍ତଙ୍କୁ ସଭୁକ୍ତ କରାଉ କରାଉ ତା'ର

ସମୟ ଶେଷ ହୋଇଯାଏ। ସାମାଜିକ ମଣିଷଭାବେ ଏଠାରେ 'ମୁଁ' ମଣିଷଟି ନିଜ ଇଚ୍ଛାରେ ବଞ୍ଚିପାରେ ନାହିଁ। ତେଣୁ ପକେଟ୍ ଖାତାର କଳା କଳା ଅକ୍ଷର ଏବଂ ଅମାବାସ୍ୟାର କଳା ଅନ୍ଧାର ମଧ୍ୟରେ କୌଣସି ଫରକ ନାହିଁ।

ଦ୍ୱିତୀୟ କବିତାରେ ମଠମହନ୍ତଙ୍କର ଦେବଦାସୀ ସହିତ କିଭଳି ଅବୈଧ ସମ୍ବନ୍ଧ ରହିଛି; ବୈବାହିକ ଜୀବନ ବଞ୍ଚୁଥିଲେ ବି ନିଜେ କବି, ଅମଲା, ଅଫିସର, ଭଣ୍ଡାରି, ବାଜାବାଲା ସଭିଏଁ କାର୍ଯ୍ୟରେ; ନହେଲେ ଚିନ୍ତାରେ ସ୍ଖଳିତ ସେ ପ୍ରସଙ୍ଗ ଉପସ୍ଥାପିତ। କବିଙ୍କ ଭାଷାରେ "ଆଃ! ପୃଥିବୀଟା କି ଅନ୍ତଃସାରହୀନ?"

ଚିରାଚରିତ ସାମାଜିକ ବ୍ୟବସ୍ଥାର ଭିତିରି ସ୍ୱରୂପକୁ ଆଭାଁ-ଗର୍ଡବାଦୀମାନଙ୍କ ପରି ଅନାମଗଣ ଉନ୍ମୁକ୍ତ କରିଦେଉଥିଲେ। ତେଣୁ କବି ନୀଳମାଧବ ମିଶ୍ରଙ୍କର ଆଲୋଚ୍ୟ କବିତାଦ୍ୱୟ ପରି ଅନେକ କବିତା ଅନାମଗୋଷ୍ଠୀର କବିମାନେ ରଚିଛନ୍ତି।

ଅନାମ କବି ଚିତ୍ତରଞ୍ଜନ ମିଶ୍ର ତଥାକଥିତ ସାମାଜିକ ମଣିଷମାନଙ୍କର 'ଆଖିବୁଜି ହାତୀଦେଖିବା' ଭଳି ସ୍ୱଭାବକୁ ବିରୋଧ କରିଛନ୍ତି। 'ଅନାମ' ପତ୍ରିକାର ପ୍ରଥମ ସଂଖ୍ୟା, ପୃଷ୍ଠା ଚାରିରେ ପ୍ରକାଶିତ ଶୀର୍ଷକହୀନ ପ୍ରଥମ କବିତାରେ କାନରେ ପଇତା ଦେଇ ପାପ ଏବଂ ଅପ୍ରାଧର ପ୍ରାୟଶ୍ଚିତ୍ତ କରିବା ପରମ୍ପରାକୁ ସେ ନିନ୍ଦା କରିଛନ୍ତି। ତାଙ୍କ ମତରେ 'ଆମେ' ଅର୍ଥାତ୍ ପରମ୍ପରାବାଦୀ ବୋଲାଉଥିବା ମଣିଷଗୁଡ଼ା ସୁନା ସ୍ମଗଲିଂ କରୁ, ଆପୁ ସେବନ କରୁ, ଶାଳୀ ପ୍ରେମ ନିଶାରେ ପାଗଳ ହେଉ, ସାମ୍ୟବାଦୀ ଅନ୍ଧାର କବର ତଳେ ଲାବଣ୍ୟବତୀ ଏବଂ ପେଣ୍ଡୁକଟା ତେଲେଙ୍ଗାଣୀଙ୍କର ପ୍ରଭେଦ ଖୋଜୁ, ଯେଉଁଠି 'ଗୋପନୀୟ' ଓ 'ପ୍ରବେଶ ନିଷେଧ' ଲେଖାଯାଇଥାଏ, ସେଇ ସ୍ଥାନକୁ କାଳିଦାସୀୟ ଭାବମୂର୍ତ୍ତିର ବ୍ୟକ୍ତିତ୍ୱ ହୋଇ ଯାତ୍ରାକରୁ। ଏସବୁ ସତ୍ତ୍ୱେ ବି ଆମେ କାନରେ ପଇତା ଦେଇ ପାପ ଝାଡ଼ିବାକୁ ଚେଷ୍ଟା କରୁ ଆଉ 'ବଡ଼ଦାଣ୍ଡଠାରୁ ଦାଣ୍ଡ ନାହିଁ' ବୋଲି ସମବେତ କଣ୍ଠରେ ଗାନକରୁ। ଏଭଳି 'ବାହାରେ ସୁନ୍ଦର, ଭିତରେ ନାରଖାର' ବ୍ୟବସ୍ଥାକୁ କବି ଏଠାରେ ପ୍ରକାଶ୍ୟରେ ଖୋଲି ଦେବାକୁ ପ୍ରୟାସ କରିଛନ୍ତି। ତାଙ୍କର ଦ୍ୱିତୀୟ କବିତାରେ ସାମାଜିକ ସଭ୍ୟ ମଣିଷଙ୍କୁ ସେ ରାବଣ ବଂଶଜ ବୋଲି କହି ରାମରାଜ୍ୟ ନାମରେ ସେମାନେ କିପରି ଦେଶୀ ମଦ ପାନ କରନ୍ତି ଆଉ ପୋଡ଼ା ମାଛ ଭକ୍ଷଣ କରନ୍ତି, ତାହା କହିଛନ୍ତି। କବିଙ୍କ ଭାଷାରେ ଆଜିର ମୁଖାପିନ୍ଧା ସମାଜରେ 'ହନୁମାନକୁ ଲାଞ୍ଚଦେଇ ରାବଣ ସୀତାଙ୍କୁ ଅପହରଣ କରିନିଏ। ଏଠାରେ ରାମ ବୃଦ୍ଧ, ପୁଣି ବୀର୍ଯ୍ୟହୀନ। ସୌମିତ୍ରେୟ ଏଠାରେ ଧ୍ୱଜଭଙ୍ଗ ରୋଗ ଭୋଗନ୍ତି। ଆଉ ଆମେ ଯେଉଁମାନେ ରାମରାଜ୍ୟରେ ବନ୍ଦୀ ଥିଲୁ ସେମାନେ ଅଇଁଠା ଗହମ ଏବଂ ଦକ୍ଷିଣା କଦଳୀ ଖାଇ ଦିନରେ ମେଣ୍ଢା ଆଉ ରାତିରେ ଭେଣ୍ଡା ପାଲଟିଯାଉ। ତେଣୁ ଆମରି

ଭିତରେ ହିଁ କେତେକ 'ହା ରାମ ! ହା ରାମ!' ରଡ଼ି କରି କେତେବେଳେ ସୀତାଙ୍କର ଧରମଭାଇ ହେଇ ପୁଣି କେତେବେଳେ ରାବଣର ଶ୍ୟାଳକ ହୋଇ ପେନ୍‌ସନ ଭୋଗକରୁ ।" କବି ଚିତ୍ତରଞ୍ଜନ ମିଶ୍ରଙ୍କର ଦୁଇଟି ଯାକ କବିତାରେ ତଥାକଥିତ ସାମାଜିକ ଛଳନାର ଅସଲ ସ୍ୱରୂପକୁ ଉଦ୍‌ଘାଟନ କରାଯାଇଛି।

ଅନାମ କବିଗୋଷ୍ଠୀଙ୍କର ପ୍ରସୂତିକାଗୃହ ହେଉଛି ପୁରୀ ସହର। ଏ ସହର ସେତେ ବୃହତ୍ତର ନହେଲେ ବି ଏଠାରେ ପ୍ରତିପତ୍ତିଶାଳୀ କ୍ଲାସିକ୍ ମୌଳବାଦୀ ଗୋଷ୍ଠୀଙ୍କର ଏକଚାଟିଆ ଶାସନ ଚାଲେ। ସେମାନେ ଧର୍ମର ଦ୍ୱାହି ଦେଇ ଯାବତୀୟ କଦର୍ଯ୍ୟ କାର୍ଯ୍ୟ ସଂଘଟନ କରାନ୍ତି।

ସେଇ ହେଜିମୋନିକ୍ ଦାବିଦାରମାନଙ୍କର ମୁଖାତଳ ମୁହଁର ଛଦ୍ମ ଭାବମୂର୍ତ୍ତିକୁ ଅନାମ ଗୋଷ୍ଠୀର ସର୍ବଶେଷ ଅନାମ କବି ମନୁ ଦାଶ ସର୍ବସମକ୍ଷରେ 'ଏଥର ଚାଲିଲି ପୁରୀ' ବାକ୍ୟାଂଶର ପ୍ରୟୋଗ ମାଧ୍ୟମରେ ପରିବେଷଣ କରିଛନ୍ତି। ଏହା ମଧ୍ୟ ଏକ ବିନ୍ଦୁ ଚିହ୍ନିତ ଶୀର୍ଷକହୀନ କବିତା। ଅନାମ ଦିଶାରୀ କୁମାର ମହାନ୍ତିଙ୍କର ପୁରୀ ସହରକୈନ୍ଦ୍ରିକ କବିତା ପରି ଏ କବିତାର ଭାବସାର । କବି ମନୁ ଦାଶ ଏଇ ପୁରୀ ସହରରେ କେମିତି 'ପରମୁଣ୍ଡେ ଟୋପି/ ପିନ୍ଧାଇବା ଲୋକ' ନିଜକୁ ବାପୁ ବୋଲାଏ; 'କାହାଣୀ ସହିତ କାହାଣୀକୁ ଯୋଡ଼ି' ଏଠି କେମିତି କକ୍‌ଟେଲ ରାଜନୀତି ରଚନା କରାଯାଏ; ଚାପ-ଚନ୍ଦନରେ ବେଳାଭୂଇଁର ପାଣି କେମିତି ଉଲୁସେ ; ବିଶ୍ୱାସ କେମିତି ଏଠି ବଣିଜ ପାଲଟେ ଆଦି ଗହନ କଥାଗୁଡ଼ାଙ୍କୁ ଗୋଚରୀଭୂତ କରାଇଛନ୍ତି । ସେ ପୁଣି କହୁଛନ୍ତି ଏଇ ସହରର ବିବିଧ ଛଳନାଯୁକ୍ତ ଆଟୋପକୁ ଦେଖି ମୁଁ 'ନିଜ ବିନ୍ଦୁରେ ତ ନଟୁଟିଏ ପରି' ଘିରି ଘିରି ହେଇ ଘୂରୁଛି ଏବଂ ଶେଷରେ ତାଙ୍କରି ଭାଷାରେ- "ବଳକା ଜୀବନ ଜଳକା ହେବାକୁ / ଆଉ କେତେଦିନ ଡେରି / ଦରପଣ ଦେଖି ମୁହଁ ତ ଚିହ୍ନିଲି/ ଆତ୍ମାକୁ ବୃକ୍ଷ ପରି/ ଏଥର ଚାଲିଲି ପୁରୀ।"

ସାଧୁ ଏବଂ ଚୋର ସତ୍ତାଧାରୀ ବ୍ୟକ୍ତି ମଣିଷଟି ସମାଜ ଦାୟରେ ସାଧୁ ଏବଂ ନିଜ ଦାୟରେ ଚୋର ପାଲଟି ଯାଏ। ଆନର ଗୋଇ ଖୋଳିବାକୁ ମଣିଷ ସୁଯୋଗ ଉଣ୍ଡୁଥିଲେ ବି ସେ 'ଆପେ ଠୋ ଠୋ ମଦନଗୋପାଳ'ତୁଲ୍ୟ। ମଣିଷର ଏଇ ସାଧୁ ଏବଂ ଚୋର ମିଶ୍ରିତ ବ୍ୟକ୍ତିତ୍ୱକୁ ଭିତ୍ତିକରି ୧୯୭୫ ମସିହାରେ 'ଆସନ୍ତାକାଲି' ପତ୍ରିକାର ଜାନୁଆରୀ ସଂଖ୍ୟାରେ ମନୁ ଦାଶଙ୍କର ଗୋଟିଏ କବିତା ପ୍ରକାଶିତ ହୋଇଥିଲା, ଯାହାର ପ୍ରଥମ ଧାଡ଼ି ଥିଲା 'ଥୟ ଧର ଟେକି ଥୟ ଧର'। ଏ କବିତାରେ ମଧ୍ୟ ମଣିଷର ବୈୟକ୍ତିକ ସତ୍ତାର ଦ୍ୱୈତତାକୁ ସମ୍ମୁଖୀକୃତ କରିବାପାଇଁ କବି ଶ୍ରୀ ଦାଶ ଚେଷ୍ଟା କରିଥିଲେ । ୧୯୭୫ ମସିହାରେ ମାତ୍ର ଅଠର ବର୍ଷ ବୟସରେ ଅନାମ

କବିତା ରଚନା କରି ସର୍ବକନିଷ୍ଠ ଅନାମ କବିର ମୋହର ପ୍ରାପ୍ତ ହୋଇଥିବା ସେଦିନର କିଶୋର ଅନାମ ମନୁ ଦାଶ ଦୀର୍ଘ ପଇଁଚାଳିଶ ବର୍ଷ ପରେ ବି ସଂପ୍ରତି ଅନାମ କବିତା ରଚନାରେ ତତ୍ପରତା ଦେଖାଇ ଚାଲିଛନ୍ତି।

ଅନାମ ଚେତନାର ଅନ୍ୟତମ କବି କୈଳାସଚନ୍ଦ୍ର ଟିକାୟତରାୟଙ୍କ ଅନାମ ପତ୍ର ୭ରେ ଥିବା କବିତାରେ ସେହିପରି ସାମାଜିକ ମଣିଷର ଦ୍ୱୈତ ରୂପକୁ ପ୍ରକାଶ କରାଯାଇଛି । ତାଙ୍କ ଭାଷାରେ 'ବାଇମନ ଏଠି ହଂସ ଖେଳାଉଛି ବାନ୍ଧି ତା'ର ଡେଣା ଦୁଇ/ ଅଣ୍ଡିରା ହଂସକୁ ନିଲାମ କରୁଛି ଧରମର ନାମ ଦେଇ/ ଧରମ କରମ ସବୁ ଚଳାଏ ତ ଆସନ ଚୋରୀର ଖେଳ/ ତରଳି ଯିବୁ ଏ ଭେଳିକି ଲାଗିଛି ବୁଡ଼ିଲାଣି ଦୁଇକୂଳ ।' (ଉଦ୍ଧୃତ, ଓଡ଼ିଆ ସାହିତ୍ୟର ଇତିହାସ, ପ୍ରେମାନନ୍ଦ ମହାପାତ୍ର, ପୃ.୯୯୨-୧୦୦୦)

ଅନାମ ଗୋଷ୍ଠୀର ଅଧିକାଂଶ କବି ସମାଜର ତଥାକଥିତ ଛଳନା, ଭଣ୍ଡାମି, ମିଥ୍ୟାଚାର ଆଦି ବିରୋଧରେ ସ୍ୱରଉତ୍ତୋଳନ କରୁଥିଲେ। ସେମାନେ ଆଭାଁ-ଗର୍ଡ ଗୋଷ୍ଠୀଙ୍କ ଭଳି ସାମାଜିକ ସିଦ୍ଧାନ୍ତ, ରୀତିନୀତି, ମୂଲ୍ୟବୋଧ ଉପରକୁ ପ୍ରଶ୍ନବାଣ ନିକ୍ଷେପ କରୁଥିଲେ । ଅନାମ ପତ୍ର-୭ରେ କବି ତୀର୍ଥାନନ୍ଦ ମିଶ୍ରଙ୍କର ଯେଉଁ ଅନାମ କବିତାଟି ସ୍ଥାନିତ - ସେଥିରେ ବ୍ୟକ୍ତିର ତଥାକଥିତ ପଦପଦବୀ ତଳେ ଲୁଚି ରହିଥିବା ରହସ୍ୟକୁ ପଦାକୁ ଆଣିବାକୁ ଉଦ୍ୟମ କରାଯାଇଛି । ଏଠାରେ ପଦପଦବୀକୁ ନେଇ କେମିତି ଲଢ଼େଇହୁଏ; ପଦ-ପଦବୀ ଲୋଭରେ ମଣିଷ ମାନବିକତାକୁ କେମିତି ବିକ୍ରି କରିଦିଏ, ପଦପଦବୀ ଦ୍ୱାରା ସଂସାରକୁ କେମିତି ହାତମୁଠାରେ ରଖିହୁଏ, ତାହା ଚିତ୍ରିତ।

ଅନାମ ଗୋଷ୍ଠୀର ସାହିତ୍ୟ ସ୍ରଷ୍ଟାମାନେ ରକ୍ଷଣଶୀଳ ସ୍ଥିରମାନତା ପରିବର୍ତ୍ତେ ବିବର୍ତ୍ତନଶୀଳ ଚଳମାନତାକୁ ଅଧିକ ଗୁରୁତ୍ୱ ଦେଉଥିଲେ। ପରମ୍ପରା ବିରୋଧୀ ମଧ ଥିଲେ। ସେମାନେ ଏମିତି ଏକ ଦୁନିଆକୁ ଲୋଡୁଥିଲେ, ଯୋଉ ଦୁନିଆରେ 'ମଣିଷପଣିଆ ସଂପର୍କର ସେତୁ ହୋଇଥିବ। ସେ ଦୁନିଆରେ ଅପରକୁ ମଣିଷ ନିଜର ମଣୁଥିବ । ମଣିଷର ରୁଚି ପ୍ରେମ ହେଇଥିବ । ଶାନ୍ତି ଅନନ୍ତ ଭରସା ହେଇଥିବ। ସେ ଦୁନିଆ ରୁଦ୍ଧ କିମ୍ବା ଅହଂକୈନ୍ଦ୍ରିକ ହୋଇ ନଥିବ । ଚିନ୍ତା, ଚେତନା ଏବଂ କର୍ମରେ ମୁକ୍ତ ମଣିଷର ମୁକ୍ତ ସଂସାର ସ୍ୱପ୍ନ ସେଠାରେ ସାକାର ହେଇଥିବ।' (ଅନାମ ବାୟାର ଗୀତ, କୁମାର ମହାନ୍ତି)

ଅନାମ ଗୋଷ୍ଠୀର ପଥପ୍ରଦର୍ଶକ ତଥା କର୍ଣ୍ଣଧାର କବି କୁମାର ମହାନ୍ତି ସବୁଠାରୁ ଅଧିକ ଅନାମ କବିତା ରଚନା କରିବା ସହିତ ସବୁଠାରୁ ଅଧିକ ପରୀକ୍ଷା-ନିରୀକ୍ଷା ଏବଂ ପ୍ରୟୋଗ ମଧ ତାଙ୍କରି ଦ୍ୱାରା ହୋଇଛି । 'ଅନାମ ବାୟାର ଗୀତ' ସଂକଳନର ଚତୁର୍ଥ ଅଧ୍ୟାୟରେ ଯେଉଁ କବିତାଟି ରହିଛି, ସେଥିରେ ସେ ଅପୂର୍ବ

ଢଙ୍ଗରେ ବିଜ୍ଞାନ ଏବଂ ସାହିତ୍ୟକୁ ସମନ୍ୱିତ କରିଛନ୍ତି। ଏହି କବିତାର ପ୍ରଥମ ଭାଗରେ ଯେଉଁ 'ଅନ୍ଧକାର କଳା କଳା / ଅଲୌକିକ ରହସ୍ୟ ମେଖଳା' କଥା କହିଛନ୍ତି ଏଥିରେ ସେହି ପିଣ୍ଡବ୍ରହ୍ମାଣ୍ଡ ତତ୍ତ୍ୱ ବା ମହାଜାଗତିକ ବ୍ୟବସ୍ଥା ପ୍ରକ୍ରିୟାରେ ଥିବା ୮୫% କୃଷ୍ଣବସ୍ତୁ ବା dark matter କୁ ସୂଚାଉ ଅଛି । ଯାହା ଏବେ ମଧ୍ୟ ଆନାବିଷ୍କୃତ। ଯାହା ଏବେ ମଧ୍ୟ ନଭୋବିଦ୍ୟା ବିଶେଷଜ୍ଞଙ୍କର ବାଙ୍ମାନସ ଅଗୋଚର ଅର୍ଥାତ୍ ସେମାନଙ୍କର ପର୍ଯ୍ୟବେକ୍ଷଣର ବାହାରେ । ସେଠାରେ ଶବ, ରକ୍ତ ପ୍ରବାହ, ଧରିତ୍ରୀ, ଯୋଗୀ, ମୃତ ଜୀବିତ, ବସ୍ତୁ, ଅବସ୍ତୁ ବୋଲି କିଛି ନାହିଁ । ସେଠାରେ ସବୁକିଛି ସମତଳ ଏବଂ ସମତାଳ । ସେଠାରେ 'ସତ୍ୟ ଯେ ରହସ୍ୟ ପୁଣି ରହସ୍ୟ ହିଁ ଅନ୍ଧକାର' (କବିଙ୍କ ବ୍ୟାଖ୍ୟାନ ଅନୁସାରେ ସେଇ ଅନ୍ଧାର ଭିତରେ ସେ ଭାସୁଛନ୍ତି; କିନ୍ତୁ ତାକୁ ଛୁଇଁ ପାରୁ ନାହାନ୍ତି । ତାଙ୍କର ଭାଷିକ ବିନ୍ୟାସ ଅନୁସାରେ- 'ମୁଁ ଭାସୁଛି ଅନ୍ଧାର ଭିତରେ / ଅନ୍ଧକାର ଛୁଇଁପାରୁନାହିଁ / ଅନ୍ଧାର ମୋ ଭିତରେ ବାହାରେ / ଆପେ କିନ୍ତୁ ବୁଝିପାରୁନାହିଁ। (ଅନାମ ବାୟାର ଗୀତ, ୪ର୍ଥ ଅଧ୍ୟାୟ)"

କବି ସତ୍ତା - ଯେ କି ଭାବକୁ ନିକଟ ଏବଂ ଅଭାବକୁ ଦୂର - ସେ ସେଇ ଅନ୍ଧାରକୁ ଅନୁଭବ କରିପାରୁଚି - ସେ ଏକ ନିତ୍ୟସ୍ପନ୍ଦନ। ତାକୁ ଖୋଜି ଖୋଜି କବି ସତ୍ତା ଯଥେଷ୍ଟ ଯନ୍ତ୍ରଣାଜର୍ଜରିତ ହୋଇସାରିଲାଣି। ସେଇ ଅନ୍ଧାରକୁ ବ୍ୟାଖ୍ୟା କରି ହୁଏ ନାହିଁ- ସେଥିପାଇଁ ବୈଜ୍ଞାନିକମାନେ କହନ୍ତି - 'dark matter is abadant in the universe and that it has had a strong influence of its structure and evolution... It does not absorb, reflect or emit electromagnetive radiation, and is therefore difficult to detect' (en.m.wikipedia.org>wiki>Dark_e)। ତତ୍ପରେ କବି ସତ୍ତା 'ଅନାମ ମୁଁ ଅନାମ ମୁଁ / ସର୍ଜନାର ପ୍ରଥମ ଓ ଅନ୍ତିମ ଅନାମ / ରୂପ ନାହିଁ ରଙ୍ଗ ନାହିଁ/ ଯୌବନ ବା ଜରା ନାହିଁ ମୋର / ଶବ୍ଦରୁ ଆରମ୍ଭ ଏବଂ ଶବ୍ଦେ ଅନ୍ତ ମୋର / ମୁଁ ମୋର ଦର୍ଶନ / ଅବା ମାନସ ଗୋଚର ।' ତାପରେ କବି ପ୍ରେମ-ମୈତ୍ରୀ-ଶାନ୍ତି ବିବେକ କୈନ୍ଦ୍ରିକ ଗୋଟିଏ ଅହଂଶୂନ୍ୟ 'ମୁକ୍ତ-ମଣିଷର' ମୁକ୍ତ ସଂସାରର ସ୍ୱପ୍ନ ପାଇଁ ଅନାମଙ୍କୁ ନିବେଦନ କରୁଛନ୍ତି। ତା'ପରେ ସେହି ମହାଜାଗତିକ ନିତ୍ୟସ୍ପନ୍ଦନର ସ୍ପର୍ଶରେ 'ଅନ୍ଧକାର ହଜିଗଲା', 'ଆକାଶରେ ସୂର୍ଯ୍ୟ ନାଚିଲେ', 'ପବନ ବହିଲା ଧୀରେ', 'ସାଗରରେ ତରଙ୍ଗ ଉଠିଲା'। ତାପରେ ସେଇ ନିତ୍ୟସ୍ପନ୍ଦନରୁ ଜାତ ହୁଅନ୍ତି ମୁକ୍ତ-ମଣିଷ-ଅନାମ, ସିଏ ସୂର୍ଯ୍ୟସ୍ନାତ; ଅଲୋକ ଉନ୍ମାଦ । ତାପରେ ମୈତ୍ରୀଦେବ ଅନାମଙ୍କୁ ଶୂନ୍ୟରେ ଚୁମ୍ବନ କରନ୍ତି । ତାପରେ ଅନାମର କବି କହନ୍ତି- 'ତା' ପରେ ଦୁନିଆ ସାରା /

ଗୋଟାଏ ହିଁ ଦୁଆ / ଧାଧିନ୍ ଧେୟା ଅନାମ-ବାୟା / ଧାଧିନ୍ ଧେୟା ଅନାମ-ବାୟା / ଅନାମ ଅନାମ/ ଅନାମ ବାୟା......" (ଅନାମ ବାୟାର ଗୀତ, ୪ର୍ଥ ଅଧ୍ୟାୟ)

କହିବା ବାହୁଲ୍ୟ ଯେ- ଏଇ ଅନାମ ଚେତନା ଶିଶୁ ଅନନ୍ତ ଦାସଙ୍କର ସେଇ "ଠୁଳଶୂନ୍ୟ ବୋଲି ଯେହୁ ଅରୂପରେ ଜ୍ୟୋତି/ ପାଦ ନାହିଁ ପାଣି ନାହିଁ ଅନାମରେ ଗତି / ଦେହ ନାହିଁ ଅଦେହରେ କରିଅଛି ବାସ / ଅନାମ ଅଜଣା ସେ ଭାବକୁ ହ୍ୱନ୍ତି ଦୃଶ୍ୟ।' ଏବଂ ଅଚ୍ୟୁତାନନ୍ଦ ଦାସଙ୍କ 'ଅନାମରୁ ନାମ ଜନମ ହୋଇ / ଅଣ ଅକ୍ଷରକୁ ଅନାମ କହି ।" ଗ୍ରନ୍ଥ ଦ୍ୱୟର ନିଷ୍କର୍ଷକୁ ଭିତ୍ତିକରି ସୃଷ୍ଟି କରାଯାଇଛି ବୋଲି ଅନାମ-୧୫ ସଂଖ୍ୟାରେ ଉଲ୍ଲେଖିତ । ଆଭାଁ-ଗର୍ଡ ଧାରା ପରିସରଭୁକ୍ତ ଡାଡାବାଦୀମାନେ ଚିରାଚରିତ ସମାଜର ପ୍ରତ୍ୟେକ ଦୃଷ୍ଟିକୋଣ ଉପରେ ପ୍ରଶ୍ନଚିହ୍ନ ଲଗାଉଥିଲେ । ପାରମ୍ପରିକ ମୂଲ୍ୟବୋଧ ଭିତ୍ତିକ ବ୍ୟବସ୍ଥାକୁ ପ୍ରତ୍ୟାଖ୍ୟାନ କରି ତା' ସ୍ଥାନରେ ନବୀନ ମୂଲ୍ୟବୋଧ ଭିତ୍ତିକ ତାତ୍କାଳିକ ଆବଶ୍ୟକତାକୁ ରୋପଣ କରିବାକୁ ଚେଷ୍ଟା କରୁଥିଲେ ।

କୁମାର ମହାନ୍ତି 'ଦର' ଶବ୍ଦକୁ ବାରମ୍ବାର ଆବୃତ୍ତି କରାଇ ଗୋଟିଏ କବିତାରେ ସିଧାସଳଖ ସେହି ପ୍ରଶ୍ନଶୀଳତା ଏବଂ ମୂଲ୍ୟବୋଧ ବିରୋଧିତାକୁ ଉପସ୍ଥାପନ କରିଛନ୍ତି। 'ଅନାମ ଛନ୍ଦ' କବିତା ସଂକଳନରେ ଏଇ କବିତାଟି ସ୍ଥାନିତ। ଏଇ କବିତାରେ ସାହୁକାରଙ୍କୁ ଦୁଃଖ ଦର, ସୁଖ ଦର, ଜୀବନ ମରଣ ଦର, ପରମର ଦର, ସର୍ଜନାର ଦର, ଶୂନ୍ୟର ଦର, ପିତାରେତ ଦର, ମାତାର ଗର୍ଭଶୂଳ ଦର, କୁଆଁ କୁଆଁ ରାବ ଦର, ସ୍ୱର୍ଗଦ୍ୱାର ଦର, ପୃଥ୍ୱୀ ଦର, ଜାତି ଦର, କୈବଲ୍ୟ ଦର, ବିଶ୍ୱାସ ଦର, ଭରସାର ଦର, ଅନୁଭୂତି ଦର, କବିଙ୍କ ଅକ୍ଷର ଦର, ଅଣାକ୍ଷର ଦର, ଅଣଚାଶ ଦର, ମହାକାଳ ଦର, ଆଦି 'କେତେ ?' ବୋଲି ପ୍ରଶ୍ନ ପଚରାଯାଇଛି। ଏ ସାହୁକାର ଜଣକ ହେଉଛନ୍ତି **'Survival in the fundamentals of classic realism'**; ଯାହାଙ୍କୁ ଡାଡାଇଜମ୍, ଫ୍ୟୁଚରିଜମ୍, ସରିଆଲିଜମ୍‌ରେ ପ୍ରତ୍ୟାଖ୍ୟାନ କରିବାକୁ ନିର୍ଦ୍ଦେଶ ଦିଆଯାଇଛି । ଏ ସାହୁକାର ଜଣକ ମଧ୍ୟ ସେଇ ବୁର୍ଜୋୟାଗୋଷ୍ଠୀର ପ୍ରତୀକ।

ଅନାମମାନେ ଜୀଉଁଥିଲେ ନିଜ ମର୍ଜିରେ ଅର୍ଥାତ୍ ନିଜର ଇଚ୍ଛାନୁସାରେ (**to live according to own's will**)। ସେମାନେ ନିଜର ବୟସ, ଲିଙ୍ଗ, ଅବସ୍ଥା ସମ୍ବନ୍ଧରେ ସନ୍ଦିହାନ ଥିଲେ । (ଅନାମ ଅଣାକାର - ଅନାମ ବାୟାର ଗୀତ, ପ୍ରଥମ ଅଧ୍ୟାୟ, କୁମାର ମହାନ୍ତି)। ଅନାମଙ୍କ ମଧ୍ୟରେ ଅନେକତ୍ର ଉଭଟତା (**absurdity**) ମଧ୍ୟ ଲକ୍ଷ୍ୟ କରାଯାଏ । ଏମାନେ ଆକାଶର ପରିଧି, ଅଟ୍ଟାଳିକା ଆଦି ଡେଇଁଯିବା ଲାଗି ଘୋଷଣା କରନ୍ତି। ଚନ୍ଦ୍ର, ଶୁକ୍ର, ମଙ୍ଗଳ ପିଠିରେ ବସି ସୂର୍ଯ୍ୟର ଶୀତଳତାକୁ ଭୋଗିବାକୁ ଦୁଃସାହସ ପୋଷଣ କରିପାରନ୍ତି । ଲକ୍ଷ ଲକ୍ଷ ସୌରଜଗତ ଏବଂ ଅନିଶ୍ଚିତର

ଅନ୍ତହୀନ ଇତିହାସ ଛାତିରେ ଖେଦିଯିବା ପାଇଁ ଉତ୍ସାହ ପ୍ରଶର୍ଦନ କରନ୍ତି । ପୁଣି ସେମାନେ କହନ୍ତି- 'ତଥାପି ମୁଁ ଜାଣିନାହିଁ - କିଏ ସେ ମୁଁ / ଜାଣୁନାହିଁ ଜାଣିବିନି ବୋଧେ / ମୁଁ ଜାଣିନି – / କିଏ ଉଚ୍ଚାରିଲେ / ଦିନେ ମୁଁ ବୋଲି/ ମୁଁ ସେଇ ଅସୁମାରୀ ଅନାମଧେୟ / 'ମୁଁ'ଙ୍କ ଭିତରୁ ଜଣେ / ଯେ ଫିଙ୍ଗିଛି 'ମୁଁ' କ୍ଷର ସ୍ଥିତିକୁ – / ଅନ୍ୟାର୍ଥେ ଅନାମ।' (ଅନାମ ବାୟାର ଗୀତ, କୁମାର ମହାନ୍ତି)। ଏମାନେ ବିପ୍ଳବରେ ବିଶ୍ୱାସ ରଖନ୍ତି। ଡାଡାବାଦୀଙ୍କ ଭାଷାରେ ଏହା ହେଉଛି – ରେଭୋଲ୍ୟୁସନାରୀ। ସେଥିପାଇଁ ଏମାନେ କହନ୍ତି – 'ଅନାମ ମୁଁ, ଦୁର୍ଜନ ମୁଁ/ xxxଆଜନ୍ମ ଦୁର୍ଜନ କିନ୍ତୁ ସଭିଙ୍କ ଦୁଲାଳି / xxxମୁଁ ଜନ୍ମିଛି ବାରମ୍ୱାର ଏକୁଟିଆ/ ଏକେଲା ଚାଲିଛି ସବୁ ଦୁର୍ଗମ ପଥରେ / ମନେ ମୋର ଏକହିଁ ଚେତନା / ସମନ୍ୱୟ 'ମୁଁ'ର ମାଟିରେ / ଏକବ୍ୟକ୍ତି ସର୍ବେ ହେବେ/ ଏବଂ ସମସ୍ତେ ବଞ୍ଚିବେ ସଦା ସୁଖ ଓ ଶାନ୍ତିରେ ।' (ଅନାମ ବାୟାର ଗୀତ, ପୃ.୭)

ଅନାମମାନେ ଆତ୍ମ ସଚେତନତା ଉପରେ ଅଧିକ ତତ୍ପରତା ପ୍ରଦର୍ଶନ କରୁଥିଲେ । ଏହି ଆତ୍ମ ସଚେତନତା ବା ଆତ୍ମବୋଧର ଗୋଟିଏ ସୁନ୍ଦର ନମୁନା ନିମ୍ନୋକ୍ତ କବିତାଂଶରେ ପରିବେକ୍ଷିତ। ଯଥା- 'ମୁଁ କେବେ ଚାହିଁନି / ପୂଜାପାଠ ଭୋଗ ଧୂପ / ଘଣ୍ଟାମାଡ଼ / ଆଲ୍ଲା ହୋ ଆକବର ଡାକ / ଅବା ମହମବତୀ ଧୂଆଁ; ମୁଁ କେବେ ଚାହିଁନି ଚାନ୍ଦା / ଦେବୋତ୍ତର ଭୂମି / ମୁଁ ଚାହିଁଛି / ତମେ ବୁଝ ତୁମକୁ ସର୍ବଦା / ସେଇଥିରେ ତୁମେ ହେବ ମୋର / ଏବଂ ମୁଁ ହେବି ତୁମର।' (ଅନାମ ବାୟାର ଗୀତ, ୨ୟ ଅଧ୍ୟାୟ)

ସମାଜର ଆମୂଳଚୂଳ ପରିବର୍ତ୍ତନରେ ବିଶ୍ୱାସୀ ଥିଲେ ଅନାମଗଣ । ଛଳନାକୁ ଛେଦି ପକାଇବା ପାଇଁ ସେମାନେ ଆଗଭର ହେଇଥିଲେ। 'ଏ ଭୃତ୍ୟ, ସନ୍ତାନ, ସଖା ଅବା ପତ୍ନୀ' ମଧ୍ୟରେ ଥିବା କାର୍ଯ୍ୟଘେନା ସମ୍ବନ୍ଧକୁ ପରିହାର କରି ମୈତ୍ରୀ, ସାମ୍ୟ, ମମତାର ଗୋଟିଏ ସଂପର୍କ ସୂତ୍ରରେ ସମାଜ ଜୀବନ ତଥା ଜଗତ ଜୀବନକୁ ସେମାନେ ଗୁନ୍ଥିଦେବା ପାଇଁ ଉଦ୍ୟମ କରିଥିଲେ। ଚିତ୍ତରଞ୍ଜନ ଦାସ ତାଙ୍କ 'ଅନାମଙ୍କ ମଧ୍ୟରେ : ତଥାପି ନାମଟିଏ' ପ୍ରବନ୍ଧରେ କହନ୍ତି – 'ଅନାମ ଏକ ଗୋଷ୍ଠୀ, ସାଧାରଣ ଅର୍ଥରେ ଗୋଟିଏ ସାହିତ୍ୟିକ ଗୋଷ୍ଠୀ। ଗୋଟିଏ ପ୍ରତିବାଦୀ ଗୋଷ୍ଠୀ'।(କୋଣାର୍କ)!

ପ୍ରକୃତରେ ଅନାମ ଗୋଷ୍ଠୀର ସାହିତ୍ୟସ୍ରଷ୍ଟାଗଣ ବିପ୍ଳବାତ୍ମକ ପରିବର୍ତ୍ତନରେ ବିଶ୍ୱାସ କରୁଥିଲେ । ଏମାନେ ତଥାକଥିତ ରାଜନୀତି, ଧର୍ମନୀତି, ସାହିତ୍ୟ ନୀତି, ସାହିତ୍ୟରେ ଏପରିକି ସେ ସମୟରେ ସାମ୍ୟବାଦ ନାମରେ ଯେଉଁ ରାଶିରାଶି ଗ୍ରନ୍ଥ ରଚନା କରାଯାଉଥିଲା ସେଇ ରଚନାନୀତି; ଏପରିକି ତତ୍କାଳୀନ ସମାଜର ଯୋଗାଚାର, ଭ୍ରଷ୍ଟାଚାର ଆଦିକୁ ଉପଜୀବ୍ୟ କରି ବ୍ୟଙ୍ଗ ତଥା ବ୍ୟଞ୍ଜନା ମାଧ୍ୟମରେ

ନିଜ ନିଜ ରଚନାରେ ସ୍ୱର ଉତ୍ତୋଳନ କରୁଥିଲେ । କୁମାର ମହାନ୍ତିଙ୍କ ଭାଷାରେ – "ଚତୁର୍ଦ୍ଦିଗେ ହା' ହତାଶ ଯେ / ଦୁର୍ନୀତିରେ ସମାଜ ଅଚଳ / ରାଜନୀତି-ବେଶ୍ୟାବୃତ୍ତି କରିତ୍‌କର୍ମାଙ୍କର । ବେଶ୍ୟାପଡ଼ା ଉଚ୍ଛୁଳି ଉଠୁଛି, / ନର୍ଦ୍ଦମାରୁ ଭୋକିଲା ମଣିଷ/ ଗଣ୍ଡେ ଖାଇ ଦଣ୍ଡେ ଜୀଇଁବାକୁ ହାତ ଅଣ୍ଡାଳୁଛି ।" (ଅନାମ ବାୟାର ଗୀତ, ୩ୟ ଅଧ୍ୟାୟ)। କୁମାର ମହାନ୍ତିଙ୍କ 'ଧରମ ଦାସ' ମିଥ୍‌ଟି ତଥାକଥିତ ରାଜନୀତିଆ ନେତାଙ୍କର ଶୋଷଣ, ଲୁଣ୍ଠନର ଭିତିରି କଥାକୁ ବ୍ୟଞ୍ଜିତ କରେ । ତାଙ୍କ ଆକଳନ ଅନୁସାରେ – 'ଧରମ ଦାସର ପେଟ ଯେତିକି ବଢ଼ିଛି / ରାଜ୍ୟରେ ଲୋକଙ୍କ ପେଟ ସେତିକି ଶୁଖିଛି / ଆମର ଗରାଖ ବୋଲି କେହି ତାକୁ ଛୁଇଁ ପାରିନାହିଁ/ ହାୟରେ ଧରମ ଦାସ !/ ଆଜି ତତେ କେହି ହେଲେ ରକ୍ଷାକଲେ ନାହିଁ ?' (ଅନାମ ବାୟାର ଗୀତ) ।

ଜଣେ ରେଡ଼ିକାଲ ଅନାମ ଭାବରେ ଅନାମଗୋଷ୍ଠୀର କବି ନାରାୟଣ ପ୍ରସାଦ ସିଂ ତାଙ୍କ ଦ୍ୱାରା ରଚିତ କବିତାରୁ ହିଁ ବୁଝାପଡ଼ନ୍ତି । ଅନାମ-ପ୍ରଥମ ସଂଖ୍ୟାରେ ପୃଷ୍ଠା ଛଅ ଏବଂ ପୃଷ୍ଠା ସାତରେ ତାଙ୍କ ଦ୍ୱାରା ରଚିତ ପାଞ୍ଚଟି ଛୋଟ ଛୋଟ କବିତା ରହିଛି । କବିତାଗୁଡ଼ିକ ଛୋଟ ହେଇପାରେ; କିନ୍ତୁ ଭାବବସ୍ତୁଗତ ଦୃଷ୍ଟିକୋଣରୁ ଏଗୁଡ଼ିକ ପରସ୍ପର ଆପୋଷ ବୁଝାମଣା ବା ମଧ୍ୟମ ପନ୍ଥା ବା Compromise ର ସଂପୂର୍ଣ୍ଣ ବିପରୀତଧର୍ମୀ ମେରୁରେ ଦଣ୍ଡାୟମାନ ।୧୯୬୯ ମସିହାରେ ପ୍ରଚଳିତ ସାମାଜିକ ସିଦ୍ଧାନ୍ତ ବହିର୍ଭୂତ ବ୍ୟକ୍ତିତ୍ୱକୁ ନେଇ ଏଭଳି କବିତା ଯେ କବି ଶ୍ରୀଯୁକ୍ତ ସିଂ ରଚନା କରିଥିଲେ- ଏହା ଭାବିଲେ ଆଶ୍ଚର୍ଯ୍ୟ ଲାଗେ । ଆଭାଁ-ଗର୍ଡ ଗୋଷ୍ଠୀ ପରିସରଭୁକ୍ତ ଯେଉଁ ରେଡ଼ିକାଲିଜମ୍, ଅପ୍ରିୟ ସତ୍ୟର ପ୍ରକାଶ୍ୟ ଅଭିବ୍ୟକ୍ତି, ସାମାଜିକ ଏବଂ ରାଜନୀତିକ କ୍ଷେତ୍ରରେ ଆମୂଳଚୂଳ ପରିବର୍ତ୍ତନ ଆଦି ଉପରେ ଗୁରୁତ୍ୱ ପ୍ରଦାନ କରାଯାଉଥିଲା –ତାହାର ପ୍ରତ୍ୟକ୍ଷ ନିଦର୍ଶନ ହେଉଛି ଏହି କବିତାସମୂହ । ଯଥା; 'ଆଲୁଅକୁ ପଛକରି ଅନ୍ଧାରର ଆଇନାରେ । ମୁଁ ଦେଖିଲି ; ମୋ ବୋଉ ଶୋଇଛି; / ମୋ ବାପାଙ୍କ ବନ୍ଧୁଙ୍କ କୋଳରେ/ ଯିଏ ମୋତେ ମୋ ଯୌବନ ପ୍ରାପ୍ତିଦିନ କହିଥିଲା; ଆରେ ବାପା ; ମାଡ଼ିବୁନି ପର ସ୍ତ୍ରୀର ଛାଇ ଏବଂ – / ବାହା ହେଇ ମା ଭଉଣୀ ବିଦା ହେଲାବେଳେ / କହିଥିଲା : ମୋ ଧନ ଲୋ ! ସ୍ୱାମୀ ଛଡ଼ା ଚାହିଁବୁନି ପର ପୁରୁଷରେ।' (ଅନାମ, ପ୍ରଥମ ସଂଖ୍ୟା, ନାରାୟଣ ପ୍ରସାଦ ସିଂ)।

ଅନାମ ଗୋଷ୍ଠୀ କବିଙ୍କ ମଧ୍ୟରେ ଏଇ ଯେଉଁ ମିନି ବା ହାଇକୁ ଶ୍ରେଣୀୟ କବିତା ରଚନାର ପରମ୍ପରା ପ୍ରଚଳନ ହୋଇଥିଲା ତାହା ପରିବର୍ତ୍ତୀ ସମୟରେ ନୂଆ ପିଢ଼ିଙ୍କୁ ଗଭୀର ଭାବେ ପ୍ରଭାବିତ କରିଛି। ବ୍ରହ୍ମାନନ୍ଦ ଦାସ, ବ୍ରଜନାଥ ରଥ ପ୍ରମୁଖ ଏଇ ଧରଣର ଅନେକ କବିତା ରଚନା କରିଛନ୍ତି । ତେବେ ପରପିଢ଼ିଙ୍କ ଉପରେ ଅନାମ କବିତାର ପ୍ରତ୍ୟକ୍ଷ ପ୍ରଭାବ କିପରି ପଡ଼ିଛି; ଗୋଟିଏ ଉଦାହାରଣ ଦେଲେ ସ୍ପଷ୍ଟରୂପେ ବୁଝାପଡ଼ିବ।

କବି ବ୍ରହ୍ମାନନ୍ଦ ଦାସଙ୍କର ଗୋଟିଏ କବିତା ରହିଛି ଯାହାର ଶୀର୍ଷକ ହେଉଛି 'ଚିହ୍ନା ଅଚିହ୍ନା।" ଏ କବିତାରେ ସଂରଚନାଗତ ଆଙ୍ଗିକ ଉପରେ ମୂଳ ଅନାମ କବି ନାରାୟଣ ପ୍ରସାଦ ସିଂଙ୍କର ଉପରାଲୋଚିତ କବିତାର ପ୍ରତ୍ୟକ୍ଷ ପ୍ରଭାବ କେମିତି ପଡ଼ିଛି ଲକ୍ଷ୍ୟ କରନ୍ତୁ । ଯଥା : 'ମାଆ ତାଙ୍କ ଝିଅକୁ ଶିଖାଇଥିଲେ / କଥା କହିବୁ ନାହିଁ / ଅଚିହ୍ନା ଲୋକ ସହିତ / କିଛି ବି ନେବୁ ନାହିଁ / ଅଚିହ୍ନା ଲୋକ ହାତରୁ / ଡାକିଲେ ଯିବୁ ନାହିଁ / ଅଚିହ୍ନା ଲୋକଙ୍କ ଗାଡ଼ିରେ / ଧର୍ଷିତା ସେଇ ଝିଅ / ଅତଳ ଯନ୍ତ୍ରଣାରେ / ମୃତ୍ୟୁ ପୂର୍ବରୁ କହୁଥିଲା : / ତୋ କଥା ମାନିଥିଲି ମାଆ/ ମୋତେ କିନ୍ତୁ ଏଭଳି କରିଛନ୍ତି କେବଳ ଚିହ୍ନାଲୋକମାନେ । (ଚିହ୍ନା ଅଚିହ୍ନା, ବ୍ରହ୍ମାନନ୍ଦ ଦାସ, ଜଣେ ପଦାତିକର କବିତା, ବହିଘର, ବାଲେଶ୍ୱର, ପ୍ରଥମ ପ୍ରକାଶ-୧୯୯୮, ପୃ.୨୬)।

ନାରାୟଣ ପ୍ରସାଦ ସିଂଙ୍କର 'ବିନ୍ଦୁଚିହ୍ନିତ', 'ସେଇମାନେ', 'ସହରର ଗର୍ଭପାତ.', 'ଗାନ୍ଧୀବାଦୀ ମୁଖ୍ୟକର୍ମୀ', 'ଅଗଣନ ଜୀବନ୍ତ ଶବସବୁ', କୁମାର ମହାନ୍ତିଙ୍କର 'ସଂକରା ସଂକରୀ', 'ଛେଉ ଛଉକା', 'ଆସିଯିବାଟା ଏକା ଏକା', 'ଗୁଣ ନାହିଁ ଗୁଣ ଖାଲି', 'ଯିଏ ତ ରସିଲା' ଆଦି ଶୀର୍ଷକହୀନ କବିତା ଏଇ ମିନି ବା ହାଇକୁ କବିତା ପର୍ଯ୍ୟାୟର ଅନ୍ତର୍ଭୁକ୍ତ। ଏଗୁଡ଼ିକ ଛୋଟ ହୋଇପାରେ, କିନ୍ତୁ ଭାବଗତ ଦୃଷ୍ଟିରୁ ବେଶ୍ ପ୍ରଭାବଶାଳୀ ।

'ଅନାମ ଗୋଷ୍ଠୀର ମୁଖ୍ୟ ପ୍ରବକ୍ତା କୁମାର ମହାନ୍ତିଙ୍କର ପ୍ରଥମାବସ୍ଥାରେ ସହଯୋଗୀ ଥିଲେ ଚିତ୍ତରଞ୍ଜନ ମିଶ୍ର, ନାରାୟଣ ପ୍ରସାଦ ସିଂହ, ଉଦୟ ଦାସ, ନୀଳମାଧବ ମିଶ୍ର, ଅପୂର୍ବ ମହାନ୍ତି । ଅନାମ ଗୋଷ୍ଠୀ ସହିତ ପରବର୍ତ୍ତୀ ପର୍ଯ୍ୟାୟରେ ସାମିଲ ହୋଇଥିବା ଅନାମ ବ୍ୟକ୍ତିଗଣ ହେଲେ- ମଧୁ ମହାନ୍ତି, ଗୋକୁଳ ବିହାରୀ ମହାନ୍ତି, ହରିହର ମିଶ୍ର, ପ୍ରଫୁଲ୍ଲ ତ୍ରିପାଠୀ, ସୁଧୀର ଜେଠୀ, ଚିତ୍ରଲେଖା ରଥ, ଜୀବନାନନ୍ଦ ପାଣି, ଗୌର ପଟ୍ଟନାୟକ, ପ୍ରଫୁଲ୍ଲ ମିଶ୍ର, ସରୋଜିନୀ ପଟ୍ଟନାୟକ, ତରୁଣ ତପନ ମହାନ୍ତି ପ୍ରମୁଖ । ଏମାନେ ଅନାମ ଚେତନାକୁ ବଳବତ୍ତର କରାଇବାରେ ପ୍ରୟାସୀ ହେଲେ । ଏହାପରେ ଅନାମ ଆନ୍ଦୋଳନ ସହିତ ସାମିଲ ହେଲେ ଫନୀ ମହାନ୍ତି, ରାଜେନ୍ଦ୍ର କିଶୋର ପଣ୍ଡା, ଅଧ୍ୟାପକ ବିଶ୍ୱରଂଜନ, ଭଗବାନ ଜୟସିଂହ, ସୁଧୀର ପଟ୍ଟନାୟକ, ସଞ୍ଜୟ ଶତ୍‌ପଥୀ । ଏହାପରେ ସାମିଲ ହେଲେ ରମେଶ ପାଣିଗ୍ରାହୀ, ନେତ୍ରାନନ୍ଦ ସାମନ୍ତରାୟ, ଚିନ୍ତାମଣି ବଳିୟାର ସିଂ, ହୃଦାନନ୍ଦ ମହାନ୍ତି, ମନୁ ଦାଶ, ସୁବାସ କର, ବିଦ୍ୟୁତପ୍ରଭା ଗନ୍ତାୟତ, ଜ୍ୟୋତୀନ୍ଦ୍ର ମୋହନ ସାମଲ, ନବକିଶୋର ରାଜ ପ୍ରମୁଖ । ସୁରେନ୍ଦ୍ର ମହାନ୍ତି, କହ୍ନେଇଲାଲ, ରତିରଂଜନ ମିଶ୍ର, ବିପିନ ବିହାରୀ ମିଶ୍ର ପ୍ରମୁଖ ମଧ୍ୟ ଏଇ ଚେତନା ସହିତ ସମକାଳ ହୋଇ ସାହିତ୍ୟ ସର୍ଜନା କରିଛନ୍ତି ।

କବିତା, ଗଳ୍ପ, ନାଟକ, ପ୍ରବନ୍ଧ ପ୍ରଭୃତି ଅନାମ ଆନ୍ଦୋଳନ ଏବଂ ଚେତନାକୁ ଭିତ୍ତିକରି ପ୍ରସ୍ତୁତ ହୋଇଛି ।

ଏଇ କିଛି ଦଶନ୍ଧି ଧରି ଲୋକସାହିତ୍ୟର ଆଙ୍ଗିକକୁ ବିଦଗ୍ଧ ସାହିତ୍ୟ ସହିତ ମିଶାଇ ଯେଭଳି ପ୍ରୟୋଗ କରାଯାଉଛି; ଯେଭଳି ଗଦ୍ୟରେ ଗୀତିଧର୍ମିତା ବା କାବ୍ୟଧର୍ମିତାର କଥା କୁହାଯାଉଛି; ପ୍ରକାଶ୍ୟ ଯୌନ ବିନ୍ୟାସ, ରାଜନୀତିକ ବ୍ୟଙ୍ଗ, ସରଳ ଲୋକମୁଖର ଭାଷା ବ୍ୟବହାର କରି ବିଭିନ୍ନ ସାହିତ୍ୟ କୃତିରେ ତାହାର ପ୍ରୟୋଗ ପ୍ରଭୃତି କ୍ଷେତ୍ରରେ ଏବେ ଯେଉଁ ପରୀକ୍ଷାନିରୀକ୍ଷା କରାଯାଉଛି ତାହା ଆରମ୍ଭ ହେଇଥିଲା ସେହି ଅନାମ ଆନ୍ଦୋଳନରୁ । ଛନ୍ଦକୈନ୍ଦ୍ରିକତା ଥିଲା ଅନାମ ଆନ୍ଦୋଳନର ବିଶେଷ ପରିଚୟ । "ଅନାମଙ୍କର ପତ୍ର ବସନ୍ତ (୧୯୯୩, ପୃ.୪)ରେ ଅନାମ ଗୋଷ୍ଠୀର କାବ୍ୟ ଆନ୍ଦୋଳନଟିର ବିଶେଷ ପରିଚୟଟିଏ ପ୍ରଦାନ କରି କୁମାର ମହାନ୍ତି - 'ସମସ୍ତ ଭାବ-ବ୍ୟଞ୍ଜନାର ମାଧ୍ୟମ କେବଳ ଛନ୍ଦ, ଏବଂ ଛନ୍ଦ ଛଡ଼ା କଳା ଅସ୍ତିତ୍ୱହୀନ' ବୋଲି କହିଛନ୍ତି ।" (ଚିତ୍ତରଞ୍ଜନ ଦାସ, କୋଣାର୍କ) ।

ଅନାମ ଆନ୍ଦୋଳନ ବହୁ ଲେଖକଲେଖିକା ତିଆରି କରିବାରେ ଉତ୍ସାହ ପ୍ରଦାନ କରିଛି । ତାହା ପ୍ରତ୍ୟକ୍ଷରେ ହେଉ ବା ପରୋକ୍ଷରେ ହେଉ ସେଥିରେ କିଛି ଯାଏ ଆସେ ନାହିଁ । ଏହା ବ୍ୟତୀତ ସର୍ବାଦୌ ଗୁରୁତ୍ୱପୂର୍ଣ୍ଣ ପ୍ରସଙ୍ଗଟି ହେଉଛି ଅନାମ ମନୋଭାବ ମଧ୍ୟରେ ମୁଁ ୟୁରୋପୀୟ ଆଭାଁ-ଗର୍ଡ ସାହିତ୍ୟିକ ଆନ୍ଦୋଳନର ମନୋଭାବକୁ ବହୁଳଭାବରେ ଲକ୍ଷ୍ୟ କରିଛି । ବିଶ୍ୱ ସାହିତ୍ୟରେ ଏବେ ଯାହାକୁ ଉତ୍ତର ସଂରଚନାବାଦୀ ବା ଉତ୍ତର ଆଧୁନିକତାବାଦୀ ସାହିତ୍ୟିକ ଧାରା କୁହାଯାଉଛି, ତାହାର ଉଦ୍ଦେଶ୍ୟମୂଳକ ପରୀକ୍ଷାନିରୀକ୍ଷା ଏବଂ ପ୍ରୟୋଗ ୧୯୬୦ରୁ ଆମେରିକା ଆଦି ପଶ୍ଚିମୀ ଦେଶମାନଙ୍କରେ ଆମେ ଦେଖିବାକୁ ପାଉ । ତେବେ ଆଶ୍ଚର୍ଯ୍ୟର କଥା ହେଉଛି ୧୯୬୦ ପରବର୍ତ୍ତୀ ଓଡ଼ିଆ ସାହିତ୍ୟରେ ମଧ୍ୟ ସେହି ଭଳି ପ୍ରୟୋଗ ଏବଂ ପରୀକ୍ଷାନିରୀକ୍ଷା ହେଇଛି । ପ୍ରଚଳିତ ସାହିତ୍ୟିକ ଧାରାରେ ଯେଉଁ ଶୃଙ୍ଖଳା, ସଂଯମତା, ସାଂଗଠନିକ ଔଚିତ୍ୟ, ମୂଲ୍ୟବୋଧ, ରକ୍ଷଣଶୀଳତା, କେନ୍ଦ୍ରମୂଳକତା, ଦ୍ୱିପାର୍ଶ୍ୱିକୀ ବୈପରୀତ୍ୟ, ଦୁର୍ବୋଧତା, ଆହରଣାଭିମୁଖିନତା ପ୍ରଭୃତିକୁ ସାହିତ୍ୟ ରଚନାର ଅନିବାର୍ଯ୍ୟ ଅନୁଷଙ୍ଗ ବା ଆନୁସଙ୍ଗିକ ଉପାଦାନ ଭାବରେ ଗ୍ରହଣ କରାଯାଉଥିଲା, ତାହାକୁ ଭାଙ୍ଗିଦେଇ ସେଇ ସ୍ଥାନରେ ଅନାମ ଏବଂ ତତ୍କାଳୀନ ଅନ୍ୟ ସାହିତ୍ୟ ସ୍ରଷ୍ଟାଗଣ ନବୀନତାର ଧାରା ନିର୍ମାଣ କରିଛନ୍ତି । ଏ ବିଷୟରେ ଗଭୀର ଅଧ୍ୟୟନ ତଥା ଗବେଷଣା ହେବା ଆବଶ୍ୟକ ମନେହୁଏ ।

ଅନାମମାନେ 'ଅନାମ ମେଲଣ', 'ଅନାମ ଶିବିର', 'ଅନାମ କାଫେ',

ଆଦି ସାହିତ୍ୟ ଚର୍ଚ୍ଚା କେନ୍ଦ୍ର ଗଠନ କରି ଅନାମ ଚେତନାକୁ ବହୁପ୍ରସାରୀ କରାଇବାକୁ ଉଦ୍ୟମ କରିଥିଲେ। "ଅନାମ ଆନ୍ଦୋଳନ ଯଥାକ୍ରମେ ଏ ପାରିପାର୍ଶ୍ୱିକ ପରିସ୍ଥିତି ଏବଂ ପ୍ରତିଷ୍ଠିତ ମୂଲ୍ୟବୋଧରେ ପରିବର୍ତ୍ତନ; ଏବଂ ଏ ଆଧୁନିକ ବ୍ୟକ୍ତିକୈନ୍ଦ୍ରିକ ଓଡ଼ିଆ ସାହିତ୍ୟର ଅବୋଧତା ଏବଂ ଲକ୍ଷ୍ୟହୀନତାକୁ ଦୂର କରିବା ପାଇଁ ସୃଷ୍ଟି ହୋଇଥିଲା।" (ତଥ୍ୟ- ଓଡ଼ିଆ ସାହିତ୍ୟର ଇତିହାସ, ପୃ.୯୭୭-୧୦୦୦, ପ୍ରେମାନନ୍ଦ ମହାପାତ୍ର)।

ତେବେ ପରିସ୍ଥିତି, ପ୍ରତିଷ୍ଠିତ ମୂଲ୍ୟବୋଧ ବ୍ୟକ୍ତିକୈନ୍ଦ୍ରିକ ଓଡ଼ିଆ ସାହିତ୍ୟର ଅବୋଧତା ଏବଂ ଲକ୍ଷ୍ୟହୀନତା କ୍ଷେତ୍ରରେ ପରିବର୍ତ୍ତନ ଆଣିବାକୁ ଯାଇ ଅନାମମାନେ ଅକଥନୀୟ ଧମକଚମକ, ଯନ୍ତ୍ରଣାର ଶୀକାର ହେଇଛନ୍ତି । ସେମାନେ 'ଛଳନାବାଦୀ ସମାଜର ଦ୍ୱୈତ ନୈତିକତା, ଭଣ୍ଡ ଧର୍ମ ଓ ଅସାମାଜିକ ବୀଭତ୍ସତାର ମୁଖୋସ (ମୁଖା) ଖୋଲିବାର ଶପଥ ନେଇ ଯେଉଁ ଆନ୍ଦୋଳନ ପୁରୀରୁ ଆରମ୍ଭ କରିଥିଲେ, ସେଥିପାଇଁ ଅନାମର ସଦସ୍ୟମାନଙ୍କୁ ମାରିଦେବାର ଧମକ ମଧ୍ୟ ଦିଆଯାଇଥିଲା । ଘରେ ନିଆଁ ଲଗାଇ ଦିଆଯିବାର ଧମକ ମଧ୍ୟ ଆସିଥିଲା । ଅନାମ ପତ୍ରିକା ପୋଡ଼ା ବି ଯାଇଥିଲା । ସଭାସମିତିରେ ଅନାମମାନଙ୍କୁ ଭର୍ତ୍ସନା ମଧ୍ୟ ଖୁବ୍ ହୋଇଥିଲା। ସବୁଠାରୁ ସମ୍ଭବତଃ ବେଶୀ ସେହି ପୁରୀରେ। ପୁରୀରେ ଶ୍ରୀ କୁମାର ମହାନ୍ତିଙ୍କ ଘରଟି ହିଁ ଅନାମ ଆନ୍ଦୋଳନର ପ୍ରାଣକେନ୍ଦ୍ର ରୂପେ କାର୍ଯ୍ୟ କରୁଥିଲା । (ତଥ୍ୟ-ସୌଜନ୍ୟ- ଚିତ୍ତରଞ୍ଜନ ଦାସ, କୋଣାର୍କ, ୧୨୯ ସଂଖ୍ୟା, ମେ-ଜୁଲାଇ-୨୦୦୩)

ଓଡ଼ିଆ ସାହିତ୍ୟରେ ଅନାମ ଆନ୍ଦୋଳନ ହେଉଛି ୧୯୬୦ରୁ ୨୦୨୦ ମଧ୍ୟରେ ହୋଇଥିବା ସର୍ବଶେଷ ସାହିତ୍ୟିକ ଆନ୍ଦୋଳନ। ପାଖାପାଖି ଅର୍ଦ୍ଧଶତାବ୍ଦୀ ବ୍ୟାପୀ ସମୟଖଣ୍ଡ ମଧ୍ୟରେ ଆଉ ସେଭଳି ଆନ୍ଦୋଳନ ଓଡ଼ିଶାରେ ସାହିତ୍ୟକୁ କେନ୍ଦ୍ର କରି ସଂଘଟିତ ହୋଇନାହିଁ। କିନ୍ତୁ ଖୁସି ଆଉ ଗର୍ବର କଥା ହେଉଛି ଅନାମ ଗୋଷ୍ଠୀର ଯେଉଁ ମୂଳ ଆଭିପ୍ରାୟିକତା ଏବଂ ଲକ୍ଷ୍ୟ ରହିଥିଲା- ସେଇ ଧାରାକୁ ଓଡ଼ିଆ ସାହିତ୍ୟ କ୍ରମଶଃ ସ୍ୱତଃ ଆପଣେଇ ନେଇ ଉଭାହୋଇଛି । ପ୍ରଚଳିତ ସଂସ୍କୃତି ବିରୋଧୀ ଏବଂ ପ୍ରତିଷ୍ଠିତ ମୂଲ୍ୟବୋଧ ବିରୋଧରେ ଅନାମ ଗୋଷ୍ଠୀ ଯେଉଁ ବୀଜ ବପନ କରିଥିଲେ, ତାହା ଆଜି ପର୍ଯ୍ୟନ୍ତ ପୁଷ୍ପିତ- ପଲ୍ଲବିତ ହେଇଚାଲିଛି । ଯାହାର ଫଳଶ୍ରୁତି ହେଉଛି ଉତ୍ତର ଆଧୁନିକ ଓଡ଼ିଆ ସାହିତ୍ୟ ବା ସାଂପ୍ରତିକ ପ୍ରାସଙ୍ଗିକତା କୈନ୍ଦ୍ରିକ ଓଡ଼ିଆ ସାହିତ୍ୟର ଧାରା ।

ତେବେ ଶେଷରେ କେବଳ ଏତିକି କୁହାଯାଇପାରେ ଯେ ଉତ୍ତର ଆଧୁନିକୀ ବିଶ୍ୱ ସାହିତ୍ୟର ପ୍ରସ୍ତୁତି ବା ପ୍ରସୂତିଶାଳା ହେଉଛି ଆଭାଁ-ଗାର୍ଦ୍ଦ ସାହିତ୍ୟିକ ଆନ୍ଦୋଳନ, ସେହି ସାହିତ୍ୟିକ ଆନ୍ଦୋଳନରୁ ଡାଡାବାଦ, ଅତିବାସ୍ତବତାବାଦ,

ଭବିଷ୍ୟତବାଦ, ଅଭିବ୍ୟକ୍ତିବାଦ ଆଦି ଜନ୍ମଲାଭ କରିଥିଲା । ଆଭାଁ-ଗର୍ଡ ସାହିତ୍ୟିକ ଆନ୍ଦୋଳନର ଅଧିକାଂଶ ଗୁଣଧର୍ମ ତଥା ଭାବଗତ ବୈଶିଷ୍ଟ୍ୟ ସହିତ ଓଡ଼ିଶାର ଅନାମ ଆନ୍ଦୋଳନ ତଥା ସେମାନଙ୍କର ସାହିତ୍ୟ ରଚନାଗତ ଗୁଣଧର୍ମ ସହିତ ଯଥେଷ୍ଟ ସମାନତା ରହିଥିବାର ମୁଁ ଲକ୍ଷ୍ୟ କରିଛି । ମୋ ମତରେ ଓଡ଼ିଶାରେ ଉତ୍ତର ଆଧୁନିକ କାଳଖଣ୍ଡର ସୀମାରେଖା ୧୯୮୦ ପରବର୍ତ୍ତୀ କାଳଖଣ୍ଡ କିମ୍ବା ୧୯୮୦ ପରବର୍ତ୍ତୀ ସାହିତ୍ୟ ସର୍ଜନା ନୁହେଁ; ବରଂ ଏହାର ମୂଳ ଉତ୍ସକୁ ଅନାମ କବିତା, ଅନାମ ନାଟକ, ଅନାମ କଥାସାହିତ୍ୟ, ଅନାମ ଆନ୍ଦୋଳନ; ଏପରିକି ଗୋବିନ୍ଦ ଦାସଙ୍କ 'ଅମାବାସ୍ୟାର ଚନ୍ଦ୍ର' (୧୯୬୪), ରମେଶ ପାଣିଗ୍ରାହୀଙ୍କ 'ମହାନାଟକ' (୧୯୭୩), ଶାନ୍ତନୁ ଆଚାର୍ଯ୍ୟଙ୍କ 'ନିରକିନ୍ନର' (୧୯୯୨), ଶତାବ୍ଦୀର ନଚିକେତା (୧୯୬୫), ଚନ୍ଦ୍ରଶେଖର ରଥଙ୍କ 'ଯନ୍ତ୍ରାରୂଢ଼' (୧୯୬୭), ଅସୂର୍ଯ୍ୟ ଉପନିବେଶ (୧୯୭୪), ସୁରେନ୍ଦ୍ର ମହାନ୍ତିଙ୍କ ଗଳ୍ପ ଏବଂ ଉପନ୍ୟାସ; ମନୋରଂଜନ ଦାସଙ୍କ 'ଅରଣ୍ୟ ଫସଲ' 'ବନହଂସୀ'; ବିଜୟ ମିଶ୍ରଙ୍କ 'ଶବ ବାହକମାନେ; ରତି ମିଶ୍ରଙ୍କର ବିଭିନ୍ନ ନାଟକ; ଗୋପୀନାଥ ମହାନ୍ତିଙ୍କ 'କଳାଶକ୍ତି (୧୯୭୩); କହ୍ନେଇଲାଲ, ଆଶୋକ ଚନ୍ଦନ, ଜଗଦୀଶ ମହାନ୍ତି ପ୍ରମୁଖଙ୍କର ସେଇ କାଳଖଣ୍ଡ ମଧ୍ୟରେ ରଚିତ ଗଳ୍ପସମୂହ ତଥା ଅନ୍ୟମାନଙ୍କ ଦ୍ୱାରା ରଚିତ ସେଇ ଧରଣର ରଚନାକୁ ନେଇ ଗବେଷଣାତ୍ମକ ଅନୁସନ୍ଧାନ କରାଯାଇପାରେ । ଫଳରେ ବିଶ୍ୱସାହିତ୍ୟ ସହିତ ଆମ ଓଡ଼ିଆ ସାହିତ୍ୟର ବିଭିନ୍ନ ବିଭାଗ ୧୯୬୦ ପରବର୍ତ୍ତୀ କାଳଖଣ୍ଡରୁ ଏଯାଏଁ କିଭଳି ସମତାଳ ଏବଂ ସମକାଳ ହୋଇ ଉତ୍ତର ଆଧୁନିକୀ ସାମର୍ଥ୍ୟ ଏବଂ ସମାନ୍ତରତା ପ୍ରାପ୍ତ ହେବାପାଇଁ ହକ୍‌ଦାର- ତାହା ପ୍ରମାଣିତ ହୋଇପାରିବ ।

ଏବଂ କେବଳ ଶେଷରେ ଏତିକି କୁହାଯାଇପାରେ ଯେ- ଅନାମ ଗୋଷ୍ଠୀର ସାହିତ୍ୟ ସ୍ରଷ୍ଟାମାନେ ସମାଜକୁ ଜୀବନରେ ନୁହେଁ; ଜୀବନକୁ ଜୀବନରେ ଅଙ୍ଗେନିଭାଇ ସାହିତ୍ୟ ସର୍ଜନା କରିଛନ୍ତି । ସେଥିପାଇଁ ଜୀବନର ଯାବତୀୟ ସ୍ୱୟଂକ୍ରିୟତା ସେମାନଙ୍କ ରଚନାରେ ପ୍ରତିଫଳିତ । ସମାଜର ଚିରାଚରିତ ବ୍ୟବସ୍ଥା ପଛରେ ଲୁଚି ରହିଥିବା ଛଳନା-କଦର୍ଯ୍ୟତା ପ୍ରଭୃତିକୁ ମଧ୍ୟ ସେମାନେ କାଗଜ ପୃଷ୍ଠାରେ ଅତି ନିଃସଂକୋଚରେ ପ୍ରକାଶ କରିଛନ୍ତି । ସେଥିପାଇଁ ଅନାମ ଆନ୍ଦୋଳନର ମହାନାୟକ କବି କୁମାର ମହାନ୍ତି ଯଥାର୍ଥରେ କହିଛନ୍ତି- 'କବିତା ଲେଖିବା ପାଇଁ କବିତା ଲେଖିବା ଏବଂ ଜୀବନର ଯନ୍ତ୍ରଣା ତଥା ସ୍ୱାଦ ଚାଖି, ବଞ୍ଚି ନିଜର ସୂକ୍ଷ୍ମ ଅନୁଭୂତିକୁ ଭାଷାଦେବା, ଏକା କଥା ନୁହେଁ । ମୁଁ ଇତିହାସରେ ସ୍ଥାନ ପାଇବାକୁ, ଅଥବା ବ୍ୟବସାୟ କରିବାକୁ କବିତା ଲେଖେନି ।

କବିତା ମୋ ଆତ୍ମାର ଆନନ୍ଦ, କବିତା ମୋ ଜୀବନ । ଯଦି ମୁଁ ଏହା ନ କରୁଛି, ମୁଁ ଅନାମ ନୁହେଁ ।' (ଓ.ସା.ଇତିହାସ, ପ୍ରେମାନନ୍ଦ, ପୃ.୯୯୦) ଆଉ ଏଇ କବିତା ତ ଜୀବନ । ଜୀବନର କଥା । ଜୀବନର ନାଟକ। ଜୀବନର ଜୀବନ ।

■

ପ୍ରାନ୍ତଟୀକା:

୧। A Glossary of Literary Terms, M.H. Abrams & Geoffrey Galt Harpham, Cengage, Page-277, 2015.

୨। ମୁକ୍ତଧାରାର ନାଟକ, ରମେଶ ପ୍ର. ପାଣିଗ୍ରାହୀ, ଫ୍ରେଣ୍ଡସ୍ ପବ୍ଲିଶର୍ସ, ୨୦୧୬, ପୃ.୨୫୨।

୩। Dictionary of Literary Terms & Literary Theory, Penguin Books, J.A Cuddon, 1999. P.68.

୪। ମୁକ୍ତଧାରାର ନାଟକ ପୃ.୨୪୯ ।

୫। Dictionary of Literary Terms & Literary Theory, J.A.Cuddon, P. 277.

୬। ଅନାମ !, ଅନାମ, ଅପ୍ରେଲ, ୧୯୬୯

୭। ଓଡ଼ିଆ ସାହିତ୍ୟର ଇତିହାସ, ପ୍ରେମାନନ୍ଦ ମହାପାତ୍ର, ପୃ.୯୭୭, ୨୦୧୫

ସହାୟକ ଗ୍ରନ୍ଥସୂଚୀ :

୧। ଓଡ଼ିଆ ନାଟକର ଉତ୍ତର ଆଧୁନିକ ପର୍ବ, ଡ.ହେମନ୍ତ କୁମାର ଦାସ, ବିଦ୍ୟାପୁରୀ, ୨ୟ ମୁଦ୍ରଣ-୨୦୧୧, ବାଲୁବଜାର,କଟକ-୨।

୨। ଓଡ଼ିଆ ସାହିତ୍ୟର ଇତିହାସ, ଡ.ପ୍ରେମାନନ୍ଦ ମହାପାତ୍ର, ସତ୍ୟନାରାୟଣ ବୁକ୍ ଷ୍ଟୋର, ୨୦୧୫, ବିନୋଦ ବିହାରୀ, କଟକ-୨ ।

୩। ସଂରଚନାବାଦ, ଉତ୍ତର-ସଂରଚନାବାଦ ଏବଂ ପ୍ରାଚ୍ୟ କାବ୍ୟତତ୍ତ୍ୱ, ଗୋପୀଚନ୍ଦ ନାରଙ୍ଗ, ଅନୁବାଦ : ଅମରେଶ ପଟ୍ଟନାୟକ, ସାହିତ୍ୟ ଏକାଡ଼େମୀ, ୨୦୧୩, ଫିରୋଜଶାହ ରୋଡ଼, ନୂଆ ଦିଲ୍ଲୀ-୧ ।

୪। ଉତ୍ତର ଆଧୁନିକ ସମାଲୋଚନାବାଦର କାଠଗଡ଼ାରେ ଓଡ଼ିଆ ସାହିତ୍ୟ, ଡ. ରବୀନ୍ଦ୍ର କୁମାର ଦାସ, ପ୍ରାଚୀ ସାହିତ୍ୟ ପ୍ରତିଷ୍ଠାନ, ୨୦୧୭, କଟକ-୨।

୫। The Post Modernism, Siman Malpas, Routledge, 2005.

୬। Post Modernism, Kelvin Hart, One Word, Oxford, 2006.

ବହିର୍ବୟନ ବନାମ୍ ଅନ୍ତର୍ବୟନ ବନାମ୍ ଦେବ୍ରାଜ ଲେଙ୍କାଙ୍କ ଗଳ୍ପ ଦିଗନ୍ତ

ଦିଗନ୍ତ-୧ :ବହିର୍ବୟନାତ୍ମକ ଅନୁଷଙ୍ଗ

ଦେବ୍ରାଜ ଲେଙ୍କା ଓଡ଼ିଆ କଥା ସାହିତ୍ୟରେ ଜଣେ ଉଚ୍ଚକୋଟୀର ଶୈଳୀସମ୍ରାଟ ଭାବରେ ସୁପରିଚିତ। ତାଙ୍କ ଗଳ୍ପରେ ଭାବ ଏବଂ ଶବ୍ଦ ବା ବାଚ୍ୟ ଏବଂ ବାଚ୍ୟାର୍ଥ ବା ଉଚ୍ଚାରିତ ଶବ୍ଦ ଏବଂ ପ୍ରକାଶିତ ଅର୍ଥ ସର୍ବଦା ଆଗପଛ ଏବଂ ପଛଆଗ ହୋଇ ଗତିଶୀଳ ହୋଇଥାନ୍ତି। କେଉଁଠି କେଉଁଠି ଶବ୍ଦଗୁଡ଼ିକ ବା ବାକ୍ୟାଂଶଗୁଡ଼ିକ ବା ବାକ୍ୟଗୁଡ଼ିକ ନବଜନ୍ମିତ ଗାଈ ପିଲା ଭଳି ଅତ୍ରତତ୍ର ଲମ୍ଫ ପ୍ରଦାନକରି ପାଠକକୁ କେତେବେଳେ ଚକିତ, କେତେବେଳେ ଆବେଗିତ, କେତେବେଳେ ପ୍ରବେଗିତ ପୁଣି କେତେବେଳେ ଆକୁଳିତ କରିପକାନ୍ତି। ତେଣୁ ପାଠକ ଯେତେବେଳେ ତାଙ୍କ ଗଳ୍ପଗୁଡ଼ିକୁ ପାଠକରେ ସେତେବେଳେ ଅଜସ୍ର ଶବ୍ଦ କ୍ରୀଡ଼ା ମଧ୍ୟରେ ନିଜକୁ ସମକାଳ କରାଏ। ତତ୍ପରେ ସେହି ସମକାଳିକତା ଭିତରୁ ଯାହା ଯାହା ପାଏ, ତାକୁ ନେଇ ପାଠକ ତା'ନିଜ ଜୀବନ ଭିତରକୁ; ତା' ନିଜ ସମାଜ ଭିତରକୁ; ତା' ନିଜ ଜଗତ ଭିତରକୁ ଯାତ୍ରାକରିବା ପାଇଁ ଚେଷ୍ଟାକରେ। ସେହି ଯାତ୍ରାର ଆରମ୍ଭ, ପ୍ରବାହ, ଶୀର୍ଷ, ଅବରୋହଣ, ପରିଣତି ଆଦି ଭୂମିସମୂହରେ ଗଳ୍ପଗୁଡ଼ିକ କିଭଳି ବହିର୍ବୟନଗତ ବୈବିଧ୍ୟର ବହୁମୁଖୀ ବିନ୍ୟାସ ମଧ୍ୟରେ ସ୍ଥାପିତ, ବିସ୍ଥାପିତ ଏବଂ ପ୍ରତିସ୍ଥାପିତ ହୋଇଛନ୍ତି ସେହିକଥା ଏହି ଦିଗନ୍ତ-୧ରେ ବିଶ୍ଳେଷଣ କରାଯାଇଛି।

ଲେଖକ ଯେତେବେଳେ ଲେଖନ୍ତି ତା' ପୂର୍ବରୁ ସେ କୌଣସି ଏକ ଭାବ ଜଗତରୁ ପ୍ରେରଣା ଲାଭକରି ଲେଖିବା କର୍ମରେ ପ୍ରବିଷ୍ଟ ହୁଅନ୍ତି। ସେଥିପାଇଁ ଲେଖକ ପ୍ରଥମେ ପ୍ରେରଣା ଭୂମି, ତା'ପରେ ମନନ ଭୂମି, ତା'ପରେ ଶବ୍ଦଭୂମି ପାରିହୋଇ ନିଜ ରଚନାର ପ୍ରତ୍ୟକ୍ଷ ରୂପରେଖ ପ୍ରସ୍ତୁତ କରନ୍ତି।

ଧରାଯାଉ ଲେଖକ ବା ରଚନାକାର ବା କଥାକାର ବା ଔପନ୍ୟାସିକ ବା ଗାଳ୍ପିକ ଦେବ୍ରାଜ ଲେଙ୍କା। ସେ ପ୍ରଥମେ ଗୋଟିଏ ଅମୂର୍ତ୍ତ ଭାବ ଜଗତରୁ ପ୍ରେରଣା ଲାଭ କଲେ। ସେଇ ପ୍ରେରଣା ତାଙ୍କୁ ଗୋଟିଏ ନିର୍ଦ୍ଦିଷ୍ଟ ଆବେଗରେ ଆବେଗିତ କଲା। ସେ ସେଇ ପ୍ରେରଣା ଉତ୍ସର ଆବେଗରେ ମଥିତ ହେଲେ, ଆଲୋଡ଼ିତ ହେଲେ, ନିମଜ୍ଜିତ ହେଲେ। ତା'ପରେ ସେ ଲୋଡ଼ିଲେ ଶବ୍ଦ। ଅର୍ଥାତ ସେ ଯେଉଁ ନିର୍ଦ୍ଦିଷ୍ଟ ଭାବ ଜଗତରୁ ପ୍ରେରଣା ଲାଭ କରିଥିଲେ ଶବ୍ଦକୁ ପାଥେୟ କରି ତାକୁ ପୃଷ୍ଠାରେ ପୃଷ୍ଠାରେ ଅଭିବ୍ୟକ୍ତ ବା ଲିପିବଦ୍ଧ କଲେ। ଏହି ଅଭିବ୍ୟକ୍ତିର ନାମ ହେଉଛି 'ଭାବ ଅଭିବ୍ୟକ୍ତି' ବା 'ଭାବାଭିବ୍ୟକ୍ତି'। ଏହି ଭାବାଭିବ୍ୟକ୍ତି ଏକ ଭାଷିକ ମାଧ୍ୟମକୁ ପାଥେୟ କରି ରୂପାୟିତ ହୋଇଥାଏ। ଭାଷିକ ମାଧ୍ୟମର ବିଭିନ୍ନ ସ୍ତର ହେଉଛି 'ଧ୍ୱନି'; 'ଧ୍ୱନିମ'; 'ରୂପ'; 'ରୂପିମ'; 'ଶବ୍ଦ'; 'ବାକ୍ୟାଂଶ' ବା 'ଖଣ୍ଡବାକ୍ୟ' ଏବଂ ଶେଷ ସ୍ତର ଅର୍ଥାତ୍ ସପ୍ତମ ସ୍ତର ହେଉଛି 'ବାକ୍ୟ'।

ଭାବାଭିବ୍ୟକ୍ତିର ଏହି ଯେଉଁ ସାତୋଟି ସ୍ତର ରହିଛି, ତନ୍ମଧ୍ୟରୁ ଭାବକୁ ପୂର୍ଣ୍ଣ ଭାବେ ପ୍ରକାଶ କରିପାରେ ବାକ୍ୟ ଏବଂ ଆଂଶିକ ଭାବରେ ପ୍ରକାଶ କରିପାରେ ଖଣ୍ଡବାକ୍ୟ ବା ବାକ୍ୟାଂଶ। ଶବ୍ଦ ହେଉଛି ସର୍ବନିମ୍ନ ଅର୍ଥଯୁକ୍ତ ଭାଷିକ ଏକକ। ସେଥିପାଇଁ ଶୈଳୀ ବୈଜ୍ଞାନିକ ବିଶ୍ଳେଷଣ ପଦ୍ଧତିରେ ଶବ୍ଦରୁ ବିଶ୍ଳେଷଣ ପ୍ରକ୍ରିୟା ଆରମ୍ଭ ହୋଇ ବାକ୍ୟରେ ଶେଷ ହୁଏ। ସେହି ପରିସୀମା ମଧ୍ୟରେ 'ଅର୍ଥସ୍ତର' ଆସେ, ଲେଖିମ ସ୍ତର ଆସେ ଏବଂ ଆହୁରି ଅନ୍ୟାନ୍ୟ ସ୍ତର ମଧ୍ୟ ଆସେ। ଏଠାରେ ଶବ୍ଦ ବା ବାକ୍ୟାଂଶ ବା ଖଣ୍ଡବାକ୍ୟ ବା ବାକ୍ୟରେ ଥିବା ଏକ ବା ଏକାଧିକ ଶବ୍ଦ ଗୋଟିଏ ଗୋଟିଏ ନିର୍ଦ୍ଦିଷ୍ଟ ବସ୍ତୁଚିତ୍ରକୁ ଧରି ଉଭା ହୋଇଥାନ୍ତି। ଯେତେବେଳେ ବାକ୍ୟ ସ୍ତରକୁ ଅତିକ୍ରମ କରି ପାଠାଂଶ ବା ପରିଚ୍ଛେଦ ବା ବାକ୍ୟାତୀତ ସ୍ତରକୁ ପାଠକ ଗତିକରେ, ସେତେବେଳେ ତା' ସମ୍ମୁଖରେ ଅନେକ ବସ୍ତୁ, ଅନେକ ବସ୍ତୁଚିତ୍ର, ଅନେକ ପରିସ୍ଥିତି ଏବଂ ଅନେକ ଘଟଣା ଗୋଟିଏ ପରେ ଗୋଟିଏ ଆନୁକ୍ରମିକ ରୀତିରେ, ନହେଲେ ଅନାନୁକ୍ରମିକ ରୀତିରେ ବିନ୍ୟସ୍ତ ହୋଇ ଚାଲନ୍ତି।

ସେହି ବିନ୍ୟସ୍ତତାକୁ ଅବଲମ୍ବନ କରି ପାଠକ ଗୋଟିଏ ନିର୍ଦ୍ଦିଷ୍ଟ ସାହିତ୍ୟ କୃତିର ବାହ୍ୟବିନ୍ୟାସରେ ଅନ୍ତର୍ନିହିତ ଭାବ ବା ଅର୍ଥକୁ ବୁଝେ ଏବଂ ସେହି ବୁଝିବା ପ୍ରକ୍ରିୟା ଦ୍ୱାରା ଲେଖକ ଯେଉଁ ଭାବ ଜଗତରୁ ପ୍ରେରଣା ଲାଭ କରି ଲେଖା ପ୍ରସ୍ତୁତ କରିଥାଏ, ସେହି ଭାବ ଜଗତ ସହିତ ପାଠକ ଶବ୍ଦ ମାଧ୍ୟମରେ, ନହେଲେ ବାକ୍ୟାଂଶ ମାଧ୍ୟମରେ, ନହେଲେ ଖଣ୍ଡବାକ୍ୟ ମାଧ୍ୟମରେ, ନହେଲେ ବାକ୍ୟ ମାଧ୍ୟମରେ, ନହେଲେ ପାଠାଂଶ ମାଧ୍ୟମରେ ବା ଅନୁଚ୍ଛେଦ ମାଧ୍ୟମରେ, ନହେଲେ ପରିଚ୍ଛେଦ ମାଧ୍ୟମରେ, ନହେଲେ

ବାକ୍ୟାତୀତ ସ୍ତର ମାଧ୍ୟମରେ, ନହେଲେ ସମୁଦାୟ ସାହିତ୍ୟ କୃତି ମାଧ୍ୟମରେ ନିଜକୁ ସଂଯୁକ୍ତ କରିଥାଏ। ଏହାଦ୍ୱାରା ଲେଖକୀୟ ଆଭିପ୍ରାୟିକତାର ଯଥାର୍ଥତା ପ୍ରତିପାଦିତ ହୁଏ।

ପୃଥିବୀରେ ବହୁ ଲେଖକ ଜନ୍ମ ହୁଅନ୍ତି। ସେମାନେ ଲେଖନ୍ତି। କିନ୍ତୁ କତିପୟ ଲେଖକ ତାଙ୍କ ଲେଖା ପାଇଁ କାଳଜୟୀ ହୋଇଯାଆନ୍ତି। ଜଣେ ଲେଖକ ଯେତେବେଳେ ଉଚ୍ଚକୋଟୀର ଲେଖକୀୟ ସାମର୍ଥ୍ୟର ବା ସଂସିଦ୍ଧିର ଅଧିକାରୀ ହୁଏ, ସେତେବେଳେ ସେ ନିଜର ଭାବାଭିବ୍ୟକ୍ତିର ବୈଚିତ୍ର୍ୟପୂର୍ଣ୍ଣ ବିନ୍ୟାସକରଣ ପାଇଁ କାଳଜୟୀ ହୁଏ। ପୃଥିବୀର ସବୁ ଲେଖକଙ୍କ ଭାଗ୍ୟରେ ଉଚ୍ଚକୋଟୀର ବା କାଳଜୟୀ ହେବାର ସୁଯୋଗ ଜୁଟେ ନାହିଁ। ଯାହାଙ୍କ ଭାଗ୍ୟରେ ଜୁଟେ ସେ ହିଁ ହେଇଯାନ୍ତି କାଳଜୟୀ। ସେ ହିଁ ହେଇଯା'ନ୍ତି ଶୈଳୀ ସମ୍ରାଟ। ଏହି ଶୈଳୀ ସମ୍ରାଟ ଆସନରେ ବସିବା ପାଇଁ ଜଣେ ଲେଖକକୁ ଅନେକ କୌଶଳ ଅବଲମ୍ବନ କରିବାକୁ ପଡ଼ିଥାଏ। ବିଶେଷ କରି ଜଣେ ଲେଖକ ଯେତେବେଳେ ଶବ୍ଦ ଚୟନ କରେ, ବାକ୍ୟ ଚୟନ କରେ, ନାମକରଣ ଚୟନ କରେ ସେତେବେଳେ ସାହିତ୍ୟ କୃତିର ଆଂଶିକ ବୃଦ୍ଧି ସାଧିତ ହୁଏ। ଏହିପରି ବିଭିନ୍ନ ପ୍ରକାର ଚୟନ ପ୍ରକ୍ରିୟା ଦ୍ୱାରା ଜଣେ ଲେଖକ ତା' ଲେଖାର ସାମଗ୍ରିକ ରୂପରେଖକୁ ସମ୍ପାଦନା କରେ। କେତେକ ଲେଖକ ଥାଆନ୍ତି ଯେଉଁମାନେ ମାନକ (Deviation From the norm) ରୁ ବିଚଳିତ ହୋଇ ବହୁଧର୍ମିତା ଆଡକୁ ମୁହାଁଇ ଯାଆନ୍ତି। ତେଣୁ ଏହି ଯେଉଁ ଚୟନ ବା ମାନକରୁ ବିଚଳନ ବା ବହୁଧର୍ମିତା – ଏସବୁ ହେଉଛି ଗୋଟିଏ ଗୋଟିଏ ବହିର୍ବିୟନମୂଳକ ପ୍ରକାର୍ଯ୍ୟ। ଏହି ପ୍ରକାର୍ଯ୍ୟକୁ ଭିତ୍ତିକରି ଶୈଳୀବୈଜ୍ଞାନିକ ବିଶ୍ଳେଷଣ କରାଯାଏ। ତେବେ ଜଣେ ଲେଖକକୁ ଯେତେବେଳେ ବାହ୍ୟ ଶୈଳୀ ବା ଆଙ୍ଗିକ ଦୃଷ୍ଟିରୁ ଉଚ୍ଚକୋଟୀର ବୋଲି ବିବେଚନା କରାଯାଏ, ସେତେବେଳେ ତା'ର ଶୈଳିକୀୟ ବିସ୍ତାରଣ ମଧ୍ୟରେ କିଭଳି ବହୁ ପାର୍ଶ୍ୱ, ବହୁସ୍ତର, ବହୁ ପରିତଳ, ବହୁ ଦିଗ ଏବଂ ଦିଗନ୍ତ ପ୍ରଭୃତି ରହିଛି ତାକୁ ମଧ୍ୟ ବିଶ୍ଳେଷଣ ପରିସରଭୁକ୍ତ କରାଯାଏ।

ମୋଟ୍ ଉପରେ କହିବାକୁ ଗଲେ ଶୈଳୀ ହେଉଛି ଭାବ ଅଭିବ୍ୟକ୍ତିର ଏକ ବୈଚିତ୍ର୍ୟପୂର୍ଣ୍ଣ ଭାଷିକ କୌଶଳ ବା ପ୍ରକାଶ ମାଧ୍ୟମର ଶୃଙ୍ଖଳିତ ନିର୍ଦ୍ଦିଷ୍ଟତା। ଭାବ ହେଉଛି ଏକ ଅମୂର୍ତ୍ତ ବା ଏକ ଅଦୃଶ୍ୟ ବସ୍ତୁ ବିଶେଷ। ଏହି ଭାବକୁ ଜଣେ ଲେଖକ ପୋଷାକ ପିନ୍ଧେଇ ତାକୁ ଉନ୍ନତ କିମ୍ବା ଅନୁନ୍ନତ ସ୍ତରକୁ ଘେନି ଯାଏ। ସେଥିପାଇଁ ଶୈଳୀ ହେଉଛି ଭାବର ପୋଷାକ ବା Style is the dress of thought । ଜଣେ ଲେଖକ ଭାଷିକ ଆଙ୍ଗିକ ବା ଶବ୍ଦ ମାଧ୍ୟମରେ ବା ବାକ୍ୟାଦି ମାଧ୍ୟମରେ ତା'ର

ଭାବକୁ ବିଭିନ୍ନ ପ୍ରକାରର ପୋଷାକ ଏବଂ ଗହଣାଗାଣ୍ଠି ପିନ୍ଧାଇଥାଏ। ଅର୍ଥାତ୍ ଯେମିତି ଜଣେ ମଣିଷକୁ ସୁସଜ୍ଜିତ କରି ସୁନ୍ଦର କରି ଦିଆଯାଏ, ଠିକ୍ ସେହିପରି ଜଣେ ଲେଖକ ତା' ଲେଖା ଭିତରେ ଯେଉଁ ଭାବଥାଏ, ସେହି ଭାବକୁ ବିଭିନ୍ନ ପ୍ରକାରର ଭାଷିକ ପୋଷାକ ପିନ୍ଧେଇ ତା'କୁ ସୁସଜ୍ଜିତ, ମୂର୍ତ୍ତ ଏବଂ ଅର୍ଥବାନ୍ କରି ଗଢ଼ି ତୋଳେ। ଯେଉଁ ଲେଖକ ମଧ୍ୟରେ ଏହି ବୈଚତ୍ର୍ୟପୂର୍ଣ୍ଣ ଭାଷିକ କୌଶଳ ଯେତେ ଗଭୀର ଏବଂ ଶୃଙ୍ଖଳିତ ନିର୍ଦ୍ଦିଷ୍ଟତାଯୁକ୍ତ, ସେ ଲେଖକ ସେତେ ପ୍ରଭାବଶାଳୀ ଏବଂ ସେତେ ପାଠକୀୟ ଆଦୃତିର ଅଧିକାରୀ।

ଏହି ଭାବାଭିବ୍ୟକ୍ତିର ବୈଚିତ୍ର୍ୟପୂର୍ଣ୍ଣ ଭାଷିକ କୌଶଳ ବା ଶୈଳୀର ବିଜ୍ଞାନ ସମ୍ମତ ବିଶ୍ଳେଷଣକୁ ଶୈଳୀବିଜ୍ଞାନ କୁହାଯାଏ। ଏହା ଏକ ବାହ୍ୟ ସଂରଚନାମୂଳକ ବିନ୍ୟାସ। ଏହି ଶୈଳୀବୈଜ୍ଞାନିକ ବିନ୍ୟାସ ପଦ୍ଧତିର ବିଭିନ୍ନ ସୋପାନ ରହିଛି। ସେହି ସୋପାନ ବା ଉପପାଦ୍ୟସମୂହକୁ ମାଧ୍ୟମ କରି ଶୈଳୀ ସମ୍ରାଟ ଦେବ୍ରାଜ ଲେଙ୍କାଙ୍କର ଗଳ୍ପଗୁଡ଼ିକୁ ପ୍ରବନ୍ଧର ଏଇ ଭାଗରେ ସମ୍ମୁଖିକୃତ କରାଯାଉ।

ବହିର୍ବୟନ ବନାମ୍ ଗଳ୍ପ ପୁସ୍ତକର ଶୀର୍ଷକୀକରଣ ତଥା ଚରିତ୍ରାଦିର ନାମକରଣ:

ଦେବ୍ରାଜ ଲେଙ୍କାଙ୍କର ଗଳ୍ପଗ୍ରନ୍ଥ ଗୁଡିକର ଯେଉଁ ଶୀର୍ଷକ ରହିଛି ତାହା ଆଦୌ ପାରମ୍ପରିକ ରୀତିଯୁକ୍ତ ଶୀର୍ଷକ ନୁହେଁ। ୨୦୦୫ ମସିହାରେ କାହାଣୀ ପବ୍ଲିକେଶନ, କଟକ-୧୩ ଦ୍ୱାରା ପ୍ରକାଶିତ ଦେବ୍ରାଜ ଲେଙ୍କାଙ୍କର ଗଳ୍ପ ସଙ୍କଳନର ଶୀର୍ଷକ ରହିଛି 'ଫୁଲନ୍'। ୨୦୧୭ ମସିହାରେ ଆରୋହୀ ପ୍ରକାଶକ, କଲ୍ୟାଣୀ ନଗର, କଟକ ୧୩, ଦ୍ୱାରା ଦେବ୍ରାଜ ଲେଙ୍କାଙ୍କର ଯେଉଁ ଗଳ୍ପଗୁଚ୍ଛ ର ସଂକଳନଟି ପ୍ରକାଶ ପାଇଛି ତା'ର ଶୀର୍ଷକ ରହିଛି 'ଅକାତ କାତ ଓ ଅନ୍ୟାନ୍ୟ ଗଳ୍ପ'। ଏପରିକି ୧୯୯୩ ମସିହାରେ ଓଡିଶା ବୁକ୍‌ଷ୍ଟୋର ଦ୍ୱାରା ପ୍ରକାଶିତ ତାଙ୍କର 'ଗାଁ ଗାଁ ଆହା ଆହା' ଗଳ୍ପ ସଂକଳନଟି ଯାହା ଓଡିଶା ସାହିତ୍ୟ ଏକାଡେମୀ ପୁରସ୍କାର ପ୍ରାପ୍ତ ହୋଇଥିଲା ତା'ର ଶୀର୍ଷକୀକରଣରେ ମଧ୍ୟ ଅପ୍ରତ୍ୟାଶିତତା ପରିଲକ୍ଷିତ ହୋଇଥାଏ। 'ଗଳ୍ପ ମସିହା ୨୦୦୦' ଗଳ୍ପ ସଂକଳଟିର ଶୀର୍ଷକ ମଧ୍ୟ ପାରମ୍ପରିକ ନୁହେଁ। ୧୯୭୫ ଏବଂ ୧୯୮୦ ମସିହାରେ ପ୍ରକାଶିତ ଗଳ୍ପ ପୁସ୍ତକ ଦୁଇଟି ଯଥା : - 'ଦେବ୍ରାଜର ଅର୍କେଷ୍ଟ୍ରା' ଏବଂ 'ଗୋଟିଏ ବାକ୍ସ ଗଳ୍ପ' ମଧ୍ୟ ନାମକରଣଗତ ବିନ୍ୟାସରେ ନବୀନତା ସଂପାଦିତ ହୋଇଛି। ଏହିଭଳି ଶୀର୍ଷକୀକରଣ ଶୈଳୀ କହ୍ନେଇ ଲାଲ୍, ଅଶୋକ ଚନ୍ଦନ ଏବଂ ଅକ୍ଷୟ ମହାନ୍ତି ପ୍ରମୁଖଙ୍କ କଥା ସାହିତ୍ୟରେ ଲକ୍ଷ୍ୟ କରାଯାଏ। ଏହାପରେ ଦେବ୍ରାଜ ଲେଙ୍କାଙ୍କର ଗଳ୍ପଗୁଡିକର ନାମକରଣକୁ ମଧ୍ୟ

ଲକ୍ଷ୍ୟକରାଯାଇପାରେ । ତାଙ୍କର କେତୋଟି ଗଳ୍ପର ଅପ୍ରତ୍ୟାଶିତ ନାମ କରଣ ଏଠାରେ ଉଲ୍ଲେଖ କରାଗଲା । ଯଥା :- 'ଅବଦୁଲ୍ଲା ଦିୱାନା' , 'ଏକଠାରୁ ଶୂନ', 'ଶଙ୍କର ଜୟକିଶାନ ଅର୍କେଷ୍ଟ୍ରାରେ ବର୍ଷା', 'ଡେଣା କଟା ଛିଟ୍ ଛିଟ୍ ପର୍ଜାପତି', 'ସତ୍ୟ ମୋ ବଚନ, ସତ୍ୟ ମୋର ପିତାମାତା ସତ୍ୟ ଭଗବାନ' । ତା'ସହିତ ଆଉକିଛି ଗଳ୍ପର ନାମ ହେଉଛି- 'ଯେବେ ଜମିଯାଏ ରଙ୍ଗରେ ବେରଙ୍ଗର ଲାରା-ଲାରା-ଲାରିରୀ'. . . . , 'ଫାଁ ଗିଲା ଶୁଖିଲା ମୁହଁର ତରାସର ଛିଟା' । ଏହିଭଳି ନାମକରଣରେ ଗାଳ୍ପିକ ଅପ୍ରତ୍ୟାଶିତତା ପ୍ରଦର୍ଶନ କରିଛନ୍ତି । ଏହି ଅପ୍ରତ୍ୟାଶିତ ବିନ୍ୟାସ ଏକ ବାହ୍ୟ ବିନ୍ୟାସ ଭାବରେ ଶୈଳୀ ବିଜ୍ଞାନ କ୍ଷେତ୍ରରେ ପରିଚୟ ପ୍ରାପ୍ତ ହୋଇଥାଏ । ଏଭଳି ନାମକରଣ କରିବା ଦ୍ୱାରା ପରମ୍ପରା ଠାରୁ ବିଚ୍ୟୁତ ହୋଇ ଗୋଟିଏ ନୂତନ ତଥା ରୋଚକ ପରିମଣ୍ଡଳ ମଧ୍ୟକୁ ଗଳ୍ପଗୁଡିକର ପରିସର ଲଙ୍ଘିତ ହୋଇଥାଏ । ଏହି ଯେଉଁ ଲଙ୍ଘନ – ଏହି ଲଙ୍ଘନର ଅଭିକ୍ରିୟା ଦ୍ୱାରା ପାଠକ ଆଲୋଡ଼ିତ ହୋଇଥାଏ ଏବଂ ଗଳ୍ପ ପଠନ ପ୍ରତି ଉତ୍ସୁକତା ପ୍ରଦର୍ଶନ କରିଥାଏ ।

ଦେବ୍ରାଜ ଲେଙ୍କାଙ୍କର ଅଧିକାଂଶ ଗଳ୍ପର ସ୍ଥାନଗତ ବିନ୍ୟାସ, କାଳଗତ ବିନ୍ୟାସ ଏବଂ ପାତ୍ରଗତ ବିନ୍ୟାସ ମଧ୍ୟ ନବୀନତାଯୁକ୍ତ ପଦ୍ଧତିରେ ଲିପିବଦ୍ଧ ହୋଇଥାଏ । ତାଙ୍କ ଗଳ୍ପଗୁଡ଼ିକର ଶୀର୍ଷକୀକରଣ ଯେଭଳି ଚମତ୍କାରିତାଯୁକ୍ତ, ସେହିଭଳି ଚରିତ୍ର ମାନଙ୍କର ନାମକରଣ ମଧ୍ୟ । 'ନୁଖୁରୀର ନୁଖୁରା ଜୀବନ' ଗଳ୍ପରେ ନୁଖୁରୀ ନାମ୍ନୀ ଚରିତ୍ର ମାଧ୍ୟମରେ ଗାଳ୍ପିକ ଜଣେ ଗ୍ରାମୀଣ ଅବହେଳିତ ନାରୀର ଚିତ୍ରକୁ ଅତି ସ୍ପଷ୍ଟ ଭାବରେ ରୂପାୟିତ କରିଛନ୍ତି । 'ଗରୀବ ମାଇପ ସମସ୍ତଙ୍କ ଶାଳୀ' ବୋଲି ଉଲ୍ଲେଖ କରିଛନ୍ତି । ନୁଖୁରୀର ସ୍ୱାମୀକୁ ମିଛ ହଣ୍ଡାଚୋରି ମାମଲାରେ ଦୋଷୀ ବୋଲି ସାବ୍ୟସ୍ତ କରାଯାଇ ତାକୁ ବିଭିନ୍ନ ପ୍ରକାରର ନିର୍ଯ୍ୟାତନା ମାଧ୍ୟମରେ ଏଭଳି ମାନସିକ ବିକାରଗ୍ରସ୍ତ କରି ଦିଆଗଲା ଯେ ସେ ଶେଷରେ ମୃତ୍ୟୁବରଣ କଲା । ନୁଖୁରୀର ସ୍ୱାମୀର ନାମ ଥିଲା 'ମିଛୁ ଜେନା' । ମିଛୁ ଜେନାର ମୃତ୍ୟୁ ପରେ ନୁଖୁରୀ ନାନା ଦୁର୍ଯ୍ୟୋଗର ଶିକାର ହୋଇଛି । ଗ୍ରାମବାସୀମାନେ ତା'ର ଶରୀର ପ୍ରତି ଲୋଲୁପ ଦୃଷ୍ଟିପାତ କରିଛନ୍ତି । ନୁଖୁରୀ ଖାଦ୍ୟବସ୍ତ୍ର, ବାସଗୃହ ବିନା ହନ୍ତସନ୍ତ ହୋଇଛି । ଛୋଟ ଛୋଟ ପିଲାମାନଙ୍କୁ ସେ ଠିକ୍‌ଭାବରେ ଖାଇବାକୁ ଦେଇପାରିନି । ତେଣୁ ଏହି ଯେଉଁ ନୁଖୁରୀ ନାମକରଣ – ଏହି ନାମକରଣର ଆକ୍ଷରିକ ଅର୍ଥ ସହିତ ତା'ର ଭାବାର୍ଥ ମଧ୍ୟ ଅତି ସୁନ୍ଦର ଭାବରେ ତାଳମେଳ ରକ୍ଷାକରୁଛି ।

ଦେବ୍ରାଜ ଲେଙ୍କାଙ୍କର କେତେକ ଗଳ୍ପରେ ନିଜେ ଦେବ୍ରାଜ ଲେଙ୍କା ଚରିତ୍ର ଭାବରେ ଅବତୀର୍ଣ୍ଣ ହୋଇଛନ୍ତି ଏବଂ 'ଦେବ୍ରାଜ ଲେଙ୍କା' ନାମରେ ମଧ୍ୟ । ଗାଳ୍ପିକ ଅଜୟ ସ୍ୱାଇଁ ଯାହାକୁ 'ଦେବ୍ରାଜ ଲେଙ୍କା' 'ଛୋଟେମିଆଁ' ବୋଲି ଗେଲରେ ଡାକନ୍ତି

ସେଇ ଅଜୟ ସ୍ୱାଇଁ ମଧ୍ୟ ଗଳ୍ପର ଚରିତ୍ର ହୋଇଛନ୍ତି। ତାହାପୁଣି ଅଜୟ ସ୍ୱାଇଁ ନାମକରଣକୁ ଭିତ୍ତିକରି। ସେଭଳି 'ନାଡି' ନାମକ ଗୋଟିଏ ଚରିତ୍ର ରହିଛି। ସେହି ଚରିତ୍ରଟି ଜଣେ ଭିକାରୀ। ଏହି ଭଳି ଭାବରେ ଆକଳନ କରିବାକୁ ଗଲେ ଉଭୟ ଗଳ୍ପଗ୍ରନ୍ଥଗୁଡିକରେ ଶୀର୍ଷକୀକରଣ ଏବଂ ଚରିତ୍ର ଆଦିର ନାମକରଣରେ ଦେବ୍ରାଜ ଲେଙ୍କା ଅନେକ ଅପ୍ରତ୍ୟାଶିତ ବିନ୍ୟାସ ସୃଷ୍ଟି କରିଛନ୍ତି। ଇଏ ହେଉଛି ଓଡିଆ ଗଳ୍ପ ସାହିତ୍ୟର ଗୋଟିଏ ନବୀନ ଦିଗନ୍ତ। କାରଣ ଏଭଳି ନାମକରଣ ଦ୍ୱାରା ଦେବ୍ରାଜ ଲେଙ୍କା ସବୁବେଳେ ବାରିହୋଇପଡନ୍ତି। ଅନ୍ୟ ଗାଳ୍ପିକମାନେ ଧରାବନ୍ଧା ଶୀର୍ଷକୀକରଣ ଏବଂ ନାମକରଣ କରୁଥିବା ବେଳେ ଦେବ୍ରାଜ ଲେଙ୍କା ଏଭଳି ବିପଥଟନଯୁକ୍ତ ତଥା ବିଚଳନଯୁକ୍ତ ନାମକରଣ କରାଇ ନିଜକୁ ଓଡ଼ିଆ ଗଳ୍ପ ସାହିତ୍ୟର ଜଣେ ଅନନ୍ୟ ବିନ୍ଧାଣି ଭାବରେ ପରିଚିତ କରାଇ ପାରିଛନ୍ତି।

ବହିର୍ବୟନ ବନାମ୍ ଅନୁକାରୀ ଶବ୍ଦ ସଂଯୋଜନା

ଭାଷାରେ ଏମିତି କିଛି କିଛି କଥିତ ଉଚ୍ଚାରଣ ରହି ଥାଆନ୍ତି, ଯେଉଁ ଗୁଡ଼ିକ ଅନୁକାରୀ ଭାଷିକ ଏକକ ଭାବରେ ପରିଗଣିତ ହୁଅନ୍ତି। ଏହି ଧରଣର ଅନୁକାରୀ ଭାଷିକ ଏକକଗୁଡ଼ିକ ମଧ୍ୟରେ କିଛି କିଛି ପ୍ରାସଙ୍ଗିକତା ମଧ୍ୟ ରହିଥାଏ। ଯେତେବେଳେ ଏହି ଅନୁକାରୀ ଶବ୍ଦଗୁଡ଼ିକ କୌଣସି ସାହିତ୍ୟକୃତିରେ ବ୍ୟବହୃତ ହୁଅନ୍ତି, ସେତେବେଳେ ସେଗୁଡିକ ଅର୍ଥସ୍ତରରେ ପ୍ରକାର୍ଯ୍ୟମୂଳକ ନିଷ୍ପତ୍ତି ସମ୍ପାଦନ କରିଥାନ୍ତି। ଏହି ଅନୁକାରୀ ଶବ୍ଦଗୁଡିକୁ ଇଂରାଜୀରେ **'Imitative words'** ବୋଲି କୁହାଯାଏ। ଯେତେବେଳେ ଏହି ଅନୁକାରୀ ଶବ୍ଦ ଧ୍ୱନିକୁ ଅନୁକରଣ କରି ସୃଷ୍ଟିହୁଏ, ସେତେବେଳେ ତାହାକୁ ଧ୍ୱନ୍ୟାନୁକାରୀ ଶବ୍ଦ କୁହାଯାଏ। ଯେତେବେଳେ ଅବସ୍ଥାକୁ ଅନୁକରଣ କରି ସୃଷ୍ଟିହୁଏ ସେତେବେଳେ ତାହାକୁ ଅବସ୍ଥାନୁକାରୀ; ଯେତେବେଳେ ପରିମାଣକୁ ଅନୁକରଣ କରି ସୃଷ୍ଟିହୁଏ ସେତେବେଳେ ତାହାକୁ ପରିମାଣାନୁକାରୀ ଶବ୍ଦ ନାମରେ ନାମିତ କରାଯାଇଥାଏ। ଦେବ୍ରାଜ ଲେଙ୍କାଙ୍କର ଗଳ୍ପକୃତିରେ ଏହି ଭଳି ଅନେକ ଶବ୍ଦ ବ୍ୟବହାର କରାଯାଇଥିବାର ଲକ୍ଷ୍ୟକରାଯାଏ। ଏହି ଧରଣର ଶବ୍ଦଗୁଡ଼ିକୁ ବ୍ୟବହାର କରି ଗାଳ୍ପିକ ଦେବ୍ରାଜ ତାଙ୍କ ଗଳ୍ପର ଭାବଗତ ସଂଚରଣଶୀଳତାକୁ ଅଧିକ ନାଟକୀୟ, ଅଧିକ ସଚିତ୍ର, ଅଧିକ ସଜୀବ, ଅଧିକ ଜୀବନ୍ତ, ଅଧିକ ଦୃଶ୍ୟାତ୍ମକ କରାଇବାରେ ସମର୍ଥ ହୋଇପାରିଛନ୍ତି। ଯଥା –

୧. ସମୁଦ୍ରର ଫ୍ରିଲାନ୍ସ ଷ୍ଟାଇଲ୍ ଜୁ'......ଜୁ'.....। (ଅବଦୁଲା ଦିୱାନା)

୨. ଏଣୁ ମାର୍ ଭାଇ..... ବିରାଟ ଏକ ଫୁଃ...... ! (ସେହିଗପ)

୩. ହୁଏତ ତାହାର ଏଠାରେ ଏ ଓଠ ରହିଯିବ ସବୁଦିନ ପାଇଁ..... ହୁଏତ ତାହାର ଆଖିରେ ଏ ଆଖି ଲାଖିଯିବ ସବୁଦିନ ପାଇଁ..... ହୁଏତ ତାହାର ଛାତିରେ ଏ ଛାତି ମିଶିଯିବ ସବୁଦିନ ପାଇଁ...... ଆଉ ଏଃ.... ହୁଁ! ଇସ୍.....! ନାଃ.....! ଧେତ୍...! ନାଃ....! ଉଃ....! ଧେତ୍....! ହିଁ.... ହିଁ.... ହାଃ.... ହାଃ....(ସେହିଗନ୍ଧ)

୪. ଗୋଟିଏ ମଟରକାର ପେଁ.... ପେଁ.... କରୁଛି। ତାର ପେଁ.... ପେଁ....କୁ ଏ ଶଳାଙ୍କର ସଁ.... ସଁ.... ଗଁ.... ଗଁ....। ହାଉଲେ.... ହାଉଲେ...., ମୋ ଧନ କିଲୋ....। କେତେ ପେଁ.... ପେଁ.... ହଉଛୁବେ? ଶଳା...., ତୁ ତୋ ବାଟେରେ ଯିବୁ। ମୁଁ ମୋ ବାଟେରେ ଯିବି। କ'ଣ ଟିକେ ସତାର୍ ପଡୁନି? (କିଛି କିଛି ଦୁଃଖ କିଛି କିଛି ସୁଖ)

୫. ମୋ ଦାଉଁ କିଲୋ....! ତାଙ୍କ ରଙ୍ଗ ଚହଚହ ଶାଢ଼ୀକୁ, ପୁଚୁକା ଗାଲ...., ତେହିଁକି ମୁଣ୍ଡୁରୁ ବୋହି ପଡୁଛି ଝୁରୁ ଝୁରୁ ବାଳ....। ରେ....ମଟର, ରେ ବାଳ.... ରେ ପବନ....ରେ ବାଳ....! ଝୁରୁଝୁରୁ.... ଫୁରୁଫୁରୁ.... ଝୁରୁ.... ଫୁରୁ....ଫୁରୁ....? କୁଞ୍ଚୁକଞ୍ଚୁ.... କଞ୍ଚୁକୁଞ୍ଚୁ....! (ସେହିଗନ୍ଧ)

ଉଦାହରଣ ଗୁଡ଼ିକରେ ଥିବା କୁ, କୁ କୁଃ, ସଁ ସଁ ଗଁ ଗଁ, ଝୁରୁଝୁରୁ, ଫୁରୁଫୁରୁ, କୁଞ୍ଚୁକୁଞ୍ଚୁ ଆଦି ଅନୁକାରୀ ଶବ୍ଦଗୁଡ଼ିକ ସମୁଦ୍ରର ଧ୍ୱନି ବା ଶବ୍ଦ, ମୁଣ୍ଡବାଳର ଅବସ୍ଥା, ମୁଣ୍ଡବାଳର ଆକାରକୁ ଅନୁକରଣକରି ଉତ୍ପନ୍ନ ହୋଇଛନ୍ତି। ଏହି ଧରଣର ଅନେକ ଶବ୍ଦ ଦେବ୍ରାଜ ଲେଙ୍କାଙ୍କ ଗଳ୍ପକୃତିରେ ରହିଛି। ଯେମିତିକି ଡିଙ୍ଗ୍ଚା ଡିଙ୍ଗ୍ଚା, ଡାକ୍‌ଡିମ୍ବଚା, ଡିକ୍‌ଚିକ୍‌ଚା, ଢିଂଢ଼ା ଢାଏଁ। ଢଙ୍ଗ ଢଙ୍ଗ ଢାଁଏ, ଉବୁଟୁବୁ, ବମ୍ ବମ୍, ଝମ ଝମ, ଟିକ୍‌ଟିକ୍, ଫାଁ ଫାଁ, ହାହା, ଘାଇଁ ଘାଇଁ, ଧକ୍ ଧକ୍, ଡିଡିଲି , ଡିଡିଲେହି, ଡିଡିଲେହି, ଧୂନ୍‌ଧୂନା ଇତ୍ୟାଦି ଇତ୍ୟାଦି।

ଏହି ଧରଣର ଅନୁକାରୀ ଶବ୍ଦଗୁଡ଼ିକୁ ଗାଳ୍ପିକ ଦେବ୍ରାଜଲେଙ୍କା ବ୍ୟବାହାର କରି ନିଜ ରଚନାର ଭାବଗତ ବୈଚିତ୍ର୍ୟକୁ ଅଧିକ ଚମତ୍କାରିତା ପ୍ରଦାନ କରିବାପାଇଁ ତଥା ଭାବଗତ ସ୍ତରରେ ନାଟକୀୟତା, ସଜୀବତା, ସଚିତ୍ରତା, ଦୃଶ୍ୟାତ୍ମକତା ସୃଷ୍ଟି କରିବାପାଇଁ ଚେଷ୍ଟା କରିଛନ୍ତି। ଏଭଳି ଅନୁକାରୀ ଶବ୍ଦଗୁଡ଼ିକ ବିଶେଷକରି ଧ୍ୱନ୍ୟାତ୍ମକତାଯୁକ୍ତ ହୋଇଥିଲେ ମଧ୍ୟ ଏଗୁଡ଼ିକ ବିଭିନ୍ନ ପ୍ରକାର ପ୍ରାସଙ୍ଗିକତାକୁ କେନ୍ଦ୍ରକରି ସାହିତ୍ୟକୃତିରେ ବିନ୍ୟସ୍ତ କରାଯାଇଥାଏ।

ଏହି ଅନୁକାରୀ ଶବ୍ଦଗୁଡ଼ିକୁ ଯେତେବେଳେ ଆମେ ଶ୍ରବଣେନ୍ଦ୍ରିୟ, ସ୍ୱାଦେନ୍ଦ୍ରିୟ, ଘ୍ରାଣେନ୍ଦ୍ରିୟ, ଦର୍ଶନେନ୍ଦ୍ରିୟ, ସ୍ପର୍ଶେନ୍ଦ୍ରିୟ ପ୍ରଭୃତି ଦେଇ ତା'ର ଭାବ ଉଦ୍ରେକକାରୀ ଶକ୍ତିଶାଳିତାକୁ ବୋଧକରିବାପାଇଁ ପ୍ରୟାସକରୁ, ସେତେବେଳେ ଶବ୍ଦଗୁଡ଼ିକ ଧ୍ୱନିସ୍ତରରୁ ଉଦ୍‌ବର୍ତ୍ତିତ ହୋଇ ଜୀବନ୍ତ ଭାବରେ ଆମ ସମ୍ମୁଖରେ ଦଣ୍ଡାୟମାନ ହୁଅନ୍ତି।

ଠିକ୍ ସେତିକିବେଳେ ଶବ୍ଦଗୁଡ଼ିକ ହଠାତ୍ ଚିତ୍ରଶାଳାରେ ପରିଣତ ହୁଅନ୍ତି। ସେହି ଚିତ୍ର ଅର୍ଥାତ୍ ବସ୍ତୁଚିତ୍ର ଦ୍ୱାରା ଆମେ କଥକର ମୂଳ ଭାବ ସମ୍ବେଗ ଦିଗ ଆଡ଼କୁ ଗତିଶୀଳ ହେଉ। ଦେବ୍ରାଜ ଲେଙ୍କାଙ୍କର ଗଳ୍ପକୃତିରେ ଏହି ଧରଣର ଅନେକ ଅନୁକାରୀ ଶବ୍ଦବିନ୍ୟାସ ଲକ୍ଷ୍ୟକରାଯାଏ।

ବହିର୍ବୟନ ବନାମ୍ ଲୟକାରିତା ଯୁକ୍ତ ବିନ୍ୟାସ

ଲୟକାରିତା ବା ଲୟ ହେଉଛି ପୂର୍ଣ୍ଣତଃ ଏକ ସାଙ୍ଗୀତିକ ବା ପଦ୍ୟଛନ୍ଦ ଭିତ୍ତିକ ବ୍ୟାପାର। କବିତାରେ ଏହାର ଦୃଷ୍ଟାନ୍ତ ପ୍ରଚୁର ମାତ୍ରାରେ ଲକ୍ଷ୍ୟ କରାଯାଏ। କିନ୍ତୁ ବେଳେବେଳେ ଗଦ୍ୟସ୍ରଷ୍ଟା ନିଜ ଗଦ୍ୟରଚନାରେ ଏହି ପଦ୍ୟଭିତ୍ତିକ ବା ସାଙ୍ଗୀତିକ ଲୟକାରିତାର ପ୍ରୟୋଗ କରି ତାଙ୍କ ରଚନାକୁ ସରସ ସୁନ୍ଦର କରିବାପାଇଁ ଚେଷ୍ଟା କରିଥାନ୍ତି। ସେହି ଚେଷ୍ଟାର ଅନ୍ୟତମ ପରିବେଷକ ଭାବରେ ଆମେ ଦେବ୍ରାଜ ଲେଙ୍କାଙ୍କ ଗଳ୍ପରେ ଲୟକାରିତାକୁ ଭେଟୁ। ଦେବ୍ରାଜ ଲେଙ୍କାଙ୍କ ଗଳ୍ପରେ ଲୟର ପ୍ରତ୍ୟକ୍ଷ ଏବଂ ପରୋକ୍ଷ ବ୍ୟବହାର ହୋଇଛି। ଯେଉଁଠି ଲୟର ପ୍ରତ୍ୟକ୍ଷ ବ୍ୟବହାର ହୋଇଛି ସେହି ଗଦ୍ୟକୁ କଳାତ୍ମକ ଗଦ୍ୟ ଏବଂ ଯେଉଁଠି ଲୟର ପରୋକ୍ଷ ବ୍ୟବହାର ହୋଇଛି ସେହି ଗଦ୍ୟକୁ ସାଧାରଣ ଗଦ୍ୟ ବା ସହଜ ଗଦ୍ୟ ନାମରେ ନାମିତ କରାଯାଇଥାଏ। ତେବେ ଧ୍ୱନି, ଶବ୍ଦ, ବାକ୍ୟ ପ୍ରଭୃତି କ୍ଷେତ୍ରରେ ଏକ ଶୃଙ୍ଖଳିତ ସମତୁଲ୍ୟତା ଯେତେବେଳେ ସୃଷ୍ଟିହୁଏ ବା ନିଷ୍ପନ୍ନ ହୁଏ, ସେତେବେଳେ ଲୟର ଜନ୍ମ ହୁଏ ବୋଲି କୁହାଯାଏ। ଏହି ଧରଣର ବିନ୍ୟାସକୁ 'ସମକାଳୀନ ଅବସ୍ଥାନ' 'Synchronisation' ବୋଲି ଶୈଳିକୀୟ ଉପପାଦ୍ୟରେ ବିଚାର କରାଯାଏ।

ଦୃଷ୍ଟାନ୍ତ ୧.

ରାତି ହୋଇଥିବ କିଟିକିଟି. . . . , ତାରା ଜଳୁଥିବେ ମିଟିମିଟି. . . . ,ଝିଙ୍କାରି ଗରଜୁ ଥିବେ ଝାଇଁ . . . . ଝାଇଁ. . . .ବରଷା ପବନ ବହୁଥିବ ସାଇଁ. . . .ସାଇଁ. . . . ଝରଣା ଝରୁଥିବ କୁଳୁକୁଳୁ. . . . ପେଚା ରଡୁଥିବ ହୁଲୁ ହୁଲୁ. . . . ଜୁଳୁଜୁଳିଆ ପୋକ ଜୁଳୁଜୁଳୁ କେହି ନାହିଁ . . .ନାହିଁ. . . .। ନିକାଞ୍ଚନ ନାହିଁ....। (ଗଳ୍ପ-ଚରିତ୍ର)

ଏଠାରେ 'କିଟିକିଟି'ର ଧ୍ୱନି ସମତାକୁ ଲକ୍ଷ୍ୟକରି 'ମିଟିମିଟି' ଧ୍ୱନ୍ୟାନୁକାରୀ ଶବ୍ଦ ବିନ୍ୟାସ କରାଯାଇଛି। ସେମିତି 'ଝାଇଁଝାଇଁ' ଧ୍ୱନ୍ୟାନୁକାରୀ ଶବ୍ଦ ସମତାକୁ ଭିତ୍ତିକରି ସାଇଁସାଇଁ ଧ୍ୱନ୍ୟାନୁକାରୀ ଶବ୍ଦ ବିନ୍ୟାସ କରାଯାଇଛି। ସେହିଭଳି 'କୁଳୁକୁଳୁ' 'ହୁଲୁହୁଲୁ' ଏବଂ 'ଜୁଳୁଜୁଳୁ'। ଏଭଳି ବିନ୍ୟାସ ଦ୍ୱାରା ଲୟକାରିତା ସୃଷ୍ଟି ହୋଇଛି। ଗଳ୍ପ ଏକ ଗଦ୍ୟ ରଚନା ହୋଇଥିଲେ ମଧ୍ୟ ଏ ଧରଣର ବିନ୍ୟାସ ପାଇଁ ଏକ ସାଙ୍ଗୀତିକ

ବା ପଦ୍ୟଛନ୍ଦ ଭିତ୍ତିକ ନାନ୍ଦନିକ ନିର୍ମିତି ଏଠାରେ ଗଳ୍ପର ଭାବଗତ ପରିମଣ୍ଡଳକୁ ଅଧିକ ଶକ୍ତିଶାଳୀ କରି ଗଢ଼ି ତୋଳିଛି ।

ବହିର୍ବୟନ ବନାମ୍ ସମାନ୍ତରତାସ୍ତରୀୟ ବିନ୍ୟାସ

ଦେବ୍ରାଜ ଲେଙ୍କାଙ୍କର ଗଳ୍ପଗୁଡିକରେ ଅଜସ୍ର ସମାନ୍ତରତାର ଦୃଷ୍ଟାନ୍ତ ରହିଛି । ତାଙ୍କ ଗଳ୍ପର ପ୍ରତିଟି ପୃଷ୍ଠାରେ ବିବିଧ ବର୍ଗୀୟ ସମାନ୍ତରତା ବୁଣିହୋଇ ପଡ଼ିଛି । ଧ୍ୱନି, ଶବ୍ଦ, ଶବ୍ଦାଂଶ, ବାକ୍ୟାଂଶ, ବାକ୍ୟ ପ୍ରଭୃତି ସ୍ତରୀୟ ସମାନ୍ତରତାର ପ୍ରଚୁର ଦୃଷ୍ଟାନ୍ତ ଦେବ୍ରାଜ ଲେଙ୍କାଙ୍କର ଗଳ୍ପଗୁଡ଼ିକରେ ଗର୍ଭିତ ହୋଇଥିବାର ଲକ୍ଷ୍ୟକରାଯାଏ । ଏହି ସମାନ୍ତରତାର ପ୍ରୟୋଗ କରାଇ ଗାଳ୍ପିକ ଦେବ୍ରାଜ ଲେଙ୍କା ତାଙ୍କ ପଦ୍ୟଧର୍ମୀ ଗଳ୍ପ ରଚନାରେ ଅଜସ୍ର ସାଙ୍ଗୀତିକ ବିନ୍ୟାସ ସୃଷ୍ଟିକରିଛନ୍ତି । ତାଙ୍କର ଗଳ୍ପଗୁଡ଼ିକୁ ପାଠକଲେ ମନେହେବ ଯେମିତି ପ୍ରତ୍ୟେକ ଗଳ୍ପ ହେଉଛି କବିତା ଏବଂ ଗଦ୍ୟର ମଧୁର ସମନ୍ୱୟ । ଅନେକତ୍ର କାବ୍ୟ ଛନ୍ଦର ପ୍ରତ୍ୟକ୍ଷ ବିନ୍ୟାସ ହେବା ଫଳରେ ଗଳ୍ପଗୁଡ଼ିକ ଅଧିକ ରସଗ୍ରାହୀ ହୋଇଛନ୍ତି । ଏଭଳି ପ୍ରୟୋଗ ସେ ଜାଣିଶୁଣି କରିଥିବାର ମନେହୁଏ । ନିମ୍ନରେ କେତେଗୋଟି ଦୃଷ୍ଟାନ୍ତ ମାଧ୍ୟମରେ ତା'ର ଆଭିପ୍ରାୟିକ ପ୍ରାୟୋଗିକତାର ଆକଳନ କରାଯାଇପାରେ ।

ଦୃଷ୍ଟାନ୍ତ ୧. ତୋ ମନ ରହିଯିବ ନୁଖୁରା । ତୋ ଜୀବନ ରହିଯିବ ନୁଖୁରା । ତୋ ସଂସାର ରହିଯିବ ନୁଖୁରା । ନୁଖୁରା । ନୁଖୁରା । ନୁଖୁରା । (ନୁଖୁରୀର ନୁଖୁରା ଜୀବନ)

ଦୃଷ୍ଟାନ୍ତରେ ଯେଉଁ 'ନୁଖୁରା' ଶବ୍ଦଟି ବାରମ୍ବାର ସମାନ୍ତରିତ ହୋଇଛି, ସେହି ଶବ୍ଦ ଦ୍ୱାରା ଗାଳ୍ପିକ ନୁଖୁରୀ ନାମ୍ନୀ ଚରିତ୍ରର ଆର୍ଥିକ ଦୁରବସ୍ଥାକୁ ସମ୍ମୁଖୀକୃତ କରାଇଛନ୍ତି । ନୁଖୁରୀ ଯେତେବେଳେ ଜନ୍ମ ହୋଇଥିଲା ତା' ବାପାମାଆ ତା'ନାମ ଦେଇଥିଲେ ନୁଖୁରୀ । ସେମାନେ ମନେ ମନେ ଭାବିଥିଲେ ଏମିତି ନାମ ବାଛି ବାଛି ଦଉଛୁ ଯେ ଜୀବନସାରା ମୁଣ୍ଡକୁ ତୁ ତେଲ ଟିକିଏ ପାଇବୁନି; ଦେହକୁ ତେଲ ଟିକିଏ ପାଇବୁନି; ରାନ୍ଧିବାକୁ ତେଲ ଟିକିଏ ପାଇବୁନି । ସତକୁ ସତ ନୁଖୁରୀ କେବଳ ନୁଖୁରା ପରିସ୍ଥିତିର ସମ୍ମୁଖୀନ ହୋଇଛି । ତା'ର ପିଲାମାନଙ୍କ କାଳିଆ କୋତରା ମୁହଁକୁ ଚାହିଁ ନୁଖୁରୀ ବଞ୍ଚିଛି । ଜୀବନରେ ତ ସୁଖନାହିଁ । କିନ୍ତୁ ପିଲାମାନଙ୍କୁ ତ ଛାତିରେ ଧରି ବଞ୍ଚିବାକୁ ପଡ଼ିବ । ସେହି ପିଲାଙ୍କ ସୁଖକୁ ସେ ସୁଖ ବୋଲି ଭାବି ଜୀବନ ବିତେଇଛି । ଏହି ଯେଉଁ 'ନୁଖୁରା' ଶବ୍ଦ ଗାଳ୍ପିକ ଏଠାରେ ବାରମ୍ବାର ବ୍ୟବହାର କରି ସମାନ୍ତରତା ସୃଷ୍ଟି କରିଛନ୍ତି, ଏହାଦ୍ୱାରା ନୁଖୁରୀର ପାରିବାରିକ ଦୁରବସ୍ଥା, ଦୁର୍ଗତି ଏବଂ ଅନଟନ ସମ୍ମୁଖୀକୃତ ହୋଇଛି ଅତ୍ୟନ୍ତ ସ୍ୱଷ୍ଟ ଭାବରେ ।

ବହିର୍ବୟନ ବନାମ୍ ଶବ୍ଦରୂପାତ୍ମକ ବିନ୍ୟାସ

ଦୃଷ୍ଟାନ୍ତ – ହେ ଜଗରନାଥେ. . . . ମତେ ପଡ଼ି ମିଳୁ. . . . ହେ ଲୋକନାଥେ. . . . ମତେ ପଡ଼ିମିଳୁ ହେ ବିଶ୍ୱନାଥେ. . . . ମତେ ପଡ଼ିମିଳୁ . . . ହେ ଅମରନାଥେ. . . . ମତେ ପଡ଼ିମିଳୁ ହେ ପଞ୍ଚେଇ. . . ମତେ ପଡ଼ିମିଳୁ. . . ହେ ଜାଡୁମଲେଈ. . . ., ମତେ ପଡ଼ିମିଳୁ (ଦିବାନିଶି ଏକପାଦ)

ଉପରୋକ୍ତ ଦୃଷ୍ଟାନ୍ତଟିରେ ଶବ୍ଦ ରୂପାତ୍ମକ ସମାନ୍ତରତାର ପ୍ରୟୋଗ ହୋଇଛି। 'ଜଗରନାଥେ, 'ଲୋକନାଥେ', 'ବିଶ୍ୱନାଥେ', ସିଂହନାଥେ, ଅମରନାଥେ ଶବ୍ଦଗୁଡ଼ିକରେ 'ଏ' ରୂପିମ ସଂଯୁକ୍ତ ହୋଇଛି। ଅର୍ଥାତ୍ ମଣିଷ ଭଗବାନଙ୍କୁ ଅତି ବିକଳରେ ଏହିଭଳି ସମ୍ବୋଧନ କରିଥାଏ। ଭଗବାନଙ୍କର ଶରଣାପନ୍ନ ହୋଇ ନିଜର ଦୁଃଖ ଦୂରକରିବା ପାଇଁ କାକୁତିମିନତି କରେ। 'ପଞ୍ଚେଇ' ଏବଂ 'ଜାଡୁମଲେଈ' ଶବ୍ଦ ଦୁଇଟିରେ 'ଏଇ' ରୂପିମ ସଂଯୁକ୍ତ ହୋଇଛି। ଶବ୍ଦର ବିଭିନ୍ନ ଅଂଶକୁ ରୂପିମ କୁହାଯାଏ। ଏଠାରେ ଯଥାକ୍ରମେ 'ଏ' ଏବଂ 'ଏଇ' ରୂପିମ ଦୁଇଟି ପରାବଦ୍ଧ ରୂପିମ ଭାବରେ ପରିଚିତ। ସେଥିପାଇଁ ଏହି ଧରଣର ସମାନ୍ତରତାକୁ ଶବ୍ଦରୂପାତ୍ମକ ସମାନ୍ତରତା କୁହାଯାଏ। ଏହି ଧରଣର ଶବ୍ଦ ରୂପାତ୍ମକ ସମାନ୍ତରତାରେ ଗୋଟିଏ ବିଶେଷ ଲେଖକୀୟ ଆଭିପ୍ରାୟିକତା ସଂଯୁକ୍ତ ହୋଇଥାଏ। ଯଦି ଏହି ଆଭିପ୍ରାୟିକତାର କଥା ବିଚାର କରାଯାଏ, ତେବେ ନାଡ଼ି ନାମକ ଜଣେ ଭିକାରୀର ପ୍ରାତଃଚର୍ଯ୍ୟା ପ୍ରସଙ୍ଗ ଏହି ଦୃଷ୍ଟାନ୍ତର ମୂଳ ଲକ୍ଷ୍ୟ। ଭିକାରୀ ନାଡ଼ି ଜନବସତି ଠାରୁ ବହୁଦୂରକୁ ଯାଇ ସୂର୍ଯ୍ୟ ନଉଠୁଣୁ ସିଧାସଳଖ ମହାନଦୀ କୂଳରେ; ଯେଉଁଠି ମହାନଦୀର ଶେଷ ବୁରୁଜ ରହିଛି; ଯେଉଁଠି ଜଣେ ହେଲେ କେହି କେବେ ଗାଧାନ୍ତି ନାହିଁ; ସେଇଠି ସ୍ନାନ କରେ ଏବଂ ବାଳସୂର୍ଯ୍ୟଙ୍କର ଲୋହିତ କିରଣକୁ ଭକ୍ତିରେ ଗଦଗଦ ହୋଇ ପ୍ରଣାମ କରି ଆଞ୍ଜୁଳା ଆଞ୍ଜୁଳା ପାଣି ଟେକିଦିଏ। ଓଦା ସରସର କନାପିନ୍ଧି, ବେକରେ କନାଖଣ୍ଡେ ଗୁଡ଼ାଇ ଦେଇ ବସିପଡ଼େ ଏବଂ ହାତଯୋଡ଼ି ଅତି ଉଚ୍ଚ ସ୍ୱରରେ 'ହେ ଜଗରନାଥେ' , 'ହେ ଲୋକନାଥେ', 'ହେ ପଞ୍ଚେଇ' ଆଦି ଅସଂଖ୍ୟ ଦେବାଦେବୀଙ୍କ ନାମ ଉଚ୍ଚାରଣ କରେ।

ଭିକାରୀ ନାଡ଼ି ଅନୁଭବ କରୁଛି ଯେ ଗାଁରେ ଧର୍ମକର୍ମ ପୂରାପୂରି ଉଭେଇ ଗଲାଣି। ଗାଁରେ ଆଉ ପ୍ରତିବର୍ଷ ଅଷ୍ଟପ୍ରହରୀ ହେଉନାହିଁ। କୀର୍ତ୍ତନ, ମେଳା ହେଉନାହିଁ। ବାଦୀପାଲା ମଧ୍ୟ ହେଉନାହିଁ। କିନ୍ତୁ ଗାଁ ଛକରେ ଏବଂ ଗାଁ ଭିତରେ ରାଜନୈତିକ ଦଳ ଦଳ ମଧ୍ୟରେ କନ୍ଦଳ ସୃଷ୍ଟି ହେଉଛି। ମାଡଗୋଳ ସୃଷ୍ଟି ହେଉଛି। ବିଭିନ୍ନ ପ୍ରକାରର ଗୋଷ୍ଠୀ କନ୍ଦଳରେ ଗ୍ରାମବାସୀ ଲିପ୍ତ ରହୁଛନ୍ତି। ତେଣୁ ଏହିଭଳି ଏକ ଅକାଳ ଅବକ୍ଷୟ ମଧ୍ୟରୁ ଗ୍ରାମବାସୀମାନଙ୍କୁ ରକ୍ଷାକରିବାପାଇଁ ତଥା ଗ୍ରାମବାସୀମାନଙ୍କ ଅନ୍ତରରେ ଧର୍ମ

ଭାବର ସଞ୍ଚାର ପାଇଁ ସେ ବିଭିନ୍ନ ଦେବାଦେବୀଙ୍କ ନାମ ଉଚ୍ଚାରଣ କରି ପ୍ରାତଃଚର୍ଯ୍ୟା ପରିସମାପ୍ତ କରିଥାଏ।

ବହିର୍ବୟନ ବନାମ୍ ଆନାଫୋରାମୂଳକ ବିନ୍ୟାସ

ଭିକାରୀ ନାଡ଼ି ଯେଉଁ ଗାଁରେ ରହୁଥିଲା ସେଠି ସେ ପ୍ରତ୍ୟେକ ଦିନ ବିଭିନ୍ନ ସ୍ଥାନକୁ ଯାଇ ପଡ଼ି (ଖୋରାକ ପାଇଁ ଦିଆଯାଉଥିବା ନିର୍ଦ୍ଦିଷ୍ଟ ଖାଦ୍ୟସାମଗ୍ରୀ ବା ସାହାଯ୍ୟ) ଗ୍ରହଣ କରୁଥିଲା। ସେଦିନ ଗାଁରେ ସଭା ଚାଲିଥାଏ ସଭା ମଣ୍ଡପ ପାଖରେ ରନ୍ଧାରନ୍ଧି ମଧ୍ୟ ହୋଇଥାଏ। କ୍ଷୀରି, ଖେଚୁଡ଼ି କରାଯାଇଥାଏ। ଭିକାରୀ ନାଡ଼ି ଧରିନେଇଥିଲା ଯେ ଆଜି ଏଇଠି ମୋତେ ପଡ଼ି ମିଳିଯିବ। ମୁଁ ଆଜି ଏଇଠି ମୋ ଭୋକିଲା ପେଟକୁ ଶାନ୍ତ କରିବି। କିନ୍ତୁ ହଠାତ୍ ଏକ ରାଜନୈତିକ ଗଣ୍ଡଗୋଳ ସେଠି ଉପୁଜିଥିଲା। ସେଠାରେ ଉପସ୍ଥିତ ଥିବା ଲୋକମାନେ 'ଶଳା ହାରାମି' ଇତ୍ୟାଦି ଶବ୍ଦ ପ୍ରୟୋଗ କରି ପରସ୍ପର ମାଡ଼ଗୋଳ କରିଥିଲେ। ମାଇକ୍ରୋଫୋନ୍ ଚେପା ହୋଇଯାଇଥିଲା। ମୃଦଙ୍ଗ ଦୁଇ ଚାରିଟା ଭାଙ୍ଗିଯାଇଥିଲା। କ୍ଷୀରି, ଖେଚୁଡ଼ି ହଣ୍ଡା ମଧ୍ୟ ଓଲଟାଇ ଦିଆଯାଇଥିଲା। ଠେଙ୍ଗା, ବାଡ଼ି ଧରି ସେଠାକାର ଲୋକମାନେ ତୁମୂଳ ଗଣ୍ଡଗୋଳ କରିଥିଲେ। ସେଠାରେ ଯେଉଁ ଶ୍ରୀ ଶ୍ରୀ ନୀଳକଣ୍ଠେଶ୍ୱର ମହାପ୍ରଭୁଙ୍କ ମନ୍ଦିର ପ୍ରାଙ୍ଗଣ ଥିଲା, ଯେଉଁଠି ସଭାର ଆୟୋଜନ କରାଯାଉଥିଲା, ସେହି ଧର୍ମ କ୍ଷେତ୍ରଟି ଅତି ହିଂସ୍ର ଭାବେ କୁରୁକ୍ଷେତ୍ର ପାଲଟି ଯାଇଥିଲା। ନାଡ଼ି ଏହି ଦୃଶ୍ୟ ଦେଖି ତା'ର ଭୋକଶୋଷ ଭୁଲି ଯାଇଥିଲା। ଆଜି କ'ଣ ଖାଇବ ବୋଲି ସକାଳ ଠାରୁ ଚିନ୍ତା କରୁଥିଲେ ମଧ୍ୟ ଆଉ ସେ ବିଷୟରେ ମୁଣ୍ଡ ଖେଳାଉ ନଥିଲା ବରଂ ସେ ଟିକେ ଟିକେ ହସି ଦଉଥିଲା।

ଗାଳ୍ପିକ ଦେବ୍ରାଜ ଲେଙ୍କା ଏଠାରେ ଭିକାରୀ ନାଡ଼ି ଚରିତ୍ରକୁ ଗୋଟିଏ ନୀରବ ସାକ୍ଷୀ ଭାବରେ ଗ୍ରହଣ କରିଛନ୍ତି। ଏହି ସାକ୍ଷୀ ଜଣକ ଗ୍ରାମର ଅନ୍ୟାୟ, ଅତ୍ୟାଚାର, ଭ୍ରଷ୍ଟାଚାର ଇତ୍ୟାଦିକୁ ଅତି ନୀରବତାର ସହିତ ଦେଖୁଥିଲା। ସେଥିପାଇଁ ନାଡ଼ି ଏଭଳି ଏକ ଅପ୍ରତ୍ୟାଶିତ ତକରାଳର ଉପସ୍ଥିତିକୁ ଲକ୍ଷ୍ୟକରି ଆଉ ମନ୍ଦିର ପାଚେରୀକୁ ଧରି ଠିଆ ନହୋଇ ଚାଲିବାକୁ ଆରମ୍ଭ କରିଥିଲା। ଗାଳ୍ପିକ କହୁଛନ୍ତି, "ପାଦ, ଯାହା ଚାଖଣ୍ଡେ ଭୂମିର ପରିମାଣ ସେଥିରେ ସାରା ସଂସାର ପୂରି ରହିଛି, ସାରା ସଂସାରର ପାପ ନୁହେଁ ବରଂ ପୁଣ୍ୟ ଲୁଚି ରହିଛି, ରହିଛି ପୁଣି ରାଶି ରାଶି ଫୁଲର ଅମୃତ, ରହିଛି କୋଟି କୋଟି ଗ୍ରହ, ନକ୍ଷତ୍ର, ତାରାପୁଞ୍ଜ।" (ଦିବିନିଶି ଏକପାଦ)

ନାଡ଼ି ଧୀରେ ଧୀରେ ପାଦ ପକାଇ ପକାଇ ଚାଲିବାକୁ ଆରମ୍ଭ କଲା। ଏଇ ଚାଲି ବାକୁ ଗାଳ୍ପିକ 'ଏକ ପାଦ ଭୂମି' ବାକ୍ୟାଂଶ ସ୍ତରୀୟ ଆନାଫୋରାମୂଳକ ସମାନ୍ତରତା

ମାଧ୍ୟମରେ ରୂପାୟିତ କରିବା ପାଇଁ ଚେଷ୍ଟା କରିଛନ୍ତି। ଯଥା :- "**ଏକ ପାଦ ଭୂମି** ପୃଥିବୀ ବକ୍ଷରେ ଆଙ୍କି ଦେଉଚି ଅସମ୍ଭବ ଭାର ପର୍ବତର / **ଏକ ପାଦ ଭୂମି** ପୃଥିବୀ ବକ୍ଷରେ ପୂର୍ବ ସମୁଦ୍ର ମନ୍ଥନର ଆଲୋଡ଼ନର ଯନ୍ତ୍ରଣା ପୁଣି ସୃଷ୍ଟି କରୁଛି ନିବିଡ଼ ଭାବରେ/ '**ଏକ ପାଦ ଭୂମି** ପୃଥିବୀ ବକ୍ଷରେ ସୃଷ୍ଟି କରୁଛି ଯେପରି ସବୁତକ ସୁବର୍ଣ୍ଣ ନିକଷ/ '**ଏକପାଦ ଭୂମି** ପୁଣି ବଜ୍ରରୁ ନିର୍ମମ, ପୁଣି ନବନୀତ କୋମଳ ପଦ୍ମ ପରାଗ / **ଏକ ପାଦ ଭୂମି** ପୁଣି ଅଗ୍ନି ଠାରୁ ତେଜ, ପୁଣି ନବ ଜଳଦର ଆଦ୍ୟ ବାରି ଧାରା। **ଏକ ପାଦ ଭୂମି** ପୁଣି ମୃତ୍ୟୁକାଳୀନ ଶେଷ ଅଶ୍ରୁ/ ବିନ୍ଦୁରୁ ସିକ୍ତ, ନବ ଜାତକର ହସର ଧାରାରେ ସୁମଧୁର / ଏକ ପାଦଭୂମି ଅନନ୍ତ ପ୍ରଳୟ ଜଳଧିରେ ଭାସମାନ ଅଶ୍ୱତ୍ଥ ଦଳ ଦ୍ୱୀପ /ଏକପାଦ ଭୂମି ସେଇ ଅବିର ଲୋହିତ ପଥରେ ଦୂରକୁ ଦୂରକୁ ବ୍ୟାପି ଯାଉଛି।"

ଭିକାରୀ ନାଡ଼ିର ଏହି ଯେଉଁ ଏକପାଦ ପାତ ପୁନଶ୍ଚ ଏକପାଦ ପାତ ଏବଂ ତା' ସହିତ ଆଗକୁ ଆଗକୁ ଆଗେଇବା – ଏହି ଦୃଶ୍ୟକୁ ଗାଳ୍ପିକ ଦେବ୍ରାଜ ଲେଙ୍କା ଏକ ଆଧ୍ୟାତ୍ମିକ ପ୍ରେକ୍ଷାପଟ୍ଟରେ ଆଣିବାକୁ ଚେଷ୍ଟା କରିଛନ୍ତି। କାରଣ ଭିକାରୀ ନାଡ଼ି ସିନା ପ୍ରତ୍ୟେକ ଦିନ ପଡ଼ି ସଂଗ୍ରହ କରି ପେଟ ପୋଷେ କିନ୍ତୁ ସେ ଗ୍ରାମରେ ଧର୍ମ ସଂସ୍ଥାପନା ହେଉ, ଗ୍ରାମର ଲୋକମାନେ ପରସ୍ପର ପରସ୍ପର ସହିତ ସୌହାର୍ଦ୍ଦ୍ୟପୂର୍ଣ୍ଣ ସଂପର୍କ ସ୍ଥାପନ କରନ୍ତୁ; ଗ୍ରାମ ନିରାମୟ ହେଉ ବୋଲି ସେ ପ୍ରାର୍ଥନା କରେ ଭଗବାନଙ୍କ ନିକଟରେ। ତେଣୁ ଏଠାରେ ଭାଗବତ ଚେତନା ସହିତ ଗୋଟିଏ ସଂଯୋଗର ସେତୁ ଭାବରେ ଭିକାରୀ ନାଡ଼ିକୁ ଗାଳ୍ପିକ ଚୟନ କରିଛନ୍ତି। ଯେଉଁ ଭିକାରୀ ନାଡ଼ି ଗ୍ରାମରେ ସୃଷ୍ଟି ହୋଇଥିବା ଅସଙ୍ଗତି, ଅସନ୍ତୁଳନତା, ଦଙ୍ଗା ଇତ୍ୟାଦି ଅଧର୍ମକେନ୍ଦ୍ରିକ କାର୍ଯ୍ୟକଳାପକୁ ସଙ୍ଗତିଯୁକ୍ତ କରାଇବା ପାଇଁ ଭଗବାନଙ୍କୁ ପ୍ରାର୍ଥନା କରେ ଏବଂ ସେହି ଭଗବାନ ହେଇପାରନ୍ତି ଜଗନ୍ନାଥ, ଲୋକନାଥ, ବିଶ୍ୱନାଥ, ସିଂହନାଥ, ଅମରନାଥ, ବା ପନ୍ଥେଇ ବା ଜାଡୁ ମଲେଇ - ଅତଏବ ଭଗବାନଙ୍କ ସହିତ ଗୋଟିଏ ନିବିଡ଼ ସଂଯୋଜକ ଭାବରେ ଗାଳ୍ପିକ ଏଠାରେ ନାଡ଼ି ଚରିତ୍ରକୁ ଉପସ୍ଥାପନ କରିବା ସହିତ 'ଏକ ପାଦ ଭୂମି' ବାକ୍ୟାଂଶ ସ୍ତରୀୟ ଆନାଫୋରାକୁ ବ୍ୟବହାର କରି- 'ଦିବାନିଶି ଏକପାଦ' ଗଳ୍ପଟିର ଆଙ୍ଗିକ ବିନ୍ୟାସକୁ ମଜବୁତ୍ କରାଇଛନ୍ତି।

ବହିର୍ବୟନ ବନାମ୍ ଇପେନ୍‌ଡୋଜ୍‌ମୂଳକ ସମାନ୍ତରିତ ସଂଯୋଜନା

ଇପେନ୍‌ଡୋଜ୍‌ମୂଳକ ସମାନ୍ତରତାକୁ ଓଡ଼ିଆରେ 'ଆଦ୍ୟ-ମଧ୍ୟ-ଆବୃତ୍ତିମୂଳକ ସମାନ୍ତରତା' ବୋଲି ମଧ୍ୟ କହିପାରିବା। ଯେତେବେଳେ ଏକ ନିର୍ଦ୍ଦିଷ୍ଟ ପ୍ରକାରର ଶବ୍ଦ, ବାକ୍ୟ ବା ବାକ୍ୟାଂଶ ପାଦ ବା ବାକ୍ୟର ଆଦ୍ୟରେ ବ୍ୟବହୃତ ହେବାସହିତ ବାକ୍ୟ ବା

ବାକ୍ୟାଂଶର ମଧ୍ୟରେ ବି ବ୍ୟବହୃତ ହୁଏ, ସେତେବେଳେ 'ଆଦ୍ୟମଧ୍ୟଆବୃତ୍ତିମୂଳକ ସମାନ୍ତରତା' ବା ଇପେନ୍‌ଡୋଜ୍ ସୃଷ୍ଟିହୁଏ। ଅର୍ଥାତ୍ ଏଥିରେ ନିର୍ଦ୍ଦିଷ୍ଟ ଶବ୍ଦଟି ପ୍ରଥମେ ଆଦ୍ୟରେ ଏବଂ ତା'ପରେ ମଧ୍ୟରେ ଆବୃତ୍ତ ହୁଏ। ଏହି ଭଳି କିଛି ଦୃଷ୍ଟାନ୍ତ ଦେବ୍ରାଜ ଲେଙ୍କାଙ୍କ ଗଳ୍ପରେ ଲକ୍ଷ୍ୟକରାଯାଏ। ଯଥା :-

ନାହିଁ କ୍ଷିତି ନାହିଁ କି ଅପ/ ନାହିଁ ତେଜ୍, ମରୁତ୍, ବ୍ୟୋମ/ ନାହିଁ ବିଦ୍ୟୁତ୍, ନାହିଁ ସୂର୍ଯ୍ୟ, ନାହିଁ ସୋମ/ ନାହିଁ କାନ, ନାହିଁ ପାଣି, ଉପସ୍ଥ , ପାୟୁ ଆଖି ନାହିଁ, ନୁହେଁ ସେ ଅନ୍ଧ/ ନାହିଁ ବୃକ୍ଷ, ନାହିଁ ଲତା, ସରିତ୍ ସାଗର/ ନାହିଁ ନୀଚ, ନାହି ଉଚ୍ଚ, ପର୍ବତ ଶିଖର ବିଶ୍ୱ ଚରାଚର/ ନାହିଁ ପଶୁ, ନାହିଁ ପକ୍ଷୀ, ନାହିଁ ଗୋଟିଏ ଅସୁର। (ଶଙ୍କର ଜୟ ବିଷନ୍ ଅର୍କେଷ୍ଟ୍ରାରେ ବର୍ଷା)

'ନାହିଁ' ଶବ୍ଦଟି ଏକ ନାସ୍ତିସୂଚକ ଅବ୍ୟୟ ପଦ। ଏଥିରେ ନକାରାତ୍ମକତାଯୁକ୍ତ ଭାବ ପ୍ରକାଶିତ ହୋଇଥାଏ। ତେବେ ଦେବ୍ରାଜ ଲେଙ୍କା ଏଠାରେ 'ନାହିଁ' ଅବ୍ୟୟ ପଦଟିକୁ ପ୍ରଥମେ ବାକ୍ୟର ଆଦ୍ୟରେ ଏବଂ ମଧ୍ୟରେ ବ୍ୟବହାର କରିଛନ୍ତି। ଏହି ବ୍ୟବହାରରେ ବାରମ୍ବାରିତା ପରିଦୃଷ୍ଟ ହୋଇଛି। ଏଭଳି ନାସ୍ତିସୂଚକ ଅବ୍ୟୟ ପଦର ବାରମ୍ବାର ପ୍ରୟୋଗ ଫଳରେ 'ନାହିଁ' ଶବ୍ଦଟି ଏକ କେନ୍ଦ୍ରୀୟ ଭାବ ପ୍ରକାଶକ ଶବ୍ଦ ଭାବରେ ଏଠାରେ ସମ୍ମୁଖୀକୃତ ହୋଇଛି। ଫଳରେ ପରିଦୃଶ୍ୟମାନ ଜଗତର ଜଡ, ଜଳ, ଆଲୋକ, ବାୟୁ, ଶୂନ୍ୟତା, ବିଦ୍ୟୁତ୍, ସୂର୍ଯ୍ୟ, ଶବ୍ଦ, ସ୍ପର୍ଶ, ରୂପ, ରସ, ଗନ୍ଧ, କାନ, ହାତ, ଉପସ୍ଥ, ବାୟୁ, ଆଖି, ଉଷ୍ଣ, ନୀଚ, ଉଚ୍ଚ, ଶିଖର, ବିଶ୍ୱଚରାଚର, ବୃକ୍ଷଲତା, ସରିତ୍ ସାଗର, ପୁଣ୍ୟ, ପକ୍ଷୀ, ଅସୁର ପ୍ରଭୃତି ଜଗତ ବହିର୍ଭୂତ ଏକ ଭାବ ଜଗତ ଏଠାରେ ରୂପାୟିତ ହୋଇଛି। ଆଉ ଏହାଦ୍ୱାରା ପ୍ରମାଣ ହୋଇଛି ଯେ ସକଳ ଜଡ଼ର ଉପରେ; ଜଳର ଉପରେ; ଆଲୋକର ଉପରେ; ପବନର ଉପରେ; ଶୂନ୍ୟତାର ଉପରେ; ବିଦ୍ୟୁତ୍ ସୂର୍ଯ୍ୟ ଶବ୍ଦ ସ୍ପର୍ଶ ଆଦିର ଊର୍ଦ୍ଧ୍ୱରେ ଆଉ ଏକ ଜଗତ ରହିଛି। ସେହି ଜଗତ ବା ମହାମଣ୍ଡଳ ଏଭଳି ବର୍ଣ୍ଣନାର ପଶ୍ଚାତ୍‌ରେ ଗାଳ୍ପିକଙ୍କ ଦ୍ୱାରା ସମ୍ମୁଖୀକୃତ ହୋଇଛି।

ସମାନ୍ତରତାର ଅସଂଖ୍ୟ ଉଦାହରଣ ଦେବ୍ରାଜ ଲେଙ୍କାଙ୍କ ଗଳ୍ପରେ ପରିଲକ୍ଷିତ ହୋଇଥାଏ। କଥା କଥାକେ ସେ ସମାନ୍ତରତାର ପ୍ରୟୋଗ କରି ବସନ୍ତି। ଆଉ ଏକ ଉଦାହରଣ ଦେଲେ ଏହା ଆହୁରି ସ୍ପଷ୍ଟ ହୋଇଉଠିବ। ଯଥା : - "ମୋ ହାତରେ ରଙ୍ଗବତୀ, ଚମ୍ପାବତୀ, ଫୁଲବତୀ, ଝରାବତୀ, ହୀରାବତୀ, ହାରାବତୀ, ଲୀଳାବତୀ, କଳାବତୀ, ଅଗରବତୀ, ଲୋବାନୁବତୀ, ଘାଗରାବତୀ, ଜୋବରାବତୀ, କୋବରାବତୀ ଚିତ୍ରପଟ୍ଟ ଅତି ସଉକରେ ଧରାଯାଇଛି।"

ଏହି ଯେଉଁ 'ବତୀ' ଇଏ ଏକ ପରାବଦ୍ଧରୂପିମ। ଅସ୍ତିସୂଚକ ଅର୍ଥରେ 'ବତୀ' ଏବଂ 'ବାନ୍' ପ୍ରତ୍ୟୟ ଦୁଇଟି ବ୍ୟବହାର କରାଯାଏ। ଏଠାରେ ବାରମ୍ବାର 'ବତୀ' ରୂପିମ ବା ପ୍ରତ୍ୟୟ ପ୍ରୟୋଗକରି ବର୍ଣ୍ଣନାରେ ଗୋଟିଏ ମଧ୍ୟଯୁଗୀୟ ବାତାବରଣ ଗାଳ୍ପିକ ସୃଷ୍ଟିକରିବା ପାଇଁ ଚେଷ୍ଟା କରିଛନ୍ତି। ଏହିଭଳି ବର୍ଣ୍ଣନାରେ ଗାଳ୍ପିକ ଦେବ୍ରାଜ ଲେଙ୍କା ଅତ୍ୟନ୍ତ ସିଦ୍ଧହସ୍ତ।

ତେବେ ସମାନ୍ତରତାର ଅନେକ ଦୃଷ୍ଟାନ୍ତ ଗାଳ୍ପିକଙ୍କ ଗଳ୍ପ ସମୂହରେ ରହିଛି। ଅନେକ ଗାଳ୍ପିକ ଅଛନ୍ତି ଯେଉଁମାନେ କାବ୍ୟିକ ପ୍ରୟୋଗ ସମୟରେ ପାରଙ୍ଗମତା ପ୍ରଦର୍ଶନ କରିପାରନ୍ତି ନାହିଁ; କିନ୍ତୁ ଦେବ୍ରାଜ ଲେଙ୍କାଙ୍କର ଯେଉଁ ସମାନ୍ତରତା ସ୍ତରୀୟ ଶୈଳିକୀୟ ଆଙ୍ଗିକ ଉପପାଦ୍ୟ ତାଙ୍କ ବିଭିନ୍ନ ଗଳ୍ପରେ ଅଭିବ୍ୟକ୍ତ, ସେଥିରେ କୌଣସି ବି ଗୋଟିଏ ସ୍ଥାନରେ ତାହା ଅନୌଚିତ୍ୟ ଢଙ୍ଗରେ ପ୍ରଦର୍ଶିତ ବା ପରିବେଷିତ ହୋଇନାହିଁ। ବେଳେବେଳେ ଏମିତି ଲାଗେ ଯେମିତି ଦେବ୍ରାଜ ଲେଙ୍କା ଏହିଭଳି ଶବ୍ଦ ସହିତ ଖେଳାଖେଳି କରି ଶବ୍ଦକୁ ଭାବାନୁସାରେ ଚୟନ କରି ଶବ୍ଦକୁ ଯଥୋଚିତ ସ୍ଥାନରେ ବିନ୍ୟାସ କରି ଶବ୍ଦ ଏବଂ ଭାବକୁ ଏକ ଏବଂ ଅଭିନ୍ନ ମୁଦ୍ରାରେ ସ୍ଥାପନ ଏବଂ ପ୍ରତିଷ୍ଠା କରିବାପାଇଁ ଜନ୍ମ ହୋଇଛନ୍ତି।

ବହିର୍ବୟନ ବନାମ ନିଷିଦ୍ଧ ଭାଷିକ ବିନ୍ୟାସ :-

ପ୍ରତ୍ୟେକ ଭାଷା ପରିବାରରେ ବା ସମାଜରେ କିଛି କିଛି ସାଂସ୍କୃତିକ, ସାମାଜିକ, ସୌନ୍ଦର୍ଯ୍ୟାତ୍ମକ ସିଦ୍ଧାନ୍ତ ରହିଥାଏ। ଏହି ସିଦ୍ଧାନ୍ତକୁ ଏକ ମାନକ ଧାରାରୂପେ ଗ୍ରହଣ କରାଯାଇଥାଏ। ଗୋଟିଏ ସମୟ ଥିଲା ଯେତେବେଳେ ସାହିତ୍ୟରେ ଅଶ୍ଳୀଳ ଶବ୍ଦ ବା ନିଷିଦ୍ଧ ଭାଷା; ଯାହାକୁ ଇଂରାଜୀରେ 'Taboo Language' କୁହାଯାଏ, ତାହା ବ୍ୟବହାର କରାଯାଉ ନଥିଲା। କିନ୍ତୁ ଉତ୍ତର ସଂରଚନାବାଦୀ କାଳଖଣ୍ଡରେ ବିଶେଷକରି ଏହି 'Taboo' ଭାଷାର ବ୍ୟବହାରକୁ ଏକ ଗୁରୁତ୍ୱପୂର୍ଣ୍ଣ ଭାଷିକ ବିଭବ ଭାବରେ ଗ୍ରହଣ କରାଯାଉଛି। ସେଥିପାଇଁ ଅଧିକାଂଶ ଲେଖକ ଏହି ଭାଷାକୁ ସିଧାସଳଖ ବ୍ୟବହାର କରି ନିଜ ନିଜ ରଚନାରେ ପରମ୍ପରା ବହିର୍ଭୂତ ବିନ୍ୟାସ ପରମ୍ପରା ସୃଷ୍ଟି କରୁଛନ୍ତି। ଗାଳ୍ପିକ ଦେବ୍ରାଜ ଲେଙ୍କାଙ୍କର କେତେକ ଗଳ୍ପରେ ଏହି 'Taboo ଭାଷାର ବ୍ୟବହାର ହୋଇଛି। ଯଥା :-

୧. କିଏ ଶଳା ସେ ଟାଉକା (ନୁଖୁରୀର ନୁଖୁରା ଜୀବନ)

୨. ଏ ଶଳା ହରିବୋଲର ବଂଶକୁ ଖାଇଯାଇଥାନ୍ତା। ହରିବୋଲ ଶଳା ମହାଗୁଣିଆ। (ସେହିଗଳ୍ପ)

୩. ମୁଁ ଘଇତା ଖାଇ ସଜ ରାଣ୍ଡ। ମୋ କାନ୍ଧରେ ମୋ ଘଇତାମଡା। (ସେହି ଗଳ୍ପ)

୪. ହଇବେ ଶଳା ହାରାମି..., ଶଳା ମତେ ନାଲି ଆଖି ଦେଖଉଛୁ? (ଦିବାନିଶି ଏକ ପାଦ)

୫. ହେଇବେ ବାହାଁଞ୍ଚୋ. . . ଶଳା, ଗୋବର ପୋକ, ଝରିପୋକ, ଦେଖିଲେ ତେମେ କିଆଁ ଏମେତେ ହଅବେ ? (କିଛି କିଛି ଦୁଃଖ କିଛି କିଛି ସୁଖ)

୬. ଓଃ. . . ମୂତିବି ବେ! କେତେ ପେଞ୍ଚ ମାରୁଚୁ ? କ'ଣ ବଚକାନୀ ହେଇଛୁ ଯେ, ତୁ ମୂତିବୁ, ମୁଁ ଜଗିକି ଠିଆ ହୋଇଥିବି ? (ଡେଣାକଟା ଛିଟ୍‌ଛିଟ୍ ପର୍ଜାପତି)

ଉପରୋକ୍ତ ଉଦାହରଣ ଗୁଡିକରେ ଯେଉଁ ଅଶ୍ଳୀଳ ବା Taboo ଭାଷାର ଶବ୍ଦ ବ୍ୟବହାର କରାଯାଇଛି, ସେଥିରେ ଆମ ସାମାଜିକ, ସାଂସ୍କୃତିକ ପରମ୍ପରାରେ କାଳକାଳ ଧରି ଚଳିଆସୁଥିବା ସାଂସ୍କୃତିକ, ସୌନ୍ଦର୍ଯ୍ୟାତ୍ମକ ତଥା ସାମାଜିକ ସିଦ୍ଧାନ୍ତକୁ ଉଲଂଘନ କରାଯାଇଛି। ଏପରିକି ଆମ ସାହିତ୍ୟ ରଚନା କ୍ଷେତ୍ରରେ ଯେଉଁ ଚିରାଚରିତ ମାନକ ପରମ୍ପରା ରହିଛି ସେ ପରମ୍ପରାକୁ ଶଳା, ବେ, ମୂତିବା, ବେହେଁଞ୍ଚୋ, ଗାଣ୍ଡି ପ୍ରଭୃତି ନିଷିଦ୍ଧ ଶବ୍ଦ ବା Taboo (ଟ୍ୟାବୁ) ଭାଷାର ବ୍ୟବହାର କରିବାଦ୍ୱାରା ଉଲଙ୍ଘନ ସୃଷ୍ଟି ହୋଇଯାଇଛି। କିନ୍ତୁ ଉତ୍ତର ସଂରଚନାବାଦୀ ଭାଷିକ ବିମର୍ଶରେ ଏହି ଧରଣର ଶାବ୍ଦିକ ପ୍ରାୟୋଗିକତାକୁ ଅଧିକ ଗୁରୁତ୍ୱ ଆରୋପ କରାଯାଉଛି। ଉତ୍ତର ସଂରଚନାବାଦରେ ଶ୍ଳୀଳ-ଅଶ୍ଳୀଳ, ନିଷିଦ୍ଧ-ଅନିଷିଦ୍ଧ, ପାପ-ପୁଣ୍ୟ ଭଳି ଦ୍ୱୈବିରୋଧିକ ପାର୍ଶ୍ୱଗୁଡ଼ିକର ବିଶେଷ ଗୁରୁତ୍ୱ ରହୁନାହିଁ। ଅର୍ଥାତ୍ ସାମ୍ପ୍ରତିକ ସାହିତ୍ୟ ରଚନା ଧାରାରେ ଏହିଭଳି ଶବ୍ଦ ବିନ୍ୟାସକୁ ସ୍ୱାଭାବିକ ବିନ୍ୟାସ ରୂପେ ଗ୍ରହଣ କରାଯାଉଛି। ଏହି ଧରଣର ଶବ୍ଦ ବିନ୍ୟାସ କ୍ଷେତ୍ରରେ ଓଡ଼ିଆ ଗଳ୍ପସାହିତ୍ୟରେ ଦେବ୍ରାଜ ଲେଙ୍କାଙ୍କ ସହିତ ଅଜୟ ସ୍ୱାଇଁ, ଭୀମ ପୃଷ୍ଟି, ପଦ୍ମଜ ପାଳ, ପ୍ରକାଶ ମହାପାତ୍ର ପ୍ରମୁଖଙ୍କ ନାମ ଉଲ୍ଲେଖ କରାଯାଇପାରେ। ଗାଳ୍ପିକ କମଳାକାନ୍ତ ମହାପାତ୍ର ମଧ୍ୟ ତାଙ୍କ ଆତ୍ମଜୀବନୀରେ ଏହିଭଳି ଅନେକ ନିଷିଦ୍ଧ ଶବ୍ଦକୁ ପ୍ରକାଶ୍ୟଭାବରେ ପ୍ରୟୋଗ କରିଛନ୍ତି।

ବହିର୍ବୟନ ବନାମ ଦେଶଜ-ବୈଦେଶିକ-ମିଶ୍ରିତ-ନବନିର୍ମିତ ଭାଷିକ ବିନ୍ୟାସ :-

ଦେବ୍ରାଜ ଲେଙ୍କାଙ୍କ ଗଳ୍ପରେ ଶବ୍ଦ, ଧ୍ୱନି, ବାକ୍ୟାଦିର ବହୁବିଧ ପରୀକ୍ଷାନିରୀକ୍ଷା ଏବଂ ପ୍ରୟୋଗ କରାଯାଇଛି, ଯାହା ପୂର୍ବରୁ ସୂଚିତ। ତେବେ ଏ ଧରଣର ପରୀକ୍ଷାନିରୀକ୍ଷାରେ ସେ ଓଡ଼ିଆ ଗଳ୍ପ ସାହିତ୍ୟରେ ଅନନ୍ୟ। ସେଥିପାଇଁ କିଛି ଉଦାହରଣ ମାଧ୍ୟମରେ ତାଙ୍କର ସେ ନବୀନ ପଦକ୍ଷେପକୁ ଗୋଚରିଭୂତ କରାଇଲେ ତାହା ସମୀଚୀନ ହେବ ବୋଲି ମୋର ଆଶା।

୧. ଦେବ୍ରାଜ ଲେଙ୍କା କେତେକ ସ୍ଥଳରେ 'ଲ' ଫଳା ଏବଂ 'ର' ଧ୍ୱନିକୁ 'ˇ' (ରେଫ୍‌ଫଳା)ରେ ପ୍ରକାଶ କରିଛନ୍ତି। ଯେମିତି କି ସେ 'ପ୍ରଜାପତି' ବା 'ପରଜାପତି' ନ ଲେଖି ଲେଖିଛନ୍ତି 'ପର୍ଜାପତି'। ସେମିତି 'ପ୍ରକାରେ' ବା 'ପରକାରେ' ନଲେଖି ସେ ଲେଖିଛନ୍ତି 'ପର୍କାରେ'। ସେହିପରି ଦୃଶ୍ୟ' ଶବ୍ଦରେ 'ଋ' (ଋକାର) ମାତ୍ରା ନଦେଇ ସେ ଲେଖୁଛନ୍ତି 'ଦିର୍ଶ୍ୟ'। ଏଭଳି ଆହୁରି କିଛି କିଛି ଉଦାହରଣ ତାଙ୍କର ଗଳ୍ପରେ ରହିଛି। ତେବେ ଏଭଳି ଭାବରେ ଗାଳ୍ପିକ ଲେଖିବା ପଶ୍ଚାତ୍‌ରେ ମଧ୍ୟ ଏକ ଉଦ୍ଦେଶ୍ୟ ରହିଛି। ଉଦ୍ଦେଶ୍ୟଟି ହେଉଛି – ପାତ୍ରମୁଖୀ ଭାଷିକ ବ୍ୟବହାର ଉପରେ ଗୁରୁତ୍ୱ ଦେବା। ନହେଲେ ଶୈଳୀଗତ ଚମତ୍କାରିତା ସୃଷ୍ଟିକରିବା ପାଇଁ ଆଗ୍ରହ ପ୍ରକାଶ କରିବା। ଏହି ଧରଣର ପ୍ରୟୋଗ ଦ୍ୱାରା ପାଠକ ଶବ୍ଦ ନିର୍ମାଣ, ବସାଣ ଏବଂ ଖଞ୍ଜାଣ କ୍ଷେତ୍ରରେ ନୂଆ ନୂଆ ଅନୁଭୂତି ଏବଂ ଅନୁଭବ ଲାଭକରେ। ଫଳରେ ପଠନରେ ମନୋଟୋନସ୍ ବା ଏକବାଗିଆ ପ୍ରଭାବ ରହେ ନାହିଁ।

ଦେବ୍ରାଜ ଲେଙ୍କା କିଛି କିଛି ଲୋକକଥିତ ଶବ୍ଦ ବିନ୍ୟାସ କରାଇଛନ୍ତି। ଯଥା– 'ବିତିପାତ', 'କେମେତେ', 'ଆବେଶିକ', 'ଫେଏଣି', 'ପାରୁଥେଲା', 'ସୋବର୍ଣ୍ଣ', 'ଦ୍ରିର୍ଯଧନ' ଇତ୍ୟାଦି। ଏହି ଶବ୍ଦ ଗୁଡିକର ଶୁଦ୍ଧ ରୂପ କଥା ଯଦି ଆମେ ବିଚାରକରୁ ତେବେ 'ବିପ୍ଲାତ', 'କେମିତି', 'ଆବଶ୍ୟକ', 'ପୁଣି', 'ପାରୁଥିଲା', 'ସୁବର୍ଣ୍ଣ', 'ଦୁର୍ଯ୍ୟୋଧନ' ଆଦି ହେବ। ଏହି ଧରଣର ଶବ୍ଦ ବ୍ୟବହାର ପାଶ୍ଚାତ୍‌ରେ ଗୋଟିଏ ସଚଳ ସ୍ୱାଭାବିକତା ପାଠକ ସମ୍ମୁଖକୁ ଚାଲିଆସେ। ଫଳରେ ପାଠକ ତା'ର ଯେଉଁ ଭାଷାକୁଟୁମ୍ବ ରହିଛି ଯାହାକୁ ସଂରଚନାବାଦରେ **'Kinship System'** କୁହାଯାଏ; ସେହି **'Kinship System'** ର ସଚଳ ନିର୍ମିତି ଏବଂ ପ୍ରୟୋଗ (ପ୍ୟାରୋଲ) ଇଲାକାକୁ ପ୍ରବେଶ କରେ। ଏହାଦ୍ୱାରା ପାଠକ ତା' ପରମ୍ପରା ଅର୍ଥାତ୍ କଥନ ପରାମ୍ପରାରେ ପ୍ରଚଳିତ ଥିବା ଶବ୍ଦ ଗୁଡ଼ିକର କାଳାନୁକ୍ରମିକ ଉତ୍ସମୂଳକୁ ଚିହ୍ନଟ କରିପାରେ। ଏ ଧରଣର ଶବ୍ଦସଂଯୋଗ ମଧ୍ୟ ଉତ୍ତର ସଂରଚନାବାଦୀ ସାହିତ୍ୟ ସମାଲୋଚନାର ଗୋଟିଏ ବିଶିଷ୍ଟ ଦିଗ ରୂପେ ପରିଗଣିତ।

ସେହିଭଳି ବହୁ ଦୃଷ୍ଟାନ୍ତ ଦେବ୍ରାଜ ଲେଙ୍କାଙ୍କ ଗଳ୍ପରେ ରହିଛି। ଯଥା : – ନୁଚେଇବ, ନୋକ, ବଅସ, ପଚ ପଚ, ନାଭ, ମାହାନଦୀ, ଶୁଘୁନି, ବସିଥେବି, ନେଖିଚି, ଗୁହମୂତ, ଜଗରନାଥ, ଉପେରେ ଇତ୍ୟାଦି। ଏଭଳି ଶବ୍ଦ ବିନ୍ୟାସ ଦ୍ୱାରା ଗଳ୍ପ ଗୁଡିକରେ ସ୍ୱତଃ ଏକ ଗ୍ରାମୀଣ ପରିମଣ୍ଡଳ ନିର୍ମାଣ ହୋଇପାରିଛି। ଏହି ପରିମଣ୍ଡଳକୁ 'କଥିତ ପରିମଣ୍ଡଳ' ବା 'ଲୌକିକ ପରିମଣ୍ଡଳ' କୁହାଯାଇପାରେ। ଏଭଳି ପ୍ରୟୋଗ ଦ୍ୱାରା ଲୋକମୁଖରେ ପ୍ରଚଳିତ ଅଥଚ ମାନକ ଭାଷାରେ ଅବ୍ୟବହୃତ ଏବଂ ପଠନପାଠନ ତଥା ଲିଖନ ପ୍ରକ୍ରିୟାରେ ଅବହେଳିତ ଶବ୍ଦଗୁଡ଼ିକ ସଂରକ୍ଷଣ ମଧ୍ୟ ହୋଇପାରିଛନ୍ତି।

ତେଣୁ ଗାଳ୍ପିକ ଦେବ୍ରାଜ ଲେଙ୍କାଙ୍କୁ ଲୋକପ୍ରଚଳିତ ଶବ୍ଦ ସମୂହର ଜଣେ ସଂସିଦ୍ଧ ସଂରକ୍ଷକର ଆସନରେ ଆସୀନ କରାଯାଇପାରେ।

ବହିର୍ବୟନ ବନାମ୍ ବିବିଧ ପୁରୁଷୀୟ ଶୈଳୀ

ଦେବ୍ରାଜ ଲେଙ୍କା ତାଙ୍କ ଗଳ୍ପଗୁଡ଼ିକରେ ପ୍ରଥମ ପୁରୁଷୀୟ ଶୈଳୀ, ତୃତୀୟ ପୁରୁଷୀୟ ଶୈଳୀ ଆଦିର ବ୍ୟବହାର କରିଛନ୍ତି। ବହୁ ଗଳ୍ପରେ ପ୍ରଥମ ପୁରୁଷୀୟ ଶୈଳୀ ରହିଛି। ଆବଶ୍ୟକ ସ୍ଥଳେ ନିଜେ ଗାଳ୍ପିକ ମଧ୍ୟ ଗଳ୍ପମଧ୍ୟରେ ଚରିତ୍ର ଭାବରେ ପ୍ରବେଶ କରିବା ସହିତ କେଉଁଠି କେଉଁଠି କାବ୍ୟିକ ନ୍ୟାୟ ଦେବା ପାଇଁ ସମ୍ମୁଖକୁ ଚାଲିଆସିଛନ୍ତି। ଏହାର ଅନେକ ଉଦାହରଣ ରହିଛି। ଯଥା :- "ମୁଁ ଘୁଷୁରୁଛି ହାଁ ହାଁ ହୋଇ। ମୁଁ ମଣିଷୁଟାଏ ନୁହଁ। ଛାତିରେ ଭରାଦେଇ ଘୁଷୁରୁଛି ଗୋଟିଏ କାଳିଆ ଧୂମୁଷା ଗୋଧି ମୁଁ। ମୁଁ ମୋ ଟଙ୍କା ପାଇଁ, ମୋ ପୋଡ଼ିଯାଉଥିବା ସଂସାର ଶାନ୍ତି ପାଇଁ ଏଇ ଧରମ ସତ୍ୟ ପଥରେ ଘୁଷୁରି ହେଉଛି। ମୁଁ ଗୋଧି।" ଏହି ଉଦ୍ଧୃତାଂଶଟି ଗାଳ୍ପିକଙ୍କର 'ସତ୍ୟ ମୋର ବଚନ, ସତ୍ୟ ମୋର ପିତାମାତା, ସତ୍ୟ ଭଗବାନ୍' ଗଳ୍ପର ଏକ ବିଶେଷ ଅଂଶ। ଏଥିରେ ଗାଳ୍ପିକ ପ୍ରଥମ ପୁରୁଷୀୟ ଶୈଳୀ ମାଧ୍ୟମରେ ବର୍ଣ୍ଣନାଟି କରିଛନ୍ତି। ପ୍ରଥମ ପୁରୁଷୀୟ ଶୈଳୀ ଦ୍ୱାରା କାବ୍ୟନାୟକର ନିଜସ୍ୱ ଦୃଷ୍ଟିକୋଣ ଅଭିବ୍ୟକ୍ତ ହୋଇଥାଏ। କାବ୍ୟନାୟକ 'ମୁଁ' ବା 'ଆମ୍ଭେ' ଆଦି ପ୍ରଥମ ପୁରୁଷ ଏକବଚନ ଏବଂ ବହୁବଚନ ସୂଚକ ସର୍ବନାମ ପଦ ମାଧ୍ୟମରେ ଆଖ୍ୟାନ କ୍ରିୟାକୁ ସଞ୍ଚାଳିତ କରାଇଥାନ୍ତି। ଏଭଳି ଶୈଳୀରେ ନିଜେ 'ମୁଁ' ବାଚକ କଥକଟିଏ ବିଭିନ୍ନ ପରିପାର୍ଶ୍ୱ ଏବଂ ଘଟଣାର ସାକ୍ଷୀ ସ୍ୱରୂପ ପରିଗଣିତ ହୋଇଥାନ୍ତି। ସେହିଭଳି ତୃତୀୟ ପୁରୁଷୀୟ ଶୈଳୀ ମାଧ୍ୟମରେ ଦେବ୍ରାଜ ଲେଙ୍କା କେତେକ ଗଳ୍ପ ରଚନା କରିଛନ୍ତି। ଯେଭଳି କି "ଗେଧଟା ପୂରାକୁ ପୂରା ସଇକାରିଆ ଥିଲା। ଏଣେ କୁକୁରଟାବି ପୂରାକୁ ପୂରା ସଇକାରିଆ ଥିଲା। ଏକଦମ୍ ବିନ୍ ବିନ୍ ଚୋସ୍ତ, ଘାଇଁ ଘାଇଁ। ସେ ଗୋଟେ ପଠାଥିଲା। (ସମସ୍ତେ ଭଲରେ ରୁହନ୍ତୁ)। ଗାଳ୍ପିକ କେତେକତ୍ର ପ୍ରଥମ ପୁରୁଷୀୟ ଶୈଳୀ ବ୍ୟବହାର କରୁ କରୁ ତୃତୀୟ ପୁରୁଷୀୟ ଶୈଳୀକୁ ଲମ୍ଫ ପ୍ରଦାନ କରିଛନ୍ତି। ପୁଣି କେଉଁଠି କେଉଁଠି ତୃତୀୟ ପୁରୁଷୀୟ ଶୈଳୀର ବ୍ୟବହାର କରି ଗଳ୍ପ ରଚନା କରୁ କରୁ ହଠାତ୍ ପ୍ରଥମ ପୁରୁଷୀୟ ଶୈଳୀ ମଧ୍ୟକୁ ଲମ୍ଫ ପ୍ରଦାନ କରିଛନ୍ତି। କେତେବେଳେ କେତେବେଳେ ନିଜେ ଚରିତ୍ର ହୋଇ ଗଳ୍ପ ଭିତରକୁ ପ୍ରବେଶ କରିଛନ୍ତି।

ଯଥା :- 'ବର୍ତ୍ତମାନ ଲେଖକ ଯଦି କିଛି ଲେଖେ ତେବେ Poetic Justicର କଥା ଉଠିପାରେ। କିନ୍ତୁ ନା। ଇଏ Poetic Justice (ପୋଟିକ୍ ଜସ୍‌ଟିସ୍) ନୁହେଁ। ଯାହା ଘଟିଛି ତାହାହିଁ ଲେଖକ ଲେଖିବାକୁ ବାଧ୍ୟ ଏବଂ ଏଥିରେ ଯଦି କାହାକୁ ଦଣ୍ଡ

ମିଳିଲା ତେବେ ଲେଖକ କ'ଣ କରିପାରିବ ? ଏ ଘଟଣା ବରଂ ନୂଆ ନୁହେଁ। ଏମିତି କେତେ ଯେ ସଂସାର କାହାର କାହାର ମିଛ ପାଇଁ ଭାଙ୍ଗି ଯାଉଛି ତା'ର ହିସାବ ରଖିବାକୁ କାହାର ବେଳନାହିଁ।"

ଉଦ୍ଧୃତାଂଶଟି 'ନୁଖୁରୀର ନୁଖୁରା ଜୀବନ' ଗଳ୍ପର ଏକ ଅଂଶ ବିଶେଷ। ଏହି ଗଳ୍ପରେ ନୁଖୁରୀର ସ୍ୱାମୀକୁ ମିଛ ହଣ୍ଡାଚୋରି ମାମଲାରେ ଫସାଇ ଦେଇ ସାରିବା ପରେ ଗାଁ ଲୋକ ତଥା ପରମ ନ୍ୟାୟପତି, ପରମ ନୈଷ୍ଠିକ, ପରମ ସମାଜସେବୀ ସରପଞ୍ଚ ଶ୍ରୀ ସତ୍ୟବାଦୀ ନନ୍ଦଶର୍ମା ଗୋସାଇଁଙ୍କ ସଙ୍ଗୀ ଉପରେ ଯେଉଁ ଅଭାବିତ ଦୃଶ୍ୟ ଗ୍ରାମବାସୀମାନେ ଦେଖିଥିଲେ ସେହି କଥାକୁ ପରିଷ୍କାର ଭାବରେ ବର୍ଣ୍ଣନା କରିବାପାଇଁ ଏଠାରେ ନିଜେ ଲେଖକ ଦେବ୍ରାଜ ଲେଙ୍କା ଆତ୍ମପ୍ରବେଶ କରିଛନ୍ତି। ଏହି ଆତ୍ମପ୍ରବେଶ ମାଧ୍ୟମରେ ସେ ନନ୍ଦଗୋସାଇଁଙ୍କର ପ୍ରକୃତ ସ୍ୱରୂପକୁ ଲୋକଲୋଚନରେ ଉତ୍ଥାପନ କରିଛନ୍ତି। ମିଛୁ ଜେନା ପରି ଅନେକ ସରଳ ନିଷ୍କପଟ ଗ୍ରାମବାସୀଙ୍କୁ କିଭଳି ଉଚ୍ଛନ୍ନ କରିଦିଆଯାଏ ଏବଂ ସେମାନେ ସେଥିପାଇଁ ରୋଗାକ୍ରାନ୍ତ ହୋଇ ମୃତ୍ୟୁକୁ ମଧ୍ୟ ବରଣ କରନ୍ତି, ସେହିକଥାକୁ ଉଦ୍‌ଘାଟନ କରିବା ପାଇଁ ତଥା ସେହି ଘଟଣାର ପଶ୍ଚାତ୍‌ରେ କିଭଳି ମିଥ୍ୟା ଷଡ଼୍‌ଯନ୍ତ୍ର ଲୁକ୍‌କାୟିତ ହୋଇ ରହିଥିଲା ସେହି କଥାକୁ ପାଠକ ସମ୍ମୁଖରେ ଉପସ୍ଥାପନ କରିବାପାଇଁ ଗାଳ୍ପିକ ଦେବ୍ରାଜ ଲେଙ୍କା ଏଠାରେ ଆତ୍ମପ୍ରବେଶ କରିଛନ୍ତି ଏବଂ ସେହି ଆତ୍ମପ୍ରବେଶ ମାଧ୍ୟମରେ ମିଛୁଜେନା ଏବଂ ନୁଖୁରୀର ଅକଥନୀୟ ଅତ୍ୟାଚାରକୁ ଏହି ଗଳ୍ପରେ ପଦାକୁ ଆଣିବା ପାଇଁ ଚେଷ୍ଟା କରିଛନ୍ତି।

ଏହିଭଳି କେତେକ ଦୃଷ୍ଟାନ୍ତରେ ଆମେ ଦେବ୍ରାଜ ଲେଙ୍କାଙ୍କର ପ୍ରଥମ ପୁରୁଷୀୟ ଶୈଳୀ, ଏବଂ ଆତ୍ମ ଅନୁପ୍ରବେଶାତ୍ମକ ଶୈଳୀର ଦୃଷ୍ଟାନ୍ତ ଦେଖିପାରିବା। ଏହି ଭଳି ଶୈଳୀର ପ୍ରୟୋଗ କରି ଦେବ୍ରାଜ ଲେଙ୍କା ତାଙ୍କ ଗଳ୍ପଗୁଡ଼ିକୁ ଅଧିକ ସମୃଦ୍ଧ କରିପାରିଛନ୍ତି। ଏଭଳି ଶୈଳୀର ପ୍ରୟୋଗ ଦ୍ୱାରା ଗଳ୍ପଗୁଡ଼ିକ ଉତ୍ତର ଆଧୁନିକ ସାହିତ୍ୟ ଧାରାର ନିକଟବର୍ତ୍ତୀ ହୋଇପାରିଛି। କାରଣ ଉତ୍ତର ଆଧୁନିକ ସାହିତ୍ୟ ଧାରାରେ ପ୍ରଥମ ପୁରୁଷୀୟ ଶୈଳୀକୁ ହିଁ ଅଧିକ ଗୁରୁତ୍ୱ ଦିଆଯାଏ। ପ୍ରଥମ ପୁରୁଷୀୟ ଶୈଳୀର ଆତ୍ମସ୍ୱୀକାରୋକ୍ତି, ଆତ୍ମପ୍ରବେଶ, ଆତ୍ମାନୁରକ୍ତି ଆଦିର ଦୃଷ୍ଟାନ୍ତ ଏହି ଶୈଳୀ ମାଧ୍ୟମରେ ପ୍ରତିଫଳିତ ହୋଇଥାଏ। ସେଥିପାଇଁ ଗାଳ୍ପିକ ଦେବ୍ରାଜ ଲେଙ୍କାଙ୍କର ଏଭଳି ଉଦ୍ୟମ ଅତ୍ୟନ୍ତ ପ୍ରଂଶସନୀୟ।

ଅନ୍ତର୍ବୟନ

ଗାଳ୍ପିକ ଦେବ୍ରାଜ ଲେଙ୍କାଙ୍କର ବିଭିନ୍ନ ଗଳ୍ପକୁ ନେଇ ଏଯାବତ୍ ଯାହା ଆଲୋଚନା କରାଗଲା ସେଗୁଡ଼ିକ ବିଶେଷକରି ବାହ୍ୟବିନ୍ୟାସ ବା ଆଙ୍ଗିକ ସର୍ବସ୍ୱ ଅଭିବ୍ୟକ୍ତି ଭାବରେ

ବିଚାର୍ଯ୍ୟ ହୋଇପାରେ। ତେବେ ପ୍ରବନ୍ଧର ଏହି ଭାଗରେ ଅନ୍ତର୍ବିନ୍ୟାସର ପ୍ରସଙ୍ଗ ପରିବେଷିତ ହେବ। ଅନ୍ତର୍ବିନ୍ୟାସ ଅର୍ଥାତ୍ ଭାବଗତ ବିନ୍ୟାସ। ଏହି ବିନ୍ୟାସରେ ଭାବ ହେଉଛି ମୁଖ୍ୟ ଏବଂ ଶବ୍ଦ ହେଉଛି ଗୌଣ। ଅର୍ଥାତ୍ ଅଙ୍ଗ ଅପେକ୍ଷା ଆତ୍ମାକୁ ଏଠି ଅଧିକ ଗୁରୁତ୍ୱ ପ୍ରଦାନ କରାଯାଏ। ସେଥିପାଇଁ ଆଲୋଚ୍ୟ ପ୍ରବନ୍ଧର ଅବଶିଷ୍ଟାଂଶରେ ସେହି ଭାବଗତ ବିନ୍ୟାସ ବା ଅନ୍ତର୍ବିନ୍ୟାସକୁ ଉପସ୍ଥାପନ କରାଯାଉଛି।

ଅନ୍ତର୍ବୟନ ବନାମ୍ ଡାୟାକ୍ରୋନିକ୍, ସିଂକ୍ରୋନିକ୍ ଓ ଇନକ୍ରେଡିବ୍ଲ ଅନୁଷଙ୍ଗ

ଦେବ୍ରାଜ ଲେଙ୍କାଙ୍କର 'ଅବଦୁଲ୍ଲା ଦିଓ୍ୱାନା' ନାମରେ ଗୋଟିଏ ଗଳ୍ପ ରହିଛି। ଯେଉଁ ଗଳ୍ପରେ ସେ ନିଜେ ହେଉଛନ୍ତି ଚରିତ୍ର। ତାଙ୍କ ନିଜ ନାମ ଉଲ୍ଲେଖ କରାଯାଇଛି। ଅର୍ଥାତ୍ ଆଲୋଚ୍ୟ ଗଳ୍ପର 'ଦେବ୍ରାଜ ଲେଙ୍କା' ନାମକ ଚରିତ୍ରଟି ଗୋଟିଏ 'Synchronic' ଚରିତ୍ର। ଏ ଚରିତ୍ର ଅତୀତକୁ ଇତିହାସ କହେ, ଭବିଷ୍ୟତକୁ ଅନିଶ୍ଚିତ ବୋଲି କହେ ଏବଂ ବର୍ତ୍ତମାନକୁ କହେ ଜୀବନ। ତେଣୁ ଏ ଗଳ୍ପରେ ତିନୋଟି ପାର୍ଶ୍ୱ ରହିଛି। ଗୋଟିଏ କାଳାନୁକ୍ରମିକ ପାର୍ଶ୍ୱ, ଗୋଟିଏ ସାମ୍ପ୍ରତିକ ପାର୍ଶ୍ୱ ଏବଂ ଆଉ ଗୋଟିଏ ଅବିଶ୍ୱସନୀୟତାଯୁକ୍ତ ପାର୍ଶ୍ୱ। ଏହି ତିନୋଟି ପାର୍ଶ୍ୱ ମଧ୍ୟରେ ଏକ ପ୍ରକାର ସଂଘର୍ଷ ଏ ଗଳ୍ପରେ ଲକ୍ଷ୍ୟ କରାଯାଏ। ସେଥିପାଇଁ ଏ ଗଳ୍ପରେ ସେହିସବୁ ଉପାଦାନକୁ ଭିତ୍ତିକରି ଘଟଣା ଏବଂ ଚରିତ୍ରଗତ ଉପାଦାନ ସ୍ଥାନିତ ହୋଇଛନ୍ତି।

'Diachronic' (ଡାୟାକ୍ରୋନିକ୍) ପାର୍ଶ୍ୱରେ ଯେଉଁ ଚରିତ୍ରମାନେ ରହିଛନ୍ତି ସେମାନେ ହେଉଛନ୍ତି – ରାମ ଦାସ୍, ଯଦୁ ମିଶ୍ର, ମଧୁ ସ୍ୱାଇଁ ପ୍ରଭୃତି ଟୋକାମାନେ। ଏମାନେ ସମକାଳୀନ ଚରିତ୍ର ଅର୍ଥାତ୍ ଦେବ୍ରାଜ ଲେଙ୍କାଙ୍କର ଅବିଶ୍ୱସନୀୟ ମାନସିକ ସ୍ଥାପତ୍ୟକୁ ବରଦାସ୍ତ କରିପାରୁ ନାହାଁନ୍ତି। ଗଳ୍ପରେ ଜଣେ ଯୁବତୀ ଚରିତ୍ର ରହିଛି। ଏହି ଯୁବତୀ ଚରିତ୍ରକୁ ଏକ 'Incredible' ବା ଅବିଶ୍ୱସନୀୟ ଚରିତ୍ର ଭାବରେ ତର୍କଣା କରାଯାଇପାରେ। ଯେଉଁ ଚରିତ୍ରକୁ ଲକ୍ଷ୍ୟ କରି ଗାଳ୍ପିକ କହୁଛନ୍ତି ଯୁବତୀଟି ବିଲ୍‌କୁଲ୍ ଠୋସ୍‌ଥିଲା ଅର୍ଥାତ୍ ରୂପସୀ ବେନଜିର୍, ଡମ୍‌ଡମ୍ ଡିଗାଡିଗା, ଟୁଲ୍‌ଟୁଲ୍ ଛପନ୍ ଛୁରୀ, ଟୋଟଲ୍ ନିଲମ୍ ପରୀ, ପାମାପାମା ଧାପା ଧାପା ପାନି ଧାପା ନିଧାପା ନିଧାପା ପା. . . . ପା . . . . / ଟୋକୀଟା ପ୍ରଗାଢ଼ ରଙ୍ଗବତୀ ଥିବାପରି।

ପୁଣି ସେ କହୁଛନ୍ତି 'ଯୁବତୀଟା ଅତିମାତ୍ରାରେ ହିଁ ଯୁବତୀ ଥିଲା। ବିଲାତି ବିଲାତି ଥିଲା। ନାସ୍‌ପାତି ନାସ୍‌ପାତି ଥିଲା।"

ଯୁବତୀର ଯୌବନକୁ ସେ ସମୁଦ୍ର ବୋଲି କହୁଛନ୍ତି। ତା'ର ଯୌବନକୁ ପବନ, ତା'ର ରୂପ, ତା'ର ନୟନ, ତା'ର ସ୍ୱଭାବକୁ ଲୁଟ୍‌ମାର୍ ବସନ୍ତ ବୋଲି

କହୁଛନ୍ତି । ତେଣୁ ଏଭଳି ଏକ ତର୍କଣା ମଧ୍ୟରେ ଗୋଟିଏ 'Incredible' ଅଭିବ୍ୟକ୍ତି ଏଠାରେ ପ୍ରତିଫଳିତ ହୋଇଥିବାର ଲକ୍ଷ୍ୟ କରାଯାଏ । ଝିଅଟି ଯେତେବେଳେ ତା'ର ବାଳକୁ ମୁକୁଳା କରି ନେଳି ସମୁଦ୍ରର ସୁନେଲି ରାସ୍ତାରେ ଧାଇଁଛି, ସେତେବେଳେ ଦେବ୍ରାଜ ଲେଙ୍କାଙ୍କର କବିପ୍ରାଣ ଆହୁରି ରସମଞ୍ଜୁଳ, ରସସ୍ନିଗ୍ଧ ଏବଂ ରସୋବୈସଃ ହୋଇ ଉଠିଛି । ଫଳରେ କାଳାନୁକ୍ରମିକ ଚେତନା ବା 'Diachronic' ବ୍ୟବସ୍ଥାରେ ଜୀଉଁଥିବା ଟୋକାମାନେ ଏହାକୁ ଗ୍ରହଣ କରିପାରି ନାହାଁନ୍ତି । ତେଣୁ ସେମାନେ ଦେବ୍ରାଜ ଲେଙ୍କାଙ୍କୁ କବି ବୋଲି କହିଛନ୍ତି । ସେମାନଙ୍କ ଭାଷାରେ "କବି ନ ହୋଇଥିଲେ ରକ୍ତ ମାଂସର ଆଜେବାଜେ ଝିଅକୁ ବି ଆପଣ ରୂପ ପ୍ରତିମା ବୋଲି କହିନଥାନ୍ତେ । କିନ୍ତୁ ଆମ୍ଭେମାନେ ପୋଲିସ୍ ନୋହୁଁ । ପ୍ରେସ୍ ରିପୋର୍ଟର ।"

ତାପରେ ଗୋଟିଏ ପଟେ ଦେବ୍ରାଜ ଲେଙ୍କା ଆଉ ଗୋଟିଏ ପଟେ ଏଇ ରିପୋର୍ଟର ଦଳଭୁକ୍ତ ଟୋକାଗଣଙ୍କ ମଧ୍ୟରେ ଯୁକ୍ତିତର୍କ ହୋଇଛି । ଏହି ଯୁକ୍ତିତର୍କକୁ କାଳାନୁକ୍ରମିକତା ବା ସମକାଳିନତା ମଧ୍ୟସ୍ଥ ଏକ ପାର୍ଥକ୍ୟ ବା ଏକ ପିଢ଼ିଗତ ବ୍ୟବଧାନ ବୋଲି ମଧ୍ୟ କୁହାଯାଇପାରେ । କବିର ବୟସ ସଂପର୍କରେ ପ୍ରଶ୍ନ କଲାବେଳେ ଦେବ୍ରାଜ ଲେଙ୍କା କହିଛନ୍ତି – "କବିର ବୟସ . . . . ? ହାଃ. . . ହାଃ . . . . କବିର ବୟସ ! କବିର ବୟସ ସଦାବେଳେ ହିଁ ଚବିଶ ବର୍ଷ ଏଗାର ମାସ ଅଣତିରିଶ ଦିନ । ଅର୍ଥାତ୍ ତାକୁ ପଚିଶ ବର୍ଷ ହୋଇନାହିଁ ।" (ସେହିଗଳ୍ପ) ।

ଏହି ଯେଉଁ ବୟସ – ଏ ବୟସ ପ୍ରକୃତରେ ଚିରାଚରିତ ତଥା ଯାନ୍ତ୍ରିକତାଯୁକ୍ତ ଜୀବନଧାରା ବହିର୍ଭୂତ ଏକ ବୟସ । ଏ ବୟସ ଏଠାରେ ଏକ ପ୍ରତୀକ । ଏହି ପ୍ରତୀକକୁ ଏଠାରେ ସକଳ ବ୍ୟାକରଣିକ ବ୍ୟବସ୍ଥା ଏବଂ ସକଳ କାଳାନୁକ୍ରମିକ ବା ଧରାବନ୍ଧା ବା ଐତିହାସିକ ବା ଆତୀତିକ ବ୍ୟବସ୍ଥା ବର୍ହିଭୂତ ଏକ ବ୍ୟବସ୍ଥା ଭାବରେ ଗ୍ରହଣ କରାଯାଇପାରେ । ଯାହାକୁ ଉତ୍ତର ଆଧୁନିକ ଭାଷାରେ 'Incredible' ବୋଲି କୁହାଯାଏ । ଗଳ୍ପରେ ଧରାବନ୍ଧା ବା ଚିରାଚରିତ ବ୍ୟବସ୍ଥା ଦେବ୍ରାଜ ଲେଙ୍କାଙ୍କୁ କେତେ ବୟସ ହେଲାଣି ବୋଲି ପ୍ରଶ୍ନ କରିଛି । ତାଙ୍କ ଆଖିରେ ଚାଳିଶା ଚଷମା, ମୁଣ୍ଡ ଚନ୍ଦା ହୋଇଥିବାର ଅବସ୍ଥା ଦେଖି ସେହି ଟୋକାମାନେ କହିଛନ୍ତି "ତୁ ବୁଢା. . . .ହାଃ ହାଃ ତୁ ବୁଢ଼ା, ଦେବ୍ରାଜ ଲେଙ୍କା ତୁ ବୁଢ଼ା ।" ଦେବ୍ରାଜ ଲେଙ୍କା ଉତ୍ତର ଦେଇଛନ୍ତି – "ମୁଁ କିନ୍ତୁ ବୁଢା ନୁହେଁ । ଚାଳିଶା ଚଷମା ପିନ୍ଧିଥିବା ଲୋକ କଦାପି ବୁଢା ହୋଇ ନ ପାରେ ।" (ସେଇଗଳ୍ପ) ଟୋକାମାନେ ଏ ଉତ୍ତର ଶୁଣି ହସିଛନ୍ତି । ସେମାନେ କବିଙ୍କୁ ଅର୍ଥାତ୍ ଦେବ୍ରାଜ ଲେଙ୍କାଙ୍କୁ ଅବିଶ୍ୱସନୀୟ ଯୁବତୀକୈନ୍ଦ୍ରିକ ପରିମଣ୍ଡଳ ଭିତରୁ ଓଟାରି ଆଣିବାକୁ ଚେଷ୍ଟା କରିଛନ୍ତି । ସେଥିପାଇଁ ସେମାନେ କହିଛନ୍ତି ତମକୁ ଆମେ ବୁଢ଼ା

କରିଦେବୁ। ତମର ଷାଠିଏ ବର୍ଷ ହୋଇଥିଲେ ବି ତମକୁ ଷାଠିଏ ବର୍ଷ ହୋଇଯାଇଛି ବୋଲି ଭାବିବାକୁ ଆମେ ବାଧ କରିଦେବୁ। ଭାବିନେ ତୋ ପାଇଁ ବସନ୍ତ ସରିଯାଇଛି, ଫୁଲର ବଗିଚା ମରିଯାଇଛି, ପକ୍ଷୀର କୁହୁ ହଜିଯାଇଛି, ଆଉ ଯୁବତୀ. . . . ? ଯୁବତୀମାନେ ତୋ'ପାଇଁ ସବୁ ବୁଢ଼ୀ ହୋଇଯାଇଛନ୍ତି। ଯୁବତୀର ଯେଉଁ ବାଳପାଇଁ ତୁ ଏତେ ତତ୍ତ୍ୱବାଣୀଗୁଡ଼ାଏ ନାମର୍ଦ୍ଦ ଟୋକାଙ୍କୁ ଏବେ ଶୁଣାଉଥିଲୁ ସେ ବାଳ ବର୍ତ୍ତମାନ ଖୌରଖଣ୍ଡି। ବିଲ୍‌କୁଲ୍ ଲାଣ୍ଡୀ। (ପୃଷ୍ଠା – ୬୪- ସେଇଗଛ)

ଉଦ୍ଧୃତିଗୁଡ଼ିକରେ ଯେଉଁ ତର୍କବିତର୍କର କଥା ବିନ୍ୟସ୍ତ ହୋଇଛି ଏହା ଆକ୍ଷରିକ ଅର୍ଥଯୁକ୍ତ ନୁହେଁ। ଏଠାରେ କୁହାଯାଇଛି ଭାବ ବା ଚେତନାଗତ ଦୃଷ୍ଟିରୁ ବୟସ ବୋଲି କିଛି ନାହିଁ। ପ୍ରେମର ମଧ ବୟସ ବୋଲି କିଛି ନାହିଁ। କିନ୍ତୁ ଚିରାଚରିତ ଦୃଷ୍ଟିରୁ ସବୁକିଛିର ବୟସ, ସ୍ଥାନ-କାଳ-ପାତ୍ର ନିର୍ଦ୍ଧାରଣ କରାଯାଇଛି। ସେଥିପାଇଁ ଯେଉଁମାନେ ଏହି ବୟସ ଫାଶରେ ନିଜକୁ ବାନ୍ଧିବୁନ୍ଧି ଅସାଡ଼ କରିଦିଅନ୍ତି, ସେହିମାନେ ଅତି ଅଳ୍ପ ବୟସରେ ବି ବୃଦ୍ଧ ଅବସ୍ଥାକୁ ଚାଲିଯାଆନ୍ତି। ଆଉ ଯେଉଁ ବୃଦ୍ଧ ଷାଠିଏ ସତୁରୀ ବର୍ଷର ହେଇବି ଭାବଗତ ଦୃଷ୍ଟିରୁ ମାନସ-ପ୍ରାଣ ସ୍ତରରେ ଆବେଗ... ସମ୍ବେଗର ଅଧିକାରୀ ହୋଇଥାଏ, ସେ କେବେ ବୁଢ଼ା ହୁଏ ନାହିଁ। ସେ ସମାଜର ପ୍ରଭୁତ୍ୱ, ଶୋଷଣ, କପଟତା, ମିଥ୍ୟା, ପ୍ରବଚନା, ଘୃଣା, ଈର୍ଷା ଇତ୍ୟାଦି ଦ୍ୱାରା ବଶୀଭୂତ ହୁଏ ନାହିଁ। ବରଂ ଅନ୍ୟତ୍ର ସେ ମହୁମାଛିର ଗୁଣୁଗୁଣୁ, ଝରଣାର କୁଳୁକୁଳୁ, ଯୁବତୀର ଖିଲିଖିଲି, ସ୍ୱପ୍ନର ଝିଲିମିଲି, ପତ୍ରର ଫୁସ୍‌ଫାସ୍ , ଚନ୍ଦ୍ର ତାରା ଆଦି ମଧରେ ଜୀବନର ଅସରନ୍ତି ସମ୍ଭାବନାକୁ ଦର୍ଶନ କରେ। ଜୀବନର ଅସୀମ ବିସ୍ତାରଣକୁ ନିଜ ମଧରେ ଅନୁଭବ କରେ। ଏହି ଅନୁଭବିତ ଚିର ସବୁଜ ଉପଲବ୍ଧି ମଧରେ ସେ ଅବସ୍ଥାବାଚକ ବୃଦ୍ଧତ୍ୱ ପ୍ରାପ୍ତ ହେଲେ ମଧ ଭାବଗତ ଦୃଷ୍ଟିରୁ ଚିରଯୌବନର ଅଧିକାରୀ ହୋଇ ରହିଥାଏ।

ଅନ୍ତର୍ବୟନ ବନାମ ଲୈଙ୍ଗିକ ବୈଷମ୍ୟ

ନାରୀ ଏବଂ ପୁରୁଷ କ୍ଷେତ୍ରରେ ଯେତେବେଳେ ସୁଯୋଗ, ସ୍ୱାଧୀନତା ଏବଂ ଗୁରୁତ୍ୱ ଭିତ୍ତିରେ ପକ୍ଷପାତିତାର କଥା ଉଠେ ସେତେବେଳେ ଲିଙ୍ଗଗତ ବିଷମତା ବା ବୈଷମ୍ୟ ସୃଷ୍ଟି ହେଲା ବୋଲି କୁହାଯାଏ। ତେବେ ପୃଥିବୀର ବିଭିନ୍ନ ଦେଶରେ ନାରୀ ପୁରୁଷ ମଧରେ ପୁରୁଷଠାରୁ ନାରୀକୁ ଅଧିକ ନ୍ୟୂନ, ପରାଧୀନ, ଅବଦମିତ କରି ରଖାଯିବା ସହିତ ନାରୀ ପୁରୁଷଠାରୁ ରାଜନୀତିକ, ଆର୍ଥନୀତିକ, ସାମାଜିକ, ସାଂସ୍କୃତିକ ପ୍ରେକ୍ଷାପଟରେ ଗୋଟିଏ ଇତର ପ୍ରାଣୀ ଭାବରେ ବିବେଚିତ ହୋଇଥାଏ। ଏହିଭଳି ଏକ ବିଷମତାଯୁକ୍ତ ସାମାଜିକ ନିର୍ମିତିକୁ ଆଖି ଆଗରେ ରଖି ଲୈଙ୍ଗିକ ବୈଷମ୍ୟ

ପ୍ରସଙ୍ଗଙ୍କୁ ସାହିତ୍ୟରେ ବିନ୍ୟାସ କରାଯାଏ। ସେହି ଲୈଙ୍ଗିକ ବିନ୍ୟାସ ବା ଶୈଳୀ ବା ଲୈଙ୍ଗିକ ନିର୍ବାଚନ, ଲୈଙ୍ଗିକ ଅସ୍ମିତା ଇତ୍ୟାଦିର ଚିତ୍ର ଗାଳ୍ପିକ ଦେବ୍ରାଜ ଲେଙ୍କାଙ୍କର କିଛି କିଛି ଗଳ୍ପରେ ଲକ୍ଷ୍ୟ କରାଯାଏ।

ଏଠାରେ ଗୋଟିଏ ଗଳ୍ପକୁ ଉଦାହରଣ ଭାବରେ ନିଆଯାଇପାରେ। ଗଳ୍ପଟିର ଶୀର୍ଷକ ହେଉଛି "ଫାଁ ଗିଳା ଶୁଖିଲା ମୁହଁର ତରାସରେ ଛିଟା"। ଏହି ଗଳ୍ପରେ ଗଳ୍ପକଥକ ଗଳ୍ପର ଆରମ୍ଭରେ ନଈ ଦାଢ଼ରେ ଥିବା ବବୁଲ୍ ଗଛ ତଳେ ଗୋଟିଏ ଝିଅ ଚରିତ୍ରକୁ ଆଣି ଛିଡ଼ା କରାଇଛନ୍ତି। ଝିଅଟି କାନ୍ଦୁଛି। ତା'ର ମୁହଁ ଶୁଖିଯାଇଛି। ତା' ମୁହଁରେ ମେଞ୍ଚାଏ କାଳିଆ ଧୂଳି ଲାଖି ରହିଛି। ଛିଣ୍ଡା ମଇଳା ମେଳଛା ଘାଗରାରେ ସେ ନିଜ ଦେହକୁ ଢାଙ୍କି ହୋଇଛି। ସେ ଘାଗରାରେ ପୁଣି ଚାରିଟା ତାଳି ପଡ଼ିଛି। ଝିଅଟିର ମୁଣ୍ଡରେ ତେଲ କେଉଁ କାଳରୁ ଲଗାଯାଇ ନଥିବାରୁ ମୁଣ୍ଡବାଳ ବୁଢ଼ିଆଣୀ ବସା ପରି ଦେଖାଯାଉଛି ଏବଂ ଦି' କେରା ବାଳ ଶୁଖିଲା ମୁହଁ ଉପରେ ଉଡ଼ି ବୁଲୁଛି। ଝିଅଟି ଖାଇନାହିଁ। ତା' ପେଟ ପିଠିରେ ଲାଗି ଯାଉଛି। ଝିଅଟି ଭୀଷଣ ଦୁର୍ବଳିଆ ଦେଖାଯାଉଛି। ହତାଶିଆ ଆଖିରେ ଚାରିଆଡ଼କୁ ଝିଅଟି ଚାହିଁ କ'ଣ ସବୁ ଦେଖୁଛି।

ଆମ ସମାଜରେ ସାଧାରଣତଃ ଝିଅ ଏବଂ ପୁଅ ଜନମକୁ ନେଇ ଅନେକ ଭେଦ ଦେଖାଯାଇଥାଏ। ଏହି ଭେଦକୁ ପୁରୁଷାନୁକ୍ରମେ ଗ୍ରହଣ ମଧ୍ୟ କରାଯାଇଥାଏ। ଗୋଟିଏ ଝିଅ ଜନମ ହେବା ମାତ୍ରକେ ଯେତେବେଳେ ତା'ର ପରିବାରର ଲୋକ ଲିଙ୍ଗଗତ ଦୃଷ୍ଟିରୁ ଝିଅ ବୋଲି ଚିହ୍ନଟ କରନ୍ତି, ସେହି ଦିନଠାରୁ ଏକ ଅଭିଶପ୍ତ ଦୃଷ୍ଟିରେ; ଏକ ଅବହେଳିତ ଆଖିରେ; ଏକ ଅବାଞ୍ଛିତ ଆବେଗରେ ସେ ଝିଅଟିକୁ ଦେଖିବାକୁ ଲାଗନ୍ତି। ସେଥିପାଇଁ ଗାଳ୍ପିକ କହୁଛନ୍ତି "ଜୀବନ। ଜୀବନକୁ ମାଣ ସେରରେ ମାପି ବସିଲେ ପିଲାଟିବେଳୁ କେତେ ଦୁଃଖ ପାଇଲୁ ଲୋ ଝିଅ ? କେତେ ସୁଖ ପାଇଲୁ ? ବୁଦାମୂଳେ ଘାସମୂଳେ ତୋ ଜୀବନ ପଡ଼ିଛି। ପାଦଚଲା ଡଗର ବାଟରେ ତୋର ଜୀବନ ପଡ଼ିଛି। ଗୋଡ଼ିଖପରା ମାଟିରେ ତୋର ଜୀବନ ନେସି ହୋଇ ରହିଛି। ସେହି ଜୀବନକୁ ଖୋଜିବା ପାଇଁ ଗୁଗୁଚିଆ ବଣରେ ତୁ କେତେ ଘୂରି ହୋଇ ସାଉଁଟି ହେଉଛୁ ଲୋ ଝୁଅ ? ନାକରୁ ସିଂଘାଣି ବାହାରି ପଡୁଛି। ଆଖିରୁ ଜୁଳୁଜୁଳିଆ ବାହାରି ପଡୁଛି। ହାତ ଗୋଡରୁ ଶିରାମଇ ଉଠୁଛି। ଦେହ ଝୁଲାମାରି ଯାଉଛି। ତୁ ଫି' ଦିନ ସକାଳ ପ୍ରହରୁ ରାତି ଯାଏ ଜୀବନକୁ ପାଇବା ପାଇଁ ସାଉଁଟି ହଉଛୁ।" (ପୃଷ୍ଠା -୬, ଗଳ୍ପ - ଫାଁ ଗିଳା ଶୁଖିଲା ମୁହଁରେ ତରାସର ଛିଟା)

ଆମ ସମାଜରେ ଏବେବି ଗୋଟିଏ ଝିଅ ଯେତେବେଳେ ଜନମ ହୁଏ, ତାକୁ ତା' ଘରଲୋକମାନେ ପୁଅ ଭଳି ଗୁରୁତ୍ୱ ଦିଅନ୍ତି ନାହିଁ। ତେଣୁ ତା'ପାଇଁ ଏ ଦୁନିଆ

ହୋଇଯାଏ କରତ ଦାଢ଼ର ନିଆଁ ଭଳି। ସେହି ଦାଢରେ ସେ ତା'ର ବେକକୁ ଦେଖାଏ। ଗାଳ୍ପିକ ଏଠାରେ 'ଫୁଲନ୍' ର ଦାରିଦ୍ର୍ୟ ଚିତ୍ର ଅଙ୍କନ କରିବା ସହିତ ଗୋଟିଏ ପୁଅପିଲା ତୁଳନାରେ ଗୋଟିଏ ଝିଅପିଲା କିଭଳି, ଅକଥନୀୟ ହତାଦରର ଶିକାର ହୁଏ ଏବଂ ଏହି ହତାଦରଣୀୟତା ଏକ ଉତ୍କଟ ଲୈଙ୍ଗିକ ବୈଷମ୍ୟ ଭାବରେ ସମାଜରେ କିଭଳି ଯୁଗଯୁଗ ଧରି ଧାରାବାହିକ ସ୍ରୋତ ରଚନା କରେ, ତାହାକୁ ନିମ୍ନୋକ୍ତ ଉଦ୍ଧୃତିରେ ସଂଯୋଗ କରିଛନ୍ତି।

ଯଥା : – "ତୁ ତ ଯେବେ ଉତିଆଣି ହେଲୁ ଲୋ ଝିଅ, ତୋ କୁଆଁ କୁଆଁ କାନ୍ଦ ଶୁଣି ତୋ ବାପାମୁଣ୍ଡରେ ବଜ୍ରପାହାର ପଡ଼ିଗଲା। ଝୁଅଟାଏ ହୋଇଛି ! ପୁଅ ବଦଳରେ ଝୁଅଟାଏ ହୋଇଛି। ଝିଅ ଜନମ ଧିକ। ତୁ କି ଜାଣୁ ଏତେ କଥା ? ବାପା ତୋର ଉତିଆଣି ଘରର ପିଣ୍ଡାରେ ବସି ରକତ ଚାଉଳ ଚୋବୋଉଛି। ନିଜ ଫଟା କରମକୁ ନିନ୍ଦୁଛି। ସେଇ ଅଲକ୍ଷଣିଟାକୁ ସେଇ ଜନମ ବେଳରୁ ତଣ୍ଟିଚିପିଦିଅ। ସେ ମରୁ। ତା' ଠି ଆମର କିଛି ଲୋଡା ନାହିଁ।" (ପୃଷ୍ଠା – ୮)

ଏହି ଉଦ୍ଧୃତିଟିରୁ ଝିଅ ପ୍ରଜାତି ଏବଂ ପୁଅ ପ୍ରଜାତି ମଧ୍ୟରେ ଆମ ତଥାକଥିତ ସମାଜ ବ୍ୟବସ୍ଥାରେ ଯେଉଁ ବୈଷମ୍ୟ ବା ବିଷମତା ରହିଛି, ତାହା ଅତି ସ୍ପଷ୍ଟ ଭାବରେ ଫୁଟି ଉଠିଛି। ତେଣୁ ଏହି ଯେଉଁ ଲୈଙ୍ଗିକ ବୈଷମ୍ୟ, ଏହି ଯେଉଁ ଝିଅ ପୁଅ ମଧ୍ୟସ୍ଥ ଫରକ୍ ଏବଂ ଦୂରତା ତାହା ସୁସ୍ଥ ସମାଜ ପାଇଁ ଆଦୌ ସମୀଚୀନ ମନେହୁଏ ନାହିଁ। ଏଭଳି ଚିତ୍ରଣ ମାଧ୍ୟମରେ ଗାଳ୍ପିକ 'ଫୁଲନ୍' କୁ ଏକ ଦଳିତ ନିଷ୍ପେଷିତ ଝିଅ ଭାବରେ ଚିତ୍ରଣ କରିବା ସହିତ ଝିଅ ଏବଂ ପୁଅ ଭିତରେ ଯେଉଁ ବୈଷମ୍ୟ ରହିଛି ତାହା ଦୂରହେବା ବାଞ୍ଛନୀୟ ବୋଲି ପରୋକ୍ଷରେ କହିବାପାଇଁ ଚାହୁଁଛନ୍ତି। ଅର୍ଥାତ୍ ପୁରୁଷ ଓ ନାରୀ ମଧ୍ୟରେ ଏଭଳି ଲିଙ୍ଗଗତ ବୈଷମ୍ୟକୁ ନେଇ ଅନ୍ତର ରହିବା ଉଚିତ୍ ନୁହେଁ। ଏହି ଯେଉଁ ଅନ୍ତର, ଏହି ଯେଉଁ ପ୍ରଭେଦ, ଏହି ଯେଉଁ ବିଭେଦନ ତାହା ଗୋଟିଏ ସୁସ୍ଥ ସମାଜ ଗଠନ ଦିଗରେ ଆଦୌ ସାହାଯକ ହୁଏ ନାହିଁ। ତେଣୁ ଝିଅଟିଏ ପାଠ ପଢିବ; ଝିଅଟିଏ ପୁଅଭଳି ସ୍ୱୟଂସମ୍ପୂର୍ଣ୍ଣ ହେବ – ଏହି ଭଳି ଗୋଟିଏ ବାର୍ତ୍ତା ଏ ଗଳ୍ପରେ ଖଚିତ ହୋଇଛି।

ଲୈଙ୍ଗିକ ବୈଷମ୍ୟକୁ ଦୂର କରି ଲିଙ୍ଗଗତ ସମାନତା ପ୍ରତିଷ୍ଠା କରିବା ପାଇଁ ଶିକ୍ଷାଗତ ସମାନତା ଉପରେ ଅଧିକ ଗୁରୁତ୍ୱ ଆରୋପ କରାଯାଏ। ଏହି ଯେଉଁ ଲିଙ୍ଗଗତ ସମ୍ବେଦନଶୀଳତା ଏହି ସମ୍ବେଦନଶୀଳତାକୁ ପ୍ରତିହତ କରି ଏକ ସୁସ୍ଥ ସମାଜ ଗଠନ ପାଇଁ ଶିକ୍ଷାକୁ ଆୟୁଧ ରୂପେ ଗ୍ରହଣ କରାଯିବା ଦରକାର। ଆମ ସମାଜରେ ଝିଅ ପୁଅ ମଧ୍ୟରେ ଯେଉଁ ତଥାକଥିତ ବିଭେଦର ପ୍ରାଚୀରଟିଏ ଠିଆ ହୋଇଥାଏ, ସେହି ପ୍ରାଚୀର

ହେତୁ ପୁଅ ପାଠ ପଢ଼େ, କିନ୍ତୁ ଝିଅକୁ ବାପାମାଆ ପାଠ ନପଢ଼ାଇ ତାକୁ ଘରକାମରେ ବା ଚାଷକାମରେ ବା ଗୋରୁଗାଈ ରକ୍ଷଣାବେକ୍ଷଣ କାମରେ ନିୟୋଜନ କରନ୍ତି। ଏଭଳି ବ୍ୟବସ୍ଥାକୁ ଗାଳ୍ପିକ ଏଠାରେ ସହ୍ୟ କରିପାରି ନାହାଁନ୍ତି। ସେଥିପାଇଁ ସେ ଏଠାରେ ପ୍ରତିବାଦ କରିଛନ୍ତି ଏବଂ ସେହି ପ୍ରତିବାଦର ଭାଷା ତାଙ୍କର ଏହିଭଳି – "ତେବେ ସେ କାହିଁକି ଇସ୍କୁଲ୍ ଯିବ? କାହିଁକି ଖେଳିବାକୁ ଯିବ ? ଘରେ କେତେ କାମ ପାଇଟି ପଡ଼ିଛି। ମନେ ମନେ ସରଗକୁ ନେଶେଣୀ ବାନ୍ଧିଲେ କ'ଣ ହେବ? କରମତ ଘୋଡା ନେଣ୍ଡି ପୋଛାଉଛି।" (ପୃଷ୍ଠା-୧୦)

ଗାଳ୍ପିକ ଝିଅ ଜନମକୁ ନେଇ ବିଭିନ୍ନ କଥା ଏଠାରେ ଉପସ୍ଥାପନ କରିବା ପଶ୍ଚାତରେ ଝିଅ ଜନମକୁ ଏକ ଅଭିଶାପ ଭାବରେ ବିବେଚନା କରୁଥିବା ସାଂସାରିକ ବ୍ୟବସ୍ଥାକୁ ସେ ବିଚିତ୍ର ବୋଲି କହିଛନ୍ତି; ସ୍ୱାର୍ଥପରତାଯୁକ୍ତ ବୋଲି କହିଛନ୍ତି। ଝିଅ ପୁଅ ମଧ୍ୟରେ ବିଭେଦ ସୃଷ୍ଟି କରୁଥିବା ସମାଜର ରୀତିନୀତିକୁ ସେ ଏଠାରେ ତାଚ୍ଛଲ୍ୟ କରିଛନ୍ତି। ଝିଅର ଜନମ କିଭଳି ଏକ ଅଭାଗି ଜନମ ସେ କଥା ମଧ୍ୟ କହିଛନ୍ତି ଏହି ଗଳ୍ପରେ। ଝିଅର ହାଁ ଗିଳା ଶୁଖିଲା ମୁହଁକୁ ଦେଖି ଗାଳ୍ପିକ ମ୍ରିୟମାଣ ହୋଇପଡ଼ିଛନ୍ତି। ଝିଅଟି ଗାଈ ଚରାଇ ଯାଉଛି। ସକାଳଠାରୁ ଆରମ୍ଭ କରି ଦିନ ରତରତ ପର୍ଯ୍ୟନ୍ତ ସେ ଘରଠାରୁ ବାହାରେ ରହୁଛି। ଏଭଳି ବ୍ୟବସ୍ଥାକୁ ଗାଳ୍ପିକ ବରଦାସ୍ତ କରିପାରୁନାହାଁନ୍ତି। ଝିଅ ଏବଂ ପୁଅ ଭିତରର ଏହି ଯେଉଁ ଭେଦ ତାହାକୁ ଗାଳ୍ପିକ ଦୂର କରିବାକୁ ଚେଷ୍ଟା କରିଛନ୍ତି।

ଏଠାରେ ଝିଅ ବୋଲି ଯେଉଁ 'ଫୁଲନୀୟା' ଚରିତ୍ରକୁ ଉପସ୍ଥାପନ କରାଯାଇଛି ସେହି ଚରିତ୍ରଟି ଭିତରେ କୋଟି କୋଟି ପୁଅର ଜନ୍ମ ମୂଲ୍ୟଠାରୁ ଅଧିକ ମୂଲ୍ୟ ଭରିରହିଛି ବୋଲି ବିଚାର କରୁଛନ୍ତି ଗାଳ୍ପିକ ଏବଂ ସେହି ଝିଅଟିକୁ କାଳିଆ କାହ୍ନୁଭଳି ଛାତିରେ ଧରି; କୋଳରେ କାଖରେ ଘୋଡ଼େଇ, ପିନ୍ଧାକାନିରେ ତା'ର ଦେହରୁ ଧୂଳି ଝାଡ଼ି ଦେଇ, ତା'କୁ ଖୁଆଇ ଭୁଞ୍ଜେଇ ପୁଅତୁଲ୍ୟ ସମାନତା ପ୍ରଦାନ କରିବା ପାଇଁ ଗାଳ୍ପିକ ସାହସ ବାନ୍ଧିଛନ୍ତି। ଏହି ବର୍ଣ୍ଣନା ବିନ୍ୟାସ ମଧ୍ୟରେ ଫୁଲନୀୟା ଗାଈ ନେଇ ଘରକୁ ଆସି ପିଣ୍ଡା ଉପରେ ବସିପଡିଲା ଥକ୍କା ହୋଇ। କିନ୍ତୁ ଗାଳ୍ପିକଙ୍କ ଦୃଷ୍ଟିରେ ସେ ଫୁଲନୀୟା ନୁହେଁ ସେ ଗାଈ ରଖୁଥିବା ଗୋଟେ ଗୋରୁମଣା ଝିଅ ନୁହେଁ / ସେ ହେଉଛି ମିଣଷ। ଯେଉଁ ମଣିଷର ମୂଳ ଅମୂଳ ମୂଳ। ସେଠାରେ ନା ଅଛି ଭେଦ, ନା ଅଛି ପାର୍ଥକ୍ୟ, ନା ଅଛି ଦୂରତା।

ଝିଅ ପୁଅ ଜନମକୁ କେନ୍ଦ୍ରକରି ଏ ଗଳ୍ପଟି ରଚନା କରାଯାଇ ଥିଲେ ମଧ୍ୟ ଗଳ୍ପର ନିର୍ମିତିରେ ଗାଳ୍ପିକ ବିଭିନ୍ନ ପ୍ରକାରର ଶୈଳୀଗତ ଓ ଭାବଗତ ଚାତୁର୍ଯ୍ୟ ସୃଷ୍ଟି

କରିଛନ୍ତି । ତେବେ ମୋଟ ଉପରେ ଏହି ଗଳ୍ପରେ ଝିଅର ଶିକ୍ଷାଦୀକ୍ଷା, ଝିଅର କର୍ମକାର୍ଯ୍ୟ, ଝିଅର ଜୀବନ ଏବଂ ଜୀବିକା ଆଦିକୁ କେନ୍ଦ୍ର କରି ବହୁକଥା କୁହାଯାଇଛି । ଏହି କୁହାଯାଇଥିବା କଥା ପଶ୍ଚାତ୍‌ରେ ଲିଙ୍ଗଗତ ସମତା ସୃଷ୍ଟିକରିବା ପାଇଁ ପ୍ରୟାସ କରାଯାଇଛି । ଝିଅ କ'ଣ ? ପୁଅ କ'ଣ ? ଝିଅ , ପୁଅ ସଭିଏଁ ହେଉଛନ୍ତି ମଣିଷ ଏବଂ ଗୋଟିଏ ଚେତନାର ଦୁଇଟି ରୂପ । ତେଣୁ ସେଠି ବ୍ୟବଧାନ ନରହୁ । ସେଠି ଲୈଙ୍ଗିକ ବୈଷମ୍ୟ ସୃଷ୍ଟି ନହେଉ । ଏଭଳି ବ୍ୟବସ୍ଥା ଦ୍ୱାରା ପୃଥିବୀରେ ସାମାଜିକ ବାତାବରଣରେ ଅସୁସ୍ଥ ସ୍ପନ୍ଦନ ଜାତ ନହେଉ । ଗଳ୍ପଟି ଏହିଭଳି ଭାବରେ ଚିତ୍ରିତ ହୋଇଛି । ଯେଉଁ ଚିତ୍ରଣ ପାଶ୍ଚାତ୍‌ରେ ରହିଛି ଲିଙ୍ଗଗତ ବୈଷମ୍ୟ ଜନିତ ନୀରବ ବିଦ୍ରୋହ ।

ଅନ୍ତର୍ବୟନ ବନାମ୍ ହାଲୁସିନେସନ୍

ଦେବ୍ରାଜ ଲେଙ୍କା କେତେକ ଗଳ୍ପରେ ଏମିତି କିଛି କିଛି ବକ୍ତବ୍ୟକୁ ଉପସ୍ଥାପନ କରିଛନ୍ତି ଯେଉଁଥିରେ କାର୍ଯ୍ୟକାରଣ ଉଲଂଘିତ ହୋଇଛି । ଏହି କାର୍ଯ୍ୟକାରଣଗତ ଉଲଘଂନକୁ ଉତ୍ତର ଆଧୁନିକ ସାହିତ୍ୟ ତତ୍ତ୍ୱରେ 'ହାଲୁସିନେସନ୍' କୁହାଯାଏ । ଏଥିରେ ଯେଉଁ ଘଟଣା ଘଟେ, ଯେଉଁ ଘଟଣାକୁ କେନ୍ଦ୍ରକରି ବିବିଧ ଚରିତ୍ର ଗତିଶୀଳ ହୁଅନ୍ତି; ସେହି ଘଟଣା ପଶ୍ଚାତ୍‌ରେ ଇନ୍ଦ୍ରିୟାତୀତ ରହସ୍ୟ ଲୁକ୍କାୟିତ ହୋଇ ରହିଥାଏ । ଅର୍ଥାତ୍ ଏଭଳି ବିନ୍ୟାସ କ୍ଷେତ୍ରରେ ଇନ୍ଦ୍ରିୟମାନଙ୍କର ବ୍ୟାକରଣ କାର୍ଯ୍ୟକରେ ନାହିଁ । ଏହିଭଳି ସ୍ଥିତିକୁ ଏକ କିମ୍ଭୂତକିମାକାର ସ୍ଥିତି ବା ଏକ ମରମିସ୍ଥିତି ବା ଏକ ଉଚ୍ଚତର ଚେତନାଯୁକ୍ତ ସ୍ଥିତି ବୋଲି ବିଚାର କରାଯାଇପାରେ ।

'ଅକାତକାତ ଓ ଅନ୍ୟାନ୍ୟ ଗଳ୍ପ' ସଂକଳନରେ ଗୋଟିଏ 'ମୋକ୍ଷଗତି' ଶୀର୍ଷକଯୁକ୍ତ ଗଳ୍ପ ରହିଛି । ଏହି ଗଳ୍ପରେ ଗଗନ, ଗଗନର ସ୍ତ୍ରୀ କୁନ୍ତଳା ଏବଂ ଗଗନର ବୁଢୀ ମା' ହେଉଛନ୍ତି ଚରିତ୍ର ସମୂହ । ଗଗନର ମା' ରୋଗାକ୍ରାନ୍ତ ଶଯ୍ୟାଶାୟୀ । ସେ ଶୋଇରହି ବିଳିବିଳଉଛି । ଘରଟା ମହାପ୍ରସାଦ ମହାପ୍ରସାଦ ବାସ୍ନାରେ ପୂରି ଉଠିଛି ବୋଲି କହୁଛି । ଗଗନ ମଧ୍ୟ ତାଙ୍କ ମାଆଙ୍କ କଥାରେ ସମ୍ମତ ହୋଇଛନ୍ତି । ତାଙ୍କୁ ମଧ୍ୟ ଘରସାରା ମହାପ୍ରସାଦ ମହାପ୍ରସାଦ ବାସ୍ନା ହେଉଛି । ଗଗନର ମା' ଦେଖୁଛନ୍ତି କୋଡ଼ିଅ ମାଳ ଥୁଆହୋଇଛି । ମଞ୍ଜି କଦଳୀପତ୍ର ପଡ଼ିଛି ଏବଂ ସେଥିରେ ବିନ୍ଦୁ ବିନ୍ଦୁ ପାଣି ସିଞ୍ଚା ହୋଇଛି । ନନା ଗୋସାଇଁମାନେ ପଙ୍ଗତ ପକାଉଛନ୍ତି । ଆଉଦିଅ ଆଉଦିଅ ବୋଲି କହୁଛନ୍ତି । କିନ୍ତୁ ଏଭଳି ଏକ ହାଲୁସିନେଟେଡ୍ ପରିସ୍ଥିତିକୁ ସ୍ୱୀକାର କରିପାରୁନାହିଁ ଗଗନର ସ୍ତ୍ରୀ କୁନ୍ତଳା । ସେଥିପାଇଁ କୁନ୍ତଳା ଚେଷ୍ଟାକରିବି ମହାପ୍ରସାଦର ବାସ୍ନା

ବାରିପାରୁନାହିଁ। କିନ୍ତୁ ଅନ୍ୟପାର୍ଶ୍ୱରେ ଗଗନ ଏବଂ ଗଗନର ରୋଗାକ୍ରାନ୍ତ ମାଆ ମହାପ୍ରସାଦର ବାସ୍ନା ଘରସାରା ମହକି ଉଠୁଛି ବୋଲି ଉପଲବ୍ଧି କରିପାରୁଛନ୍ତି।

ଆଲୋଚ୍ୟ ଗଳ୍ପରେ ଜଗନ୍ନାଥ ଚେତନାକୁ ଏକ ଜୀବନ୍ତ ଉପସ୍ଥିତି ରୂପେ ଏଠାରେ ବିଚାର କରାଯାଇଛି। ତାଙ୍କର ମହିମା କିଭଳି ଅପାର ସେ କଥା ମଧ୍ୟ କୁହାଯାଇଛି। ରୋଗାକ୍ରାନ୍ତ ଗଗନର ମାଆ ଜଗନ୍ନାଥଙ୍କର ମହାପ୍ରସାଦର ବାସ୍ନାକୁ ସର୍ବତ୍ର ଆଘ୍ରାଣ କରିପାରୁଛନ୍ତି ଏବଂ ଶେଷରେ ମହାପ୍ରସାଦ ଅନ୍ନ ଭୋଜନ କରିବା ପରିବର୍ତ୍ତେ ଚୁଙ୍ଗୁଡି ଶୁଖୁଆ ଝୋଳ ଯେତେବେଳେ ସୋଡ଼କାଏ ପାଟିକୁ ନେଇଛନ୍ତି ସେତେବେଳେ ତାହା ତଣ୍ଟିରେ ଲାଗିଯାଇଛି। ମାଆ କାଶି ଉଠିଛନ୍ତି। ଯନ୍ତ୍ରଣା ଜର୍ଜରିତ ହୋଇ ଉଠିଛନ୍ତି ଏବଂ ଶେଷରେ ମୃତ୍ୟୁବରଣ କରିଛନ୍ତି। ତା'ପରେ ପୁଣି ଥରେ ପବନ ଦଲକାଏ ସାଥିରେ ମହାପ୍ରସାଦ ଘରଟାକୁ ମହକାଇ ଦେଇଛି।

ଏଭଳି ଭାବରେ ଏଠାରେ ଯେଉଁ ବର୍ଣ୍ଣନା କରାଯାଇଛି ଏଥିରେ ଗୋଟିଏ ପଟେ ରହିଛି ଗଗନର ସ୍ତ୍ରୀ କୁନ୍ତଳା; ଯିଏ ଇନ୍ଦ୍ରିୟଗତ ବ୍ୟାକରଣ ବହିର୍ଭୂତ କୌଣସି ଚିନ୍ତନକୁ ନିଜ ମଧ୍ୟରେ ସ୍ଥାନ ଦିଏ ନାହିଁ। ସେ ଶାଶୁର ସେବା କରେ, ଘର ଚଳାଏ, ସଂସାର କେମିତି ସୁରୁଖୁରୁରେ ବିତିବ ସେ କଥା ଚିନ୍ତାକରେ। କିନ୍ତୁ ନିଜ ଶାଶୁ ଓ ନିଜ ସ୍ୱାମୀ ପରି ସେ କେବେ ହାଲୁସିନେସନ୍‌ର ଶିକାର ହୁଏ ନାହିଁ। ତେଣୁ କୁନ୍ତଳାର ଶାଶୁ ଏବଂ ତା'ର ସ୍ୱାମୀ ଗଗନ ଯେଭଳି ଭାବରେ କାର୍ଯ୍ୟକାରଣଗତ ଘଟଣା ବିହିର୍ଭୂତ ଏକ ଉତ୍ତରିତ ଚେତନା ସମ୍ବଳିତ ଘଟଣା ଆଡକୁ ଲମ୍ଫିତ ହୋଇଛନ୍ତି, ସେତେବେଳେ କୁନ୍ତଳା ଆଶ୍ଚର୍ଯ୍ୟ ହୋଇଛି। କେବେକେବେ ଏହିଭଳି ଅତୀନ୍ଦ୍ରିୟ ଚେତନାର ଘଟନ ହୁଏ। ସେଠି ଘଟନକୁ କେହି କେହି ବିଶ୍ୱାସ କରୁନଥିଲେ ମଧ୍ୟ ଯେଉଁମାନେ ତାହାକୁ ଦେଖିପାରନ୍ତି, ଶୁଣି ପାରନ୍ତି , ଚାଖିପାରନ୍ତି, ଆଘ୍ରାଣ କରିପାରନ୍ତି, ଛୁଇଁ ପାରନ୍ତି ସେହି ମାନଙ୍କୁ ଗଗନ ଏବଂ ଗଗନର ମାଆ ଭଳି ସବୁକିଛି ମହାପ୍ରସାଦ ବାସ୍ନା ହୁଏ। ସେମାନେ ବିଭୋଳ ହୋଇଯାଆନ୍ତି। ସେମାନେ ଭକ୍ତି ଗଦଗଦ ହୋଇ ଯାଆନ୍ତି। ସେମାନଙ୍କ ମଧ୍ୟରେ ଜଗନ୍ନାଥ ଚେତନା ମହାପ୍ଲାବନ ସୃଷ୍ଟି କରେ। ଜଗନ୍ନାଥ ଚେତନା ଏବଂ ସେମାନଙ୍କ ବ୍ୟକ୍ତିଗତ ଚେତନା ଏକ ଏବଂ ଅଭିନ୍ନ ହୋଇଯାଏ।

ଗାଳ୍ପିକ ଦେବ୍ରାଜ ଲେଙ୍କା ଆହୁରି କିଛି କିଛି ଗଳ୍ପରେ ଏହିଭଳି ଅତୀନ୍ଦ୍ରିୟ ଚେତନାର ବାର୍ତ୍ତାକୁ ସଂଯୁକ୍ତ କରିବାକୁ ପ୍ରୟାସ କରିଛନ୍ତି। ତାଙ୍କର ଗୋଟିଏ ଗଳ୍ପ ରହିଛି 'ଏକ ଠାରୁ ଶୂନ'। ଏହି ଗଳ୍ପରେ ମଧ୍ୟ ଆଧିଭୌତିକ ବା ଆଧ୍ୟାତ୍ମିକ ଚେତନାର ବାର୍ତ୍ତା ସଂଯୁକ୍ତ। ଗଳ୍ପରେ ଗଳ୍ପନାୟକ ତାଙ୍କ ସାଙ୍ଗମାନଙ୍କ ସହିତ ଜଳଭାର ନେଇ କପିଳାସ ଯାତ୍ରା କରିଛନ୍ତି – 'ହର ହର ବମ୍', 'ବୋଲେ ବମ୍ ବମ୍' ଉଚ୍ଚାରଣ କରି

କରି। 'ଜଟିଆ ବାବା ପାର୍ କରେଗା' 'ଲଡୁଆ ବାବା ପାର୍ କରେଗା' ଗୀତ ଗାଇ ଗାଇ। ସେହି ସର୍ବଶକ୍ତିମାନଙ୍କ ନିକଟରେ ହୃଦୟରେ ସମର୍ପଣ ଭାବ ଅତୁଟ ରଖି ସେମାନେ ରାସ୍ତାଘାଟ ପାରିହୋଇ ଛୁଟି ଚାଲିଛନ୍ତି। ପାଦ କଷ୍ଟକୁ ଖାତିର ନ କରି ସେମାନେ ଅନେକ ବାଟ ଅତିକ୍ରମ କରି ଶେଷରେ ସେମାନେ କପିଳାସରେ ପହଁଚିଛନ୍ତି। ରାସ୍ତାରେ ହୋଟେଲ୍ ପ୍ରଭୃତିରେ ବା ପଙ୍ଗତ ପ୍ରଭୃତିରେ ଭୋଜନ କରିଛନ୍ତି। ଏଭଳି ଏକ ଯାତ୍ରା ଯେଉଁ ଯାତ୍ରାକୁ ଗାଳ୍ପିକ ଏଠାରେ ଏକ ଆଧ୍ୟାତ୍ମିକ ଯାତ୍ରା ବୋଲି ତର୍କଣା କରିଛନ୍ତି ଏବଂ ତାଙ୍କରି ଭାଷାରେ "ଧ୍ୱନିରୁ ପ୍ରତିଧ୍ୱନି ଏ ରହସ୍ୟମୟ ରାତିକୁ କୋହରିତ କରୁଛି। ରାତି ନିଃଶବ୍ଦ। ତା'ରି ଭିତରେ ଆମର ଜୟଧ୍ୱନି ପରିବେଶକୁ ଆହୁରି ଗମ୍ଭୀର କରୁଛି। ହେ ମୋର ଗୁରୁ, ହେ ଜଟିଆ ବାବା, ହେ ଶିବକଳ୍ପତରୁ, ହେ ଦକ୍ଷିଣମୂର୍ତ୍ତି, ତୁମେ ହିଁ ମୋର ଅଭୟ। ମୁଁ ଗୋଟିଏ ଆଶାର ପତଙ୍ଗ। ମୋର ସମ୍ମୁଖରେ କେତେ ଯୁକ୍ତି, କେତେ ବାଦ, କେତେ ମତ, କେତେ ପଥ ମୋର କିନ୍ତୁ ଗୋଟିଏ ପଥ ତାହାହିଁ ବିଶ୍ୱାସ। ସେହି ବିଶ୍ୱାସକୁ ପାଥେୟ କରି ତୁମର ଦୀପ ଶିଖା ପାଖକୁ ମୁଁ ଧାଇଁଛି।"

ଏଠାରେ ଗାଳ୍ପିକ ଯେଉଁ ଦୀପ ଶିଖାର କଥା କହୁଛନ୍ତି; ସେହି ଦୀପଶିଖା ହେଉଛନ୍ତି ପରଂବ୍ରହ୍ମ ମହାଦେବ। ଯିଏକି କପିଳାସ ଚୂଡ଼ାରେ ଆରାଧ୍ୟ ଦେବତା ରୂପେ ଅବସ୍ଥାନ କରୁଛନ୍ତି। ତାଙ୍କର ନାମ ହେଉଛି – ଶିଖରେଶ୍ୱର ଚନ୍ଦ୍ରଶେଖର। ଗାଳ୍ପିକ ଏହି ଗଳ୍ପରେ ବିଭିନ୍ନ ବାକ୍ୟରେ ସେହି ପ୍ରଜ୍ଞାନମ୍, ଆନନ୍ଦମ୍, ବ୍ରହ୍ମମ୍, ଶିଶୁକ୍ଷର ଚଣାବୀଜ ଫୋଟୋ ଅଙ୍ଗୁଳି ମାତ୍ର ପୁରୁଷର ନିଗୂଢ଼ ଅସ୍ତିତ୍ୱ ସଂପର୍କରେ ଆଲୋକ ପାତ କରିଛନ୍ତି। ବିଶ୍ୱାସର ସହିତ ସେହି ଆଲୋକ ଦିଗରେ ସେମାନେ ଯାତ୍ରା କରିଛନ୍ତି।

ଶେଷରେ ସେମାନେ ମହାଦେବଙ୍କ ଶ୍ରୀଚରଣାରବିନ୍ଦରେ ନିଜକୁ ଉତ୍ସର୍ଗ କରିଦେଇଛନ୍ତି। ତା ପରେ ସେମାନେ ଆଉ ସେମାନେ ହୋଇ ରହିନାହାଁନ୍ତି। ସେଥିପାଇଁ ସର୍ବତ୍ର ଶାନ୍ତି, ଆନନ୍ଦ ବିରାଜମାନ ହୋଇଛି। ସେମାନେ ଚନ୍ଦ୍ରଶେଖରଙ୍କ ଦର୍ଶନ କରିଛନ୍ତି ଓ ତାଙ୍କ ଉପରେ ଜଳ ଢାଳିଛନ୍ତି।

ଏଭଳି ଏକ ଗଳ୍ପରେ ଗାଳ୍ପିକ ସେହି ଆନନ୍ଦର ଆଧାର, ଆଦିକନ୍ଦ, ଜଗତ୍‌ଗୁରୁ ମହାଦେବଙ୍କର ମହାମହିମ ପରମଚେତନାକୁ ଶବ୍ଦରେ ଶବ୍ଦରେ ଅଭିବ୍ୟକ୍ତ କରିବାକୁ ଚେଷ୍ଟା କରିଛନ୍ତି। ଏହି ଅଭିବ୍ୟକ୍ତିରେ ମଧ୍ୟ ଏକ ମାର୍ମିକତାଯୁକ୍ତ ବର୍ଣ୍ଣନାର ଛଟା ଲେସି ହୋଇଯାଇଛି। ଏଠାରେ ଇନ୍ଦ୍ରିୟଗତ ସୀମାବଦ୍ଧତା ଦୂରୀଭୂତ ହୋଇ ଏକ ଇନ୍ଦ୍ରିୟୋତ୍ତର ମହାଚେତନାରେ ଗାଳ୍ପିକ ନିଜକୁ ଆବିଷ୍କାର କରିବାକୁ ତଥା ନିମଜ୍ଜମାନ କରାଇବାକୁ ପ୍ରୟାସ କରିଛନ୍ତି। ଏଭଳି ଅଭିବ୍ୟକ୍ତିକୁ କାର୍ଯ୍ୟକାରଣକୈନ୍ଦ୍ରିକ ଭାଷାରେ ହାଲୁସିନେସନ୍ କୁହାଯାଏ। କିନ୍ତୁ ଆଧ୍ୟାତ୍ମିକ ଚେତନା ଦୃଷ୍ଟିରୁ ଏହା ସତ୍ୟ। ଏହା ଅବଧାରିତ, ଶାଶ୍ୱତ

ତଥା ଚିରନ୍ତନ। ସେହି ଶାଶ୍ୱତ ତଥା ଚିରନ୍ତନ ଦିଗରେ ଅଭିଯାତ୍ରୀ ହେବାକୁ ହେଲେ କେବଳ ବିଶ୍ୱାସଲୋଡ଼ା। କେବଳ ବିଶ୍ୱାସ ଲୋଡ଼ା। କେବଳ ବିଶ୍ୱାସ ଲୋଡ଼ା। ଏ ବିଶ୍ୱାସ ହୁଏତ ତେଲ ଲୁଣ ଦୁନିଆର ମଣିଷ ପାଇଁ ବିଶ୍ୱାସ ହୋଇନପାରେ। କିନ୍ତୁ ମହାପ୍ରଭୁଙ୍କ ଚରଣାରବିନ୍ଦରେ ଯିଏ ନିଜକୁ ସମର୍ପି ଦେଇଛି ତା ପାଇଁ ଏହା ଏକ ଅଖଣ୍ଡ, ଅବିଚଳିତ ବିଶ୍ୱାସ। ଏହି ବିଶ୍ୱାସରେ ଆଖିଥାପି ସାହସର ପାଦରେ ଆଗକୁ ଆଗକୁ ଗତିଶୀଳ ହେଲେ ତଥାକଥିତ ସଂସାରର ତାପ, କ୍ଲେଶ, ଦୁଃଖ ଆଦିକୁ ପାରିହୋଇ ସେହି ମହାଚେତନାରେ ବ୍ୟକ୍ତି ନିଜକୁ ତଲ୍ଲୀୟମାନ କରାଇପାରିବ। ଏହି ତଲ୍ଲୀୟମାନତାର ନାମତ ନବଜନ୍ମ, ଆଧ୍ୟାତ୍ମିକ ସିଦ୍ଧି ଓ ମନପ୍ରାଣଶରୀରୋତ୍ତର ଏକ ରୂପାନ୍ତର ବିନ୍ୟାସ।

ଅନ୍ତର୍ବୟନ ବନାମ୍ ସ୍ୱକୀୟ ଅବବୋଧ ଏବଂ ଅସ୍ମିତା

ଦେବ୍ରାଜ ଲେଙ୍କାଙ୍କ ଗଳ୍ପଗୁଡ଼ିକ ପାଠକଲେ ଅଧିକାଂଶ ଗଳ୍ପରେ ଆମ ଗାଁର ବାସ୍ନା; ଆମ ସଂସ୍କୃତିର ବାସ୍ନା; ଆମ ସଭ୍ୟତାର ବାସ୍ନା; ଆମ ଜନଜୀବନର ବାସ୍ନା; ଆମ ଦଳିତ ନିଷ୍ପେଷିତ ଜୀବନର ବାସ୍ନା ବାରିହୁଏ। ଏହି ବାସ୍ନା ମାଟିଠାରୁ ଆରମ୍ଭକରି ଆକାଶ ପର୍ଯ୍ୟନ୍ତ ପରିବ୍ୟାପ୍ତ। ଗଛବୃଛ, ଜମି, ଜଳ, ଜଙ୍ଗଲ ମଧ୍ୟକୁ ସଂପ୍ରସାରିତ। ଜୀବନ ଜୀବିକାକୁ ଏହି ବାସ୍ନା ଆଲୋଡ଼ିତ କରିଛି। ଏହି ବାସ୍ନା ତେଲ ଲୁଣର ଦୁନିଆଠାରୁ ଆରମ୍ଭକରି ଉତ୍ତରିତ ଚେତନାମୟ ଜଗତ ପର୍ଯ୍ୟନ୍ତ ବିସ୍ତାରିତ। ସେଥିପାଇଁ ବେଳେବେଳେ ମନେହୁଏ ଦେବ୍ରାଜ ଲେଙ୍କା ଫକୀରମୋହନଙ୍କ ଭଳି ଅର୍ଥାତ୍ ଫକୀରମୋହନଙ୍କର ଉତ୍ତରାଧିକାରୀ ସାଜି ଗାଁର ଭାଷା-ସଂସ୍କୃତି ଆଦିକୁ ଯେଉଁଭଳି ଭାବରେ ସୁଚାରୁ ରୂପେ ତାଙ୍କ ଗଳ୍ପରେ ରୋପଣ କରିପାରିଛନ୍ତି ପୁଣି ଅନ୍ୟତ୍ର ଗୋବିନ୍ଦ ଦାସଙ୍କର 'ଅମାବାସ୍ୟାର ଚନ୍ଦ୍ର'ସ୍ଥ ସମାଜ ବହିର୍ଭୂତ ଭାବଭଙ୍ଗୀକୁ ମଧ୍ୟ ନିଜ ଗଳ୍ପରେ ସ୍ଥାନିତ କରିଛନ୍ତି। ତାଙ୍କ ଗଳ୍ପରେ ଯେଉଁଠି ଯେଉଁ ପ୍ରକାରର ସ୍ୱକୀୟ ଅବବୋଧ ଏବଂ ଅସ୍ମିତାର ପକ୍ଷ ଲୋଡ଼ାହୁଏ, ସେଠି ସେହି ପ୍ରକାରର ଘଟଣାବିନ୍ୟାସ ଘଟିଥାଏ। ସେହି ଘଟଣାବିନ୍ୟାସ ମଧ୍ୟକୁ ତାପରେ ବହୁବିଧ ଚରିତ୍ର ପଶିଆସନ୍ତି। ତା ପରେ ରଚାଯାଇଥାଏ ଗଳ୍ପଗୁଡିକର ସ୍ଥାନଗତ, କାଳଗତ, ପାତ୍ରଗତ ପରିମଣ୍ଡଳ।

'ଓଡ଼ିଶା ସାହିତ୍ୟ ଏକାଡେମୀ ପୁରସ୍କାର' ପ୍ରାପ୍ତ 'ଗାଁ ଗାଁ ଆହା ଆହା' ଗଳ୍ପ ସଂକଳନର ଯଦି କେତେକ ଗଳ୍ପକୁ ନେଇ ଏଠାରେ ଆଲୋଚନା କରାଯାଏ, ସେଗୁଡ଼ିକରେ ମଧ୍ୟ ସେହି ବାସ୍ନା ବିଚ୍ଛୁରିତ ହେଇଥିବାର ଲକ୍ଷ୍ୟ କରାଯିବ। ଦେବ୍ରାଜ ଲେଙ୍କା ତାଙ୍କର ଏହି ଗଳ୍ପ ସଂକଳନର ଆରମ୍ଭରେ ଉଲ୍ଲେଖ କରି କହୁଛନ୍ତି "ଏମିତି

ଯାହା ଲେଖିଛି, ଓଡ଼ିଆରେ ଅଳପ ଶବଦ ପୁଞ୍ଜିକୁ ନେଇ, ଓଡ଼ିଆ ମାଟିରେ, ଓଡ଼ିଆ ନିଃଶ୍ୱାସରେ।" ଏହି ଯେଉଁ ଓଡ଼ିଆ ମାଟିର କଥା କୁହାଯାଉଛି ଏବଂ ଓଡ଼ିଆ ନିଃଶ୍ୱାସ କଥା କୁହାଯାଉଛି ଏ ହେଉଛି ଉତ୍ତର ସଂରଚନାବାଦୀ ବା ଉତ୍ତର ଉପନିବେଶବାଦୀ **Sense of Self** ଏବଂ **Identity** ର କଥା। ଯାହାକୁ ସ୍ୱକୀୟ ଅବବୋଧ ଏବଂ ଅସ୍ମିତା ବୋଲି କୁହାଯାଏ। ଏମିତିକି ଅଧିକାଂଶ ଗଳ୍ପର ନାମକରଣ ହେଉ ବା ଚରିତ୍ର ଚିତ୍ରଣ ହେଉ ବା ପରିବେଶଗତ ବିନ୍ୟାସ ହେଉ ଅଧିକାଂଶରେ ଉତ୍କଳୀୟ ସ୍ପନ୍ଦନ ସ୍ପନ୍ଦିତ। ଏହି ଯେମିତି 'ମଲା ଘୋଡାର ଟାଙ୍ଗ', 'ଚଷା ପୁଅର ଲୁହକଥା' ଆଦି ଗଳ୍ପଗୁଡିକର ନାମକରଣରେ ମଧ୍ୟ ସ୍ୱକୀୟ ଅସ୍ମିତା ଏବଂ ଅବବୋଧ ଉତ୍କୀର୍ଣ୍ଣ। ଭାଷା ଦୃଷ୍ଟିରୁ ବିଚାର କଲେ ମଧ୍ୟ ସେହିକଥା ଆମେ ଦେଖିବାକୁ ପାଇବା। ଯେଉଁ ଭାଷାରେ ସାଧାରଣ ଗାଁର ଲୋକମାନେ କଥାବାର୍ତ୍ତା କରନ୍ତି, ଯେଉଁ ଭାଷାରେ ଉଚ୍ଚଶିକ୍ଷିତ ମଣିଷ କଥାବାର୍ତ୍ତା କରନ୍ତି, ଯେଉଁ ଭାଷାରେ ଜଣେ ବ୍ୟବସାୟୀ କଥାବାର୍ତ୍ତା କରେ; ଯେଉଁ ଭାଷାରେ ଜଣେ ଉଦ୍‌ଭ୍ରାନ୍ତ ପୁରୁଷ କଥାବାର୍ତ୍ତା କରେ ; ଯେଉଁ ଭାଷାରେ ଜଣେ ମଦ୍ୟପ କଥାବାର୍ତ୍ତା କରେ ; ଯେଉଁ ଭାଷାରେ ଜଣେ ଛଳଛଳ ସବୁଜତାଯୁକ୍ତ ଯୌବନ ଉଦ୍ଦୀପ୍ତ ମଣିଷ କଥା କହେ - ସେହି ବହୁବିଧ ମଣିଷଙ୍କ ମୁଖନିଃସୃତ ଭାଷାରେ ଦେବ୍ରାଜୀୟ ଗଳ୍ପର ଇମାରତ୍ ଠିଆ ହୋଇଛି। ସମ୍ବୋଧନଠାରୁ ଆରମ୍ଭ କରି ଛିଙ୍କିବା ପର୍ଯ୍ୟନ୍ତ; ଗେଲକରିବାଠାରୁ ଆରମ୍ଭ କରି ଚିଡ଼ିବା ପର୍ଯ୍ୟନ୍ତ; ରହସ୍ୟ ରୋମାଞ୍ଚ ସୃଷ୍ଟିକରିବାଠାରୁ ଆରମ୍ଭକରି ଖୋଲାଖୋଲି ପରିପ୍ରକାଶ ପର୍ଯ୍ୟନ୍ତ - ସର୍ବତ୍ର ଯଥୋଚିତ ଭାଷିକ ବିନ୍ୟାସ ତଥା ଭାବଗତ ସ୍ଥାପତ୍ୟରେ ଗଳ୍ପଗୁଡ଼ିକ ବେଶ୍ ଦୃଢ଼ତା ପ୍ରାପ୍ତ ହୋଇଛନ୍ତି। ସମାଜରେ ପ୍ରଚଳିତ କଥାଭାଷା, ଚଳଣି, ଚାହାଣି, ପରମ୍ପରା, ଅନ୍ଧବିଶ୍ୱାସ, କୁସଂସ୍କାର, ଭୂତପ୍ରେତ, ଖଟିଆ ବୁଲେଇବା, ଢଗଢମାଳି ପରିବେଷଣ କରିବା ପ୍ରଭୃତି ପାତ୍ରୋପଯୋଗୀ, କାଳୋପଯୋଗୀ ତଥା ସ୍ଥାନୋପଯୋଗୀ ଚିତ୍ରଣ ଦେବ୍ରାଜଙ୍କ ଗଳ୍ପର ଅନ୍ୟତମ ବିଭବ।

ଉତ୍କଳୀୟ ପରିମଣ୍ଡଳର ଧର୍ମବିଶ୍ୱାସ, ପୂଜାର୍ଚ୍ଚନା, ବିପ୍ଲବ, ଉତ୍ପାତ, ପ୍ରେମ, ସ୍ନେହ, ଷଡ଼ଯନ୍ତ୍ର, ପ୍ରତାରଣା, ପରୋପକାରିତା, ଗାଳି-ଗୁଲଜ, ଖାଦ୍ୟ-ପେୟ ପ୍ରଭୃତିର ସ୍ୱକୀୟ ଅସ୍ମିତାମାନ ତାଙ୍କ ଗଳ୍ପ ସମୂହର ଘଟଣାଗତ ଆନୁକ୍ରମିକତା ମଧ୍ୟରେ ପ୍ରବାହିତ ହୋଇଥିବାର ଲକ୍ଷ୍ୟକରାଯାଏ।

ଉପସଂହାର

ଗାଳ୍ପିକ ଦେବ୍ରାଜ ଲେଙ୍କା ଶବ୍ଦକୁ ନେଇ ଯେମିତି ଖେଳିପାରନ୍ତି ଭାବକୁ ନେଇ ସେମିତି ଭାବଜଗତର ବ୍ୟକ୍ତ ଏବଂ ଅବ୍ୟକ୍ତ ବିସ୍ତାରଣକୁ ମଧ୍ୟ ଆଙ୍କିପାରନ୍ତି। ତେବେ

ତାଙ୍କର ଗଳ୍ପକୃତି ଗୁଡ଼ିକରେ ଯେଉଁ ଭାଷିକ ଚିତ୍ରାୟନ ହୋଇଛି, ତାହା ଅତ୍ୟନ୍ତ ବାସ୍ତବଧର୍ମୀ। ଯେକୌଣସି ପରିସ୍ଥିତିରେ ଯେକୌଣସି ଘଟଣାକୁ ଯେକୌଣସି ରୂପରେ ଗୋଟାପଣେ ଉଭାକରେଇବା କଳା ତାଙ୍କୁ ଭଲଭାବରେ ଜଣା। ତାଙ୍କର କେତେକ ଗଳ୍ପର ପୃଷ୍ଠା ସଂଖ୍ୟା ହେଉଛି ୧୧୩, ୬୩। କେତେକ ଗଳ୍ପର ପୃଷ୍ଠା ସଂଖ୍ୟା ପୁଣି ପଚାଶରୁ ଊର୍ଦ୍ଧ୍ୱ; କେତେକ ଗଳ୍ପର ପୃଷ୍ଠା ସଂଖ୍ୟା ତାଠାରୁ କମ୍। ପୁଣି କେତେକ ଗଳ୍ପ ତାଙ୍କର ଅତ୍ୟନ୍ତ କ୍ଷୁଦ୍ର ଅବୟବ ବିଶିଷ୍ଟ। ପୃଷ୍ଠା ସଂଖ୍ୟା ୫,୮ ମଧ୍ୟରେ ସୀମିତ। ବେଳେ ବେଳେ ତାଙ୍କ ଗଳ୍ପ ଆକାର ଦୃଷ୍ଟିରୁ ଉପନ୍ୟାସିକା ବା ଉପନ୍ୟାସ ଭଳି ଲାଗେ। ଗଳ୍ପଗୁଡ଼ିକ ବହୁସ୍ଥାନରେ କାବ୍ୟିକତା ପରିଦୃଷ୍ଟ ହୁଏ। ଗାଳ୍ପିକ ଶାବ୍ଦିକ ବିନ୍ୟାସ ମାଧ୍ୟମରେ କେତେବେଳେ ପାଠକକୁ ଆକର୍ଷିତ କରାନ୍ତି ତ କେତେବେଳେ ହାସ୍ୟରସାତ୍ମକ ସ୍ଥିତିରେ ଅତି ଚାପୁଲୁସି ଭଙ୍ଗୀରେ ଘେନି ଯାଆନ୍ତି ଅନ୍ୟତ୍ରକୁ। ପୁଣି କେତେବେଳେ ଗମ୍ଭୀର କରାଇଦିଅନ୍ତି ପ୍ରାୟୋଗିକ ଭାଷିକ ବିନ୍ୟାସ ମାଧ୍ୟମରେ ପାଠକକୁ। କେତେବେଳେ କେତେବେଳେ ପାଠକକୁ ପ୍ରତିକ୍ରିୟାଶୀଳ କରାଇଦିଅନ୍ତି ତାଙ୍କର ଶବ୍ଦବସାଣ ମାଧ୍ୟମରେ। କେତେବେଳେ ପାଠକକୁ ବିଦ୍ରୋହୀ କରି ବିପ୍ଳବୀ କରି ମଧ୍ୟ ଛିଡ଼ାକରାଇଦିଅନ୍ତି ଶବ୍ଦ ଅଭିବ୍ୟକ୍ତି ମାଧ୍ୟମରେ। କେତେବେଳେ ପୁଣି ସମ୍ବେଦନଶୀଳ ମଣିଷ ଭାବରେ ପାଠକକୁ ବସାଇଦିଅନ୍ତି ନୁଖୁରୀ ବା ନାଡ଼ି ଭଳି ବା ଫୁଲନ୍ ଭଳି ଚରିତ୍ର ମାନଙ୍କର ନିର୍ଯ୍ୟାତନାର ନଦୀ ତୁଠରେ। ବହୁ ପରୀକ୍ଷା ବହୁ ପ୍ରୟୋଗର ବାଜିମାତ୍ ଏବଂ ତାକତଦାର କଥାକାର ହେଉଛନ୍ତି ଦେବ୍ରାଜ ଲେଙ୍କା। ତାଙ୍କର ଗଳ୍ପରେ ପରୀକ୍ଷା ଏବଂ ପ୍ରୟୋଗର ଯେଉଁ ବହୁବିଧ ଅଭିବ୍ୟକ୍ତି ଘଟିଛି ତାକୁ ନେଇ ଆମୂଳଚୂଳ ବିଶ୍ଳେଷଣ କରିବା ପୂର୍ଣ୍ଣତ ସମ୍ଭବ ନୁହେଁ। ଗଳ୍ପଗୁଡିକର ପ୍ରତ୍ୟେକ ପୃଷ୍ଠାରେ ବିଚିତ୍ରତା ସଂପାଦିତ। ଅଜସ୍ର ଭାଷିକ କୌଶଳ, ଭାବଗତ ତଲ୍ଲୀୟମାନତା, ବୁଦ୍ଧିଗତ ଉତ୍କର୍ଷତା, ମନନଶୀଳତା ତଥା ଅନେକ ପରିଶୀଳନ, ଅନୁଶୀଳନ ମଧ୍ୟରେ ନାହିଁ ନଥିବା କଥା ଏବଂ ପ୍ରସଙ୍ଗର ଅବତାରଣା କରାଯାଇଛି। କିଛି କିଛି ଗଳ୍ପରେ ଅତିକଥନ ମଧ୍ୟ ଲକ୍ଷ୍ୟକରାଯାଏ। ତେବେ ସେହି ଅଥିକଥନ ମାତ୍ରା ଏତେ ନ୍ୟୂନ ଯେ ତାହା ତାଙ୍କର ଗଳ୍ପକୃତିର ସାମଗ୍ରିକ ବହିର୍ବିନ୍ୟାସ ଏବଂ ଅନ୍ତର୍ବିନ୍ୟାସକୁ ବିଚଳିତ କରିପାରିନାହିଁ। ଆଙ୍ଗିକସର୍ବସ୍ୱ ସମାଲୋଚନାବାଦୀମାନେ କଥାର ଆଙ୍ଗିକ ଉପରେ ଗୁରୁତ୍ୱ ଆରୋପ କରି ତାର ଆତ୍ମିକ ଦିଗକୁ ଗୌଣ ବିବେଚନ କରୁଥିବା ବେଳେ ଆତ୍ମିକଧର୍ମୀ ସମାଲୋଚକମାନେ କଥାର ଅନ୍ତର୍ବିନ୍ୟାସ ବା ଆତ୍ମିକ ଦିଗ ଉପରେ ଗୁରୁତ୍ୱ ଆରୋପକରି ଆଙ୍ଗିକକୁ ଗୌଣ ବିବେଚନା କରିଥାନ୍ତି; କିନ୍ତୁ ଦେବ୍ରାଜ ଲେଙ୍କା ଉଭୟ ଆଙ୍ଗିକ ଏବଂ ଆତ୍ମିକ ବିନ୍ୟାସଗତ ଅଭିବ୍ୟକ୍ତି କ୍ଷେତ୍ରରେ ଯଥୋଚିତ ପାରଦର୍ଶିତା ପ୍ରଦର୍ଶନ କରିଛନ୍ତି।

ସେଥିପାଇଁ ଜଣେ ପାଠକେ ଅତି ସହଜରେ ତାଙ୍କ ଭାଷିକ ସୁଅରେ ନୌକା ବାହିବାହି ଭାବଗତ ଅବବୋଧକୁ ଅନାୟାସରେ ପ୍ରାପ୍ତ ହୋଇପାରିବେ।

ତେବେ ସର୍ବଶେଷରେ କେବଳ ଏତିକି କୁହାଯାଇପାରେ ଯେ ଦେବ୍ରାଜ ଲେଙ୍କା ଏମିତି ଅନନ୍ୟ ଏବଂ ଅଛିଣ୍ଡା ଭାଜ୍ୟ ଯାହାଙ୍କୁ ଯେଉଁଭଳି ଭାବରେ ଯେତେ ଭାଜକ ଏବଂ ଭାଗଶେଷଦ୍ୱାରା ସମାଧାନ କରିବାକୁ ଚେଷ୍ଟା କଲେ ମଧ ତାର ଭାଗଶେଷ ଆହୁରି ଆହୁରି ଆହୁରି ପ୍ରଲମ୍ବିତ ହୋଇଯାଉଥିବ। ପୃଷ୍ଠାପରେ ପୃଷ୍ଠା ଶେଷ ହୋଇଯାଉଥିବ; କିନ୍ତୁ ଭାଗଫଳ ସର୍ବଶେଷ ସ୍ତରକୁ ସ୍ପର୍ଶପାରୁନଥିବ। ଭାଜକ ଅସହାୟ ହୋଇଯାଉଥିବ। ଏହିଭଳି ଜଣେ ଭାଷିକ ଏବଂ ଭାବିତ ଭାଜ୍ୟ ହେଉଛନ୍ତି ଗାଳ୍ପିକ ଦେବ୍ରାଜ ଲେଙ୍କା। ତାଙ୍କ କଥାୟନ, ଭାଷାୟନ, ଚରିତ୍ରାୟନ, ପରିବେଶାୟନ ତଥା ଚିତ୍ରାୟନଙ୍କୁ କୋଟି କୋଟି ସଲାମ।

■

ସହାୟକ ଗ୍ରନ୍ଥସୂଚୀ:

୧. Malpas, Simon : The Post Modernism, Routledge, 2005.

୨. Hart, Kelvin : Post Modernism, One Word, Oxford,2006.

୩. ଲେଙ୍କା, ଦେବ୍ରାଜ : ଗପ ମସିହା ୨୦୦୦, (ଓଡିଶା ବୁକ୍‌ଷ୍ଟୋର, କଟକ-୨) ୨୦୦୨।

୪. ଲେଙ୍କା, ଦେବ୍ରାଜ : ଅକାତ କାତ ଓ ଅନ୍ୟାନ୍ୟ ଗଳ୍ପ, (ଆରୋହୀ, କଲ୍ୟାଣ ନଗର, କଟକ) ୨୦୧୭

୫. ଲେଙ୍କା, ଦେବ୍ରାଜ : ଫୁଲନ୍ (କାହାଣୀ, କଲ୍ୟାଣ ନଗର, କଟକ-୧୩) ୨୦୦୫।

୬. ଲେଙ୍କା ଦେବ୍ରାଜ :ଗାଁ ଗାଁ ଆହା ଆହା (ଓଡିଶା ବୁକ୍ ଷ୍ଟୋର, କଟକ-୨) ୧୯୯୩।

୭. Nayar, Pramod K : Contemporary Literary and Cultural Theory, Pearson, 2010

୮. ଦାସ, ରବୀନ୍ଦ୍ର କୁମାର : ଶୈଳୀ ବିଜ୍ଞାନର ଆଲୋକରେ ଫକୀର ମୋହନଙ୍କ ଉପନ୍ୟାସ, ମୀରାମ୍ବିକୀ ପ୍ରକାଶନୀ, ବାଲେଶ୍ୱର, ୨୦୦୮।

ମେଟାଫିକ୍ସନ୍(ଅଧିକଥା) ବନାମ୍ ମନୋଜ ଦାସଙ୍କ 'ଅମୃତଫଳ'

ସାମାନ୍ୟ ପରିଚୟ :'ଅମୃତ ଫଳ'। ପ୍ରଥମ ପ୍ରକାଶ ଜାନୁୟାରୀ ୧୯୯୬ ଏବଂ ଏକାଦଶ ସଂସ୍କରଣ ଜୁନ୍ ୨୦୧୦। ପ୍ରକାଶକ,ବିଦ୍ୟାପୁରୀ ବାଲୁବଜାର, କଟକ - ୨। କଥକ - ମନୋଜ ଦାସ। ଅଧିକଥାଟି ସରସ୍ୱତୀ ସମ୍ମାନପ୍ରାପ୍ତ। ସମୁଦାୟ ୨୧ ଟି ପରିଚ୍ଛେଦ।

ଆରମ୍ଭ: କଥକ ମନୋଜ ଦାସଙ୍କ ଅଧିକଥା 'ଅମୃତଫଳ'କୁ ଭିତ୍ତିକରି ଏ ପ୍ରବନ୍ଧ ପ୍ରସ୍ତୁତ। ପ୍ରବନ୍ଧରେ ମେଟାଫିକ୍ସନ୍ ବା ଅଧିକଥାର ବିବିଧ ଅନୁସଙ୍ଗ ତଥା ବିଶେଷତ୍ୱ ସହିତ କିଭଳି 'ଅମୃତଫଳ'ର ସାଦୃଶ୍ୟ, ବୈସାଦୃଶ୍ୟ ବା ସମାନ୍ତରତାସ୍ତରୀୟ ସ୍ଥାନକାଳପାତ୍ରଗତ ସଂପୃକ୍ତି ରହିଛି, ତାହା ଆଲୋଚନା କରିବାପାଇଁ ଚେଷ୍ଟା କରାଯାଇଛି 'ମେଟା'ବା 'Meta' ହେଉଛି ଏକ ଇଂରାଜୀ Prefix ବା ପୂର୍ବାବଦ୍ଧ ରୂପିମ ବା ଉପସର୍ଗ। ଏହି 'Meta' ଉପସର୍ଗକୁ ଲଗାଇ ବିଭିନ୍ନ ପ୍ରକାରର ଇଂରାଜୀ ଶବ୍ଦ ଗଠିତ ହୋଇଥିବାର ଆମେ ଲକ୍ଷ୍ୟ କରୁ। ଯେଭଳିକି : Metaphysics, Meta language, Metathesis ଇତ୍ୟାଦି ।'Meta' ଉପସର୍ଗର ଇଂରାଜୀ ଅର୍ଥ ହେଉଛି 'Higher, after', ଏବଂ 'Beyond'ବା 'Transcending'। ଏହାର ଓଡ଼ିଆ ଅର୍ଥ ହେଉଛି 'ଉର୍ଦ୍ଧ୍ୱତର', 'ବହିର୍ଭୂତ','ଉତ୍ତର' ବା 'ଅଧି'। ତେଣୁ ଆମେ ଯେତେବେଳେ Metafiction ବୋଲି କହୁ ସେତେବେଳେ ପାରମ୍ପରିକ fiction ବା ପାରମ୍ପରିକ ଉପନ୍ୟାସରେ ଯେଉଁ ବ୍ୟାକରଣ, ମାନକ, ସିଦ୍ଧାନ୍ତ, ଆନୁକ୍ରମିକତା, ଐକ୍ୟତ୍ରୟୀ, ଧାରାବାହିକ ଘଟଣାକ୍ରମ ଇତ୍ୟାଦି ଉପନ୍ୟାସଗତ ଗଠନରୀତି ସବୁ

ରହିଥିଲା- ସେସବୁକୁ ଅତିକ୍ରମ କରି ଅର୍ଥାତ୍ ଚିରାଚରିତ ଉପନ୍ୟାସ ରଚନାଗତ ପ୍ରାରୂପ ତଥା ବକ୍ତବ୍ୟ ଇତ୍ୟାଦିକୁ ଅତିକ୍ରମ କରି ଏହାକୁ ରଚନା କରାଯାଇଥିବାର ଲକ୍ଷ୍ୟ କରୁ। ମୋଟ ଉପରେ କହିଲେ ଚିରାଚରିତ ଉପନ୍ୟାସ ରଚନାଗତ ବ୍ୟାକରଣ ବହିର୍ଭୂତ ଏକ କଥାସାହିତ୍ୟ ଭାବେ ଆମେ Metafictionକୁ ଗ୍ରହଣ କରିପାରିବା। ତେବେ ପରବର୍ତ୍ତୀ ପର୍ଯ୍ୟାୟରେ Metafictionର ବିଭିନ୍ନ ବିଶେଷତ୍ୱକୁ ଅବଲମ୍ବନ କରି 'ଅମୃତଫଳ' ଉପନ୍ୟାସକୁ ଚର୍ଚ୍ଚା କରାଯିବ।

ପ୍ରଥମେ ଲେଖକ ବା କଥକ ମନୋଜ ଦାସ ତାଙ୍କ 'କୈଫିୟତ୍‌ନାମା'ରେ କେମିତି ଏହି ଅଧିକଥାଟିକୁ ଅଧିକଥା ଜାତୀୟ ଏକ ଉପନ୍ୟାସ ଭାବରେ ଗ୍ରହଣ କରିବାପାଇଁ ପାଠକମାନଙ୍କୁ ଅନୁରୋଧ କରିଛନ୍ତି ଏବଂ ଏହି ଅନୁରୋଧ ମଧ୍ୟରେ କିଭଳି Metafictionର ସମସ୍ତ ଗୁଣଧର୍ମ ରହିଛି ତାହା ବିଚାରକୁ ନିଆଯାଉ।

"ଉପନ୍ୟାସ ଲେଖୁଛି ନା ଅନ୍ୟକିଛି, ସେ ଚିନ୍ତା କରିନାହିଁ। ଥରେ ଥରେ ମନେହୋଇଛି, ଯଦି ପ୍ରାୟୋପନ୍ୟାସ(ଉପନ୍ୟାସ-ପ୍ରାୟ କଥାସାହିତ୍ୟ) ନାମରେ ସୃଜନଶୀଳ ଲେଖାର କୌଣସି ବିଭବ ଥାନ୍ତା, ଏହା ସେହି ପର୍ଯ୍ୟାୟର ଅନ୍ତର୍ଭୁକ୍ତ ହୁଅନ୍ତା।

ନମ୍ର ଏବଂ ସ୍ୱଷ୍ଟ ଭାବରେ କହିରଖେ ଏହା ଐତିହାସିକ ଉପନ୍ୟାସ ନୁହେଁ। ପ୍ରେରଣା-ପ୍ରସୂତ ଏକ ଉପନ୍ୟାସ (ବା ପ୍ରାୟୋପନ୍ୟାସ)। ଏହାର ବାସ୍ତବତା ତଥ୍ୟଭିତ୍ତିକ ନୁହେଁ। ବାସ୍ତବତାର ଆକଳନ ମୋର ପାଠକମାନେ ତଥ୍ୟ ଏବଂ ଇତିହାସଠୁଁ ଭିନ୍ନ ମାନଦଣ୍ଡ ପ୍ରୟୋଗଦ୍ୱାରା କରିବେ ବୋଲି ମୁଁ ଆଶାବାନ୍।" (ମନୋଜ ଦାସ –ଏକ ପ୍ରାୟୋପନ୍ୟାସ–ସଂକ୍ଷିପ୍ତ କୈଫୟତ୍)।

Metafiction ବା ଅଧିକଥାରେ କଥକ ସିଧାସଳଖ ପାଠକମାନଙ୍କୁ ସମ୍ବୋଧନ କରି ତାଙ୍କର କଥନ କାର୍ଯ୍ୟ ଆରମ୍ଭ କରନ୍ତି। ଯେଉଁ କଥନ କାର୍ଯ୍ୟ ସଂପାଦନ କରିଛନ୍ତି ମନୋଜ ଦାସ ନିଜ ରଚନାରେ। ସେ ସିଧାସଳଖ ପାଠକମାନଙ୍କୁ ସମ୍ବୋଧନ ବା address କରି ଉପନ୍ୟାସ ସଂପର୍କରେ ସୂଚନା ଦେଇଛନ୍ତି।

ହିଷ୍ଟ୍ରିଓଗ୍ରାଫିକ୍ ଅଧିକଥାରେ ଐତିହାସିକ ସଂପୃକ୍ତି ରହିଥାଏ। ଐତିହାସିକ ପ୍ରସଂଗକୁ ପୁନଃପରିଚିତି ପ୍ରଦାନ କରାଯାଇଥାଏ। ଏ ଧରଣର କଥା ରଚନା ହେଉଛି ଉଭୟ ଐତିହାସିକ ଏବଂ କାଳ୍ପନିକ ସାରସ୍ୱତ କର୍ମ ମଧ୍ୟସ୍ଥ ଏକ ସଂଯୋଗ ସେତୁ। ଇତିହାସର ପୁନରାବିଷ୍କରଣ କିମ୍ବା ପୁନର୍କଥନ କିମ୍ବା ପୁନର୍ନିର୍ମାଣ ହେଉଛି ହିଷ୍ଟୋରିଓଗ୍ରାଫିକ୍ ଅଧିକଥାର ପ୍ରଧାନ ଉପଜୀବ୍ୟ। ଏହି ଧରଣର କଥା ରଚନାରେ ଇତିହାସର ଆଦର୍ଶଗତ ବିବକ୍ଷା ବା implicatur ର ପଦ୍ଧତି ଏବଂ ଅତୀତର ସ୍ଥିର ଜ୍ଞାତବ୍ୟତାକୁ ପ୍ରଶ୍ନ କରାଯାଇଥାଏ। ଏ

ଧରଣର କଥାୟନକୁ ପୁନର୍ଲିଖନ, ପୁନର୍ଉପସ୍ଥାପନ, ପୁନର୍ପ୍ରକଳ୍ପିକରଣ ମଧ୍ୟ କୁହାଯାଇପାରେ।

ମନୋଜ ଦାସଙ୍କର 'ଅମୃତଫଳ'ରେ ଉପର ଆଲୋଚିତ ହିଷ୍ଟ୍ରିଓଗ୍ରାଫିକ୍ ମେଟାଫିକ୍ସନର ସମସ୍ତ ଗୁଣଧର୍ମ ପୂର୍ଣ୍ଣମାତ୍ରାରେ ଦୃଷ୍ଟିଗୋଚର ହୋଇଥାଏ।

'ଅମୃତଫଳ' କଥା ରଚନାରେ ମୁଖ୍ୟତଃ ଚାରୋଟି କଥା କେନ୍ଦ୍ର ରହିଛି। ଏହି ଚାରୋଟି କଥା କେନ୍ଦ୍ର ହେଉଛି ଏହି ସାହିତ୍ୟ କୃତିର ପ୍ରଧାନ ଅବଲମ୍ବନ। ଏଗୁଡ଼ିକ ଯଥାକ୍ରମେ ଇତିହାସ, କିମ୍ବଦନ୍ତୀ, କଳ୍ପନା ଏବଂ ଉତ୍ତରସଂରଚନାବାଦୀ ସମକାଳୀନ ବିଶ୍ୱ ପ୍ରେକ୍ଷାପଟ। ଐତିହାସିକ କେନ୍ଦ୍ର ଭାବରେ ଭର୍ତ୍ତୃହରି, ଉଜ୍ଜୟିନୀ, ବିକ୍ରମାଦିତ୍ୟ, ଭର୍ତ୍ତୃହରି ଗୁମ୍ଫା ପ୍ରଭୃତିକୁ ଗଣନା କରାଯାଇପାରେ। କିମ୍ବଦନ୍ତୀ କେନ୍ଦ୍ର ଭାବରେ ଯେଉଁ ସ୍ଥାନ, କାଳ, ପାତ୍ର ସମୂହକୁ ବିଚାରକୁ ନିଆଯାଇପାରିବ, ସେଗୁଡ଼ିକ ହେଲେ ଅମୃତ ଫଳ, ଅର୍ଥାତ୍ ଯେଉଁ 'ଅମୃତଫଳ' ଦୀର୍ଘଜୀବନ ଓ ଯୌବନ ପ୍ରଦାନ କରିବା ସହିତ ମୃତ ସଞ୍ଜିବନୀ ଗୁଣଧର୍ମର ମଧ୍ୟ ଅଧିକାରୀ ଥିଲା। ତା ପରେ ସାନ ରାଣୀ, ଚଣ୍ଡମୁନୀ,ନର୍ତ୍ତକୀ, ଅମାତ୍ୟପ୍ରମୁଖ। ତୃତୀୟ କେନ୍ଦ୍ରଟିର ନାମ ହେଉଛି କଳ୍ପନା। ଯେଉଁ କଳ୍ପନାର ସାହାଯ୍ୟ ନେଇ ମନୋଜ ଦାସ ଦୀର୍ଘ ଦୁଇଶହ ଦୁଇ ପୃଷ୍ଠାର କଥା ରଚନାଟିକୁ ପରିପୁଷ୍ଟ କରିବାପାଇଁ ଚେଷ୍ଟା କରିଛନ୍ତି, ସେହି କଳ୍ପନା। କଳ୍ପନା କେନ୍ଦ୍ରଟି ମଧ୍ୟରେ ଅନେକ ଉପାଦାନ ରହିଛି। ସେଗୁଡ଼ିକୁ ଆଲୋଚନା ପରିପ୍ରେକ୍ଷୀରେ ବିଚାରକୁ ଅଣାଯିବ। ଚତୁର୍ଥ କେନ୍ଦ୍ରଟି ହେଉଛି ଉତ୍ତର ସଂରଚନାବାଦୀ ବିଶ୍ୱପ୍ରେକ୍ଷାପଟ। ଏହି କେନ୍ଦ୍ରର ବିଭିନ୍ନ ସ୍ଥାନ, କାଳ, ପାତ୍ର ଭାବରେ ଅମରନାଥ, ମନିଷା, ଭୂଷଣ କର୍ମକାର, କର୍ଣ୍ଣଟ୍ ସାର୍କଲ୍, କିଶନ୍‌ଲାଲ, ସରୋଜିନୀ, ବଳଦେବ ପ୍ରଭୃତିଙ୍କୁ ନିଆଯାଇପାରେ।

ତେବେ ଏହି ଉତ୍ତର ସଂରଚନାବାଦୀ ବିଶ୍ୱକୁ ଅନ୍ୟଭାଷାରେ ଉତ୍ତର ଆଧୁନିକ ବିଶ୍ୱ ବୋଲି ମଧ୍ୟ କୁହାଯାଏ। ଯେଉଁ ବିଶ୍ୱରେ ମନୁଷ୍ୟର କୌଣସି କାର୍ଯ୍ୟ–କାରଣଗତ ସମ୍ବନ୍ଧ ରହିନଥାଏ। ସେହିଭଳି ଜଣେ ଚରିତ୍ର ହେଉଛନ୍ତି ପ୍ରଥମ ପରିଚ୍ଛେଦର ଅମରନାଥ। ପ୍ରଥମ ପରିଚ୍ଛେଦରେ ଯାହା ଯାହା କିମ୍ଭୂତକିମାକାର ଘଟଣା ଘଟିଛି ସେଥିରୁ ଅମରନାଥଙ୍କୁ ଜଣେ ଉତ୍ତର ସଂରଚନାବାଦୀ ସିଟି ଡ୍ୱେଲାର ଭାବରେ ବିବେଚନା କରିବାରେ କୌଣସି ମତପାର୍ଥକ୍ୟ ରହୁନାହିଁ।

ଆଲୋଚ୍ୟ ଅଧିକଥାଟିର ପ୍ରଥମ ପରିଚ୍ଛେଦ ଆରମ୍ଭ ହେବାପୂର୍ବରୁ କଥକ ମନୋଜ ଦାସ, 'ଏକ ପ୍ରାୟୋପନ୍ୟାସ - ସଂକ୍ଷିପ୍ତ କୈଫିୟତ୍' ଶୀର୍ଷକ ବକ୍ତବ୍ୟରେ ସମଗ୍ର କଥାରଚନାର ମହାବ୍ୟାଖ୍ୟାନକୁ ଆଣି ସଂକ୍ଷେପରେ ଅଭିବ୍ୟକ୍ତ କରି ଦେଇଛନ୍ତି। ତାଙ୍କ କୈଫିୟତ୍ ଅନୁସାରେ ଉଜ୍ଜୟିନୀର ରାଜା ଭର୍ତ୍ତୃହରି- ଯାହାଙ୍କୁ ଜଣେ ଯୋଗୀ

ହଠାତ୍ ଗୋଟିଏ ଦିନ ଗୋଟିଏ ଅମୃତଫଳ ଧରାଇଦେଇଥିଲେ (ସେ ଫଳର ବିଶେଷତ୍ୱ ସଂପର୍କରେ ପୂର୍ବରୁ ସୂଚନା ପ୍ରଦାନ କରାଯାଇଛି)। ରାଜା ଭର୍ତ୍ତୃହରି ସେ ଫଳଟିକୁ ପାଇ ସାନରାଣୀଙ୍କୁ ଦେଇଛନ୍ତି। ସାନରାଣୀ ସେ ଫଳଟିକୁ ଦେଇଛନ୍ତି ଜଣେ ଯୁବ ଆମାତ୍ୟଙ୍କୁ। ଅମାତ୍ୟ ଥିଲେ ନର୍ତ୍ତକୀଙ୍କ ପ୍ରେମାଂକାକ୍ଷୀ। ତେଣୁ ଅମାତ୍ୟ ସେ ଫଳଟିକୁ ନେଇ ନର୍ତ୍ତକୀଙ୍କ ହାତରେ ଅର୍ପଣ କରିଛନ୍ତି। ଶେଷରେ ନର୍ତ୍ତକୀ ସେ ଫଳଟିକୁ ଭକ୍ଷଣ ନକରି ଭର୍ତ୍ତୃହରିଙ୍କୁ ଯେଉଁ ମୁନି ସେହି ଅମୃତଫଳ ପ୍ରଦାନ କରିଥିଲେ ସେହି ମୁନିଙ୍କ ହାତରେ ଫଳଟିକୁ ସମର୍ପି ଦେଇଛନ୍ତି।

ଏ ପ୍ରସଙ୍ଗ ଅବଶ୍ୟ କିମ୍ବଦନ୍ତୀକୈନ୍ଦ୍ରିକ। ତେବେ ଏଇ ଘଟଣାକୁ କେନ୍ଦ୍ରକରି ରାଣୀଙ୍କ ପ୍ରତି ଭର୍ତ୍ତୃହରିଙ୍କର ବିତୃଷ୍ଣାଭାବ ଜାତ ହୋଇଛି। ସାଂସାରିକ ଜୀବନ ପ୍ରତି ତାଙ୍କର ବୈରାଗ୍ୟ ଆସିଛି। ତା ପରେ ସେ ନିଜ ଅନୁଜ ବିକ୍ରମାଦିତ୍ୟଙ୍କ ଉପରେ ରାଜ୍ୟଭାର ନ୍ୟସ୍ତକରି ପ୍ରବ୍ରଜ୍ୟାରେ ବାହାରି ଯାଇଛନ୍ତି। କିଛି ଦିନ ଅନ୍ତେ ସେ ଯୋଗୀ ହୋଇଯାଇଛନ୍ତି ଏବଂ 'ଶୃଙ୍ଗାର ଶତକ','ନୀତି ଶତକ' ଏବଂ 'ବୈରାଗ୍ୟ ଶତକ' ରଚନା କରିଛନ୍ତି।

କଥକ ମନୋଜ ଦାସଙ୍କୁ ରାଜା ଭର୍ତ୍ତୃହରିଙ୍କ ସଂପର୍କରେ ପ୍ରଚଳିତ କିମ୍ବଦନ୍ତୀ ଅତ୍ୟନ୍ତ ତାତ୍ପର୍ଯ୍ୟପୂର୍ଣ୍ଣ ମନେହୋଇଛି। ସେଥିପାଇଁ ସେ ହରିଦ୍ୱାରଠାରେ ଅଦ୍ୟାବଧି ଅବସ୍ଥିତ ଭର୍ତ୍ତୃହରି ଗୁମ୍ଫାର ସନ୍ଧାନରେ ଯାଇଛନ୍ତି। ଯେଉଁ ଗୁମ୍ଫାରେ ଭର୍ତ୍ତୃହରି ସାଧନା କରି ଯୋଗୀରେ ପରିଣତ ହୋଇଥିଲେ, ସେହି ପୁରାତନ ଗୁମ୍ଫାକୁ। ସେଠି କଥକ ମନୋଜ ଦାସ କିଛି ସମୟ ମଧ୍ୟ ଅତିବାହିତ କରିଛନ୍ତି। ତେବେ ସେହି ଗୁମ୍ଫା ଭିତରେ ହିଁ ଏହି କଥାରଚନାଟି ସେ ଗଢ଼ିବେ ବୋଲି ଅନୁଭବ କରିଛନ୍ତି। ସେଥିପାଇଁ ତାଙ୍କୁ ପ୍ରେରଣା ମଧ୍ୟ ପ୍ରାପ୍ତ ହୋଇଛି। ସେଥିପାଇଁ ସେ ଏକ ଗୁରୁତ୍ୱପୂର୍ଣ୍ଣ ଉପଲବ୍ଧିକୁ ଏଠାରେ ପ୍ରକାଶ କରିଛନ୍ତି। ଯଥା – "ଉଜ୍ଜୟିନୀ ଉପକଣ୍ଠବର୍ତ୍ତୀ ଗୁମ୍ଫା ଦର୍ଶନ ଓ ତହିଁ ଭିତରେ କିଛି ସମୟ ନିମଗ୍ନ ରହିବାପରେ ଦିନେ ରାଣୀସିନ୍ଧୁମତୀଙ୍କ ଆଚରଣର ବ୍ୟାଖ୍ୟା ସତେ ଅବା ମହାକାଳ ଅନ୍ତର୍ଭୁକ୍ତ ଅସଂଖ୍ୟ ଅପ୍ରକାଶ୍ୟ ତଥ୍ୟରୁ ଏକ – ଲେଖକର ଚେତନାରେ ଉଦ୍ଭାସିତ ହୋଇଥିଲା (ଯାହା ବିଂଶ ପରିଚ୍ଛେଦର ବିଷୟବସ୍ତୁ)। ସେହି ଉଦ୍ଭାସନ ଅନୁସାରେ ସିନ୍ଧୁମତୀଙ୍କ ବୃତ୍ତାନ୍ତ ବଳେବଳେ ଏ ରଚନାରେ ନିରୂପିତ ହୋଇଯାଇଛି।" ତା ପରେ କଥକ ମନୋଜ ଦାସ ଏହି କଥା ରଚନାଟିକୁ ପ୍ରସ୍ତୁତ କରିବାପାଇଁ ତତ୍ପର ହେବା ମାତ୍ରକେ ଅପ୍ରତ୍ୟାଶିତ ଭାବରେ ତାଙ୍କ ପ୍ରେରଣା ବଳୟ ଭିତରକୁ ସେ ପଶିଆସିଛନ୍ତି ଅପରିଚିତ ଅଥଚ ଅତି ପରିଚିତ ଅମରନାଥ ଏବଂ ତାଙ୍କ ପଛରେ ତାଙ୍କ କନ୍ୟା ମନିଷା। ଅମରନାଥ ତାଙ୍କୁ (କଥକଙ୍କୁ) କହିଥିଲେ-"ମୁଁ ବର୍ତ୍ତମାନ। ମୋ

ବିନା କେଉଁ ଆଖିରେ ତୁମେ ଅତୀତକୁ ଦେଖିବାର ଶକ୍ତି ଆୟତ୍ତ କରିପାରିବ” ? (ପୃଷ୍ଠା-iv)

କଥକଙ୍କର ଏହି ଯେଉଁ ବକ୍ତବ୍ୟ, ତା ପଶ୍ଚାତରେ ଯେଉଁ କିମ୍ବଦନ୍ତୀ, ଇତିହାସ ଏବଂ ଉତ୍ତର ସଂରଚନାଅଧ୍ୟୁଷିତ ସମକାଳୀନତା ରହିଛି ଏବଂ ଏମାନଙ୍କ ମଧ୍ୟରେ ଯେଭଳି ଭାବରେ ଦେଣନେଣ ଏବଂ ସମକାଳୀନ ସହାବସ୍ଥାନ ସଂଘଟିତ ହୋଇଛି ତା ଦ୍ୱାରା ଇତିହାସ ଏବଂ କିମ୍ବଦନ୍ତୀ ତାଙ୍କ ନିଜ ନିଜ ଖୋଳପାକୁ ଦୂରକୁ ଫିଙ୍ଗିଦେଇ ବର୍ତ୍ତମାନ ସ୍ଥାନ, କାଳ, ପାତ୍ର ପରିତଳକୁ (dimension) ଲେଉଟି ଆସିଛନ୍ତି । ଫଳରେ ସବୁକାଳ ଏକକାଳ; ସବୁପାତ୍ର ଏକପାତ୍ର; ସବୁସ୍ଥାନ ଏକ ସ୍ଥାନରେ ପରିଣତ ହୋଇଯାଇଛନ୍ତି । ଅର୍ଥାତ୍ ମୂଳ କିମ୍ବଦନ୍ତୀ ଏବଂ ଇତିହାସରେ ଯେଉଁ ଏକବଚନୀୟତାଯୁକ୍ତ ସତ୍ୟ କିମ୍ବା ଅର୍ଥବିନ୍ୟାସ ଥିଲା ତାହା ବିଘ୍ନିତ ଏବଂ ବିଘଟିତ ହୋଇ ବର୍ତ୍ତମାନକୁ ଚାଲିଆସିଛି । ସେଥିପାଇଁ ଅଧିକଥାକୈନ୍ଦ୍ରିକ ବିଶେଷତ୍ୱରେ ଯେଉଁ ଇତିହାସଗତ ସଂପୃକ୍ତି ତଥା ଐତିହାସିକ ପ୍ରସଂଗର ପୁନର୍ମୂଲ୍ୟାୟନ ବା ପୁନର୍ବିନ୍ୟାସ ବା ପୁନରୁପସ୍ଥାପନ ବା ପୁନରାବିଷ୍କାର-ତାହା ଏଠାରେ ସର୍ବପ୍ରଧାନ ନିୟାମକ ଭାବରେ ଦଣ୍ଡାୟମାନ ହୋଇଛି ।

ଅଧିକଥାରେ ସର୍ବଦା ଏହିଭଳି ଘଟିତ ହୁଏ । ଏଠି ଆତୀତିକ ସ୍ଥାନ, କାଳ, ପାତ୍ର ବର୍ତ୍ତମାନର ସ୍ଥାନ, କାଳ, ପାତ୍ରକୁ ଲଙ୍ଘିତ ହୋଇ ଆତୀତିକ ଚେତନାକୁ ବାର୍ତ୍ତମାନିକ ଆବଶ୍ୟକତା ସହିତ ରୂପାନ୍ତରିତ କରି ବାର୍ତ୍ତମାନିକ ପ୍ରାସଂଙ୍ଗିକତା ସହିତ ବାର୍ତ୍ତମାନିକ ଜୀବନ ଓ ଜଗତର ସମ୍ବନ୍ଧ କ'ଣ ରହିଛି ତାହାକୁ ପ୍ରତିଷ୍ଠା କରିବାପାଇଁ ଚେଷ୍ଟା କରାଯାଏ । ସେଥିପାଇଁ ଅମରନାଥଙ୍କ କଣ୍ଠରେ କଥକ ମନୋଜଦାସ ନିଜେ କହୁଛନ୍ତି-”ମୁଁ ବର୍ତ୍ତମାନ । ମୋ ବିନା କେଉଁ ଆଖିରେ ଅତୀତକୁ ଦେଖିବାର ଶକ୍ତି ତମେ ଆୟତ୍ତ କରିପାରିବ” ?

ଏ ପ୍ରଶ୍ନ ଅତି ମାମୁଲି ପ୍ରଶ୍ନ ନୁହେଁ । ଇଏ ଏକ ଉତ୍ତରସଂରଚନା ଅଧ୍ୟୁଷିତ ବିଶ୍ୱଗ୍ରାମ ବାସିନ୍ଦାର ପ୍ରଶ୍ନ । ଯେଉଁ ପ୍ରଶ୍ନ ଅତୀତର ସର୍ବଶେଷ ଜ୍ଞାତବ୍ୟତା (knowability) ଏବଂ ଇତିହାସର ଆଇଡିଓଲୋଜିକାଲ୍ ଇମ୍ପ୍ଲିକେଚରକୁ ଛିନ୍ନମୂଳ କରାଇଦେବାପାଇଁ ପ୍ରୟାସ କରେ । ଏଭଳି ପ୍ରଶ୍ନଶୀଳତା ହିଷ୍ଟ୍ରିଓଗ୍ରାଫିକ୍ ଅଧିକଥାର ଅନ୍ୟତମ ବିଶେଷତ୍ୱ ଭାବରେ ପରିଗଣିତ ହୋଇଥାଏ । ଆମ ଓଡ଼ିଶାରେ ପର୍ଶୁରାମ ବିହାରୀ ଭଣିତାରେ “କପିଳା ବୋଲିଣ ଗାଈ ସେ” ବୋଲି ଗୋଟିଏ ଗୀତ ଅଛି । ସେ ଗାଈଟି ସର୍ବଦା ଯୁବା । ଷଡ଼ମୁଖ ବିଶିଷ୍ଟ । ତିନୋଟି ଆଖି । ଦଶଟି ଖୁରା । ଚାରିଟି ପାଦ ତା'ର ଅଛି । ସେ ଲାଞ୍ଜବାଟେ ଘାସଚରେ । ଏହି ଯେଉଁ ଗୀତ-ଏହି ଗୀତର

ଯେମିତି କୌଣସି ନିର୍ଦ୍ଦିଷ୍ଟ ଅର୍ଥ ନାହିଁ ଅର୍ଥାତ୍ ଏ ଗୀତରେ ଯେଉଁ ସୂଚନାମୂଳକ ଶବ୍ଦଗୁଡ଼ିକ ରହିଛି, ସେଗୁଡ଼ିକର ଅର୍ଥ ବିଭିନ୍ନ ଦିଗରୁ ନିରୂପଣ କରିବାକୁ ଚେଷ୍ଟା କରାଗଲେ ମଧ୍ୟ ତାହା ସର୍ବଶେଷ ଅର୍ଥସିଦ୍ଧାନ୍ତରେ ପହଁଞ୍ଚିପାରେ ନାହିଁ -ଠିକ୍ ସେହିପରି ଅଧିକଥାର ପରିସର। ଅଧିକଥା ସର୍ବଦା **self-reflexive** ବା ଆତ୍ମବାଚକତା ବା ସ୍ୱୟଂବାଚକତାକୁ ନେଇ ଗତିଶୀଳ ହୋଇଥାଏ। ସେଥିପାଇଁ ଏଠାରେ ସାହିତ୍ୟ କୃତିଟି ସ୍ୱୟଂକ୍ରିୟ ଏବଂ ସ୍ୱୟଂଶାସିତ ପ୍ରକ୍ରିୟାରେ ଆଗକୁ ଆଗକୁ ବଢ଼େ। ଏଠାରେ କୌଣସି ରୈଖିକ ନିୟମ ବା Timeline କାମ କରେ ନାହିଁ। ଐକ୍ୟତ୍ରୟୀ ମଧ୍ୟ କାମକରେ ନାହିଁ। କାର୍ଯ୍ୟକାରଣଗତ ସମ୍ବନ୍ଧ ଏଠାରେ ରହେନାହିଁ। ଏଠାରେ କୌଣସି ପାରମ୍ପରିକ ମାନକତା ମଧ୍ୟ କାର୍ଯ୍ୟକରେ ନାହିଁ। ତେଣୁ ଏହି ଅଧିକଥା ମଧ୍ୟରେ ଚିତ୍ରିତ ହୋଇଥିବା ସ୍ଥାନ, କାଳ, ପାତ୍ର କେତେବେଳେ କେଉଁ ଶତାବ୍ଦୀ ମଧ୍ୟକୁ ଲମ୍ଫିତ ହୁଅନ୍ତି ; କେତେବେଳେ କେଉଁ ଇତିହାସ ଗର୍ଭକୁ କ୍ଷେପିତ ହୁଅନ୍ତି ; କେତେବେଳେ କେଉଁ ପାତ୍ରରୁ କେଉଁ ପ୍ରାତ୍ରଭୂମିକୁ ଚଳିତ ହୁଅନ୍ତି, ତାହା ସେମାନେ ନିଜେ ବି ଜାଣନ୍ତିନାହିଁ। ଏହା ଏକ ପ୍ରକ୍ରିୟା। ସ୍ୱୟଂବାଚକ ପ୍ରକ୍ରିୟା। ଏହି ପ୍ରକ୍ରିୟାର ଅନ୍ୟନାମ ହେଉଛି ଚେତନାଗତ ସ୍ଥାନାନ୍ତରୀକରଣ, ରୂପାନ୍ତରୀକରଣ ଏବଂ ଅବସ୍ଥାନ୍ତରୀକରଣ। ସେଥିପାଇଁ ମନୋଜ ଦାସଙ୍କ ଭାଷାରେ 'ଅମୃତ ଫଳ'ର ବକ୍ତବ୍ୟର ବାସ୍ତବତା – "ତଥ୍ୟଭିତ୍ତିକ ନୁହେଁ। ଅର୍ଥାତ୍ ଏଠାରେ ବାସ୍ତବତା ତଥ୍ୟଭିତ୍ତିକ ନୁହେଁ।" (ପୃଷ୍ଠା-iv)

କଥକ ମନୋଜ ଦାସଙ୍କର 'ଅମୃତ ଫଳ' ଅଧିକଥାରେ ସମୁଦାୟ ୨୧ ଟି ପରିଚ୍ଛେଦ ରହିଛି। ଏହି ପରିଚ୍ଛେଦକରଣକୁ ପାରମ୍ପରିକ ଉପନ୍ୟାସର ଏକ ବ୍ୟାକରଣ ଭାବରେ ମନେକରାଯାଇ ପାରେ। ତେବେ ଏହି ଯେଉଁ ପରିଚ୍ଛେଦକରଣ ଏଥିରେ ଗୋଟିଏ ପରିଚ୍ଛେଦରେ ଅମରନାଥଙ୍କ ସମକାଳର କଥା କୁହାଯାଉଥିବା ବେଳେ ଆଉ ଗୋଟିଏ ପରିଚ୍ଛେଦରେ ଭର୍ତ୍ତୃହରିଙ୍କର ସମକାଳର କଥା କୁହାଯାଇଛି। ଭର୍ତ୍ତୃହରିଙ୍କ ସ୍ଥାନ-କାଳ-ପାତ୍ର ହୁଏତ ଆମ ପାଇଁ ଆତୀତିକତାଯୁକ୍ତ ଏକ ବିନ୍ୟାସ ହୋଇପାରେ; କିନ୍ତୁ ଭର୍ତ୍ତୃହରିଙ୍କ ପାଇଁ, ସିନ୍ଧୁମତୀଙ୍କ ପାଇଁ, ଚଣ୍ଡମୁନିଙ୍କ ପାଇଁ, ବିକ୍ରମାଦିତ୍ୟଙ୍କ ପାଇଁ ବା ଉଜ୍ଜୟିନୀ ପାଇଁ ବା କଥକଙ୍କ ଭାଷାରେ ଖ୍ରୀଷ୍ଟପୂର୍ବ ପ୍ରଥମ ଶତାବ୍ଦୀ ପାଇଁ ଆଦୌ ଆତୀତିକତାଯୁକ୍ତ ନୁହେଁ। ତାହା ସେ ସମୟ ପାଇଁ ସମକାଳ। ତେବେ ଅତ୍ୟନ୍ତ ସତର୍କତାର ସହିତ କଥକ ମନୋଜ ଦାସ ଯେତେବେଳେ ସେହି ପ୍ରଥମ ଶତାବ୍ଦୀର କଥାବସ୍ତୁକୁ ବର୍ତ୍ତମାନ ଅର୍ଥାତ୍ ଉତ୍ତର ସଂରଚନା ଅଧ୍ୟୁଷିତ କାଳଖଣ୍ଡକୁ ଘେନି ଆସୁଛନ୍ତି, ସେତେବେଳେ ଗୋଟିଏ ଅପୂର୍ବ ସଂଯୋଗର ସେତୁ ନିର୍ମାଣ ହେଉଛି। ଏହି ସଂଯୋଗର ସେତୁ ହେଉଛି ଚେତନାର ସଂଯୋଗ। ଏହା ସ୍ଥୁଳ ପାତ୍ର କିମ୍ବା ସ୍ଥୁଳ ସ୍ଥାନ କିମ୍ବା ସ୍ଥୁଳ

କାଳକୁ ନେଇ ଲିପିବଦ୍ଧ ହୋଇଥିବା ସମୟର ସ୍ଥୁଳ ପରିଚୟ ନୁହେଁ। ଏହା ଏକ ଚେତନା। ଏକ ଅସ୍ମିତା।ଏକ ଚେତନାଗତ ପ୍ରବାହ। ଏକ ଚେତନାଗତ ସଂପ୍ରସାରଣଶୀଳତା। ଏକ ଚେତନାଗତ ଉଲ୍ଲମ୍ଫନ। ସର୍ବୋପରି ଏକ ଚିର ଚଳମାନ ପ୍ରକ୍ରିୟା।

ତେବେ କଥକ ମନୋଜ ଦାସ କୋଡ଼ିଏ ପରିଚ୍ଛେଦ ପର୍ଯ୍ୟନ୍ତ ଗୋଟିଏ ପାର୍ଶ୍ୱରେ ଅତୀତକୁ ଏବଂ ଆଉ ଗୋଟିଏ ପାର୍ଶ୍ୱରେ ବର୍ତ୍ତମାନକୁ ସ୍ଥାପନ କରି ଅତୀତକୁ ବାର୍ତ୍ତମାନିକ ପ୍ରାସଙ୍ଗିକତା ଭିତ୍ତିରେ ବାର୍ତ୍ତମାନିକ ପ୍ରେକ୍ଷାପଟ୍ଟରେ, ବାର୍ତ୍ତମାନିକ ଆବଶ୍ୟକତା ଅନୁସାରେ ତର୍ଜମାକରି ଏ ଅଧିକଥାର କଳେବରକୁ ନିର୍ମାଣ କରିକରି ଆସୁଥିବା ବେଳେ ୨୧ ପରିଚ୍ଛେଦରେ ଅତୀତ ଏବଂ ବର୍ତ୍ତମାନକୁ ଅତି ସୁନ୍ଦର ଭାବରେ ସମନ୍ୱିତ କରିଦେଇଛନ୍ତି। ଫଳରେ ଆତୀତିକତା ଏବଂ ବାର୍ତ୍ତମାନିକତା ମଧ୍ୟରେ ଏକ ଅପୂର୍ବ ସମକାଳୀନ ସହାବସ୍ଥାନ, ସମତାଳିକ ସହାବସ୍ଥାନ, ସମଛନ୍ଦିଳ ସହାବସ୍ଥାନ ସୃଷ୍ଟି ହୋଇଛି। ସେଥିପାଇଁ କଥକ ମନୋଜ ଦାସ ଗୁରୁ ଗୋରଖନାଥଙ୍କ କଣ୍ଠରେ କୁହା କରାଇଛନ୍ତି "ଭାଗ୍ୟ ବଦଳାଇ ଦେଇପାରେ କେବଳ ନିଜ ଚେତନାର କ୍ରମାଗତ ବିକାଶ।" (ପୃଷ୍ଠା – ୨୦୦)

ଆଲୋଚ୍ୟ ପରିଚ୍ଛେଦରେ 'ଅମୃତଫଳ' ର ଅଲୌକିକ ଶକ୍ତିକୁ ମଣିଷର ପ୍ରାପ୍ୟ ଭାବରେ ବିବେଚନା କରାଯାଇନାହିଁ। ଏଠି କୁହାଯାଇଛି ଅମୃତଫଳ ମଧ୍ୟରେ ଯେଉଁ ବିଭୂତି ରହିଛି - ଯେଉଁ ବିଭୂତିଦ୍ୱାରା ମଣିଷ ଦୀର୍ଘ ଜୀବନ, ଯୌବନ ଏବଂ ମୃତ ସଞ୍ଜିବନୀ ଗୁଣର ଅଧିକାରୀ ହେବ-ସେ ଅଧିକାର ମଣିଷଜାତି ସ୍ୱାଭାବିକ ଭାବରେ ହାସଲ କରୁ। ସେଥିପାଇଁ ଗୁରୁଙ୍କ ମୁଖରେ କଥକ ପୁଣି କୁହାଇଛନ୍ତି- "ଏ ଫଳ ଯେଉଁ ବିଭୂତିର ବାହକ, ଦିନେ ସ୍ୱାଭାବିକ ଭାବରେ ସେ ବିଭୂତି ମଣିଷର ପ୍ରାପ୍ୟହେବ। ତାର ଚେତନାଗତ ଆରୋହଣର ଏକ ଉତ୍ତୁଙ୍ଗ ପର୍ଯ୍ୟାୟରେ।"

ଶେଷରେ ଅମୃତ ଫଳକୁ ଯଜ୍ଞ କୁଣ୍ଡରେ ଅର୍ପଣ କରାଯାଇଛି। ଅମୃତଫଳ ନୀଳାଭ ସୁବର୍ଣ୍ଣମୟ ଅଗ୍ନିଶିଖା ମଧ୍ୟରେ ପୋଡ଼ି ଭସ୍ମରେ ପରିଣତ ହୋଇଯାଇଛି। ଭର୍ତ୍ତୃହରିଙ୍କର ବୈରାଗ୍ୟଜନିତ ଯେଉଁ ଦୁଶ୍ଚର ତପସ୍ୟା, ସେ ତପସ୍ୟା ଶେଷରେ ଚେତନାର ରୂପାନ୍ତର ପାଇଁ ମାର୍ଗ ନିର୍ଦ୍ଦେଶ କରିଛି। ଭର୍ତ୍ତୃହରି ଫେରିଆସିଛନ୍ତି। ବୈରାଗ୍ୟକୁ ସେ ପ୍ରତ୍ୟାହାର କରିନେଇଛନ୍ତି। ସମଗ୍ର ଜୀବନ ହେଉଛି ଯୋଗ, ସମଗ୍ର ଜୀବନ ହେଉଛି ଜୀବନ-ଏହା ପ୍ରମାଣିତ ହୋଇଛି। ଏହି ଆଶାରେ ବିଶ୍ୱାସ ରଖିଛନ୍ତି ଭର୍ତ୍ତୃହରି। ସେଥିପାଇଁ ତାଙ୍କ ମଧ୍ୟରେ ଚେତନାଗତ ଉତ୍ତରଣ ଘଟିଛି। ସେ ଯେଉଁ ନିମ୍ନତର ଚେତନାର ବଶବର୍ତ୍ତୀ ହୋଇ ଅଭିମାନରେ, ଆକ୍ରୋଶରେ, ବିଦ୍ୱେଷରେ ରାଜ୍ୟ

ତ୍ୟାଗକରି ପଳାୟନ କରିଥିଲେ- ଜନପଦ ତ୍ୟାଗକରି ପଳାୟନ କରିଥିଲେ; ଧୂଳିମାଟିର ଦୁନିଆକୁ ତ୍ୟାଗକରି ପଳାୟନ କରିଥିଲେ- ସେ ପୁନଶ୍ଚ ସେହି ଦୁନିଆକୁ, ସେଇ ଧୂଳିମାଟିକୁ, ସେହି ଜନପଦକୁ ଲେଉଟି ଆସିଛନ୍ତି।

ଏଭଳି ଏକ ଉପଲବ୍ଧି ସହିତ ଅମରନାଥ ଏକାତ୍ମତା ଲାଭ କରିଛନ୍ତି। ତାଙ୍କର ଅନୁଭବ ହୋଇଛି ସେ ଯେମିତି ଭର୍ତ୍ତୃହରିଙ୍କ ସହ କ୍ରମଶଃ ଏକାତ୍ମ ହୋଇଉଠୁଛନ୍ତି। ସେଥିପାଇଁ ଅମରନାଥ ନିଜର ପୀଡ଼ିତା କନ୍ୟାକୁ ରୋଗଶଯ୍ୟାରୁ ଉଠାଇବା ପାଇଁ ଭର୍ତ୍ତୃହରିଙ୍କ ଅମୃତ ଫଳଟିକୁ ସେହି ଧ୍ୟାନ ଗୁମ୍ଫା ମଧ୍ୟରେ ଅନ୍ୱେଷଣ କରୁଥିବା ସମୟରେ ଭର୍ତ୍ତୃହରିଙ୍କର ସେଇ ଚେତନାଗତ ଉତ୍ତରଣର ଦୃଷ୍ଟାନ୍ତ - ତାଙ୍କୁ ସେ ଦିଗରୁ କ୍ଷାନ୍ତ କରାଇଛି। ସେ ନିଜ ମଧ୍ୟରେ ପୋଷଣ କରି ଆସୁଥିବା ଅଦମ୍ୟ ଆଗ୍ରହ, କୌତୁହଳ, ଆକାଂକ୍ଷା ସମୂହକୁ ବିଲୀନ କରିଦେଇଛନ୍ତି ନିଜ ହୃଦୟ ଭିତରେ ପ୍ରଜ୍ଜ୍ୱଳିତ ଏକ ନୀଳାଭ ସୁବର୍ଣ୍ଣମୟ ଅଗ୍ନିଶିଖା ମଧ୍ୟରେ।

ଅର୍ଥାତ୍ ଏହି ପରିଚ୍ଛେଦରେ ଉଭୟ ଭର୍ତ୍ତୃହରିଙ୍କର ଚେତନା ତଥା ଅମୃତଫଳର ଅନାୟାସାଧ ଅଲୌକିକ ପ୍ରାପ୍ତିଜନିତ ଚେତନା ସହିତ ସମକାଳର ଅମରନାଥଙ୍କ ଚେତନା ଏକାତ୍ମ ହୋଇଯାଇଛି। ଫଳରେ ଅତୀତ ଆଉ ସ୍ଥିର ଅତୀତ; ଅପରିବର୍ତ୍ତନୀୟ ଅତୀତ ହୋଇ ରହିନାହିଁ। ବରଂ ତାହା ପରିବର୍ତ୍ତନୀୟ ଚଳମାନ ହୋଇ ସକଳ ଆତୀତିକ ବ୍ୟବସ୍ଥାର ସ୍ଥିର ଆଧିପତ୍ୟକୁ ଖଣ୍ଡବିଖଣ୍ଡିତ କରି ସମୁଦ୍‌ଗତ ହୋଇ ଏକ ଅଖଣ୍ଡ ମହାଚେତନା ରୂପରେ ଅମରନାଥଙ୍କ ଚେତନା ମଧ୍ୟକୁ ଲମ୍ଫିତ ହୋଇଛି। କେବଳ ଯେ, ଲମ୍ଫିତ ହୋଇଛି ତା ନୁହେଁ; ଅମରନାଥଙ୍କ ମଧ୍ୟରେ ତାହା ରୋପିତ ମଧ୍ୟ ହୋଇଛି। ଏହି ରୋପଣ କିନ୍ତୁ ସ୍ୱାଭାବିକ। ଏହା ଆଦୌ ଅଲୌକିକ ନୁହେଁ। ଏହାହିଁ ଦିନେ ମଣିଷକୁ ଦିବ୍ୟତା ଅଭିମୁଖୀ କରାଇବ। ଏଭଳି ଅଣପାରଂପରିକ ବକ୍ତବ୍ୟ ମଧ୍ୟ ଅଧିକଥାର ବିଶେଷତ୍ୱ ଭାବରେ ପରିଗଣିତ ହୋଇଥାଏ।

ମନୋଜ ଦାସଙ୍କର ଏହି ଅଧିକଥାଟିରେ ପାରମ୍ପରିକ ପ୍ଲଟ୍(plot) ବା କଥାବିନ୍ୟାସର ଧାରାକୁ ବର୍ଜନ କରାଯାଇଛି। ଏ ବର୍ଜନ କିନ୍ତୁ ଅଜାଣତରେ ନୁହେଁ। ଏହା ସ୍ୱାଭାବିକ। କାରଣ ଏଠାରେ ସାହିତ୍ୟକୃତି ବା ଅଧିକଥାଟି ଯେହେତୁ ସ୍ୱୟଂବାଚକତାଯୁକ୍ତ ସେଥିପାଇଁ ଲେଖା ଯେଉଁ ଆଡ଼କୁ ମାଡ଼ିଯାଇଛି, ଯେଉଁ ଆଡ଼କୁ ସଞ୍ଚରି ଯାଇଛି; ଯେଉଁ ଆଡ଼କୁ ପାଣି ପରି ବହିଯାଇଛି ସେହିଭଳି ସୁଡ଼ଙ୍ଗ ବା ରାସ୍ତା ବା ଧାର ଫିଟିଯାଇଛି ଆପେ ଆପେ।

କଥକ ମନୋଜ ଦାସ ଆଲୋଚ୍ୟ ଅଧିକଥାର ପ୍ରଥମ ପରିଚ୍ଛେଦରେ କର୍ଣ୍ଣଟସାର୍କଲର ଲୋକାରଣ୍ୟ ଭିତରୁ ଅମରନାଥଙ୍କୁ ନେଇ ଭର୍ତ୍ତୃହରିଗୁମ୍ଫାରେ ଉପଗତ

କରାଇଛନ୍ତି। ଏ ହେଉଛି ସିଧାସଳଖ ଉଦ୍ଦେଶ୍ୟମୂଳକ ବକ୍ତବ୍ୟ। ଏଠାରେ ଅଧିକଥାକାର ସିଧାସଳଖ ବକ୍ତବ୍ୟଟିକୁ ଉପସ୍ଥାପନ ନକରି ତାହାକୁ Interconnectedness ବା ଅନ୍ତସଂପର୍କୀୟତା ଏବଂ Interreferenciality ବା ଅନ୍ତନିର୍ଦ୍ଦେଶାତ୍ମକତା ଧାରାରେ ଉପସ୍ଥାପନ କରିଛନ୍ତି। ଏହା ଫଳରେ ପ୍ରଥମ ପରିଚ୍ଛେଦଟି ବହୁମୁଖୀ ଘଟଣା ବିନ୍ୟାସଦ୍ୱାରା ଚରମ ଜଟିଳତାଯୁକ୍ତ ହୋଇଉଠିଛି ଏବଂ ବିଭିନ୍ନ ସ୍ଥାନରେ ବର୍ଣ୍ଣନାଗତ ବିରୋଧାଭାସ ମଧ୍ୟ ସୃଷ୍ଟି ହୋଇଛି।

ତେବେ ଏଠାରେ ଯେଉଁ ଚରମ ଜଟିଳତାର କଥା ବା ବିରୋଧାଭାସର କଥା ବା ଅନ୍ତସଂପର୍କୀୟତାର କଥା ବା ଅନ୍ତର୍ନିର୍ଦ୍ଦେଶାତ୍ମକତାର କଥା କୁହାଗଲା – ତାହାସବୁ ହେଉଛି ଅଧିକଥା ବା Metafictionର ଗୋଟିଏ ଗୋଟିଏ ବିଶେଷ ବିଭବ। ସେଥିପାଇଁ କଥକ ଅମରନାଥଙ୍କୁ ଏକ ବିପଜ୍ଜନକ ବିସ୍ମରଣ ଗର୍ତ୍ତକୁ ନିକ୍ଷେପ କରାଇଛନ୍ତି - ଯେଉଁ ନିକ୍ଷେପଣ ଦ୍ୱାରା ଅମରନାଥ ଏକ ବିସ୍ମୟକର ଅନ୍ୟମନସ୍କତା ଦ୍ୱାରା ଆଚ୍ଛନ୍ନ ହୋଇ ଉଠିଛନ୍ତି। ତଦ୍ଦ୍ୱାରା ନାହିଁ ନଥିବା କିମ୍ଭୂତକିମାକାର ବା ହାଲୁସିନେସନ୍‌ଯୁକ୍ତ ଚେତନାର ବଳୟ ମଧ୍ୟକୁ ଅମରନାଥ ପ୍ରବେଶ କରିଛନ୍ତି। ତାଙ୍କ ଚେତନା ମଧ୍ୟରେ ଗୋଟିଏ ପରେ ଗୋଟିଏ ଦୃଶ୍ୟ, ସ୍ମୃତି ତଥା ତାତ୍କାଳିକ ଅନୁଭୂତି ସଞ୍ଚରି ଯାଇଛି। ତେବେ ଏହି ପରିଚ୍ଛେଦରେ ସଂଗ୍ରଥିତ ଅମରନାଥଙ୍କ ଚକ୍ଷୁ ସମ୍ମୁଖରେ ଉଜ୍ଜ୍ୱଳ ବିପଣୀ ଶ୍ରେଣୀ ଓ ପଥଚାରୀ ଯାତାୟତ କରିବାର ଦୃଶ୍ୟ; ଗୋଟିଏ ବିପଣୀର କାଚ ଭିତରେ ଟଙ୍ଗାଯାଇଥିବା ଜାକେଟ୍ ପ୍ରତି ଜଣେ ପ୍ରୌଢ଼ଙ୍କର ଲୋଭାତୁର ଆଶାୟୀ ଦୃଷ୍ଟି, ତା ସହିତ ପ୍ରୌଢ଼ ଜଣକ ସେହି ଜ୍ୟାକେଟ୍ ଖଣ୍ଡଟିକୁ ଭିଡ଼ିଆଣି ଗୋଟିଏ ବୃହଦାକାର ମାଙ୍କଡ଼ ଢଙ୍ଗରେ ପଳାୟନ କରିବାର ଆପାତଃ ଦୃଶ୍ୟ; ଅମରନାଥଙ୍କ ଦ୍ୱାରା ପ୍ରୌଢ଼ ଜଣକ କାହିଁକି ଜ୍ୟାକେଟ୍ ଖଣ୍ଡକ ପ୍ରତି ଅତ୍ୟଧିକ ଆସକ୍ତ ତାର କାରଣ ନିରୂପଣ କରିବା ତଥା ଜ୍ୟାକେଟ୍ ଜାବୁଡ଼ିତ ହୋଇ ଦୌଡ଼ିବା ଆଦି ଘଟଣାଅମରନାଥଙ୍କ ମଧ୍ୟରେ ପ୍ରଚଣ୍ଡ ଶ୍ରୁତି ଓ ଦୃଷ୍ଟିଭ୍ରମର ରହସ୍ୟ ସଂଚାର କରିଛି। ତା'ପରେ ତାଙ୍କୁ ଦେଖାଯାଇଛି କଳା ଚକ୍‌ମକ୍ ଜ୍ୟାକେଟ୍ ପିନ୍ଧିଛି ଗୋଟିଏ ଡାମରା କାଉ। ତା ପରେ କାଉର ଜ୍ୟାକେଟ୍ ପ୍ରତି ଈର୍ଷା ଜାତ ହେଇଛି ଅମରନାଥଙ୍କର। ତାଙ୍କ ଠାରେ ହରେକ୍ କିସମର ଜ୍ୟାକେଟ୍ ମହଜୁଦ୍ ରହିଥିଲେ ମଧ୍ୟ ଏହି ଜ୍ୟାକେଟ୍‌କୁ ନେଇ କାହିଁକି ସେ କ୍ରମଶଃ ଯୁକ୍ତିପ୍ରବଣ ହୋଇଉଠିଛନ୍ତି ତାହାର ଏକ ନିଶ୍ଚୟାତ୍ମକ ସ୍ଥିତିରେ ସେ ପହଞ୍ଚିପାରିନାହାନ୍ତି। ତେଣୁ ସେ ଉପଲବ୍ଧି କରିଛନ୍ତି "ଲୋଭ ସହ ପ୍ରାଚୁର୍ଯ୍ୟର ସଂପର୍କ ଆପେକ୍ଷିକ; ମାତ୍ର ଲୋଭ ଏକ ହେତୁ ନିରପେକ୍ଷ ଭାବ"। (ପୃଷ୍ଠା- ୩)

ଅର୍ଥାତ୍ ଅମରନାଥ ୧୨ ଗୋଟି ବ୍ୟବସାୟ ସଂସ୍ଥାର ମାଲିକ ହୋଇବି ଲୋଭକୁ

ନିଜ ସତ୍ତା ମଧ୍ୟରୁ ସମ୍ବରଣ କରିଦେଇ ପାରିନାହାନ୍ତି। ତା'ପରେ ତାଙ୍କର ସ୍ମୃତି ଚାରଣ ହୋଇଛି। ଶୈଶବରେ କେମିତି ମିଠେଇ ପ୍ରତି ତାଙ୍କର ଲୋଭ ଥିଲା; ପାଠ ପଢ଼ିଲା ବେଳେ ପରୀକ୍ଷାରେ ପ୍ରଥମ ହୋଇ ପୁରସ୍କାର ଓ ପ୍ରଶଂସା ପାଇଁ ସେ କେମିତି ଲୋଭ କରିଥିଲେ; ପରବର୍ତ୍ତୀ କାଳରେ ସୌନ୍ଦର୍ଯ୍ୟର ତାରତମ୍ୟ ନିର୍ବିଶେଷରେ ସେ ବହୁକନ୍ୟାଙ୍କୁ ନିଜର କରିବାକୁ ଲୋଭେଇଥିଲେ ଏବଂ ଶେଷରେ ସେ ଯାହାକୁ ବାହା ହେଲେ ସେହି କନ୍ୟାଟିର ପିତାମାତାଙ୍କ ସମ୍ପତ୍ତି ପ୍ରତି ମଧ୍ୟ ତାଙ୍କର ଲୋଭ ଜାଗ୍ରତ ହୋଇଥିଲା ଇତ୍ୟାଦି ଇତ୍ୟାଦି। ତେଣୁ ଲୋଭ ଏଠି ଗୋଟିଏ ନିମ୍ନତର ଚେତନା ରୂପେ ଅବତୀର୍ଣ୍ଣ ହୋଇଛି। ଏହି ଲୋଭର ଉତ୍ତାଳ ସମୁଦ୍ରରେ ଅମରନାଥ ନିଜେ ଭାସମାନ ହୋଇଛନ୍ତି। ତା ପରେ କଥକ ସେହି ଲୋଭ ଜର୍ଜର ସମଗ୍ର ବାତାବରଣ ସଂପର୍କରେ ଆଲୋକପାତ କରିଛନ୍ତି। ଏହି ବାତାବରଣ ମଧ୍ୟରେ ଦୋକାନରୁ ଶୁଭୁଥିବା ଅଶ୍ଳୀଳ ଗୀତ ଆଦି ଅମରନାଥଙ୍କ ଚେତନାକୁ ଆଉଟୁପାଉଟୁ କରିବାରେ ଲାଗିଛି। ତା'ପରେ ହଠାତ୍ ଅମରନାଥଙ୍କୁ ଏମିତି ଜଣାପଡ଼ିଛି ଯେ ଲୋଭରୁ ଅସଂଖ୍ୟ ପୋକଜୋକ ବନି ସାଲୁବାଲୁ ହେବାଭଳି ନରନାରୀମାନେ ଦୃଶ୍ୟ ହୋଇଛନ୍ତି। ସେହି ନରନାରୀମାନଙ୍କ ଆଖିରୁ, ନାକରୁ, ମୁହଁରୁ ଅନର୍ଗଳ ବିଷାକ୍ତ ଲୋଭ ଝରି ଆସୁଥିବାର ତାଙ୍କୁ ଦେଖାଯାଇଛି ଏବଂ କଥକଙ୍କ ଉକ୍ତିରେ- "ସେ ଅଦୃଶ୍ୟ ବାମ୍ପ କ୍ରମେ ଉଷ୍ମରୁ ଉଷ୍ମତର ମନେହେଲା, ଅମରନାଥ ଯେମିତି ସିଝିଯିବେ ଋତୁଚକ୍ରର ଆବର୍ତ୍ତନ ଭଳି ତାଙ୍କ ମାନସିକ ଋତୁ ଅବଶ୍ୟ କେବେ କେବେ ହାସ୍ୟ କେବେ କେବେ ବିଷାଦ, କେବେ କେବେ ଶାନ୍ତି ବା ଅସ୍ଥିରତା ଅଧ୍ୟୁଷିତ ହୋଇଥାଏ। କିନ୍ତୁ ଆଜି ଭଳି ସେ ଏତେ ସନ୍ତୁଳି ହୋଇନଥିଲେ କେବେ।"(ପୃ-୫)

ଏହିଭଳି ଘଟଣାବିନ୍ୟାସ ସହିତ କଥକ ଅମରନାଥଙ୍କୁ ପୁଣି ଆଉ ଗୋଟିଏ ସନ୍ଦର୍ଭଭୂମି ମଧ୍ୟକୁ ପ୍ରବେଶ କରାଇଛନ୍ତି। ସେହି ଅନ୍ତଃସନ୍ଦର୍ଭ ଭୂମିରେ ସେ ଦେଖିଛନ୍ତି ଆଜି କୋଡ଼ିଏ ଲକ୍ଷ ଲାଭକୁ ଧରି ସେ ସନ୍ତୁଷ୍ଟ ହୋଇ ପାରୁନଥିଲେ ମଧ୍ୟ ଦିନେ କୋଡ଼ିଏଟି ଟଙ୍କା ଧାର ସୂତ୍ରରେ ପାଇବା ନିମନ୍ତେ ଗୋଟିଏ ସପ୍ତାହ ଭିତରେ ତାଙ୍କୁ ପନ୍ଦର ଜଣଙ୍କ ପାଖକୁ ଦୌଡ଼ିବାକୁ ହୋଇଥିଲା। ଏମିତି ବହୁକଥା ତାଙ୍କର ମନେପଡ଼ିଛି। ତାଙ୍କର ମନେପଡ଼ିଛି ଜଣେ ପିତୃବଂଧୁଙ୍କ ନିକଟରେ ସେ ଯେତେବେଳେ ଅର୍ଥପାଇଁ ଦ୍ୱାରସ୍ଥ ହୋଇଥିଲେ ସେ ମନାକରି ଦେଇଥିଲେ। କିନ୍ତୁ ଯେତେବେଳେ ପିତୃବଂଧୁ ଜଣକ ନିଜ ପକେଟ୍‌ରୁ କଲମଟି ବାହାର କରିଥିଲେ ସେତେବେଳକୁ କ୍ଲିପ୍ ସହିତ ଜଡ଼େଇ ହେଇ ଖଣ୍ଡେ ଶହେଟଙ୍କିଆ ନୋଟ୍ ବାହାରି ଆସିଥିଲା। ଏହି ସ୍ମୃତିରେ ଅମରନାଥଙ୍କର ପୁନଶ୍ଚ ଅତୀତ ରୋମନ୍ଥନ ହୋଇଛି।

ତାଙ୍କୁ ମନେହେଇଛି ଯେ ସେ ନୋଟ୍ ଖଣ୍ଡିକ ଝାମ୍ପିନେଇ ସେ ବାଟୁଳିଗତିରେ ଦୌଡୁଛନ୍ତି। ତା ପରେ ତାଙ୍କ ମୁଣ୍ଡ ବୁଲାଇଦେଇଛି। ନିମିଷକ ପାଇଁ ସେ ଚେତନା ହରାଇ ପୁଣି ପରମୁହୂର୍ତ୍ତରେ ଯେତେବେଳେ ଆଖି ଖୋଲିଛନ୍ତି ନୋଟ୍ ଖଣ୍ଡିକ ପକେଟ୍‌ରେ ପୂରାଉ ପୂରାଉ ସେ ଗୋଟିକର ସେଭଳି ଅପ୍ରତ୍ୟାଶିତ ଆବିର୍ଭାବର କୌଣସି କୈଫିୟତ୍ ଅଯାଚିତ ଭାବରେ ପିତୃବଂଧୁ ଦେଉଛନ୍ତି ବୋଲି ତାଙ୍କର ମନେହୋଇଛି।

ଏଠାରେ କଥକ ମନୋଜ ଦାସ ଆଉ ଗୋଟିଏ ହାଲୁସିନେସନ୍‌କୁ ସଂଯୁକ୍ତ କରିଛନ୍ତି ଏବଂ ତାଙ୍କ ବକ୍ତବ୍ୟ ଅନୁଯାୟୀ "ମୁହୂର୍ତ୍ତକ ସକାଶେ ସେଦିନର ମତିଭ୍ରମର ପୁନରାବୃତ୍ତି ହୋଇଥିଲା ଆଜି। ମନେ ହୋଇଥିଲା ସେ କୋଡ଼ିଏ ଲକ୍ଷ ଟଙ୍କା ଗୋଟିଏ ଟୋକେଇରେ ଥୋଇ ନିଜ ଚତୁସ୍ତଳ କୋଠାଛାତରେ ଉଡ଼ାଇଦେଲେ। ନୋଟ୍‌ଗୁଡ଼ିକ ବିମ୍ବ ପାଲଟିଗଲା। କୌଣସି ଅଠାଳିଆ ଗଛର ରସ ଫୁଙ୍କି ସେ ଓ ତାଙ୍କ ସାଙ୍ଗମାନେ ଏମିତି ସହସ୍ର ବିମ୍ବ ଉଡ଼ାଇଦେଉଥିଲେ। ତା'ପରେ ବିମ୍ବସବୁ ଗୋଟିଏ ପରେ ଗୋଟିଏ ଫାଟିଗଲେ- ଅର୍ଥଦ୍ୱାରା ଆୟୋଜିତ ମଉଜ ସବୁ ଯେମିତି ଅଚିରେ ମିଳେଇଯାଆନ୍ତି।"(ପୃ-୫-୬)

ଅଧିକଥାରେ ସାଧାରଣତଃ ଏହିଭଳି ବର୍ଣ୍ଣନା ବିନ୍ୟାସ ହିଁ ଘଟିଥାଏ। ଏଠାରେ ବର୍ଣ୍ଣନା ବିନ୍ୟାସରେ କୌଣସି କ୍ରମ ରହେ ନାହିଁ। ଅର୍ଥାତ୍ ଆନୁକ୍ରମିକତା ଅନୁପସ୍ଥିତ ଥାଏ। ତା ସହିତ କାର୍ଯ୍ୟକାରଣଗତ ସମ୍ବନ୍ଧ ମଧ୍ୟ ଛିନ୍ନ ହୋଇଥାଏ। ବିଭିନ୍ନ ପ୍ରକାରର ସନ୍ଦର୍ଭ ବା **Text** ମୂଳରଚନା ସହିତ ସଂଯୁକ୍ତ ହୋଇ ଅଭିବ୍ୟକ୍ତ ହୁଏ। ଫଳରେ ଘଟଣା ପ୍ରବାହରେ ଏକମୁଖୀନତା ବ୍ୟାହତ ହୁଏ।

ଏହି ଯେଉଁ ଏକମୁଖୀନତାର ବ୍ୟାହତ ହେବାକଥା ଏଠାରେ କୁହାଯାଉଛି, ଏହା ମଧ୍ୟ ଅଧିକଥାର ଗୋଟିଏ ବିଶିଷ୍ଟ ଅଙ୍ଗୀଭୂତ ଉପାଦାନ। ଏଭଳି ଅଭିବ୍ୟକ୍ତିକୁ କେହିକେହି **fantasy** ବା ଅତିକଳ୍ପନା ବୋଲି କହନ୍ତି; କିନ୍ତୁ ଏସବୁକୁ ବ୍ୟଙ୍ଗାତ୍ମକ ବା ଶ୍ଳେଷାତ୍ମକ ଦୃଷ୍ଟିରୁ ବାସ୍ତବ ବୋଲି ବିବେଚନା କରାଯାଇଥାଏ। ସେଥିପାଇଁ କୁହାଯାଏ **"Main purpose of metafiction is to highlight the dicotomy between the read world and the fictional world of a novel"** ଅର୍ଥାତ୍ ଗୋଟିଏ କଥାରଚନାର ବାସ୍ତବଜଗତ ଏବଂ କାଳ୍ପନିକ ଜଗତ ମଧ୍ୟରେ ଯେଉଁ ବିଭାଜନ ରହିଛି ସେହି ବିଭାଜନକୁ ଚିହ୍ନିତ ବା ସୂଚିତ କରେ ଅଧିକଥା। ପାରମ୍ପରିକ କଥା ରଚନାରେ ଏଭଳି କାର୍ଯ୍ୟ-କାରଣହୀନ,ଅନୁକ୍ରମବିହୀନ ଘଟଣାବିନ୍ୟାସ ହୁଏତ ଦୃଶ୍ୟହୋଇ ନପାରେ ; କିନ୍ତୁ ଅଧିକଥାରେ ଏ ଧରଣର

ଅନାନୁକ୍ରମିକ ବିନ୍ୟାସ ସର୍ବଦା କଥାଗତିକୁ ଗୋଟିଏ ମଣ୍ଡଳରୁ ଆଉ ଗୋଟିଏ ମଣ୍ଡଳକୁ ଘେନିଯାଏ। ଗୋଟିଏ ଚେତନାରୁ ଆଉ ଗୋଟିଏ ଚେତନାକୁ ଓଟାରିନିଏ।

ଏ ଯାଏଁ ଅମରନାଥଙ୍କର ଯାତ୍ରା ଚଳମାନ ରହିଛି। ସେ ତଥାପି ତାଙ୍କର ଅନିଶ୍ଚିତ ଗନ୍ତବ୍ୟ ସ୍ଥଳରେ ପହଂଚିପାରିନାହାଁନ୍ତି। ଯିବାବାଟରେ ତାଙ୍କର ପୁଣି ବିଭିନ୍ନ ସ୍ମୃତି ସମ୍ମୁଖକୁ ଆସିଛି। କେମିତି ଦୁର୍ମୂଲ୍ୟ ଛାପର ବିଦେଶୀକାର ପ୍ରତି ତାଙ୍କର ପୁନର୍ବାର ଲୋଭ ଥିଲା। ମନିଷାକୁ ଗୋଟିଏ ସୁନ୍ଦର କାର ଯୌତୁକ ସ୍ୱରୂପ ଦେବା ପ୍ରସଙ୍ଗ ମଧ୍ୟ ଏଠି ଆସିଛି। ସ୍ତ୍ରୀ ସରୋଜିନୀଙ୍କ ବ୍ୟକ୍ତିତ୍ୱ ପ୍ରସଙ୍ଗ ଆସିଛି। ଅମରନାଥଙ୍କ ଚିତ୍ରପ୍ରଯୋଜକ ବଂଧୁ କିଶନ୍ ଲାଲ୍ ଗୋଟିଏ ସ୍କୁଲ ନାଟକରେ ମନିଷାର ଅଭିନୟ ପାଇଁ ତାକୁ ପରବର୍ତ୍ତୀ ଚଳଚ୍ଚିତ୍ରରେ ସୁଯୋଗ ଦେବାକୁ କେମିତି ପ୍ରସ୍ତାବ ଦେଇଥିଲେ ସେକଥା ମଧ୍ୟ ଚାରଣ ହୋଇଛି। ମନିଷା କିଶନ୍ କକାଙ୍କର ଏଭଳି ଅନୁରୋଧକୁ କିଭଳି ପ୍ରତ୍ୟାଖ୍ୟାନ କରିଥିଲେ ସେକଥା ମଧ୍ୟ ଅମରନାଥଙ୍କର ମନେପଡ଼ିଛି।

ତା'ପରେ ସେ ଚକ୍ରାକାରରେ ଗାଡ଼ି ଚଳାଇଛନ୍ତି ଏବଂ ସେହି ଚକ୍ରାକାର ଗାଡ଼ିଚାଳନା ଦ୍ୱାରା ତାଙ୍କୁ ଅନାସ୍ୱାଦିତପୂର୍ବ ସନ୍ତୋଷ ପ୍ରାପ୍ତ ହୋଇଛି। ଏଇଠି କଥକ କହୁଛନ୍ତି, "ଚକ୍ର ଏକ ଚମତ୍କାର ବ୍ୟବସ୍ଥା। ତାର ଆରମ୍ଭ ନାହିଁ କି ଶେଷ ନାହିଁ। ପ୍ରଭାତରୁ ରାତି, ରାତିରୁ ପ୍ରଭାତ ବି ଏକ ଚକ୍ର, ଜନ୍ମ ଓ ମୃତ୍ୟୁ ଏକ ଚକ୍ର; ସୁଖରୁ ଦୁଃଖ, ଦୁଃଖରୁ ସୁଖ ବି ଏକ ଚକ୍ର।"(ପୃ-୮)

ଏହି ଯେଉଁ ଚକ୍ରାକାର ଗତିଶୀଳତାର କଥା ଏଠାରେ କୁହାଗଲା – ତାହା ମଧ୍ୟ ଅଧିକଥାର ଗୋଟିଏ ବିଶେଷ ଅଙ୍ଗ। ସେଥିପାଇଁ ଅଧିକଥାରେ ବର୍ଣ୍ଣିତ ସ୍ଥାନ, କାଳ, ପାତ୍ରଙ୍କ ମଧ୍ୟରେ କୌଣସି ତାଳମେଳ ନଥାଏ। ବିଭିନ୍ନ ଉଚ୍ଚାରିତ ଶବ୍ଦ ବା Signifireମାନଙ୍କର ଅନବରତ ସ୍ଥାନାନ୍ତରୀକରଣ ମାଧ୍ୟମରେ ବିଭିନ୍ନ ଘଟଣାକୁ ସେହି ଅଧିକଥାରେ ଉପସ୍ଥାପନ କରିବାପାଇଁ ଉଦ୍ୟମ କରାଯାଇଥାଏ। ଏହି ଉଦ୍ୟମର ନା ଥାଏ କିଛି ରୈଖିକ ବିନ୍ୟାସ; ନା ଥାଏ କୌଣସି କାର୍ଯ୍ୟ-କାରଣଗତ ସମ୍ବନ୍ଧ। ଏହା ସର୍ବଦା ବ୍ୟାକରଣୋତ୍ତର।

ତା ପରେ ଅମରନାଥଙ୍କ ଆଗରେ ଗୋଟିଏ ଜିନ୍ ପରିହିତା ଝିଅଟିଏ ମୋପେଡ୍ ଚଢି ଚାଲିଯାଇଛି। ସେ କିଭଳି ସୁନ୍ଦର ଦିଶୁଛି ସେ କଥା ମଧ୍ୟ କଥକ ବର୍ଣ୍ଣନା କରିଛନ୍ତି। ତା ପରେ ଆହୁରି କ୍ଷିପ୍ର ବେଗରେ ଅମରନାଥ ଗାଡ଼ି ଚଳାଇଛନ୍ତି। ତାଙ୍କୁ ମଣିଷମାନେ କ୍ରମଶଃ ବିଚିତ୍ର ଦେଖାଯିବାରେ ଲାଗିଛନ୍ତି। ଅମରନାଥଙ୍କୁ ଲାଗିଛି "ଗୋଟିଏ ମନୋରମ ସୁ୍ୟଟ୍ ପରିହିତ ଯୁବକଟି ହଠାତ୍ ଗୋଟିଏ ବୟସ୍କ ଖଚର ଜାତୀୟ ପ୍ରାଣୀ ଭଳି; ସୁନ୍ଦର ଶାଢ଼ି ସମାବୃତ୍ତା ଜଣେ ଯୁବତୀ ଅଧୁନା ଲୁପ୍ତ ପ୍ରାୟ ଫୁଲଶାଗୁଣା ଭଳି; ସଫେଦ୍

ପାଇଜାମା କୁର୍ତ୍ତା ପରିହିତ ବିଖ୍ୟାତ ମଦ୍ୟବେପାରୀ- ଯାହାଙ୍କୁ ସେ ଚିହ୍ନନ୍ତି ଓ ଶ୍ରଦ୍ଧା କରନ୍ତି – ସେ ଦେଖାଯାଇଛନ୍ତି ଜଣେ ପ୍ରେତାତ୍ମା ଭଳି; କୁକୁର ବେକରେ ଚେନ୍ ବାନ୍ଧି ତାକୁ ଧରି ଚାଲିଥିବା ଜଣେ ଗୁରୁଗମ୍ଭୀର ବ୍ୟକ୍ତି କୁକୁର ଭଳି ଏବଂ କୁକୁରଟି ତାଙ୍କ ପ୍ରଭୁ ଭଳି"। (ପୃ-୯)

ଅମରନାଥଙ୍କୁ ବିଭିନ୍ନ ପ୍ରସଙ୍ଗ ଅତ୍ୟନ୍ତ ଅସଂଗତ, ଅତିକଳ୍ପନାଯୁକ୍ତ, ଅସମ୍ଭବ ବୋଧ ହୋଇଛି। ପ୍ରକୃତରେ ରୈଖିକ ବିନ୍ୟାସରୁ ବା ସ୍ଥାନ, କାଳ, ପାତ୍ରଗତ ତଥାକଥିତ ଧାରାବାହିକ ବିନ୍ୟାସ ବା ତଥାକଥିତ ନିଉଟନୀୟ କାର୍ଯ୍ୟ-କାରଣଗତ ବିନ୍ୟାସ ବା ତଥାକଥିତ ସୌରକୈନ୍ଦ୍ରିକ ସ୍ଥିର ସତ୍ୟ ଏବଂ ଜ୍ଞାନଗତ ବିନ୍ୟାସ କ୍ଷେତ୍ରରୁ ଯେତେବେଳେ ମନୁଷ୍ୟ ଉଦ୍‌ବର୍ତ୍ତିତ ହୁଏ ଅର୍ଥାତ୍ ଯେତେବେଳେ ମନୁଷ୍ୟ ମଧ୍ୟରେ ଚେତନାଗତ ଆପେକ୍ଷିକତାର ପରିମଣ୍ଡଳ ନିର୍ମାଣ ହୁଏ, ସେତେବେଳେ ମଣିଷକୁ ଏହିଭଳି ସବୁକିଛି ବିଚିତ୍ର ବୋଧହୁଏ। ଏଭଳି ବିଚିତ୍ରବୋଧ ମଧ୍ୟ ଅଧିକଥାର ଅନ୍ୟତମ ବିଶେଷତ୍ୱ।

ଅମରନାଥ କାର ଚଳାଉଛନ୍ତି। କାର ରାଜପଥରେ ଚଳମାନ ତା'ସହିତ ଚଳମାନ ଅମରନାଥଙ୍କର ଚେତନାଗତ ପ୍ରକ୍ରିୟା। ସେହି ପ୍ରକ୍ରିୟା ମଧ୍ୟରେ ଏକ ସପ୍ତାହ ତଳେ କିଭଳି ଭୂଷଣ କର୍ମକାର ଗୋଟିଏ ହୋଟେଲର ଚତୁର୍ଦ୍ଦଶ ମହଲାରେ ଅଗ୍ନିସଂଯୋଗ ହେବାଦ୍ୱାରା ମୃତ୍ୟୁବରଣ କଲେ; ଭୂଷଣଙ୍କ ଆକସ୍ମିକ ମୃତ୍ୟୁରେ ଅମରନାଥ କେମିତି ବିମର୍ଷତା ଗର୍ଭରେ ନିକ୍ଷେପିତ ହେଲେ; ଭୂଷଣ କର୍ମକାର ଟୋକିଓ ଏବଂ ଲଣ୍ଡନ ନଯାଇ ସେ ହୋଟେଲ୍‌ରେ କାହିଁକି ରହିଲେ ଏବଂ ଅଗ୍ନିରେ ଜଳିପୋଡ଼ି ଭସ୍ମ ହୋଇଗଲେ ଆଦି ଏକ ପ୍ରକାରର ଉଦ୍‌ଭ୍ରାନ୍ତ ହତଭମ୍ଭ ଅନୁଭୂତି ଅମରନାଥଙ୍କୁ କାଉଲି ମାଉଲି ପକାଇଲା। ତା ସହିତ ଭୂଷଣର ଭାଗ୍ୟରେ ଯେଉଁ ବିପର୍ଯ୍ୟୟ ଘଟିଲା ତାର ପ୍ରଶ୍ନର ଉତ୍ତର ସେ ଏଯାଏ ପାଇନାହାନ୍ତି। ତେଣୁ କଥକ କହୁଛନ୍ତି "ମୁହୂର୍ତ୍ତକ ଉତ୍ତାରୁ ସେ ପ୍ରଶ୍ନର ପ୍ରଚ୍ଛନ୍ନ ଉତ୍ତର ଚେତନାର ଉତ୍ତର ଭାଗକୁ ଛୁଇଁ ଆସିଲା। ଭୂଷଣ ସହ ଏକାତ୍ମବୋଧ, ତା ପ୍ରତି ସହାନୁଭୂତି, ଭୂଷଣର ଅଚାନକ ବିକଳ ମୃତ୍ୟୁଜନିତ ବିହ୍ୱଳତା ଏବଂ ସେସବୁରୁ ଉଦ୍ଭୂତ ଅସଂଖ୍ୟ ପ୍ରଶ୍ନ ତାଙ୍କୁ ସ୍ଥବିର ପ୍ରାୟ କରି ରଖିଥିଲା"। (ପୃ-୧୨)

ବାସ୍ତବିକ ଉତ୍ତରସଂରଚନା ଅଧ୍ୟୁଷିତ ବିଶ୍ୱର ମଣିଷମାନେ ଏମିତି ଉଦ୍‌ଭ୍ରାନ୍ତ ଜୀବନ ନିର୍ବାହ କରନ୍ତି। ସେମାନେ କେତେବେଳେ କେଉଁ ମୁହୂର୍ତ୍ତ ସହିତ ସମକାଳ ହୁଅନ୍ତି ତାହା ତାଙ୍କୁ ମଧ୍ୟ ଜଣାନଥାଏ। ସେମାନେ କାହା ଚେତନା ସହିତ କେତେବେଳେ ଏକାତ୍ମ ହୁଅନ୍ତି, ସେକଥା ମଧ୍ୟ ସେମାନଙ୍କୁ ଜଣା ନଥାଏ। ଏଭଳି ଅଜ୍ଞାତ ତଥା ଅନାବିଷ୍କୃତ ଚେତନାଗତ ସମ୍ପୃକ୍ତି ଏବଂ ଅସମ୍ପୃକ୍ତିକୁ ହୁଏତ ବ୍ୟାକରଣବାଦୀ ମଣିଷଟିଏ

ଅଗ୍ରାହ୍ୟ କରିଦେଇପାରେ; କିନ୍ତୁ ଏହା ଉତ୍ତରସଂରଚନାକୈନ୍ଦ୍ରିକ ବିଶ୍ୱପାଇଁ ଅକ୍ଷରେ ଅକ୍ଷରେ ସ୍ୱାଭାବିକ। ଏଠି ମଣିଷର ଚେତନାରେ ହଜାର ହଜାର ଚିନ୍ତାର ଖିଅସବୁ ପ୍ରତିମୁହୂର୍ତ୍ତରେ ଅଜସ୍ର ତରଙ୍ଗ ସୃଷ୍ଟି କରନ୍ତି। ଏଠି ମଣିଷ କେତେବେଳେ କେଉଁ ଅଜ୍ଞାତ ଚେତନାକୁ ଲମ୍ଫିତ ହୁଏ ସେ ନିଜେ ମଧ୍ୟ ଜାଣେନା। ତା'ର ଉତ୍କୃଷ୍ଟ ଦୃଷ୍ଟାନ୍ତ ହେଉଛନ୍ତି ଅମରନାଥ।

ଉତ୍ତର ସଂରଚନାବାଦୀ ବିଶ୍ୱର ନାଗରିକମାନଙ୍କ ମନାକାଶରେ ଅଜସ୍ର ପ୍ରଶ୍ନଶୀଳତା ସୃଷ୍ଟିହୁଏ। ସେହି ପ୍ରଶ୍ନର ଉତ୍ତର ଭାବରେ ଯାହାକୁ ଗ୍ରହଣ କରାଯାଏ, ତାହା ମଧ୍ୟ କିଛିକ୍ଷଣ ମଧ୍ୟରେ ଆଉ ଏକ ପ୍ରଶ୍ନ ହୋଇ ଠିଆହୁଏ। ତେଣୁ ଆଇନଷ୍ଟାଇନ୍ ଯେଉଁ Nothing is absolute ବୋଲି କହୁଥିଲେ, ତାହା ଏହି ବିଶ୍ୱପାଇଁ ସ୍ୱାଭାବିକ ମନେହୁଏ।

ଆଜିକୁ ପଚିଶବର୍ଷ ତଳେ ଅମରନାଥଙ୍କୁ ହଠାତ୍ ଏକ ଅଭିନବ ପ୍ରେରଣା ମିଳିଥିଲା। ପୃଥିବୀରେ କାହିଁକି ଏତେ ଦୁଃଖ ? ଦୁଃଖୀମାନଙ୍କର ଯନ୍ତ୍ରଣାର କାରଣ ଏବଂ ସମାଧାନ ନିରୂପଣ କରିବାକୁ ଯାଇ ସେ ଭାବିଥିଲେ ଯଦି ପୃଥିବୀର ଆବାଳ ବୃଦ୍ଧବନିତା ଏକ ନିର୍ଦ୍ଦିଷ୍ଟ ମୁହୂର୍ତ୍ତରେ ଆତ୍ମହତ୍ୟା କରିଦେବେ, ତେବେ ଦୁଃଖ ରହିବ ନାହିଁ। ଦୁଃଖରୁ ପରିତ୍ରାଣ ପାଇଁ ଯେଉଁ ପ୍ରବନ୍ଧ, ପ୍ରଚେଷ୍ଟା, ନୀତି, ରାଜନୀତିର ଅବତାରଣା ତାହା ମଧ୍ୟ ଆବଶ୍ୟକ ହେବନାହିଁ। ଏହି ଯେଉଁ କଳ୍ପନାପ୍ରସୂତ ଚିନ୍ତନ ବା ପରିକଳ୍ପନା ଅମରନାଥଙ୍କର-ତାହାକୁ ସେ ତାଙ୍କ ସହପାଠୀ ବଳଦେବଙ୍କୁ ଶୁଣାଇଥିଲେ। ବଳଦେବ ଏହାକୁ ପ୍ରଶଂସା ମଧ୍ୟ କରିଥିଲେ ଏବଂ ସେ କହିଥିଲେ "ତୁମର ଏ ଯୋଜନା କେବଳ ଯୁଗାନ୍ତକାରୀ ନୁହେଁ କାଳାନ୍ତକାରୀ। କାଳାନ୍ତକାରୀ – କାରଣ ମଣିଷର ହିସାବରେ ହିଁ କାଳ।"(ପୃ୧୩)

"ମଣିଷର ହିସାବରେ ହିଁ କାଳ" ଉଦ୍ଧୃତାଂଶଟି ଅଧିକଥା ଦୃଷ୍ଟିରୁ ଅତ୍ୟନ୍ତ ଗୁରୁତ୍ୱପୂର୍ଣ୍ଣ ମନେହୁଏ। ଅଧିକଥାରେ ଯେ କୌଣସି କାଳ ଯେ କୌଣସି କାଳଖଣ୍ଡକୁ ସଂପ୍ରସାରିତ ହୋଇପାରେ, ଗର୍ଭିତ, କ୍ଷେପିତ ହୋଇପାରେ। ସେଥିପାଇଁ ପ୍ରଥମ ଶତାବ୍ଦୀ, ତୃତୀୟ ଶତାବ୍ଦୀ କିମ୍ବା ପଞ୍ଚମ ଶତାବ୍ଦୀ ମଧ୍ୟରେ କୌଣସି ଅନ୍ତର ନାହିଁ ବୋଲି ଅଧିକଥାରେ କୁହାଯାଏ। ତେଣୁ ଅମରନାଥଙ୍କର ଅବଚେତନାରେ ଯେଉଁ ପୃଥିବୀର ଦୁଃଖ ଦୂରୀକରଣ ପାଇଁ ପରିକଳ୍ପନା ସୃଷ୍ଟି ହୋଇଥିଲା ତାହାକୁ ବଳଦେବ ପ୍ରତିବାଦ କରି କହିଛନ୍ତି "ଯଦି ସମଗ୍ର ମାନବସମାଜ ବିଲୁପ୍ତ ହେବ, ତେବେ ତାକୁ ସ୍ମରଣ କରିବ କିଏ? ଇତିହାସ ଲେଖିବ କିଏ? ଏହାକୁ ପଢିବ କିଏ" ? (ପୃ-୧୪)

ଏଠାରେ କଥକ ଆଉ ଏକ Textକୁ ଅନ୍ତର୍ସମ୍ପୃକ୍ତି ମାଧ୍ୟମରେ ପରିବେଷଣ

କରିଛନ୍ତି ଏବଂ ସେଇଟି ହେଉଛି ବୌଦ୍ଧଧର୍ମ କାହିଁକି ଭାରତରେ ତିଷ୍ଠି ପାରିଲା ନାହିଁ। କଥକ ଏଠାରେ କହୁଛନ୍ତି ଯେ "ବୌଦ୍ଧ ଧର୍ମର ଯେତେ ଯାହା ଥିଲେ ମଧ୍ୟ ତାହା ଏକ ଜୀବନବିମୁଖୀ ତତ୍ତ୍ୱ ହୋଇଥିବାରୁ ତାହା ହୁଏତ ତିଷ୍ଠି ପାରିଲା ନାହିଁ। ଦ୍ୱିତୀୟରେ ସେ କହିଛନ୍ତି ଜୀବନର ଆଧାର ଦୁଃଖ ନୁହେଁ ଆନନ୍ଦ। ବେଦ ଉପନିଷଦ ପରିବେଷିତ ଏ ତତ୍ତ୍ୱକୁ ଯିଏ ଯେତେ ଅସ୍ୱୀକାର କଲେ ବି ଏହା ମୌଳିକ ସତ୍ୟ। ତେଣୁ ହେ ଅମରନାଥ ! ତମ ପ୍ରଦର୍ଶିତ ମହାମୃତ୍ୟୁ ମାର୍ଗ ସର୍ବଜନ ଗୃହୀତ ହେବାର ମହାବିଡ଼ମ୍ବନା। ତା ଛଡ଼ା ମଣିଷତକ ତମକଥା ମାନିନେଇ ବିଲୟ ଭଜିଲେ ବି ଦୁଃଖ ଯନ୍ତ୍ରଣା ତିଷ୍ଠି ରହିବ - ଜନ ସଂଖ୍ୟାଠାରୁ ବହୁଗୁଣ ଅଧିକ ମନୁଷ୍ୟେତର ପ୍ରାଣୀ ଜଗତ ଭିତରେ। ସମସ୍ତ ପଶୁପକ୍ଷୀ କୀଟପତଙ୍ଗଙ୍କୁ ତମେ ଆତ୍ମହତ୍ୟା କରିବାକୁ ପ୍ରବର୍ତ୍ତାଇ ପାରିବ ନାହିଁ। ଜୀବନ ମଣିଷ ଭିତରେ ସୀମାବଦ୍ଧ ନୁହେଁ।"(ପୃ-୧୪-୧୫)

ଏମିତି ବହୁବିଧ ଚିନ୍ତାର ତରଙ୍ଗ ଭିତରେ ଅମରନାଥ ଗାଡ଼ି ଚଳାଉ ଚଳାଉ ଗାଡ଼ିଟିକୁ ଗୋଟିଏ ଟେଲିଫୋନ୍ ବୁଥ୍ ପାଖରେ ରଖିଲେ। ତା'ପରେ ତାଙ୍କର ବଂଧୁ ଚୌଧୁରୀଙ୍କୁ ଫୋନ୍ କଲେ। ଫୋନ୍‌ରେ ସେ କିଛିଦିନ ପାଇଁ ନିରୁଦ୍ଦିଷ୍ଟ ହୋଇଯାଉଛନ୍ତି ବୋଲି ବଂଧୁ ଚୌଧୁରୀ ବାବୁଙ୍କୁ କହିଲେ। ତା ପରେ ଅମରନାଥ କାର୍‌ରେ ଇନ୍ଧନ ଭର୍ତ୍ତିକରି ଉତ୍ତର ଅଭିମୁଖୀ ହେଲେ। ରୁର୍କୀ ପାରିହେଲା ବେଳକୁ ଟୋପା ଟୋପା ବୃଷ୍ଟି ଅଚିରେ ମୁଷଳ ଧାରାରେ ପରିଣତ ହେଲା। ସେଇ ବୃଷ୍ଟିପାତ ଭିତରେ ସେ ନିଜ ଅଜ୍ଞାତସାରରେ ବଳଦେବଙ୍କ କୋଠା ସାମ୍ନାରେ ଉପସ୍ଥିତ ହୋଇସାରିଥିଲେ। ବଳଦେବ ଅମରନାଥଙ୍କୁ ଅଭିବାଦନ କଲେ ଏବଂ କହିଲେ "ଦୁଇହଜାର ବର୍ଷ ତଳେ ଭର୍ତ୍ତୃହରି ହଠାତ୍ ଏମିତି ବାହାରି ଆସିଥିଲେ। କିନ୍ତୁ ତାଙ୍କୁ ହଠାତ୍ କୁହାଯାଇପାରିବ କି ? ହଠାତ୍ ବୋଲି କିଛି ନାହିଁ - ଅମରନାଥ। ସବୁ ପଦକ୍ଷେପ ପଛରେ ଥାଏ ପ୍ରଚ୍ଛନ୍ନ ପ୍ରସ୍ତୁତି" (ପୃ-୧୭)। 'ହଠାତ୍ ବୋଲି କିଛି ନ ରହିବା' ବକ୍ତବ୍ୟଟି ମଧ୍ୟ ଅଧିକଥାର ପରିସର ଭୁକ୍ତ ଏକ ଉପାଦାନ।

ଅମରନାଥ ଯେଉଁ କୋଠା ସମ୍ମୁଖରେ ନିଜ ଅଜ୍ଞାତସାରରେ ଯାଇ ପହଞ୍ଚିଲେ, ସେହି କୋଠା ଭିତରେ ଏଯାଏଁ ସୁରକ୍ଷିତ ହୋଇ ରହିଥିଲା ଭର୍ତ୍ତୃହରି ଗୁମ୍ଫା। ସେଇଠି ଭର୍ତ୍ତୃହରି ବାରବର୍ଷ କାଳ ତପସ୍ୟା କରିଥିଲେ। ଅମରନାଥ ସେହି କୋଠାର ଅନତିଦୂରରେ ଥିବା ଗଙ୍ଗାନଦୀରେ ସ୍ନାନ କରି ଗୈରିକ ବସ୍ତ୍ର ପରିଧାନ କଲେ ବନ୍ଧୁ ବଳଦେବଙ୍କ ଅନୁରୋଧ କ୍ରମେ। ଭର୍ତ୍ତୃହରି ସଂକ୍ରାନ୍ତୀୟ ଯେଉଁ ପ୍ରାଚୀନ ପାଣ୍ଡୁଲିପି ଥିଲା, ତାହାକୁ ପୁନର୍ଲିଖନ କରିବାପାଇଁ ବଦ୍ଧପରିକର ହେଲେ। ଚେତନାର ଏକାଧିକ ସ୍ତରରେ ଭର୍ତ୍ତୃହରିବୃତ୍ତାନ୍ତ ଜ୍ଞାତହୋଇ ଅମରନାଥ ତା'ର ସ୍ଥୁଳ ତଥା ବହିର୍ଭୂତ ତାତ୍ପର୍ଯ୍ୟଗତ

ସ୍ତରକୁ ପୁନଶ୍ଚ ସମକାଳସର୍ବସ୍ୱ ଜୀବନଭୂମି ଆଡକୁ ନେଇଆସି ତାକୁ ଆଉଥରେ ଲେଖିବାପାଇଁ ପ୍ରୟାସ କଲେ। ଏବଂ ଆରମ୍ଭ ହେଲା ଏକ ନୂତନ ସୂର୍ଯ୍ୟୋଦୟ। ଚେତନାର ସୂର୍ଯ୍ୟୋଦୟ ? ନବଜନ୍ମର ଶିହରଣ ଏବଂ ଆଲୋଚ୍ୟ ଅଧିକଥାର ଅବଶିଷ୍ଟ କଥାୟନର ସାମଗ୍ରିକତା।

ଏଇଠି ଗୋଟିଏ କଥା ବିଚାର୍ଯ୍ୟ ଯେ ଅଧିକଥାରେ ଯେଉଁ ସ୍ୱୟଂବାଚକତା ରହିଛି ସେଇଠି କୁହାଯାଏ ଯେ ସମସ୍ତ ସାରସ୍ୱତ ରଚନାର ଯେ ଯେଉଁ ପରିତଳ ରହିଛି ଏବଂ ଏହି ପରିତଳ ହେଉଛି ସମଗ୍ର ସାହିତ୍ୟିକ ରଚନାର କେନ୍ଦ୍ରୀୟ ଭୂମିଖଣ୍ଡ ଏବଂ ଏହି କେନ୍ଦ୍ରୀୟ ଭୂମିଖଣ୍ଡ ସମସ୍ତ ସାହିତ୍ୟକୃତିର ବିଶ୍ଳେଷଣଗତ ଆଭିପ୍ରାୟିକତା ମଧ୍ୟରେ ରହିଥାଏ। ଏହା ଏକ ପ୍ରକାର୍ଯ୍ୟ। ଏହି ପ୍ରକାର୍ଯ୍ୟ ମାଧ୍ୟମରେ ପାଠକକୁ ବୁଝାଇବାକୁ ଚେଷ୍ଟା କରାଯାଇଥାଏ ଯେ ସେମାନେ ସାହିତ୍ୟକୃତିର ଅଧ୍ୟୟନ କରୁନାହାନ୍ତି ବରଂ ଏକ ପ୍ରକ୍ରିୟା ମଧ୍ୟରେ ରହିଛନ୍ତି ଏବଂ ଏହି ପ୍ରକ୍ରିୟା ମଧ୍ୟଦେଇ ସେମାନେ ବିଶ୍ୱକୁ ଏକ ସାହିତ୍ୟକୃତି ଭାବରେ ଅଧ୍ୟୟନ କରୁଛନ୍ତି। ଯେଉଁ ଅଧ୍ୟୟନ ତଥା ବିଶ୍ଳେଷଣ ଏହି ପ୍ରଥମ ପରିଚ୍ଛେଦଠାରୁ ହିଁ ଚଳମାନ ହେଇଛି।

"ଥିଲେ ଜଣେ ରାଜା। ଥିଲେ ତାଙ୍କ ରାଣୀ। ରାଜଧାନୀ ଉପକଣ୍ଠରେ ପ୍ରବହମାନ ସିପ୍ରା ନଦୀର କଳକଳ ସ୍ରୋତ ଭଳି ସେମାନଙ୍କ ଜୀବନ ଧାରା ବି ଥିଲା ଅବାରିତ ସୁଖର ଶଯ୍ୟାରେ ପ୍ରବାହିତ।" ପ୍ରଚ୍ଛଦର ପଛ ଭାଗରେ ଅଭିବ୍ୟକ୍ତ ହୋଇଥିବା ଉପରୋକ୍ତ ଉଦ୍ଧୃତାଂଶଟି ଭର୍ତ୍ତୃହରି ଏବଂ ତାଙ୍କ ରାଣୀ ସିନ୍ଧୁମତୀଙ୍କୁ ହିଁ ସୂଚିତ କରେ। ଉଜ୍ଜୟିନୀର ରାଜା ଭର୍ତ୍ତୃହରି ମାତ୍ର ଦଶଟି ବର୍ଷ ରାଜ୍ୟ ଶାସନ କରି ବୀତସ୍ପୃହ। ସେ ବର୍ତ୍ତମାନ ଏକ ପ୍ରକାର ହେତୁହୀନ ଉଦ୍‌ଗ୍ରୀବତାରେ ଆଚ୍ଛନ୍ନ। "ରାଜନୀତି ବାହାରେ ରାଜାର ବ୍ୟକ୍ତିତ୍ୱ ଅଛି ନା ନାହିଁ ?" ପ୍ରଶ୍ନଟିକୁ ସେ ମନ୍ତ୍ରୀଙ୍କ ଉଦ୍ଦେଶ୍ୟରେ ସଂପ୍ରେଷଣ କରିଛନ୍ତି। ଭର୍ତ୍ତୃହରିଙ୍କ ସହିତ ଅନ୍ୟ ଯେଉଁ ଚରିତ୍ରଗୁଡ଼ିକ ଏହି ଅଧିକଥାରେ ସମାବେଶ ହୋଇଛନ୍ତି, ସେମାନଙ୍କ ମଧ୍ୟରେ ଭର୍ତ୍ତୃହରିଙ୍କର ଅନୁଜ ବିକ୍ରମାଦିତ୍ୟ, ରାଜଗୁରୁ, ଜୟକାନ୍ତ, ସୁକନ୍ୟା ସିନ୍ଧୁମତୀ;(ଯାହାଙ୍କୁ ମହାରାଜ ଭର୍ତ୍ତୃହରି ବିବାହ କରିଥିଲେ ଏବଂ ମୁନିଙ୍କ ଦ୍ୱାରା ପ୍ରଦତ୍ତ ଅମୃତଫଳ ତାଙ୍କ ହାତରେ ଅର୍ପଣ କରିଥିଲେ ଏବଂ ସେହି ଅମୃତଫଳର ସନ୍ଦେହଜନିତ ସ୍ଥାନାନ୍ତରୀକରଣ ହେତୁ ଭର୍ତ୍ତୃହରିଙ୍କ ଜୀବନରେ ବୈରାଗ୍ୟ ଆସିଥିଲା। ତା ପରେ ସେ ରାଜ୍ୟ ତ୍ୟାଗ କରି ତପସ୍ୟା କରିବା ଉଦ୍ଦେଶ୍ୟରେ ଯାତ୍ରା କରିଥିଲେ।) ଅନ୍ୟତମ।

ଏହା ସହିତ ଆଉ ଯେଉଁ ଚରିତ୍ରମାନେ ଭର୍ତ୍ତୃହରିଙ୍କ ସହିତ ଏ ଅଧିକଥାରେ ଏକତ୍ର ସମାବେଶ ହୋଇଛନ୍ତି, ତନ୍ମଧ୍ୟରେ ଜ୍ୟୋତିଷପ୍ରବର ବରାହମିର, ନର୍ତ୍ତିପୁତ୍ରୀ ମାଳବିକା, ମାଳବିକା ମାଆ, କଟୁଆଳ ବିଶ୍ୱଗୁପ୍ତ, ବୌଦ୍ଧସମ୍ମିଳନୀର ଅଧ୍ୟକ୍ଷ ପଦ୍ମଗୁପ୍ତ,

ତିନିଜଣ ଦସ୍ୟୁ ପ୍ରମୁଖ ଅନ୍ୟତମ। ଏହି ଚରିତ୍ରମାନେ ଆଲୋଚ୍ୟ ଅଧିକଥାର ପରିଚ୍ଛେଦ - ୨,୪ , ୮, ୧୦, ୧୨, ୧୪, ୧୬, ୧୮ ଏବଂ ୨୦ ରେ ଯଥାକ୍ରମେ ଇତିହାସ ଏବଂ କିମ୍ବଦନ୍ତୀକୁ ଏକ ମିଳିତ ବୈବିଧ ପ୍ରଦାନ କରିବା ପାଇଁ ଅବତୀର୍ଣ୍ଣ ହୋଇଛନ୍ତି।

ଅନ୍ୟ ପାର୍ଶ୍ୱରେ ଆମ ସମସାମୟିକ ଏକ ଅଣନାଟକୀୟ ଚରିତ୍ର ଅମରନାଥଙ୍କ ସାଥୀରେ ଉତ୍ତର ସଂରଚନାକୈନ୍ଦ୍ରିକ କାଳଖଣ୍ଡର ବିଭିନ୍ନ ଚରିତ୍ର ତଥା ସ୍ଥାନ ଏକତ୍ର ହୋଇଛନ୍ତି। ଏଠାରେ ଅନ୍ୟ ଯେଉଁ ସବୁ ଚରିତ୍ର ରହିଛନ୍ତି ସେମାନଙ୍କ ମଧ୍ୟରେ ବଳଦେବ, ମନିଷା, ଚିତ୍ରପ୍ରଯୋଜକ ତଥା ଅମରନାଥଙ୍କ ବଂଧୁ କିଶନଲାଲ୍, ଅମରନାଥଙ୍କ ସ୍ତ୍ରୀ ସରୋଜିନୀ, ଅମରନାଥଙ୍କ ଅନ୍ୟତମ ବଂଧୁ ଭୂଷଣ କର୍ମକାର, ବଂଧୁ ବଳଦେବ, ଅମରନାଥଙ୍କ ବାଲ୍ୟବଂଧୁ ଓ ବିଶ୍ୱସ୍ତ କର୍ମଚାରୀ ଚୌଧୁରୀ ପ୍ରମୁଖ ଅନ୍ୟତମ। ଗୋଟିଏ ପଟେ ଅତୀତ, ଗୋଟିଏ ପଟେ ବର୍ତ୍ତମାନ। ଗୋଟିଏ ପଟେ 'ଲ' କାଳିକ ବିନ୍ୟାସ, ଗୋଟିଏ ପଟେ 'ଛ' କାଳିକ ବିନ୍ୟାସ। ଗୋଟିଏ ପଟେ ପୁରାତନ, ଗୋଟିଏ ପଟେ ଅଧୁନାତନ।

ମଣିଷ ପୁରାତନ କେନ୍ଦ୍ରରେ ଥାଉ ବା ବର୍ତ୍ତମାନ କେନ୍ଦ୍ରରେ ଥାଉ-ତା ମଧ୍ୟରେ ସବୁ ସମୟରେ ଯୁଗେଯୁଗେ କାଳେ କାଳେ କୌଣସି ନା କୌଣସି କାରଣରୁ ଆକସ୍ମିକ ଭୂମିକମ୍ପ ଦେଖାଦିଏ। ଏହି ଭୂମିକମ୍ପ ହେଉଛି ମଣିଷ ମଣିଷ ମଧ୍ୟରେ ସଂପର୍କଗତ ସଂକଟ ପାଇଁ ସୃଷ୍ଟି ହେଉଥିବା ଭୂମିକମ୍ପ। ଅବିଶ୍ୱାସ, ଅହେତୁକସୃଷ୍ଟ ଭୂମିକମ୍ପ। କାମନା, ଧନସଂପତ୍ତି ଏବଂ କ୍ଷମତା ମଦମତ୍ତ ଜୀବନର ଅରଣା ବ୍ୟବସ୍ଥା ମଧ୍ୟରୁ ସୃଷ୍ଟି ହୋଇଥିବା ଭୂମିକମ୍ପ। ଏହି ଭୂମିକମ୍ପ ହେତୁ ପର୍ବତ ପ୍ରମାଣେ ପ୍ରଶ୍ନ ଉଦ୍ଭୂତ ହୁଏ। ଏହି ଉଦ୍ଭୂତ ପ୍ରସଙ୍ଗ ସେଦିନ ଥିଲା। ଯେଉଁଦିନ ଥିଲେ ଜଣେ ରାଜା। ଥିଲେ ତାଙ୍କ ରାଣୀ। ଏବଂ ଆଜିବି ଅଛି। ଆମ ସମସାମୟିକ ଅଣନାଟକୀୟ ଚରିତ୍ରମାନଙ୍କ ମାଧ୍ୟମରେ। ତେଣୁ ଏଭଳି ଏକ ପୁରାତନତ୍ୱ ତଥା ନୂତନତ୍ୱର ଏକ ମହାକାଳୀନ ସନ୍ଧାନର ଆଲେଖ୍ୟ ହେଉଛି ଆଲୋଚ୍ୟ ଅଧିକଥା। ଅଧିକଥାର ପରିଚ୍ଛେଦ - ୬, ୧୨ ଏବଂ ୨୧ରେ ଉଭୟ ଅତୀତ ଏବଂ ବର୍ତ୍ତମାନର ମହାମିଶ୍ରଣ ଘଟିଛି। ତେବେ ଆରମ୍ଭରୁ ଶେଷ ପର୍ଯ୍ୟନ୍ତ ଏହି ଅଧିକଥାକୁ ଅତି ସତର୍କତାର ସହିତ ତଥା ସଚେତନତାର ସହିତ ଯଦି ପାଠକରାଯାଏ, ତେବେ ଦେଖାଯିବ ଯେ ସମୟ କେବେ ଶେଷ ହୁଏନା। ବ୍ୟକ୍ତି ଚେତନାରେ ଯେପର୍ଯ୍ୟନ୍ତ ରୂପାନ୍ତର କିମ୍ବା ପରିବର୍ତ୍ତନ ନ ଘଟିଛି ସେ ପର୍ଯ୍ୟନ୍ତ ବୀତସ୍ପୃହ ଭର୍ତ୍ତୃହରିମାନେ; ଅସ୍ଥିରା ସିନ୍ଧୁମତୀମାନେ କ୍ରମଶଃ ଚେତନାଗତ ସାମଗ୍ରିକତା ବୋଇତରେ ବସି ବର୍ତ୍ତମାନକୁ ଚାଲିଆସନ୍ତି। ଏମାନେ ବର୍ତ୍ତମାନକୁ ଚାଲିଆସିବା ପରେ ଦେଖାଯାଏ,

ଯାହାଦିନେ ଅତୀତ ଥିଲା, ତାହା ଆଜି ଆଜିରେ ପରିଣତ ହୋଇଛି। ଅତୀତର ମଣିଷ ଏବଂ ବର୍ତ୍ତମାନର ମଣିଷ ମଧ୍ୟରେ କୌଣସି ପାର୍ଥକ୍ୟ ନାହିଁ। କେବଳ କିଛି ବର୍ଷ କିମ୍ବା କେତୋଟି ଦଶନ୍ଧି କିମ୍ବା କେତୋଟି ଶତାବ୍ଦୀର ବ୍ୟବଧାନ। ଏହି ବ୍ୟବଧାନକୁ କଥକ ମନୋଜ ଦାସ ପୁନଶ୍ଚ ବ୍ୟବଧାନବିହୀନ କରି ଗଢ଼ି ତୋଳିବା ପାଇଁ ସମସ୍ତ ନୂତନ ଏବଂ ପୁରାତନ ସଂଜ୍ଞା ବହିର୍ଭୂତ ଏକ ପ୍ରସଙ୍ଗକୁ ଏହି ସାହିତ୍ୟକୃତିରେ ଲିପିବଦ୍ଧ କରିଛନ୍ତି।

'ଅମୃତଫଳ' ଅଧିକଥାଟିର ଆଖ୍ୟାନ ଉପରେ ସମ୍ପୂର୍ଣ୍ଣ ଭାବରେ ପାରମ୍ପରିକ କଥାୟନ ସ୍ତରକୁ ଉଲ୍ଲଂଘନ କରାଯାଇଛି। କିମ୍ବଦନ୍ତୀ ଏବଂ ଇତିହାସର ଅପରିବର୍ତ୍ତନୀୟ ତଥା ସ୍ଥିର ନିର୍ମିତିକୁ ପରିବର୍ତ୍ତନୀୟ ଏବଂ ଅସ୍ଥିର ଗୁଣଧର୍ମ ପ୍ରଦାନ କରି କଥକ ମନୋଜ ଦାସ ଆତୀତିକ ସ୍ଥାନଖଣ୍ଡ, କାଳଖଣ୍ଡ ଏବଂ ପାତ୍ରଖଣ୍ଡକୁ ବାର୍ତ୍ତମାନିକ ସ୍ଥାନଭୂମି, ପାତ୍ରଭୂମି ଏବଂ କାଳଭୂମି ମଧ୍ୟକୁ ଟାଣି ଆଣିଛନ୍ତି। ସେଥିପାଇଁ ଏଠାରେ ଅତୀତ ଅତୀତ ହେଇ ନାହିଁ କି ବର୍ତ୍ତମାନ ମଧ୍ୟ ବର୍ତ୍ତମାନ ହୋଇନାହିଁ।

ଅଧିକଥାରେ ଯେଉଁ unconventional plot ଏବଂ Experimental technique ବା ପରୀକ୍ଷାଧର୍ମୀ କୌଶଳର କଥା କୁହାଯାଏ, ତାହା ଏ ଉପନ୍ୟାସରେ ପ୍ରତ୍ୟକ୍ଷ ଭାବରେ କଥାୟିତ। ଏହି ଅଧିକଥାଟିକୁ ଜଣେ ପାଠକ ଗଭୀର ଭାବରେ ଅଧ୍ୟୟନ କଲାପରେ ଜାଣିପାରିବ ଯେ ଏଥିରେ ସ୍ୱୟଂପ୍ରତିବିମ୍ବନ ସୃଷ୍ଟିକାରୀ ସମ୍ବେଗ ଅତ୍ୟନ୍ତ ପ୍ରଭାବଶାଳୀ। ଅର୍ଥାତ୍ ଇତିହାସ ଏବଂ କିମ୍ବଦନ୍ତୀକୈନ୍ଦ୍ରିକ ବାସ୍ତବତା ହଜାର ହଜାର ବର୍ଷର ପ୍ରାଚୀରକୁ ଭାଙ୍ଗି ଅଣନାଟକୀୟ ବିନ୍ୟାସ ମାଧ୍ୟମରେ ଏକ ଅନନ୍ୟ ଜକ୍ସଟାପଜିସନ୍ ନିର୍ମାଣ କରିପାରିଛି। ତାହା ଦ୍ୱାରା ଅତୀତର ସେହି ଛାୟା-ବାସ୍ତବତା ବର୍ତ୍ତମାନର ଜୀଅନ୍ତା ବାସ୍ତବାୟିତ ରୂପଗ୍ରହଣ କରିଛି। ସେଥିପାଇଁ ସାର୍ବକାଳିକତା, ସାର୍ବଜନିକତା ଏବଂ ସର୍ବୋପରି ମୁହୂର୍ତ୍ତାୟନତା (Momentization) ହେଉଛି ଆଲୋଚ୍ୟ କଥା ରଚନାର ମୂଳ ଅଭିପ୍ରାୟ।

କଥକ ମନୋଜ ଦାସ 'ଅମୃତଫଳ' ଅଧିକଥାରେ ଭର୍ତ୍ତୃହରିଙ୍କୁ ଯେଭଳି ବୀତସ୍ପୃହ ଏବଂ ହେତୁହୀନ ଉଦ୍‌ଗ୍ରୀବତାରେ ନିମଜ୍ଜିତ କରାଇଛନ୍ତି ଠିକ୍ ସେହିଭଳି ଅମରନାଥ ଚରିତ୍ରଟି ନିଜର ସାମ୍ପ୍ରତିକ ସ୍ଥିତିକୁ ନେଇ ଉଦ୍‌ଗ୍ରୀବ ଏବଂ ବୀତସ୍ପୃହ। ଉଭୟେ ଅବିକଶିତ ବା ଅର୍ଦ୍ଧବିକଶିତ ମନପ୍ରାଣ ଶରୀରର ନିମ୍ନତର ଦ୍ୱାର ଦେଶରେ ଦଣ୍ଡାୟମାନ। ସେଥିପାଇଁ ଅମରନାଥ ଆଛନ୍ନ ଅବସ୍ଥାରେ ଥାଇ ଭର୍ତ୍ତୃହରିଙ୍କ କାହାଣୀର ପୁନର୍ଲେଖନ କରିଚାଲିଥିଲେ ମଧ୍ୟ ସେ ଲେଖି ବସୁଥିଲେ ତାଙ୍କ ନିଜ ଜୀବନକୁ। ସେଥିପାଇଁ ବୀତସ୍ପୃହ ଭର୍ତ୍ତୃହରିଙ୍କୁ ଗୁରୁଦେବ ଗୋରେଖନାଥ ଯେମିତି ବୁଝାଇ ଚାଲିଥିଲେ ଠିକ୍ ସେହିଭଳି ଅମରନାଥଙ୍କୁ ବିଭିନ୍ନ ଦୃଷ୍ଟାନ୍ତ ତଥା ଉପଦେଶ ମାଧ୍ୟମରେ

ଉତ୍ତରିତ ଚେତନା ଅଭିମୁଖେ ଉଦ୍‌ବର୍ତ୍ତିତ କରାଇବାକୁ ପ୍ରଚେଷ୍ଟା କରିଛନ୍ତି ବଳଦେବ। ରାଣୀ ସିନ୍ଧୁମତୀଙ୍କ ଦ୍ୱାରା ଅମୃତଫଳର ଅବୈଧ ହସ୍ତାନ୍ତର ଯୋଗୁଁ ଯେଭଳି ଭର୍ତ୍ତୃହରିଙ୍କ ମଧ୍ୟରେ ପର୍ବତ ପ୍ରମାଣେ ପ୍ରଶ୍ନ ବିଭିନ୍ନ ଆଶଙ୍କା ସୃଷ୍ଟି କରିଥିଲା ଠିକ୍ ସେହିଭଳି ଅମରନାଥ ନିଜ ସ୍ତ୍ରୀ ସରୋଜିନୀଙ୍କ କବିତାରେ ସ୍ୱୟଂ ସରୋଜିନୀଙ୍କ ଅଭାବନୀୟ ଭାବୁକମନର ପ୍ରତିଫଳନ ଲକ୍ଷ୍ୟକରି ଆଶଙ୍କା ଜର୍ଜରିତ ହୋଇ ଉଠିଥିଲେ। ସେଥିପାଇଁ ଅମରନାଥଙ୍କ ମଧ୍ୟରେ ମଧ୍ୟ ଦଶବର୍ଷର ବିବାହିତ ଜୀବନ କାଟିସାରିବା ପରେ ବି ଅସଂଖ୍ୟ ପ୍ରଶ୍ନବାଚୀ ସୃଷ୍ଟି ହୋଇଥିଲା। କଥକ ମନୋଜଦାସଙ୍କ ଉକ୍ତିରେ-"ବିଚିତ୍ର ମଣିଷ ମଣିଷ ଭିତରେ ସଂପର୍କ। ମଣିଷର ଆଚରଣ କେବଳ ଉଚିତ୍ ଅନୁଚିତ୍ ପଥ ଦ୍ୱାରା ନିର୍ଣ୍ଣିତ ହୁଏନା। ଏପରିକି ବିବେକ ଦ୍ୱାରା ବି ନୁହେଁ।" (ପୃଷ୍ଠା – ୪୫ ଏବଂ ୪୭)

"ମଣିଷର ଆଚରଣ କେବଳ ଉଚିତ୍ ଅନୁଚିତ୍ ପଥଦ୍ୱାରା ନିର୍ଣ୍ଣିତ ହୁଏନା"- ଏହି ଉଦ୍ଧୃତିଟିକୁ କଥକ ମନୋଜ ଦାସ ସୁକନ୍ୟା ସିନ୍ଧୁମତୀଙ୍କ କଣ୍ଠରେ ଉଚ୍ଚାରିତ କରାଇଛନ୍ତି। ସିନ୍ଧୁମତୀ ଏଭଳି ଜଣେ ଚରିତ୍ର ଯିଏକି ଏହି ଧୂଳିମାଟି ଏବଂ ତେଲଲୁଣ ଦୁନିଆର ଆବଶ୍ୟକତାକୁ ସ୍ୱୀକାର କରେ। ସେ କାର୍ଯ୍ୟ-କାରଣ ସଂପର୍କକୁ ସ୍ୱୀକାର କରେନା। ସେଥିପାଇଁ ସେ କହନ୍ତି-"କାର୍ଯ୍ୟସହ କାରଣର ସଂପର୍କ ଆମେ ଯାହା ବୋଲି ମନେକରୁ, ତାହା ପ୍ରତି କ୍ଷେତ୍ରରେ ଠିକ୍ ନ ହୋଇପାରେ। (ପୃଷ୍ଠା-୪୭)।

ଏଠାରେ କହିବା ବାହୁଲ୍ୟ ଯେ ଏହି କାର୍ଯ୍ୟକାରଣଗତ ସଂପର୍କକୁ ସମ୍ପୂର୍ଣ୍ଣରୂପେ ଅସ୍ୱୀକାର, ବର୍ଜନ ତଥା ଲଘଂନ କରାଯାଇଥାଏ ଅଧିକଥା କୈନ୍ଦ୍ରିକ ସାହିତ୍ୟ କୃତିରେ। ପରିବେଶ ପରିସ୍ଥିତି ପ୍ରତି ଏକ ତୀବ୍ର ବିତୃଷ୍ଣା-ଯେମିତି ଅମରନାଥଙ୍କୁ ଭର୍ତ୍ତୃହରି ଗୁମ୍ଫା ବା ବଳଦେବ ବାସ କରୁଥିବା କୋଠାଘରକୁ ନେଇଆସିଲା, ଠିକ୍ ସେହି ଭଳି ଭର୍ତ୍ତୃହରିଙ୍କ ଜୀବନ ମଧ୍ୟ ସଂସାର ତ୍ୟାଗ କରି ସାଧନା ଅଭିମୁଖୀ ହୋଇଥିଲା। ସେଥିପାଇଁ ସେ ସାଧନା କରିଥିଲେ ଏବଂ ବିଭିନ୍ନ ଶତକ ରଚନା କରିଥିଲେ।

ଅଜ୍ଞାନ ଓ ଜ୍ଞାନ, ସୁଖମୟ ସ୍ୱପ୍ନ, ଦୁଃଖମୟ ବାସ୍ତବତା ମଧ୍ୟରୁ କେଉଁଟି ଶ୍ରେୟସ୍କର ଏହି ସିଦ୍ଧାନ୍ତରେ ଉପନୀତ ହୋଇପାରୁନଥିବା ଭର୍ତ୍ତୃହରିଙ୍କ ଭଳି ମଧ୍ୟ ଅମରନାଥଙ୍କ ମଧ୍ୟରେ ଅନେକ ପ୍ରଶ୍ନର ଶୋଭାଯାତ୍ରା। ସେ ମଧ୍ୟ ହଠାତ୍ ବୀତସ୍ପୃହ। ସେଥିପାଇଁ ବିତ୍ତଶାଳୀ ପ୍ରମୋଦ ସିଂହଙ୍କୁ ଅମରନାଥ ସମରଜିତ୍ ବୋଲି କହିଛନ୍ତି। କାରଣ ପ୍ରମୋଦ ସିଂହ ସମରଜିତଙ୍କ ଭଳି ମଧ୍ୟ ସ୍ତ୍ରୈଣ। ଉଭୟ ଅମରନାଥ ଏବଂ ଭର୍ତ୍ତୃହରିଙ୍କ ଜୀବନ ଆରମ୍ଭ ହୋଇଛି ତୃପ୍ତିର ଆକାଂକ୍ଷାକୁ ନେଇ। ସେଥିପାଇଁ ତାକୁ ଶେଷ କରିବା ପାଇଁ ମଧ୍ୟ ଚେଷ୍ଟା କରାଯାଇଛି। କିନ୍ତୁ ସେ ଦୁହିଁଙ୍କୁ ତୃପ୍ତି ମିଳିନାହିଁ।

ତେଣୁ ବଳଦେବଙ୍କ ଉଦ୍ଦେଶ୍ୟରେ ଅମରନାଥ କରିଛନ୍ତି ଯେଉଁ ଅଜ୍ଞାନ ବିନ୍ଦୁରୁ ଆମ ଜୀବନ ଆରମ୍ଭ ହୁଏ, ସେ ଅଜ୍ଞାନତାର ଶେଷ ହୁଏନା। ଆମର ଅଜ୍ଞାନ ପ୍ରସୂତ ସମସ୍ତ ଧ୍ୟାନ ଧାରଣା, ସମସ୍ତ ଆଶା ଆକାଂକ୍ଷା, ସମସ୍ତ ସିଦ୍ଧାନ୍ତ ଭୁଲ୍। ତଥାକଥିତ ଜ୍ଞାନ ବି ଅଜ୍ଞାନର ଏକ ସ୍ତର।" ଏଭଳି ସିଦ୍ଧାନ୍ତରେ ଦିନେ ଭର୍ତ୍ତୃହରି ମଧ୍ୟ ପହଞ୍ଚିଥିଲେ। ଅମରନାଥଙ୍କର ଏତାଦୃଶ ବକ୍ତବ୍ୟରେ କାଳକାଳରୁ ଚଳିଆସୁଥିବା ଦ୍ୱୈବିରୋଧିକ ପାର୍ଶ୍ୱଯୁକ୍ତ ସିଦ୍ଧାନ୍ତ ଏଠାରେ ଭୁଲ୍ ବୋଲି ପ୍ରମାଣିତ ହୋଇଛି। ମଣିଷ ତଥାକଥିତ ଜ୍ଞାନ ଦ୍ୱାରା ପ୍ରକୃତ ପକ୍ଷେ ଅଗ୍ରଗତି କରିନପାରି ଏକ ଅଜ୍ଞାନ ଅନ୍ଧକାରାଚ୍ଛନ୍ନ ସ୍ତର ଦିଗରେ ଧାବିତ ହେଉଛି। ଭର୍ତ୍ତୃହରି ତାଙ୍କ ଜୀବନରେ କିଛି କିଛି ଭୁଲ୍ କରି ବସିଛନ୍ତି। ସେହି ଭୁଲଗୁଡ଼ିକ ମଧ୍ୟରୁ ଦିନେ ଅଜ୍ଞାନ ପ୍ରେରିତ ହୋଇ ରାଣୀ ପିଙ୍ଗଳାଙ୍କ ପାଖକୁ ଅରଣ୍ୟ ଭିତରୁ ସେ ନିଜ ଅପମୃତ୍ୟୁର ମିଥ୍ୟା ସନ୍ଦେଶ ପଠାଇଥିଲେ। ଯେଉଁ ସନ୍ଦେଶ ଶ୍ରବଣ କରି ରାଣୀ ପିଙ୍ଗଳା ମୃତ୍ୟୁବରଣ କରିଥିଲେ। ଆଉଦିନେ ସେହିଭଳି ଅଜ୍ଞାନ କବଳିତ ହୋଇ ନଈମଝିରେ ସିନ୍ଧୁମତୀଙ୍କ ଦୁରବସ୍ଥା ଦେଖି ସେ କର୍ମବିରତ ହୋଇପଡ଼ିଥିଲେ ଏବଂ ଶେଷରେ ତାଙ୍କୁ ବିବାହ କରିଥିଲେ। ଆଉ ଏକ ତ୍ରୁଟି ହେଉଛି ସେ ଜଙ୍ଗଲରେ ସ୍ତନ୍ୟପାନ କରୁଥିବା ଗୋଟିଏ ଶିଶୁ ମୃଗୁଣିର ମାଆକୁ ଶରବିଦ୍ଧ କରି ମାରିଦେଇଥିଲେ।

ଅଧିକଥାକାର ମନୋଜ ଦାସ କ୍ରମଶଃ ଭର୍ତ୍ତୃହରି ଏବଂ ଅମରନାଥଙ୍କୁ ଯୋଗପଥଗାମୀ କରାଇବାକୁ ପ୍ରୟାସ କରିଛନ୍ତି। ବାସ୍ତବତାକୁ ପ୍ରତ୍ୟାବର୍ତ୍ତନ କରିବାପାଇଁ ଏବଂ ଅଜ୍ଞାନରୁ ଜ୍ଞାନକୁ ତଥା ସଜ୍ଞାନକୁ ଯାତ୍ରା କରିବାପାଇଁ ଅମରନାଥ ଯେଭଳି ନିଜକୁ ଜାଣିବାପାଇଁ ଚେଷ୍ଟା କରିଛନ୍ତି; ନିଜର ଜ୍ଞାନର ଆଲୋକରେ ବା ଅଜ୍ଞାନ ରୂପକ ଅନ୍ଧକାର ଦ୍ୱାରା ସେ ଅନ୍ୟକୁ ବିଚାର କରିଛନ୍ତି। ଅଭିଜ୍ଞତା ଅର୍ଜନ କରିବାପାଇଁ ଜୀବନ ପଥରେ ପାଦ ଥାପିଛନ୍ତି। ଠିକ୍ ସେହିଭଳି ଭର୍ତ୍ତୃହରିଙ୍କ ଜୀବନରେ ଘଟିଛି। ତେଣୁ ଭର୍ତ୍ତୃହରି ଏବଂ ଅମରନାଥ ହେଉଛନ୍ତି ଗୋଟିଏ ଚେତନାର ଦୁଇଟି ବ୍ୟକ୍ତିରୂପ। ଭର୍ତ୍ତୃହରି ଯେଭଳି ଆନନ୍ଦର ସନ୍ଧାନରେ, ସତ୍ୟର ସନ୍ଧାନରେ, ଦୁଃଖର ବାସ୍ତବତା ତଥା ସୁଖର ମରିଚୀକା କବଳରୁ ନିଷ୍କୃତି ପାଇବାପାଇଁ ବୌଦ୍ଧ ସନ୍ନ୍ୟାସୀମାନଙ୍କଠାରୁ ପ୍ରେରଣାଲାଭ କରିଛନ୍ତି ଠିକ୍ ସେହିପରି। ଭର୍ତ୍ତୃହରି ସତ୍ୟକୁ ହିଁ ଖୋଜିଛନ୍ତି, ଜ୍ଞାନ ଓ ଆନନ୍ଦକୁ ହିଁ ଖୋଜିଛନ୍ତି। ସତ୍ୟ, ଜ୍ଞାନ ଏବଂ ଆନନ୍ଦ କିଭଳି ବାସ୍ତବ; ସତ୍ୟ କିଭଳି ତାଙ୍କ ପାଖରେ ରହିଛି ଅଥଚ ନାହିଁ-ସେଠାରେ କିଭଳି ସତ୍ୟର ଏକ ଲୁଚକାଳି ଖେଳ ଚାଲିଛି ଏବଂ ଜୀବନ ଯେଉଁ ଉତ୍ସରୁ ଆସିଛି, ଜୀବନକୁ ନେଇ ସେହି ଉତ୍ସପାଖରେ ସମର୍ପି ଦେବାକୁ କିଭଳି ନିର୍ବାଣ ଆଖ୍ୟା ଦିଆଯାଇପାରିବ ସେ କଥା ଭର୍ତ୍ତୃହରି ପ୍ରକାଶ କରିଛନ୍ତି। ଅମରନାଥ ସାଂସାରିକ ଜୀବନକୁ ନେଇ ବିଭିନ୍ନ ପ୍ରଶ୍ନ ପଚାରିଛନ୍ତି। "ଜୀବନର

ଅଭିବ୍ୟକ୍ତ କରୁଛି ବୋଲି ମଣିଷ କଣ ଏ ପୃଥିବୀର ସର୍ବଶ୍ରେଷ୍ଠ ପ୍ରାଣୀ ?" - ପ୍ରଶ୍ନ ତାଙ୍କ ଭିତରେ ଉଦୟ ହୋଇଛି।

'ଅମୃତଫଳ' ଅଧିକଥାଟିକୁ ଏକ ସାର୍ଥକ ଅଧିକଥା ଭାବରେ ପ୍ରତିଷ୍ଠା ଦେବାପାଇଁ ଏ ପ୍ରବନ୍ଧର ପରିକଳ୍ପନା। ତେବେ ଅଧିକଥାରେ ଯେଭଳି ପରସ୍ପର ବିରୋଧୀ ତତ୍ତ୍ୱଯୁକ୍ତ ସିଦ୍ଧାନ୍ତମାନ ଲକ୍ଷ୍ୟ କରାଯାଏ, ଠିକ୍ ସେହିଭଳି ଏହି 'ଅମୃତଫଳ' ସାହିତ୍ୟ କୃତିରେ ଦେଖିବାକୁ ମିଳେ। କଥକ ମନୋଜ ଦାସ ଶିବ ଦାସ ନାମକ ଏକ ଚରିତ୍ରଙ୍କ ମୁହଁରେ କୁହା କରେଇଛନ୍ତି ଯେ "କର୍ତ୍ତବ୍ୟବୋଧ ପ୍ରତି ଅନୁରକ୍ତି ମଧ୍ୟ ଏକ ଆକର୍ଷଣ। ଯେକୌଣସି କର୍ତ୍ତବ୍ୟବୋଧ ଯେକୌଣସି ନୈତିକ ଆଦର୍ଶ ସତ୍ତ୍ୱ, ରଜଃ ଏବଂ ତମଃ ଅଧ୍ୟୁଷିତ ଅହଂର ଉର୍ଦ୍ଧ୍ୱରେ ନୁହେଁ। ଅର୍ଥାତ୍ ମଣିଷ ଯଦି କିଛି ସେବା କରିବାକୁ ଚାହୁଁଛି ଏବଂ ସେଥିରେ ଯଦି ଭଗବତ୍ ପ୍ରେରଣା ସେ ଅନୁଭବ କରୁନାହିଁ, ତା ହେଲେ ତାହା ଯଥାର୍ଥ ସେବା ମଧ୍ୟ ନୁହେଁ।" (ପୃଷ୍ଠା- ୧୬୨)। ରାଜା ଭର୍ତ୍ତୃହରି ଯେତେବେଳେ ବିଭିନ୍ନ ପ୍ରକାର ସାଧନାରେ ନିଜକୁ ମଗ୍ନ କରିବାପାଇଁ ଚାହୁଁଛନ୍ତି, ସେତେବେଳେ ପାରମ୍ପରିକ ହଠକୈନ୍ଦ୍ରିକ ତପସ୍ୟାର ବିଭିନ୍ନ କଦାକାର ପ୍ରକ୍ରିୟାର ସମ୍ମୁଖୀନ ହୋଇଛନ୍ତି। ତଥାକଥିତ ଯୋଗୀବେଶୀ ସାଧକମାନେ କିଭଳି ବିଭୂତି ପ୍ରଦର୍ଶନକାରୀ କ୍ଷମତା ଦେଖାଇ ଲୋକଙ୍କୁ ଶୋଷଣ କରିଛନ୍ତି, ସେ କଥା ମଧ୍ୟ ଏଠାରେ ଚିତ୍ରିତ ହୋଇଛି।

କୃଚ୍ଛ ସାଧନାଠାରୁ ଆରମ୍ଭ କରି ଚାରବାକ୍ ପନ୍ଥୀଙ୍କ ଉପଦେଶ ବାଣୀ ଦ୍ୱାରା ଭର୍ତ୍ତୃହରିଙ୍କର କୌଣସି ଯୋଗଭିତ୍ତିକ ଉତ୍ତରଣ ସୃଷ୍ଟି ହୋଇନାହିଁ। ସନ୍ଧାନ, ଅନୁସନ୍ଧାନ, ଉତ୍ତର, ପ୍ରତ୍ୟୁତ୍ତର ଦ୍ୱାରା ସେ ବିଭିନ୍ନ ତଥାକଥିତ ସାଧକମାନଙ୍କଠାରେ ନିଜକୁ କେବଳ ସନ୍ତାପିତ କରାଇଛନ୍ତି। ତେଣୁ ଶେଷରେ ତାଙ୍କର ମନେହେଇଛି ଯେ ସଂସାରକୁ ଫେରିବାକୁ ପଡ଼ିବ। ପୃଥିବୀକୁ ଫେରିବାକୁ ପଡ଼ିବ। ଯେଉଁ ପୃଥିବୀକୁ ଧୂଳିମାଟିର ସ୍ୱର୍ଗ ବୋଲି କୁହାଯାଏ, ଯେଉଁ ତେଲଲୁଣ ସଂସାରର ପୃଥିବୀ ପ୍ରତ୍ୟେକ ମଣିଷକୁ ଖାଦ୍ୟ ଯୋଗାଏ, ବାସଗୃହ ଯୋଗାଏ, ପୋଷାକ ପରିଚ୍ଛଦ ଯୋଗାଏ, ସେହି ସଂସାରକୁ ଫେରିବାକୁ ପଡିବ। ସେଇଠି ଯୋଗ କରିବାକୁ ପଡ଼ିବ। ସେଇଠି ଯୋଗ ମାଧ୍ୟରେ ଅନ୍ୟମାନଙ୍କୁ ଆଧ୍ୟାତ୍ମିକତାର ମାର୍ଗ ଦେଖାଇବାକୁ ପଡ଼ିବ। ସେଇଠି ସମୂହକୁ ଆଗକୁ ନେବାକୁ ପଡ଼ିବ। ଏହିଭଳି ବିବିଧ ଅନୁଭୂତି ଦ୍ୱାରା ଭର୍ତ୍ତୃହରିଙ୍କ ମଧ୍ୟରେ କ୍ରମଶଃ ସଚେତନତା ସୃଷ୍ଟି ହୋଇଛି। ଶେଷରେ ସେ ବିରକ୍ତ ହୋଇ ତନ୍ତ୍ରସାଧକ ଭଇବରଙ୍କୁ କହୁଛନ୍ତି "ତନ୍ତ୍ରର ମର୍ମ ମୁଁ ବୁଝିଛି ବୋଲି ମୋ ନିଜର ବିଶ୍ୱାସ। ଦିବ୍ୟ ଶକ୍ତିର ସମର୍ଥନ ବିନା କିଛି ହିଁ ତିଷ୍ଠିପାରେନା। ଅତଏବ ମଣିଷକୁ ମୋହାଚ୍ଛନ୍ନ କରି ରଖୁଥିବା ପ୍ରକୃତିର

ସମସ୍ତ ଇନ୍ଦ୍ରଜାଲ ଭିତରେ ହିଁ ପ୍ରଚ୍ଛନ୍ନ ଭାବରେ ରହିଛି ସେ ଶକ୍ତି।" (ପୃଷ୍ଠା-୧୮୧) ଏହି ଶକ୍ତି ହିଁ ପ୍ରକୃତରେ ଭାସ୍ୱର ଦିବ୍ୟଶକ୍ତି। ଏହାହିଁ ହେଉଛି ସିଦ୍ଧିର ଚମତ୍କାର ଦ୍ୟୁତି।

ପରିଶେଷରେ ଭର୍ତ୍ତୃହରିଙ୍କର ରାଣୀ ସିନ୍ଧୁମତୀଙ୍କ ସହିତ ଭେଟ ହୋଇଛି। ରାଣୀ ସିନ୍ଧୁମତୀ ସେତେବେଳକୁ ସନ୍ନ୍ୟାସିନୀ ହୋଇସାରିଛନ୍ତି। ଦୁହିଁଙ୍କ ମଧ୍ୟରେ ଅମୃତଫଳର ଅବୈଧ ହସ୍ତାନ୍ତରକୁ ନେଇ ଯୁକ୍ତିତର୍କ ହୋଇଛି। ଶେଷରେ ଉନ୍ମୋଚିତ ହୋଇଛି ଅମୃତଫଳକୁ ରାଣୀ ସିନ୍ଧୁମତୀ କାହିଁକି ଅମାତ୍ୟ ଜୟକାନ୍ତଙ୍କୁ ସମର୍ପି ଦେଇଥିଲେର କାରଣ। କାରଣ ଜୟକାନ୍ତ ସେତେବେଳେ ଗୋଟିଏ ଗୁରୁତର ବ୍ୟାଧିରେ ପୀଡ଼ିତ ଥିଲେ। ରାଜବୈଦ୍ୟ ମଧ୍ୟ ଜୟକାନ୍ତଙ୍କର ଜୀବନ ଧାରଣ କରିବାର ସମ୍ଭାବନା ଆଉ ନାହିଁ ବୋଲି ପ୍ରକାଶ କରିଥିଲେ। ତାଙ୍କର ପ୍ରାଣ ରକ୍ଷା କରିବାପାଇଁ ରାଣୀ ସିନ୍ଧୁମତୀ ଭର୍ତ୍ତୃହରି ଦେଇଥିବା ଅମୃତଫଳକୁ ତାଙ୍କ ହାତକୁ ଟେକିଦେଇଥିଲେ ଏବଂ ତାଙ୍କୁ ଭକ୍ଷଣ କରିବାପାଇଁ ପରାମର୍ଶ ଦେଇଥିଲେ।

ଶେଷରେ ସିନ୍ଧୁମତୀ ମଧ୍ୟ ଗୁମ୍ଫା ମଧ୍ୟରେ ମୃତ୍ୟୁବରଣ କରିଛନ୍ତି। ଭର୍ତ୍ତୃହରିଙ୍କ ମଧ୍ୟରେ ଅମୃତ ଫଳକୁ ନେଇ ବିଭିନ୍ନ କ୍ରିୟାପ୍ରତିକ୍ରିୟା ସୃଷ୍ଟିହୋଇଛି ଏବଂ ଶେଷରେ ଗୋରଖନାଥଙ୍କ ପରାମର୍ଶ କ୍ରମେ ଏକ ଯଜ୍ଞର ଆୟୋଜନ କରାଯାଇଛି। ଭର୍ତ୍ତୃହରି ଅମୃତ ଫଳକୁ ଉତ୍ସର୍ଗ କରିଦେଇଛନ୍ତି ସେହି ଊର୍ଦ୍ଧ୍ୱମୁଖୀ ନୀଳାଭ ସୁବର୍ଣ୍ଣମୟ ଅଗ୍ନିଶିଖା ମଧ୍ୟରେ ଏବଂ ତାହା ଭସ୍ମୀଭୂତ ହୋଇଯାଇଛି।

ଅନ୍ୟ ପାର୍ଶ୍ୱରେ ଅମରନାଥଙ୍କ କନ୍ୟା ମନିଷା, ସିରୋସିସ୍ ଅଫ୍ ଲିଭରରେ ପୀଡ଼ିତ ହୋଇଛି ଏବଂ ତାଙ୍କର ଜୀବନ ଧାରଣ କରିବାର ସମ୍ଭାବନା ଆସ୍ତେ ଆସ୍ତେ କ୍ଷୀଣ ହୋଇଯାଇଛି। ନିଜ କନ୍ୟାର ଜୀବନ ବଞ୍ଚାଇବା ପାଇଁ ଅମରନାଥ ହରିଦ୍ୱାରକୁ ଅତି ତୀବ୍ର ବେଗରେ ଛୁଟିଯାଇଛନ୍ତି। ଅମରନାଥ ଭାବିଥିଲେ ସେହି ଭର୍ତ୍ତୃହରି ଗୁମ୍ଫା ମଧ୍ୟରେ କେଉଁଠି ନା କେଉଁଠି ଅମୃତଫଳ ହୁଏତ ଲୁଚି ନିଶ୍ଚୟ ରହିଥିବ। କାରଣ ରାଣୀ ସିନ୍ଧୁମତୀଙ୍କ ମୃତ୍ୟୁପରେ ଗୋରଖନାଥଙ୍କ ସହିତ ଭର୍ତ୍ତୃହରି ହରିଦ୍ୱାର ପ୍ରତ୍ୟାବର୍ତ୍ତନ କରିଥିଲେ ଏବଂ ସେହିଠାରେ ସାଧନା କରିଥିଲେ। ତାହା ଥିଲା ଅନ୍ତର୍ମୁଖୀ ଆଧ୍ୟାତ୍ମିକ ସାଧନା। ଯାହାକୁ ବର୍ଣ୍ଣନା କରିବା ମଧ୍ୟ ଦୁଃସାଧ୍ୟ। ଅମରନାଥ ହରିଦ୍ୱାର ଗୁମ୍ଫାରେ ରାତ୍ରିରେ ଆଶ୍ରୟ ନେବାପରେ ଯେତେବେଳେ ସକାଳ ହେଇଛି-ସେତେବେଳେ ବଳଦେବଙ୍କଠାରୁ ଖବର ପାଇଛନ୍ତି ଯେ ମନିଷାର ଚେତା ଫେରିଆସିଛି। ମନିଷାର ସ୍ୱାସ୍ଥ୍ୟରେ ଆଶ୍ଚର୍ଯ୍ୟଜନକ ଉନ୍ନତି ପରିଲକ୍ଷିତ ହୋଇଛି। ଅମରନାଥ ଖୁସିହୋଇ ଧ୍ୟାନସ୍ଥ ହେବା ଅବସ୍ଥାରେ ତାଙ୍କର ଉପଲବ୍ଧି ହୋଇଛି ଯେ ସେ ଭର୍ତ୍ତୃହରିଙ୍କ ସହ ଯେମିତି ଏକାତ୍ମ୍ ହୋଇ ଉଠୁଛନ୍ତି। ତା ପରେ ସବୁ ବିଲୀନ ହୋଇଯାଇଛି ଅମରନାଥଙ୍କ ହୃଦୟ

ଭିତରେ। ସେହି ଅମୃତଫଳର ଅଲୌକିକ ଗୁଣଧର୍ମ ପ୍ରତି ଲୋଭାତୁରତା ଏବଂ ତାଙ୍କର ଅମୃତଫଳ ଜନିତ ଅଦମ୍ୟ ଆଗ୍ରହ,କୌତୁହଳ, ଆକାଂକ୍ଷା-ତାଙ୍କ ହୃଦୟ ଭିତରେ ପ୍ରଜ୍ୱଳିତ ଏକ ନୀଳାଭ ସୁବର୍ଣ୍ଣମୟ ଅଗ୍ନିଶିଖାରେ ମିଳାଇଯାଇଛି। "ଅଭୀପ୍ସା ପ୍ରଖର ଥିଲେ ଜୀବନର ସବୁ କାର୍ଯ୍ୟ ସବୁ ଘଟଣା ଏମିତି ବେଳେ ବେଳେ ତାତ୍ପର୍ଯ୍ୟପୂର୍ଣ୍ଣ ହୋଇଯାଏ।" (ପୃଷ୍ଠା-୨୦୦)

'ଅମୃତଫଳ' କଥାରଚନାଟି କୌଣସି ଦୃଷ୍ଟିକୋଣରୁ ବି ଆଦୌ ଏକ ପାରମ୍ପରିକ କଥାରଚନା ବା ଉପନ୍ୟାସ ନୁହେଁ। ଏଥିରେ ସ୍ଥାନ, କାଳ, ପାତ୍ରଠାରୁ ଆରମ୍ଭ କରି ଘଟଣା ବିନ୍ୟାସ ପର୍ଯ୍ୟନ୍ତ ସର୍ବତ୍ର ଅଣପାରମ୍ପରିକତା ଦେଖା ଦେଇଛି। ଏହି କଥାଚରନାରେ ଚିତ୍ତବିନୋଦନ ବା ପାଠକୀୟ ପରିତୃପ୍ତି ପରିବର୍ତ୍ତେ ପାଠକୀୟ ସଚେତନତା ତଥା ପାଠକୀୟ ଚେତନାଗତ ଉତ୍ତରଣ ପାଇଁ ଅଧିକ ଗୁରୁତ୍ୱ ଆରୋପ କରାଯାଇଛି। କଥା ରଚନା ମଧ୍ୟରେ ସଂଶ୍ଳିଷ୍ଟ ଥିବା ସମସ୍ତ ଚରିତ୍ର ତଥା ଘଟଣା ତଥା ସ୍ଥାନଗତ, ସମୟଗତ ଉପାଦାନ ହେଉଛି ଗୋଟିଏ ଗୋଟିଏ ପ୍ରକ୍ରିୟା। ଏ ପ୍ରକ୍ରିୟା କିନ୍ତୁ ସର୍ବଦା ଏକ ଚଳମାନ ସ୍ରୋତରେ ନିମ୍ନତର ଚେତନା ଭୂମିରୁ ଉଦ୍‌ବର୍ତ୍ତିତ ହୋଇ ଉଚ୍ଚତର ଚେତନା ଭୂମି ଦିଗରେ ଧାବମାନ। କିମ୍ବଦନ୍ତୀ ଏବଂ ଇତିହାସରର ଖୋଳପା ଭିତରୁ ଚରିତ୍ରମାନଙ୍କୁ ଆବିଷ୍କାର କରି ସେମାନଙ୍କର ଅଲୌକିକ ପ୍ରାପ୍ତିଜନିତ (ଅମୃତଫଳ ରୂପକ) କିମ୍ବଦନ୍ତୀକୁ ଭାଙ୍ଗି ଏକ ନୂତନ ପରିମଣ୍ଡଳ ନିର୍ମାଣ କରିଛନ୍ତି କଥାକାର ମନୋଜ ଦାସ ଏହି 'ଅମୃତଫଳ' କଥାରଚନାରେ। ଏଠି ବ୍ୟକ୍ତିର ସ୍ଥୂଳ ପରିଚୟ ଅପେକ୍ଷା ସୂକ୍ଷ୍ମ ପରିଚୟ ଅଧିକ ଗୁରୁତ୍ୱପୂର୍ଣ୍ଣ। ବ୍ୟକ୍ତିର ଖାଦ୍ୟ, ବସ୍ତ୍ର, ବାସଗୃହ ଅପେକ୍ଷା ଏଠାରେ ଅନ୍ତର୍ଚେତନାଗତ ଆବିଷ୍କାର ଅଧିକ ତାତ୍ପର୍ଯ୍ୟପୂର୍ଣ୍ଣ।

ଯେକୌଣସି ପ୍ରାପ୍ତିର ପଶ୍ଚାତରେ ଥିବା ଅଲୌକିକତା କେବେ ହେଲେ ମଣିଷକୁ ସ୍ୱାଭାବିକ ଅନ୍ତର୍ସାମର୍ଥ୍ୟ ପ୍ରଦାନ କରେ ନାହିଁ। ଏମିତିକି ମଣିଷ ବହୁ ସମୟରେ ଯାହାକୁ ଅବୈଧ କହେ ବା ଗର୍ହିତ ବା ଭୁଲ୍ ବା ତ୍ରୁଟିଯୁକ୍ତ ବୋଲି ବିବେଚନା କରେ, ତାହା ଶେଷରେ କେମିତି ଭୁଲ୍ ପ୍ରମାଣିତ ହୁଏ ଏବଂ ସେଥିପାଇଁ କିଭଳି ଅନେକ ମଣିଷ ବଳି ପଡ଼ନ୍ତି ଏବଂ ବହୁତ କିଛି ଯନ୍ତ୍ରଣାକୁ ସମ୍ମୁଖୀନ ହେବାକୁ ପଡେ, ତାହା ଏ କଥା ରଚନାରେ ପ୍ରମାଣିତ। ରାଣୀ ସିନ୍ଧୁମତୀ ଅମାତ୍ୟ ଜୟକାନ୍ତଙ୍କୁ ଦେଇଥିବା ଅମୃତଫଳର ପଶ୍ଚାତ୍‌ରେ ଯେଉଁ ମହାନ୍ ଆଭିପ୍ରାୟିକତା ନିହିତ ଥିଲା ତାହାକୁ ବହୁ ବିଳମ୍ବରେ ରାଜା ଭର୍ତ୍ତୃହରି ହୃଦୟଙ୍ଗମ କରିଛନ୍ତି। କିନ୍ତୁ ସେତେବେଳକୁ ବହୁତ କିଛି ଘଟିଯାଇଛି। ମଣିଷର ସନ୍ଦେହ, ସଂଶୟ, ଆଶଙ୍କା କିଭଳି ମଣିଷକୁ ବିପଥଗାମୀ କରେ, ମଣିଷ ମଧ୍ୟରେ କେମିତି ଅହଂକାର ସୃଷ୍ଟି କରାଏ, ସେ କଥା ଏ କଥା ରଚନାରେ ଜଳ ଜଳ

ହୋଇ ଫୁଟି ଉଠିଛି । ତେଣୁ ବିବିଧ ଦୃଷ୍ଟିକୋଣରୁ ଯଦି ଏହି କଥା ରଚନାଟିକୁ ଆକଳନ କରାଯାଏ, ତେବେ ଏଥିରେ କଥାକାର ଯେଉଁ ପରୀକ୍ଷାନିରୀକ୍ଷା କରିଛନ୍ତି, ତାହା ସ୍ୱତନ୍ତ୍ର ଏବଂ ଅନନ୍ୟ ମନେହେବ । ସେ ତାଙ୍କ ଭୂମିକାରେ ମଧ୍ୟଏହାକୁ ଏକ ପ୍ରାୟୋପନ୍ୟାସ ବା ଉପନ୍ୟାସ ବହିର୍ଭୂତ ଏକ ଉପନ୍ୟାସ ବୋଲି କହିଛନ୍ତି ।

ତେବେ ମୋଟ ଉପରେ କହିବାକୁ ଗଲେ 'ଅମୃତଫଳ' କଥାରଚନାଟି ବିଂଶ ଶତାବ୍ଦୀର ଶେଷ ଭାଗରେ ରଚିତ ହୋଇଥିବା ଏଭଳି ଏକ ଓଡ଼ିଆ ଉପନ୍ୟାସ-ଯେଉଁଥିରେ ଅତୀତ, ବର୍ତ୍ତମାନ ଏବଂ ଭବିଷ୍ୟତ ଏକ ମହାକାଳୀନ ସ୍ୱାକ୍ଷର ବହନ କରିଛନ୍ତି ଏବଂ ଏଥିରେ ପୁରାତନ ଏବଂ ନୂତନ ଚେତନାଗତ ଦୃଷ୍ଟିରୁ ଗୋଟିଏ ଚେତନାରେ ରୂପାନ୍ତରିତ ହୋଇ ଆଗାମୀ ସହସ୍ର ବର୍ଷର ଭବିଷ୍ୟତ ଆଡ଼କୁ ମଣିଷ ଚେତନାକୁ ଘେନିଯିବାରେ ସହାୟକ ହୋଇଛନ୍ତି । ତେଣୁ ଏ କଥାରଚନା ଗୋଟିଏ ଉପନ୍ୟାସ ମାତ୍ର ନୁହେଁ; ବରଂ ଜୀବନକୁ ଚେତନାଗତ ଦୃଷ୍ଟିରୁ ଦୃଢ଼, ସୁପ୍ରତିଷ୍ଠିତ, ବ୍ୟବସ୍ଥିତ, ସଂଗତିଯୁକ୍ତ, ସୌନ୍ଦର୍ଯ୍ୟଯୁକ୍ତ କରାଇବା ପାଇଁ ଏବଂ ଏହି ପୃଥିବୀକୁ, ଏହି ଜୀବନକୁ ଗୋଟିଏ ଗୋଟିଏ ଅର୍ଥପୂର୍ଣ୍ଣ କେନ୍ଦ୍ରଭାବରେ ପରିଗଣିତ କରାଇବା ପାଇଁ ଏହା ଅତ୍ୟନ୍ତ ଗୁରୁତ୍ୱପୂର୍ଣ୍ଣ ଏବଂ ସୁଦୂର ପ୍ରସାରୀ ଭୂମିକାରେ ଅବତୀର୍ଣ୍ଣ ।

■

ସହାୟକ ଗ୍ରନ୍ଥସୂଚୀ–

୧. ଦାସ, ମନୋଜ, ଅମୃତଫଳ, କଟକ- ବିଦ୍ୟାପୁରୀ – ୨୦୧୦

୨. ନାରଙ୍ଗ, ଗୋପୀଚନ୍ଦ୍ର, ଅନୁବାଦ - ଅମରେଶ ପଟ୍ଟନାୟକ, ସାହିତ୍ୟ ଏକାଡେମୀ, ନୂଆଦିଲ୍ଲୀ-୨୦୧୩.

3. Said W; Edward – Orientalism, Penguin Books –1995

4. Eagleton, Terry, Literary Theory, Doaba Publications, Delhi-1996.

5. Bristo, Joseph – Sexuality, Routledge, 2011

6. Sinha Sunita-Modern Literary Theory, Atlantic Darya Ganj-2012.

7. Das, Bijay Kumar, Post Colonial Literature, Atlantic-2012.

8. Childs Peter, Modernism 2012, Routledge, 2008.

୯୯.୯୯ ବନାମ୍ ୦.୦୧ ବନାମ୍ ବିନୋଦଚନ୍ଦ୍ର ନାୟକଙ୍କ କାବ୍ୟଜଗତ

ଅଦୃଶ୍ୟା । ଆଜି ଜନ୍ମାଷ୍ଟମୀ । ଅଧିମାନସୀୟ ଚେତନାର ଉଦ୍‌ଗାତା ଶ୍ରୀକୃଷ୍ଣଙ୍କର ଜନ୍ମଦିନ । ଜଣିଏ ଲୋକ । ବହୁବିଧ ଐଶ୍ୱର୍ଯ୍ୟର ଅଧିକାରୀ । କେତେବେଳେ ପାଟି ଭିତରେ ବିଶ୍ୱରୂପ ଦେଖାଇଲେଣି ତ କେତେବେଳେ ପୁତନା, ଅଘା, ବକା, ଶକଟା, କଂସ ଆଦି ଦାନବଙ୍କୁ କାଳଘରକୁ ପ୍ରେରଣ କଲେଣି । କେତେବେଳେ କାଳୀୟ ଦଳନ କରି ଗୋପପୁରବାସୀଙ୍କୁ ଚକିତ କଲେଣି ତ ପୁଣି କେତେବେଳେ ଲବଣୀ ଚୋରି କରି ବଦନାମ ଅର୍ଜନ କଲେଣି । କେତେବେଳେ ପୁଣି ଶିକା-ଭାର-ବାଡ଼ି ଧରି ବୃନ୍ଦାବନକୁ ଗାଈବାଛୁରୀ ଚରାଇବାକୁ ଗଲେଣି । ବିଭିନ୍ନ ଭୂମିକାରେ ଅବତୀର୍ଣ୍ଣ । ପ୍ରେମିକ ପୁରୁଷ ଭାବରେ ଗୋପାଙ୍ଗନାମାନଙ୍କୁ ବଶୀଭୂତ କଲେଣି; ପୁଣି ଯୋଗେଶ୍ୱର ସାଜି ଯୁଦ୍ଧକ୍ଷେତ୍ରରେ ଗୀତାଜ୍ଞାନ ପ୍ରଦାନ କଲେଣି ।

ଅଦୃଶ୍ୟା ! ଶ୍ରୀକୃଷ୍ଣଙ୍କର ବହୁ ଅଲୌକିକ ବୈଶିଷ୍ଟ୍ୟ ରହିଥିଲା । କିଛି ଲୌକିକ ବୈଶିଷ୍ଟ୍ୟ ବି ଥିଲା । ତେବେ ଏମିତି କିଛି ଅଲୌକିକ ବୈଶିଷ୍ଟ୍ୟ ରହିଥିଲା, ଯାହା ଥିଲା ସାଧାରଣ ମଣିଷର ବାଙ୍‌-ମାନସ ଅଗୋଚର । ଏହି ବାଙ୍‌-ମାନସ ଅଗୋଚରଭୁକ୍ତ ଅଲୌକିକ ଚେତନାକୁ ୯୯.୯୯ ପରିସରର ଅନ୍ତର୍ଗତ ବୋଲି କୁହାଯାଏ । ଆଉ ଶ୍ରୀକୃଷ୍ଣଙ୍କ ଲବଣୀ ଖାଇବା, ଗୋରୁ ଚରାଇବା ଆଦି ଲୌକିକ ବୈଶିଷ୍ଟ୍ୟଗୁଡ଼ିକୁ ୦.୦୧ ପରିସରଭୁକ୍ତ କରାଯାଇଥାଏ । କିପରି- ପରେ କହିବି ।

ଅଦୃଶ୍ୟା ! ଶ୍ରୀକୃଷ୍ଣଙ୍କ ବ୍ୟକ୍ତିତ୍ୱ ମଧ୍ୟରେ ଯେଉଁ ଅଲୌକିକ ବା ଲୋକୋତ୍ତର ବା ଇନ୍ଦ୍ରିୟୋତ୍ତର ଚେତନା ରହିଥିବା କଥା ମୁଁ କହିଲି- ତାହା ପ୍ରକୃତରେ କ'ଣ ତମେ ଜାଣିଛ ?

ଦେଖ ! ଆମେ ଯେଉଁ ବିଶ୍ୱବ୍ରହ୍ମାଣ୍ଡରେ ବାସ କରୁ ତାହାର ୯୯.୯୯ ପ୍ରତିଶତ ଅଂଶ ଆମର ଇନ୍ଦ୍ରିୟ ଅନଧିଗମ୍ୟ। ତାହାକୁ ମଣିଷ ଅଲୌକିକ, ଲୋକୋତ୍ତର, ଇନ୍ଦ୍ରିୟୋତ୍ତର ପ୍ରଭୃତି ନାମରେ ନାମିତ କରି ବ୍ୟାଖ୍ୟା କରିଛି। ଏହି ୯୯.୯୯% ଅଂଶକୁ ବୈଜ୍ଞାନିକମାନେ ବହୁ ଦଶନ୍ଧି ଧରି ଆବିଷ୍କାର କରିବାକୁ ଚେଷ୍ଟା କରି ଆସିଛନ୍ତି ! କିନ୍ତୁ ଏ ଯାଏ ତାହାକୁ ଚିହ୍ନଟ କରି ନ ପାରି ଅଦୃଶ୍ୟ, ଅନ୍ଧକାର ବସ୍ତୁ (dark matter) ରେ ପୂର୍ଣ୍ଣ ବୋଲି କହିଛନ୍ତି। ଆଉ ଯାହା ଏଯାଏ ଆବିଷ୍କୃତ- ତାହା ହେଉଛି ମାତ୍ର ୦.୦୧%। ଏହା ଦୃଶ୍ୟ। ଏହି ୦.୦୧% ଅଂଶର ଦୃଶ୍ୟ ସାମଗ୍ରିକତାକୁ ଭିତ୍ତିକରି ମଣିଷର ସକଳ ଜ୍ଞାନବିଜ୍ଞାନ ତଥା ଆବିଷ୍କାର-ଉଦ୍ଭାବନାଦିର ବ୍ୟାଖ୍ୟାନ ସୀମାବଦ୍ଧ।

ମଣିଷ ସେହି ୯୯.୯୯% କ୍ଷେତ୍ରର ରହସ୍ୟକୁ ଉନ୍ମୋଚନ କରି ନ ପାରି ତାହାକୁ କେବେ କଦବା ଆଧିଭୌତିକ ବା **Metaphysical** ବୋଲି କହିଛି। ଏଠାରେ '**Meta**' ର ଅର୍ଥ '**beyond**' ବା 'ଉତ୍ତର' ବା 'ଅଧି'। '**physical**' ର ଅର୍ଥ ଭୌତିକ ବା ଶାରୀରିକ; ଯାହାର ସ୍ଥୁଳ ରୂପରେଖ ରହିଛି। ଏହି ସ୍ଥୁଳ ରୂପରେଖ ରୂପୀ ଶରୀରରେ ପାଂଚଟି ଇନ୍ଦ୍ରିୟ ରହିଚି। ଯଥା- ସ୍ପର୍ଶେନ୍ଦ୍ରିୟ, ଘ୍ରାଣେନ୍ଦ୍ରିୟ, ସ୍ୱାଦେନ୍ଦ୍ରିୟ, ଶ୍ରବଣେନ୍ଦ୍ରିୟ ଏବଂ ଦର୍ଶନେନ୍ଦ୍ରିୟ। ଏଗୁଡ଼ିକର ସୀମିତ ସାମର୍ଥ୍ୟ ରହିଛି। ସୀମିତ ବ୍ୟାକରଣ ମଧ୍ୟ ରହିଛି। ଏମାନେ ନିଜ ନିଜ ସାମର୍ଥ୍ୟ ଏବଂ ବ୍ୟାକରଣ ମଧ୍ୟରେ ଥାଇ ସ୍ପର୍ଶ, ଘ୍ରାଣ, ସ୍ୱାଦ, ଶ୍ରବଣ ଏବଂ ଦର୍ଶନକ୍ରିୟା ଆଦି ସଂପାଦନ କରିଥାଆନ୍ତି। ଅର୍ଥାତ୍ ଛୁଅଁନ୍ତି, ଶୁଙ୍ଘନ୍ତି, ଶୁଣନ୍ତି, ଚାଖନ୍ତି ଏବଂ ଦେଖନ୍ତି। ଏହି ପାଂଚଇନ୍ଦ୍ରିୟର ବ୍ୟାକରଣ ବହିର୍ଭୂତ କିଛି ଘଟିଲେ ବା ଉପଲବ୍ଧି ହେଲେ, ତାହାକୁ ସେମାନେ ଚିହ୍ନଟ କରି ନ ପାରି ରହସ୍ୟାଚ୍ଛନ୍ନ ବା ଅତୀନ୍ଦ୍ରିୟ ଚେତନା ସମ୍ବଳିତ ଘଟଣା ବୋଲି କହି ଚୁପ୍ ରହିଯାଆନ୍ତି। ସେ ଦିଗରୁ ନଜର ମଧ୍ୟ ହଟାଇ ନିଅନ୍ତି।

ଅଦୃଶ୍ୟା ! ତମର ଏବଂ ମୋଅର ସମ୍ବନ୍ଧ ଠିକ୍ ଏଇ ଇନ୍ଦ୍ରିୟାତୀତ ଚେତନାର ସମ୍ବନ୍ଧ ଭଳି ଥିଲା। କିନ୍ତୁ ତମେ ଯୋଉଦିନ ସେହି ସମ୍ବନ୍ଧକୁ ପଂଚଇନ୍ଦ୍ରିୟର କାର୍ଯ୍ୟକାରଣଗତ ସମ୍ବନ୍ଧ ଆଡ଼କୁ ଟାଣିନେବାକୁ ଚେଷ୍ଟା କଲ, ସେହିଦିନଠାରୁ ସବୁ ବିଗିଡ଼ିଗଲା। ବିଭିନ୍ନ ବ୍ୟାକରଣ ସେଇ ସଂପର୍କ ମଧ୍ୟକୁ ପ୍ରବେଶ କଲା। ଭୁଲ-ଠିକ୍, ପାପ-ପୁଣ୍ୟ ବିଚାର ତା ମଧ୍ୟକୁ ଚାଲିଆସିଲା। ମୁଁ ବହୁତ ଭାବିଲି। ଦିନରାତି ଆଲୋଡ଼ିତ ହେଲି। ତମକୁ ପ୍ରତ୍ୟାଖ୍ୟାନ କରିବାକୁ ଚେଷ୍ଟା କଲି। ତମେ କିନ୍ତୁ ମୋ ଠାରୁ ଦୂରବର୍ତ୍ତୀ ହେଲ ନାହିଁ। ମୁଁ ଶେଷରେ ଜାଣିଶୁଣି ଏମିତି କିଛି ଭିଆଣ ଆରୋପଣ କଲି ଯେ, ତମେ ବାଧ୍ୟ ହୋଇ ମୋତେ ଘୃଣାକଲ ଏବଂ ମୋ'ଠାରୁ ଦୂରେଇଗଲ। ତେଣୁ ତମର

ଏବଂ ମୋଅର ସଂପର୍କ ମଧ୍ୟରେ ବି ସେଇ ୯୯.୯୯ ଏବଂ ୦.୦୧ ବ୍ୟବସ୍ଥା କାର୍ଯ୍ୟ କରିଛି। ଯାହା ପଂଚଇନ୍ଦ୍ରିୟର ଅଧିଗମ୍ୟ ଏବଂ ଅନଧିଗମ୍ୟ ମଧ୍ୟ।

ଭୌତିକ ସ୍ତରରେ ଏହି ପଂଚେନ୍ଦ୍ରିୟ ଦ୍ୱାରା ପରିଚାଳିତ ହୋଇ ବ୍ୟକ୍ତି ପ୍ରତ୍ୟକ୍ଷ ଏବଂ ପରୋକ୍ଷ ଜ୍ଞାନ ଲାଭ କରିଥାଏ। ଇନ୍ଦ୍ରିୟମାନେ ସେମାନଙ୍କର ନିଜ ନିଜର ବ୍ୟାକରଣର ମାପକାଠିକୁ ପ୍ରୟୋଗ କରି ବିବିଧ ଚେତନା ସହ ସହମତ ତଥା ସଜ୍ଞାନ ହୁଅନ୍ତି। କିନ୍ତୁ ସେହି ବ୍ୟାକରଣର ଊର୍ଦ୍ଧ୍ୱସ୍ଥ କୌଣସି ବ୍ୟବସ୍ଥା ସହ ସେମାନେ ସମକାଳ କିମ୍ବା ସମତାଳ ହୋଇପାରନ୍ତି ନାହିଁ। ଫଳରେ ତାହା ହୋଇଯାଏ ଛାୟାଛନ୍ନ ବା ରହସ୍ୟାଛନ୍ନ କ୍ଷେତ୍ର। ତେବେ କେହି କେହି ଉଚ୍ଚତର ଚେତନାକୈନ୍ଦ୍ରିକ ମଣିଷ ସେହି ରହସ୍ୟାଛନ୍ନ କ୍ଷେତ୍ର ସହିତ ଭାବାତ୍ମକ ସଂପୃକ୍ତି ମାଧ୍ୟମରେ ସମତାଳ ବା ସମକାଳ ହୋଇପାରନ୍ତି। ସେମାନଙ୍କ ମଧ୍ୟରେ କବି, ଭାବୁକ, ଦ୍ରଷ୍ଟା ପ୍ରମୁଖ ଅନ୍ୟତମ।

ଏମାନେ ଦୁଇପ୍ରକାର ଜୀବନ ବଂଚନ୍ତି। ଯଥା- ଭୌତିକ ଜୀବନ (materialistic life) ଏବଂ ଆଧିଭୌତିକ ବା ଆଧ୍ୟାତ୍ମିକ ଜୀବନ (spiritual life)। ଭୌତିକ ଜୀବନରେ ୦.୦୧% ବ୍ୟବସ୍ଥାରେ ଏମାନେ ସାଧାରଣ ମଣିଷଙ୍କ ଭଳି ପାର୍ଥିବ ଜଗତରେ ଘାଣ୍ଟିଚକଟି ହେଲେ ମଧ୍ୟ କେତେବେଳେ କେତେବେଳେ ଏମାନେ ଆଧିଭୌତିକ ଜଗତକୁ ଯାତ୍ରା କରି ସେଇଠାରୁ ଯାହା ଲଭନ୍ତି, ତାହାକୁ ତାଙ୍କ ରଚନା ବା ବାଣୀ ମାଧ୍ୟମରେ ଜଗତ ସମ୍ମୁଖରେ ପରିବେଷଣ କରନ୍ତି। ଏହାକୁ ମହାଜାଗତିକ ଚେତନା ମଧ୍ୟ କୁହାଯାଏ। ଏହା ଅତୀନ୍ଦ୍ରିୟ ସ୍ପନ୍ଦଯୁକ୍ତ ହୋଇଥାଏ। କାର୍ଯ୍ୟ-କାରଣ ସୀମାରେଖା ଏଥିରେ ଉଲଂଘିତ ହୋଇଥାଏ। ଅର୍ଥାତ୍ ଯେତେବେଳେ କବି, ଭାବୁକ, ମୁନି, ଋଷି ପ୍ରମୁଖ ତାଙ୍କ ଅପାର୍ଥିବ ଭାବସଂପୃକ୍ତି ଦ୍ୱାରା ସେହି ମହାଜାଗତିକ ବା ୯୯.୯୯% କ୍ଷେତ୍ର ମଧ୍ୟକୁ ଲମ୍ଫିତ ହୁଅନ୍ତି, ସେତେବେଳେ ଏକ ଅତୀନ୍ଦ୍ରିୟ ଆନନ୍ଦ ବା ମିଷ୍ଟିକ ବ୍ଲିସ ତାଙ୍କ ବାଣୀ କିମ୍ବା ରଚନାରେ ପ୍ରତିଫଳିତ ହୁଏ। ଯାହା ପଂଚଇନ୍ଦ୍ରିୟର ବୈୟାକରଣିକ ବ୍ୟବସ୍ଥାର ଅତୀତ ହୋଇଥାଏ।

କବି ଅନନ୍ତ ପଟ୍ଟନାୟକଙ୍କ କାବ୍ୟଜଗତରେ ସେହି ଅତୀନ୍ଦ୍ରିୟ ଚେତନାର ପ୍ରତିଫଳନ ଲକ୍ଷ୍ୟ କରାଯାଏ। ତା'ସହିତ ପାର୍ଥିବ ଜଗତର ଚିତ୍ର ମଧ୍ୟ ସେ ଫୁଟାଇବାକୁ ଉଦ୍‌ଯୋଗ କରିଛନ୍ତି। ତେଣୁ ସେହି ଇନ୍ଦ୍ରିୟୋତ୍ତର ୯୯.୯୯ ଏବଂ ଇନ୍ଦ୍ରିୟାଧିଗମ୍ୟ ୦.୦୧ ପ୍ରସଙ୍ଗର ମଧୁର ମିଳନ ତାଙ୍କ କବିତାର ମୁଖ୍ୟସ୍ୱର ପାଲଟିଛି। କାରଣ ସେ ଯୁଗପତ୍ ଭାବରେ ରୂପ-ଅରୂପ, ଜ୍ଞାତ-ଅଜ୍ଞାତ, ଦୃଶ୍ୟ-ଅଦୃଶ୍ୟ, ଇନ୍ଦ୍ରିୟଗତ ଇନ୍ଦ୍ରିୟାତୀତ ଚେତନାକୁ ନେଇ କାବ୍ୟିକ ଅଭିଯାତ୍ରାକୁ ଗତିଶୀଳ କରାଇଛନ୍ତି। ତେଣୁ ଗୋଟାଏ ରହସ୍ୟ ବିଜଡ଼ିତ ଅଚିହ୍ନା ଜଗତର ପଦଚିହ୍ନ ସହିତ ରହସ୍ୟ ବର୍ଜିତ ଜଗତର ପ୍ରଚ୍ଛନ୍ନ

ବିନ୍ୟାସ ତାଙ୍କ କାବ୍ୟଜଗତର ପ୍ରଧାନ ବିଭବର କେନ୍ଦ୍ର ଭାବରେ ସ୍ୱୀକୃତ ହୋଇଛି। ଏହି ସ୍ୱୀକୃତି ମଧ୍ୟରେ ଆମେ ୦.୦୧କୁ ବି ଭେଟୁ ଏବଂ ତା ସହିତ ୯୯.୯୯ କୁ।

ବିନୋଦ ନାୟକ ଜାଣିଥିଲେ ଯେ ଯେଉଁ ପାର୍ଥିବ ଜଗତରେ ସେ ପାଦ ଥାପିଛନ୍ତି ତାହା ଭଲମନ୍ଦ, କାର୍ଯ୍ୟକାରଣ, ପାପପୁଣ୍ୟ, ଆଲୋକ, ଅନ୍ଧାର ଆଦିରେ ପରିପୂର୍ଣ୍ଣ। ସେଠାରେ ବିବିଧ ଧାରଣା, ଅଭିମତ, ଅଭିରୁଚି, ଅଭ୍ୟାସ, ପରିକଳ୍ପନା, ବାସନା, ଦାବି, କ୍ଷୁଧା, ଉତ୍ତେଜନା, ଆବେଗ, ସ୍ୱାର୍ଥପରତା, ଅହଙ୍କାର, ଗର୍ବ, କାମ, ଈର୍ଷା, ଅସୂୟା, ପରଶ୍ରୀକାତରତା, ସତ୍ୟଦ୍ରୋହ ପ୍ରଭୃତିରେ ପରିପୂର୍ଣ୍ଣ। ଏଗୁଡ଼ିକ ସର୍ବଦା ୦.୦୧ ପରିମଣ୍ଡଳ ମଧ୍ୟରେ ଆତଜାତ ଏବଂ ସଂସିଦ୍ଧ। ସେସବୁର ବାହାରେ ମଧ୍ୟ ଗୋଟିଏ ଅଦୃଶ୍ୟ ଜଗତ ରହିଛି। ଏହି ଜଗତକୁ କିନ୍ତୁ ଉପଲବ୍‌ଧି କରିହୁଏ। ଉପଲବ୍‌ଧି କରିହୁଏ କେବଳ ଭାବିତତା ଦ୍ୱାରା। କାରଣ ଏ ଜଗତ ଅଯୋନୀ ସମ୍ଭୂତା। ଏହା ଅରୂପାତ୍ମକ ଏବଂ ଜ୍ଞାନବୁଦ୍ଧିର ଅତୀତ। ଏହାକୁ କେବଳ ସଂବୋଧି ବା intuition ଦ୍ୱାରା ଉପଲବ୍‌ଧି କରିହୁଏ। ଦେଖିହୁଏନା କି ଚାଖିହୁଏନା କି ଶୁଣିହୁଏନା କି ଛୁଇଁହୁଏନା କି ଶୁଂଘିହୁଏନା। ଏହା ଭାବକୁ ନିକଟ ଏବଂ ଅଭାବକୁ ଦୂର। ସକଳ ତର୍କ ଏବଂ ସିଦ୍ଧାନ୍ତର ବହିର୍ଭୂତ ଏଇ ଜଗତ। ମନ-ପ୍ରାଣ-ବୁଦ୍ଧି-ଅହଂକାର ଅଖଣ୍ଡ ନୀରବତା ମଧ୍ୟକୁ ନିମଜ୍ଜିତ ହେବା ପରେ ଏଇ ଜଗତରେ କପାଟ ଖୋଲେ।

ଅଦୃଶ୍ୟା ! ଜାଣିଛ ? ବିନୋଦଚନ୍ଦ୍ର ନାୟକଙ୍କର 'ଗ୍ରାମପଥ' ନାମରେ ଗୋଟିଏ କବିତା ରହିଛି। ଏହି କବିତାଟି ସମଗ୍ର ଓଡ଼ିଆ ସାହିତ୍ୟରେ ଅଜସ୍ର ପ୍ରସିଦ୍ଧିର ଅଧିକାରୀ। ଏହି କବିତାରେ ଅଧିକାଂଶ ସ୍ଥାନ-କାଳ-ପାତ୍ର ନିର୍ମାଣ ସମୟରେ କବି ୦.୦୧ କ୍ଷେତ୍ରକୁ ମୂଳଦୁଆ ଭାବରେ ଗ୍ରହଣ କରିଛନ୍ତି। ଅର୍ଥାତ୍ ଦୃଶ୍ୟଜଗତରେ ଯାହା ଇନ୍ଦ୍ରିୟ ଅଧିଗମ୍ୟ, ସେଇ ଜଗତର କଥା କହିଛନ୍ତି। ଯେମିତିକି ଦୂର ତାଳବଣ, ଗ୍ରାମପଥ, କ୍ଷେତ, କାଶଫୁଲ, ବେଣା, ପାଟ, ବଣ, ଶାଶୁଘର ଗାଆଁ, ହରଡ଼ ଏବଂ ବୁଟ ବୁଣାଯାଇଥିବା କ୍ଷେତ, ଚାରଣ ପଡ଼ିଆ, ଗୋରୁଗୋଠ, ଶିମୁଳି ଶାଖା, କପୋତୀ, କଇଁ ପୋଖରୀ, ଗାଧୁଆ ତୁଠ, ଭୁଆସୁଣୀ, ପାହୁଡ଼, ମୁକୁଳା ବେଣୀ, ମେଥି, ନଣନ୍ଦ, ହଳଦୀ, ପୋଇଶାଗ, କଖାରୁ ଲତା, ଘରମଥା, ସଜନା ଶାଖା, ଜହ୍ନିଫୁଲ ବାଡ଼, ଅପରାଜିତା, ଗ୍ରାମବଧୂ, ତରୁଣ, ଘରଣୀ, କାକ, ଗ୍ରାମଦେବତୀ, ନାତିନାତୁଣୀ, ମଶାଣି, କୁମାରୀ, କୃଷକ, ପ୍ରାନ୍ତର, ଭସାଣି ମେଘ, ମାଆପଣତ, ଗ୍ରାମଝରଣା, ଖଳା ଓ ତୁଳା ଇତ୍ୟାଦି।

ଉଲ୍ଲେଖିତ ଶବ୍ଦଗୁଡ଼ିକ ମଧ୍ୟରେ ଯେଉଁ ଅର୍ଥାଭିବ୍ୟକ୍ତି ଘଟିଛି ଅର୍ଥାତ୍ ଯେଉଁ ବସ୍ତୁ ବିଶେଷକୁ ଏହି ଶବ୍ଦଗୁଡ଼ିକ ସୂଚିତ କରୁଛନ୍ତି ତାହା ଦୃଶ୍ୟ, ବାସ୍ତବ ଏବଂ ଏଇ

ତେଲଲୁଣଭରା ଜଗତ ମଧ୍ୟରେ ଉପଲବ୍ଧ ତଥା ମୂର୍ତ୍ତ। ଏଗୁଡ଼ିକ ଇନ୍ଦ୍ରିୟ ଅଧିଗମ୍ୟ। ସଲିପ୍ତୀକରଣ ସହିତ ଏଗୁଡ଼ିକ ସଂପୃକ୍ତ। କାର୍ଯ୍ୟକାରଣ ଦୃଷ୍ଟିରୁ ଏଗୁଡ଼ିକ ଯଥାର୍ଥ। ବିଶ୍ୱଗତ। ସ୍ଥାନ-କାଳ-ପାତ୍ରଗତ ଐକ୍ୟ ସହିତ ଏଗୁଡ଼ିକ ସମତାଳ। ସ୍ଥିରତା, ଅପରିବର୍ତ୍ତନୀୟତା, ଶୃଙ୍ଖଳା ଏବଂ ଆଭିମୁଖ୍ୟ ସହିତ ଇନ୍ଦ୍ରିୟଗତ ବ୍ୟାକରଣିକ ଗୁଣଧର୍ମକୁ ବହନ କରିଛି- ସେହି ଶବ୍ଦଗୁଡ଼ିକ ମଧ୍ୟରେ ଥିବା ଅର୍ଥପ୍ରତୀତି।

କିନ୍ତୁ ସେଇ 'ଗ୍ରାମପଥ' କବିତାରେ ଯେତେବେଳେ 'ଦୂର ତାଳବଣ ଆକାଶେ ଶୁଣାଏ ମାଟିର କବିତା କି ସେ।' କିମ୍ବା "ଉଠରେ ପୁତା ଉଠ୍/ ଉଠ ପୂରିଲାଣି ମାଣ" ବୋଲି କହି କପୋତୀ କାନ୍ଦିବା କଥା କୁହାଯାଉଛି କିମ୍ବା "ନୟନେ ତାହାର ଶତେକ ଯୁଗର ବେଦନା ଲେଖା" ପ୍ରସଙ୍ଗ ଉତ୍‌ଥାପିତ ହେଉଛି, ସେତେବେଳେ ସେହି ୯୯.୯୯ର ଚେତନା ଜଗତର କଥା ଚାଲିଆସୁଛି। ଏଇଠି ଇନ୍ଦ୍ରିୟମାନଙ୍କର ଗୁଣଧର୍ମ ଲଂଘିତ ହେଉଛି। କାରଣ ଇନ୍ଦ୍ରିୟଗଣ ଯୁକ୍ତି ବାଢ଼ି କହିବେ 'ତାଳବଣ ଆକାଶକୁ ମାଟିର କବିତା ଶୁଣାଇବା' ହେଉଛି ଏକ ଅସଙ୍ଗତ ପ୍ରସଙ୍ଗ। ତାଳବଣର କ'ଣ କଣ୍ଠ ବା ବାଗ୍‌ଯନ୍ତ୍ର ରହିଛି ଯେ ସେ ମାଟିର କବିତା ଆକାଶକୁ ଶୁଣାଇବ? ଏହା ଏକ 'ଅତିଯୌକ୍ତିକ ବିନ୍ୟାସ'। ଏହା ମଣିଷ ନାକ-କାନ-ଜିଭ-ଚମଡ଼ା-ଆଖି ଉଠିବା ଦିନରୁ ଶୁଂଘିନାହିଁ କି; ଶୁଣି ନାହିଁ କି ଚାଖି ନାହିଁ; କି ସ୍ପର୍ଶି ନାହିଁ କି ଦେଖି ନାହିଁ। ତେଣୁ ଏହା ଅସମ୍ଭବ।

ସେହିପରି କପୋତୀ 'ଉଠ୍ ପୁତା ଉଠ, ଉଠ୍ ପୂରିଲାଣି ମାଣ' କେମିତି କହିପାରିବ? ସେ କ'ଣ କଥା କହିପାରେ? ଏସବୁ କପୋଳକଳ୍ପିତ କଥା। ଏହାର ଅଗମୂଳ ନାହିଁ। ଏହାପରେ 'ଗ୍ରାମବଧୂର ନୟନରେ ଶତେକ ଯୁଗର ବେଦନା ଲେଖାଅଛି' ପ୍ରସଙ୍ଗଟିକୁ ଆଲୋଚନା ପରିସରଭୁକ୍ତ କରାଯାଉ। ଗ୍ରାମବଧୂ ତ ଜଣେ ମଣିଷ। ସେ ଟାଣିଓଟାରି ଶହେବର୍ଷ ବଂଚିପାରେ। ଆଉ ତା ଆଖିରେ ଶତେକ ଯୁଗର ବେଦନା କିପରି ଲେଖାହେବ, ଏସବୁ କଥା କେବଳ କାଳ୍ପନିକତା ପ୍ରସୂତ ଗୋଟିଏ ଗୋଟିଏ କବି କର୍ମ। ଅଲୌକିକ। ଏହାର କୌଣସି ପ୍ରମାଣ ନାହିଁ।

ଅଦୃଶ୍ୟା! ଏହି ଅଶ୍ଲାଘା-ଅଶୁଣା-ଅଚଖା-ଅସ୍ପର୍ଶା-ଅଦେଖା ଘଟଣା ହିଁ କେବଳ କବି ପ୍ରତ୍ୟକ୍ଷ କରିପାରେ। ତା କତିରେ ଅସମ୍ଭବ ବୋଲି କିଛି ନାହିଁ। ତା କତିରେ କପୋଳକଳ୍ପିତ ପ୍ରସଙ୍ଗଟିଏ ଯେତିକି ଯଥାର୍ଥତାଯୁକ୍ତ, ଅଗମୂଳହୀନ ଘଟଣାଟିଏ ମଧ୍ୟ ସେତିକି ବାସ୍ତବତାଯୁକ୍ତ। ଏହା ଅଲୌକିକ କବିକର୍ମ। ପ୍ରମାଣ ବହିର୍ଭୂତ ହେଲେ ତା' ପାଇଁ ମଧ୍ୟ ଚାକ୍ଷୁଷ। ଏହିଭଳି ପ୍ରକ୍ରିୟାକୁ ସେହି ୯୯.୯୯%ର କ୍ଷେତ୍ରଜ ବୋଲି କୁହାଯାଏ। ଯାହାକୁ କେବଳ ଭାବ ମାଧ୍ୟମରେ ହିଁ ସମ୍ବେଦି ହେବ, ଦେଖିହେବ ଆଉ

ଭୋଗି ମଧ୍ୟ ହେବ। ତାହା ଲୋକକଥାର ଅଲୌକିକ କଥା ବିନ୍ୟାସ ହୋଇପାରେ ବା ଚମତ୍କାରିତାଯୁକ୍ତ ଘଟଣା ପ୍ରବାହ ହେଇପାରେ ସେଥିରେ କିଛି ଯାଏ ଆସେ ନାହିଁ। ସକଳ ଅମୂଳକତା ହିଁ ଏହାର କେନ୍ଦ୍ରବିନ୍ଦୁ।

ଅଦୃଶ୍ୟା। ଯେଉଁଠି ଏହି ଅମୂଳକତାଯୁକ୍ତ ପ୍ରସଙ୍ଗ ଉତ୍‌ଥାପିତ ହେବ, ସେଇଠି ସେଇ ଅଜ୍ଞାତ ଇଲାକା ବିସ୍ତାରଣର ୯୯.୯୯% କଥା ଆସିବ। ଏହିଭଳି ରହସ୍ୟ ବା ଅମୂଳକତାର ପ୍ରସଙ୍ଗ ରୋମାଣ୍ଟିକ କାବ୍ୟଚେତନାର ବୈଶିଷ୍ଟ୍ୟ ହେଲେ ମଧ୍ୟ ଏହା ମାଟି-କୈନ୍ଦ୍ରିକ ନୁହେଁ। ଏହା ରହସ୍ୟ ବିଜଡ଼ିତ ଏବଂ କାଳ୍ପନିକତାଯୁକ୍ତ। ତେଣୁ ଏହା ଯୌକ୍ତିକତୋତ୍ତର ଭାବକୁ ନିକଟବର୍ତ୍ତୀ ଏବଂ ଅଯୌକ୍ତିତୋତ୍ତର ଭାବକୁ ଦୂରବର୍ତ୍ତୀ। ଏହି ଭାବ-ଅଭାବର ଦ୍ୱୈତ ବିନ୍ୟାସ ମଣିଷକୁ କେତେବେଳେ ହୃଦୟରୁ ମସ୍ତିଷ୍କ ଆଡ଼କୁ ଟାଣିନିଏ ତ କେତେବେଳେ ମସ୍ତିଷ୍କରୁ ହୃଦୟ ଆଡ଼କୁ ଟାଣି ନେଇଥାଏ। ଏହି ଟଣାଓଟରା ମଧ୍ୟରେ ମଣିଷ କେବେକେବେ ବିରକ୍ତି ମଧ୍ୟ ଅନୁଭବ କରେ।

ବିନୋଦଚନ୍ଦ୍ର ନାୟକ ଜାଣିଥିଲେ କବିତା ଭୌତିକ ଜଗତର ବସ୍ତୁ-ଶକ୍ତିଚିନ୍ତନର ତେଲଲୁଣ ଲେସା ପରିମଣ୍ଡଳ ମଧ୍ୟରୁ ଉଦ୍‌ବର୍ତ୍ତିତ ହେଲେ ମଧ୍ୟ ସେହି କବିତା ଭୌତିକ ଜଗତର ସକଳ ସୀମାରେଖା ଅତିକ୍ରମି ଗୋଟାଏ ଅଜ୍ଞାତର କ୍ରମବିସ୍ତାରିତ ଆକାଶ ଆଡ଼କୁ ଡେଣା ଝାଡ଼ି ଉଡ଼ିବାକୁ ଆକାଂକ୍ଷା ପୋଷେ। ତେଣୁ କବି ବିନୋଦ କହୁଥିଲେ କବିତା ଜୀବନ ନଦୀର ଛଳଛଳ ଧାରାକୁ ନିଜ ମଧ୍ୟରେ ତୋଳିଧରେ। ଏଇଠି କବିତାର ଜନ୍ମସ୍ଥାନ ମସ୍ତିଷ୍କ ନ ହୋଇ ହୃଦୟ ହୋଇଯାଏ। ଏହି ହୃଦୟଜ କବିତା ଦେଶ-କାଳ-ପାତ୍ରକୁ ପାରି ହେଇଯାଏ। ତାଙ୍କରି ଭାଷାରେ- "ହେ ଦେବୀ ! ଜୀବନ ନଦୀ ମୋର/ ବହ ଛଳଛଳ/ ଗାଅ କଳକଳ/ ଦୂର ପଶ୍ଚାତେ ପଡ଼ି ରହିଲାଣି/ ଡାଲୁ ଜମି/ ଆରେ ସମତଳ/ କଣ୍ଠେ ତୋ ଫୁଟୁ ଛନ୍ଦ ସଖୀରେ/ ମାଳଶ୍ରୀ ତାଳ ଅବିରଳ।" (ସାଗର-ସଂଗମ, ବିନୋଦଚନ୍ଦ୍ର ନାୟକ)।

ଅଦୃଶ୍ୟା ! ଏଇ କବିତାଟିକୁ ଲକ୍ଷ୍ୟ କର ତ ! ଦେଖ। ଗୋଟିଏ ଶବ୍ଦ ରହିଛି ଏବଂ ସେ ଶବ୍ଦଟି ହେଉଛି 'ଡାଲୁ'। ସେଇଟିକୁ ଛାଡ଼ି ଆଉ ସମସ୍ତ ଶବ୍ଦ ବିନ୍ୟାସ ୯୯.୯୯% କ୍ଷେତ୍ରକୁ ଭିତ୍ତି କରି ଅର୍ଥବନ୍ତ ହୋଇଛି। 'ଡାଲୁ' ହେଉଛି ସୀମାବଦ୍ଧତାର ପ୍ରତୀକ। ମନୋସର୍ବସ୍ୱ ବ୍ୟାକରଣିକ ବ୍ୟବସ୍ଥାର ପ୍ରତୀକ। ୦.୦୧%ର ସକଳ ସୈଦ୍ଧାନ୍ତିକ ସଂସ୍କୃତି ଏବଂ ସଭ୍ୟତାର ପ୍ରତୀକ। ଏକ ରକ୍ଷଣଶୀଳ କଠିନତାର ପ୍ରତୀକ। ଏଇ ଡାଲୁଆ ଜାଗାରେ ଜୀବନନଦୀ ବନ୍ଦୀ ହୋଇଯାଏ। ସଚଳ ସଂଚରଣଶୀଳତା ପରିବର୍ତ୍ତେ ଅଚଳ ସ୍ଥାଣୁତାକୁ ବରିନେବାପାଇଁ ବାଧ୍ୟହୁଏ। ଫଳରେ ଛନ୍ଦଯୁକ୍ତ ମାଳଶ୍ରୀ ତାଳ ସହିତ ଛଳଛଳ ବହନ୍ତାପଣକୁ ଛାଡ଼ି, କଳକଳ ଗାଅନ୍ତା ପ୍ରକ୍ରିୟାକୁ ତେଜି ସମପ୍ରବାହୀ କିମ୍ବା ସମଗାୟନୀ

ସାମର୍ଥ୍ୟ ଅର୍ଜନ କରିପାରେ ନାହିଁ। ସେଠାରେ ଦେବୀ- ଅର୍ଥାତ୍ ଜୀବନନଦୀ ରୂପକ ଦେବୀ ସମତଳର ସ୍ୱୟଂକ୍ରିୟ ନମନୀୟତା ସହିତ ଐକ୍ୟ ରକ୍ଷା କରିପାରେନାହିଁ। ଜୀବନ ନଦୀର ଏଇ ଅଚଳ ବିନ୍ୟାସକୁ କବି ଶ୍ରୀ ନାୟକ ପରିବର୍ଜନ କରିଛନ୍ତି।

ସାଧାରଣ ମନ (ordinary mind) ସାହାଯ୍ୟରେ ଆମେ ଅଜ୍ଞ ଅଜ୍ଞ ଜାଣୁ। ଜାଣିବା ପାଇଁ ଏହା ଏକ ରାସ୍ତା ଭଳି କାର୍ଯ୍ୟ କରେ। ଏହାର ସହାୟକଗଣ ହେଲେ ପାଂଚ ଇନ୍ଦ୍ରିୟ। ବୁଦ୍ଧି ହେଉଛି ଏହାର ସମୁଦାୟ ପ୍ରକ୍ରିୟାର ନିୟାମକ ଏବଂ ନିର୍ଣ୍ଣାୟକ। ଏହି ନିତ୍ୟ ନୈମିତ୍ତିକ ରାସ୍ତା ଦେଇ ନୂଆ ନୂଆ ପ୍ରସ୍ଥ ଆଡ଼କୁ କିନ୍ତୁ ଉନ୍ମୀଳିତ ହେବା ଅସମ୍ଭବ। ଯଦି ଚେତନା ସ୍ତରରେ ଉତ୍ତରଣ ଘଟେ, ତେବେ ଏହି ଅସମ୍ଭବ ସମ୍ଭବ ହୋଇପାରେ। ଏହା ମଧ୍ୟ ୯୯.୯୯% କ୍ଷେତ୍ରଜ ବୋଲି ଜାଣିବାକୁ ହେବ। ବିନୋଦଚନ୍ଦ୍ର ଅନେକତ୍ର ଏଭଳି କିଛି କିଛି ଚେତନା ଆଡ଼କୁ ଆରୋହିତ ହୋଇ ତା ସହିତ ଏକାତ୍ମ ଏବଂ ସଜ୍ଞାନ ହୋଇଛନ୍ତି- ଯାହା ପାଠକ ପ୍ରାଣରେ ଏକ ସାଧାରଣ-ମାନସୋତ୍ତର ଭାବସାନ୍ଦ୍ରତା ସୃଷ୍ଟି କରେ।

କବି ଶ୍ରୀ ନାୟକ 'ସୁବର୍ଣ୍ଣ କଳସ' କବିତାରେ ଯେତେବେଳେ (୧) "ଶ୍ୱେତହସ୍ତୀ ଓ ପାଟଛତ୍ରର ମୁଁ ସ୍ୱପ୍ନ ଦେଖେ/ ସ୍ୱପ୍ନ ଦେଖେ।" (୨) "ପିଙ୍ଗଳାର ପ୍ରେମିକ ମୁଁ/ ସୁବର୍ଣ୍ଣ କଳସର ସ୍ୱପ୍ନ ଦେଖେ।" (୩) "ଅନନ୍ତ ସାଗର ଉପକୂଳରେ ଛିଡ଼ା ହୋଇ/ ମୁଁ ସ୍ୱପ୍ନ ଦେଖେଁ- ଦେଖେଁ।" ପ୍ରଭୃତିର କଥା କହୁଛନ୍ତି, ସେତେବେଳେ ସେହି ୯୯.୯୯%ର ଅଜ୍ଞାତ-କୈନ୍ଦ୍ରିକ ପ୍ରସଙ୍ଗ ଚାଲିଆସୁଛି। 'ନିଃସହାୟ ପରଶ୍ରୀକାତର ଜୀବନରୁ ମୁକ୍ତି ଲୋଡ଼ି କବି ଗୋଟିଏ ଉଚ୍ଚତର ନାନ୍ଦନିକତା ଆଡ଼କୁ ଗତିଶୀଳ ହେବାକୁ ଇଚ୍ଛିଛନ୍ତି। ତେଣୁ କବିଙ୍କର ପାଦ ୦.୦୧% ଅଧୀନସ୍ଥ ବିଶ୍ୱରେ ରହିଥିଲେ ମଧ୍ୟ ହୃଦୟ ତାହାକୁ ଟପିଯାଇ ସମାହିତ ହେଇଯିବାକୁ ଚାହିଁଛି ଗୋଟିଏ ଉତ୍ତରିତ ଚୈତନ୍ୟର ବହୁବର୍ଣ୍ଣୀ ପରିମଣ୍ଡଳ ମଧ୍ୟରେ। ସେହି ପରିମଣ୍ଡଳଟି ହେଉଛି 'ସୁବର୍ଣ୍ଣ କଳସ'। ଯାହାକୁ କେବଳ ଭାବରେ ଘେନିହୁଏ; କିନ୍ତୁ ସ୍ପର୍ଶ ହୁଏନାହିଁ କି ଆଉ କାହାକୁ ଦେଖାଇ ହୁଏନାହିଁ। ଏହା ଏକାନ୍ତ ବ୍ୟକ୍ତିଗତ ଉପଲବ୍ଧି। ଏହା ପୁଣି ଅଯୋନୀସମ୍ଭୂତା। ସେଥିପାଇଁ ଏହା କାଳୋତ୍ତର, ଦେଶୋତ୍ତର ଆଉ ପାତ୍ରୋତ୍ତର ମଧ୍ୟ।

ରୋମାଣ୍ଟିକବାଦୀ କବିମାନେ ପ୍ରାୟତଃ ଅନ୍ତଃ ଅନୁଭବ, ଭାବପ୍ରବଣତା ଏବଂ କଳ୍ପନାବିଳାସିତା ଉପରେ ଗୁରୁତ୍ୱ ଦେଇଥାନ୍ତି। ଏମାନେ ରହସ୍ୟ ଏବଂ ଅତି ପ୍ରାକୃତିକ ସଂପୃକ୍ତି ପ୍ରତି ଆଗ୍ରହାନ୍ୱିତ ହୁଅନ୍ତି। ଏମାନେ ଅତୀତକୁ ମଧ୍ୟ ରୋମାଣ୍ଟିକକରଣ କରାଇବା ପାଇଁ ପଶ୍ଚାତପଦ ହୁଅନ୍ତି ନାହିଁ। ବିପୁଳ ଏବଂ ଚରମ ପରିବର୍ତ୍ତନ ପ୍ରତି ଏମାନେ ଆସକ୍ତ ଥାଆନ୍ତି। ବ୍ୟକ୍ତିଗତ ଅନୁଭବ ମାଧ୍ୟମରେ ଏମାନେ ଯେଉଁ ଯେଉଁ କାରକଗୁଡ଼ିକ

ସହ ସମ୍ବନ୍ଧିତ ହୁଅନ୍ତି, ସେଗୁଡ଼ିକୁ ରୂପାୟିତ କରାଇଥାନ୍ତି ସେମାନଙ୍କ ସାହିତ୍ୟ କୃତିରେ। ସେଥିପାଇଁ ଏମାନେ ସର୍ବଦା ଆବେଗ ସର୍ବସ୍ୱ ହେଇ ହୃଦୟରେ ନିଜକୁ ଅଭିଷିକ୍ତ କରିଥାନ୍ତି। ତେଣୁ ଏମାନେ ପ୍ରାୟତଃ ଗୀତିମୟ। ଏମାନେ ୦.୦୧%ର ମୂଲ୍ୟବୋଧ, ଆଦର୍ଶବୋଧ, ସ୍ଥିରତା, ସଂଗତି ପ୍ରଭୃତିର ବାଲାଡ଼ (ballad) ପ୍ରାଣତାକୁ ଭାଙ୍ଗି ଦେଇ ଅଜ୍ଞାତର ଲିରିକ୍ (lyric) ପ୍ରାଣତା ଆଡ଼କୁ ଅଗ୍ରସର ହୁଅନ୍ତି। ସେଇଭଳି ଜଣେ ଲିରିକ୍‌ପ୍ରାଣ କବି ହେଉଛନ୍ତି ବିନୋଦ ନାୟକ। ସେ ସର୍ବଦା ସ୍ୱପ୍ନଶୀଳ। ତାଙ୍କରି ଭାଷାରେ- "ହରିତକୀ ଛାୟାର ତିମିରେ/ ହରିଣୀ ନୟନର ଦୁଇଟି ନୀଳ କସ୍ତୁରୀର ତାରା/ ଦୁଇଟି ଅବାକ୍ ସ୍ୱପ୍ନ ସୃଜନ କରେ। ସେଇ ସ୍ୱପ୍ନ ନେଇ ମୁଁ ଦେଖେ।" (ଦୁଇଟି ନୀଳ କସ୍ତୁରୀର ତାରା)।

କବିଙ୍କର ଏଇ ଯେଉଁ ସ୍ୱପ୍ନଭୁକ୍‌ପଣ- ତାହା ତାଙ୍କୁ ବାସ୍ତବ ଜଗତର ସମସ୍ତ ପ୍ରାଚୀର ଭାଙ୍ଗିଦେଇ ଶୂନ୍ୟପାୟୀ କରାଇଛି। ସେଥିପାଇଁ କବି ଆଲୋଚ୍ୟ କବିତାରେ ସେଇ ନୀଳ କସ୍ତୁରୀର ଆଖିକୁ ଖୋଜିବାରେ ମସଗୁଲ ହେଇଯାଇଛନ୍ତି। ସେଇ ପ୍ରାପ୍ତି ପାଇଁ ସେ 'ଅଜସ୍ର ଲୁଣି ତରଙ୍ଗ ସହିତ ସଂଗ୍ରାମ କରିଛନ୍ତି।' ପ୍ରତିଷ୍ଠା କରିଛନ୍ତି 'ଅସଂଖ୍ୟ ଜଳଚରର ଅସ୍ଥି କଙ୍କର ଉପରେ ଏକ ଉର୍ବର ସଭ୍ୟତା।' ତା ସହିତ ପୀତ ପାରିଜାତ ରୋପଣ କରିଛନ୍ତି।

ବିନୋଦ ନାୟକଙ୍କର ଏହି ଖୋଇକୁ ଲକ୍ଷ୍ୟ କରି ମାୟାଧର ମାନସିଂହ ତାଙ୍କୁ 'ଆତ୍ମମଗ୍ନ' କବି ପର୍ଯ୍ୟାୟଭୁକ୍ତ କରିଛନ୍ତି। ସେ ଅପରିଚିତ, ଅଦେଖା ଓ ଅନିକଟ ପ୍ରତି କିପରି ଆହୂତ ହେଇଛନ୍ତି, ତାହା ମଧ୍ୟ ମାନସିଂହ କହିଛନ୍ତି। ମାନସିଂହ ପୁଣି କହିଛନ୍ତି- "ଓଡ଼ିଶାର ଏକ ଦୂରପ୍ରାନ୍ତୀୟ ଅଂଚଳର ପଲ୍ଲୀ ଗ୍ରାମରେ ବସି ଶ୍ରୀନାୟକ ନିଜର ଚତୁଃପାର୍ଶ୍ୱକୁ ଏକାବେଳକେ ଭୁଲିଯାଇ ଦୀର୍ଘ ଭୈରବ, ରଜନୀର ନିଃସଙ୍ଗତା, ଅରୋରାବୋରିଆଲିସ୍‌ର ଆଲୋକଛଟା, ବିଷୁବୀୟ ଆଫ୍ରିକାରେ ବାନରମାନଙ୍କର ନୃତ୍ୟ ବା ଝାଞ୍ଜିବରର ଦ୍ୱୀପ ସୁନ୍ଦରୀମାନଙ୍କର ଲବଙ୍ଗ ପୁଷ୍ପ ତୋଳିବା ବେଳର ସ୍ମିତହାସ୍ୟକୁ ବର୍ଣ୍ଣନା କରିଥାନ୍ତି।" (ଓଡ଼ିଆ ସାହିତ୍ୟର ଇତିହାସ, ଡ ମାୟାଧର ମାନସିଂହ- ଉଦ୍ଧୃତ- ସବୁଜରୁ ସାଂପ୍ରତିକ, ପୃ- ୩୬୦)।

ଯେଉଁ ୯୯.୯୯% ଏବଂ ୦.୦୧%କୁ ଆଧାର କରି ଏହି ପ୍ରବନ୍ଧଟି ବିଶ୍ଳେଷିତ- ତାହାକୁ ସୁହାଇଲା ଭଳି କଥାଟେ କହିଛନ୍ତି ସୁରେନ୍ଦ୍ର ମହାନ୍ତି। ତାଙ୍କ ମତରେ, "ବିନୋଦ ନାୟକଙ୍କ କବିତା ଯଥାର୍ଥରେ ସୁଦୂରର ସଂଗୀତ। ଯାହା ନିକଟରେ, ଯାହା ଦୁଇ ହାତରେ ପାଇବାର ସୀମା ଭିତରେ, ଯାହା ସୁଲଭ ସେସବୁ ଅତି ମାମୁଲି, ଅତି ଦୈନନ୍ଦିନ, ଅତି ରଙ୍ଗଛଡ଼ା। ତେଣୁ ଦେଶ-କାଳ-ପାତ୍ରର ସଂକୀର୍ଣ୍ଣ

ସୀମା ଛାଡ଼ି ବିନୋଦ ନାୟକ କରିଛନ୍ତି ନୂତନ ଜାତି ଓ ନୂତନ ପ୍ରକୃତିର ସନ୍ଧାନ।" (ଉଦ୍ଧୃତ- ସବୁଜରୁ ସାଂପ୍ରତିକ, ପୃ- ୩୬୧)।

ଏହି ସୁଲଭ, ମାମୁଲି, ଦୈନନ୍ଦିନ ଏବଂ ରଙ୍ଗଛଡ଼ା ପ୍ରସଙ୍ଗ ହିଁ ସେଠି ୦.୦୧% କ୍ଷେତ୍ରର ପରିସରଭୁକ୍ତ। ବାକି ୯୯.୯୯% ହେଉଛି ଦେଶ-କାଳ-ପାତ୍ରର ଅତୀତ। ଏହି ଦେଶ-କାଳ-ପାତ୍ରାତୀତ ହିଁ ନୂତନ ଜାତି ଓ ନୂତନ ପ୍ରକୃତିର ସନ୍ଧାନ ଦିଏ। ଯାହାକୁ ଦଶନ୍ଧି ଦଶନ୍ଧି ଧରି ବୈଜ୍ଞାନିକମାନେ ଖୋଜି ଚାଲିଛନ୍ତି ଏବଂ ନ ପାଇ ତାହାକୁ 'darken matter' ବୋଲି ନାମିତ କରିଛନ୍ତି। ତାହାହିଁ ପ୍ରକୃତରେ ସ୍ୱପ୍ନ ସୃଜନ କରେ। ରୂପରୁ ଅରୂପ ଆଡ଼କୁ ଘେନିଯାଏ। ତାହା ବାସ୍ତବରେ ବୁଦ୍ଧିର ଅତୀତ ଅର୍ଥାତ୍ 'suprarational' ଏବଂ ଉଚ୍ଚତର ସୌନ୍ଦର୍ଯ୍ୟ (higher beauty) ର ନିଦର୍ଶନ।

ବିନୋଦ ନାୟକଙ୍କ ଚିତ୍ରକଳ୍ପ ପ୍ରୟୋଗରେ ମଧ୍ୟ ୦.୦୧% ଅନୁପସ୍ଥିତ। ଅର୍ଥାତ୍ ଏହି ମୂର୍ତ୍ତ ଜଗତର ବିଭିନ୍ନ ବସ୍ତୁବିଶେଷକୁ ସେ ଅମୂର୍ତ୍ତତାଯୁକ୍ତ ଚିତ୍ରକଳ୍ପରେ ଅଭିଷିକ୍ତ କରାଇ ପରିବେଷଣ କରିଛନ୍ତି। ଏହି ଧରଣର ପ୍ରୟୋଗରେ ମଧ୍ୟ ସ୍ଥିରତା କ୍ଷୁଣ୍ଣ ହୋଇଛି। ଯେପରିକି- "ପୁରାଣ ବୃଦ୍ଧବଟର ଓହଳ ଜାଲେ। ଶାଖା ଶଂକୁଳେ ଶକୁନୀ ରଚଇ ନୀଡ଼। ତଳେ ଓଦାମାଟି ଚିରଗୁଣୀ ଯହିଁ ରାତ୍ରିରେ ଚୁଲି ଜାଳେ।" କିମ୍ବା "ଗ୍ରାମ ପାଖେ ଯେଉଁ ଶୂନ୍ୟପଡ଼ିଆ ଧୂ ଧୂ କରେ ବାରମାସ/ ଶାଗୁଆ ଶାଢ଼ିଟି ପିନ୍ଧି ସେ ପଥେ ନୂଆ ଭୂଆସୁଣୀ ଯାଏ/ ଦେହେ ଓଦା ଶାଢ଼ି ଜଡ଼ି ମନଲୋଭା ଦିଶେ।" (ବର୍ଷାର କବିତା)

ବିନୋଦ ନାୟକଙ୍କ କାବ୍ୟଜଗତ କୌଣସି ସଂକୀର୍ଣ୍ଣ ଭୂଖଣ୍ଡର ସୀମାବଦ୍ଧତାକୁ ସର୍ବଦା ପାଥେୟ କରି କେନ୍ଦ୍ରିତ ହୋଇନାହିଁ। ଏହା କେତେବେଳେ ତୁନ୍ଦ୍ରାଞ୍ଚଳ, କେତେବେଳେ ଅଷ୍ଟ୍ରେଲିଆ, କେତେବେଳେ ପୁଣି ମାଡାଗାସ୍କାର ପୁଣି ଲବଙ୍ଗ ଦ୍ୱୀପ ପ୍ରଭୃତି ଦୂରଗାମୀ ଭୌଗୋଳିକତାକୁ ଲମ୍ବିତ ହୋଇ ଅଭିବ୍ୟକ୍ତ ହୋଇଛି। କେତେବେଳେ ପୁଣି ଲୋକ ଉପାଦାନକୁ ଭିତ୍ତି କରି ବକ୍ତବ୍ୟରେ ଉତ୍କର୍ଷତା ସାଧନ କରିଛି।

ଅସୀମର ଅପ୍ରତୁଳ ତରଙ୍ଗ ଏ ବିଶ୍ୱବ୍ରହ୍ମାଣ୍ଡରେ କେଉଁ ଅନାଦି କାଳରୁ ଲହରୀ ତୋଳିଛି। ମଣିଷର ସାଧାରଣ ଚେତନାରେ ଏହା ନିଶ୍ଚିତ ରୂପେ ଅନଧିଗମ୍ୟ। କିନ୍ତୁ ଯେଉଁ ସ୍ରଷ୍ଟାମାନେ ତାହାକୁ ଶୁଣିପାରନ୍ତି କିମ୍ବା ଏଇ ତେଲ ଲୁଣ ଦୁନିଆରେ ଜୀବନ ବଂଚି ମଧ୍ୟ ତା ସହିତ ସଂଯୁକ୍ତ ହୋଇପାରନ୍ତି, ସେମାନେ ରବୀନ୍ଦ୍ରନାଥ କିମ୍ବା ବିନୋଦଚନ୍ଦ୍ର ନାୟକଙ୍କ ଭଳି ରୂପରୁ ଅରୂପକୁ, ସ୍ଥୁଳରୁ ସୂକ୍ଷ୍ମକୁ ଯାତ୍ରା କରି ସେହି ଅନଧିଗମ୍ୟ ଚେତନାକୁ ସ୍ପର୍ଶ କରି ଆମ ନିକଟରେ ଶାବ୍ଦିକ ପରିପ୍ରକାଶ ମାଧ୍ୟମରେ

ଉପସ୍ଥାପନ କରନ୍ତି, ଯାହା ବିନୋଦ ନାୟକଙ୍କ କାବ୍ୟଜଗତରେ ଉପସ୍ଥାପିତ ହୋଇଛି। ତେଣୁ ଯୁଗେ ଯୁଗେ ଦ୍ରଷ୍ଟା, ସାଧକ, କବି ପ୍ରମୁଖଙ୍କୁ ସେଇ ଚେତନା ଆଲୋଡ଼ିତ କରିଛି। ସେଇ ଚେତନା ଯାହା ୯୯.୯୯% କ୍ଷେତ୍ର ମଧ୍ୟରେ ଏବେ ବି ଅନାବିଷ୍କୃତ; ତାହାର କିୟଦଂଶ ସେଇ ଉଚ୍ଚତର ଚେତନାଧାରା କବିମାନେ ଉତାରି ଆଣି ଆମ ଆଗରେ ଥୋଇ ଦିଅନ୍ତି। ତଦ୍ଦ୍ୱାରା ଆମେ ୦.୦୧% ଇଲାକାରେ ଜନ୍ମ-ମୃତ୍ୟୁ ଚକ୍ର ସହିତ ଯୁଝି ଯୁଝି ହନ୍ତସନ୍ତ ହେଉଥିବା ମଣିଷ ଧନ୍ୟ ହେଇଯାଉ।

ହଁ, ଅଦୃଶ୍ୟା ! ମୁଁ ଏଇଠି ରହୁଛି। ବେଶି କଥାହେଲେ ମୁଁ ହୁଏତ ସେଇ କାର୍ଯ୍ୟକାରଣର ୦.୦୧% କ୍ଷେତ୍ର ମଧ୍ୟରେ ସୀମାବଦ୍ଧ ହେଇଯିବି। ସେଇଠି ଥାଇ ତମ ସହିତ ହୁଏତ ତୋଖଡ଼ମୋଖଡ଼ ପୁଣି ଆରମ୍ଭ ହେଇଯିବ। ତମେ ତ ଜାଣ, ମୁଁ ଆଜିକାଲି ଭୀଷଣ ନିରବିତ ସ୍ଥିତିରେ ବଂଚିବା ଆରମ୍ଭ କରିଦେଇଛି। କାରଣ ମୁଁ ତମ ବ୍ୟାକରଣ ପରିବେଷ୍ଟିତ ବେଳାଭୂମିରେ ଠିଆହେଇ ସମୁଦ୍ରର ଅଜସ୍ର ତରଙ୍ଗର ଜଳକଣା ଛୁଆଁରୁ ନିଜକୁ ବଂଚିତ କରିପାରିବି ନାହିଁ। ମୁଁ ଜାଣେ ମୁଁ ଯେଉଁଠି ପାଦ ରଖିଛି- ସେ ୦.୦୧ ଉପାଦାନ ସକଳକୁ ନେଇ ସଂପ୍ରସାରିତ। ମୁଁ କିନ୍ତୁ ବିନୋଦଚନ୍ଦ୍ର ପରି ସେଇ ୯୯.୯୯% ଆଡ଼କୁ ସ୍ୱୟଂଶାସିତ ଏବଂ ସ୍ୱୟଂସଂଚାଳିତ ହେଇ ଉଡ଼ିଯିବାକୁ ଚାହେଁ। ନ ହେଲେ ସେଇ ଅଦୃଶ୍ୟ ବିଶ୍ୱ ପଛରେ ପଡ଼ିରହିବ। ତେଣୁ ଚାଲିଲି ମୁଁ ଚାଲିଲି ଅଦୃଶ୍ୟା। ତମେ ମୋ ହାତ ଛାଡ଼ିଦେଇପାର। ଠିକ୍ ଅଛି। ରହୁଛି। ଜନ୍ମାଷ୍ଟମୀ ଶୁଭେଚ୍ଛା ଗ୍ରହଣ କରିବ। ଧନ୍ୟବାଦ।

■

ସହାୟକ ଉତ୍ସ :

୧. Space.com: NASA; Space Exploration and Astronomy News.

୨. ଶବ୍ଦ ଶତକ- ଚିତ୍ତରଞ୍ଜନ ଦାସ, ସୁହୃତ୍ ପ୍ରକାଶନୀ

୩. The Life Divine, Sri Aurobindo, Sri Aurobindo Ashram Pondicherry-2010.

ପଚାଶ ବର୍ଷର ପ୍ରୟାସ; କିଛି ଅବସୋସ୍, କିଛି ସବିଶେଷ ବନାମ୍ କବି ଶୁଭେନ୍ଦୁ ମୋହନ ଦାସ

Knowledge, Truth ଏବଂ 'Identity' କୁ ଆଧାର କରି ଦୀର୍ଘ ପଚାଶ ବର୍ଷକାଳ କବିତା ରଚନା କ୍ଷେତ୍ରରେ ଏକ କ୍ଷୁଦ୍ରତମ 'self-contained universe' ନିର୍ମାଣିଥିବା ସ୍ରଷ୍ଟାପୁରୁଷ ହେଉଛନ୍ତି ଶୁଭେନ୍ଦୁ ମୋହନ । ସେ ଜଣେ ଅଜସ୍ରସ୍ରାବୀ ସ୍ରଷ୍ଟା ନୁହଁନ୍ତି । ଏକମାତ୍ର କବିତା ସଂକଳନ 'ସବୁ ଶବ୍ଦ ହଜିଯାଏ (୧୯୯୧) ଗ୍ରନ୍ଥରେ ସଂଗ୍ରଥିତ ମାତ୍ର ପଇଁଚାଳିଶିଟି ଏବଂ ଏଯାବତ୍ (୨୦୨୧) ପ୍ରକାଶିତ ଆଉ କେତୋଟି କବିତାକୁ ନେଇ ତାଙ୍କ ଲେଖନୀ ଉତ୍ସର୍ଗୀକୃତ । ୧୯୬୦ ରୁ ୨୦୨୦ କାଳଖଣ୍ଡ ମଧ୍ୟରେ ଓଡିଶାର ସୁପ୍ରସିଦ୍ଧ ଏବଂ ସ୍ୱ-ପ୍ରସିଦ୍ଧ ପତ୍ର ପତ୍ରିକା (କଳନା, ଭଗ୍ନାଂଶ, ଏକାମ୍ର, କଳିଙ୍ଗ, ଆସନ୍ତା କାଲି, ଯୁଗଭେରୀ, ପ୍ରଜାତନ୍ତ୍ର, ଝଙ୍କାର, କାବ୍ୟ ଏବଂ ସତ୍ୟଂଶିବଂ ସୁନ୍ଦରମ୍, ସମାବେଶ, ଜୀବନ ରଙ୍ଗ, ଙ,ଞ,ଲୁ, ଉଲ୍‌କା, ପ୍ରତିଶ୍ରୁତି, ଲାଇଟ୍, ସଂସ୍କୃତି, ପ୍ରଜ୍ଞାଶ୍ରୀ) ପ୍ରଭୃତିରେ ତାଙ୍କ କବିତା, ସମାଲୋଚନା କ୍ରମାଗତ ଭାବରେ ପ୍ରକାଶିତ ହୋଇ ଆସୁଥିଲେ ମଧ୍ୟ ସେ କାହିଁକି ବହୁସ୍ରାବୀ, ବହୁ ପ୍ରସାରୀ ହେଲେ ନାହିଁ- ତାହା ଏକ ପ୍ରଶ୍ନବାଚୀ, ଏକ ରହସ୍ୟ, ଏକ ଅବସୋସ ।

"ମୁଁ ନିଜକୁ ସାବ୍ୟସ୍ତ ବା ପ୍ରତିଷ୍ଠା କରିବାକୁ ଲେଖେନାହିଁ । ନିଃସ୍ୱ ଜନତାର ଜୟଗାନ କରିବାକୁ ଲେଖେ ନାହିଁ, ଲେଖିବା କର୍ମଟି ଏକ ପ୍ରକାର ଯୋଗ ସାଧନା, ସାହିତ୍ୟିକଟିଏ ଭଲ ମଣିଷ ହେବା ଅତ୍ୟନ୍ତ ଜରୁରୀ" (ସାକ୍ଷାତକାର) ପ୍ରଭୃତିରେ ବିଶ୍ୱାସ

ଥାପି 'ଅଳ୍ପ ହେଲେ ବି ମୁଁ ଉପାଦେୟ ଲେଖାରେ ବିଶ୍ୱାସ କରେ" (ସା.କା) ଉଚ୍ଚାରଣକୁ କଥାରେ ନୁହେଁ, କାର୍ଯ୍ୟରେ ପରିଣତ କରାଇ ଆଣୁଥିବା ସ୍ରଷ୍ଟା ପୁରୁଷ ସେ । ଶ୍ରୀ ଅରବିନ୍ଦ କହିଛନ୍ତି - "Music, Art and Poetry are a perfect education for the soul; they make and keep its movements purified, self-controlled, deep and harmonious" (SABL)' କବି ଶ୍ରୀଦାସ କହନ୍ତି - 'ନୀତିଶିକ୍ଷା ନୁହେଁ କି ଜ୍ଞାନଲାଭ ନୁହେଁ, ଏପରିକି ସାଂସାରିକ ଶ୍ରୀବୃଦ୍ଧି ମଧ୍ୟ ନୁହେଁ । କିନ୍ତୁ ଏକ ରହସ୍ୟଜନକ ଭାବେ ସମଗ୍ର ସତ୍ତାପାଇଁ କଳାର ପ୍ରୟୋଜନ ଅଛି, ଯାହା କାମକରେ ବ୍ୟକ୍ତି ମାନସରେ; କିନ୍ତୁ ସମୂହମାନସରେ - ନୁହେଁ । କଳାଶିଳ୍ପ ଲକ୍ଷ ଲକ୍ଷ ଲୋକଙ୍କୁ ଉନ୍ମାଦ କରିପାରେନା । ବରଂ ବ୍ୟକ୍ତିଗତ ଭାବରେ ଧୀରେ ଧୀରେ ଏବଂ ଅତି ସୂକ୍ଷ୍ମ ଉପାୟରେ ଚିତ୍ତ ଶୁଦ୍ଧି କରିପାରେ । ଅତଏବ ଜଣେ ସର୍ଜନଶୀଳ ବ୍ୟକ୍ତିର ସାମାଜିକ ଉତ୍ତର ଦାୟିତ୍ୱ କେବଳ ହେଉଛି ବ୍ୟକ୍ତି ଓ ଜାତିର ଚେତନାର ଦିଗ୍‌ବଳୟକୁ ଅଧିକରୁ ଅଧିକ ଶୁଦ୍ଧ ଓ ବିସ୍ତୃତ କରିବା ।" (ସାକ୍ଷାତକାର) ।

ସାମାଜିକ ଉତ୍ତରଦାୟିତ୍ୱ ସମ୍ବନ୍ଧରେ ସଚେତନ ରହି ବ୍ୟକ୍ତି ଓ ଜାତିର ଚେତନାକୁ ଶୁଦ୍ଧ ଓ ବିସ୍ତାରିତ କରାଇବା ଉଦ୍ଦେଶ୍ୟରେ ଲେଖନୀ ଚାଳନା କରିବା ସଂପ୍ରତି ଅଧିକାଂଶ ସ୍ରଷ୍ଟାଙ୍କ ପାଇଁ ଦୁର୍ବଳ ହୋଇଯାଇଛି କହିଲେ ଅତ୍ୟୁକ୍ତି ହେବ ନାହିଁ । ତା'ର ଏକମାତ୍ର କାରଣ ହେଉଛି ସେମାନଙ୍କ ମଧ୍ୟରେ ସୌନ୍ଦର୍ଯ୍ୟ ଓ ସଙ୍ଗତିର ଘୋର ଅଭାବ । ସକଳ କଳା ସୃଷ୍ଟିମୂଳରେ ସୌନ୍ଦର୍ଯ୍ୟ ବେଦନ ବିଦ୍ୟମାନ । ସୌନ୍ଦର୍ଯ୍ୟ ସହିତ ସଙ୍ଗତି ରହିଲେ ଉଭୟ କଳା ଏବଂ କଳାକାର ଦେଶ ଏବଂ ଦଶର ପ୍ରଭୂତ ମଙ୍ଗଳ ବିଧାନ କରିଥାନ୍ତି । ସେଥିପାଇଁ ଅବନୀନ୍ଦ୍ର ନାଥ ତାଙ୍କ ' ବାଗେଶ୍ୱରୀ ଶିଳ୍ପ ପ୍ରବନ୍ଧାବଳୀ'ରେ କହିଛନ୍ତି- "ଗୋଟିଏ ଜାତି ସହିତ ଶିଳ୍ପୀର ଯୋଗାଯୋଗଟା ହେଲା ଜଣେ ଜାଗ୍ରତ ସହିତ ଘୁମନ୍ତର ସଂପର୍କ ପରି ।" ନିଷ୍ପ୍ରାଣ ଜାତିର ଆତ୍ମାରେ, ଅଚେତନ ବ୍ୟକ୍ତିର ସତ୍ତାରେ କେବଳ ଜଣେ ଚିର ଜାଗ୍ରତ ଶିଳ୍ପୀ ହିଁ ପ୍ରାଣପ୍ରାଚୁର୍ଯ୍ୟ ଭରିଦେଇ ପାରେ । ଶିଳ୍ପୀ ମଧ୍ୟ ଜଣେ ବ୍ୟକ୍ତି; ଗୋଟିଏ ଜାତିର ଏକ ସଦସ୍ୟ, କିନ୍ତୁ ସେ ଦିଶାରୀ, ପଥ ପ୍ରଦର୍ଶକ । ସ୍ଥାନ କାଳ-ପାତ୍ରର ମୌଳିକ ଆବଶ୍ୟକତାକୁ ଲକ୍ଷ୍ୟ କରି ସେ ପରିବର୍ତ୍ତନର ସ୍ୱର ତୋଳିଥାଏ । ସେ ସ୍ୱରର ଛୁଆଁରେ ଜାଗ୍ରତ ତଥା ସଚେତ ହୋଇଉଠନ୍ତି ସୁପ୍ତ-ଜନସାଧାରଣ । କିନ୍ତୁ ସବୁଠାରୁ ବଡ଼ କଥା ହେଲା- ଶିଳ୍ପୀ ଯଦି ନିଜେ ଉପଯୁକ୍ତ ତଥା ଯଥାର୍ଥ ପଥ ପ୍ରଦର୍ଶନ କରି ନାହାନ୍ତି କିମ୍ବା ତାଙ୍କଠାରେ ସଙ୍ଗତି ନାହିଁ କି ସୌନ୍ଦର୍ଯ୍ୟ ସମ୍ବନ୍ଧରେ ସେ ଅଜ୍ଞ, ତେବେ ସେ ଗୋଟିଏ ଜାତିକୁ କଦର୍ଯ୍ୟତା ସହିତ ଅନୁବନ୍ଧିତ କରିଦେଇପାରନ୍ତି କିମ୍ବା ଜାତୀୟ ଜୀବନ ତାଙ୍କ ପ୍ରେରଣାରେ ଅଧୋପତିତ ହୋଇଯାଇପାରେ । ଉଡ଼ାଣ ସମ୍ବନ୍ଧୀୟ ତାଲିମ ପ୍ରଦାନ

କରୁଥିବା ପ୍ରଶିକ୍ଷକ ଯଦି ଆକାଶର ଉଚ୍ଚତା-ଦୂରତା-ଅବସ୍ଥା ବିଷୟରେ ସନ୍ଧିହାନ ଚାଳନ ସଂପର୍କରେ ଅସମର୍ଥ- ତେବେ ସର୍ବନାଶ ସମ୍ପୁପନ୍ନ ସୁନିଶ୍ଚିତ- ଏହା ଧରିନିଅ।

କବି ଶ୍ରୀଦାସ ୧୯୭୩ ମସିହାରେ ଇଂରାଜୀରେ ଏମ୍.ଏ ପାସ୍ କରନ୍ତି । ସମଗ୍ର ବିଶ୍ୱରେ ସେତେବେଳେ **Post Structural Criticism** ର ଚର୍ଚ୍ଚା । ଏସ୍.ଆର. ଲେବିନ୍, ଫର୍ଡିନାଣ୍ଡ ଡି ସସ୍ୟୁର, ଫୁକୋ, ଡେରିଡ଼ା, ରୋଲାଁ ବର୍ଥ, ଗ୍ରାଇସ୍ ପ୍ରମୁଖଙ୍କ ସମାଲୋଚନାର ଧାରା ଶବ୍ଦ ଭୂମିରୁ ସମୁଦ୍‌ଗତ ହୋଇ କ୍ରମଶଃ ବାକ୍ୟ, କଥନିକା (**Disourse**) ପର୍ଯ୍ୟନ୍ତ ଲମ୍ଫ ପ୍ରଦାନ କରିଚାଲିଛି। ସେତେବେଳେ ଯେଉଁମାନେ ତଥାକଥିତ ଆଧୁନିକ ସମାଲୋଚନା ଧାରା ସହିତ ଅଧ୍ୟୟନ କିମ୍ବା ଅଧ୍ୟାପନା ସୂତ୍ରରେ କୋଳାକୋଳି ହେଉଥିଲେ, ସେମାନେ ନିଜ ନିଜ ରଚନା-କର୍ମରେ ତାହାକୁ ଜାଣିଶୁଣି ପ୍ରୟୋଗ କରୁଥଲେ । ଆଉ କେତେକ ସେମାନଙ୍କୁ ଦେଖି ସେଇ କିସମର**applied-pioneer** ହେବା ପାଇଁ ଚେଷ୍ଟା କରି ସଫଳ ହେଉଥିଲେ, ବିଫଳ ବି । ଟେକା ଫୋପାଡୁ ଫୋପାଡୁ ବାଜିଗଲା ତ 'କଚେ ପୋ ବାଆର'। ନହେଲେ 'ପାରାଦ୍ୱୀପ ଏକ ବନ୍ଦର', ଲେଖୁ ଲେଖୁ କେହି କେହି ଲେଖିପକାଉଥିଲେ ପାରାଦ୍ୱୀପ ଏକ ଏକରେ ପାଞ୍ଚ ବା ୧୫ (ବନ୍ଦର/ପନ୍ଦର/୧୫) ଏଇମିତି ହନୁକରଣ କରୁଁ କରୁଁ ସାହିତ୍ୟ ସୁବୋଧ୍ୟ କିମ୍ବା ବୋଧ୍ୟ ପରିବର୍ତ୍ତେ ଦୁର୍ବୋଧ୍ୟ କିମ୍ବା ଅବୋଧ୍ୟ ପାଲଟି ଯାଉଥିଲା ।

କବି ଶ୍ରୀଦାସ ଆଧୁନିକ ସମାଲୋଚନାର ବହୁବିଧ ଧାରାକୁ ନିଜ କବିତାରେ ପ୍ରୟୋଗ କରିଥିବାରୁ ସେଗୁଡ଼ିକ ବିଶ୍ଳେଷଣ କରିବାକୁ ମୋ ପକ୍ଷେ କଷ୍ଟସାଧ୍ୟ ହୋଇଛି। କବିତା ବା କାବ୍ୟ ପ୍ରଯୁକ୍ତ **"object"** ସହିତ ଭାବ ସଂବେଗ ଓତପ୍ରୋତଃ ଜଡ଼ିତ। **T.S Eliot** ଏ ବିଷୟରେ **'objective correlative theory'** ରେ କହୁଛନ୍ତି; ପ୍ରଥମେ ଯାହାକିଛି ମଣିଷ/କବି ହୃଦୟ କେନ୍ଦ୍ରରେ ଭାବସଂବେଗ ପ୍ରକାଶ କରେ ତାହା **object**। ଏହା ଯେତେବେଳେ ପାଠକ ହୃଦୟରେ ଅବିକଳ ଭାବ ସଂବେଗ ଉତ୍‌ସର୍ଜନ କରେ ତାହା ମଧ୍ୟ **object** । ଏହା ଅବଶ୍ୟ ପୂର୍ବରୁ ଗର୍ଭିତ (**pre-conceived**)ହୋଇ ରହିଥାଏ- କବି ହୃୟରେ, ତଥା ପାଠକ ହୃଦୟରେ । କବି ହୃଦୟ/ମନ / ମସ୍ତିଷ୍କ (**Heart-Point/mind point/Brain point**)ରୁ ଉତ୍ସାରିତ ହୋଇ ଏହି **'object'**-କବିତା/କାବ୍ୟ/ରଚନାରେ ତଲ୍ଲୀୟମାନ ହୋଇ ତନ୍ନିହିତ ଅନ୍ତର୍ନିହିତ ଅର୍ଥକୁ ବୋଧ କରିବାକୁ ସମର୍ଥ ହୁଏ ।

ମୁଁ ଯେତେବେଳେ (୧) 'ଷ୍ଟେନ୍‌ଲେସ୍ ଷ୍ଟିଲ୍ ଆକାଶରେ ପ୍ରେମଜମେ' (ରାଜଧାନୀର ସଂଧ୍ୟା); (୨) 'ଡାୟାନେଷ୍ଟି ପ୍ରୌଢ଼ କେହି ଧରିଥିବେ ହରକ୍ୟୁଲ

ପଇରୋ' / ବା 'ସାର୍ଲକ୍‌ହୋମ୍‌ସ (ଅନ୍ୟ ପୃଥିବୀ; ମୋ ପୃଥିବୀ) ବା 'ସାରାକାରାମାରେ ଜୀବନ୍ତ ଛବି ପରି ସବୁ 'ବାପା'ଙ୍କର କାଶ ଆଉ କଲିକ୍ (ଅଭିଳାଷକୁ ଚିଠି) ପାଠକଲି- ଶ୍ରୀଦାସଙ୍କ ଭାବ ସମ୍ବେଗ ଏବଂ ମୋ ଭାବ ସଂବେଗ ମଧ୍ୟରେ mutual relationshipସ୍ଥାପନ ହୋଇପାରିଲା ନାହିଁ। ଶ୍ରୀଦାସଙ୍କ ଦ୍ୱାରା ପ୍ରଯୁକ୍ତ signifierକୁ ମୋ ହୃଦ/ ମସ୍ତିଷ୍କ/ ମାନସ signified କରି ପାରିଲେ ନାହିଁ। ଆଉଟିପାଉଟି ହେଲେ ମୋ understanding nerve ସମୂହ । ବ୍ରେନ୍-ପଏଣ୍ଟMovement ନ କରି ପାରି ନୀରବ ହୋଇଗଲା। ତା' ପରେ Mind Point, ତା'ପରେ Heart-point। ଏହି ଆଉଟା ପାଉଟାରୁ ତଥାକଥିତ ଦୁର୍ବୋଧ୍ୟତା ଜନ୍ମଗ୍ରହଣ କରିଛି।

ଆଧୁନିକ କବି/ଗାଳ୍ପିକ/ପ୍ରାବନ୍ଧିକ/ନାଟ୍ୟକାର ପ୍ରମୁଖଙ୍କର ଚେତନାର ଦିଗ୍‌ବଳୟ ଅତ୍ୟନ୍ତ ବିସ୍ତାରିତ । ସେମାନେ ଯେଉଁ ଇଲାକାରେ କୋଳିଖାଇ କୋଳି ମଞ୍ଜିପୋତି ବଞ୍ଚୁଛନ୍ତି ସେଇଠି କେବଳ ତାଙ୍କ ଶରୀର ଚଳପ୍ରଚଳ କରୁଛି। ତାଙ୍କ ମନ-ପ୍ରାଣ ପ୍ରଭୃତି ସେ ଇଲାକା ପାରି ହୋଇ ଧର୍ମ, ନୈତିକତା ଆଧ୍ୟାତ୍ମିକତା ପରିମଣ୍ଡଳରେ ବିଚରଣ କରୁଛନ୍ତି । ତା'ଙ୍କ ଭୂଗୋଳ ସହିତ ସେମାନେ ବିଶ୍ୱ-ଭୂଗୋଳକୁ ବି ଘାଣ୍ଟୁଛନ୍ତି ଏବଂ ତଉଲୁଛନ୍ତି। ସେମାନେ ଆଉ ଆଗପରି ଗାଁ ରହଣିଆ ପୋଖରୀରେ ଚେଙ୍ଗ/ ବେଙ୍ଗ/ ଗଡ଼ିଶା / ଦଣ୍ଡିକିରୀ ଖିଆ traditional ବଗ ନୁହଁନ୍ତି; ବରଂ ସେମାନେ ମୁକ୍ତ ଓ ଦୂରନ୍ତ ପଥଚାରୀ ଦେଶାନ୍ତରୀ ବିହଙ୍ଗ ସମୂହ । Globalisation(ବିଶ୍ୱାୟନ) ସେମାନଙ୍କର ପ୍ରୟାସ । ଚେତନାର ବହୁବିଧ ସ୍ତରରେ ସେମାନଙ୍କର point of view ନିବଦ୍ଧ । ଆମେ ତା'କୁ ଆବସର୍ଡ଼ କିମ୍ବା ଦୁର୍ବୋଧ କହି ଏକ ପାଖିଆ କରିଦେଇ ପାରିବା ନାହିଁ । ଯିଏ ଜୀବନରେ ଲଣ୍ଠନ ପରି ଜଳିଥିବ ଏବଂ ଜଳୁଥିବ; ତୀବ୍ର ଦରଜଯୁକ୍ତ ହୋଇ-ସେହିଁ 'ଲଣ୍ଠନ' କବିତାର ଆତ୍ମସ୍ଥ ରସକୁ ଉପଲବ୍ଧି କରିପାରିବ କିମ୍ବା ଯିଏ 'From Earth to Ether' ଏବଂ ଆନ୍ତର-ପ୍ରାଞ୍ଜଳତା ସମ୍ବନ୍ଧରେ ସଚେତନ ହୋଇଥିବ- ସେ ହିଁ କେବଳ 'ଶବ୍ଦର ଆକାଶ', ପାଠ କରିସାରି 'ଦୂରରୁ ନିକଟ' ଏବଂ 'ନିକଟରୁ ଦୂର' ରହସ୍ୟ ପ୍ରଭୃତିକୁ ହୃଦୟଙ୍ଗମ କରି ଅପୂର୍ବ ଆନନ୍ଦଲାଭ କରିପାରିବ ଇତ୍ୟାଦି ଇତ୍ୟାଦି।

ଜିଜ୍ଞାସା କରିବାରୁ ଶ୍ରୀଦାସ କହିଲେ -

(୧) "ସଂଧ୍ୟାରେ ଠିକ୍ ପୂର୍ବରୁ ଭୁବନେଶ୍ୱର (ରାଜଧାନୀ) ର ଆକାଶ ଷ୍ଟେନ୍‌ଲେସ୍ ଷ୍ଟିଲ୍ ଭଳି ଦେଖାଯାଏ- ଏହା ମୋର ପ୍ରତ୍ୟକ୍ଷ ଅନୁଭୂତି ।" ମୁଁ ବୁଝିଗଲି।

(୨) ହରକ୍ୟୁଲ ପଇରୋ ଏବଂ ସାର୍ଲକ ହୋମ୍ସ ଡିଟେକ୍ଟିଭ୍ ଚରିତ୍ର। ଡିଟେକ୍ଟିଭ୍ ଉପନ୍ୟାସରେ ସଂଘଟିତ ହୋଇଥିବା ଘଟଣା, ଦୁର୍ଘଟଣା, ଅପଘଟଣାର ମୂଳଖୋଜି

ଦୋଷୀ ଏବଂ ନିର୍ଦ୍ଦୋଷକୁ ଠାବ କରାଇବା ଏମାନଙ୍କର କାର୍ଯ୍ୟ । ଇତ୍ୟାଦି...ଇତ୍ୟାଦି । ବୁଝିଗଲି ।

(୩) ସେଦିନ କୋଲକାତା ମଇଦାନରେ ଆମେରିକାରୁ ଆସିଥିବା ଏକ ଥିଏଟର କମ୍ପାନୀ ଚଳଚ୍ଚିତ୍ର ପ୍ରଦର୍ଶନ କରାଉଥିଲେ । ଦର୍ଶକଙ୍କ ସମ୍ମୁଖରେ ଅର୍ଦ୍ଧବୃତ୍ତାକାର ଏଗାର ଗୋଟି ସ୍କ୍ରିନ୍ ଏମାନେ ବ୍ୟବହାର କରୁଥିଲେ ଏବଂ ସେଥିରେ ଚରିତ୍ରଗୁଡ଼ିକ ସତସତିକା ଜୀବନ୍ତ ମଣିଷ ଚଳପ୍ରଚଳ ହେବା ପରି ବୋଧ ହେଉଥିଲେ ଦର୍ଶକମାନଙ୍କୁ । ଭିକ୍ଟୋରିଆ ମେମୋରିଆଲ ପରିସରରେ ଆୟୋଜିତ ଏଇ ଥିଏଟର ବ୍ୟବସ୍ଥାର ନାମ ଥିଲା 'ସାରାକାରାମା' । ବୁଝିଗଲି ।

କବି / ସ୍ରଷ୍ଟା ସତ୍ତାରେ ସଞ୍ଚିତ ଭାବସଂବେଗ କବିତାରେ ପ୍ରକାଶିତ ହେବାପରେ ପାଠକସତ୍ତାକୁ ସଞ୍ଚରିତ ହୋଇଥାଏ । ପାଠକର ଭାବସଂବେଗ ଏବଂ କବିର ଭାବ ସଂବେଗ ମଧ୍ୟରେ ପାରସ୍ପରିକ ସମ୍ବନ୍ଧ ରୂପକ ସେତୁ ସଂଯୋଗ ସୁଗମ ହେଲେ ତାହା ବୋଧ୍ୟହୁଏ । ଅତଏବ ଦୁର୍ବୋଧତା ବୋଲି କିଛି ନାହିଁ ।

ପାରସ୍ପରିକ ସମ୍ବନ୍ଧରେ ସେତୁସଂଯୋଗ ସ୍ଥାପନ କରିବା ପାଇଁ କବି ଶୁଭେନ୍ଦୁ ମୋହନ ଦାସ ଯେଉଁ ଉପାଦାନଗୁଡ଼ିକୁ ସଂଗ୍ରଥିତ କରାଇଛନ୍ତି, ତନ୍ମଧ୍ୟରେ ରହିଛନ୍ତି ପିଙ୍ଗଳା, ବ୍ୟୋମକେଶ, ରାଜେନ୍ଦ୍ର, ବସନ୍ତ କାବିନ୍, ପଦ୍ମଘାଟ, ସରୋବର, ପିଞ୍ଜାବଣୀ ମେଳଣ, ତରୁଣ-ତାପସ ଋଷ୍ୟ ଶୃଙ୍ଗ, ଟ୍ରୟ-ମାରାଥନ ଯୁଦ୍ଧକ୍ଷେତ୍ର, ଏସପ୍ଲାନେଡ୍, ରାସବିହାରୀ ଏଭେନ୍ୟୁ, ଦୋତାଲାବସ୍, ବାୟୁ, ସମୁଦ୍ର, ସୂର୍ଯ୍ୟ, ଆକାଶ, ଅଶ୍ରୁର ପ୍ରଣାମି, ଶଇତାନ, ବାଲି ଉପରେ କଙ୍କଡ଼ା, ଝାଉଁ, ଲାଲଶାଢ଼ୀର ପଣତ, ଲାଲ ଚୁଡ଼ୀ ଭରା ହାତ, ବଣୁଆ ନଈର ଭାଷା, ହାକିମର ଲାଲ ଆଖି, ଦିନଯାପନର ସାଥୀ, ବୋଦଲେୟାର, ଏଲେନ୍ ଗ୍ରୀନ୍‌ସବର୍ଗ, ଡିଲାନ୍ ଟମାସ, ରବୀନ୍ଦ୍ରନାଥ, ଭଦ୍ରଲୋକ, ଚାଟଶାଳୀପିଲା, ଚଣ୍ଡୀ-କୁଞ୍ଜୀ-ପ୍ରଣବ ଓ ନିତୁ, ଦୁର୍ଦ୍ଦାନ୍ତ ଯୁବକ, ଅଭିଳାଷ, ଚିତ୍ରକୂଟ, ଚଣ୍ଡୀଗଡ଼, ଉଜ୍ଜୟିନୀ, ଝରକା ବାହାର ଗଛ, ଓଫେଲିଆ, କବିବନ୍ଧୁ ପ୍ରେମାନନ୍ଦ, କବି ଓ କବିଙ୍କ ମିସେସ, ଚାହାଦୋକାନୀ, ଛୋଟ ଭିକାରୀ, ମନ୍ତ୍ରୀ, ନେତା, କାଗଜବାଲା, ରାଜମିସ୍ତ୍ରୀ ମଦନା, ପଲିଓ ଭିକାରୀ, ଚକୁଳିଆ ପଣ୍ଡା, ସ୍କୁଲ ଫେରନ୍ତା ଛୋଟପିଲା ପୁପୁନା, ସଂପାଦକ ବନ୍ଧୁ, ଗଣିଆ ମା, ଭଦ୍ରଲୋକ, କୁଲି, ମଇଳା ସାଲୋୟାର କାମିଜ ପରିହିତା କିଶୋରୀ, ଠିକାଦାର, କମଳିନୀ, ମାଳାସିହ୍ନା, ନିତୁ ସିଂ, ରିକ୍ସାବାଲା, ଜମ୍ବୁଆ, ହରିଭାଇ, ପାଣୁଆ, ନରମଘାସ, ସଜନାଫୁଲର ଖରା, ସୁନା ବଣୀ ଚଢ଼େଇ, ଝରକା ରେଲିଂ, ଅଶୋକ, ଟଗର ଆଉ କୃଷ୍ଣଚୂଡ଼ା ଶାଖା, ଧାନକେଣ୍ଡା, ପବନ, ପ୍ରଜାପତି ଓ ଫୁଲ, ମେଘ, ଶ୍ରାବଣ, ବନସ୍ପତି, ମହୀରୁହ, ପାଣିଟାଙ୍କି, କୋଠାଘର, ରେଳ ଲାଇନ୍, ତାରବାଡ଼, ବତୀଖୁଣ୍ଟ,

ସ୍କାଇଲାଇନ୍, ଆଷ୍ଟିନା, ପୋର୍ଟିକୋ, ଆଇଡେଣ୍ଟି କାର୍ଡ଼, ତେଲଙ୍ଗା ସାଇ, ଗେଷ୍ଟ ହାଉସ, ସୁଇସ ବ୍ୟାଙ୍କ, ବାରବୁଲା ଷଣ୍ଢ, ରେଳଲାଇନ୍, ତଳବସ୍ତି, ସେକ୍ସପିଅର, ବୈକାଳୀନ ରୌଦ୍ର, ବୈଶାଖର ହୁତାଶିଆ ଦ୍ୱିପ୍ରହର, ମାର୍ଗଶୀରର ଅପରାହ୍ନ, ଛୋଟ ମାଛରଙ୍କାର ଖେଳ, ଝରଣାକୂଳ, ସେଫ୍ ଲକର, ସୁବର୍ଣ୍ଣ ଜୟନ୍ତୀ, କନ୍ୟାକୁମାରୀ ରକ୍, ମୁକ୍ତିମଣ୍ଡପ, ଆଙ୍ଗଲୋ ସୁଇଚ୍ ଘଣ୍ଟା, ହାୱଲା ଓ ବୋଫର୍ସ ଦୁର୍ନୀତି, ମୁଣ୍ଡଲୀ, ଗାଁ, ରାମପୁର ଚାଟଶାଳୀ, ଉପମା-ଯମକ-ଟ୍ରକ-ଡାକ୍‌ଟିଲ ସ୍ପଣ୍ଡି-ରକ୍‌ଟମୁ ଆୟାମ୍ଭାର ପ୍ରଭୃତି ଛନ୍ଦବିଶେଷ, ବିଦ୍ୟାସାଗରୀ ଚଟି, ଶାନ୍ତିପୁରୀ ଧୋତି, ଶ୍ମଶାନ-ପଦା, ସେଲୁନ୍, ଗୁମୁଟି, ଗୁଲୁଗୁଲା, କରେଇ, ଗରମ ଜିଲାପି, ତାଜ୍ ଟ୍ରାଇଟେଷ୍ଟ ହୋଟେଲ, ଲ୍ୟାଣ୍ଡମାଇନ, ଶିମିଳିପାଳ, କାଶତଣ୍ଡୀ ପ୍ରଭୃତି ସ୍ଥାନ କାଳ-ପାତ୍ର ।

ପ୍ରତ୍ୟେକ ସଂଗ୍ରଥିତ ଉପାଦାନ ମଧ୍ୟରେ ଗୁରୁତ୍ୱପୂର୍ଣ୍ଣ ଭାବବୋଧ ନିହିତ । ଶବ୍ଦର ଯନ୍ତାମଧ୍ୟରେ ସାର୍ଥକ ଭାବବୋଧକୁ ଯନ୍ତାବଦ୍ଧ କରିବା ପାଇଁ ପ୍ରତ୍ୟେକ କବିତାରେ ଯଥାସାଧ୍ୟ ପ୍ରଚେଷ୍ଟା । ଅଦୃଶ୍ୟ (invisible)ଏବଂ ଅମୂର୍ତ୍ତ (having no material existence) ଚେତନାକୁ ସୁଦୃଶ୍ୟ ଏବଂ ବିମୂର୍ତ୍ତ କରି ପ୍ରକାଶ କରାଯାଇଛି ଶବ୍ଦଙ୍କ ସହାୟତାରେ 'ଶବ୍ଦସବୁ ହଜିଯାଏ' (୧) ଏବଂ (୨) କବିତାରେ । ରାଜେନ୍ଦ୍ର କିଶୋର ପଣ୍ଡାଙ୍କର 'ସେଠାରେ ଅନ୍ଧ ଆପାତତଃ ନୀରବ ଆଉ କେଉଁଠି ନୀରବତା ସଶବ୍ଦ' କିମ୍ବା କାଳିନ୍ଦୀ ପାଣିଗ୍ରାହୀଙ୍କ 'ସବୁ କୋଳାହଳ ଭେଦି ଶୁଣିବି ମୁଁ ଶବ୍ଦହୀନ ନୀରବତା ତାଙ୍କ' କିମ୍ବା T.S.Eliots ଙ୍କ End of the endless/ journey to no end/ conclusion of all that/ if inconclusible/ speech without word and word of no speech' କିମ୍ବା ନେପାଳୀ କବି ବୈଦ୍ୟନାଥ ଉପାଧ୍ୟାୟଙ୍କ 'ଶବ୍ଦକେହୀ ଭଂଦଛ' କବିତାଂଶ ଭଳି ଶ୍ରୀଦାସଙ୍କର ଏ କବିତା ।

'ଝରକା ସେପାରେ ସଜନା ଫୁଲର ଖରା ଆସ୍ତେ ଟାଣିହୁଏ', ବହୁଦୂର ଆକାଶର ନୀଳିମାରେ ଶଙ୍ଖଚିଲ ଡେଣା', ସୁନାବଣୀ ଚଢ଼େଇର ସଉଖୀନ ନାଚ,' 'ଝରକା ରେଲିଂ ଟପି କୃଷ୍ଣଚୂଡ଼ା ଆସିବାକୁ ବ୍ୟର୍ଥ ଚେଷ୍ଟାକରେ ପ୍ରଭୃତି ଚିତ୍ରକଳ୍ପଯୁକ୍ତ 'କବିତାଂଶରେ literal ବା 'ଆକ୍ଷରିକ ଅର୍ଥ' ପରିବର୍ତ୍ତେ 'ବସ୍ତୁ ପରକ' ଅର୍ଥକୁ ଅଧିକ ଗୁରୁତ୍ୱପ୍ରଦାନ କରାଯାଇଛି । ନୀରବତାର ଅଖଣ୍ଡ ଆଧିପତ୍ୟ ମଧ୍ୟରେ ଘୁମାୟ ଡାକଘର, ପତ୍ରପତନ, ପାରାର ଡାକ ଦ୍ୱିପହରର ପରିବେଶକୁ ଅତ୍ୟନ୍ତ ଗମ୍ଭୀର କରିପକାଇଛି । ନିଃସଙ୍ଗତାର ନିବିଡ଼ ଘେନାଘେନି ମଧ୍ୟରେ କୃଷ୍ଣଚୂଡ଼ାର ଆଗମନୀରେ ବ୍ୟର୍ଥତା ଲେସି ହୋଇଯାଇଛି ବହଳ ହୋଇ ।

'ସବୁ ଶବ୍ଦ ହଜିଯାଏ-୨' କବିତାରେ ପ୍ରଥମାଂଶରେ ନିର୍ଜନତା

କୋଳାହଳମୁଖର ହୋଇଉଠିଛି । ଆନନ୍ଦର ଅର୍ଘ୍ୟଦାନ ମଧ୍ୟରେ ନିଶୂନ୍, ବ୍ୟର୍ଥାର୍ତ୍ତ ପରିମଣ୍ଡଳ କବିତାସିକ୍ତ ହୋଇଉଠିଛି । ତତ୍ପରେ ଉତ୍ତରିତ କବି-ସତ୍ତା ବ୍ୟକ୍ତି-ସତ୍ତାରେ ଅବତରିତ ହୋଇ ପ୍ରଶ୍ନଶୀଳ ଏବଂ ପୁନଃଶ୍ଚ ସ୍ତରାରୂଢ଼-ଆନୁକ୍ରମିକତା ମଧ୍ୟରେ ପାର୍ଥିବତାରୁ ମହାଶୂନ୍ୟତା ଆଡ଼କୁ ଉର୍ଦ୍ଧ୍ୱମୁଖ ଏବଂ 'ଏକୋହଂ ବହୁସ୍ୟାମ' ଚେତନା ଦିଗରେ ପ୍ରଧାବିତ । ତତ୍ପରେ ବୈୟକ୍ତିକ-ସତ୍ତା ଆଧିଭୌତିକ(metaphysical) ସତ୍ତାସ୍ଥ ସଂବୋଧି (intution) ରେ କେନ୍ଦ୍ରୀଭୂତ ଏବଂ ଆନନ୍ତିକ-ଆନନ୍ଦ-ପ୍ଲାବନର ସ୍ପର୍ଶରେ ଉଲ୍ଲସିତ ଓ ଉଚ୍ଚାଟିତ । ତଥାକଥିତ ଉଚ୍ଚତାରୁ ପ୍ରତ୍ୟାବର୍ତ୍ତନ କରିସାରିବାପରେ କବିସତ୍ତା ପୁନରପି ମନ-ପ୍ରାଣ-ଶରୀର ଗୁହାରେ ଅବରୁଦ୍ଧହୋଇ ନିର୍ଘୋଷ ତୋଳିଛି- "ଅବଶେଷେ ଅସହାୟ ନୀରବତା ଶବ୍ଦରେ ଶବ୍ଦରେ/ ଅବଶେଷେ/ ସବୁକିଛି ଲିଭି ଲିଭି ଯାଏ । ସବୁଶବ୍ଦ ହଜି-ହଜିଯାଏ ।" ଆଧାର ପ୍ରସ୍ତୁତ ନଥିବାରୁ ପୁନରପି 'true-being' ଉପରେ 'non-being' ର ଆଧିପତ୍ୟ, 'imortality ର ଇଲାକାରେ 'death'ର ତାଣ୍ଡବ ଲୀଳା ଏବଂ 'Light' ମଧ୍ୟରେ 'darkness'ର ଅବଗୁଣ୍ଠନ- ପୁନରପି ପୁନରପି-ପୁନରପି ।

'ମୁଁ ତୋ'ର ଶବ୍ଦ ମୁଁ ତୋ କବିତା' (୧୯୮୬) କବିତାରେ କବି ସ୍ୱପ୍ନଭୁକ୍, ସ୍ୱପ୍ନୋଚ୍ଛଳ ଏବଂ ସ୍ୱପ୍ନ ଜର୍ଜର । ଆରବ୍ୟକାହାଣୀର ରୂପସୀର ରୂପତୃଷ୍ଣାରେ ତୃଷ୍ଣାତୁର କବି-ଆଖିରେ ଆଦିମ ଇଙ୍ଗିତ; ତ୍ୱଚାରେ ଆଦିମ ଉଷ୍ଣତା; ନିଃଶ୍ୱାସରେ ଆଦିମ-ପ୍ରବାହ; ଜିହ୍ୱାରେ ଆଦିମ-ଲାଳସା, କର୍ଣ୍ଣରେ ଆଦିମ ମର୍ମର ଏବଂ 'ଖୋଲିଦେ ମୋ କିରୀଟ ନୀବି ଖୋଲିଦେ ମୋ ଜରୀର କାଞ୍ଚୁଲୀ/ ଚୁମ୍ବନେ ଚୁମ୍ବନେ/ ଭରି ଦେ ମୋ କଟୀ ଜାନୁ ନାଭିମୂଳ ଉରୁ ଓ ନିତମ୍ବ/ ମୁଁ ତୋର ଛନ୍ଦ, ମୁଁ ତୋର ଛନ୍ଦ, ମୁଁ ତୋ ପୟାର / ମୁଁ ତୋର ଶବ୍ଦ, ମୁଁ ତୋ କବିତାର ନୀଳତୃଷ୍ଣାର ନୀଳାଭ ଓଠରେ ବିଭୋର-ଅପେକ୍ଷମାଣ । ତତ୍ପରେ ସେଇ ଚିରାଚରିତ ମେକାନାଇଜଡ୍ ସ୍କାଇ ଲାଇଟ୍ ଫାଙ୍କରେ ଭୋରର ଆଲୋକ ପ୍ରବେଶ । ସ୍ୱପ୍ନଭଙ୍ଗର ହାହାକାରରେ ଆର୍ତ୍ତ ଜୀବନ ନପୀଡ଼ିତ ।

କବି ଶ୍ରୀ ଦାସଙ୍କର 'ଶିଶୁ ସୁକୁମାରୀ ଓ ସମୁଦ୍ର' (୧୯୬୨), 'ଆକାଶବାସୀ ଗୋଟିଏ ବାଳିକଣାର ପ୍ରାର୍ଥନା' (୧୯୬୨) 'ନିଜସ୍ୱ ଅନ୍ଧାରେ' (୧୯୬୪) 'ବୋଦ୍‌ଲେୟର, ଏଲେନ୍ ଗ୍ରୀନ୍‌ସବର୍ଗ, ଡିଲାନ୍ ଟମାସ ଓ ରବୀନ୍ଦ୍ର ନାଥଙ୍କ ଉଦ୍ଦେଶ୍ୟରେ'(୧୯୬୬), 'ସ୍ୱପ୍ନ ଭିତର ଦେଇ' (୧୯୮୭), 'ଆକାଶ, ଅନ୍ଧକାର ଓ ଗୋଟିଏ ମୁହଁ' (୧୯୯୧)ପ୍ରଭୃତି କବିତାରେ ଶବ୍ଦ ଯେତିକି ପ୍ରଭାବଶାଳୀ, ଆଇଡ଼ିଆ ମଧ୍ୟ ସେତିକି ସୁଦୂରପ୍ରସାରୀ 'words' ଏବଂ ideaର ପରିବେଷଣ ଏବଂ ବ୍ୟବସ୍ଥାପନ ଅତ୍ୟନ୍ତ ସାଭିପ୍ରାୟିକତା ଯୁକ୍ତ । ଏ କବିତାଗୁଡ଼ିକର ଗୋଟିଏ ଦିଗ ମାନବୀୟ

'instinctive attitude' ଆଡ଼କୁ ପ୍ରସାରିତ। ସେଇ ପ୍ରସାରିତ ଇଲାକାରେ ଉଭାହୋଇଛି ଗୋଟାପଣେ ଅନ୍ଧାରିତ ପ୍ରବୃତ୍ତି। ସେଇ ପ୍ରବୃତ୍ତି ପ୍ରଚାଳିତ ବିବୃତ୍ତ ବ୍ୟକ୍ତିତ୍ୱର ଅନ୍ଧକାର-ନିମଗ୍ନ ସତ୍ତାର ଅର୍ଦ୍ଧାଂଶ ନିଜର ଏବଂ ଆର ଅର୍ଦ୍ଧେକ ସଇତାନର - 'ଦିସ୍ ୱାର୍ଲଡ୍ ଇଜ୍ ହାଫ୍ ଦି ଡେଭିଲ୍ସ / ଏଣ୍ଡ ହାଫ୍ ମାଇ ଓନ୍। ଆଉ ଅର୍ଦ୍ଧେକ ନିଜର ମୁଁ, ଅର୍ଦ୍ଧେକ ଶଇତାନର- / ଡିଲାନ୍ ଟମାସ୍, ଏଣିକି ବିଦାୟ/ କିନ୍ତୁ ମୁଁ କ'ଣ ଅନ୍ଧକାରର କବରଖାନା,/ ତନ୍ଦ୍ରାରେ ବିଲୀନ ? (ବୋଦ୍‌ଲେୟାର୍...)।

ମନର ଆବର୍ଜନା, ପୃଥିବୀର ଆବର୍ଜନା ଏବଂ ମଣିଷର ଆବର୍ଜନା ମଧ୍ୟରେ ଅଣନିଃଶ୍ୱାସୀ ହୋଇପଡ଼ିଛି ମଣିଷର ମନ ଏବଂ ବିଶ୍ୱଗତ ସତ୍ତାପୁରୁଷ। କେବେ କେବେ ନିର୍ବାକ୍ ଶୋଭା ଯାତ୍ରାରେ ସ୍ଲୋଗାନରତ ବ୍ୟକ୍ତିସତ୍ତା 'ଯେତେସବୁ ପଚାଗଳି ନର୍ଦ୍ଦମା ଓ ଡଷ୍ଟବିନ୍ / ମାଡ଼ି ମାଡ଼ି ଆମେ ଚାଲିଥିଲୁ; ସହରର ସୀମା ହେଲୁ ପାର' (ସ୍ୱପ୍ନ ଭିତର ଦେଇ)। ହେବାର ତୀବ୍ର ଆକାଙ୍‌କ୍ଷା ନେଇ ନିରୁଦ୍ଦିଷ୍ଟ ପଥରେ ପଥଚାରୀ।

କବିତାରେ ଅପର ଦିଗଟି 'Abstract helplessness'ର ସର୍ବସ୍ୱହୀନ ପରିମଣ୍ଡଳ। ଜୀବନଯୁଦ୍ଧରେ ପରାଜିତ ହୋଇ କ୍ଲାନ୍ତ ବିଷାଦଗ୍ରସ୍ତ ହେବାପରେ କବି ଏଇ ପରିମଣ୍ଡଳ ଭୂମିରେ ପଦାର୍ପିତ। କବିସତ୍ତା ଏ ଭୂମିରେ ଉନ୍ମୁଖ, ଉନ୍ମୁକ୍ତ। ଉନ୍ମୁକ୍ତ ସମର୍ପିତ କବିସତ୍ତା ଏଠାରେ 'ହେ ଦୁର୍ବିଗାହ ଓ ଦୂରତ୍ୟୟ ମୋତେ ଆଜି କର ନିରଭିମାନ / ନିତ୍ୟସରସ । ଚିର ପରିପୂର୍ଣ୍ଣ ପ୍ରୟାସରେ ଆଶାବନ୍ତ' କିମ୍ବା 'ଲକ୍ଷେଥର ଜନ୍ମ ଲଭିବାର' ଅଥବା "ହେ ମୋର ଏକାନ୍ତ ଆକାଶ/ ମୋତେ ପଠାଅ ଧରାବକ୍ଷେ। ରଚିବାକୁ ଅନେକ ଅଧ୍ୟାୟ / କାମନାରେ ସୁଯୋଗ- ବାଞ୍ଛିତ କିମ୍ବା ନିଜର ଦୃଷ୍ଟିହୀନତା' କାମନାରେ ଉଷ୍ମତା ଏବଂ ନିଃସଙ୍ଗତାକୁ ଦୃଷ୍ଟିଯୁକ୍ତ, ବିହଗଗାନ ମୁଖର, ଶକ୍ତିଶୀଳ, ସୌରଭୋଦୀପ୍ତ, ଆର୍ଦ୍ରାକ୍ତ ଏବଂ ଆଶ୍ରୟାଶୟ ହେବା ପାଇଁ ସୂର୍ଯ୍ୟ-ଅଂଶୁମାନ, ନଦୀ-ବାୟୁ, ବନସ୍ପତି-ମହୀରୁହ, ପୁଷ୍ପ-ଶ୍ରୀମନ୍ତ, ଶ୍ରାବଣ ମେଘପୁଞ୍ଜ ଏବଂ ଆକାଶ-ବ୍ୟାପ୍ତି ନିକଟରେ ସମର୍ପିତ ତଥା ନତଜାନୁ।

ସଲିପ୍ତତା (Involvement)ର ପ୍ରାଣମୟ ମୂଳକରେ ଧନ୍ଦିଧନ୍ଦି 'ଯେତେବେଳେ କ୍ଲାନ୍ତପକ୍ଷୀ ଫେରିଆସେ ଘରେ' - ସେତେବେଳେ ଏ ଘର ଉପନିଷଦୀୟ ସକୃତ୍ - ବିଭାତିରେ ଚିର ପ୍ରୋଜ୍ଜ୍ୱଳିତ । ଯଥାକ୍ରମେ 'ମୁଁ ଯଦି' ଏବଂ 'ମୁଁ କାରର ସର୍ତ୍ତମୂଳକତା (conditionality) ଏବଂ ସଂଶୟସୂଚକତାର ଭାବାବେଶ ଭିତ୍ତିରେ ମୁଁ ଏବଂ ଉତ୍ସକେନ୍ଦ୍ର ମଧ୍ୟରେ ଅଭିନ୍ନତା ନିରୂପିତ ।

abstract-helplessness ରେ ନୀରବିତ ହୋଇ ସତ୍ତାପୁରୁଷ ସମର୍ପିତ । ତୀବ୍ର ଆସ୍ପୃହା ମଧ୍ୟରେ ତା'ର ସ୍ପନ୍ଦନ ଊର୍ଦ୍ଧ୍ୱଗାମୀ । ବିଶ୍ୱଗତ ଏବଂ ବିଶ୍ୱାତୀତ ଉତ୍ସ-

କେନ୍ଦ୍ରରୁ କୃପା ନିର୍ଝରିତ । ଜୀବ ଓ ପରମ ମଧ୍ୟରେ ଅଭେଦ ପ୍ରଦଶିତ । ଆତ୍ମ-ପରମ ମଧ୍ୟରେ ବ୍ୟବଧାନ ଦୂରୀଭୂତ । ଏହି ଆତ୍ମା/ ବ୍ୟକ୍ତି/ ଜୀବ/ କବି ହୋଇପାରନ୍ତି 'ବ୍ରହ୍ମ' ବା ମୁଁ । ବ୍ରହ୍ମ ପରମ ହୋଇପାରନ୍ତି ସେ । ସୋଽହଂ, ଅହଂ ବ୍ରହ୍ମସି' ଚେତନାରେ ଅଭିମନ୍ଦ୍ରିତ ଜୀବ ଘୋଷଣାକରେ "ତା'ପରେ ମୋର ସମସ୍ତ କଥା କହିଯିବି । ସୂର୍ଯ୍ୟପରି ବାୟୁ ପରି, ପ୍ରଜାପତି ପରି / ଶିଶିରର ଶବ୍ଦପରି / ବର୍ଷାପରି, ନଦୀପରି, କାର୍ତ୍ତିକର ଖରାପରି.... ।"

'ରାଜଧାନୀର ସଂଧ୍ୟା' ପ୍ରଭୃତି କବିତାର ଅବୟବ ଅତ୍ୟନ୍ତ କ୍ଷୁଦ୍ର । ରାଜଧାନୀ ସେଠାରେ ବହୁବିଧ ବ୍ୟସ୍ତତାର ଏକ ବିମ୍ବିତ ଚିତ୍ରଶାଳା । ଏଠି ସଂଧ୍ୟା ଆସୁଛି ବିଳାସମୟ ରାତ୍ରୀର ସମ୍ଭାବନା ନେଇ । ସଂଧ୍ୟା ରିକ୍ସାବାଲା ବସ୍ତିକୁ ସ୍ପର୍ଶ କଲାବେଳେ Struggle for existence ର ଉଲଂଗ ଚିତ୍ର ଆପୁଛି । ସେଇ ସଂଧ୍ୟା ସମୟରେ 'ରନ୍‌ୱେ ଖୋଜି ଖୋଜି କେଉଁ ଏକ ବିଦେଶୀ ବିମାନ ତଳକୁ ଓହ୍ଲାଏ' ବର୍ଣ୍ଣନା ଦ୍ୱାରା ସାଧାରଣ ସହର ଏବଂ ରାଜଧାନୀର ସହର ମଧ୍ୟରେ ପାର୍ଥକ୍ୟ ବାରିହୋଇ ପଡୁଛି । ସଂଧ୍ୟା ଗାଢ଼ହେବା ମାତ୍ରେ ଧାରଣ କରୁଛି ସିଲହାଟ ବର୍ଣ୍ଣ । ପୁନଶ୍ଚ 'କିଶୋରୀର ନରମ ଆଙ୍ଗୁଳି ପରି' ସରୁ ସରୁ ଶାଖା ତା'ର । ଯୁବତୀର ଖୋଲାମେଲା କେଶପରି ପତ୍ର ତା'ର/ ରାଜଧାନୀର ଉଷୁମ ନିଃଶ୍ୱାସେ / ନୀରବରେ ଥରେ ।' ବର୍ଣ୍ଣନା ଦ୍ୱାରା ଏକ ରହସ୍ୟମୟ ବାତାବରଣ ମଧ୍ୟରେ ଅସହାୟ ହୋଇ ଉଠୁଛନ୍ତି କୃଷ୍ଣଚୂଡ଼ା-ଫୁଲ । କବିତାଟିର ଆଦ୍ୟାଂଶ ସ୍ୱଷ୍ଟ, ମଧ୍ୟାଂଶ ରହସ୍ୟପୂର୍ଣ୍ଣ ଓ ଏବଂ ଶେଷାଂଶ ପ୍ରତୀକାତ୍ମକ ତଥା ବ୍ୟଞ୍ଜନାଧର୍ମୀ ।

Wealth, Power ଏବଂ Sex ର ତ୍ରିବିନ୍ଦୁକ-ବିପଥନ (Tripointed deflection)ର ଉତ୍କଟତା ମଧ୍ୟରେ 'ଅନ୍ୟ ପୃଥିବୀ : ମୋ ପୃଥିବୀ' 'ସୁବର୍ଣ୍ଣ ଜୟନ୍ତୀ', 'କବିତା ଲେଖିବା କ'ଣ ସତରେ ସହଜ' ? 'ପିଙ୍ଗଳାର ପ୍ରେମ', 'ତମେ କ'ଣ ବନଲତା ସେନ' ଏବଂ 'ଅଭିଳାଷକୁ ଚିଠି' କବିତାଦି ସଂରଚିତ ଏବଂ ସଂପ୍ରେଷିତ ।

'ତିନିଥର ପରୀକ୍ଷାଦେଇ ବି.ଏ.ପାସ୍ କରିଥିବା କବିଙ୍କର ବାଲ୍ୟବନ୍ଧୁ ପ୍ରେମାନନ୍ଦଙ୍କର ତେଲଙ୍ଗା ସାହିରେ ଆଠଲକ୍ଷ ଟଙ୍କା ବିନିମୟରେ ବିଳାସମୟ ସୌଧ ନିର୍ମାଣ; ପୁଣି (୧) କାଲିଠାରୁ ଭଡ଼ାରେ ରହିବେ 'ଇମାମୀ'ର କେହି/ କିମ୍ବା ଗେଷ୍ଟ ହାଉସ୍ ହେବ "ଅଏଲ୍ ଇଣ୍ଡିଆ"ର ଦେଶ ଆଗଉଛି । ସେପାଖ ଟେବୁଲରେ ଦୁଇଜଣ ବୟସ୍କ ବୋଧେ ରାଜନୀତି ଚର୍ଚ୍ଚା କରୁଛନ୍ତି (୨) ଷୋଳଶ ବୟାଳିଶ / ଇଷ୍ଟ ଇଣ୍ଡିଆ କମ୍ପାନୀର ଏ ନଦୀ-ବନ୍ଦର/ଏଇ ବନ୍ଦର-ସହରକୁ ବିରଳା ଡାଲମିଆଁ/ ଅଗ୍ରୱାଲାମାନେ/ ମନ୍ତ୍ରୀ ଆଉ ନେତାମାନେ ଆଗେଇ ନେବାକୁ ସଂକଳ୍ପ ନେଇଛନ୍ତି । ଅତଏବ ନୂଆ ପ୍ରକଳ୍ପ । (ଅନ୍ୟ ପୃଥିବୀ: ମୋ ପୃଥିବୀ (୧୯୮୬) କିମ୍ବା (୩) କିନ୍ତୁ ସ୍ୱାଧୀନତା ?

ଶଢଟା ଟେକ୍ସାସ୍ ଜୀନ୍, ପୂଜାଚାନ୍ଦା ଆଉ। ଚାରିଫୁଟିଆ ମାଇକ୍, ବକ୍ସ ଭିତରେ ହଜିଯାଇଛି। ଯେମିତି ଧରନ୍ତୁ- ଜିନ୍ଦାବାଦ୍, ଜିନ୍ଦାବାଦ୍, / ଜୟହିନ୍ଦ, ହାମ୍ ହୋଙ୍ଗେ ହମାରା ପାର୍ଟି ଆପକା ପାର୍ଟି/ ‚ ଜନଗଣ ଭାରତର ଭାଗ୍ୟ ବିଧାତା !/ (୪) ଏହାପରେ ଯେତେ ଜଣଙ୍କୁ ପଚାରିଲି/ ଭାଇ ଭାରତ ବୋଲି ସେ ଦେଶଟା କେଉଁଠି ? ସାମ୍‌ନା ଅଫିସ୍‌ରେ ନା ଅଯୋଧ୍ୟାରେ ?/ କେହି ଉତ୍ତର ଦେଲେ ନି। (ସୁବର୍ଣ୍ଣ ଜୟନ୍ତୀ ୧୯୯୧) କିମ୍ବା - (୫) ସରକାରୀ ବେଲୁନ୍ ଭିତରେ ବସି / ଜନ୍ମ ଓ ମୃତ୍ୟୁ ଉଠିଯା'ନ୍ତି ମହାଶୂନ୍ୟ ଆଡ଼େ - / ପୃଥିବୀକୁ ବିଦାୟ ଜଣାନ୍ତି । (ଅଭିଳାଷକୁ ଚିଠି- ୧୯୭୩) ପ୍ରଭୃତି Chain of events ରେ ଭ୍ରଷ୍ଟାଚାର, ଦୁର୍ନୀତି, ନିରାଶ୍ରୟତା ପ୍ରଭୃତି ପ୍ରତିଫଳିତ। ତତ୍‌ସହିତ 'Wealth based deflection' ଅନ୍ତର୍ସଂଯୁକ୍ତ।

ଧନ ଏଠି ଅନଧିକାରୀଙ୍କ ଦ୍ୱାରା କବଳିତ। ଧନର ସମତୁଲ ବଣ୍ଟନ ହୋଇପାରୁ ନଥିବାରୁ ଦୁର୍ନୀତିଖୋର ଚାକିରିଆ, ନେତା ପୁଞ୍ଜିପତିମାନଙ୍କଠାରେ ଠୁଳୀଭୂତ ଅବସ୍ଥାରେ ଅପ୍ରଚଳ ହୋଇଯାଉଛି। ଫଳତଃ ସମାଜରେ ଦେଖାଦେଉଛି ଆର୍ଥିକ ଦୁରବସ୍ଥା । ଅନ୍ୟତ୍ର ରାଜନୀତି କ୍ଷେତ୍ରରେ ଅପବ୍ୟବହାର ହେଉଥିବାରୁ କ୍ଷମତାଭିତ୍ତିକ ବିପଥନ (Power-based deflection) ସଂଘଟିତ ହେଉଛି ଏବଂ ଗଣତାନ୍ତ୍ରିକ ପ୍ରକାର୍ଯ୍ୟରେ ସ୍ଥାଣୁତା (dormantness) ସୃଷ୍ଟି ହେଉଛି। ରାଷ୍ଟ୍ରୀୟ ମୂଲ୍ୟବୋଧ ଏକ କ୍ରମିକ ଅବକ୍ଷୟ ପ୍ରବାହରେ ପୋତି ହୋଇଯାଇଛି। ଅର୍ଥାଭାବରେ ଦହଗଞ୍ଜ ମଧ୍ୟରେ ଜୀବନ ବିତାଉଥିବା ନାଗରିକ ହତାଶାର ଦୀର୍ଘଶ୍ୱାସ ତୋଳୁଛି । ତା'ପାଇଁ "ତିନିବର୍ଷର ଘରଭଡ଼ା ବାକି । ଚାକିରୀରୁ ଅବସର ପାଇଁ ବାକି ଆଉ ପାଞ୍ଚଟି ବରଷ। ଏଠି ମୋର- କିଛି ଜମିଜମା ନାହିଁ; ଖୁଲନା ବରିସାଲରୁ ଆସିଥିବା ଏଇ ଚାହା ଦୋକାନୀଟି ପରି / ମୁଁ କାଲି ବା ପଅରଦିନ ହେବି ବାସ୍ତୁହରା। (ଅନ୍ୟ ପୃଥିବୀ ମୋ ପୃଥିବୀ)। ତା ସାଥୀରେ ବାପାଙ୍କର କାଶ ଆଉ ବୋଉର କଲିକ୍ / ଭାଇଟାର ଚାକିରୀ ନାହିଁ । ଭଉଣୀଟା ଏବେ ବି ଅପରିଣିତା- ଏମିତି କେତେ ଯେ କ'ଣ/ ଅଫିସରେ ଦିନକୁ ଚଉଦଥର ଜବାବ ଦେବାକୁ ପଡ଼େ- ଏମିତି କେତେ ଯେ କ'ଣ (ଅଭିଳାଷକୁ ଚିଠି)। ଏଇ 'ଏମିତି କେତେ ଯେ କ'ଣ' ସୂଚନାଂଶ ମାଧ୍ୟମରେ ଯେଉଁ ସାଭିପ୍ରାୟମୂଳକ ସାରାଂଶ ନିହିତ - ସେଗୁଡ଼ିକ ହେଲା- (୧) ବେକାରୀ ସମସ୍ୟା (୨) ଯୌତୁକ ସମସ୍ୟା, (୩) ସର୍ବୋପରି ମୌଳିକ ଚାହିଦା ମେଣ୍ଟାଇ ପାରୁନଥିବା ଜଣେ ସ୍ୱଳ୍ପ ବେତନଭୋଗୀ ଚାକିରୀଜୀବୀର ଆର୍ଥିକ ଦୁରବସ୍ଥା ।

ଗଣତନ୍ତ୍ର ବ୍ୟବସ୍ଥାରେ promise ଆଉ performance ମଧ୍ୟରେ ତାଳମେଳ ନ ରହିଲେ ତାହା ବିପଥଗାମୀ ହୋଇଥାଏ। ଏପରି ସ୍ଥିତିରେ ଜନସାଧାରଣଙ୍କର ପ୍ରତିନିଧି ଭାବେ ନିର୍ବାଚିତ ହୋଇଥିବା ପ୍ରଧାନ ମନ୍ତ୍ରୀ ଭଳି ସର୍ବୋଚ୍ଚ

ନେତାମାନେ ମଧ୍ୟ ବିତ୍ତକୁ ଆତ୍ମସାତ୍ କରିବାପାଇଁ ପଶ୍ଚାତ୍‌ପଦ ହୁଅନ୍ତି ନାହିଁ । ଫଳତଃ ସୁଇସ୍‌ବ୍ୟାଙ୍କ୍ ପ୍ରସଙ୍ଗ, 'ହାଓଲା ଗଣତନ୍ତ୍ର ଆଉ ବୋଫର୍ସନୀତି' ନାଗାଲାଣ୍ଡ ଉନ୍ନୟନ ସ୍କାମ୍ ପ୍ରଭୃତି ଭ୍ରଷ୍ଟାଚାର କାୟାବିସ୍ତାର କରି ଗଣତନ୍ତ୍ର ଅର୍ଥାତ୍ "By the people of the people for the people"କୁ ଅନ୍ତଃସାରଶୂନ୍ୟ କରିପକାଉଛି । ଏହି ଧରଣର ବିପଥନଗୁଡ଼ିକୁ କବି ଶୁଭେନ୍ଦୁ ମୋହନ ଦାସ Undertone Satire ମାଧ୍ୟମରେ ଗୋଚରୀଭୂତ କରାଇବାପାଇଁ ନିମ୍ନୋକ୍ତ ପ୍ରକାରେ ପ୍ରୟାସ କରିଛନ୍ତି। ଯଥା (୧) ସାଇଡ୍ ଟେବୁଲ୍‌ରେ ଆଇସ୍‌କପ୍; ଏଟା ଅବଶ୍ୟ ଭାରତ ନୁହେଁ ଇଣ୍ଡିଆ। (୨) ରାସ୍ତାରେ ଅନେକ ଟ୍ରାଫିକ୍-ଦେଶ ଆଗଉଛି (୩) ମୋ ସାମ୍ନା ଫୁଟ୍ ପାଥରେ ଯିଏ ପାକୁଳି କରୁଚି ଅପୂର୍ବ ନିର୍ବିକାର ତା'ର ଭଙ୍ଗୀ/ ତା'ର କଅଣ ସୁଇସ୍‌ବ୍ୟାଙ୍କ୍‌ରେ କିଛି ଟଙ୍କାଅଛି ? (୪) ଏ ସହରର ସ୍କାଇଲାଇନ୍ ବଦଳୁଛି/ ନୂଆ ପ୍ରକଳ୍ପ ପ୍ରତି ମିନିଟ୍‌ରେ ଶିଳ୍ପ/ ଦେଶ ଆଗେଇବ । (୫) ମୁଁ ଭାବୁଛି ଏଣିକି ହିମାଚଳ କିଣିବି, ଇଣ୍ଡିଆକୁ ଯିବି। ଭାରତରେ ରହି ରହି ବୟସ ତ ହେଲା (ମୋ ପୃଥିବୀ: ଅନ୍ୟ ପୃଥିବୀ)- କିମ୍ବା- (୬) ଗଣିଆ ମା' କିଣିଦେଇଛି ତା' ପୁଅକୁ ସ୍ୱାଧୀନତା ଷ୍ଟିକର/ 'ବାବୁ ସୁବନ୍ ଜେନ୍ତି କ'ଣ ?/ ମୁଁ କହିଲି 'ନେତାମାନେ ଜାଣନ୍ତି। ମୋ ଟେବୁଲ ଉପରେ ଗୋଟେ ଡଲ୍ ପଚାଶ ବର୍ଷ ହେଲା ଦେଖୁଛି / ମା' କାମକୁ ଆସିଲେ ବରଂ କହିବି-/ ସୁବର୍ଣ୍ଣ ଜୟନ୍ତି ହେଲା ଗୋଟେ କଣ୍ଢେଇ/ ଗୋଟେ ଯାତ୍ରା(୭) ଭାରତ ବୋଲି ଯେଉଁ ଦେଶଟା / ତାହା କେଉଁଠି କହିଲେନି କେହି/ ଏମିତି ବହୁ ଶବ୍ଦର ଅର୍ଥ ବୁଝି ହେଲା ନାହିଁ। ମୁଁ କିପରି ଲେଖିବି ଯେ/ ସ୍ୱପ୍ନ ଭଙ୍ଗର କାହାଣୀ ଅର୍ଥାତ୍ କବିତା ?" (ସୁ.ଜ) କିମ୍ବା (୮) ତୁ ଜାଣିନୁ ଆଶ୍ଚର୍ଯ୍ୟ ଅନ୍ଧାର କ୍ରମେ ଘୋଟୁଛି ଏଠାରେ/ ଅନ୍ଧମାନେ ଚକ୍ଷୁଷ୍ମାନ୍ ଖଂଜାମାନେ କ୍ରୀଡ଼ାବିତ୍/ ମୂକ ଯେତେ ସୁବକ୍ତା ଓ ମୂର୍ଖସବୁ ସୁପଣ୍ଡିତ / ଏଇଟାକୁ ସମୟ କହନ୍ତି ? (ଅ.ଚି)ଦୃଷ୍ଟାନ୍ତ ସମୂହରେ ପ୍ରତିଫଳିତ Indirect ଏବଂ direct satire ଅତ୍ୟନ୍ତ ପ୍ରଭାବଶାଳୀ। ଶୋଷଣ ସ୍ୱୈରାଚାର ତଥା ଆନ୍ତର ବିଶୃଙ୍ଖଳାର ଚିତ୍ର ଏଠାରେ ପ୍ରଦର୍ଶିତ ପଚାଶ ବର୍ଷପୂର୍ତ୍ତି ଉତ୍ତାରେ ବି ସ୍ୱାଧୀନତା ସର୍ବତ୍ର ପରାଧୀନତାର ଶୃଙ୍ଖଳାରେ ବନ୍ଧା । ପାଞ୍ଚଛଅ ଦଶନ୍ଧି ଧରି ବିଭିନ୍ନ ଶାସକଦଳ ତାକୁ କଣ୍ଢେଇପରି ନଚାଇ ଚାଲିଛନ୍ତି। ସ୍ୱପ୍ନ, ଆବେଗ, ଆଶା, ଆକାଙ୍କ୍ଷା, ପ୍ରତ୍ୟାଶା ଧୂଳିସାତ୍ ହୋଇଯାଇଛି। ଅସଂଖ୍ୟ ସ୍ୱପ୍ନଭଙ୍ଗର ଆଶାହୀନ ବିକ୍ଷୁବ୍ଧ ଲହଡ଼ି ମାଳରେ ଭାରତ ବର୍ଷର ଜାତୀୟ ବେଳାଭୂମି ବିଦାରିତ-ବିଖର୍ବିତ। ପରିବର୍ତ୍ତନ ଶାରୀରିକ-ବେଶଭୂଷାରେ ହୋଇଛି; କିନ୍ତୁ ଚେତନାରେ ନୁହେଁ । ଭାରତୀୟମାନଙ୍କର ଚେତନା ଅଧୋପତିତ ହୋଇଥିବାରୁ ଯାବତୀୟ ଉତ୍‌ଶୃଙ୍ଖଳତା, ଦ୍ୱନ୍ଦ୍ୱ, ଈର୍ଷା, ଦ୍ୱେଷ, ପ୍ରବଞ୍ଚନା, ପ୍ରତାରଣା

ଜାଲରେ ଛନ୍ଦି ହୋଇଯାଇଛି କ୍ରମଶଃ ଏ ଦେଶର ସ୍ଥାନ-କାଳ-ପାତ୍ର । ସାମାଜିକ-ସାଂସ୍କୃତିକ-ସୌନ୍ଦର୍ଯ୍ୟାତ୍ମକ ବିପଥନ ହେତୁ-(୧) ଆମ ସାଇର ରାଜମିସ୍ତ୍ରୀ ମଦନା ବୁଢ଼ା/ କାଲି ଚାଲିଗଲା । କାଲି ଉମା ମା' ମରିବ, ପଅରି ଦିନ ଗଣଶା/ ମଦନାର ଶବ ଉଠେଇବା ପାଇଁ ଲୋକ ମିଳିଲେନି । ମାଲ ପାଣି ଖର୍ଚ୍ଚନଦେଲେ କିଏ ଉଠେଇବ ? ଉମା ମା' ମରିଗଲେ ଉମା ରେଲ ଲାଇନ୍ ତଳ ବସ୍ତିକୁ ଯିବ, / କିନ୍ତୁ ଗଣଶା ମଲେ ? ତା' ବୋଉର ତ ଯୌବନ ନାହିଁ । ଏଟା ଅବଶ୍ୟ ଇଣ୍ଡିଆ ନୁହେଁ- ଭାରତ- କିମ୍ବା- (୨) ଶୁଣନ୍ତୁ, ଆମ ଗାଁକୁ ବିଜୁଳି ଗଲାଣି/ ଟୋକାମାନେ କଣ୍ଠରେ ମେହେନ୍ଦୀ ଲଗାନାକା କାଜଲ ମାଧୁରୀ ଏବେ ନିତ୍ୟ ଯାତ୍ରୀ/ ମେରେ ରାଜା ବା ବସ୍‌ପରୀ-ଗନ୍ଧା ଟ୍ରେକରରେ/ ଗନ୍ତବ୍ୟ, ଦେଶବନ୍ଧୁ ମହାବିଦ୍ୟାଳୟ (ସୁ.ଜ) କିମ୍ବା- (୩) ପ୍ରେମ ଆଉ ଅମରତ୍ୱ - ଉଭୟ ରହନ୍ତି ହାୟ ଛବି ହୋଲା/ ଆମ ଗାଁ ଚାହା ଦୋକାନରେ/ ମାଳା ସିହ୍ନା ଧନ୍ୟା ହୁଏ/ ନିତୁ ସିଂହ ଆଖିମାରେ ରିକ୍ସାବାଲା ଜମ୍ବୁଆକୁ - ତା'ପରେ ଗୋଟାଏ ସେକେଣ୍ଡରେ/ ପେଟିକୋଟ ଖୋଲିଯାଏ ହେଲେନର/ ରେଖାର ପ୍ରଚଣ୍ଡ ବ୍ଲୋ ମାରେ ନବୀନ ନିଶ୍ଚଳ/ ବିସ୍ଫୋରଣ ପେଣ୍ଟର ପକେଟ୍‌ରେ/ ବିସ୍ଫୋରଣ ଜମିଉଠେ ଛାତି ବୋତାମରେ.....(୪) ସବୁଜ କିଶୋର/ ସିଏ ବି ପକେଟ୍‌ରେ ଛୁରୀ ଚେନ୍ ବନ୍ଧୁକ ବାରୁଦ ନେଇ ଘୂରିବୁଲେ/ ସ୍କୁଲ୍‌ବା କଲେଜ ଯାଏ, ବ୍ଲାକ୍‌ରେ ଶିକ୍ଷକଙ୍କୁ ଛୁରୀମାରେ/ ଟ୍ରାମବସ୍ ଲାଇବ୍ରେରୀ ପୋଡ଼େ/ ଗାନ୍ଧୀ ବା ରବୀନ୍ଦ୍ର ଷ୍ଟାଚ୍ୟୁ ତଳେ ଏକ କରେ/ ସାରାଦିନ ଧର୍ମଘଟ, ର୍ୟାଲି, ସନ୍ଧ୍ୟାରେ ସିନେମା ଦେଶୀମଦ ବନ୍ଧୁ ମେଳେ ଆଡ୍‌ଡ଼ା ଆଉ ଶସ୍ତା ରମଣୀର ଦେହ (ସୁ.ଜ) ଇତ୍ୟାଦି ଦୃଷ୍ଟାନ୍ତରେ ସାମାଜିକ-ସାଂସ୍କୃତିକ-ସୌନ୍ଦର୍ଯ୍ୟତ୍ମକ ବିପଥନ ହେତୁ ଭାରତୀୟ ସମାଜ ଏକ ଆଧାରିତ (Settled)ବିଧି ବ୍ୟବସ୍ଥାରୁ ବିଚ୍ୟୁତ (deviated) ହୋଇ ଯାଇଛି । ପେଟର ଜ୍ୱାଳା ଏବଂ ସଂସାରର ଦୁର୍ବଳ ବୋଝକୁ ମଥାରେ ଥାପି ବଞ୍ଚିବା ପାଇଁ ଉମା ରେଲ ଲାଇନ୍ ତଳ ବସ୍ତିକୁ ଦେହ ବ୍ୟବସାୟ କରିବାକୁ ଚାଲିଯାଇଛି । ୫୪, ଭାନୁବାଈ ଲେନ୍‌ରେ ପରିଣତ ହେଇଯାଉଛି କ୍ରମଶଃ ଆମ, ତମ ଓ ସେମାନଙ୍କ ଅଞ୍ଚଳରେ ଥିବା ତଳବସ୍ତିଗୁଡ଼ିକ । ପରିସ୍ଥିତିର ଉତ୍କଟ ଚାପରେ ପଡ଼ି ଭାନୁବାଈ (କୃଷ୍ଣଚରଣ), ଚନ୍ଦ୍ରାବେହେରାଣୀ(ରମାକାନ୍ତ), ଚନ୍ଦ୍ରମୁଖୀ (ଶରତଚନ୍ଦ୍ର) ଉମା (ଶୁଭେନ୍ଦୁ) ପ୍ରମୁଖ ପୁନଶ୍ଚ ଦେହ ବ୍ୟବସାୟରେ ଲିପ୍ତ କରାଉଛନ୍ତି self-being ମାନଙ୍କୁ ।

କବି ଶ୍ରୀ ଦାସ "ଭାରି ପରଦା ସେପଟେ ସୁମଧ୍ୟମା ଭାରିସ୍ତନୀ ମିନାକରା ଲାକ୍‌ମେନଖା / ଡାୟାନେଷ୍ଟି ପ୍ରୌଢ଼ କେହି ଧରିଥିବେ ହରକ୍ୟୁଲ୍ ପଇରୋ/ ବା ସାର୍ଲକ୍ ହୋମ୍‌ସ' ପ୍ରଭୃତି ଗ୍ଲାମୋରଯୁକ୍ତ ବିଜ୍ଞାପନ ଦୃଶ୍ୟ କିମ୍ବା extreme richness କୁ ବ୍ୟଙ୍ଗକରି କହୁଛନ୍ତି ଏଟା ଅବଶ୍ୟ ଭାରତ ନୁହେଁ, ଇଣ୍ଡିଆ ।" କିନ୍ତୁ

ଯେତେବେଳେ ମଦନା ବୁଢ଼ା, ଉମା ମା କିମ୍ବା ଗଣଶାର ଉତ୍କଟ ଦାରିଦ୍ର୍ୟ କିମ୍ବା ଉମାର ଦେହ ବ୍ୟବସାୟ ସମ୍ବନ୍ଧୀୟ ଚିତ୍ର ଉପସ୍ଥାପନ କରୁଛନ୍ତି, ସେତେବେଳେ 'ଏଟା ଅବଶ୍ୟ ଇଣ୍ଡିଆ ନୁହେଁ- ଭାରତ' ଅର୍ଥାତ୍ 'ଭାରତ' ସ୍ଥାନରେ 'ଇଣ୍ଡିଆ' ଓ 'ଇଣ୍ଡିଆ' ସ୍ଥାନରେ 'ଭାରତ' ଶବ୍ଦର ବ୍ୟବହାର କରୁଛନ୍ତି। ଶ୍ରୀଦାସଙ୍କର ଏବଂବିଧ ସ୍ୱାଭିପ୍ରାୟିକତାକୁ ନିମ୍ନୋକ୍ତ ଭାବରେ ତର୍ଜମା କରାଯାଇପାରେ- "୧୯୪୨ ମସିହାରେ ଇଷ୍ଟଇଣ୍ଡିଆ କମ୍ପାନୀ ଯେଉଁ ବନ୍ଦର ସହରକୁ ନିଜ ଅକ୍ତିଆରରେ ରଖିଥିଲା ତାହା ୧୯୪୭ ମସିହା ପରେ ତାହା ବିର୍‌ଲା, ଡାଲମିଆଁ, ଅଗ୍ରୱାଲା, ମନ୍ତ୍ରୀ ଆଉ ନେତାମାନଙ୍କ ଅକ୍ତିଆରକୁ ଚାଲିଗଲା । ଏ ସହର ଗଣଙ୍କର ନ ହୋଇ ହୋଇଗଲା ଜଣକର । ଏଭଳି ସହରକୁ ଶ୍ରୀଦାସ 'ଇଣ୍ଡିଆ' ବୋଲି କହିଛନ୍ତି। ଏହି ସହରକୁ ଭାନୁଜୀ ରାଓ ସମ୍ବୋଧନ କରି କହିଛନ୍ତି "ହେ ସହର ! ହେ ମାଦଳ ସହର ।" କ'ଣ ତମ ନାମ ବୋଲି ପ୍ରଶ୍ନ ପଚାରିଛନ୍ତି । ଏଭଳି ସହରରେ ଲାବଣ୍ୟବତୀମାନଙ୍କର ଦେହ ନିଲାମ ହେବା କଥା ମଧ୍ୟ ସେ ପ୍ରକାଶ କରିଛନ୍ତି। ସୁରାସାକୀ ଓ ଅତିବିଳାସିତାର ଅଭ୍ରଂକଷ ଲୋଲୁପତା ମଧ୍ୟରେ ଏ ଦେଶର ସହର ଅଣନିଃଶ୍ୱାସ ହୋଇପଡ଼ିଛି। ନିଷ୍ଠୁରତା ଏବଂ ଅମାନୁଷିକ ବର୍ବରତା ମଧ୍ୟରେ ଆଜି ମଧ୍ୟ ଏ ସହରରେ ଜୀବନ୍ମୃତ ହୋଇ ଘୋଷାଡ଼ି ହେଇ ଯାଉଛନ୍ତି- ଗରିବ ଏବଂ ନିରନ୍ନଗଣ । ଆଉ ଏହି ନିରନ୍ନ, ନିଃସହାୟମାନଙ୍କ ଦେଶର ନାମ ଭାରତବର୍ଷ। ସେ ଦେଶର ଆତ୍ମିକ-ବିକାଶ ଏବେ ବି ଅବିକଶିତ ଅବସ୍ଥାରେ । ବିଭିନ୍ନ ଯୋଜନା ନାମରେ କାଗଜ କଲମରେ ସେ ଦେଶର ପ୍ରଗତି ହୋଇଛି ବୋଲି କୁହାହୋଇ ଆସୁଥିଲେ ମଧ୍ୟ ଅସଲ ସ୍ୱରୂପରେ ତାହା ପୂର୍ବରୁ ଯେମିତି ଥିଲା ସେମିତି ରହିଛି। ସ୍ୱାଭାବିକ ଗତିରେ ନିଜ ଗୋଡ଼ରେ ସେ ଯେତିକି କୋଡ଼ିଛି, ସେତିକି । ଏଭଳି ଦେଶକୁ ଶ୍ରୀଦାସ ଭାରତ ବୋଲି କହିଛନ୍ତି। ଏହି ଭାରତରେ ବସବାସ କରି ଆସୁଥିବା ଅଗଣିତ ଜନତାଙ୍କର Infrastructural point of view ରେ ଅପୂର୍ବ ପରିବର୍ତ୍ତନ ସଂସାଧିତ ହୋଇଛି, କିନ୍ତୁ ମୂଳଚେତନାରେ କାଣିଚାଏ ବି ନୁହେଁ। ବରଂ ପୂର୍ବାପେକ୍ଷା ଆଜିର ମଣିଷ ନିଜକୁ ଅଧିକ ସଂତ୍ରସ୍ତ ଏବଂ ଅସୁରକ୍ଷିତ ମଣୁଛି । ପାଶବିକ ପ୍ରବୃତ୍ତି ପ୍ରଣୋଦିତ ଅଜସ୍ର ଅତୃପ୍ତିର ଅସାଡ଼ ଦାଢ଼ରେ ବିକର୍ତ୍ତିତ ହୋଇ ଯାଇଛି ଦେଶ ଓ ଦଶର ଭବିଷ୍ୟତ।

Cinicism ର ଉତ୍ତେଜନାତ୍ମକ ସାନ୍ନିଧ୍ୟରେ ସାଂପ୍ରତିକ ଯୁବସମାଜ କିପରି ଅବକ୍ଷୟଗ୍ରସ୍ତ ତଥା ଅସୁସ୍ଥ ମାନସିକତାର ଅଧିକାରୀ, ତାହାକୁ ଦୃଷ୍ଟାନ୍ତ ୨,୩ ଓ୪ ରେ କବି ଶ୍ରୀଦାସ ଦର୍ଶାଇଛନ୍ତି। ଯୌନ ଚେତନାମୂଳକ ବିପଥନ (sexual deflection) କିପରି ସହରଠାରୁ ଆରମ୍ଭକରି ଗାଁର ଚା'ଦୋକାନ ପର୍ଯ୍ୟନ୍ତ ସଂକ୍ରମିତ, ତାହା ମଧ୍ୟ ଆଲୋଚ୍ୟାଂଶରେ ସୂଚିତ ।

ଲୁଇସ୍ ମଣ୍ଟ୍ରୋଜ୍ 'New Historicism'କୁ a reciprocal concern with the historicity of texts and the textuality of history' ବୋଲି କହିଥିଲେ। 'ସୁବର୍ଣ୍ଣ ଜୟନ୍ତି' କବିତାରେ ଯେଉଁ historicity of text ର କଥା କୁହାଇଯାଇଛି- ତନ୍ମଧ୍ୟରେ ୧୯୯୭-୧୯୪୭=୫୦ ବର୍ଷର ସମୁଦାୟ କାଳଖଣ୍ଡର କେତୋଟି ଐତିହାସିକ ଯାଥାର୍ଥ୍ୟକୁ ବିଶ୍ଳେଷଣ ପରିସରଭୁକ୍ତ କରାଯାଇ ପାରେ। ଯଥା: (୧) ଭାରତର ସ୍ୱାଧୀନତାପ୍ରାପ୍ତି (୨) Power of transfer ପରେ 'Tryst with destiny' ଶିରୋନାମାରେ ପଣ୍ଡିତ ନେହେରୁଙ୍କର ସାକ୍ଷାତ୍‌କାର (ମୋର ଏଇ କାନ୍ଥ ଆଙ୍ଗ୍‌ଲୋ ସୁଇସ୍ / ସେ ବି ଶୁଣିଥିବ ସେଦିନ ମଧ୍ୟରାତ୍ରିରେ ବେତାର ଭାଷଣ/ ପଣ୍ଡିତ ମହାଶୟ ଶ୍ରୀଯୁକ୍ତ ଅଦୃଷ୍ଟଙ୍କ ସହ। ସେଦିନ ରାତ୍ରିରେ / ଆପଣଙ୍କର ଥିଲା ସାକ୍ଷାତ୍‌କାର)। (୩) ଅଯୋଧ୍ୟା ବିବାଦ (୪) ହାୱାଲା ଦୁର୍ନୀତି (୫) ବୋଫର୍ସ ସ୍କାମ (୬) ନାଗାଲାଣ୍ଡ ଇସ୍ୟୁ ଇତ୍ୟାଦି। Textuality of History ପରିସରଭୁକ୍ତ ସଂଗ୍ରହ ଉପାଦାନ ମଧ୍ୟରେ ସ୍ୱାଧୀନତାର ସ୍ୱପ୍ନଭଙ୍ଗ, ସୁବର୍ଣ୍ଣଜୟନ୍ତୀ ପାଳନର ଏକଦେଶଦର୍ଶୀତା, misuse of power, ସାଂପ୍ରଦାୟିକ ଦଙ୍ଗା, ସାମାଜିକ ଅବ୍ୟବସ୍ଥା, ଆର୍ଥନୀତିକ ବିପନ୍ନତା, ବିପଥଗାମୀ ଯୁବସମାଜ, ଆତ୍ମପ୍ରଚାରମୂଳକ ପ୍ରୌଢ଼ି ଇତ୍ୟାଦିକୁ ଗ୍ରହଣ କରାଯାଇପାରେ। କବି ଶ୍ରୀଦାସ ବେଶ୍ ବ୍ୟଞ୍ଜନାତ୍ମକ ଭଙ୍ଗୀରେ 'historicity of text' ଏବଂ 'textuality of history' ମଧ୍ୟରେ ପାରସ୍ପରିକ ସଂପୃକ୍ତି (reciprocal concern)ରକ୍ଷାକରି 'ସୁବର୍ଣ୍ଣ ଜୟନ୍ତୀ' କବିତାକୁ ରଚନା କରିଛନ୍ତି।

ଜୀବନର ଦୁଇଟି ପାଖ : ଗୋଟିଏ ଆଲୋକ, ଅନ୍ୟଟି ଅନ୍ଧକାର। କବି ଶୁଭେନ୍ଦୁ ମୋହନ ଦାସ ଜୀବନର ଏହି ଦୁଇ ଦିଗ ସଂପର୍କରେ ଅତ୍ୟନ୍ତ ସଚେତନ। ଅନ୍ଧକାର ବିନା ଆଲୋକର ଉପଲବ୍ଧି ଅସମ୍ଭବ । ସେଥିପାଇଁ କବି କହନ୍ତି - 'ତମେ ତ ଦେଖିଲ ଖାଲି / ପୃଥିବୀର ଆଲୋକ ପାଖଟା / ଅନ୍ଧକାର ଦେଖିଲ କେବେ କି ? (ପିଙ୍ଗଳାର ପ୍ରେମ) । ଶ୍ରୀ ରାଉତରାୟ କହନ୍ତି- 'ଆଲୋକ ତା'ର କି ମନୋହର/ ଅନ୍ଧକାର ତା'ଠାରୁ ଭଲ', (ଛୋଟ ମୋର ଗାଆଁଟି)। ପୂର୍ଣ୍ଣତାର ଚତୁର୍ଦ୍ଦିଗରେ ଶୂନ୍ୟତାର ବଳୟ। ଶୂନ୍ୟତାର ନିବିଡ଼ ସ୍ପର୍ଶରେ ପୂର୍ଣ୍ଣତାର ପ୍ରସ୍ଫୁଟନ। ଯିଏ ଦୁଃଖର ସାଗରରେ ନିଖୋଜ ହୋଇନାହିଁ, ସେ ସୁଖର ବେଳା ଭୂମିର ଛଳ ଛଳ ଲହରୀର ବିଭୋଳତାକୁ ଆକଣ୍ଠ ପାନ କରି ପାରିବ ନାହିଁ । ଅତଏବ ଅନ୍ଧାର-ଆଲୋକ, ଶୂନ୍ୟ-ପୂର୍ଣ୍ଣ, ଦୁଃଖ-ସୁଖ, ଭୁଲ-ଠିକ୍ ହେଉଛି ଜୀବନର ଅବିଚ୍ଛେଦ୍ୟ - ସଂପୃକ୍ତି। ତେଣୁ- 'ଭୁଲ ସ୍ୱପ୍ନ ଦେଖି ଚମକିବା ଅଥବା ଅପେକ୍ଷା / ଭୁଲ ସୂର୍ଯ୍ୟାସ୍ତ ବା ସକାଳର ରଙ୍ଗ, ବାଙ୍ମୟ ଆକାଶ, ଭୁଲ ରମଣୀର ହସ/ ଅହରହ ଭୁଲ ସାମ୍ରାଜ୍ୟେ ଯାତ୍ରା/ ଯୁଦ୍ଧ ଅବା ସନ୍ଧି ଅବା

ଆତ୍ମ ସମର୍ପଣ" କୁ କବି ଏକ ନିତ୍ୟପ୍ରବୃତ୍ତ ପ୍ରକ୍ରିୟା ଭାବରେ ଗ୍ରହଣ କରି ତାହାକୁ 'ଏଇତ ଜୀବନ ପ୍ରଭୁ ଏଇତ ଜୀବନ' ବୋଲି ତର୍କଣା କରିଛନ୍ତି।

ପୁନଶ୍ଚ individual being ସଂଶୟାଚ୍ଛନ୍ନ। 'self-transcendence'ବା 'ଆତ୍ମ-ପରୀକ୍ଷଣର ଏପରି ଏକ ଦୋଛକି (କେତେ ଦିନ ଆଉ କେତେଦିନ ପ୍ରତୀକ୍ଷା ?) ରେ ବ୍ୟକ୍ତିସତ୍ତା ଦୋ-ଦୋ-ପାଞ୍ଚ। ଯେତେବେଳେ individual being ରେ ଉତ୍ତୀର୍ଣ୍ଣତା ଆସୁଛି, ସେତେବେଳେ Universal being ରେ ତାହା ରୂପାନ୍ତରିତ ହୋଇଯାଉଛି। ଦୁଃଖଭୋଗ, ରୋଗଯନ୍ତ୍ରଣା, ତଥା ବ୍ୟର୍ଥତା ତା'ପାଇଁ ସତ୍ୟବୋଧ ହେଉଛି । ପୁଣି ମଣିଷ ଯେତେବେଳେ ଅନ୍ତର୍ନିହିତ ଫମ୍ପାତ୍ୱ (hollowness) ଦ୍ୱାରା ଗ୍ରସ୍ତ ହୋଇ ଅନ୍ଧକାରର ଭିତିରି ସ୍ୱରୂପକୁ ଆବିଷ୍କାର କରିପାରୁନାହିଁ, କିମ୍ବା ମୃତ୍ୟୁପର ଜୀବନର ରହସ୍ୟକୁ ଭେଦ କରିପାରୁନାହିଁ- ସେତେବେଳେ ଭୁଲ୍‌ର ଭୁଲ୍‌ମୟତା ମଧ୍ୟରେ ଶାନ୍ତି, ବିଶ୍ୱାସ, ଆଶ୍ରୟ ପ୍ରଭୃତିକୁ କାମନା କରି ଘୋଷଣା କରୁଛି - "ଅତଏବ ଭୁଲ୍ ଈଶ୍ୱରର ଛବି ଶାନ୍ତି ଆଣୁ/ ଭୁଲ୍ ମଣିଷର ହସ ଜଳାଶୟ ହେଉ/ ନିଦ୍ରା ଦେଉ ଭୁଲ୍ ରମଣୀର ବାହୁ / ଭୁଲ୍ ଔଷଧ ଆଣୁ ବଞ୍ଚିବାର ମୋହ / ଅତଏବ ଭୁଲ୍ ସୂର୍ଯୋଦୟ ପାଇଁ/ ଅପେକ୍ଷାରେ ବିତିଯାଉ ନିର୍ବୋଧ ସମୟ;/ କାରଣ ଏଇତ ଜୀବନ ପ୍ରଭୁ ଏଇତ ଜୀବନ ପ୍ରଭୁ ଏଇତ ଜୀବନ।"

ମାଆ କହନ୍ତି- Simplcity is the significance of Divine। ରାମକୃଷ୍ଣ ପରମ ହଂସ କହନ୍ତି- 'ଈଶ୍ୱରଙ୍କ ନିକଟରେ ତମେ ବିଲେଇ ଛୁଆଟେ ପରି ସଅଁପିଦେଇ ନୀରବ ହେଇଯାଅ । ଦେଖିବ- ସେ ତାଙ୍କ କୃପା- କବଚରେ ତମକୁ କିପରି ବାନ୍ଧି କୋଳେଇ ନେବେ। ଯାହା ପାଖରେ ଏଭଳି ଆସ୍ପୃହାଯୁକ୍ତ ସମର୍ପଣ ଥାଏ, ସେ ଈଶ୍ୱରଙ୍କୁ ଉପଲବ୍ଧି କରିବାରେ ସମର୍ଥ ହୋଇଥାଏ। 'ପୋଲିଓ ଭିକାରୀର ଛଳ ଛଳ ଆଖି'ଠାରୁ ଆରମ୍ଭ କରି 'ଚକୁଳିଆ ପଣ୍ଡାର ଗୀତ', 'ସ୍କୁଲ୍ ଫେରନ୍ତା ଛୋଟ ଛୋଟ ପିଲାଙ୍କର ପାଟି ତୁଣ୍ଡ, 'ମାଛରଙ୍କାର ଖେଳ' ଆଦିରେ ସେ ଈଶ୍ୱରଙ୍କୁ ଅନୁଭବ କରିପାରେ । ଶେଷରେ କବି କହୁଛନ୍ତି - 'ତାଙ୍କୁ କିଏ ଦେଖିଛି ମୁଁ ଜାଣେନା। ଆମ ପୁପୁନା ଯିଏ ଗପକରେ ପ୍ରତିଦିନ। ପା ଆଉ ତୁତୁ ଆଉ ହାମା ବାବୁଙ୍କ ସାଥେ/ ଠାକୁ ଠାକୁ ନମ ନମ କହି ଭୋଗ ଖାଏ / ସେ ତ ପୁଣି କଥାହୁଏ ଈଶ୍ୱରଙ୍କ ସାଥେ ପ୍ରତିଦିନ ସକାଳ ଆଠଟାରେ/ କଅଁଳା ବାଛୁରୀର ଆଖି ଯୋଡ଼ିକୁ ଦେଖ ତ ।"

ଏଇ ପୁପୁନାର ଦରୋଟି କଥା ଓ କଅଁଳା ବାଛୁରୀର ଆଖି ନିରୀହ ନିଷ୍କପଟତାର ପ୍ରତୀକ। 'ଶିଶୁର ଚୈତ୍ୟସତ୍ତା (Psychic-being) ଉନ୍ମୁକ୍ତ ଥିବାରୁ ସେ ଈଶ୍ୱରଙ୍କ ସହ ପ୍ରତ୍ୟକ୍ଷ ସଂପର୍କ ରଖିଥାଏ।' (ଶ୍ରୀମା) ତେଣୁ ଈଶ୍ୱରାଭିମୁଖୀ ହେବାର ଏକମାତ୍ର

ପଥହେଉଛି ଶିଶୁସମ ସରଳ ଭାବାପନ୍ନ ହେବା। ଯିଏ ସରଳ ତା'ର ବିଶ୍ୱାସ ଅଖଣ୍ଡ, ଦ୍ୱନ୍ଦ୍ୱହୀନ, ଯୁକ୍ତି ରହିତ ଏବଂ ପରିପୂର୍ଣ୍ଣ। ତା'ର ଚିନ୍ତା ଏବଂ କାର୍ଯ୍ୟ ମଧ୍ୟ ସେଇ ଅନୁସାରେ ରୂପଗ୍ରହଣ କରେ। ଏହା ଏକ ସାଧନା। ଏ ସାଧନା ବହିର୍ମୁଖୀ ନୁହେଁ; ଅନ୍ତର୍ମୁଖୀ। ଅତ୍ୟନ୍ତ କଷ୍ଟସାଧ୍ୟ ମଧ୍ୟ । କିନ୍ତୁ ଅଟଳ-ବିଶ୍ୱାସ, ପୂର୍ଣ୍ଣ-ସମର୍ପଣ ଏବଂ ସତ୍ୟନିଷ୍ଠ- ଆସ୍ପୃହା ଥିଲେ ଏ ସାଧନା ସହଜସାଧ୍ୟ ହୋଇଥାଏ ।

ଯେତେବେଳେ ପ୍ରଥମେ ବିଶ୍ୱସୃଷ୍ଟି ହେଲା- ତାହା ଥିଲା ଜଡ଼ମୟ। ଜଡ଼ର ଧର୍ମ- No Take, no give। ଜଡ଼ ପରେ ପ୍ରାଣର ସ୍ତର। ପ୍ରାଣର ଧର୍ମ- No give, Only take। ପ୍ରାଣର ସ୍ତର ପରେ ମନର ସ୍ତର। ମନର ଧର୍ମ ହେଲା- give and take। ମନର ବିଭିନ୍ନ ସ୍ତର ରହିଛି। ତନ୍ମଧ୍ୟରେ ବିଭେଦମୂଳକ ମନୋଭୂମିରେ ହିଁ ସକଳ ଦ୍ୱନ୍ଦ୍ୱ, ବିରୋଧ, ସ୍ୱାର୍ଥପରତା, ଅସ୍ଥିରତା, କ୍ରୋଧ, ଅହଂକାର ପ୍ରଭୃତିର ଲୀଳା ଚାଲିଥାଏ। ଏହି ମନ ହିଁ ବିଭିନ୍ନ ଯୁକ୍ତିତର୍କ ଦ୍ୱାରା ସଂଶୟାଚ୍ଛନ୍ନ ହୋଇ ଈଶ୍ୱରଙ୍କଠାରୁ ଆମକୁ ଦୂରେଇ ନେଇଥାଏ। ମନର ସ୍ତର ପରେ ଆତ୍ମାର ସ୍ତର । ଆତ୍ମାର ଧର୍ମ ହେଲା Only give । ଶରୀର (ଜଡ଼), ପ୍ରାଣ ଏବଂ ମନୋସ୍ତରକୁ ଅତିକ୍ରମ କରି ସାରିବା ପରେ ମଣିଷ ଆତ୍ମାର ସ୍ତରରେ ପ୍ରବେଶ କରେ । ଆତ୍ମାଭିମୁଖୀ ହେବା ହିଁ ମଣିଷ ଜୀବନର ଅସଲ ଉଦ୍ଦେଶ୍ୟ। ସେଥିପାଇଁ ମଣିଷକୁ ପୁପୁନା ପରି ନିଷ୍କପଟ ଏବଂ ନିଃଜଟିଳ ହେବାକୁ ପଡ଼ିବ। କେବଳ ସେଇଠାରେ ହିଁ 'ଈଶ୍ୱର ଥା'ନ୍ତି ଏକା ।' ଶ୍ରୀଦାସଙ୍କର ଏ କବିତା ଆଧାତ୍ମିକଚେତନା ସମ୍ବଳିତ ବିଶ୍ୱାସବୋଧର ଚିହ୍ନ ବହନ କରେ ।

'କବିତା ଲେଖିବା କ'ଣ ସତରେ ସହଜ'? କବିତାରେ କବିର ଯଥାର୍ଥ ସାମାଜିକ ଅଙ୍ଗୀକାରବଦ୍ଧତାର ଚିତ୍ର ପରିସ୍ଫୁଟିତ ? 'Art for art sake'ଠାରୁ 'Art for life's sake' ଅଧିକ ଗୁରୁତ୍ୱପୂର୍ଣ୍ଣ। ଜଗତ ଓ ଜୀବନର ପରମ ଏବଂ ବାସ୍ତବ ରୂପକାର ହେଉଛି କବି । ଶବ୍ଦକୁ ନେଇ କାବ୍ୟକଳ୍ପଦ୍ରୁମ ନିର୍ମାଣ କରୁଥିବା କବି ବହିଃ ସୌନ୍ଦର୍ଯ୍ୟ ସହିତ ଅନ୍ତଃ ସୌନ୍ଦର୍ଯ୍ୟର ସମ୍ମେଳନ ଘଟାଇ ଯଥାର୍ଥ କଳା ସୃଷ୍ଟି କ୍ଷେତ୍ରରେ ନିଜକୁ ଅଗ୍ରସର କରାଏ । କେତେକେ କହନ୍ତି- 'କବି କୁଆଡ଼େ ଯାଦୁକର : ତର୍ଜନୀ ନିର୍ଦ୍ଦେଶେ/ ପଞ୍ଜୁରୀମୁକ୍ତ ହୁଏ ପାରା, କ୍ଲେଦରୁ କୁସୁମ xxx। କବିତା ତ ନାରୀ/ ଦେହୀ ପଦପଲ୍ଲବ ମୁଦାରମ୍ / 'ଶାନ୍ତିପୁରୀ ଧୋତି ଆଉ ଫୁଲପକା ପଞ୍ଜାବୀ, ବିଦ୍ୟାସାଗରୀ ଚଟି / ମାଇକ୍ରୋଫୋନ୍ ସେ ପାଖରେ / କି ସୁନ୍ଦର ଲହରୀଟେ ଦେଖ। 'ଏ ଧରଣରର କବିଙ୍କ ନିକଟରେ ଆନ୍ତର ସ୍ଥୈର୍ଯ୍ୟ ଅନୁପସ୍ଥିତ ଥିବାରୁ ଏମାନେ ଅତ୍ୟନ୍ତ ବିଚଳିତ ହୋଇଥାନ୍ତି। ଏମାନେ ତଥାକଥିତ ଭଙ୍ଗୀରେ ସମାଜରେ ଝଡ଼ ତୋଳୁତୋଳୁ ନିଜେ ନିର୍ଝଡ଼ ହୋଇପଡ଼ନ୍ତି। ଅନ୍ୟତ୍ର କେବଳ proper words in proper place

କିମ୍ବା ଏଇ ନିଅ ଚିତ୍ରକଳ୍ପ, ଏଇ ନିଅ ଶବ୍ଦ କିମ୍ବା ଅଳଙ୍କାର (ଟ୍ରକ୍ ଡାକ୍‌ଟିଲ୍, ସ୍ପର୍ଶ, ଇକ୍‌ଟସ୍, ଆୟାମ୍ବାର)' କିମ୍ବା ଛନ୍ଦ ପ୍ରଭୃତିର ସମାବେଶ ହେଲେ କବିତା ହୋଇଯାଏ ନାହିଁ। ସେଥିପାଇଁ କୁହାଯାଇଛି- "A poetry should not mean, but be" ପୁଣି କୁହାଯାଇଛି - ଶବ୍ଦକୁ କବିତା କରିବା କ'ଣ ସତରେ ସହଜ ?' (ଶ୍ରୀ ଦାସ)।

ବିଶ୍ୱର ଆଦିକବି କାରୁଣ୍ୟର ଉତ୍ସରୁ ପ୍ରେରଣା ଲଭି କବିତା ରଚନାରେ ନିମଗନ ହୋଇଥିଲେ। ସେଦିନ ତାଙ୍କ (ବାଲ୍ମୀକି) କାରୁଣ୍ୟାପ୍ଲୁତ ହୃଦୟ କେନ୍ଦ୍ରରୁ ସମୁଦ୍‌ଗତ ହୋଇଥିଲା- 'ମା ନିଷାଦ ତ୍ୱମାଗମ'.....କବିତା ପଙ୍‌କ୍ତି। ଅନୁରୂପ ଭାବାବେଶ ସହିତ ଏକାତ୍ମହୋଇ କବିତା ଲେଖିବାକୁ କବି ଶ୍ରୀ ଦାସ ଆହ୍ୱାନ କରୁଛନ୍ତି କବି ବନ୍ଧୁମାନଙ୍କୁ - 'କିଏ ହେ। ଅଛ ସମର୍ଥ କବି/ କମଳିନୀକୁ ନେଇ ଦି ଲାଇନ୍ କବିତା ଲେଖିଛ/ ଥରୁଛନ୍ତି ପିଲା ତା'ର/ ଚାରି ନମ୍ବର ପ୍ଲାଟ୍‌ଫର୍ମରେ ବେଞ୍ଚରେ / ଭୋକରେ ଶୀତରେ । କିଏ କେଉଁଠି ଅଛ କବିବନ୍ଧୁ ସବୁ/ କେଉଁଠି ରଖିଛ ତମ ସୃଷ୍ଟିର ପ୍ରେରଣା ? କବିତା ଲେଖିବା କ'ଣ ସତରେ ସହଜ ? ସ୍ଥାନ-କାଳ-ପାତ୍ରର ବାସ୍ତବ ସମସ୍ୟାକୁ ପ୍ରତ୍ୟକ୍ଷ କରି ସେହି ପ୍ରତ୍ୟକ୍ଷ ଅନୁଭୂତିକୁ ଯଦି କବି ନିଜ ରଚନାରେ ବିମ୍ବିତ କରେ, ତେବେ ତାହା ଜଗତ ଓ ଜୀବନର ପ୍ରଭୂତ ମଙ୍ଗଳବିଧାନ କରିବ।

Lu Chiଙ୍କ ଭାଷାରେ : 'We poets struggle with nonbeing to force it to yield being/ we knock upon slience for an answering music / we enclose boundless space in a square foot of paper/ we pour our deluge from the inch space of the heart'। ଗୋଳ (struggle) ଖୋର ମନୋବୃତ୍ତି ଦ୍ୱାରା ହିଁ ଅଭିଜ୍ଞତା ପ୍ରାପ୍ତ ହୁଏ କବି । କବି ଅନାହତ ନୀରବିତ ଶବ୍ଦ-ସତ୍ତାଙ୍କୁ ସଶବ୍ଦ (resonant)କରାଇ ତନ୍ମଧ୍ୟରୁ ଚେତନା ସଂଗ୍ରହ କରେ। ସଂଗୃହୀତ ଚେତନା ତା' ମଧ୍ୟରେ ଥାକ ଥାକ ହୋଇ ହୁଏତ ରହିଥାଏ। enclose ହୋଇ ରହିଥିବା ଚେତନାକୁ କବିତାକାରରେ ଅଜାଡ଼ି (pour) ଦିଏ କବି ପୁନଶ୍ଚ ପାଠକ ପାତ୍ରରେ। ତଦ୍ଦ୍ୱାରା ଭୋକ ଆଉ 'ଶୀତରେ ଆର୍ତ୍ତି-ହାହାକାର ତୋଳୁଥିବା କମଳିନୀର ପିଲାମାନେ କ୍ରମଶଃ ସ୍ୱଚ୍ଛଳ-ଉଷ୍ଣତାରେ ଏକକୁ ଆରେକ ହୋଇଉଠନ୍ତି । ଏହାର ନାମ ହେଉଛି answering music ଏବଂ ଏହି musicକୁ ସର୍ବଜନୀନ କରାଇ ପାରିଲେ କବି ଜୀବନ ସାର୍ଥକ ହୁଏ। କବିତା କ୍ଲାସିକ୍ ଏବଂ କାଳଜୟୀ ପାଲଟେ ।

ଏପ୍ରିଲ୍, ପୃଥିବୀରେ ଅନେକ ବିଖ୍ୟାତ କବିଙ୍କୁ ଆକର୍ଷଣ କରିଛି। ପ୍ରଭାବିତ କରିଛି। ସେଥିରୁ ଶୁଭେନ୍ଦୁ ମୋହନ ଦାସ ବା ବାଦ୍ ଯାଆନ୍ତେ କିପରି ? 'ଏଥର

ଗ୍ରୀଷ୍ମରେ' କବିତାରେ 'ଏଥର ଏପ୍ରିଲ୍‌ରେ ବଡ଼ ଗରମ / ଏଥର ଗ୍ରୀଷ୍ମରେ ଯୁଆଡ଼େ ହେଉ ଯିବାକୁ ହେବ'.......ପ୍ରଭୃତି ସ୍ୱାଭାବିକତା ଏବଂ ତତ୍‌ସହିତ 'ଗୋଟିଏ କୋଇଲି....କୋଇଲି କ'ଣ ସବୁ ଏପ୍ରିଲ୍‌ରେ ଡାକେ?' ବର୍ଣ୍ଣନାସ୍ଥ କେନ୍ଦ୍ରାଭିମୁଖୀ-ବିରୋଧାଭାସ ଅତ୍ୟନ୍ତ ଚମତ୍କାର ଭଂଗୀରେ ଆଲେଖିତ। କିନ୍ତୁ 'ନିଦାଘ-ନିଦାଘ' (୨୦୧୦) କବିତାରେ ନା ଅଛି ସ୍ୱାଭାବିକତା, ନା ଅଛି ବିରୋଧାଭାସ। ଅସ୍ୱାଭାବିକ-ସ୍ୱାଭାବିକତା ଏବଂ ବିରୋଧାଭାସମୂଳକ ସମର୍ଥନଶୀଳତା ଆଧାରରେ ଏ କବିତା ଉପସ୍ଥାପିତ। Ecological- imbalance ର ଚରମ-ସଂତ୍ରସ୍ତତା ଏହାର ଆତ୍ମିକ-ନିର୍ଯ୍ୟାସ। Eco-lit ଆନ୍ଦୋଳନରେ ଏହା ପୁଣି ଏକ ବିନମ୍ର-ସଂଗ୍ରଥନ ।

ଶିଳ୍ପ-ସଭ୍ୟତାର anti-thesis ସମଗ୍ରବିଶ୍ୱକୁ ଖିନ୍‌ଭିନ୍ କରିପକାଇଲା । ମାନବିକତାର ନିର୍ମୋକ ନାଇ ରାକ୍ଷସ-ମଣିଷ ଧ୍ୱଂସ କରିଚାଲିଲା ଜଙ୍ଗଲ-ଜଳ-ଜମିର ପ୍ରାକୃତିକ ନିଷିକ୍ତତାକୁ। ଜଙ୍ଗଲ ହେଲା ନିର୍ବୃକ୍ଷ, ଜଳ ହେଲା ନିର୍ଜୀବନ, ଜମିହେଲା ନିଃଉର୍ବର। ପ୍ରାକୃତିକ ବ୍ୟବସ୍ଥାରେ ଗୋଳମାଳ ଦେଖାଦେଲା। Global Warming ର ଅତିଶୟ ପ୍ରଚଣ୍ଡତା ହେତୁ ଓଜନ୍ ସ୍ତର କଣା ହେଇଗଲା । ଆଣ୍ଟାର୍କଟିକା ତରଳିବାକୁ ଲାଗିଲା । ଅଂଶୁଘାତର ଶୀକାର ହେଲେ ମଣିଷ, ପଶୁପକ୍ଷୀ, କୀଟ ପତଙ୍ଗ । ମଣିଷ ଯେତେ ଶିକ୍ଷିତ ହେଲା ସେତେ ଅଜ୍ଞାନ ହେଇଗଲା । ଆଲୋକ ଶୀତଳତାକୁ ଛାଡ଼ି ତମସା ଓ ଗ୍ରୀଷ୍ମତା ସହିତ ହାତମିଳାଇଲା। 'ମଣିଷ ପାଇଛି ଭଲ ଧ୍ୱଂସକୁ ମୃତ୍ୟୁକୁ/ ପାଲଟିଛି ତମସାର ଭକ୍ତ/ ଭୁଲିଛି ସୂର୍ଯ୍ୟାସ୍ତର ରଙ୍ଗ, ଜ୍ୟୋସ୍ନାର ଉଲ୍ଲାସ।' ଯାହା ଫଳରେ- 'ବୃଷ୍ଟିନାହିଁ, ବହୁକାଳ/ ବହୁକାଳ କାଶତଣ୍ଡୀଫୁଲ ଦେଖାନାହିଁ। ' 'ମାଛରଙ୍କା, ଆସୁନାହିଁ ପୋଖରୀର ପ୍ରାଚୀନ ଖୁଣ୍ଟକୁ/ ଗଙ୍ଗା ଆଉ ଗୋଦାବରୀ, ଶୁଣାଯାଏ ଜଳଶୂନ୍ୟ ହେବେ। ଚତୁର୍ଦ୍ଦିଗେ ଦାବାନଳ।' ପୁଣି 'ଏଥର ଗ୍ରୀଷ୍ମରେ କୁଳଡିହା ଓ ଶିମିଳିପାଳ ଅଗ୍ନିକୁଣ୍ଡ। ବିଧ୍ୱସ୍ତ ସୁନ୍ଦରବନ, ହୀରାକୁଦ ଜଳହୀନ, ନିଷ୍ପ୍ରଦୀନ ଗ୍ରାମ ଓ ସହର ।'

'ଆପଣା ଦନ୍ତେ ଜିହ୍ୱା ଛେଦି, କେ ତା'ର ଅଛି ପ୍ରତିବାଦୀ' ନ୍ୟାୟରେ ଜୀବନ ବିତାଉଥିବା ମଣିଷମାନଙ୍କୁ ଶ୍ରୀଦାସଙ୍କର ଅଜସ୍ର ପ୍ରଶ୍ନ- 'ତ ଏଥର ଏପ୍ରିଲ୍‌ରେ ଅଗ୍ନିବର୍ଷା / କେଉଁଠାକୁ ଯିବେ ଭାବିଛନ୍ତି? କେଉଁଠି ଲୁଚିବେ?/ ମନାଲି? ଏପ୍ରିଲ୍‌ରୁ ଜୁନ୍ ତିନିମାସ?'

ମଣିଷ ମଧ୍ୟ Environment ର ଗୋଟିଏ ଉପାଦାନ। ଜଣେ ସଦସ୍ୟ। ଏକଥାକୁ ପାସୋରି ଦେଇଛି ବିଜ୍ଞାନ ବଳରେ ବଳୀୟାନ୍ ହେଇଉଠିଥିବା ମଣିଷ । ସେ କେବେ ଭାବିନଥିଲା, ପରିବେଶକୁ ଧ୍ୱଂସ କରିବା ଦ୍ୱାରା ତା'ର ପରିଣତି ମଧ୍ୟ

ଅତ୍ୟନ୍ତ ଭୟାବହ ହୋଇଉଠିବ । ଏ କଥା ସ୍ୱପ୍ନରେ ବି ଭାବି ନଥିଲା ମଣିଷ । knowledge ଏବଂ hypocracy କୁ ନେଇ ପାଦ ଚାଲୁଥିବା ମଣିଷ ସାମ୍ନାରେ ଆଜି ଅସଂଖ୍ୟ ମହାପ୍ରଳୟର prediction ଏବଂ ପରିଣତି । କେଉଁଟାକୁ ବିଜ୍ଞାନ- ପଘାରେ ଆକଟ କରିପାରିବ ସେ ? ତେଣୁ ଆଜିର ମଣିଷପାଇଁ ପ୍ରକୃତି ସହିତ ଏକ ସୌହାର୍ଦ୍ଦ୍ୟପୂର୍ଣ୍ଣ ସମ୍ବନ୍ଧ ସ୍ଥାପନକରିବା ମୌଳିକ ଆବଶ୍ୟକତା ସଦୃଶ ବାଧ୍ୟତାମୂଳକ ହୋଇଯାଇଛି । ଏଭଳି ନିଷ୍ପତ୍ତିମୂଳକ ପଦକ୍ଷେପକୁ ବହୁମୁଖୀ କରାଇବା ତଥା ପରିବେଶ ଏବଂ ମାନବ ସମାଜ ମଧ୍ୟରେ interdisciplinary point of view ଏକ ପାରସ୍ପରିକ ସମତା ରକ୍ଷା କରିବା ଉଦ୍ଦେଶ୍ୟରେ ଆଜି 'ନିଦାଘ ନିଦାଘ' 'ଏଥର ଗ୍ରୀଷ୍ମରେ' ପ୍ରଭୃତି 'ଇକୋ-ଲିଟ୍‌ମୂଳକ' କବିତା ରଚନା କରାଯାଇ environmental justice ପ୍ରଦାନ କରାଯାଇଛି । ଏହାର ମୁଖ୍ୟ ଲକ୍ଷ୍ୟ ହେଉଛି 'Correction of the contemporary environmental situation' । ଶ୍ରୀ ଦାସଙ୍କର ଏ ଉଦ୍ୟମ ପ୍ରଶଂସନୀୟ । କବି ଶୁଭେନ୍ଦୁ ମୋହନ ଦାସଙ୍କ କବିତା ବହୁସ୍ୱାଦ ବିଶିଷ୍ଟ । ପ୍ରାୟତଃ ପ୍ରତ୍ୟେକ କବିତା ପ୍ରତ୍ୟେକ କବିତାଠାରୁ ଭାବଗତ ଦୃଷ୍ଟିରୁ ଭିନ୍ନ । ବହୁବିଧ ପରୀକ୍ଷାନିରୀକ୍ଷା ଏବଂ ଆପ୍ଲିକେସନ୍‌ରେ ସେଗୁଡ଼ିକ ନବୀନ ଏବଂ ଅନନ୍ୟ । ଔଦ୍ଧତ୍ୟ ପରିବର୍ତ୍ତେ ଉଦାରତା, କୋଳାହଳ ପରିବର୍ତ୍ତେ ନୀରବତା, ପାରମ୍ପରିକତା ପରିବର୍ତ୍ତେ ତରୁଣତା ତାଙ୍କ କବିତାରେ ଲକ୍ଷ୍ୟକରାଯାଏ । ତାଙ୍କ କବିତାର ପରିମଣ୍ଡଳ ଏକ ନିର୍ଦ୍ଦିଷ୍ଟ ଭୂଖଣ୍ଡରେ ସୀମାବଦ୍ଧ ହୋଇ ନଥିବାରୁ ଏବଂ କେତେକତ୍ର ବ୍ୟବହୃତ କତିପୟ ଅପ୍ରତ୍ୟାଶିତ ଶବ୍ଦର ସୂଚନାବିହୀନ ଅଥଚ ପ୍ରାସଙ୍ଗିକ ଆବିର୍ଭାବ ଘଟିଥିବାରୁ ପାଠକ ସାମାନ୍ୟ ତକ୍‌ଲିଫ୍ ଅନୁଭବ କରେ, ଯାହା ପୂର୍ବରୁ ସୂଚିତ । ଭାଷା ସରଳ- ସାବଲୀଳ ଏବଂ ସର୍ବୋପରି ତାଙ୍କର 'Communication entire experience'ବେଶ୍ ପରୀକ୍ଷିତ, ଅନୁଭାବିତ ଏବଂ ଅନୁଭବିତ । ତାଙ୍କୁ ଅନାୟାସରେ ଜଣେ ପ୍ରତିବଦ୍ଧ କବିର ମାନ୍ୟତା ଦିଆଯାଇପାରେ ।

■

ସହାୟକ ଗ୍ରନ୍ଥସୂଚୀ:

୧। ଦାସ, ଶୁଭେନ୍ଦୁ ମୋହନ (୧୯୯୧), ସବୁ ଶବ୍ଦ ହଜିଯାଏ, ବହିଘର, ବାଲେଶ୍ୱର,ଓଡ଼ିଶା ।

୨। Nayar, Pramod K. (2010), Contemporary Literary and Cultural Theory, Pearson, Noida, U.P.

୩। Glotfelty, Cheryll & Fromm Harold (1996), The Ecocriticism Reader : Landmarks in Liferary Ecology, The University of Georgia

ଗାଳ୍ପିକ ଅଧ୍ୟାପକ ବିଶ୍ୱରଂଜନଙ୍କ ଗଳ୍ପମାନଙ୍କୁ ମୁଁ ଯେମିତି ଜାଣେ

ସଖି ଅଦୃଶ୍ୟା ! ଘରେ ରହି ରହି ଭୀଷଣ ବିରକତ୍ ମାଡ଼ିଲାଣି। ଚାଲ ଟିକେ ଅଧ୍ୟାପକ ବିଶ୍ୱରଂଜନଙ୍କ ଗଳ୍ପ ଜଗତ ଆଡ଼େ ବୁଲି ଆସିବା। ତମେ କିଛି କରିବା ଦରକାର ନାହିଁ। ମୁଁ ତମକୁ ତାଙ୍କ ଗଳ୍ପ ବିଷୟରେ କହିବି। ତମେ ଶୁଣିବ। ଧରାଯାଉ ମୁଁ ଆରମ୍ଭ କଲି। ଏଇ ସାଙ୍ଗେ ସାଙ୍ଗେ। ମୁଁ ତାଙ୍କ ବ୍ୟକ୍ତିଗତ ଜୀବନ ବିଷୟରେ ବିଶେଷ କିଛି କହିବି ନାହିଁ। ତାଙ୍କ ଗଳ୍ପ ବିଷୟରେ କହିବି।

ଧରିନିଅ ମୁଁ କହିବାକୁ ଆରମ୍ଭ କଲି ଯେ 'ଅଧ୍ୟାପକ ବିଶ୍ୱରଂଜନଙ୍କ ଗଳ୍ପମାନଙ୍କୁ ମୁଁ ଯେମିତି ଜାଣେ।' ଏଠି 'ମୁଁ ଯେମିତି ଜାଣେ' ରେ 'ମୁଁ' ମାନେ କିଏ ? 'ମୁଁ' ମାନେ ହୋଇପାରେ ମୋ ନାମ; ହେଇପାରେ ଏକ୍ସ; ହେଇପାରେ ୱାଇ; ହେଇପାରେ ଜେଡ୍, ହେଇପାରେ ରବୀନ୍ଦ୍ର; ହେଇପାରେ ଆଉକିଛି ବା ହେଇପାରେ ପୃଥିବୀର ୭୦୦ କୋଟି ମଣିଷଙ୍କ ନାମ। ତା'ପରେ 'ଅଧ୍ୟାପକ ବିଶ୍ୱରଂଜନଙ୍କ ଗଳ୍ପମାନଙ୍କୁ' ବାକ୍ୟାଂଶ କଥା ବିଚାରକୁ ନିଆଯାଉ। 'ଗଳ୍ପମାନଙ୍କୁ ମୁଁ ଜାଣିଛି' ଶବ୍ଦଟି ବ୍ୟାକରଣ ଦୃଷ୍ଟିରୁ ଭୁଲ୍। କାରଣ ଗଳ୍ପତ ମଣିଷ ନୁହେଁ। ତେଣୁ 'ଗଳ୍ପ' ଶବ୍ଦ ସହିତ ଯେଉଁ 'ମାନଙ୍କୁ' ବହୁବଚନସୂଚକ ପରାବନ୍ଧ ରୂପିମଟି ମୁଁ ଲଗାଇଛି, ତାହା ଲଗାଇବା କଥା ନୁହେଁ। 'ମଣିଷମାନଙ୍କୁ' ହେଇପାରେ; 'ପଶୁମାନଙ୍କୁ' ହେଇପାରେ; କିନ୍ତୁ 'ଗଳ୍ପମାନଙ୍କୁ' କେମିତି ହେବ ? କିନ୍ତୁ ଅଦୃଶ୍ୟା ମୁଁ ଜାଣି ଜାଣି ସେମିତି ଲଗାଇଛି। ବର୍ତ୍ତମାନ ସମୟରେ ସବୁ ସମ୍ଭବ। କାହିଁକି କହିଲ ? ଇଏ ପରା ଉତ୍ତର ସଂରଚନାବାଦୀ ବିଶ୍ୱ ! ଯେଉଁଠି

ଗଠନବାଦ ବା ସଂରଚନାବାଦର ଯେଉଁ ବ୍ୟାକରଣ, କାଳାନୁକ୍ରମିକତା ଇତ୍ୟାଦି ରହିଥିଲା, ସେଗୁଡ଼ାକ ଭାଙ୍ଗିଗଲାଣି। ତେଣୁ ଏଠି କାଳାନୁକ୍ରମିକତାଯୁକ୍ତ ଭାଷା ଏତେ ଗୁରୁତ୍ୱପୂର୍ଣ୍ଣ ହୋଇ ରହୁନାହିଁ। ଏଠି ଗୋଟିଏ ଭାଷା ବହିର୍ଭୂତ ଭାଷାକୁ ଆମେ ଭେଟୁଛୁ। ଯେଉଁ ଭାଷା ପୂର୍ବବତ୍ ଆଙ୍ଗିକ ସବସ୍ୱ ନହୋଇ ଭାବକୈନ୍ଦ୍ରିକ ତଥା ଚେତନାକୈନ୍ଦ୍ରିକ ହେଉଛି। ତେଣୁ 'ଗଜ୍ଜମାନଙ୍କୁ' ଶବ୍ଦଟି ମୁଁ ଜାଣି ଜାଣି ବ୍ୟବହାର କରିଛି। ତମ ଭିତରେ ଯଦି ସଂରଚନାବାଦୀ ସୀମାବଦ୍ଧତା କିଛି ଚେକାମାରିକି ରହିଥାଏ, ତେବେ ମୋତେ ତମେ କ୍ଷମା କରିଦେବ।

ହଁ, ତା'ପରେ 'ଅଧ୍ୟାପକ' ବିଶ୍ୱରଂଜନରେ ଥିବା ଅଧ୍ୟାପକ ଶବ୍ଦଟିକୁ ବୁଝିପାରୁଛ ? ସେ ବୃତ୍ତିରେ ଅଧ୍ୟାପକ ହୋଇଥିବେ। ଅର୍ଥାତ୍ ଅଧ୍ୟାପକ ଚାକିରୀ କରିଥିବେ। ସେ ସତରେ ଅଧ୍ୟାପକ ଥିଲେ। କେଉଁ ବିଭାଗର ଅଧ୍ୟାପକ ଥିଲେ ଜାଣିଛ ? ରାଜନୀତି ବିଜ୍ଞାନ ବିଭାଗର। ତା'ପରେ ତାଙ୍କନାମ ପାଖକୁ ଆସିବା। ତାଙ୍କ ନାମ 'ବିଶ୍ୱରଂଜନ'। 'ବିଶ୍ୱରଂଜନ' ଶବ୍ଦର ଅର୍ଥ ତୁମେ ଜାଣିଛ ?'ବିଶ୍ୱକୁ ଯେ ରଂଜନ କରେ' ବା 'ବିଶ୍ୱକୁ ଯିଏ ଖୁସି କରାଏ' ବା 'ଆନନ୍ଦ ପ୍ରଦାନ କରେ' ତାକୁ ବିଶ୍ୱରଂଜନ କୁହାଯାଏ। ତେବେ ବିଶ୍ୱରଂଜନ ହେଉଛି ତାଙ୍କ ପ୍ରମାଣ ପତ୍ରର ନାମ; କିନ୍ତୁ ସେହି ନାମ ପଶ୍ଚାତ୍‌ରେ ସେ ଆଉ ଏକ ଅଖଣ୍ଡ ସାମଗ୍ରିକତାକୁ ଧାରଣ କରିଛନ୍ତି। ସେହି ସାମଗ୍ରିକତାର ନାମ କ'ଣ ଜାଣିଛ ଅଦୃଶ୍ୟା ? ସେହି ସାମଗ୍ରିକତାର ନାମ ହେଉଛି ମଣିଷ। ଏ ମଣିଷ ସେମିତି 'କ'ହୋଇପାରେ; 'ଖ' ହୋଇପାରେ; 'ଗ' ହୋଇପାରେ ବା ହୋଇପାରେ ପୃଥିବୀର ସାତ ଶହ କୋଟି ମଣିଷର ଅଖଣ୍ଡ ସାମଗ୍ରିକତା।

ପ୍ରକୃତରେ ଆମେ ଯେଉଁ ବିଶ୍ୱରେ ବାସ କରୁଛୁ, ସେହି ବିଶ୍ୱରେ ପ୍ରତ୍ୟେକେ ଗୋଟିଏ ଗୋଟିଏ ପରିଚୟ ଧରିକି ବଞ୍ଚୁଛୁ। ଆମ ସଭିଙ୍କର ଗୋଟିଏ ଦେଶ ଅଛି। ଗୋଟିଏ ରାଜ୍ୟ ଅଛି। ଗୋଟିଏ ଜିଲ୍ଲା ଅଛି। ଗୋଟିଏ ପଞ୍ଚାୟତ ବା ମ୍ୟୁନିସିପାଲିଟି ଅଛି ବା ମହାନଗର ନିଗମ ଅଛି। ପୁଣିଅଛି ଗୋଟିଏ ଗାଁ ବା ଗୋଟିଏ ସାହି ବା ଗୋଟିଏ ବସ୍ତି ବା ଗୋଟିଏ ପଡ଼ା ବା ଆଉ ଗୋଟିଏ କ'ଣ। ପୁଣି ଅଛି ଗୋଟିଏ ପରିବାର। ସେହି ପରିବାର ହୋଇପାରେ ବଡ଼ ପରିବାର ବା ହୋଇପାରେ ଛୋଟପରିବାର। ସେହି ପରିବାର ଭିତରେ ବିଭିନ୍ନ ନାମରେ ବିଭିନ୍ନ ସମ୍ପର୍କଗତ ସୂତ୍ରରେ ବନ୍ଧା ହେଇରହିଛନ୍ତି କିଛି କିଛି ମଣିଷ। ସେ ମଣିଷ ମାନଙ୍କର ମଧ୍ୟ କିଛିକିଛି ପରିଚୟ ରହିଛି। ତେବେ ସେହି ଯେଉଁ ପରିଚୟ ତାହା ହେଉଛି ନାମବାଚକ ପରିଚୟ ବା ଜାତିବାଚକ ପରିଚୟ ବା ଯୋଗ୍ୟତାବାଚକ ପରିଚୟ କିମ୍ବା ପ୍ରମାଣପତ୍ରରେ ରହିଥିବା ପରିଚୟ। ତାହା କିନ୍ତୁ ଅସଲ ମଣିଷର ପରିଚୟ ନୁହେଁ ଅଦୃଶ୍ୟା ! ସେ ପରିଚୟ

ବୃତ୍ତିଦାୟରେ, ସମାଜ ଦାୟରେ, ସଂସ୍କୃତି ଦାୟରେ, ସିଦ୍ଧାନ୍ତଦାୟରେ, ବ୍ୟାକରଣ ଦାୟରେ, ମୂଲ୍ୟବୋଧ ଦାୟରେ, ଆଦର୍ଶବାଦିତା ଦାୟରେ ଆମେ ଅର୍ଜନ କରି ଥାଇଁପାରୁ; କିନ୍ତୁ ସତସତିକା ମଣିଷ ଦାୟରେ ନୁହେଁ। ତାପରେ ସେ ପରିଚୟର ମାନେ କ'ଣ ଅଛି କୁହତ ?

ତେଣୁ ଏହି ଯେଉଁ ବିରାଟ ବିଶ୍ୱ; ଯେଉଁ ବିଶ୍ୱରେ ମଣିଷ ବାସକରେ ପରିଚୟଗତ ଅସ୍ମିତାକୁ ନେଇ, ସେ ପରିଚୟ ପଶ୍ଚାତ୍‌ରେ ଗୋଟିଏ ଜୀବନ ଥାଏ। ସେ ଜୀବନ ସବୁବେଳେ ଲୋଡୁଥାଏ ପ୍ରବୃତ୍ତି ଦ୍ୱାରା ଅହରହ ସଞ୍ଚରଣଶୀଳ ତଥା ପରିଶୀଳନଶୀଳ ପ୍ରାକୃତିକ ସ୍ୱାଧୀନତା; କିନ୍ତୁ ସେ ସ୍ୱାଧୀନତା ମଣିଷକୁ ମିଳେନା। ସେଥିପାଇଁ ତା'ଭିତରେ ଦୁଃଖ, ଶୋକ, ବିରହ, ଆର୍ତ୍ତି,ଅସହାୟତା, ଅବସାଦ, ସଂଘର୍ଷ, ସ୍ୱପ୍ନଭଙ୍ଗ ଆଦି ଦେଖାଦିଏ। ବ୍ୟକ୍ତିଜୀବନର ଯେଉଁ ଉଲ୍ଲାସ,ଆନନ୍ଦ, ପ୍ରେମ, ଉତ୍ସାହ – ତାହା ସେହି ପ୍ରାକୃତିକ ସ୍ୱାଧୀନତାରୁ ବଞ୍ଚିତ ହେବାଦ୍ୱାରା ଅକାଳରେ ମଉଳିଯାଏ। ଫଳରେ ଗୋଟିଏ ଲଢ଼େଇ ହୁଏ। ଏ ଲଢ଼େଇ କାହା କାହା ଭିତରେ ହୁଏ ଜାଣିଛ ? ନୀତି, ନିୟମ, ପ୍ରଥା, ପରମ୍ପରା, ଅଭ୍ୟାସ, ଜ୍ଞାନ, ସିଦ୍ଧାନ୍ତ ଇତ୍ୟାଦି ଦ୍ୱାରା ପରିଚାଳିତ ତଥା ପରିବର୍ଦ୍ଧିତ ସଂସ୍କୃତି ଏବଂ ପ୍ରବୃତ୍ତି ଦ୍ୱାରା ପରିଚାଳିତ ପ୍ରକୃତି ମଧ୍ୟରେ। ଏହି ଯେଉଁ ସଂସ୍କୃତି ଏବଂ ପ୍ରକୃତି ଭିତରର ସଂଘର୍ଷ – ସେହି ସଂଘର୍ଷକୁ ଅତି ସୁନ୍ଦର ଭାବରେ ଗାଳ୍ପିକ ବିଶ୍ୱରଂଜନ ତାଙ୍କ ଗଳ୍ପମାନଙ୍କରେ ଲିପିବଦ୍ଧ କରିବାକୁ ଚେଷ୍ଟା କରିଛନ୍ତି। ତାଙ୍କ ଗଳ୍ପମାନଙ୍କୁ ପଢ଼ିଲେ "ସ୍ମୃତିର ପୃଷ୍ଠା ଓଲଟାଇବା ପରି ଲାଗେ। ଯେପରି ସବୁରି ଜୀବନର ଏ ଚିତ୍କାର, ଚିତ୍ରିତ ବିରକ୍ତି, ଅସାଧାରଣତା ଓ ବ୍ୟକ୍ତିଗତ ସୀମିତତାକୁ ଅତିକ୍ରମ କରି ତାଙ୍କ କାହାଣୀ ଗତିଶୀଳ। କାହାଣୀର ଦୃଶ୍ୟାୟନ ସଂଘଟିତ ହେଉଥାଏ ଆଖି ସାମ୍ନାରେ। ଅଥଚ ପରିଣତିରେ ପହଞ୍ଚିଲା ବେଳକୁ ସମ୍ପୂର୍ଣ୍ଣ ଉତ୍ତରିତ ଏକ ବ୍ୟକ୍ତିସତ୍ତା। ଆତ୍ମକଥନ ରୀତିରେ ସେ ବଖାଣିଛନ୍ତି ସାମୂହିକ ଜୀବନର ଅନ୍ଧାର ବା ଆଲୁଅ। କଥା ଉପସ୍ଥାପନରେ ମଧ୍ୟ ଦେଖାଦିଏ ଶୈଳୀଗତ ବିବିଧତା।"(ଗାଳ୍ପିକ ବିଶ୍ୱରଂଜନ - କଥାବିଶ୍ୱ -ପକ୍ଷୀଘର)

ତେଣୁ ଆଉ ଟିକେ ପୂର୍ବରୁ ମୁଁ ତୁମକୁ ଯେଉଁ କଥା କହୁଥିଲି ସେହି କଥା ଅଧ୍ୟାପକ ବିଶ୍ୱରଂଜନଙ୍କ ଗଳ୍ପ ପ୍ରସଙ୍ଗରେ ଉଦ୍ଧୃତାଂଶରେ ମଧ୍ୟ କୁହାଯାଇଛି। ଅଧ୍ୟାପକ ବିଶ୍ୱରଂଜନଙ୍କର ଯେଉଁ ସାମାଜିକ ପରିଚୟ ସେହି ପରିଚୟ ଅନୁସାରେ ତାଙ୍କର ଜନ୍ମ ୧୯୪୬ ମସିହା ଡିସେମ୍ବର ମାସ ୧୨ତାରିଖ। ସେ କବିତା, ଉପନ୍ୟାସ, ଫିଚର, ପ୍ରବନ୍ଧ, ସ୍ତମ୍ଭ ରଚନା ମଧ୍ୟ କରିଛନ୍ତି। ତାଙ୍କର ବିଭିନ୍ନ ଗଳ୍ପ ପୁସ୍ତକ ମଧ୍ୟରେ 'କାଚକଣ୍ଢେଇ', 'ତଥାପି ଆଲୋକ', 'ରେ ଆତ୍ମନ୍! ନିଦ୍ରା ପରିହରି','ଛବିବହି',

'ରାତି ପାହିଲେ ପୁରୀ', 'ମଳୟ ମଞ୍ଜରୀ', 'ଅନନ୍ତ ଶୟନ', 'ବିଶ୍ୱରଂଜନଙ୍କ ପ୍ରେମକଥା','ବିଶ୍ୱରଂଜନଙ୍କ ଅଳ୍ପକଥା', 'ଚୋରର ଚିଠି', 'ପୁଅ', 'ନିର୍ବାଚିତ ଗଳ୍ପ', 'ଦରୋଟି' ପ୍ରଭୃତି ଅନ୍ୟତମ।

ଅଦୃଶ୍ୟା ! ତମକୁ ଏବେ ମୁଁ ଆଉ ଏଣୁତେଣୁ ବା ଯାତୁସ୍ୟାତୁ କିଛି ନ କହି ସିଧାସଳଖ ବିଶ୍ୱରଂଜନଙ୍କ ଗଳ୍ପମାନଙ୍କୁ ସାକ୍ଷାତ କରାଇବି। ତମେ ସାକ୍ଷାତ କଲେ ଜାଣିପାରିବ ସେ ଗଳ୍ପମାନଙ୍କ ଭିତରେ ଜୀବନ କେମିତି ବୁଣି ହୋଇପଡିଛି। କି ଜୀବନ ଜାଣିଛ ତ ? ଅସରନ୍ତି ଜୀବନ। ସାମାଜିକ ଜୀବନ ଭୀଷଣ ସରନ୍ତିଯୁକ୍ତ ଅଦୃଶ୍ୟା। ସାମାଜିକ ଜୀବନର ଯେଉଁ ସୀମାବଦ୍ଧତା; ଯେଉଁ କାଇଦା କଟକଣା; ଯେଉଁ ସାମାଜିକ ମାନବକୃତ ବିନ୍ୟାସ-ତାହା ମଣିଷର ଅନ୍ତର୍ସତ୍ତା ଭିତରେ ସତତ ପ୍ରଜ୍ୱଳିତ ହେଉଥିବା କୋଟିକୋଟି ସମ୍ଭାବନାକୁ ସୀମାବଦ୍ଧ କରିଦିଏ। ତା'ର ଇଚ୍ଛାକୁ, ତା'ର ଉଦ୍ଦାମତାକୁ, ତା'ର ପ୍ରକାର୍ଯ୍ୟକୁ, ତା'ର ଆଲୋକକୁ, ତା'ର ଆକଣ୍ଠ ସ୍ୱାଧୀନତାକୁ ଖଣ୍ଡ ବିଖଣ୍ଡିତ କରିଦିଏ। ସେଥିପାଇଁ ଜଣେ ମଣିଷ ଅନେକ ଦୁର୍ଗତିର ଶିକାର ହୁଏ। ସେ ବୟସ ନ ହେଉଣୁ ବୃଦ୍ଧ ହୋଇଯାଏ। ଅବସନ୍ନ ହୋଇଯାଏ। ତା' ଆଖି ଆଗରେ ବିଷାଦର ଛାୟା କାୟା ବିସ୍ତାରକରେ। ସେ ଭାବେ ମୁଁ ହାରିଗଲି। ମୁଁ ସରିଗଲି। ମୁଁ ମରିଗଲି। ବାସ୍।

ଅଦୃଶ୍ୟା ! ଏବେ ଆସ ଆମେ ଦୁହେଁ ମିଶି ଗାଳ୍ପିକ ବିଶ୍ୱରଂଜନଙ୍କର 'କାଚକଣ୍ଢେଇ' ଗଳ୍ପ ସଂକଳନ ସହିତ ଟିକିଏ ଘେନାଘେନି ହେବା। ଏହି ଗଳ୍ପ ସଂକଳନଟି ୧୯୭୪ରେ ପ୍ରକାଶିତ। ଏହା ତାଙ୍କର ପ୍ରଥମ ଗଳ୍ପ ସଂକଳନ। ୧୯୬୪ ରୁ ୭୪ – ଏହି ଦଶବର୍ଷର ବିକ୍ଷିପ୍ତ ମୁହୂର୍ତ୍ତଗୁଡ଼ିକ ହେଉଛି 'କାଚକଣ୍ଢେଇ' ଗଳ୍ପମାନଙ୍କର ଅନ୍ତଃସ୍ୱର। ଏହି ଗଳ୍ପ ସଂକଳନ ମଧ୍ୟରେ ସ୍ଥାନିତ ବିଭିନ୍ନ ଗଳ୍ପମାନଙ୍କର ଗହଣରେ ଗାଳ୍ପିକ ପୃଥିବୀର ଅଗଣିତ ମଣିଷଙ୍କ ମଧ୍ୟରେ "ମୁଁ ଆଜି ମଣିଷକୁ ସନ୍ଧାନ କରୁଛି" ବୋଲି କହିଛନ୍ତି। ଅର୍ଥାତ୍ ଏହି ସଂକଳନରେ ମଣିଷ ଖୋଜିବାର ଅଭିଯାନ ସେ ଆରମ୍ଭ କରିଛନ୍ତି। ଏହି ଅଭିଯାନ ବା ଅନ୍ୱେଷଣର ଉଦ୍ୟମରୁ ସେ ଜୀବନର ଶେଷ ମୁହୂର୍ତ୍ତ ପର୍ଯ୍ୟନ୍ତ ବିରତ ହେବେ ନାହିଁ ବୋଲି ମଧ୍ୟ ଘୋଷଣା କରିଛନ୍ତି। ଗାଳ୍ପିକ କହିଛନ୍ତି- "ଅନ୍ୱେଷଣ ହିଁ ବୋଧହୁଏ ମୋର ଜୀବନ"। 'କାଚକଣ୍ଢେଇ' ମୋର ସେହି ଜୀବନ ଯନ୍ତ୍ରଣାର ପ୍ରଥମ ସ୍ୱାକ୍ଷର।" (ଉତ୍ସର୍ଗ-ବୋଉ-କାଚକଣ୍ଢେଇ)

ଅଦୃଶ୍ୟା ! ଏହି 'କାଚକଣ୍ଢେଇ' ଗଳ୍ପ ସଂକଳନରେ ସମୁଦାୟ ୩୮ଟି କ୍ଷୁଦ୍ରଗଳ୍ପ ସ୍ଥାନିତ। ଏହି ଗଳ୍ପମାନଙ୍କରେ କିଭଳି ଗୋଟିଏ ପଟେ ସଂସ୍କୃତି ଏବଂ ଆଉ ଗୋଟିଏ ପଟେ ମଣିଷର ପ୍ରକୃତି ମଧ୍ୟରେ ଲଢ଼େଇ ଘଟିଛି, ଆସ ପରୀକ୍ଷା କରି ଦେଖିବା। ପ୍ରଥମ ଗଳ୍ପଟି ହେଉଛି 'ମୁଁ ଅଧ୍ୟାପକ ବିଶ୍ୱରଂଜନ'। ନିଜ ନାମରେ ଏ ଗଳ୍ପ। ଇଏ

ଏକ ଅଭିନବ ପ୍ରୟାସ। ଠିକ୍ କାଫ୍‌କାଙ୍କର 'କେ' ଭଳି ବା କହ୍ନେଇ ଲାଲଙ୍କର 'କହ୍ନେଇ' ଭଳି ବା ଦେବ୍ରାଜ ଲେଙ୍କାଙ୍କର 'ଦେବ୍ରାଜ' ଭଳି। ପ୍ରଥମ ପୁରୁଷୀୟ ଶୈଳୀରେ ଗଳ୍ପଟି ରଚିତ। ସେଇ କଥା– ଯେଉଁ କଥା ମୁଁ ତୁମକୁ ପ୍ରଥମରୁ କହିଥିଲି – ସେହି ସାମାଜିକ ପରିଚୟ କଥା ବା ପ୍ରମାଣପତ୍ରର ପରିଚୟ କଥା ଏବଂ ବ୍ୟକ୍ତି ଜୀବନର ପରିଚୟ କଥା ଏବଂ ତା'ସହିତ ଅସଲ ମଣିଷର ପରିଚୟ କଥାମାନଙ୍କୁ ନେଇ ଏ ଗଳ୍ପର ରୂପରେଖ ପ୍ରସ୍ତୁତ। ଗାଳ୍ପିକ ଆରମ୍ଭରେ 'ମୁଁ କିଏ' ବୋଲି ନିଜକୁ ତଥା ଅନ୍ୟମାନଙ୍କୁ ପ୍ରଶ୍ନ କରିଛନ୍ତି ଏବଂ ତା'ର ଉତ୍ତର ମଧ୍ୟ ଦେଇଛନ୍ତି। ତା'ପରେ ସେ ପୁଣି କହୁଛନ୍ତି "ମୋର ଯେଉଁ ପରିଚୟ, ମୁଁ ଜଣେ ଅଧ୍ୟାପକ, ମୁଁ ବିଶ୍ୱବିଦ୍ୟାଳୟର ଏମ୍.ଏ ଡିଗ୍ରୀ ଧରି ଅଧ୍ୟାପନା କାର୍ଯ୍ୟରେ ନିଯୁକ୍ତ... ଇତ୍ୟାଦି। ଏସବୁ ମୋର ଜୀବିକାର ପରିଚୟ; ଯୋଗ୍ୟତାର ନୁହେଁ।" (ମୁଁ ଅଧ୍ୟାପକ ବିଶ୍ୱରଂଜନ)

ତା'ପରେ ଗାଳ୍ପିକ ତାଙ୍କର ବିଶ୍ୱରଂଜନ ନାମଟିକୁ ବ୍ୟାଖ୍ୟା କରିବାକୁ ଚେଷ୍ଟା କରିଛନ୍ତି। ଯେଉଁ ବ୍ୟାଖ୍ୟା ତମେ ଆଉ ମୁଁ ଆରମ୍ଭରୁ କରିଥିଲେ ସେହି ବ୍ୟାଖ୍ୟା। ତେବେ ନାଁର ଯେଉଁ ସାମାଜିକ ପରିଚୟ, ତାହା ଅନ୍ୟମାନଙ୍କ ନିକଟରେ ପରିବେଷିତ ହେବାର ଗୋଟିଏ ମାଧ୍ୟମ ମାତ୍ର, ଗୋଟିଏ ସଂକେତ; କିନ୍ତୁ ଯୋଗ୍ୟତା ନୁହେଁ। ସେଥିପାଇଁ ଗଳ୍ପର ଶେଷଭାଗରେ ଗାଳ୍ପିକ ସ୍ମିତା ନାମ୍ନୀ ଜଣେ ନାରୀ ଚରିତ୍ରକୁ ଏହି ଗଳ୍ପରେ ସ୍ଥାନିତ କରିଛନ୍ତି ଏବଂ ସ୍ମିତା ଦୃଷ୍ଟିରେ ଗଳ୍ପ ନାୟକ ବିଶ୍ୱରଂଜନଙ୍କର ଗୋଟିଏ ସ୍ୱତନ୍ତ୍ର ଯୋଗ୍ୟତା ରହିଛି ବୋଲି ଗାଳ୍ପିକ ବିଶ୍ୱରଂଜନ ପ୍ରକାଶ କରିଛନ୍ତି। "ସ୍ମିତା ହଠାତ୍ ଗାଳ୍ପିକଙ୍କ ଗଳାରେ ତା'ର ହାତ ଦୁଇଟିକୁ ଛନ୍ଦିଦେଇ ଗାଳ୍ପିକଙ୍କ ଓଠରେ ତା'ର ଓଠକୁ ଚାପିଧରି କହିଛି – ନ ହୋଇପାର ତୁମେ ଅଧ୍ୟାପକ, ନ ହୁଅ ପଛେ ତୁମେ ବିଶ୍ୱରଂଜନ; ତୁମେ କିନ୍ତୁ ଯୌବନ, ମୁଁ ବି ଯୌବନ। ଆମେ ଦୁହେଁ ଯୌବନ ଯୋଗ୍ୟତା ଆମର ପ୍ରେମ।" (ମୁଁ ଅଧ୍ୟାପକ ବିଶ୍ୱରଞ୍ଜନ)।

ଅଦୃଶ୍ୟା ! କୁହତ ଯୌବନର କ'ଣ କିଛି ପ୍ରମାଣପତ୍ର ଅଛି ? ପ୍ରେମର କ'ଣ କିଛି ପ୍ରମାଣପତ୍ର ଅଛି ? ଏମାନେ କୋଉ ଭୂମିଖଣ୍ଡରେ କେତେବେଳେ ଅଙ୍କୁରିତ ହେବେ କିଏ କହିପାରିବ ? କିନ୍ତୁ ସାମାଜିକ ମଣିଷର ଗୋଟିଏ ପରିଚୟ ଅଛି। ସେ ପରିଚୟ ହୁଏତ ନାମବାଚକ ପରିଚୟ; ନହେଲେ ବୃତ୍ତିଗତ ପରିଚୟ। ଏହି ବୃତ୍ତିଗତ ପରିଚୟ ଏବଂ ନାମବାଚକ ପରିଚୟକୁ ଗୋଟିଏ ସାଂସ୍କୃତିକ ନିର୍ମିତି ଭାବରେ ସଂରଚନାବାଦରେ ଗଣନା କରାଯାଏ ଅଦୃଶ୍ୟା। କିନ୍ତୁ ଉତ୍ତର ସଂରଚନା ବାଦରେ କ'ଣ ହୁଏ ଜାଣ ? ସେଠି ନାମବାଚକ କିମ୍ବା ସାମାଜିକ ପରିଚୟ କିମ୍ବା ବୃତ୍ତିଗତ ପରିଚୟ ଅସଲ ପରିଚୟ ନୁହେଁ। ସେଠି ଜୀବନର ପରିଚୟ ହିଁ ଅସଲ ପରିଚୟ।

ଯୌବନର ପରିଚୟ ହିଁ ଅସଲ ପରିଚୟ। ସେଠାରେ ଜୀବନ ଏବଂ ଯୌବନ ସର୍ବଦା ସଚଳ ବା ଡାଇନାମିକ୍ ତଥା ସ୍ୱୟଂକ୍ରିୟ ବା ସେଲ୍ଫରିଫ୍ଲେକ୍ସିଭ୍। ଆଉ ସେହି ଯେଉଁ ଯୌବନ-ଯେଉଁଠି ପ୍ରେମ ଅଙ୍କୁରିତ ହୁଏ, ତାହା ମଧ୍ୟ ଗୋଟିଏ ସୀମାବଦ୍ଧତା ଭିତରେ ରୁଦ୍ଧି ହୋଇକି ରହେନା। ଏହା ଏକ ମନୋଭାବ, ଏକ ଚେତନା, ଏକ ପ୍ରବୃତ୍ତି ପରିଚାଳିତ ସହଜାତ ସାମଗ୍ରିକତା।

ଅଦୃଶ୍ୟା! ଏବେ ଆସ ଏହି ପ୍ରବୃତ୍ତି ପରିଚାଳିତ ସହଜାତ ସାମଗ୍ରିକତା ଏବଂ ସାମାଜିକ ସିଦ୍ଧାନ୍ତ ପରିଚାଳିତ ମନୁଷ୍ୟ ମସ୍ତିଷ୍କପ୍ରସୂତ ସାମଗ୍ରିକତା ମଧ୍ୟରେ, କେମିତି ହାତାହାତି ଲଢ଼ାଇ ହେଉଛି ତାହା 'ସମୟ, ସମୁଦ୍ର ଓ ସ୍ୱର୍ଗଦ୍ୱାର' ଗଳ୍ପରେ ଆବିଷ୍କାର କରିବା।

ଆଲୋଚ୍ୟ ଗଳ୍ପର ସ୍ଥାନଭୂମି ହେଉଛି ପୁରୀ। ସେଠି ସମୁଦ୍ର ଅଛି। ସ୍ୱର୍ଗଦ୍ୱାର ମଧ୍ୟ ଅଛି। ସେହି ସ୍ୱର୍ଗଦ୍ୱାର ନିକଟରେ ଦଣ୍ଡାୟମାନ ହେଇ ଗଳ୍ପନାୟକ ଅତୀତକୁ ରୋମନ୍ଥନ କରୁଛନ୍ତି। ସେହି ରୋମନ୍ଥନ ମଧ୍ୟରେ ତାଙ୍କର ପ୍ରିୟ ବୋଉ ଆସିଛି। ଯେଉଁ ବୋଉ ଦୁଇବର୍ଷ ତଳୁ ଆରପାରିକୁ ଚାଲିଯାଇଛନ୍ତି, ସେହି ବୋଉ। ତା'ପରେ ଆଉ କିଛି ଘଟଣାଗତ ଆନୁକ୍ରମିକତା ଗଳ୍ପ ନାୟକଙ୍କୁ ନଷ୍ଟାଲଜିକ୍ କରି ଠିଆ କରେଇଛି ଏହି ଗଳ୍ପରେ। ନାୟିକା ରୀନା। ଅର୍ଥାତ୍ ରୀନା ସହିତ ମହାବିଦ୍ୟାଳୟ ଜୀବନରେ ଗଳ୍ପନାୟକଙ୍କ ପ୍ରେମ ସଂଘଟିତ ହୋଇଛି। ରୀନା ବଙ୍ଗୀୟା ଏବଂ ଗଳ୍ପନାୟକ ହେଉଛନ୍ତି ଓଡ଼ିଆ। ରୀନା ସହିତ ଗଳ୍ପନାୟକଙ୍କର ପ୍ରେମ କ୍ରମଶଃ ଘନିଷ୍ଠ ରୂପ ଧାରଣ କରିଛି। କିନ୍ତୁ ଠିକ୍ ଦୁଇବର୍ଷ ପରେ ଗଳ୍ପ ନାୟକ ବି.ଏ. ପାସ୍ କରି ଅର୍ଥନୀତିରେ ଏମ୍.ଏ. ପଢିବା ପାଇଁ ଆହ୍ଲାବାଦ୍ ଚାଲିଯାଇଛନ୍ତି। ଆହ୍ଲାବାଦ୍ ଚାଲିଯିବା ପରେ ରୀନାର ବାପା ରୀନାକୁ ଅନ୍ୟ ଯୁବକ ସହିତ ବିବାହ କରାଇଦେବା ପାଇଁ ବାଧ୍ୟ କରିଛନ୍ତି। ଶେଷରେ ରୀନାର ବହୁ ପ୍ରତିବାଦ ଏବଂ ଅନିଚ୍ଛା ସତ୍ତ୍ୱେ ତା'ର ବିବାହ ହୋଇଯାଇଛି। ରୀନା ଯାହାକୁ ବିବାହ କିରିଛି ତା'ସହିତ ଶାନ୍ତିରେ ବଞ୍ଚିପାରିନାହିଁ। ସେଥିପାଇଁ ସେ ରଂଜନ ଅର୍ଥାତ୍ ଗଳ୍ପନାୟକଙ୍କୁ ଚିଠି ଲେଖି କହିଛି – "ଜୀବନରେ ତୋତେ ମୁଁ ଭଲପାଇଥିଲି; କିନ୍ତୁ ବିବାହ ପରେ ସ୍ୱାମୀକୁ ଭଲପାଇବାର କଥା। ବହୁତ ଚେଷ୍ଟା କରିଛି ମୁଁ ତାଙ୍କୁ ଭଲପାଇବାକୁ। କିନ୍ତୁ ପାରିଲିନି। ହୃଦୟ ଦେଇ ଜଣଙ୍କୁ ଭଲପାଇବା ପରେ ଅନ୍ୟକୁ କ'ଣ ଭଲପାଇ ହୁଏ? ତେଣୁ ବିବାହ ପରେ ମୁଁ ଭଲପାଇ ବସିଲି ମୋର ସ୍ୱାମୀକୁ ନୁହେଁ, ମୋର ମୃତ୍ୟୁକୁ।" (ସମୟ, ସମୁଦ୍ର ଓ ସ୍ୱର୍ଗଦ୍ୱାର)।

ତା'ପରେ ୨୪ ବର୍ଷ ବୟସରେ ରୀନା ଆତ୍ମହତ୍ୟା କରିଛି। ଗଳ୍ପନାୟକ ଏଠି କହୁଛନ୍ତି "ମୋର ବିବାହ ନ ଦେଖି ବୋଉ ଆଖିବୁଜିଲା। ଆଉ ମୋତେ ବିବାହ ନ କରିପାରି ରୀନା ବି ଆଖି ବୁଜିଲା। ମୁଁ କିନ୍ତୁ ସେମିତି ଚାହିଁଥିଲି। ଅତୀତର ସେହି ସ୍ମୃତିର

ଢେଉଗୁଡ଼ାକ ମୋ ମନର ବେଳାଭୂଇଁରେ ମଥାପିଟି ବାରମ୍ବାର ଚିତ୍କାର କରୁଥିଲେ।" (ସେହିଗଳ୍ପ)

ଏହି ଗଳ୍ପରେ ଗାଳ୍ପିକ ନିଜ ଜୀବନକୁ, ନିଜ ଜୀବନର ପ୍ରେମକୁ, ପ୍ରେମିକାକୁ, ବୋଉକୁ, ବୃତ୍ତିକୁ ଏବଂ ଯୋଗ୍ୟତାକୁ ନିଜ ଗଳ୍ପ ସହିତ ସମ୍ମିଶ୍ରିତ କରି ସୁନ୍ଦର ଭାବରେ ପରିବେଷଣ କରିଛନ୍ତି। ଏଠି ମଧ୍ୟ ସେହି ପ୍ରସଙ୍ଗ ଆସିଛି। "ଭଲପାଇବା କେବଳ ବିବାହ ଭିତରେ ବଞ୍ଚିପାରେ ରଞ୍ଜନ, ଅନ୍ୟ କୌଣସି ପ୍ରକାର ନୁହେଁ। ସାମାଜିକ ନୀତିନିୟମ ଦୃଷ୍ଟିରୁ ରୀନା ସହିତ ତୁମର ବିବାହ ସମ୍ଭବ ନୁହେଁ। କାରଣ ତୁମେ ଓଡ଼ିଆ ଆଉ ରୀନା ବଙ୍ଗୀୟା। ଆଉ ବିବାହ ବିନା ଭଲପାଇବାର କୌଣସି ଅର୍ଥ ନାହିଁ।" (ସେହିଗଳ୍ପ)

ଏଠାରେ ସଂସ୍କୃତି ଏବଂ ପ୍ରକୃତି ଭିତରର ସଂଘର୍ଷ। ସେହି ସଂସ୍କୃତି ପାଇଁ ଶହ ଶହ ସାମାଜିକ ନୀତିନିୟମ ତିଆରି କରାଯାଇଛି। ପରମ୍ପରା ତିଆରି କରାଯାଇଛି। ମୂଲ୍ୟବୋଧ ତିଆରି କରାଯାଇଛି। ସେଥିପାଇଁ ସେଦିନ ଲେଭିଷ୍ଟ୍ରସ୍ କହୁଥିଲେ "ସବୁ ସାମାଜିକ ବ୍ୟବସ୍ଥାରେ ଯେଉଁ ସାଂସ୍କୃତିକ ବିନ୍ୟାସ ରହିଛି ତାହା ସାମାଜିକ ମୂଲ୍ୟବୋଧ ଉପରେ ଆଧାରିତ। ସେଗୁଡ଼ିକ ବିପରୀତ ଭାବର ସ୍ୱାଭାବିକତା ଉପରେ ଆଧାରିତ। ସମଗ୍ର ବିଶ୍ୱ ସଭ୍ୟତାର ଚିନ୍ତାଧାରା ତଥା ମଣିଷର ଜ୍ଞାନ ବିଜ୍ଞାନରେ ସେହି ପ୍ରକୃତି ଓ ସଂସ୍କୃତିର ବିରୋଧାତ୍ମକ ସଂପର୍କ ଉଲ୍ଲେଖିତ।" (ଜିତେନ୍ଦ୍ର- ସାଂପ୍ରତିକ ପାଶ୍ଚାତ୍ୟ ସମାଲୋଚନାତତ୍ତ୍ୱ ପୃ – ୭୫)।

ଏଠି ଜୀବନ କାହିଁ? ଏଠି ସହଜାତ ସ୍ୱାଧୀନତାର ସାମଗ୍ରିକ ନିର୍ମିତି ପାଇଁ କାଣିଚାଏ ସ୍ଥାନ କାଇଁ? ଏଭଳି ଗୋଟିଏ ଗଳ୍ପର ପରିକଳ୍ପନାରେ ଗାଳ୍ପିକ ବିଶ୍ୱରଂଜନ ନିଜକୁ ନିଜ ଭିତରୁ ଉତ୍‌ଖାତ କରି ସମାଜ ସହିତ ଯୋଡ଼ି; ସଂସ୍କୃତି ସହିତ ଯୋଡ଼ି; ପରମ୍ପରା ସହିତ ଯୋଡ଼ି; ସମୁଦ୍ର , ଶ୍ମଶାନ, ଜୀବନ ସହିତ ଯୋଡ଼ି ଜୀବନକୁ ଆସ୍ୱାଦିବା ପାଇଁ; ଜୀବନକୁ ପ୍ରତିଷ୍ଠିତ କରିବା ପାଇଁ; ଜୀବନକୁ ଜୀବନତୁଲ୍ୟ ଅନ୍ୟମାନଙ୍କୁ ହେଜାଇବା ପାଇଁ ପ୍ରୟାସ କରିଛନ୍ତି।

ଅଦୃଶ୍ୟା! ତମେ ଆଶ୍ଚର୍ଯ୍ୟ ହେବ ଯେ ବହୁ ଗଳ୍ପରେ ଗାଳ୍ପିକ ବିଶ୍ୱରଂଜନ ଜୀବନକୁ ଖୋଜିବାପାଇଁ ଚେଷ୍ଟା କରିଛନ୍ତି। ବେଳେବେଳେ ସକଳ ସଂପର୍କର ମହାସଭ୍ୟତା ମଧ୍ୟରୁ ସେ ଓହରିଆସି ନିଜକୁ ନିଜର ସ୍ରଷ୍ଟା ବୋଲି କହିଛନ୍ତି। ସେ କହିଛନ୍ତି "ଈଶ୍ୱର ଅନେକ ନୁହଁନ୍ତି। ସେ ଏକ ଆଉ ମୁଁ ନିଜେ ହିଁ ସେ ଈଶ୍ୱର। ମୁଁ ନିଜେ ହିଁ ସେ ଈଶ୍ୱର ମୁଁ ନିଜେ ହିଁ ସେ ଈଶ୍ୱର।" ପୁଣି ସେ କହୁଛନ୍ତି "ବାପା, ବୋଉ କିମ୍ବା ରୀନା ମୋର ସ୍ରଷ୍ଟା ନୁହନ୍ତି। ମୁଁ ମୋ ନିଜର ସ୍ରଷ୍ଟା। ମୁଁ ବ୍ରହ୍ମା, ମୁଁ ବିଷ୍ଣୁ, ମୁଁ

ମହେଶ୍ୱର। ମୋର ସୃଷ୍ଟି, ସ୍ଥିତି, ସମାପ୍ତିର ମୁଁ ନିଜେ ହିଁ ସୂତ୍ରଧର। ଈଶ୍ୱର ଅନ୍ୟ କେହି ନୁହଁନ୍ତି ଈଶ୍ୱର ହିଁ ମୁଁ ଆଉ ମୁଁ ହିଁ ଈଶ୍ୱର।"

ଅଦୃଶ୍ୟା ଏହି ଉଦ୍ଧୃତାଂଶଗୁଡ଼ିକ ଅଧ୍ୟାପକ ବିଶ୍ୱରଂଜନଙ୍କ 'କସ୍ତୁରାମୃଗ' ଗଳ୍ପର ଅଂଶ ବିଶେଷ। ଏଠାରେ ଗାଳ୍ପିକ ସାମାଜିକ କିମ୍ବା ସାଂସ୍କୃତିକ ପରିଚୟକୁ ଗୁରୁତ୍ୱ ନଦେଇ ନିଜର ଚେତନାଗତ ପରିଚୟକୁ ଗୁରୁତ୍ୱ ଦେଇଛନ୍ତି ଏବଂ ସେ ଏହାକୁ ଏକ ନୂତନ ସତ୍ୟର ଆବିଷ୍କାର ବୋଲି ମଧ୍ୟ କହିଛନ୍ତି।

ସତରେ ଅଦୃଶ୍ୟା! ଏଠି ଅଧ୍ୟାପକ ବିଶ୍ୱରଂଜନଙ୍କ ଭଳି ଶହ ଶହ, ହଜାର ହଜାର, କୋଟି କୋଟି ମଣିଷ ଜୀବନଟା ସାରା ବ୍ୟର୍ଥ ସନ୍ଧାନରେ ବ୍ୟସ୍ତ ରହି ଶେଷ ପର୍ଯ୍ୟାୟରେ ହା ହତୋସ୍ମିରେ ଘାଣ୍ଟି ହେଉଛନ୍ତି। ଯିଏ ନିଜ ଭିତରକୁ ଫେରିଆସୁଛି, ସେ ହିଁ ପ୍ରକୃତ ଜୀବନର ସନ୍ଧାନ ପାଉଛି। ଏଇ ନିଜ ଭିତରକୁ ଫେରି ଆସିବାଟା ଅତ୍ୟନ୍ତ ଅସହଜ ମନେ ହେଉଥିଲେ ମଧ୍ୟ ଏହା ହିଁ ହେଉଛି ଅସଲ ସହଜାତ ସାମଗ୍ରିକ ବିନ୍ୟାସର ମୂଳ ମନ୍ତ୍ର। ଯେଉଁ ମନ୍ତ୍ର ମଧ୍ୟରେ ଏକ ନୂତନ ସଂସ୍କୃତି; ଏକ ନୂତନ ସଭ୍ୟତା; ଏକ ନୂତନ ଜଗତର ଭବିଷ୍ୟତର ଅଙ୍କୁର ବିଦ୍ୟମାନ ହୋଇରହିଥାଏ। ଗାଳ୍ପିକ ବିଶ୍ୱରଂଜନଙ୍କର ଅଧିକାଂଶ ଗଳ୍ପରେ ପ୍ରେମଜନିତ ପ୍ରାପ୍ତି ଏବଂ ଅପ୍ରାପ୍ତି ହିଁ କେନ୍ଦ୍ରୀୟ ଭାବବସ୍ତୁ। ଅବିବାହିତା ଝିଅର ମନସ୍ତାପ, ପ୍ରେମଜନିତ ବିବାହ ପାଇଁ ସଂଘର୍ଷ, ପ୍ରତାରଣା ଜନିତ ନୈରାଶ୍ୟବୋଧ, ଉଚ୍ଚତର ଏବଂ ନିମ୍ନତର ଜୀବିକାକେନ୍ଦ୍ରିକ ସ୍ଥିତି ପ୍ରଭୃତିକୁ ନେଇ ପ୍ରେମରେ ଦେଖା ଦେଉଥିବା ବିଫଳତା ସଫଳତା ପ୍ରଭୃତି ତାଙ୍କ ଗଳ୍ପରେ ଚିତ୍ରିତ ହୋଇଥିବାର ଲକ୍ଷ୍ୟ କରାଯାଏ।

ବିଶ୍ୱରଂଜନ ଯେତେବେଳେ ଗଳ୍ପ ରଚନା କରନ୍ତି ସେତେବେଳେ ଆମତମ ଭଳି ସାଧାରଣ ମଣିଷଙ୍କର ସାଧାରଣ ଜୀବନଯାପନକୁ ପାଥେୟ କରି ଗଳ୍ପରଚନା କରନ୍ତି। ଆମେ ଯେଉଁ ସମାଜରେ ବଞ୍ଚୁ ସେହି ସମାଜରେ ସଂପର୍କଗତ ସୁଯୋଗ ଓ ସଂକଟ, ସଂପର୍କଗତ ନୈକଟ୍ୟ ଓ ଦୂରତ୍ୱ ଇତ୍ୟାଦି ହେଉଛି ତାଙ୍କ ଗଳ୍ପର ଗୋଟିଏ ଗୋଟିଏ ଉପାଦାନ। ତେବେ ଜୀବନକୁ ନେଇ, ପ୍ରେମକୁ ନେଇ, ପ୍ରେମିକ ପ୍ରେମିକାକୁ ନେଇ ସେ ଅନେକ ପରୀକ୍ଷା-ନିରୀକ୍ଷା କରିଛନ୍ତି। ଜୀବନର ପ୍ରକୃତ ଉଦ୍ଦେଶ୍ୟକୁ ସେ ବିଭିନ୍ନ ଚରିତ୍ର ମାଧ୍ୟମରେ ଆବିଷ୍କାର କରିବାକୁ ଚେଷ୍ଟା କରିଛନ୍ତି। ଶିଖା, ଚନ୍ଦ୍ରା, ନୀଳଚନ୍ଦନ, ଶ୍ୱେତପଦ୍ମା, ଟୁନୀ ଅପା, ମାନସୀ, ସୁଦର୍ଶନ, ରଞ୍ଜିତା, ମଳୟ ମଞ୍ଜରୀ, ମଧୁମିତା, ଅବିନାଶ, ଅନାମିକା, ଅନୁପମ, ରୀତା, ନୀତା, ଅନୁରାଧା, ଅସ୍ମିତା, ଶ୍ରୀ, ଶୈଳ ଅପା, ମନିଷା, ଏବଂ ସର୍ବୋପରି ନିଜକୁ ଅର୍ଥାତ୍ ବିଶ୍ୱରଂଜନ ପ୍ରମୁଖ ଚରିତ୍ରଙ୍କୁ ନେଇ ବିଭିନ୍ନ ଗଳ୍ପରେ ସେ ପରୀକ୍ଷାନିରୀକ୍ଷା କରିଛନ୍ତି। ଅଧିକାଂଶ ଗଳ୍ପ ଦେଖିଲାଚାହିଁଲା କଥାଭିତିକ ନୁହେଁ; ବରଂ ଅଙ୍ଗେନିଭା କଥାଭିତିକ। ସେଥିପାଇଁ ତାଙ୍କର କିଛି କିଛି

ଗଳ୍ପରେ ସେ ନିଜେ ହିଁ ଚରିତ୍ର। ନିଜ ପରିବାରର ବିଭିନ୍ନ ସଦସ୍ୟ ମଧ୍ୟ ଚରିତ୍ର। ତା'ସହିତ ତାଙ୍କର ବନ୍ଧୁବାନ୍ଧବ, ଚିହ୍ନାଜଣା, ସତସତିକା ମଣିଷମାନେ ମଧ୍ୟ ଚରିତ୍ର ଭାବରେ ଭଡା ହୋଇଛନ୍ତି। ତେବେ ତାଙ୍କର ଯେଉଁ ଗଳ୍ପାୟନ ବା କଥାଭିବ୍ୟକ୍ତି - ତହିଁରେ ବିଶେଷ ଭାବରେ ଜଟିଳ, କ୍ଲିଷ୍ଟ, ଦୁର୍ବୋଧ କିମ୍ବା ଅବିଶ୍ୱସନୀୟ ଜୀବନର ପ୍ରତିଫଳନ ଘଟିନାହିଁ। ଯାହା ଘଟିଛି ଅତ୍ୟନ୍ତ ସରଳ ତଥା ସ୍ୱଚ୍ଛ। ଯାହା ତାଙ୍କୁ ଭଲଲାଗିଛି ସେ ତାକୁ ତାଙ୍କ ଗଳ୍ପରେ ସ୍ଥାନ ଦେଇଛନ୍ତି ଓ ଯାହା ତାଙ୍କୁ ଖରାପ ଲାଗିଛି ତାକୁ ମଧ୍ୟ ତାଙ୍କ ଗଳ୍ପରେ ସ୍ଥାନ ଦେଇଛନ୍ତି। ଚରିତ୍ରାୟନ ସମୟରେ ଯେଉଁ ଚରିତ୍ର ଯେଉଁ ଭଳି – ଏମିତିକି ନିଜ ଚରିତ୍ରର ଭିତିରି ଗୁମରକୁ ମଧ୍ୟ ଅନାବୃତ କରିଦେଇଛନ୍ତି।

ଅଦୃଶ୍ୟା ! ମୁଁ ତମକୁ ଏବେ ଗାଳ୍ପିକ ବିଶ୍ୱରଂଜନଙ୍କ ଦ୍ୱାରା ରଚିତ ଆଉ କେତେକ ଗଳ୍ପର ଅନ୍ତରୀଣ ବକ୍ତବ୍ୟ ସଂପର୍କରେ କିଞ୍ଚିତ୍ ସୂଚନା ପ୍ରଦାନ କରିବି। ତମେ ତ ଜାଣ ମୁଁ ଯଦି ତାହା ନ କରେ ତାହେଲେ ମୋତେ ରାତିରେ ନିଦ ହେବନାହିଁ। ଏଇ ଯେମିତି 'ଶିଖା' ଗଳ୍ପରେ ଶିଖାକୁ ନିଦ ହେଉନାହିଁ – ଠିକ୍ ସେମିତି। ଶିଖାର ବିବାହ କରିବାର ବୟସ ଅତିକ୍ରାନ୍ତ। ସେ ଶିଶିର ନାମକ ଜଣେ ଲାବୋରେଟୋରୀ ଆସିଷ୍ଟାଣ୍ଟଙ୍କୁ ଭଲପାଏ; କିନ୍ତୁ ତା' ବାପା ତାକୁ ତାଙ୍କ ସହିତ ବାହାଦେବା ପାଇଁ ଅରାଜି। ସେଥିପାଇଁ ଶିଖା ଅହରହ ନିଜ ଭିତରେ ନିଜେ ଜଳୁଛି। ଗାଳ୍ପିକଙ୍କ ଭାଷାରେ "ଜଳିବା ତା'ର ଧର୍ମ। ସେଥିରେ ତା'ର ଶାନ୍ତି ଏବଂ ତୃପ୍ତି। ସେହିଭଳି ଜଳିବାରେ ହିଁ ତା' ଜୀବନର ପରିପୂର୍ଣ୍ଣତା, ତା'ସୃଷ୍ଟିର ସାର୍ଥକତା" (ଶିଖା)।

'ଶିଖା' ଗଳ୍ପରେ ବିବାହ ପୂର୍ବବର୍ତ୍ତୀ ଜୀବନର ଯନ୍ତ୍ରଣାଜର୍ଜରିତ ସ୍ୱର ଅନୁରଣିତ ହୋଇଥିବାବେଳେ ହେଁ 'ଶ୍ୱେତପଦ୍ମା' ଓ 'ନୀଳଚନ୍ଦନ' ଗଳ୍ପରେ ବିବାହ ପରବର୍ତ୍ତୀ ଜୀବନର ରଙ୍ଗଛଡ଼ା ସଂପର୍କର ଚିତ୍ର ଅଙ୍କିତ। 'ଭୟ' ଗଳ୍ପରେ ଗାଳ୍ପିକ "ଭୟ ଥିଲେ ଭଲପାଇ ହୁଏନା ଏବଂ ଭଲ ପାଇବାକୁ ହେଲେ ଭୟ ଛାଡ଼ିବାକୁ ହୁଏ।" ବକ୍ତବ୍ୟର ପ୍ରତ୍ୟକ୍ଷ ଉପଲବ୍ଧିକୁ ଟୁନୀଅପା ଚରିତ୍ର ମାଧ୍ୟମରେ ପ୍ରତିଷ୍ଠିତ କରାଇବାପାଇଁ ଚେଷ୍ଟା କରିଛନ୍ତି। 'ହୋରି-୧' ଗଳ୍ପରେ ରଙ୍ଗ ବୋଳିହେବା ଠାରୁ ରଙ୍ଗ ଧୋଇହେବାର ଆନନ୍ଦ ଯେ ତା'ଠୁ ବେଶି ତାହା ଦର୍ଶାଯାଇଛି। ଜୀବନକୁ ଏକ ହୋରିଖେଳ ବୋଲି ବିବେଚନା କରାଯାଇଛି। ସେହିପରି 'ହୋରି-୨' ଗଳ୍ପରେ ନାଲି ନେଳିର ରଙ୍ଗ ପାଣିରେ ହୋରି ଖେଳିବା ଅପେକ୍ଷା ଆଖିର ରଙ୍ଗହୀନ ନିର୍ମଳ ସଫେଦ୍ ପାଣିରେ ହୋରି ଖେଳିବାରେ ଆନନ୍ଦ, ସାନ୍ତ୍ୱନା, ଆଶା, ଆଶ୍ୱାସନା ରହିଛି ବୋଲି ଗାଳ୍ପିକ ପ୍ରକାଶ କରିଛନ୍ତି।

'ଲୁହର ସଂଳାପ' ଗଳ୍ପରେ ଗାଳ୍ପିକ ଗଳ୍ପ ନାୟିକା ରଞ୍ଜିତା ଆଖିର ଲୁହ ପାଇଁ ନିଜକୁ ନିଜେ ଦାୟୀ କରିଛନ୍ତି। 'ଜୀବନର ଅନ୍ୟନାମ' ଗଳ୍ପରେ ଗାଳ୍ପିକ ପ୍ରେମକୁ ପୃଥିବୀର

ଏକମାତ୍ର ସତ୍ୟ ଓ ସବୁଠାରୁ ବଳି ମୂଲ୍ୟବାନ ବୋଲି ତର୍କଣା କରିଛନ୍ତି। ତା' ସହିତ ଯନ୍ତ୍ରଣାରୁ କିପରି ଏହି ସୃଷ୍ଟି ସମ୍ଭବ ହୋଇଛି ଏବଂ ଯନ୍ତ୍ରଣାରେ ହିଁ କେମିତି ଜୀବନ ଛଳଛଳ ହେଉଥାଏ ଏବଂ ଜୀବନର ଅନ୍ୟନାମ କେମିତି ଯନ୍ତ୍ରଣା -ତାହା ଚିତ୍ରିତ। ଗାଳ୍ପିକ ବିଶ୍ୱରଂଜନ କେତେକ ମିନି ଗଳ୍ପ ମଧ୍ୟ ରଚନା କରିଛନ୍ତି। ସେମାନଙ୍କ ମଧ୍ୟରେ'ସଂପର୍କ', ମିନି ଗପଟିଏ', 'ଉଡ଼ିଗଲା ଚଢ଼େଇର ଗୀତ', 'ରକ୍ତ ପରିକ୍ରମା' ଇତ୍ୟାଦି ଅନ୍ୟତମ। ଏହି ଗଳ୍ପମାନଙ୍କରେ ସେହିଭଳି ଗାଳ୍ପିକ ନିଜ ଅନୁଭବର କଥାକୁ, ନିଜ ଉପଲବ୍ଧିର କଥାକୁ ତଥା ନିଜ ଜୀବନର ଅଙ୍ଗନିଭା କଥାକୁ ପାଠକ ସାମ୍ନାରେ ତୋଳି ଧରିବାକୁ ଚେଷ୍ଟା କରିଛନ୍ତି। ଏହି ଗଳ୍ପମାନଙ୍କରେ ମଧ୍ୟ କେଉଁଠି କେଉଁଠି ପ୍ରେମର ବିବିଧ ରୂପ ଫୁଟି ଉଠିଛି। ପୁଣି ସମାଜର ସବୁ ଅନ୍ୟାୟ, ଅତ୍ୟାଚାର ପ୍ରଭୃତିର ଚାପରେ ଜଣେ ବ୍ୟକ୍ତି ମଣିଷ କିଭଳି ତା'ର ପ୍ରାକୃତିକ ସ୍ୱାଧୀନତାକୁ ହରାଇ ବସୁଛି ସେ କଥା ବର୍ଣ୍ଣିତ।

'ଚିଠି' ନାମକ ଏକ ଗଳ୍ପରେ ଗାଳ୍ପିକ ସଂପୂର୍ଣ୍ଣ ଚିଠିଟିକୁ ତିନି ଭାଗରେ ବିଭକ୍ତ କରିଛନ୍ତି। ପ୍ରଥମ ଭାଗ ହେଉଛି 'ଚିଠି : ଖରା ଓ ତରାକୁ'। ଦ୍ୱିତୀୟ ଭାଗ ହେଉଛି 'ପ୍ରଳାପ ଓ ବିଳାପ'। ତୃତୀୟ ଭାଗ ହେଉଛି – 'ଚିଠି : ମୌସୁମୀକୁ'। ଏ ଗଳ୍ପରେ ଗାଳ୍ପିକ ବିଶ୍ୱରଂଜନ ଖାଲି ଖୋଜି ଚାଲିଛନ୍ତି; କିନ୍ତୁ ପାଉନାହାନ୍ତି କାହାକୁ। ସେଥିପାଇଁ ଅନ୍ତରାତ୍ମା ବିଳପିତ, ବିଧୃତ ଏବଂ ମ୍ରିୟମାଣ ହୋଇ ପଡ଼ିଛି।

'ତଥାପି ଆଲୋକ' ଗଳ୍ପ ସଂକଳନଟି ଗାଳ୍ପିକ ବିଶ୍ୱରଂଜନଙ୍କ ଦ୍ୱାରା ୧୯୮୧ରେ ପ୍ରକାଶିତ। ଏହି ସଂକଳନରେ ଗାଳ୍ପିକ ନାମ ନୁହେଁ – ସଂପର୍କକୁ ହିଁ ସତ୍ୟ ବୋଲି ସିଦ୍ଧ କରିବା ପାଇଁ ଚେଷ୍ଟା କରିଛନ୍ତି। ଏଥିରେ ସନ୍ନିବିଷ୍ଟ ଷୋହଳଟି ଗଳ୍ପରେ ଜୀବନର ବିବିଧ ବ୍ୟର୍ଥତା ତଥା ଅନ୍ଧକାରର ପରୋକ୍ଷ ଏବଂ ପ୍ରତ୍ୟକ୍ଷ ବର୍ଣ୍ଣନା ରହିଛି। ଗଳ୍ପଗୁଡ଼ିକରେ କେତେକତ୍ର ସେହି ସ୍ୱପ୍ନ, ସେହି ପ୍ରେମ, ସେହି ସର୍ତ୍ତହୀନ, ସ୍ୱାର୍ଥହୀନ ଭଲପାଇବା, ସେହି ଗ୍ଲାନିବୋଧ, ସେହି ଯନ୍ତ୍ରଣା ଜର୍ଜର ଅବସ୍ଥା ପ୍ରଭୃତି ମାଳ ମାଳ ହୋଇ ସଂଗ୍ରଥିତ। ଏହି ସଂକଳନରେ ସ୍ଥାନିତ 'ସମୟର ମାନଚିତ୍ର' ଗଳ୍ପରେ ଗାଳ୍ପିକ ଯବନ ଚିତ୍ତ ଦାସଙ୍କୁ ଗୁରୁ ଏବଂ ମନର ମଣିଷ ବୋଲି କହିଛନ୍ତି। ଜଗନ୍ନାଥଙ୍କୁ ନିଜ ପ୍ରାଣର ଦେବତା, ହୃଦୟର ଦେବତା ବୋଲି କହିଛନ୍ତି। ସବୁ ତିଥି ସବୁ ବାର ତାଙ୍କ ପାଇଁ ଏକ ଓ ଅଭିନ୍ନ ବୋଲି କହିଛନ୍ତି। ନିଜ ଘର ଓ ପରଘର ସବୁ ତାଙ୍କ ପାଇଁ ଏକ ଓ ଅଭିନ୍ନ ବୋଲି କହିଛନ୍ତି। ସମସ୍ତେ ପୁଣି ଅତି ଆପଣାର ବୋଲି କହିଛନ୍ତି। ଏହିଭଳି ଏକତା ଏବଂ ଅଭିନ୍ନତାର ଭାବ ଗଣ୍ଠିରେ ଏ ଗଳ୍ପର ବିଭିନ୍ନ ଅନୁଚ୍ଛେଦ, ବାକ୍ୟ, ଶବ୍ଦ ପ୍ରଭୃତିକୁ ଗୁନ୍ଥା ଯାଇଛି।

ଗାଳ୍ପିକଙ୍କ 'ସ୍ୱପ୍ନ: ଦୁଃସ୍ୱପ୍ନ' ଗଳ୍ପଟି ଟିକିଏ ଭିନ୍ନ ସ୍ୱାଦର। ରାଜା ଏବଂ ରାଜତନ୍ତ୍ରକୁ

ଭିତ୍ତିକରି ରଚିତ ହୋଇଥିବା ଆଲୋଚ୍ୟ ଗଳ୍ପରେ ଗାଳ୍ପିକ ରାଜାକୁ ଭୟ କରନାହିଁ ବୋଲି କହୁଛନ୍ତି। ତା' ସହିତ କହୁଛନ୍ତି "ଭଲ ପାଅ, ମଣିଷ ସହିତ ମିଶିଯାଅ। ତା'କୁ ତମର କୋଳକୁ ନିଅ, ହାତରେ ତା'ର ହାତ ମିଳାଅ, ଛାତିରେ ଛାତି ମିଶାଅ, ତାକୁ ଚୁମାଦିଅ। ରଜା ହେବ ଯଦି ତା' ମନର ରଜା ହୁଅ, ମଣିଷ ମନର ରଜା। ତା ହେଲେ ମରି ବି ତୁମେ ମରିବ ନାହିଁ; କାଳ ତୁମର ନାମକୁ ହରିବ ନାହିଁ। ସବୁରି କାନ୍ଥ କବାଟରେ ତୁମର ଜୟଗୀତିକା ଲେଖା ହେବ। ସବୁରି ହୃଦୟରେ ତୁମରି ନାମ ହିଁ ଜପାମାଳି ହେବ।" (ସ୍ୱପ୍ନ: ଦୁଃସ୍ୱପ୍ନ)।

ଆଲୋଚ୍ୟ ଗଳ୍ପରେ ରାଜାଙ୍କର ଯେଉଁ ଇତିହାସ ଲେଖାହୁଏ, ତାହା ପଶ୍ଚାତରେ ପ୍ରଜାଙ୍କର ଲୁହ ଲହୁରେ ଅଲିଖିତ ଇତିହାସ କିଭଳି ସଂଗୁପ୍ତ ହୋଇରହିଥାଏ; ତାହା ଦର୍ଶାଯାଇଛି। ରାଜା ଏବଂ ପ୍ରଜା ମଧ୍ୟରେ ଅଭେଦ ପ୍ରୀତି ସୃଷ୍ଟିକରିବା ପାଇଁ ଗଳ୍ପରେ ସୂଚନା ପ୍ରଦତ୍ତ। ବାଡ଼ କି ହିଡ଼ ତଥା ଛୁରୀ ଆଦି ସାମ୍ପ୍ରତିକ ଶାସନ ବ୍ୟବସ୍ଥାରେ ରହିବା ସମୀଚୀନ ନୁହେଁ। ପ୍ରତ୍ୟେକ ପ୍ରଜା ଖୁସିରେ କେମିତି କାଳ କାଟିବେ; ସତ୍ୟକୁ କେମିତି ରାଷ୍ଟ୍ରନୀତି ବୋଲି ବିବେଚନା କରିବେ; ପ୍ରେମକୁ କେମିତି ରାଷ୍ଟ୍ରର ଧର୍ମଭାବରେ ସ୍ଥାପନ, କରିବେ ସେ ସବୁ ପ୍ରସଙ୍ଗକୁ ଏଠାରେ ଅବତାରଣା କରାଯାଇଛି। ଏହି ଗଳ୍ପରେ ଷୋଡ଼ଶ ଶତାବ୍ଦୀର ଇଟାଲୀୟ ଲେଖକ ମାକୀୟା ଭେଲିଙ୍କ 'ଦି ପ୍ରିନ୍ସ' ଭାବସାର ପ୍ରତିଫଳିତ ହେବା ପରି ଲାଗେ।

ଗାଳ୍ପିକ ଅଧ୍ୟାପକ ବିଶ୍ୱରଂଜନଙ୍କର 'ରେ ଆତ୍ମନ୍! ନିଦ୍ରା ପରିହରି' ଗଳ୍ପ ସଂକଳନଟି ଅନନ୍ୟ ସ୍ୱାଦର ଗଳ୍ପ ଗ୍ରନ୍ଥ। ଏଥିରେ କେତେକତ୍ର ବ୍ୟଙ୍ଗ ବିଦ୍ରୂପର ସ୍ୱର ଅନୁରଣିତ। ଏଥିରେ ଥିବା 'ଅନ୍ୟ ଦୃଶ୍ୟ : ଦୃଶ୍ୟାନ୍ତର' ଗଳ୍ପରେ ଗୋଟିଏ ଲୋକଗଳ୍ପ ମାଧ୍ୟମରେ ସାମ୍ପ୍ରତିକ ଗାଣତାନ୍ତ୍ରିକ ବ୍ୟବସ୍ଥାକୁ ବିଦ୍ରୂପ କରିଛନ୍ତି ଗାଳ୍ପିକ। ଠିକ୍ ସେମିତି 'ହେ ଈଶ୍ୱର କ୍ଷମାକର' ଗଳ୍ପରେ ନିଜକୁ କବି ରାଜେଶ ମହାପାତ୍ର ବୋଲି ପରିଚୟ ଦେଇ ଆସୁଥିବା ଜଣେ ଚରିତ୍ରକୁ ବିଦ୍ରୂପ କରିଛନ୍ତି। ସାମ୍ପ୍ରତିକ ସମୟରେ ଲେଖକମାନେ କିଭଳି ଆତ୍ମରତି ସଂପନ୍ନ ହୋଇ ସର୍ବଦା ଆତ୍ମଘାତୀ କାର୍ଯ୍ୟରେ ଲିପ୍ତ ରହୁଛନ୍ତି ଏବଂ ଏହି ପ୍ରକ୍ରିୟା କିଭଳି ସୃଷ୍ଟିର ପରିପନ୍ଥୀ ତାହାକୁ ଆଲୋଚ୍ୟ ଗଳ୍ପ ମଧ୍ୟରେ ଏକ ଛୋଟ ଗଳ୍ପ ମାଧ୍ୟମରେ ଅଭିବ୍ୟକ୍ତ କରାଯାଇଛି।

'ଧୂସର ଧ୍ରୁପଦୀ' ଗଳ୍ପରେ ଗାଳ୍ପିକ ତାଙ୍କ ବନ୍ଧୁଙ୍କ ଆଗମନକୁ ଅପେକ୍ଷା କରିଛନ୍ତି। ଆତିଥ୍ୟର ସମସ୍ତ ବ୍ୟବସ୍ଥା ସତ୍ତ୍ୱେ ବନ୍ଧୁ ଠିକ୍ ସମୟରେ ପହଞ୍ଚି ନାହାଁନ୍ତି। ବନ୍ଧୁ ଜଣକ ଶାନ୍ତିନିକେତନରୁ ଆସିଛନ୍ତି ଅଧ୍ୟାପକ ବିଶ୍ୱରଂଜନଙ୍କ ଆତିଥ୍ୟ ଗ୍ରହଣ କରିବାପାଇଁ। କିନ୍ତୁ ବନ୍ଧୁଙ୍କ ହାତରେ ସମୟ ନଥିବାରୁ ବନ୍ଧୁ ଯଥାଶୀଘ୍ର ପ୍ରତ୍ୟାବର୍ତ୍ତନ କରିଛନ୍ତି।

ବନ୍ଧୁଙ୍କର ଏତାଦୃଶ ଆଚରଣରେ ଗାଳ୍ପିକ ବିଶ୍ୱରଂଜନ ବିମଥିତ ହୋଇଛନ୍ତି। ତାଙ୍କ ଭିତରେ ଏକ ଅକୁହା ଅତୃପ୍ତି ଦୃଢ଼ ଭାବରେ ସଞ୍ଚରିତ ହୋଇଛି। ଏହି ଗଳ୍ପ ସଂକଳନରେ ସର୍ବମୋଟ ୧୪ଟି ଗଳ୍ପ ରହିଛି। ତା' ସହିତ ରହିଛି ଏକ 'ଉତ୍ସର୍ଗ ଲିପି'। ଏହି ସଂକଳନରେ ସନ୍ନିବିଷ୍ଟ ବିଭିନ୍ନ ଗଳ୍ପରେ ବସ୍ତୁବାଦୀ ଏବଂ ବ୍ୟକ୍ତିକୈନ୍ଦ୍ରିକ ତଥାକଥିତ ସଭ୍ୟତା ଓ ତାର ଛିନ୍ନମୂଳ ଅବକ୍ଷୟିଷ୍ଣୁ ସଂସ୍କୃତିକୁ ବ୍ୟଙ୍ଗ କରାଯାଇଛି।

'ଚୋରର ଚିଠି' ଗଳ୍ପ ସଂକଳନସ୍ଥ 'ଭାରତ ସେଦିନ କାନ୍ଦୁ ଥିଲା' ଗଳ୍ପରେ ପରାଧୀନ ଭାରତ ବର୍ଷର ଦୁରବସ୍ଥା ଏବଂ ସ୍ୱାଧୀନତୋତ୍ତର ଭାରତ ବର୍ଷର ସ୍ୱପ୍ନ ଭଙ୍ଗ; 'ସଉଦା' ଗଳ୍ପରେ ଚାକିରିଜୀବୀ ମଧ୍ୟବିତ୍ତ ବର୍ଗଙ୍କର ପ୍ରତିକ୍ରିୟା ଏବଂ ସ୍ୱାର୍ଥତ୍ୟାଗ; 'ଚଉକି' ଗଳ୍ପରେ ଚଉକିର ପ୍ରାଦୁର୍ଭାବ ଏବଂପ୍ରଭାବ; 'ଚୋରର ଚିଠି' ଗଳ୍ପରେ ପୁରୀ ରଥଯାତ୍ରାକାଳୀନ ଏବଂ ଭୁବନେଶ୍ୱରର ଚୋରୀ ପ୍ରସଙ୍ଗପ୍ରଭୃତି ବର୍ଣ୍ଣିତ। ଏହି ସଂକଳନରେ ମଧ୍ୟ 'କବିତାର ଛନ୍ଦ'; 'ସନ୍ଧ୍ୟାଦୀପର ଶିଖା', 'ଅଦୃଶ୍ୟ ଅଭିସାର'ଆଦି ଗଳ୍ପରେ ରୋମାଞ୍ଚକର ଭାବାବେଗ ଛଳ ଛଳ ଲହଡ଼ି ସୃଜିଛି। ଏହି ଗଳ୍ପ ଗ୍ରନ୍ଥସ୍ଥ ଗଳ୍ପ ଗୁଡ଼ିକରେ ଘଟଣାଗତ ଅନୁକ୍ରମ ପାଇଁ ଗାଳ୍ପିକ ଅତି ନିକଟରୁ କଥାବସ୍ତୁ ସଂଗ୍ରହ କରିଛନ୍ତି। 'ଫୁଲଚୋରି ଓ ଅନ୍ୟାନ୍ୟ ପ୍ରେମ ଗଳ୍ପ' ସଂକଳନରେ ଗାଳ୍ପିକ ବିଶ୍ୱରଂଜନ ସେହି ଭଲପାଇବା ବା ପ୍ରେମକୁ ହିଁ କେନ୍ଦ୍ର ଭାବରେ ଗ୍ରହଣ କରିଛନ୍ତି। ତାଙ୍କ ମତରେ "ନାମ, ସଂଜ୍ଞା ଓ ବୟସ ସହିତ ଭାବର କ'ଣ କୌଣସି ସଂପର୍କ ଥାଏ ? ଭଲପାଇବାର ଭାବ ଭିତରେ ସବୁ ସୀମା ସରହଦ ଆପେ ଆପେ ଅଛୁଆଁ ହୋଇ ରହିଯାଏ।" (ମଳୟ ମଞ୍ଜରୀ)।

ଆଲୋଚ୍ୟ ଗଳ୍ପସଂକଳନର 'ଫୁଲଚୋରି' ଗଳ୍ପ ହେଉ ବା 'ଆକାଶ ପହଁରା' ବା ଅନ୍ୟ କୌଣସି ଗଳ୍ପ-ସେଗୁଡ଼ିକରେ କେତେବେଳେ ନୀରବ ପ୍ରେମକୁ ଗୁରୁତ୍ୱ ଦିଆଯାଇଛି ତ କେତେବେଳେ ମୁଖରିତ ପ୍ରେମକୁ ପ୍ରକାଶ କରିବା ପାଇଁ ଚେଷ୍ଟା କରାଯାଇଛି। କେତେକ ଗଳ୍ପରେ ନିଜେ ଗାଳ୍ପିକ ନାୟକ ଭାବରେ ଅବତୀର୍ଣ୍ଣ ହୋଇଛନ୍ତି। ତେବେ ପ୍ରେମ, ପ୍ରେମିକ, ପ୍ରେମିକାଙ୍କୁ ନେଇ ଏହି ସଂକଳନରେ ଅନେକ ପରୀକ୍ଷାନିରୀକ୍ଷା କରାଯାଇଛି। "ସବୁ ପ୍ରେମିକ ପୁରୁଷ ହୋଇପାରନ୍ତି ନାହିଁ କି ସବୁ ପୁରୁଷ ପ୍ରେମିକ ହୋଇପାରନ୍ତି ନାହିଁ। ପ୍ରତ୍ୟେକ ନାରୀ ପ୍ରେମ ଚାହେଁ। କିନ୍ତୁ ପ୍ରେମ ସହିତ ପୌରୁଷ ମଧ୍ୟ କାମନା କରେ।" (ଆକାଶ ପହଁରା)।

ଗାଳ୍ପିକ ବିଶ୍ୱରଂଜନ ଏହି ସଂକଳନରେ ପ୍ରେମରେ ଥରେ ଭିଜିଗଲେ ଜୀବନ କେମିତି ଅସରା କାହାଣୀରେ ପରିଣତ ହୋଇଯାଏ ଏବଂ ମୃତ୍ୟୁର ସୀମାକୁ ଅତିକ୍ରମ କରିଯାଏ, ତାହା ଘୋଷଣା କରିଛନ୍ତି। ତାଙ୍କ ମତରେ "ମୃତ୍ୟୁ ତ ଉଡୁଥାଏ ଜୀବନ ପଛରେ। ହେଲେ ଜୀବନ ଧରାଦେବା ଅବସ୍ଥାରେ ନଥାଏ।" (ସେହି ଗପ)

ସତରେ ଅଦୃଶ୍ୟା ! ଏ ପୃଥିବୀ ହେଉଛି ପ୍ରେମର ପୃଥିବୀ। ଏ ପ୍ରେମ 'ଆଶାବରୀ' ଗଳ୍ପର ଅନୁଭବ ସହିତ ଅନିଶାର ହୋଇପାରେ ବା ଯେକୌଣସି ଗଳ୍ପର ଗଳ୍ପ ନାୟକ ସହିତ ଯେକୌଣସି ଗଳ୍ପ ନାୟିକାର ହୋଇପାରେ ବା ପ୍ରେମିକ ବିଶ୍ୱରଂଜନଙ୍କ ସହିତ ପ୍ରେମିକା ଆଉ ଯେ କେହି ହୋଇପାରେ। ତେବେ ଏ ସମସ୍ତଙ୍କ ଭିତରେ ସେହି ପ୍ରେମର ମହାପ୍ରବାହ ପ୍ରବାହିତ।

ପ୍ରକୃତରେ ପ୍ରେମ ହେଉଛି ଏକ ଭୀଷଣ କଠିନ ଅବଲମ୍ବନ। ସେଇଠି କୁହାଯାଏ ପ୍ରେମ ବା ପ୍ରୀତି ହେଉଛି ପବନକୁ ହାତରେ ଧରିବା ଭଳି; ଶୂନ୍ୟକୁ ଅରୋହଣ କରିବା ଭଳି ଏବଂ ଆହୁରି କେତେ କ'ଣ। ଗାଳ୍ପିକ ବିଶ୍ୱରଂଜନଙ୍କ ବିଭିନ୍ନ ପ୍ରେମ ଗଳ୍ପରେ ପରକୀୟା ଏବଂ ସ୍ୱକୀୟା ଦୁଇପ୍ରକାରର ପ୍ରେମର ଚିତ୍ରଣ ହୋଇଛି, ଯେଉଁଠି ପ୍ରକୃତି ସଂସ୍କୃତି ଭିତରେ ଭୀଷଣ ଟଣାଓଟରା ଚାଲେ। ତେବେ ପରକୀୟା ପ୍ରେମର ମାତ୍ରା ଏଠାରେ ଅଧିକ। ଏହି ପରକୀୟା ପ୍ରେମର ଚିତ୍ର କେତେବେଳେ ଶିକ୍ଷକ ଏବଂ ଛାତ୍ରୀଙ୍କ ଭିତରେ ସଂଘଟିତ ହୋଇଛି ତ କେତେବେଳେ ବିବାହିତା ନାରୀ ଏବଂ ତାଙ୍କର ପୂର୍ବ ପ୍ରେମିକଙ୍କ ସହିତ। ପ୍ରେମ ଏକ ସମୁଦ୍ର ଭଳି। ସମୁଦ୍ରର ଯେମିତି ଅସରନ୍ତି ଶୋଷ, ଅସରନ୍ତି କ୍ଷୁଧା, ଅସରନ୍ତି ଉଦ୍‌ବେଳନ ଥାଏ; ପ୍ରେମର ମଧ୍ୟ ଠିକ୍ ସେହିପରି ଥାଏ। ସେହି ପ୍ରେମକୁ ପ୍ରାପ୍ତ କରିବା ପାଇଁ; ଭୋଗିବା ପାଇଁ; ସେହି ପ୍ରେମରେ ଉବୁଟୁବୁ ହେବାପାଇଁ କେତେବେଳେ ବିଦ୍ୟାଦେବୀଙ୍କ ଆଖିରୁ ଲୋତକ ଝରେ (ଚିହ୍ନା ଅଚିହ୍ନା) ତ କେତେବେଳେ ଅନୁରାଧାଙ୍କର ଆଖିରୁ (ଫୁଲଚୋରି)।

ସେଥିପାଇଁ ଗାଳ୍ପିକ ବିଶ୍ୱରଂଜନ ପ୍ରେମକୁ କେତେବେଳେ ଗଳ୍ପନାୟିକାର କବିତା ଭିତରେ ଆବିଷ୍କାର କରିବାକୁ ଚେଷ୍ଟା କରିଛନ୍ତି ତ କେତେବେଳେ ନିଜ ଜୀବନ ଭିତରେ ଆବିଷ୍କାର କରିବାକୁ ଆଗଭର ହୋଇଛନ୍ତି। ଅନେକତ୍ର ବିଫଳତା ଦେଖାଦେଇଛି। ତଥାପି ଗାଳ୍ପିକ ପଶ୍ଚାତ୍‌ପଦ ହୋଇ ନାହାନ୍ତି। ପ୍ରେମକୁ ଅନ୍ୱେଷଣ କରିବାରେ। କେତେବେଳେ ପ୍ରେମ ପୁଣି ପ୍ରାର୍ଥନାର ସଂଗୀତ ହୋଇଯାଇଛି ଗାଳ୍ପିକ ବିଶ୍ୱରଂଜନଙ୍କ ପାଇଁ (ପ୍ରେମ ଓ ପ୍ରାର୍ଥନା)।

ପ୍ରେମର ମହାପ୍ରବାହର ଢେଉ ଭାଙ୍ଗିବାକୁ ଯାଇ ଗାଳ୍ପିକ ଅନେକଗଳ୍ପରେ ଅବିନାଶ ଚରିତ୍ର ମାଧ୍ୟମରେ ଆତ୍ମମଗ୍ନ ହେଇଛନ୍ତି ତ କେତେବେଳେ ନିଜ ଚରିତ୍ର ମାଧ୍ୟମରେ ସେହି ଢେଉରେ ସନ୍ତରଣ କରିବାକୁ ଲମ୍ଫିତ। ସନ୍ତରଣ କରୁକରୁ କ୍ଷତାକ୍ତ ବି ହେଇଛନ୍ତି। ନଷ୍ଟାଲଜିକ୍ ହେଇଛନ୍ତି। କେତେବେଳେ କେତେବେଳେ ଅଜସ୍ର ବିଫଳତାର ଚାବୁକ୍ ପ୍ରହାରରେ ଯନ୍ତ୍ରଣା ଜର୍ଜରିତ ହୋଇଛନ୍ତି। ସବୁ ସତ୍ତ୍ୱେ ବି ସେ ପ୍ରେମପଥକୁ ତାଙ୍କ ଜୀବନରୁ ତଥା ତାଙ୍କ ଗଳ୍ପ ପରିସର ମଧ୍ୟରୁ ଦୂରେଇ ଦେଇ ନାହାଁନ୍ତି।

ସେଥିପାଇଁ ତାଙ୍କ ଗଳ୍ପରେ ବୟସ ପରାଜିତ ହୋଇଛି। ବୟସ ଅଣନିଃଶ୍ୱାସୀ ହୋଇ ଲାଞ୍ଜାଜାକି ପ୍ରଖର ଗତିରେ ଦୌଡ଼ି ଦୌଡ଼ି ପଳାୟନ କରିଛି। ଗାଳ୍ପିକଙ୍କ ଗଳ୍ପରେ ପ୍ରେମ ପାଇଁ କୌଣସି ବୟସଜନିତ ସୀମାରେଖା ଟଣାଯାଇ ପାରିନାହିଁ ବୋଲି କୁହାଯାଇଛି। ତେଣୁ ପ୍ରେମ ଏମିତି ଏକ ତରଳ ପ୍ରବାହ, ଏମିତି ଏକ ଅଦୃଶ୍ୟ ଉତ୍ତାଳ ପବନ- ଯାହା ଉତ୍ତର ସତୁରୀର ଅବିନାଶଙ୍କୁ ବି ସତେଇଶ ଛୁଇଁନଥିବା ମାଧବୀ ଲତା ସହିତ ଏକାତ୍ମ କରିଦେବାପାଇଁ ଚେଷ୍ଟା କରେ। ସେଥିପାଇଁ ବହୁଦିନୁ ନୀରବି ଯାଇଥିବା କବିତାର ଆଳାପରେ ନିଜ ଭାବନାର ସ୍ପର୍ଶ ଦେବାକୁ ଯାଇ ଅବିନାଶ ଏଥର ଲେଖିଲା ମାଧବୀ ଉଦ୍ଦେଶ୍ୟରେ – "ଆସ, ପାଖକୁ ଆସ। ମୁଁ ଠିଆ ହୋଇଛି କୂଳରେ। ପାଦ ବଢାଇବାକୁ ଡର। ଆସ, ମୋ ହାତ ଧରି ଟାଣିନିଅ ସମୁଦ୍ରର ଗଭୀରତାକୁ। ମୋତେ ବୁଡ଼େଇଦିଅ ତମ ପ୍ରେମରେ। ମୁଁ ଚାହେଁ ମୃତ୍ୟୁ ଓ ପୁନର୍ଜନ୍ମ ଏକାସାଙ୍ଗରେ" (ଅନ୍ତାକ୍ଷରୀ)

ଅଦୃଶ୍ୟା ! ପ୍ରେମକୁ ନେଇ ଏ ପୃଥିବୀରେ ବହୁ କିମ୍ବଦନ୍ତୀ, କାହାଣୀ, ଉପନ୍ୟାସ, ନାଟକ, କବିତା, ଗଳ୍ପ ଆଦି ରଚିତ। କାବ୍ୟ, ମହାକାବ୍ୟ, ଇତିହାସ ଆଦିରେ ମଧ୍ୟ ପ୍ରେମ ବର୍ଣ୍ଣିତ। ଏହି ପ୍ରେମକୁ କେତେବେଳେ ସ୍ୱକୀୟା ପରକୀୟା କୁହାଯାଇଛି ତ କେତେବେଳେ ଇନ୍ଦ୍ରିୟଗତ ଏବଂ ଇନ୍ଦ୍ରିୟାତୀତ ମଧ୍ୟ କୁହାଯାଇଛି। କେତେବେଳେ ପୁଣି ଈଶ୍ୱରୀୟ ଏବଂ ନିରୀଶ୍ୱରୀୟ ବା ଅନୀଶ୍ୱରୀୟ ପ୍ରେମ ବୋଲି ତର୍କଣା କରାଯାଇଛି। ବୈଷ୍ଣବ ସାହିତ୍ୟରେ ପ୍ରେମକୁ ବା ରତିକୁ ସାଧାରଣୀ, ସମଞ୍ଜସା ଏବଂ ସମର୍ଥା ବୋଲି ତ୍ରିବିଧ ବର୍ଗର ବିବେଚନା କରାଯାଇଛି। ଶୃଙ୍ଗାର ବା ପ୍ରେମକ୍ରିୟାକୁ ସମ୍ଭୋଗ ଏବଂ ବିପ୍ରଲମ୍ଭ ଭାବରେ ଦୁଇଭାଗ କରାଯାଇଛି। ତେଣୁ ବିଶ୍ୱସାହିତ୍ୟରେ ବା ଭାରତୀୟ ସାହିତ୍ୟରେ ବା ଓଡ଼ିଆ ସାହିତ୍ୟରେ ପ୍ରେମର ବହୁବିଧ ଅନୁଭୂତି, ଅଭିଜ୍ଞତା ତଥା ଅଭିବ୍ୟକ୍ତି ପରିଦୃଷ୍ଟ ହୋଇଥାଏ।

ସେହି ଅନୁଭବ, ଅଭିଜ୍ଞତା, ଆବେଗ, ଭାବପ୍ରବଣତା ଆଦିକୁ ପାଥେୟ କରି ଅଧ୍ୟାପକ ବିଶ୍ୱରଂଜନ ତାଙ୍କର ଅଧିକାଂଶ ଗଳ୍ପରେ ପ୍ରେମକୁ ବିଭିନ୍ନ ଦୃଷ୍ଟିରେ ସନ୍ଦର୍ଶନ କରିଛନ୍ତି। ସେ ବିଫଳତା କିମ୍ବା ସଫଳତାକୁ ଗୁରୁତ୍ୱ ନଦେଇ କେବଳ ପ୍ରେମାନ୍ୱେଷଣକୁ ଜୀବନର ପରମ ଅଙ୍ଗ ବୋଲି ବିବେଚନା କରିଛନ୍ତି। ବାସ୍ତବିକ ପ୍ରେମ ହେଉଛି ପ୍ରବୃତ୍ତି ପରିଚାଳିତ ଏକ ପ୍ରାକୃତିକ ପ୍ରକ୍ରିୟା; କିନ୍ତୁ ଏହି ପ୍ରକ୍ରିୟା ବହୁ ସମୟରେ ସାମାଜିକ ନୀତିନିୟମ ଓ ସିଦ୍ଧାନ୍ତ ଦ୍ୱାରା ପରିଚାଳିତ ସାଂସ୍କୃତିକ ବ୍ୟବସ୍ଥା ହେତୁ ପଲ୍ଲବିତ, ପୁଷ୍ପିତ କିମ୍ବା ଫଳବିତ ହୋଇପାରେ ନାହିଁ। ତେଣୁ ବହୁ ସମୟରେ ଗୋଟିଏ ପାର୍ଶ୍ୱରେ ପ୍ରକୃତି ଏବଂ ଆଉ ଗୋଟିଏ ପାର୍ଶ୍ୱରେ ସଂସ୍କୃତି ନିଜ ନିଜ ଗୁଣଧର୍ମରେ ଶକ୍ତିଶାଳୀ ହୋଇ ସଂଘର୍ଷରେ ଲିପ୍ତ ହୋଇଯାନ୍ତି। ଫଳରେ ଏକ ବିପରୀତ ଭାବାପନ୍ନ ଅବସ୍ଥା

ସୃଷ୍ଟି ହୋଇଥାଏ। ସଂସ୍କୃତିକୁ ସର୍ବଦା ସର୍ବଜନୀନ ଏବଂ ମୂଲ୍ୟବୋଧ ଭିତ୍ତିକ ବ୍ୟବସ୍ଥା ଭାବରେ ବିବେଚନା କରି ମଣିଷର ଯେଉଁ ପ୍ରାକୃତିକ ଇଚ୍ଛା, ଆକାଂକ୍ଷା, ଅଭିଳାଷ ତାହାକୁ ଭଣ୍ଡୁର୍ କରିଦେବା ପାଇଁ ମସୁଧା କରାଯାଇଛି। ଏ ବ୍ୟବସ୍ଥା ସମଗ୍ର ପାଶ୍ଚାତ୍ୟ ଏବଂ ପ୍ରାଚ୍ୟ ସାହିତ୍ୟରେ ଅପ୍ରଚୁର ନୁହେଁ। ତେବେ ଗାଳ୍ପିକ ଅଧ୍ୟାପକ ବିଶ୍ୱରଂଜନ ତାଙ୍କ ଗଳ୍ପ ଗୁଡିକରେ ଯେଉଁ ପ୍ରେମପ୍ରତାରଣା ଆଦିର ପରୋକ୍ଷ ଏବଂ ପ୍ରତ୍ୟକ୍ଷ ପ୍ରତଫଳନକୁ ଅଭିବ୍ୟକ୍ତ କରିଛନ୍ତି ତା' ମଧ୍ୟରେ ସେହି ପ୍ରକୃତି ଏବଂ ସଂସ୍କୃତି ମଧ୍ୟସ୍ଥ ସଂଘର୍ଷ ଆମେ ଲକ୍ଷ୍ୟକରୁ। ତଥାପି ବିଶ୍ୱରଂଜନ ଥମିଯାଇ ନାହାଁନ୍ତି। ସ୍ଥିର ହୋଇଯାଇ ନାହାଁନ୍ତି। ଅପରିବର୍ତ୍ତନୀୟ ହେଇଯାଇ ନାହାଁନ୍ତି। ପ୍ରେମକୁ ନେଇ, ଭଲପାଇବାକୁ ନେଇ ସେ ତାଙ୍କ ଗଳ୍ପରେ ଆଗକୁ ଆଗକୁ ବଢ଼ିଛନ୍ତି ବରଂ ପଛକୁ ପଛକୁ ଛିଡ଼ିଯାଇ ନାହାଁନ୍ତି। ଭଲପାଇବା ବା ପ୍ରେମକରିବା ତାଙ୍କ ପାଇଁ ହେଇଯାଇଛି ସ୍ୱଧର୍ମ। ସେହି ଧର୍ମ ଟିକକକୁ ପ୍ରାପ୍ତ କରିବାପାଇଁ ସେ ହାତାହାତି ଲଢ଼େଇ କରିଛନ୍ତି ତଥାକଥିତ ରକ୍ଷଣଶୀଳ ସାମାଜିକ ଏବଂ ସାଂସ୍କୃତିକ ବ୍ୟବସ୍ଥା ସହିତ। ସେଥିପାଇଁ ସେ ନିତ୍ୟାନନ୍ଦ ମହାପାତ୍ରଙ୍କ 'ଜୀଅନ୍ତା ମଣିଷ' ଉପନ୍ୟାସର ଗୋଟିଏ ଉଦ୍ଧୃତିକୁ ଉଦ୍ଧାର କରି କହିଛନ୍ତି "ଭଲପାଇ ମଣିଷ ମରିବାକୁ ଯାଏ। ଭଲପାଇ ମଣିଷ ମରିଶିଖେ। ଭଲପାଇ ନଥିବା ମଣିଷର ମରିବାକୁ ସାହସ ହୁଏ ନାହିଁ। ଭଲପାଇଛି ବୋଲି ମରିବାକୁ ନ ଚାହିଁ କେହି କିନ୍ତୁ ମରିବା ପାଇଁ ହୁଏତ ଭଲପାଇବା ଦରକାର, (ଉତ୍ସର୍ଗ, କଥା ବିଶ୍ୱ - ପକ୍ଷୀଘର)। ସେଥିପାଇଁ ସେ ନିରୋଳା ସ୍ନେହ, ପ୍ରୀତି, ପ୍ରେମ, ଭଲପାଇବାକୁ ଜୀବନର ସର୍ବୋତ୍ତମ ପ୍ରାପ୍ତି ବୋଲି ବିବେଚନା କରିଛନ୍ତି। ତେଣୁ ଉତ୍‌ଥାନ ଆସୁ ବା ପତନ ଆସୁ; ନିନ୍ଦା ଆସୁ ବା ପ୍ରଂଶସା ଆସୁ; ବିପଦ ଆସୁ ବା ସମ୍ପଦ ଆସୁ ଏବଂ ଆଉ ଯାହା ଯାହା ବି ଆସୁ ପଛକେ ତା'କୁ ଖାତିର୍ ନ କରି ସେ ପ୍ରେମର ଅନ୍ୱେଷଣ କରିଛନ୍ତି। ସେହି ପ୍ରେମର ପଥଦେଇ ସେ ମଣିଷ ଖୋଜିଛନ୍ତି ଏବଂ କହିଛନ୍ତି "ଜାଣେନା କେବେ ଶେଷ ହେବ ମୋର ଏ ସନ୍ଧାନ। ପ୍ରାପ୍ତିର ପୂର୍ଣ୍ଣତାରେ ମୋ ସନ୍ଧାନର ସମାପ୍ତି ଘଟିବ କି ନା ତାହାବି ମୁଁ ଜାଣେନା। ତଥାପି ଏକ ଅନ୍ୱେଷଣର ଉଦ୍ୟମରୁ ମୁଁ ବିରତ ହେବିନାହିଁ ମୋର ଜୀବନର ଶେଷ ମୁହୂର୍ତ୍ତ ପର୍ଯ୍ୟନ୍ତ। (ଉତ୍ସର୍ଗ – କାଚକଣ୍ଢେଇ- କଥାବିଶ୍ୱ - ପକ୍ଷୀଘର)।

ଅଦୃଶ୍ୟା ! ଆସ ଆମେ ବି ପ୍ରେମ ଅନ୍ୱେଷଣ ପଥରେ ପାଦ ଥାପିବା। କେବଳ ପାଦ ଥାପିବାନୁହେଁ; ପାଦ ଚାଲିବା। ତମେ ତ ଜାଣ ଏ ପୃଥିବୀରେ ପୂର୍ଣ୍ଣତା ଏବଂ ପୁଣ୍ୟ ମଧ୍ୟରେ ଅହରହ ଲଢ଼େଇ ଚାଲିଛି। ଆମେ ଯାହାକୁ ପୁଣ୍ୟ ବା ପାପ ବୋଲି କହୁ ତାହା ପ୍ରକୃତରେ ଆମ ମସ୍ତିଷ୍କ ପ୍ରସୂତ ଏକ ବିଚାର ବୋଧ। ତାହା ଆମ ମନପ୍ରସୂତ ଏକ ସୀମାରେଖା। ସେଥିପାଇଁ କୁହାଯାଏ ଯେ 'ପାପ ପୁଣ୍ୟ ବୋଲି କିଛି ନାହିଁ।' ଏ

ସମଗ୍ର ବିଶ୍ୱରେ ସବୁକିଛି ପୂର୍ଣ୍ଣ। ସେହି ପୂର୍ଣ୍ଣତା ପଥରେ ମଣିଷ ଜେଲିମାଛ ଠାରୁ ଉଦ୍‌ବର୍ତ୍ତିତ ହେଇ ହେଇ ଆଜି ଏଇ ସ୍ତରରେ ଆସି ପହଂଚିଛି। ଆହୁରି ଆଗକୁ ଯିବାକୁ ପଡିବ। କାରଣ ଏହି ଖୋଜିବା , ଏହି ଅନ୍ୱେଷଣ ହିଁ ମଣିଷର ସହଜାତ ଖୋଇ। ତେଣୁ ଆଉ ବିଳମ୍ବ କାହିଁକି ? ଆସ, ହାତଧର। ସଭ୍ୟତା ଏବଂ ସଂସ୍କୃତିର ଏଷ୍ଟାବ୍ଲିଶ୍‌ମେଣ୍ଟକୁ ଭାଙ୍ଗିଦେଇ ନୂଆ ଏକ ସଂସ୍କୃତିସଭ୍ୟତା ଗଢ଼ିବା। ବ୍ୟାକରଣର କାଳାନୁକ୍ରମକୁ ନମାନି ଠିକ୍ ବିଶ୍ୱରଂଜନଙ୍କ ପରି ଆମେ ମଧ୍ୟ ଆଗକୁଆଗକୁ ଆଗେଇବା। କଣ୍ଟା ପଡ଼ିଲେ ବି ଥମିବା ନାହିଁ, ଫୁଲ ପଡ଼ିଲେ ବି ଥମିବା ନାହିଁ। କାଦୁଅପଡ଼ିଲେ ବି ଥମିବା ନାହିଁ। ପାହାଡ଼-ପର୍ବତ, ନଦ-ନଦୀ, ସମୁଦ୍ର ପଡ଼ିଲେ ବି ଥମିବା ନାହିଁ। ଚାଲିବା। କେବଳ ଚାଲିବା। ଅନ୍ୱେଷଣ କରିବା ଠିକ୍ ଗାଳ୍ପିକ ଅଧ୍ୟାପକ ବିଶ୍ୱରଂଜନଙ୍କ ଭଳି। ଚାଲୁ ଚାଲୁ ତମେ ଏବଂ ମୁଁ ଯୁଗଳବନ୍ଦୀ କରି କହିବା **"ଏହି ଅନ୍ୱେଷଣ ହିଁ ବୋଧହୁଏ ମୋର ଜୀବନ" (ଉତ୍ସର୍ଗ –କଥାବିଶ୍ୱ) ନୁହେଁ; ବରଂ ନିଶ୍ଚିତ ଭାବରେ ଆମର ଶେଷତମ ଜୀବନ . . . ଜୀବନ. . . ଜୀବନ. . . ଅସରନ୍ତି ଜୀବନ. . . ଅନନ୍ତ ଜୀବନ. . . ନିଃସର୍ତ୍ତ ଜୀବନ।**

■

ସହାୟକ ଗ୍ରନ୍ଥସୂଚୀ

(୧) 'କାଚ କଣ୍ଢେଇ' ଏବଂ 'ତଥାପି ଆଲୋକ' ଗଳ୍ପ ସଂକଳନ - କଥାବିଶ୍ୱ- ଅଧ୍ୟାପକ ବିଶ୍ୱରଂଜନଙ୍କ ଗଳ୍ପ ସମଗ୍ର – ୧, ପକ୍ଷୀଘର, ପ୍ରଥମ ସଂସ୍କରଣ – ୨୦୨୦

(୨) ରେ ଆତ୍ମନ୍! ନିଦ୍ରା ପରିହରି - ଅଧ୍ୟାପକ ବିଶ୍ୱରଂଜନ - ଲକ୍ଷ୍ମୀଧର କ୍ରିଏଟିଭ୍ ସେଣ୍ଟର, ଭୁବନେଶ୍ୱର, ୨୦୧୨।

(୩) ଫୁଲଚୋରୀ ଓ ଅନ୍ୟାନ୍ୟ ପ୍ରେମଗଳ୍ପ – ଅଧ୍ୟାପକ ବିଶ୍ୱରଞ୍ଜନ- New Wave Publication, Dublin, OH – 2019.

(୪) ଚୋରର ଚିଠି - ଅଧ୍ୟାପକ ବିଶ୍ୱରଞ୍ଜନ -କଟକ ଷ୍ଟୁଡେଣ୍ଟସ୍ ଷ୍ଟୋର- ୨୦୧୦

(୫) Dictionary of Literary Terms of Literary Theory – J.A Cuddon, Penguin - 1998

(୬) ସାଂପ୍ରତିକ ପାଶ୍ଚାତ୍ୟ ସମାଲୋଚନା ତତ୍ତ୍ୱ – ଜିତେନ୍ଦ୍ର ନାରାୟଣ ପଟ୍ଟନାୟକ – ବିଦ୍ୟାପୁରୀ– ୨୦୦୬

(୭) Claude Levi-Strauss (1908-2009), News & Views, Nature/ Vol.462/17 Dec.2009.

(୮) ଉତ୍ତର ଆଧୁନିକ ସମାଲୋଚନାବାଦର କାଠଗଡାରେ ଓଡିଆ ସାହିତ୍ୟ – ଡ. ରବୀନ୍ଦ୍ର କୁମାର ଦାସ - ପ୍ରାଚୀ ସାହିତ୍ୟ ପ୍ରତିଷ୍ଠାନ- ୨୦୧୭।

୧୯୮୦ ପରବର୍ତ୍ତୀ କତିପୟ ଓଡ଼ିଆ ଉପନ୍ୟାସ: ଏକ ଉତ୍ତର ସଂରଚନାବାଦୀ ବିମର୍ଶ

ସଂକ୍ଷିପ୍ତସାର- ୧୯୮୦ ପରବର୍ତ୍ତୀ ଓଡ଼ିଆ ଉପନ୍ୟାସ ସାହିତ୍ୟରେ ଅନେକ ପରୀକ୍ଷାନିରୀକ୍ଷା ଏବଂ ପ୍ରୟୋଗ ପରିଲକ୍ଷିତ ହୁଏ । ସେହି ପରୀକ୍ଷାନିରୀକ୍ଷା ଏବଂ ପ୍ରୟୋଗ ପରିସରଭୁକ୍ତ ପରିବେଶକୈନ୍ଦ୍ରିକ ଓଡ଼ିଆ ଉପନ୍ୟାସ, ନୃତାତ୍ତ୍ୱିକ ଓଡ଼ିଆ ଉପନ୍ୟାସ, ବହୁବଚନୀୟତାବାଚକ ଓଡ଼ିଆ ଉପନ୍ୟାସ, ଅଧିକଥାକେନ୍ଦ୍ରିକ ଓଡ଼ିଆ ଉପନ୍ୟାସ ପ୍ରଭୃତିକୁ ଭିତ୍ତିକରି ଏହି ପ୍ରବନ୍ଧଟି ପ୍ରସ୍ତୁତ ।

॥ ଏକ ॥

ସାଂପ୍ରତିକ କାଳରେ ଆମେ ଯେଉଁ ବିଶ୍ୱଗ୍ରାମରେ ବସବାସ କରୁଛୁ, ତାହା ଆଉ ପୂର୍ବଭଳି ଏକଦେଶଦର୍ଶୀ, ଅପରିବର୍ତ୍ତନୀୟ, ସ୍ଥିର, ଏକମୁଖୀଭିତ୍ତିକ ବିଶ୍ୱ ହୋଇ ରହିନାହିଁ । ପ୍ରତି ମୁହୂର୍ତ୍ତ ହିଁ ହେଉଛି ଏହି ବିଶ୍ୱର ସର୍ବସ୍ୱ । ଏଠାରେ 'ସ୍ଥାନଗତ ସମୟ' ପରିବର୍ତ୍ତେ 'କାଳଗତ ସ୍ଥାନ' ହେଉଛି ଅଧିକ ଗୁରୁତ୍ୱପୂର୍ଣ୍ଣ । ଅର୍ଥାତ୍ ସମୟ ହେଉଛି ବାର୍ତ୍ତମାନିକ ସ୍ଥାନ ଏବଂ ପାତ୍ରର ନିୟନ୍ତକ । ସେଥିପାଇଁ ସ୍ଥୁଳତା ଅପେକ୍ଷା ସୂକ୍ଷ୍ମ ଚେତନାଗତ ପ୍ରେକ୍ଷାପଟ ହେଉଛି ସାମ୍ପ୍ରତିକ ବିଶ୍ୱଜୀବନ ଏବଂ ବିଶ୍ୱ ସାହିତ୍ୟର ଅନବରତ ପ୍ରକ୍ରିୟାକୈନ୍ଦ୍ରିକ ବିଶେଷତ୍ୱ ।

୧୯୮୦ରୁ ୨୦୨୦ ମଧ୍ୟରେ ଯେଉଁ ଉପନ୍ୟାସସବୁ ଲେଖାଯାଇଛି ତାହାକୁ

ଉତ୍ତର ସଂରଚନାବାଦୀ ଭାଷାରେ ଆଖ୍ୟାନ ବା ବୃତ୍ତାନ୍ତ ବା ନ୍ୟାରେଟିଭ୍ସ୍ କୁହାଯାଏ। ଏହି ନ୍ୟାରେଟିଭ୍ସଗୁଡ଼ିକ ପାରମ୍ପରିକ ଉପନ୍ୟାସର ରଚନା କୌଶଳ ଏବଂ ପ୍ରଥାବଦ୍ଧତାଠାରୁ ବିଚ୍ୟୁତ୍ ହୋଇ ବିରୋଧାଭାସ, ସ୍ୱୟଂକ୍ରିୟତା, ଚଳମାଳତା, ପେଷ୍ଟିଚ୍, ଲାଳିକା, ଅଣଭିତ୍ତିଭୂମିକତା, ଅଧିକଥନ, ଅବିଶ୍ୱସନୀୟତା, ଆନ୍ତସାନ୍ଦର୍ଭିକତା, ବହୁମେରୁକତା, ବହୁବଚନୀୟତା, ଅନ୍ତର୍ବିଦ୍ୟାମୂଳକତା ପ୍ରଭୃତି ଗୁଣଧର୍ମରେ ପରିପୁଷ୍ଟ ହୋଇଛନ୍ତି। ଉପନ୍ୟାସ ରଚନାର ଉଭୟ ଆଙ୍ଗିକ ଏବଂ ବକ୍ତବ୍ୟରେ ବହୁ ପରିବର୍ତ୍ତନ ମଧ୍ୟ ଲକ୍ଷ୍ୟ କରାଯାଏ। ଅଣୁ ଉପନ୍ୟାସ, ଚିତ୍ରୋପନ୍ୟାସ, ପ୍ରାୟୋପନ୍ୟାସ, ଉପନ୍ୟାସିକା, ମେଟାଫିକ୍ସନ, କାବ୍ୟୋପନ୍ୟାସ ପ୍ରଭୃତି ହେଉଛି ସାମ୍ପ୍ରତିକ କଥାୟନ ପରମ୍ପରାର ପ୍ରମୁଖ ଅନୁଷଙ୍ଗ।

ତେବେ ଉଭୟ ଆଙ୍ଗିକ ଏବଂ ବକ୍ତବ୍ୟଗତ ଅପ୍ରତ୍ୟାଶିତ ପ୍ରୟୋଗ ଏବଂ ପରୀକ୍ଷାନିରୀକ୍ଷା ଦୃଷ୍ଟିରୁ ଯେଉଁ ଉପନ୍ୟାସଗୁଡ଼ିକ ଦୃଷ୍ଟି ସମ୍ମୁଖକୁ ଆସେ ତନ୍ମଧ୍ୟରେ ମନୋଜଦାସଙ୍କ 'ଅମୃତ ଫଳ' ଏବଂ 'ଶେଷତାନ୍ତ୍ରିକର ସନ୍ଧାନରେ', ଭୀମପୃଷ୍ଟିଙ୍କର 'ସମୁଦ୍ର ମଣିଷ', 'ମୁହାଣ', 'ଜମ୍ବୁଲୋକ', 'କବିତାର ଉପନ୍ୟାସ'; ରଶ୍ମି ରାଉଳଙ୍କର 'ଏଠି ଗୋଟେ ଗାଁ ଥିଲା'; ସୁନୀତି ମୁଣ୍ଡଙ୍କର 'ଜିଗୋଲ', ଅନୀଲ କୁମାର ପାଢ଼ୀଙ୍କର 'ଓ ଏକାକୀ'; ଦେବକୁମାର ରାୟଙ୍କ '୧୨ନାରୀ', 'ନର୍କ', ଏବଂ 'ତ୍ରିଭୁଜ', ହିରଣ୍ମୟୀ ମିଶ୍ରଙ୍କ 'ମେଘପକ୍ଷୀର ଗୀତ', ସତ୍ୟପ୍ରିୟ ମହାଳିକଙ୍କର 'ଶୂନ୍ୟକାଳ', 'ନ୍ୟୁଟୋପିଆ', 'କଭର ଷ୍ଟୋରୀ'; ହୃଷୀକେଶ ପଣ୍ଡାଙ୍କର 'ଗର୍ବ କରିବାର କଥା'; କଇଳାସ ପଟ୍ଟନାୟକଙ୍କ 'ସ୍ଥାବର ଜଙ୍ଗମ': ମମତାମୟୀ ଚୌଧୁରୀଙ୍କ 'ବୈଶ୍ରବଣୀ'; କୃପାସାଗର ସାହୁଙ୍କ 'ଶେଷ ଶରତ'; ରାଜେନ୍ଦ୍ର କିଶୋର ପଣ୍ଡାଙ୍କ 'ଚିଦାଭାସ'; ରଜନୀକାନ୍ତ ମହାନ୍ତିଙ୍କ 'ପୁଷ୍ୟାନକ୍ଷତ୍ରର ଇତିବୃତ୍ତ' ଏବ 'ଅବତାର'; ପ୍ରତିଭା ରାୟଙ୍କ 'ଆଦିଭୂମି', ଶିଳାପଦ୍ମ' ଏବଂ 'ମହାରାଣୀଙ୍କ ପୁତ୍ର'; ସରୋଜିନୀ ସାହୁଙ୍କ 'ଗମ୍ଭିରୀ ଘର'; ଆଦିତେଶ୍ୱରଙ୍କ 'ଧାନ.. ଧାନ.. ଧାନ'; ପଦ୍ମଜପାଳଙ୍କ 'ଦୁର୍ଗପତନର ବେଳ', 'ହାଏ ମୁନି କେମିତି ଅଛ'; ପ୍ରକାଶ ପରିଡ଼ାଙ୍କ 'ଜଳଦର୍ପଣ'; ଦିନନାଥ ପାଠୀଙ୍କ 'ଶ୍ଳୋକଛନ୍ଦ, 'ଗଙ୍ଗାବତରଣ' ପ୍ରଭୃତି ଅନ୍ୟତମ।

ଉପରୋକ୍ତ ପାଠାଂଶରେ ଉଲ୍ଲେଖିତ ଉପନ୍ୟାସଗୁଡ଼ିକ ବ୍ୟତୀତ ଆହୁରି ମଧ୍ୟ ଅନେକ ଉପନ୍ୟାସ ରହିଛି ଯେଉଁଗୁଡ଼ିକରେ ନୂତନ ପରୀକ୍ଷାନିରୀକ୍ଷା ତଥା ପ୍ରୟୋଗ କରାଯାଇଛି। ସେଗୁଡ଼ିକ ଏଠାରେ ସ୍ଥାନିତ ନହେଲେ ମଧ୍ୟ ନବୀନ ବିନ୍ୟାସ ଦୃଷ୍ଟିରୁ ସେଗୁଡ଼ିକୁ ଅସ୍ୱୀକାର କରାଯାଇପାରିବ ନାହିଁ।

ପ୍ରବନ୍ଧର ଏହି ଭାଗରେ କତିପୟ ନିର୍ବାଚିତ ଓଡ଼ିଆ ଉପନ୍ୟାସକୁ ମୁଁ ମୋ ଦୃଷ୍ଟିରେ ବିଚାର ବିଶ୍ଳେଷଣ କରିବାକୁ ଚେଷ୍ଟା କରିଛି। ସେଗୁଡ଼ିକୁ କ୍ରମାନ୍ୱୟରେ ନିମ୍ନରେ ସଂଯୁକ୍ତ କରି ଆଲୋଚନା କରାଗଲା।

॥ ଦୁଇ ॥

୨୦୦୯ ମସିହାରେ ଓଡ଼ିଆ ସାହିତ୍ୟ ଏକାଡେମୀ ପୁରସ୍କାର ପ୍ରାପ୍ତ କୃପାସାଗର ସାହୁଙ୍କର ଉପନ୍ୟାସ ହେଉଛି 'ଶେଷ ଶରତ'। ଏହି ଉପନ୍ୟାସଟି ପ୍ରଥମେ 'ପ୍ରତିବେଶୀ' ପତ୍ରିକାରେ ପୂଜାସଂଖ୍ୟା ୧୯୯୯ରେ ପ୍ରକାଶିତ 'ଶେଷ ଶରତ' ଶୀର୍ଷକ ଦୀର୍ଘ ଗଳ୍ପ ଆକାରରେ ପ୍ରକାଶ ପାଇଥିଲା। ପରେ ଏହା ଉପନ୍ୟାସ ଆକାରରେ ପ୍ରକାଶିତ ହୋଇଛି। ଏହି ଉପନ୍ୟାସଟି ଚିଲିକାକୁ ସାଇବେରିଆ ଯେଉଁ ସାରସ ସବୁ ଆସୁଥିଲେ ସେହି କଥା କଳ୍ପନା ଉପରେ ରଚନା କରାଯାଇଛି।

'ଶେଷଶରତ' ଉପନ୍ୟାସର ଯେଉଁ ସନ୍ଦର୍ଭାୟନ- ତାକୁ ଲକ୍ଷ୍ୟ କଲେ, ଲାଗେ ଯେମିତି ଦୁଇଟି Text ସମତାଳ ହୋଇ ଗତି କରୁଛି। ଗୋଟିଏ ମଣିଷ ଏବଂ ତା'ର ରୀତିଗତିକୁ କେନ୍ଦ୍ର କରି ଅର୍ଥାତ୍ ହ୍ୟାରି କ୍ରିଷ୍ଟେନ୍, ତାଙ୍କ ପତ୍ନୀ ସାରା, ଝିଅ ଲାରା, ପୁତ୍ର ପିଟର ଏବଂ ଗବେଷକ ଛାତ୍ର ରବର୍ଟ କୋଜିଏଲ୍। ତତ୍‌ସହିତ କ୍ରିଷ୍ଟେନ୍‌ଙ୍କର ଜୀବନ ପରିଧି ଭିତରକୁ ପଶି ଆସିଛନ୍ତି କାହ୍ନା ଓ ଖୁଲଣା। ଅଣମାନବୀୟ ଚରିତ୍ର ଭାବରେ ଅଛନ୍ତି ହ୍ରଦମଣ୍ଡଳ ଚିଲିକା ଏବଂ ତତ୍‌ସହିତ ପକ୍ଷୀପଶୁ, ନଦନଦୀ, ନଳବଣ, ବୃଛଗଛ, ପର୍ବତପାହାଡ଼ ଏବଂ ପ୍ରାଚ୍ୟପାଶ୍ଚାତ୍ୟର ବିଭିନ୍ନ ପରିମଣ୍ଡଳ। ଏହି Text ଗୁଡ଼ିକ ସହିତ ଆଉ କିଛି ପ୍ରସଙ୍ଗକୁ ଔପନ୍ୟାସିକ ଏହି ଉପନ୍ୟାସରେ ସଂଗ୍ରଥନ କରିଛନ୍ତି। ଯେମିତିକି ଜଟାୟୁ, କାଳିଜାଈ, କୋଣାର୍କ, ଋଷିକୁଲ୍ୟା ମୁହାଣ, ବମ୍ବେ ନେଚୁରାଲ ହିଷ୍ଟୋରି ସୋସାଇଟି ଅନୁଷ୍ଠାନ, ବାଗଦା ଚିଙ୍ଗୁଡ଼ା ଚାଷ ପ୍ରସଙ୍ଗ, ଚିଲିକା ବଞ୍ଚାଅ ଗଣ ଆନ୍ଦୋଳନ, ନାଏଗ୍ରା, ଲେନାନଦୀ, ଆର୍ଟିଗ ମହାସାଗର, କ୍ରୋମୁଏଲ କ୍ରାଉନ ହୋଟେଲ, ଗୌତମ ବୁଦ୍ଧ ଓ ମହାବୀର ପ୍ରମୁଖ ମହାପୁରୁଷ ଏବଂ ସେମାନଙ୍କ ନିରଳସ ଜୀବନଚର୍ଯ୍ୟା, କଲମ୍ବସ ଏବଂ ଭାସ୍କୋଡ଼ାଗାମା ଏବଂ ସେମାନଙ୍କ ଭୌଗୋଳିକ ଆବିଷ୍କାର, ଓଡ଼ିଆ ସାଧବର ଅତୀତ ନୌବାଣିଜ୍ୟ, କାଳିଜାଈ ଆଦି ପାହାଡ଼ର ମହିମା, କାଳିଜାଈ ଲୋକକଥା, ଘଣ୍ଟଶିଳା ଓ ଶାଳିଆନଈ, ଗୋବି ମରୁଭୂମି, ତିବ୍ବତ, ହିମାଳୟ, ଓକ୍ ବୃକ୍ଷ, ଗଙ୍ଗାର ତ୍ରିକୋଣଭୂମି, ବଙ୍ଗୋପସାଗର, ମେକ୍ସିକୋ, ପେରୁ, ଓଣ୍ଟାରିଓ, ବରକୂଳ ପାନ୍ଥ ନିବାସ ପ୍ରଭୃତି ଗୁରୁତ୍ୱପୂର୍ଣ୍ଣ ସ୍ଥାନ ଏବଂ ଘଟଣା ସମୂହ। ସମଗ୍ର ଉପନ୍ୟାସର ଗର୍ଭବିନ୍ଦୁ ହେଉଛି ଚିଲିକା।

'ଶେଷ ଶରତ' ଉପନ୍ୟାସଟିକୁ ଉତ୍ତର ସଂରଚନାବାଦୀ ସମାଲୋଚନାବାଦର ଦୁଇଟି ଦିଗନ୍ତକୁ ଭିତ୍ତିକରି ଆଲୋଚନା କରାଯାଇପାରେ। ଗୋଟିଏ ହେଉଛି ଇକୋ କ୍ରିଟିସିଜମ୍ ବା ପରିବେଶ କୈନ୍ଦ୍ରିକ ସମାଲୋଚନାବାଦ ପ୍ରେକ୍ଷାପଟରେ ଏବଂ ଅନ୍ୟଟି Interdisciplinary ବା ଅନ୍ତର୍ବିଦ୍ୟାମୂଳକ ଅଧ୍ୟୟନ ପରିପ୍ରେକ୍ଷୀରେ। ତେବେ

ପରିବେଶ କୈନ୍ଦ୍ରିକ ସମାଲୋଚନାବାଦ ଦୃଷ୍ଟିରୁ ଯଦି ଏହି ଉପନ୍ୟାସଟିକୁ ଆଲୋଚନା କରାଯାଏ, ତେବେ ଆମେ ଲକ୍ଷ୍ୟ କରିବା ଯେ ଏଥିରେ ଦୁଇଟି ବିଷୟ ବା ବିଦ୍ୟା ରହୁଛି । ଗୋଟିଏ ହେଉଛି 'Ecology' ଏବଂ ଆଉ ଗୋଟିଏ ହେଉଛି- 'physical environment' ବା ସ୍ଥୁଳ ପରିବେଶ। ପରିବେଶ କୈନ୍ଦ୍ରିକ ସମାଲୋଚନାବାଦୀ ବିଦ୍ୟା (ecocriticism) ହେଉଛି ଗୋଟିଏ 'Raciprocal concern between the literature and the physical environment' ଅର୍ଥାତ୍ ସ୍ଥୁଳ ପରିବେଶ ବା ଭୌତିକ ପରିବେଶ ଏବଂ ସାହିତ୍ୟ ମଧ୍ୟସ୍ଥ ଏକ ପାରସ୍ପରିକ ସମ୍ପୃକ୍ତି। ଯେଉଁ ସଂପୃକ୍ତି ମାଧ୍ୟମରେ ପରିବେଶଗତ ପ୍ରଦୂଷଣ, ପରିବେଶ ସଙ୍କଟଗତ ବିଧ୍ୱଂସନ ସହିତ ପରିବେଶକୁ କେମିତି ମଣିଷମାନେ ବିଭିନ୍ନ ଉପାୟରେ ଶୋଷଣ କରୁଛନ୍ତି, ମଣିଷମାନଙ୍କ ଦ୍ୱାରା କିଭଳି ବିଭିନ୍ନ ପ୍ରକାରର କୃତ୍ରିମ ଉପାୟ ଅବଲମ୍ବନ କରି ପରିବେଶ ନଷ୍ଟ କରାଯାଉଛି- ଯାହା ଫଳରେ ପରିବେଶ କେମିତି ବିପର୍ଯ୍ୟସ୍ତ ହେଉଛି- ଏ ସବୁର କଥା ଚିତ୍ରଣ କରାଯାଇଥାଏ। ବିଶେଷ କରି ପରିବେଶ ଯେଭଳି ପ୍ରଦୂଷିତ ବା ସଙ୍କଟାପନ୍ନ ହେଉଛି ସେଥିପାଇଁ ମଣିଷ ହିଁ ଦାୟୀ ଅର୍ଥାତ୍ ମଣିଷକୃତ ସଙ୍କଟ ଦ୍ୱାରା ପରିବେଶ ପ୍ରଦୂଷିତ ହେଉଛି। ତେବେ ଯେତେବେଳେ ପରିବେଶ ପ୍ରଦୂଷିତ ହେଉଛି ସେତେବେଳେ ପଶୁପକ୍ଷୀଠାରୁ ଆରମ୍ଭ କରି ଜଳ, ଜଙ୍ଗଲ ଜମି ଆଦିରେ ପରିବେଶଗତ ସଙ୍କଟ ଦେଖାଯାଉଛି। ଏହି ଯେଉଁ ଆକଳନ ତାହାର ପ୍ରତ୍ୟକ୍ଷ ପ୍ରତିଫଳନ ଘଟିଛି 'ଶେଷ ଶରତ' ଉପନ୍ୟାସରେ।

ହ୍ୟାରିକ୍ରିଷ୍ଟେନ୍ ଚିଲିକାରେ ପକ୍ଷୀମାନଙ୍କ ଉପରେ ଗବେଷଣା କରିବାକୁ ଆସିଛନ୍ତି କାନାଡ଼ାରୁ। ସେ ପକ୍ଷୀମାନଙ୍କ ଉପରେ ଗବେଷଣା କରୁଥିବା ସମୟରେ ଚିଲିକାର ବିପର୍ଯ୍ୟସ୍ତ ବା ପ୍ରଦୂଷିତ ରୂପକୁ ଦେଖୁଛନ୍ତି। ଅର୍ଥାତ୍ ଚିଲିକାରେ ବାଗ୍‌ଦା ଚିଙ୍ଗୁଡ଼ି ଚାଷ ହେଉଛି। ଚିଲିକାରେ ଘେରିକରି ଲୋକମାନେ ବିଭିନ୍ନ ପ୍ରକାରର ମାଛଚାଷ କରୁଛନ୍ତି ବା ଚିଙ୍ଗୁଡ଼ି ଚାଷ କରୁଛନ୍ତି। ତାହା ସହିତ ଚିଲିକାରେ ବିଭିନ୍ନ କଳକାରଖାନାରୁ ବିଷାକ୍ତ ଜଳ ମଧ୍ୟ ଆସି ପଡୁଛି। ତାହା ସହିତ ଚିଲିକା ନିକଟବର୍ତ୍ତୀ ବିଭିନ୍ନ ଅଞ୍ଚଳରେ ବହୁ ପ୍ରକାରର ଯେଉଁ ହୋଟେଲ ଇତ୍ୟାଦି ହେଉଛି ତାହାର – ବର୍ଜ୍ୟବସ୍ତୁଗୁଡ଼ିକ ଆସି ଚିଲିକାରେ ପଡୁଛି ଏବଂ ଚିଲିକାର ଜଳ ପ୍ରଦୂଷିତ ହେଉଛି। ଅବାଧ ପକ୍ଷୀ ଶୀକାର ମଧ୍ୟ ଆଉ ଗୋଟିଏ ଉଦାହରଣ ଚିଲିକା ହ୍ରଦକୁ ସଙ୍କଟାପନ୍ନ କରାଇବାରେ।

ତେବେ ଚିଲିକାକୁ ପୂର୍ବରୁ ପକ୍ଷୀମାନଙ୍କର ବିହାର ବା ଅଭୟାରଣ୍ୟ ବୋଲି ଘୋଷଣା କରାଯାଇଥିଲା। ତାହା କାଗଜପତ୍ରରେ ହୋଇଥିଲେ ମଧ୍ୟ ପ୍ରକୃତରେ ତା'ର କାର୍ଯ୍ୟକାରିତା ଲକ୍ଷ୍ୟ କରାଯାଏନାହିଁ। ସେଥିପାଇଁ ଏଠାରେ ଅବାଧରେ ପକ୍ଷୀଶିକାର

ଚାଲେ। ଏସବୁକୁ ଲକ୍ଷ୍ୟ କରିଛନ୍ତି ହ୍ୟାରିକ୍ରିଷ୍ଟେନ୍। ଏଠାରେ ସାରସ ଓ ସାରସୀ ଦମ୍ପତିକୁ ଗୁରୁତ୍ୱ ଦିଆଯାଇଛି। ସାରସ ସପରିବାର ଲେନା ଅଞ୍ଚଳରୁ ପ୍ରବ୍ରଜ୍ୟା ଆରମ୍ଭ କରି ବଇକାଲ ହ୍ରଦ, ପାମେର ପଠାରୁ ଗୋବି ମରୁଭୂମି, ତିବ୍ବତର ମାନସରୋବର ହ୍ରଦ, ହିମାଳୟ, ଗଙ୍ଗାର ତ୍ରିକୋଣଭୂମି ପାରିହୋଇ ଶେଷରେ ଆସି ପହଞ୍ଚିଛି ବଙ୍ଗୋପସାଗରରୁ ସମୁଦ୍ର ଯେଉଁଠି ସ୍ଥଳଭାଗକୁ ଝୁଙ୍କିପଡ଼ି ସୃଷ୍ଟି କରିଛି ବିଶାଳକାୟ ଚିଲିକା ବା ଦୀର୍ଘିକା ସେଇଠି। କିନ୍ତୁ ଚିଲିକାରେ ଯେଉଁଭଳି ଭାବରେ ବିପର୍ଯ୍ୟୟ ଘଟିଛି ସେଠାରେ ସାରସ ସପରିବାର ତିଷ୍ଠି ପାରୁନାହିଁ। ଅନ୍ୟପକ୍ଷୀମାନେ ମଧ୍ୟ ସହଜରେ ଚିଲିକା ମଧ୍ୟରେ ନିଜର ବଞ୍ଚିବା ପାଇଁ ଖାଦ୍ୟ ସଂଗ୍ରହ କରିବା ଏବଂ ତା' ସହିତ ଅଣ୍ଡାଦେବା, ଛୁଆ ଫୁଟାଇବା ଇତ୍ୟାଦି କାର୍ଯ୍ୟ ମଧ୍ୟ ଠିକ୍ ଭାବରେ କରିପାରୁ ନାହାନ୍ତି।

ଏସବୁ ସମସ୍ୟା ଉପରେ ଗବେଷଣା କରିଛନ୍ତି - ହ୍ୟାରିକ୍ରିଷ୍ଟେନ୍। ୧୯୮୭ ମସିହାରେ ଚିଲିକାକୁ ଅଭୟାରଣ୍ୟ ବୋଲି ଘୋଷଣା କରାଯାଇଛି ଓଡ଼ିଶା ସରକାର ତଥା ଭାରତ ସରକାରଙ୍କ ଦ୍ୱାରା। କିନ୍ତୁ ଏ ଦିଗରେ କୌଣସି ସନ୍ତୋଷଜନକ ପଦକ୍ଷେପ ଗ୍ରହଣ କରାଯାଇନାହିଁ। ଫଳରେ ଚିଙ୍ଗୁଡ଼ି ମାଫିଆମାନେ ଚିଲିକାକୁ ଆସୁଛନ୍ତି ଏବଂ ସେମାନଙ୍କ ଉପଦ୍ରବରେ ଚିଲିକାର ପକ୍ଷୀମାନଙ୍କ ମଧ୍ୟରେ କୋକୁଆଭୟ ସୃଷ୍ଟି ହେଉଛି। ଟାଟା କମ୍ପାନୀକୁ ସଘନ ଚିଙ୍ଗୁଡ଼ି ଚାଷ ପାଇଁ ସରକାର ଲିଜ୍ ଦେଇଛନ୍ତି। ଏହିସବୁ ଉପଦ୍ରବରୁ ରକ୍ଷା କରିବା ପାଇଁ ହ୍ୟାରିକିଷ୍ଟେନ ଚେଷ୍ଟା କରି ନେତୃତ୍ୱ ନେଇଛନ୍ତି। ହେରିକ୍ରିଷ୍ଟେନ ପକ୍ଷୀମାନଙ୍କର ବିଭିନ୍ନ ଗତିବିଧିକୁ ଲକ୍ଷ୍ୟ କରିଛନ୍ତି ଏବଂ ତା' ଉପରେ ବିଭିନ୍ନ ଜାତୀୟ ଏବଂ ଅନ୍ତର୍ଜାତୀୟ ସ୍ତରରେ ସେମିନାର ମଧ୍ୟ ନେଇଛନ୍ତି। ତେବେ ବିଭିନ୍ନ ପ୍ରକାରର ବିଚିତ୍ର ପକ୍ଷୀ ଚିଲିକାରେ ରହନ୍ତି। ଯେମିତିକ ମାଲ୍‌ବର ଡକ୍ ନାମକ ଏକ ପ୍ରକାରର ପକ୍ଷୀ ଯିଏକି ଶୋଇଥିବା ଅବସ୍ଥାରେ ମଧ୍ୟ ଆଖିଖୋଲି ରଖିଥାଏ। ତା' ଉପରେ ସେ ଗବେଷଣା କରିଛନ୍ତି। ଏଠାରେ ଗୋଟିଏ ଦିଗରୁ ଦେଖିଲେ Ecocritical Analysis ବା ପରିବେଶ କୈନ୍ଦ୍ରିକ ସମାଲୋଚନାବାଦୀ ଦୃଷ୍ଟିକୋଣକୁ ଭିତ୍ତି କରି ଉପନ୍ୟାସଟିକୁ ରଚନା କରାଯାଇଛି ବୋଲି ମନେହୁଏ ଏବଂ ଅନ୍ୟତ୍ର ବିହଙ୍ଗ ବିଜ୍ଞାନକୁ ମଧ୍ୟ ଆଖିରେ ରଖି ଏହି ଉପନ୍ୟାସରେ ବିଭିନ୍ନ ପ୍ରକାରର ପକ୍ଷୀଙ୍କ ସମ୍ପର୍କରେ ଆଲୋକପାତ କରାଯାଇଥିବାର ଲକ୍ଷ୍ୟ କରାଯାଏ। ତାହା ସହିତ ପରିବେଶ ସୁରକ୍ଷା କେମିତି ହୋଇପାରିବ ସେ ଦିଗରେ ମଧ୍ୟ ଗୁରୁତ୍ୱାରୋପ କରାଯାଇଛି।

ଯେଉଁ ପରିବେଶକେନ୍ଦ୍ରିକ ସମାଲୋଚନାବାଦର କଥା ସାଂପ୍ରତିକ ବିଶ୍ୱ ସାହିତ୍ୟରେ କୁହାଯାଏ, ଯେଉଁଥିରେ ସ୍ଥୁଳ ପରିବେଶ ଏବଂ ସାହିତ୍ୟ ମଧ୍ୟରେ ଏକ ପାରସ୍ପରିକ ସଂପୃକ୍ତି ରକ୍ଷାକରିବାକୁ ପ୍ରୟାସ କରାଯାଏ, ପରିବେଶର ବିଧ୍ୱଂସନକୁ

ସୁଧାରିବା ପାଇଁ ପ୍ରୟାସ କରାଯାଇଥାଏ, ଏବଂ ମଣିଷକୃତ ସଙ୍କଟଦ୍ୱାରା ପରିବେଶ କିପରି ବିପର୍ଯ୍ୟସ୍ତ ହୋଇଥାଏ ତାହା ଦେଖାଇ ଦିଆଯାଇଥାଏ ଏବଂ ଶେଷରେ ଏକ ଚେତାବନୀ ମଧ୍ୟ ପ୍ରଦାନ କରାଯାଇଥାଏ-ଏଇ ସବୁକଥା 'ଶେଷଶରତ' ଉପନ୍ୟାସରେ ଚିତ୍ରିତ। ସେହି ଦୃଷ୍ଟିରୁ ଯଦି ବିଚାର କରାଯାଏ ତାହେଲେ 'ଶେଷଶରତ' ହେଉଛି ଏକ ସଫଳ ପରିବେଶକେନ୍ଦ୍ରିକ ସମାଲୋଚନାବାଦୀ ସାହିତ୍ୟକୃତି ବା ଉପନ୍ୟାସ ଏବଂ ଏହାକୁ ଅନ୍ତର୍ବିଦ୍ୟାମୂଳକ ଦୃଷ୍ଟିକୋଣରୁ ମଧ୍ୟ ଆଲୋଚନା କରାଯାଇପାରେ। କାରଣ, ଏହାର ଗୋଟିଏ ଦିଗରେ ସାହିତ୍ୟ ରହିଛି ଏବଂ ଆଉ ଗୋଟିଏ ଦିଗରେ ପରିବେଶ ବିଜ୍ଞାନ ରହିଛି ଏବଂ ଆହୁରି ଗୋଟିଏ ଦିଗରେ ସେହି ପରିବେଶ ବିଜ୍ଞାନ ଅନ୍ତର୍ଗତ ବିହଙ୍ଗ ବିଜ୍ଞାନବିଦ୍ୟା ମଧ୍ୟ ରହିଛି। ଏସବୁ ଦୃଷ୍ଟିରୁ 'ଶେଷଶରତ' ଉପନ୍ୟାସଟି.... ସଂପୂର୍ଣ୍ଣ ଭାବେ ଓଡ଼ିଆ ସାହିତ୍ୟରେ ଏକ ନବୀନ ପଦକ୍ଷେପ, ଏକ ନବୀନ ଉଦ୍ୟମ ଏବଂ ଏକ ନବୀନ ପ୍ରୟୋଗ ତଥା ପରୀକ୍ଷା।

।। ତିନି ।।

୧୯୮୦ ପରବର୍ତ୍ତୀ ଉପନ୍ୟାସ ରଚନା ପରମ୍ପରାର ଆଉ ଏକ ନବୀନ ପରୀକ୍ଷା ଏବଂ ପ୍ରୟୋଗଧର୍ମୀ ସଂଯୁକ୍ତି ହେଉଛି ରାଜେନ୍ଦ୍ରକିଶୋର ପଣ୍ଡାଙ୍କର 'ଚିଦାଭାସ'। ଏହି ଉପନ୍ୟାସରେ ପାରମ୍ପରିକ ଉପନ୍ୟାସର ଯେଉଁ ବ୍ୟାକରଣ ଥିଲା ତାକୁ ଲଙ୍ଘନ କରାଯାଇଛି। ଅର୍ଥାତ୍ ଯାହାକୁ ଆମେ ଐକ୍ୟତ୍ରୟୀ କହୁ; ଯାହା ସ୍ଥାନଗତ, କାଳଗତ ପ୍ରଭୃତି ଐକ୍ୟ– ତାହା ଏଠାରେ ନାହିଁ। ଏମିତିକି ଏହି ଉପନ୍ୟାସରେ ଅନେକ ଆନ୍ତର୍ସାନ୍ଦର୍ଭିକତା ବା Intertextuality ରହିଛି। ଆଧ୍ୟାତ୍ମିକତାଠାରୁ ଆରମ୍ଭ କରି, ବେଦ ଉପନିଷଦଠାରୁ ଆରମ୍ଭ କରି ପାଶ୍ଚାତ୍ୟ ଦର୍ଶନ, ପ୍ରାଚ୍ୟ ପରମ୍ପରା, ନଦନଦୀ ସଭ୍ୟତା, ମହାସାଗର, ଜ୍ଞାନଗରିମା ଇତ୍ୟାଦି ବିଷୟକୁ ଏଥିରେ ସ୍ଥାନିତ କରାଯାଇଛି। ଏହି ଉପନ୍ୟାସରେ ସୌରମଣ୍ଡଳ କଥା କୁହାଯାଇଛି। ବିଜ୍ଞାନର କଥା, ଗ୍ରହ ନକ୍ଷତ୍ରର କଥା, ତାରକାପୁଞ୍ଜର କଥା, ବୌଦ୍ଧ ଦର୍ଶନ, ଈଶ୍ୱର ସୃଷ୍ଟି, ମୀମାଂସା ଦର୍ଶନ, ଅସ୍ତିତ୍ୱବାଦ, ମାର୍କ୍ସବାଦ, ବେଦାନ୍ତ, 'ବ୍ରହ୍ମସତ୍ୟ ଜଗତ ମିଥ୍ୟା'ର ପ୍ରସଙ୍ଗ ରହିଛି। ଈଶ୍ୱର ମୃତ ପ୍ରସଙ୍ଗ ରହିଛି। କୃଷ୍ଣଲୀଳା ପ୍ରସଙ୍ଗ ରହିଛି। ନାରୀ ଧର୍ଷଣର କଥା ରହିଛି। ଶତ୍ରୁଜିତ୍ ନାମକ ଜଣେ ମନ୍ତ୍ରୀର ପୁଅ ନାରୀ ଧର୍ଷଣ କରି, କେମିତି ଦୋଷୀ ଭାବରେ ସାବ୍ୟସ୍ତ ହୋଇନାହିଁ, ତା'ର ଚିତ୍ର ମଧ୍ୟ ରହିଛି। ମୌସୁମୀ ନାମରେ ଚରିତ୍ର ଜଣକ ଏଠାରେ ଧର୍ଷିତା ହୋଇଛି। ପ୍ୟାରୀମୋହନ ନାମରେ ଜଣେ ଚିତ୍ରଶିଳ୍ପୀ ମଧ୍ୟ ଏଇ ଉପନ୍ୟାସର ଗୋଟେ ଚରିତ୍ର ଭାବରେ ଅବତୀର୍ଣ୍ଣ। ତେବେ ଆଙ୍ଗିକ ଦୃଷ୍ଟିରୁ ଏଇ ଉପନ୍ୟାସଟି ଉଭୟ ଅଧିକଥା ଏବଂ କାବ୍ୟ ଉପନ୍ୟାସ ଶୈଳୀର ଅନ୍ତର୍ଗତ

ବୋଲି କୁହାଯାଇପାରେ । ଏଥିରେ technologyର କଥା, ଗ୍ଲୋବାଲିଜିମ୍‌ର କଥା, cocreation ବା ସହସର୍ଜନ ପ୍ରକ୍ରିୟାର କଥା କୁହାଯାଇଛି । ଏଥିରେ Vertualityର କଥା, ପୁଞ୍ଜିନିବେଶ କଥା, Consumerism ବା ଉପଭୋକ୍ତାବାଦର କଥା ମଧ୍ୟ କୁହାଯାଇଛି ।

ସାଂସ୍କୃତିକ ସଂକଟ ପ୍ରସଙ୍ଗ ସହିତ ବିସ୍ଥାପନ ପ୍ରସଙ୍ଗ, ନଦୀବନ୍ଧ ପ୍ରସଙ୍ଗ, ପ୍ରକଳ୍ପ ପ୍ରସଙ୍ଗ, ଜଡ଼ଚେତନ, ମାନବଚେତନ, ଚେତନ ମାନବ, ଚେତନ ଜଡ଼ ପ୍ରସଙ୍ଗ ମଧ୍ୟ ରହିଛି । ମୋଟ୍ ଉପରେ ଏହା ଏମିତି ଏକ ଉପନ୍ୟାସ ଯେଉଁଟିକୁ ଆମେ Metafiction ନାମରେ ଚିହ୍ନଟ କରୁ । Metafiction ହେଉଛି ଏମିତି ଏକ ନ୍ୟାରେଟିଭ୍‌ସ ଯେଉଁଥିରେ ଉପନ୍ୟାସର ଧାରାବାହିକ ବ୍ୟାକରଣ ବ୍ୟାହତ ହୋଇଥାଏ । ଅର୍ଥାତ୍ ସେଥିରେ ଉପନ୍ୟାସ ଗୋଟେ ଗଦ୍ୟ ରଚନା ଭାବରେ ପରିଗଣିତ ହୋଇନଥାଏ ବା ଗଦ୍ୟରଚନା ଭାବରେ ତାକୁ ଗ୍ରହଣ କରାଯାଇ ନଥାଏ । ସେଥିପାଇଁ ରାଜେନ୍ଦ୍ରକିଶୋର ପଣ୍ଡା ଏଇ ଉପନ୍ୟାସ୍‌ରେ କେତେବେଳେ ସଂଳାପର ପ୍ରୟୋଗ କରିଛନ୍ତି ତ କେତେବେଳେ କବିତା ପୁଣି କେତେବେଳେ ଦୀର୍ଘ କବିତା । କେତେବେଳେ ଉପନ୍ୟାସ ଶୈଳୀର ମଧ୍ୟ ପ୍ରୟୋଗ ହୋଇଛି । ତେଣୁ ଉପନ୍ୟାସ, ସଂଳାପ, କବିତା ଏଇ ବିଭିନ୍ନ ମିଶ୍ରିତ ସାହିତ୍ୟିକ ଉପାଦାନକୁ ନେଇ ଗୋଟେ ନୂଆପ୍ରକାର ପରୀକ୍ଷାନିରୀକ୍ଷା ଏଥିରେ କରିଛନ୍ତି ଔପନ୍ୟାସିକ । ଏଥିରେ ଏକାଧାରରେ Intertextuality, ମଣ୍ଟାଜ୍ ଆଦି ରହିଛି । ତେଣୁ ଏହାକୁ ମଣ୍ଟାଜ୍‌ଧର୍ମୀ ନ୍ୟାରେସନ୍ ବା ଆଖ୍ୟାନ ଭାବରେ ମଧ୍ୟ ଗ୍ରହଣ କରାଯାଇପାରେ । ତେବେ ଆଖ୍ୟାନତତ୍ତ୍ୱ ଦୃଷ୍ଟିରୁ ପ୍ରଧାନତଃ ଏକ Metafiction ଭାବରେ ଏହାକୁ ଗ୍ରହଣ କରାଯାଇପାରେ । ସେଥିପାଇଁ ଏହାର ସବୁଠୁ ବଡ଼ ବୈଶିଷ୍ଟ୍ୟ ହେଉଛି ଲେଖକୀୟ ଆଧିପତ୍ୟ ଏଥିରେ ନାହିଁ । ଲେଖକ ତା' ନିଜ ଇଚ୍ଛାରେ ଏହାକୁ ପରିଚାଳିତ କରିନାହାନ୍ତି । ଲେଖା ତା ନିଜ ଧାରାରେ, ନିଜ ତରିକାରେ ପରିଚାଳିତ ହୋଇଛି । ତେଣୁ ଏଭଳି ଲେଖାକୁ କୁହାଯାଏ - ଲେଖକୀୟ ଆଧିପତ୍ୟ ବିହୀନ ଲେଖା ବା ରଚନା । ଯୋଉଠି କାହା ପରେ କିଏ ଆସିବ, କୋଉ ପ୍ରସଙ୍ଗ ପରେ କୋଉ ପ୍ରସଙ୍ଗ ଆସିବ ତାହା ସ୍ୱତଃ ଏବଂ ସ୍ୱୟଂକ୍ରିୟ ଧାରାରେ ସଂଚାଳିତ ହୋଇଥାଏ ।

॥ ଚାରି ॥

ଔପନ୍ୟାସିକ ମନୋଜ ଦାସ ତାଙ୍କ 'ଅମୃତ ଫଳ' ଏବଂ 'ଶେଷ ତାନ୍ତ୍ରିକର ସନ୍ଧାନରେ' ଉପନ୍ୟାସ ଦୁଇଟିକୁ ସେ ନିଜେ ପ୍ରାୟୋପନ୍ୟାସ ବୋଲି କହିଛନ୍ତି ।

ଏହି ଯେଉଁ ପ୍ରାୟୋପନ୍ୟାସ ପ୍ରସଙ୍ଗଟି ଆସୁଛି, ଇଏ ସେହି 'ମେଟାଫିକ୍‌ସନ୍

ପରିସରଭୁକ୍ତ । ଅର୍ଥାତ୍ ପାରମ୍ପରିକ ଉପନ୍ୟାସର ଗୁଣଧର୍ମ ଏଠାରେ ବର୍ଜିତ ବା ବିପଥିତ ହୋଇଛି ।

'ଶେଷ ଶରତ' ପରି 'ଅମୃତଫଳ'ରେ ମଧ୍ୟ ସେମିତି ଦୁଇଟି Text ସମତାଳରେ ଯାଉଛି । ଗୋଟେ ପଟେ ଇତିହାସ ଅଛି । ଗୋଟେ ପଟେ ବର୍ତ୍ତମାନର ଜୀବନ ଅଛି । ଉପନ୍ୟାସଟି 'ବିଦ୍ୟାପୁରୀ' ଦ୍ୱାରା ୧୯୯୬ରେ ପ୍ରଥମେ ପ୍ରକାଶିତ । ସେଥିରେ ମନୋଜ ଦାସ ସ୍ୱଷ୍ଟ ଭାବରେ କହୁଛନ୍ତି 'ଏହା ଐତିହାସିକ ଉପନ୍ୟାସ ନୁହେଁ ପ୍ରେରଣା ପ୍ରସୂତ ଏକ ଉପନ୍ୟାସ ବା ପ୍ରାୟୋପନ୍ୟାସ । ଏହା ବାସ୍ତବତା ତଥ୍ୟଭିତ୍ତିକ ନୁହଁ । ବାସ୍ତବତାର ଆକଳନ ମୋର ପାଠକମାନେ ତଥ୍ୟ ବା ଇତିହାସଠୁଁ ଭିନ୍ନ ମାନଦଣ୍ଡ ପ୍ରୟୋଗ ଦ୍ୱାରା କରିବେ ବୋଲି ମୁଁ ଆଶାବାନ୍ ।'

ଏଇ ଯେଉଁ 'ପ୍ରାୟୋପନ୍ୟାସ' ଶବ୍ଦଟି ସେ ପ୍ରୟୋଗ କରିଛନ୍ତି, ତା ପଶ୍ଚାତରେ ସେହି 'ମେଟାଫିକ୍ସନ୍‌ର ଗୁଣଧର୍ମ ସୂଚିତ ହେଇଛି । ଏଥିରେ ଗୋଟିଏ ଦିଗରେ ରହିଛନ୍ତି ରାଜା ଭର୍ତ୍ତୃହରି ଯାହାଙ୍କୁ ଚଣ୍ଡମୁନୀ ନାମରେ ଜଣେ ଋଷି ପ୍ରବର ଏକ ଫଳ ଦେଇଥିଲେ । ଯେଉଁ ଫଳକୁ ମନୋଜ ଦାସ ଅମୃତଫଳ ବୋଲି କହିଛନ୍ତି । ସେ ଫଳର ବିଶେଷତ୍ୱ ଥିଲା ଏହି ଯେ ତାକୁ ଯେ ଭକ୍ଷଣ କରିବ ସେ ଚିରଯୌବନ ପ୍ରାପ୍ତ ହେବ । ସେଥିପାଇଁ ରାଜା ଭର୍ତ୍ତୃହରି ସେ ଫଳଟିକୁ ନେଇ ତାଙ୍କ ରାଣୀକୁ ଦେଇଥିଲେ ଏବଂ ତାଙ୍କର ଇଚ୍ଛା ଥିଲା ରାଣୀ ହିଁ ଚିର ନବଯୌବନା ହେଇ ରହିବେ ଏବଂ ତାଙ୍କର ଇଚ୍ଛାକୁ ଅର୍ଥାତ୍ ଭର୍ତ୍ତୃହରିଙ୍କ ଅବଚେତନୀୟ ଇଚ୍ଛାକୁ ତୃପ୍ତ କରିବେ । କିନ୍ତୁ ଅବଲୀଳା କ୍ରମେ ସେହି ଫଳ ଅମାତ୍ୟ ପାଖରେ ପହଞ୍ଚିଛି । ଅର୍ଥାତ୍ ରାଣୀ ସେ ଫଳଟିକୁ ଅମାତ୍ୟକୁ ଆରୋଗ୍ୟ ପ୍ରାପ୍ତ ହେବା ପାଇଁ ଦେଇଥିଲେ । ପୁଣି ଅବଲୀଳା କ୍ରମେ ସେ ଫଳ ଯାଇ ପହଞ୍ଚିଛି ନଟୀ ବା ବେଶ୍ୟା ହାତରେ । କାହିଁକି ନା ବେଶ୍ୟା ସହିତ ଅମାତ୍ୟଙ୍କ ସମ୍ପର୍କ ଥିଲା ଏବଂ ଅମାତ୍ୟଙ୍କ ଇଚ୍ଛା ଥିଲା ଯେ ସେ ବେଶ୍ୟା ଚିରଯୌବନା ରହନ୍ତୁ ଏବଂ ଅମାତ୍ୟଙ୍କର ଅତୃପ୍ତ ଇଚ୍ଛାକୁ ପୂରଣ କରନ୍ତୁ । କିନ୍ତୁ ବେଶ୍ୟା ସେ ଫଳଟିକୁ ପାଇ ଭାବିଛି ଯେ ମୁଁ ଏ ଫଳର ହକ୍‌ଦାର ନୁହେଁ । ତେଣୁ ଏହି ଫଳକୁ ମୁଁ କୌଣସି ମହାପୁରୁଷଙ୍କ ହାତରେ ଟେକିଦେବି ଏବଂ ସେହି ମହାପୁରୁଷ ଜଣକ ଚଣ୍ଡମୁନୀ ବୋଲି ସେ ଭାବିଛି ଏବଂ ସେ ଚଣ୍ଡମୁନୀଙ୍କ ହାତରେ ସେଇ ଫଳଟିକୁ ଟେକି ଦେଇଛି ।

ଚଣ୍ଡମୁନୀ ଯେତେବେଳେ ଫଳଟି ପାଇଛନ୍ତି ସେତେବେଳେ ସେ ଆଶ୍ଚର୍ଯ୍ୟ ହୋଇଛନ୍ତି ଏବଂ ଭାବିଛନ୍ତି ଯେ ସେ ଫଳ ଏଠିକି ଆସିଲା କେମିତି ? ଅର୍ଥାତ୍ ବେଶ୍ୟା ହାତକୁ ଆସିଲା କେମିତି ?

ତା'ପରେ ଅନୁସନ୍ଧାନ ଚାଲିଛି । ରାଜା ଭର୍ତ୍ତୃହରି ଗୋଟିଏ ପରେ ଗୋଟିଏ

ରହସ୍ୟକୁ ଖୋଲିଛନ୍ତି । ସେ ଫଳଟି କେମିତି ପୁଣି ଚଣ୍ଡମୁନୀଙ୍କ ପାଖରେ ପହଞ୍ଚିଲା ସେଇ ପ୍ରସଙ୍ଗକୁ ସେ ବୁଝିପାରିଛନ୍ତି । ତା'ପରେ ତାଙ୍କର ବୈରାଗ୍ୟ ଜାତ ହୋଇଛି । ନିଜ ସାନ ଭାଇ ହାତରେ ରାଜ୍ୟଭାର ଅର୍ପଣ କରି ସେ ଯାଇଛନ୍ତି ତପସ୍ୟା କରିବାକୁ । ଏଇ ଯେଉଁ ତପସ୍ୟା - ତାହା ବାସ୍ତବ ଜୀବନରୁ ବା ଏଇ ତେଲଲୁଣ ଦୁନିଆରୁ ପଳାୟନମୁଖୀ ଏକ ତପସ୍ୟା । ତପସ୍ୟା କରୁ କରୁ ସେ ବହୁ କୁତ୍ସିତ ଦୁର୍ଦ୍ଦଶା; ବହୁ ଦାରୁଣ ସମସ୍ୟାର ସମ୍ମୁଖୀନ ହୋଇଛନ୍ତି । ଶେଷରେ ତାଙ୍କ ଚେତନା ସ୍ତରରେ ପରିବର୍ତ୍ତନ ଆସିଛି । ସେ ଭାବିଛନ୍ତି ଏଇ ଜଙ୍ଗଲର ତପସ୍ୟା ଅର୍ଥାତ୍ ସଂସାର ତ୍ୟାଗ କରି ଯେଉଁ ତପସ୍ୟା - ଏ ତପସ୍ୟା ପ୍ରକୃତ ତପସ୍ୟା ନୁହେଁ । ସଂସାର ଭିତରେ ରହି ତପସ୍ୟା କରିବାହିଁ ପ୍ରକୃତ ତପସ୍ୟା । ପାରମ୍ପରିକ ତପସ୍ୟାର ଯେଉଁ କୃଚ୍ଛତା ବା ଯେଉଁ ହଠକାରିତା ସେଥିରୁ ସେ ନିଜକୁ ମୁକୁଳାଇ ପୁଣି ସଂସାର ଅଭିମୁଖୀ ହୋଇଛନ୍ତି । ଆଉ ଶ୍ରୀ ଅରବିନ୍ଦଙ୍କର ସେହି ବାଣୀର ନିଷ୍କର୍ଷ ଏଠି ପ୍ରତିଫଳିତ ହୋଇଛି । 'All life is yoga. All life is education' । ଏଇ ହେଉଛି ଭର୍ତ୍ତୃହରିଙ୍କର ପାର୍ଶ୍ୱ । ଭର୍ତ୍ତୃହରିଙ୍କ ପରି ଆଉ ଜଣେ ଚରିତ୍ର ହେଉଛନ୍ତି ଅମରନାଥ । ତାଙ୍କ ପାର୍ଶ୍ୱ ମଧ୍ୟ ଠିକ୍ ସେହିପରି । ଅମରନାଥ ମଧ୍ୟ ତପସ୍ୟା ତଥା ସାଧନା ପ୍ରତି ଇଚ୍ଛାପ୍ରକଟ କରିଛନ୍ତି ।

ଭର୍ତ୍ତୃହରି ଗୁମ୍ଫା ତାଙ୍କୁ ଆକର୍ଷଣ କରିଛି । ତେବେ 'ଅମୃତଫଳ' ଉପନ୍ୟାସରେ ଇତିହାସକୁ ବାର୍ତ୍ତମାନିକତା ସହିତ ମିଶାଇ ଦେଇ ଯେଉଁଭଳି ଭାବରେ ନବୀନ ଢଙ୍ଗରେ ପରିବେଷଣ କରାଯାଇଛି - ତାହା ଏକ ଅପ୍ରତ୍ୟାଶିତ ବିନ୍ୟାସ କୌଶଳ ଭଳି ମନେହୁଏ ।

॥ ପାଞ୍ଚ ॥

ଯେଉଁ ଗ୍ରାମ୍ୟ ସଭ୍ୟତା ହେଉଛି ଆମ ଭାରତୀୟ ଜନଜୀବନର ସବୁକିଛିର ମୂକସାକ୍ଷୀ; ହସକାନ୍ଦ, ଲୁହଲହୁଠାରୁ ଆରମ୍ଭ କରି ପର୍ବପର୍ବାଣୀ, ଯାନିଯାତ୍ରା ସବୁକିଛି ଯେଉଁଠି ପାଳିତ ହୁଏ - ସେ ହେଉଛି ଆମ ଗାଁ । ଗୋଟେ ସମୟ ଥିଲା ଯେତେବେଳେ ଆଧୁନିକ ସଭ୍ୟତା କେବଳ ଭାରତ ନୁହେଁ ସମଗ୍ର ବିଶ୍ୱକୁ କବଳିତ କରିଥିଲା । ଜଳପଥ ବାଣିଜ୍ୟଦ୍ୱାରା, ଶିଳ୍ପବିପ୍ଳବଦ୍ୱାରା ସେତେବେଳେ ସମଗ୍ର ବିଶ୍ୱ ଦୁଇ ଭାଗରେ ବିଭକ୍ତ ହୋଇ ଯାଇଥିଲା । ଯଥା– ଗୋଟେ ଗ୍ରାମାଞ୍ଚଳ, ଆଉଗୋଟେ ହେଉଛି ସହରାଞ୍ଚଳ । କିନ୍ତୁ ବର୍ତ୍ତମାନ ସମୟରେ ବିଶେଷ କରି ୧୯୯୦ ପରବର୍ତ୍ତୀ ଭାରତବର୍ଷ ତଥା ଓଡ଼ିଶାରେ ଯଦି ଆମେ ଦେଖିବୁ, ତେବେ ଏଠି ଲକ୍ଷ୍ୟ କରାଯିବ ଯେ ପୂର୍ବରୁ ଯେଉଁ ଗ୍ରାମାଞ୍ଚଳ ଥିଲା ତାହା ଆଉ ଗ୍ରାମାଞ୍ଚଳ ହୋଇକି ରହିନାହିଁ । ତାହା ଆସ୍ତେଆସ୍ତେ

ସହରାଞ୍ଚଳରେ ପରିବର୍ତ୍ତିତ ହୋଇଯାଇଛି। ସହରାଞ୍ଚଳ cosmopolitan city ବା ମହାନଗରୀରେ ପରିଣତ ହୋଇଯାଇଛି।

'ଏଠି ଗୋଟେ ଗାଁ ଥିଲା' ଉପନ୍ୟାସରେ ଔପନ୍ୟାସିକା ରଶ୍ମିରାଉଳ ତାଙ୍କ ଝିଅଙ୍କୁ ଧରି ଯାଉଛନ୍ତି ଗାଁ ମାଟିକୁ ବସ୍‌ରେ। ଯେଉଁ ଗାଁ ମାଟିର କେତେ କାହାଣୀ ପୂର୍ବରୁ ସେ ତାଙ୍କ ଝିଅକୁ ଶୁଣେଇଛନ୍ତି। ସେ ଝିଅକୁ କହି କହି ଚାଲିଛନ୍ତି ଯେ ଆମେ ଗାଁରେ ଯେତେବେଳେ ପହଞ୍ଚିବୁ ସେତେବେଳେ ତୁ ଦେଖିବୁ ଯେ ମୁଁ କହୁଥିବା କାହାଣୀ ସହ ମୋ ଗାଁ କେମିତି ମିଶି ଯାଉଛି। କିନ୍ତୁ ଯେତେବେଳେ ସେ ଗାଆଁରେ ପହଞ୍ଚିଛନ୍ତି, ଦେଖିଛନ୍ତି ସେ ଗାଁ ଆଉ ନାହିଁ। ସେ ଯୋଉ ପିଠାପଣାର ଗାଁ, ଝୋଟିଚିତାର ଗାଁ, ମାଛ ଧାନର ଗାଁ, ପୁନେଇ ପର୍ବ ଇତ୍ୟାଦିର ଗାଁ ଆସ୍ତେଆସ୍ତେ ଜଗତୀକରଣର ପ୍ରଭାବରେ କବଳିତ ହୋଇ... ଏକ ଉଚ୍ଛୃଙ୍ଖଳ ସଂସ୍କୃତିଦ୍ୱାରା ବିପର୍ଯ୍ୟସ୍ତ ହୋଇଯାଇଛି।

ଗାଁର ଯୁବକମାନେ କ୍ଲବ ଘରେ ଆଡ୍ଡା କରୁଛନ୍ତି। ଅଶ୍ଳୀଳ ଚଳଚ୍ଚିତ୍ର ଦେଖୁଛନ୍ତି। ବିଭିନ୍ନ ଅପରାଧମୂଳକ କାର୍ଯ୍ୟରେ ଲିପ୍ତ ରହୁଛନ୍ତି। ଆଉ ଗାଁରେ ସେ ଝୋଟିଚିତା, ସେ ମୁରୁଜ, ସେ ହାଣ୍ଡିଶାଳ ନାହିଁ। ଅତୀତର ଯେଉଁ ଗାଁ ଗୋହିରୀରେ ଆତଜାତ ହେଉଥିଲେ ଗ୍ରାମ ଚରିତ୍ରମାନେ - ଯେମିତିକି ପର୍ଶୁଭାଇ, ରତ୍ନାକର ଭାଇ, ମାଗୁଣି ବଡ଼ବାପା, ମକରା ପାଗଳ, ନୀଳବୋଉ ଖୁଡ଼ୀ, ହାସିଲି ବୁଢ଼ୀ, ବରଗଛ, ନାଇବବାଡ଼ି, ବାଉଁଶ ବାଡ଼ି ଏମାନେ ଆଉ ନାହାନ୍ତି। ଯେଉଁ ଗାଁରେ କେତେ ଲୋକକାହାଣୀ ରହିଥିଲା ବ୍ରହ୍ମରାକ୍ଷସଙ୍କୁ ନେଇ, ବେତାଳଙ୍କୁ ନେଇ, ଯକ୍ଷଙ୍କୁ ନେଇ, ଭୂତପ୍ରେତଙ୍କୁ ନେଇ ସେ ଗାଁ ଆଜି ବିଦ୍ୟୁତ୍ ଆଲୋକରେ ଆଲୋକିତ। ଆଧୁନିକା ମାଆମାନେ ଟି.ଭି. ସମ୍ମୁଖରେ ବସି ସିରିଏଲ ଦେଖିକି ସମୟ ନିର୍ବାହ କରୁଛନ୍ତି। ନାତି, ନାତୁଣୀମାନଙ୍କୁ ଗପ କହିବାକୁ ସେମାନଙ୍କ ସମୟ ନାହିଁ କି ଆଗ୍ରହ ମଧ୍ୟ ନାହିଁ। ଯୋଉ ପାର୍ବତୀ ନଦୀର କଥା ଏଇ 'ଏଠି ଗୋଟେ ଗାଁ ଥିଲା' ଉପନ୍ୟାସରେ କୁହାଯାଇଛି ସେ ନଦୀ ମଧ୍ୟ ପୋତି ହୋଇଗଲାଣି। ଆଗରୁ ଗାଁରେ ଯେଉଁ ଯାତ୍ରାପାଟି ଥିଲା ତାହା ମଧ୍ୟ ଭାଙ୍ଗିଗଲାଣି। ସେ ଯାତ୍ରାରେ ଯିଏ କର୍ଣ୍ଣ ଅଭିନୟରେ ଅବତୀର୍ଣ୍ଣ ହେଉଥିଲା ସେ ଆଉ ନାହିଁ। ଦୁର୍ଯ୍ୟୋଧନ ଯେଉଁ ଖଣ୍ଡାଧରି ଯାତ୍ରାପାଟିରେ ଅଭିନୟ କରୁଥିଲା ସେ ଖଣ୍ଡାରେ ମଧ୍ୟ କଳଙ୍କି ଚରିଗଲାଣି। ପୁରୁଖା ଲୋକଙ୍କ ମଧ୍ୟରୁ କେତେକ ଆକାଶର ତାରା ପାଲଟି ଗଲେଣି ଅର୍ଥାତ୍ ମରିହଜି ଗଲେଣି। ଆଉ ସାନଖୁଡ଼ୀ, ଶନିଆଦାଦି, ପର୍ଶୁଭାଇ, ହରିଆଭାଇ ଏମାନେ ମଧ୍ୟ ସେଇ ପୁରୁଣା ଗାଉଁଲୀ ମଣିଷ ହେଇକି ରହିନାହାନ୍ତି। ଗାଁ ଗୋହିରୀ କଂକ୍ରିଟ୍ ହେଇଗଲାଣି। ଆଉ ଗାଁର ମଣିଷ ସେଇ କଂକ୍ରିଟ୍ ଜୀବନ ଭିତରେ ନିଜକୁ ପାଷାଣ କରିସାରିଲେଣି।

ସେଇ ଯୋଉ ଭଲପାଇବା, ସେଇ ଯୋଉ ଆତ୍ମୀୟତା ଆଉ ଏବେ ଗାଁରେ ନାହିଁ। ସେଥିପାଇଁ ଔପନାସିକାଙ୍କ ଝିଅ ପ୍ରଶ୍ନ କରିଛି ଯେ, ଗାଁ କାହିଁ? କିନ୍ତୁ ଗାଁ ଆଉ ନାହିଁ। ଔପନ୍ୟାସିକା ରଶ୍ମି ରାଉଳ 'ଏଠି ଗୋଟେ ଗାଁ ଥିଲା' ଉପନ୍ୟାସରେ ଗ୍ରାମ୍ୟଜୀବନରେ ଯେଉଁ ବିପର୍ଯ୍ୟସ୍ତ ଚିତ୍ରକୁ ତୋଳି ଧରିବାକୁ ଚେଷ୍ଟା କରିଛନ୍ତି, ତାହାରି ଭିତରେ ଜଗତୀକରଣର ପ୍ରଭାବ ଲକ୍ଷ୍ୟ କରାଯାଏ। ଏହି ଜଗତୀକରଣର ପ୍ରଭାବ ଏତେ ଶକ୍ତିଶାଳୀ ଯେ, ତାହାର କରାଳସ୍ପର୍ଶରୁ ଗ୍ରାମ୍ୟଜୀବନକୁ ଉଦ୍ଧାର କରିବା ମଧ୍ୟ ସମ୍ଭବ ନୁହେଁ। ତେଣୁ ଏହି ଯେଉଁ ଉପନ୍ୟାସ ଏଥିରେ ଗୋଟିଏ ସାଂସ୍କୃତିକ ସଙ୍କଟ ଭିତ୍ତିଭୂମି ଭାବେ କାର୍ଯ୍ୟ କରିଛି। ଅଥାତ୍ ଗ୍ରାମ୍ୟ ସଂସ୍କୃତିର ସଙ୍କଟ। ଯେଉଁ ଭାରତବର୍ଷ କହିଲେ ଆମେ ଗାଁର ଭାରତବର୍ଷ ବୋଲି ବୁଝୁ, ଯେଉଁ ଗାଁକୁ ଲକ୍ଷ୍ୟ କରି ମହାତ୍ମାଗାନ୍ଧୀ ଦିନେ କହିଥିଲେ 'ଗାଁକୁ ଫେରିଚାଲ', ସେ ଗାଁକୁ ଫେରିଗଲେ ଗାଁ କିନ୍ତୁ ମିଳେନା। ଗାଁ ବଦଳରେ ମିଳେ ଯାହା ସିଏ ହେଉଛି ଗୋଟିଏ ସହର ଏବଂ ସେଥିପାଇଁ ଗାଁ ଆଉ ନାହିଁ। ତେଣୁ ରଶ୍ମି ରାଉଳ ଏଭଳି ଉପନ୍ୟାସର ନାଁ ରଖିଛନ୍ତି 'ଏଠି ଗୋଟେ ଗାଁ ଥିଲା।'

ଆଲୋଚ୍ୟ ଉପନ୍ୟାସର ନବୀନ ଦିଗନ୍ତ ହେଉଛି, ଜଗତୀକରଣର ପ୍ରଭାବରେ ପାରମ୍ପରିକ ଜୀବନଧାରାରେ ପରିବର୍ତ୍ତନ ସଂଘଟିତ ହେବା। ସାଂସ୍କୃତିକ ଅବକ୍ଷୟ ବା ସଙ୍କଟ କିଭଳି ଗ୍ରାମ୍ୟ ଜୀବନରେ ସ୍ଥାନୀୟତାକୁ ବିଶ୍ୱାୟିତ ବା ଗ୍ଲୋବାଲାଇଜ୍ କରି ପକାଇଛି, ତାହାର ସ୍ପଷ୍ଟ ଛବି 'ଏଠି ଗୋଟେ ଗାଁ ଥିଲା' ଉପନ୍ୟାସରେ ଅଙ୍କିତ।

॥ ଛଅ ॥

ସତ୍ୟପ୍ରିୟଙ୍କ 'ଶୂନ୍ୟକାଳ' କଥାକୃତିରେ ଜଣେ ମୁଁ ବାଚକ କଥକ କହୁଛି। ତା'ପରେ ତାହା ଆପେ ଆପେ ମୁଁ ବଚନୀୟ ସଂଳାପରୁ ବହୁବଚନୀୟ ସଂଳାପରେ ସଂପ୍ରସାରିତ ହୋଇଯାଉଛି। ଅର୍ଥାତ୍ 'ଶୂନ୍ୟକାଳ' ଉପନ୍ୟାସରେ କଥକ ସତ୍ୟପ୍ରିୟ ମହାଳିକ ଯାଦୁଗଡ଼ର ଅତୀତ ଏବଂ ବର୍ତ୍ତମାନର ଚରିତ୍ରଗତ, ସ୍ଥାନଗତ, କାଳଗତ ବଚନୀୟତାକୁ ଆମ ସାମ୍ନାରେ ତୋଳି ଧରିଛନ୍ତି। ଫଳତଃ ଶହ ଶହ ବର୍ଷ ତଳର ସ୍ଥିର ପାଚେରି ବିଗଠିତ ହୋଇ ଆମ ସମ୍ମୁଖରେ ଗଠନୋତ୍ତର ଢାଞ୍ଚାରେ ସମକାଳୀନ ବହୁପାର୍ଶ୍ୱିକ ସମାନ୍ତରତା ନିର୍ମାଣ କରୁଛି।

ସେଥିପାଇଁ କଥକ ସତ୍ୟପ୍ରିୟଙ୍କ ଭାଷାରେ – "ମାତ୍ର ଏତେ ବର୍ଷ ପରେ ବି ଯାଦୁଗଡ଼ ଯେମିତି ଥିଲା ସେମିତି ଅଛି। କେଉଁଠି କିଛି ବଦଳିଯାଇନାହିଁ। ଯେମିତି ସମୟ ସ୍ତବ୍ଧ। କାଳ ଗତିହୀନ, ଅବିଚଳ, ଟିକିଏ ବି ବଦଳି ନାହିଁ। ଲୋକଙ୍କ

ମାନସିକତା। ରଜା ଯାଇ ମନ୍ତ୍ରୀ ଆସିଲେଣି। ରାଜତନ୍ତ୍ର ଯାଇ ଲୋକତନ୍ତ୍ର ଆସିଲାଣି। ମାତ୍ର କେଉଁଠି କିଛି ମୌଳିକ ପରିବର୍ତ୍ତନ ହୋଇନାହିଁ। ଲୋକମାନେ ସେଇ ରଜା ରାଜୁଡ଼ା ଅମଳରେ ଗୋଟେ ପାରମ୍ପରିକ ଭୟ ଓ ହୀନମନ୍ୟତା ଚାପଲୁସି ଓ ଚଞ୍ଚଳତା, ଆଳସ୍ୟ ଓ ଅବିଶ୍ୱସ୍ତତାର ଦୁର୍ବିସହ ଜୀବନ ଘେନି ବଞ୍ଚି ରହିଛନ୍ତି ଓ ବଞ୍ଚି ରହିଥିବେ। କେବଳ କାହାଣୀର ଚରିତ୍ର ହେବାପାଇଁ, କାହାଣୀ ତିଆରି କରିବା ପାଇଁ ନୁହେଁ।

ଆଉ, ମୋର ଭୂମିକାଟି କେବଳ ବଦ୍ରି ପ୍ରସାଦ ପରି କାହାଣୀ ଶୁଣାଇବା। ମୁଁ ଜାଣେନି ମୋର ଏ ଅସରନ୍ତି କାହାଣୀ କେତେବେଳେ ପାଲଟିଯିବ ଗୋଟେ ଲମ୍ବା 'ଜୋକ୍' ବା ମୋତେ ମିଳିବ ପ୍ରାଣଦଣ୍ଡ, ମାତ୍ର ମୁଁ ଓ ମୋ ଛାଇ ଦିହେଁ ସମାନ। ଠିକ୍ ବଦ୍ରି ପ୍ରସାଦ ପରି। ଠିକ୍ ତା' ଛାଇପରି। କାରଣ ମୁଁ ବି ମୁଖା ପିନ୍ଧିଥାଏ ଓ ନାଚୁଥାଏ ଚିରକାଳ।"

କଥକ, ଯାଦୁଗଡ଼, ସମୟ, ଚରିତ୍ର, ମାନସିକତା, ରଜା, ମନ୍ତ୍ରୀ, ରାଜତନ୍ତ୍ର, ଲୋକତନ୍ତ୍ର, ଭୟ, ହୀନମନ୍ୟତା, ଚାପଲୁସି, ଚଳଚଞ୍ଚଳତା, ଆଳସ୍ୟ, ଅବିଶ୍ୱସ୍ତତା, କାହାଣୀ ଅସରନ୍ତି କାହାଣୀ, ଜୋକ୍, ପ୍ରାଣଦଣ୍ଡ ଛାଇ, ମୁଖା, ଅଭିନୟ, ବଦ୍ରିପ୍ରସାଦ, ଚନ୍ଦ୍ରଭାନୁ, ଚନ୍ଦ୍ରଭାନୁଙ୍କ ଅଲୌକିକ ସ୍ୱପ୍ନ, ଯାଗୁଗଡ଼ର ପାଗଳ, ବିକଳାଙ୍ଗ, ରାଜପୁତ୍ ଇତିହାସ, ଜନଜାତି ଭୂୟାଁ, ପ୍ରଫେସର, ବିଚାରକ, ଛାତ୍ରୀ, ନଅଜଣ ଛାତ୍ରୀ, ପୁରୁଷ, ବୋଲକରା କାଣ୍ଡରୁ, ଲିଡ଼ିଆ, ସୁଇଡେନ୍, ଓ'ମାଲେ, ସୂର୍ଯ୍ୟଦେବତା, ସିଙ୍ଗବୋଙ୍ଗା, ସିଂହ, ସିଂ, କବିରାଜ ଭୂତନାଥ ମାହାତୋ, ନୃତ୍ୟଶିଳ୍ପୀ, ନଟବର, ସୁନାରୀ ଚକ୍ରଧର, ମାରିଆ ଲିଚ୍, ସଲିମ୍, ମକର ଧ୍ୱଜ, ହନିଫ୍, ଛଉନୃତ୍ୟ କେନ୍ଦ୍ର, ଭବିଷ୍ୟତ ସଂସ୍ଥା, ଦଣ୍ଡପାଣି, ରୋହିଦାସ ସୋରେନ, ଟୋଲା, ବିହାରୀ କଲୋନି, ଧୂର୍ତ୍ତା ମହିଳା ଭାନୁମତୀ, ବଡ଼ଗଛ, ଅମୃତଗଛ, ମଖନଲାଲ, ପେଲେସ୍ ଭିଡ଼ିଓ ହଲ୍ ଚାପାକଳ, କୂଅ, ଭାରୁଆ, ଓକିଲ, କ୍ଲୀଏଣ୍ଟ ମ୍ୟାଜିକ୍‌ବାଲା, କାମବାଣ ତୈଳ, ଧର୍ମାନ୍ତରକରିଣ, ଭାଲୁବାସା, କରିଆମୁଣ୍ଡା, ଗ୍ରାହାମ୍ ହେଡ୍ ବୋଲ୍ଟ, ତ୍ୟାଗରାଜ, ଝାଡ଼ଖଣ୍ଡ ସାମ୍ମୁଖ୍ୟ, ବନାଗୁପ୍ତା, ସୁରେଇ ମୁଣ୍ଡା, ଚିରକା ମାଝି, କର୍ପୂରୀ ଠାକୁର, ବିଦ୍ୟାସାଗର, ମୌଲାନା, ମଲ୍ଲିକା, ବହୁରୂପୀ, ଇମ୍ରାନ ଖାଁ, ଇସମାଇଲ ମିଆଁ, ଭିକାରୀ ପଟ୍ଟନାୟକ, କୁଳଦେବୀ ଗାବ୍ରିଏଲ୍, କେଶବତୀ ଦେବଦାସୀ, ବୀରବର, ବ୍ରାହ୍ମଣ, ପେଟୁଆ ଅଫିସର, ଚଳାମୁଣ୍ଡିଆ କଣ୍ଠିଆ ଜମାଦାର, କୁଆଁରୀ କନ୍ୟା, ରୟସ, ଚଉକିଦାର, ପୁଣ୍ଡରୀକ ଯଜ୍ଞ, ଇସିପୁରିଆ ଜଗନ୍ନାଥ, ଇନ୍ଦିବର, ବାଲ୍ମିକୀ, ଦେଶୀ ହାକିମ, ନିଉ ଇଣ୍ଡିଆ ପ୍ରିଣ୍ଟିଂ କମ୍ପାନୀ, ଘନଶ୍ୟାମ ଓରଫ ଘନିଆ, ନଖିଆ, ଓଭରଟାଇମ, ମସ୍ତରାମ, ରସ ମଳେଇ, ଲେଟର ପ୍ରେସ୍, ସ୍କ୍ରିନ୍ ପ୍ରିଣ୍ଟିଂ, ବଳରାମ ପଟ୍ଟନାୟକ, ଫରେଷ୍ଟ ଡିପାର୍ଟମେଣ୍ଟ, ମୁଖା ଶିଳ୍ପୀ, ଧର୍ମଶାଳା ଗେଟ୍, ମନ୍ଦିର, ଗୀର୍ଜା, ମସ୍‌ଜିଦ୍, ଡଙ୍ଗା,

ଧୁମ୍‌ସା, ଲବଙ୍ଗଲତା, ଯାଦୁଗଡ଼ ହାସପାତାଳ, ବଶୀକରଣ ବିଦ୍ୟା, ଇନ୍ଦ୍ରନୀଳ, ମ୍ୟୁନିସିପାଲଟି, ଟେଣ୍ଟାପୋଷି, ସ୍କୁଲମାଷ୍ଟର, ସୁଟ୍‌କେଶ୍. ସବର୍ଣ୍ଣ, ଯୁକ୍ତିତର୍କ ଆଦି ବହୁବିଧ ସ୍ଥାନ, ଚରିତ୍ର, କାଳ, ଘଟଣା ତଥା ଉପାଦାନରେ 'ଶୂନ୍ୟକାଳ'ର କଳେବର ସଂରଚିତ। ଏଗୁଡ଼ିକୁ ପାଥେୟ କରି କଥାବସ୍ତୁ ଗତିଶୀଳ।

ଆରମ୍ଭରୁ ଶେଷଯାଏ କଥକ ହିଁ କଥା କହୁଛି। କଥକର ସଂଳାପ ହିଁ ଏ ଉପନ୍ୟାସର ସାମଗ୍ରିକ ବିନ୍ୟାସ ପାଇଁ ହୋଇଛି ସହାୟକ। ଅନେକ ଶବ୍ଦ, ଅନେକ ବାକ୍ୟ, ଅନେକ ପାଠାଂଶ ଏବଂ ସର୍ବମୋଟ ତେରଟି ଉପକଥା ଦ୍ୱାରା ମୂଳ କାହାଣୀର ଧାରା ପ୍ରବାହ ଲହରାୟିତ ହୋଇଛି। କାହାଣୀ କଥନର ପାରମ୍ପରିକ ପ୍ରାରୂପ ସହିତ ସମକାଳୀନ ଆବଶ୍ୟକ ଅବବୋଧକୁ ମିଶ୍ରଣ କରାଇ ଏକ ନବନିର୍ମିତ ଶୈଳୀରେ ଉପନ୍ୟାସରେ କାହାଣୀ ସମଗ୍ରକୁ ଗୋଟିଏ ସିଗ୍ନିଫାୟାରରୁ ଆଉ ଗୋଟିଏ ସିଗ୍ନିଫାୟାରକୁ ଅବିରତ ସ୍ଥାନାନ୍ତରୀକରଣ କରାଇଛନ୍ତି ଔପନ୍ୟାସିକ। ତାଙ୍କ ଭାଷାରେ ("କାହାଣୀରୁ କାହାଣୀକୁ ଗତି। କାହାଣୀର ଅବିରତ ଧାରାପ୍ରବାହ। ଅନେକଗୁଡ଼ିଏ ଉପକଥା ମୂଳ କାହାଣୀକୁ ବାନ୍ଧି ରଖିଛନ୍ତି ବା ମୂଳ କାହାଣୀ ଅନେକଗୁଡ଼ିଏ ଉପକଥାକୁ ବାନ୍ଧି ରଖିଛି। ମୁଖ୍ୟ ଚରିତ୍ର କାହାଣୀଟିଏ ଶୁଣାଇଛି ଆମୂଳଚୂଳ।")

ଡାଏଲଜିକ୍ସ ବା ସଂଳାପତତ୍ତ୍ୱ ଋଷିଆରେ ମିଖାଇଲ ବାଖ୍‌ତିନ୍ ଉପନ୍ୟାସ ଆଲୋଚନାରୁ ବିକାଶଲାଭ କରିଥିଲା। ପ୍ରତ୍ୟେକ ବ୍ୟକ୍ତିର ଉଚ୍ଚାରଣରେ ଗୋଟିଏ ଚରିତ୍ର ତା'ର ସାମଗ୍ରିକ ସମକାଳୀନ ଅବସ୍ଥାର ପରିଚୟ ଦେଇଥାଏ ବୋଲି ବାଖ୍‌ତିନ୍‌ଙ୍କ ବିଶ୍ୱାସ। xxx ୧ ୯ ୨ ୯ରେ xxxସେ ଲେଖିଥିବା 'Problems of Dostoevsky's Poetics ତାଙ୍କର ଏକ ମୁଖ୍ୟ ରଚନା। ସେଥିରେ ସେ ଟଲଷ୍ଟୟ ଏବଂ ଦସ୍ତୋଭସ୍କିଙ୍କ ଉପନ୍ୟାସମାନଙ୍କ ତୁଳନା କରି ପ୍ରକାଶ ଭଙ୍ଗୀରେ ଥିବା ପାର୍ଥକ୍ୟକୁ ସୂଚିତ କରିଛନ୍ତି। ଟଲଷ୍ଟୟଙ୍କର ଉପନ୍ୟାସରେ ଥିବା ସ୍ୱର ଲେଖକଙ୍କର। ଲେଖକ ଚାହୁଁଥିବା ସତ୍ୟ ହିଁ ଚରିତ୍ରମାନଙ୍କ ସ୍ୱରକୁ ନିୟନ୍ତ୍ରିତ କରିଛି। ଲେଖକଙ୍କର ନିୟନ୍ତ୍ରଣରେ ହିଁ ସମସ୍ତ ସ୍ୱରର ସାମଗ୍ରିକତା ନିର୍ଣ୍ଣିତ ହୋଇଛି। କିନ୍ତୁ ଦସ୍ତୋଭସ୍କିଙ୍କ ଉପନ୍ୟାସରେ xxxପ୍ରତି ଚରିତ୍ର ତା'ର ସ୍ୱକୀୟ ସ୍ୱରକୁ ବଜାୟ ରଖିଛନ୍ତି। xxxସେମାନେ ଔପନ୍ୟାସିକଙ୍କ ସୃଷ୍ଟ ଦୁନିଆର ଜଡ଼ପଦାର୍ଥ ନହୋଇ ମୁକ୍ତିକାମୀ ବିକଳ୍ପ ସ୍ୱରମାନଙ୍କର ମୌଳିକ ଉଚ୍ଚାରଣ ରୂପେ ଠିଆ ହୋଇଛନ୍ତି। xxxବାଖତିନ ଦସ୍ତୋଭସ୍କିଙ୍କ ଉପନ୍ୟାସକୁ ସଂଳାପଶ୍ରୟୀ 'Polyphonic' ବା dialogic ଅର୍ଥାତ୍ ବହୁସସ୍ୱରକୁ ସଂସର୍ଗ ରୂପେ ଅଭିହିତ କରିଛନ୍ତି।" (୪)

କହିବା ବାହୁଲ୍ୟ ଯେ ସତ୍ୟପ୍ରିୟଙ୍କ 'ଶୂନ୍ୟକାଳ' ଉପନ୍ୟାସରେ ବହୁ ସ୍ୱରର ସଂସର୍ଗ ହୋଇଛି। ଏଠାରେ ଔପନ୍ୟାସିକ ଗୋଟିଏ ଚାନ୍ଦରେ ବଦ୍ରିପ୍ରସାଦ ପରି କାହାଣି

ପରିବେଷଣରେ ତତ୍ପରତା ପ୍ରଦର୍ଶିଅଛନ୍ତି। ସେ ବଦ୍ରିପ୍ରସାଦ ପରି ଏବଂ ତାଙ୍କ ଛାଇ ମଧ୍ୟ ବଦ୍ରିପ୍ରସାଦ ଛାଇପରି।

'ଶୂନ୍ୟକାଳ' ଉପନ୍ୟାସରେ ସର୍ବମୋଟ ୧୩ଟି ଉପକଥା ରହିଛି। 'ଚତୁର ବିନୋଦ' (ବ୍ରଜନାଥ ବଡ଼ଜେନା)ରେ ଯେମିତି ନାୟକ ମୋହନାଙ୍ଗ ନାୟିକା ଚଞ୍ଚଳାକ୍ଷୀଙ୍କୁ ବିଭିନ୍ନ ବିନୋଦ (ହାସ, ରସ, ନୀତି, ପ୍ରୀତି) ପରିବେଷଣ କରିବା ସମୟରେ ମୂଳଗଳ୍ପରେ ଯେଉଁଭଳି ଚାରିଗୋଟି ଶାଖାଗଳ୍ପ ଏବଂ ସେହି ଶାଖାଗଳ୍ପ ମଧ୍ୟରେ ଅନେକ ପ୍ରଶାଖା ଗଳ୍ପ ସଂଯୁକ୍ତ ହୋଇଛି, ଠିକ୍ ସେହିପରି ଆଲୋଚ୍ୟ ଉପନ୍ୟାସରେ ମୁଖାପିନ୍ଧା କଥକ ବଦ୍ରିପ୍ରସାଦ ମଣିମା ଏବଂ ପାରିଷଦବର୍ଗଙ୍କୁ ମୁଖ୍ୟଗଳ୍ପରେ ମୂଳକାହାଣୀ ଶୁଣାଇବା ସମୟରେ ୧୩ଟି ଶାଖା କାହାଣୀ ଏବଂ ସେହି ଶାଖା କାହାଣୀ ବା ଗୁଡ଼ିଏ ପ୍ରଶାଖା କାହାଣୀ ମଧ୍ୟ ସଂଯୁକ୍ତ କରାଯାଇଛି। ଶାଖାକାହାଣୀ ଥିବା ଉପକାହାଣୀଗୁଡ଼ିକ ହେଉଛି– ୧.ରାଜକୁମାର ଚନ୍ଦ୍ରଭାନୁ ପ୍ରସଙ୍ଗ. ୨. ମୁଖା ନାଚ ଓ ନଟବର କଥା, ୩. ମକର ଧ୍ୱଜ: ପ୍ରଥମ ରାତ୍ରିର କାହାଣୀ, ୪. ମକର ଧ୍ୱଜ: ଦ୍ୱିତୀୟ ରାତ୍ରିର କାହାଣୀ, ୫. ଛେଳି, କୁକୁର ଓ ଦଣ୍ଡପାଣି କଥା, ୬. କାଣ୍ଡରୁ ଓ ଭୂତନାଥ ଚରିତ୍ର, ୭. କରିଆମୁଣ୍ଡା ଓ କୁଶବିନ୍ଧ ତ୍ୟାଗରାଜ ଉପାଖ୍ୟାନ, ୮. କବୁତର ଓ ହନୁମାନର କଟାମୁଣ୍ଡ, ୯. କେଶବତୀ ଦେବଦାସୀ, ରଜା ଓ ବ୍ରାହ୍ମଣ ପ୍ରସଙ୍ଗ, ୧୦. ବୀରବଲର କଥା, ୧୧. ମୁଖା ସମ୍ପର୍କରେ କେତୋଟି ତଥ୍ୟ, ୧୨. ଘାସିରାମ ଚଉକିଦାର ଏବଂ, ୧୩. ଜୋକ୍, ମୃତ୍ୟୁଦଣ୍ଡ ଓ ଦୁର୍ଭାଗ୍ୟ।

ତେରଟିଯାକ ଶାଖା କାହାଣୀରେ ଅନେକ ସାମାଜିକ ରାଜନୀତିକ ଆର୍ଥନୀତିକ ସାଂସ୍କୃତିକ କ୍ଷମତା ରାଜନୀତି ତଥା ତଜ୍ଜନିତ ସମସ୍ୟା ପ୍ରଭୃତିକୁ ଜଣେ ପୋଷ୍ଟକଲୋନିଆଲ ଇତିହାସ ଲେଖକ ଭଳି ଔପନ୍ୟାସିକ ସଂଗ୍ରଥିଛନ୍ତି ଏଇ କଥାକୃତି ମଧ୍ୟରେ।

॥ ସାତ ॥

୧୯୮୦ ପରବର୍ତ୍ତୀ ଉପନ୍ୟାସ ଧାରାର ଅନ୍ୟତମ କଥକ ହେଉଛନ୍ତି ଭୀମ ପୃଷ୍ଟି। ତାଙ୍କର ବିଭିନ୍ନ ଉପନ୍ୟାସ ମଧ୍ୟରେ 'ମୁହାଣ' ୨୦୦୨(ଚନ୍ଦ୍ରଭାଗା), 'କବିତାର ଉପନ୍ୟାସ' ୨୦୦୨ (କାହାଣୀ), 'ପ୍ରିୟନାରୀ' ୨୦୦୪, 'ସମୁଦ୍ର ମଣିଷ' ୨୦୦୬ (ସରସ୍ୱତୀ, ଭୁବନେଶ୍ୱର), 'ଓଁ' ୨୦୦୯ (ପ୍ରଗତି ପ୍ରକାଶନ, ଯାଜପୁର), 'କୁଆଡ଼େ ଚାଲିଛ ରୁହ', 'ପଞ୍ଚଭୂତ' ୨୦୧୧(ସ୍ୱସ୍ତିକ, ଭୁବନେଶ୍ୱର) ଏବଂ 'ଜମ୍ବୁଲୋକ' ୨୦୧୭ (ପଶ୍ଚିମା) ଉଲ୍ଲେଖଯୋଗ୍ୟ।

ଏହି ଉପନ୍ୟାସଗୁଡ଼ିକ ମଧ୍ୟରୁ ଯେଉଁଗୁଡ଼ିକ ନବୀନ ଦିଗନ୍ତରେ ସୂତ୍ରଧାର

ସେଗୁଡ଼ିକ ହେଲେ 'ମୁହାଣ', 'ସମୁଦ୍ର ମଣିଷ', 'ଜମ୍ବୁଲୋକ' ଏବଂ 'କବିତାର ଉପନ୍ୟାସ'। ପ୍ରଥମ ତିନୋଟି ଉପନ୍ୟାସକୁ ଅନ୍ତର୍ବିଦ୍ୟାମୂଳକ ଅଧ୍ୟୟନ ପରିପ୍ରେକ୍ଷୀରେ ବିଚାର କରାଯାଇପାରେ। କାରଣ ଏହି ଉପନ୍ୟାସଗୁଡ଼ିକରେ ଉପନ୍ୟାସ ବିଦ୍ୟା ସହିତ, ନୃତାତ୍ତ୍ୱିକ ବିଦ୍ୟା, ଇତିହାସ ବିଦ୍ୟା ପ୍ରଭୃତିକୁ ସହସମ୍ବନ୍ଧ ସୂତ୍ରରେ ଏକାତ୍ମ କରି ପରିବେଷଣ କରାଯାଇଛି।

'ମୁହାଣ' ଉପନ୍ୟାସର କ୍ରୋନୋଟପିକ୍ କେନ୍ଦ୍ର ହେଉଛି ବାଲେଶ୍ୱର ଜିଲ୍ଲାର ବଳରାମଗଡ଼ି। ଉଭୟ କ୍ରୋନୋଲୋଜି ବା ଇତିହାସ ଏବଂ ଟପୋଲୋଜି ବା ଭୂଗୋଳ ହେଉଛି ଏହି ଉପନ୍ୟାସର ଭିତ୍ତିଭୂମି। ବଳରାମ ଗଡ଼ିର ଟ୍ରଲର ବ୍ୟବସାୟ, ମାଛ ଧରିବା ପରମ୍ପରା ଏବଂ ସେହି ପରମ୍ପରା ସହିତ ଜଡ଼ିତ ବିଭିନ୍ନ ସ୍ଥାନ-କାଳ-ପାତ୍ର-ସଂପୃକ୍ତି ହେଉଛି 'ମୁହାଣ' ଉପନ୍ୟାସର ବିନ୍ୟାସଗତ ବିଭବ। ସେହି ବିନ୍ୟାସ ମଧ୍ୟରେ ଔପନ୍ୟାସିକ ଭୀମ ପୃଷ୍ଟି ମଦ୍ୟପାନଜନିତ କୁପରିଣାମ, ଅବୈଧ, ଯୌନଜାନ୍ତବତା, ମତ୍ସ୍ୟ ବ୍ୟବସାୟ କୈନ୍ଦ୍ରିକ ଦେଣନେଣ ତଥା ଦଲାଲିପଣ ପ୍ରଭୃତିକୁ ଏହି ଉପନ୍ୟାସର କଥ୍ୟବସ୍ତୁ ଭାବରେ ଗ୍ରହଣ କରିଛନ୍ତି। ତା ସହିତ ଇତିହାସ, ବ୍ରିଟିଶ୍ ରାଜନୀତି, ବିଲାତି ଲୁଣ ବ୍ୟବସାୟ ଜନିତ ରାଜନୈତିକ ଷଡ଼ଯନ୍ତ୍ର ତଥା ସ୍ଥାନୀୟ ପେଙ୍ଗା ଲୁଣର ପାରମ୍ପରିକ ଚାହିଦା ପ୍ରଭୃତି ପ୍ରସଙ୍ଗ ଏହି ଉପନ୍ୟାସରେ ବର୍ଣ୍ଣିତ।

ନବୀନତା ଦୃଷ୍ଟିରୁ ବିଚାରକଲେ ଏ ଉପନ୍ୟାସରେ ଆମେ ଯେଉଁ ଅପ୍ରତ୍ୟାଶିତ କଥ୍ୟ ଅଭିବ୍ୟକ୍ତି ସମ୍ବନ୍ଧରେ ସୂଚନା ପାଉ, ତନ୍ମଧ୍ୟରେ ବଳରାମ ଗଡ଼ିର ସ୍ଥାନୀୟ ଇତିହାସ ବା ଲୋକାଲାଇଜେସନ୍; ମତ୍ସ୍ୟ ଆମଦାନୀ ଏବଂ ରପ୍ତାନୀକୁ ଭିତ୍ତିକରି ସୃଷ୍ଟି ହୋଇଥିବା ସେଠାକାର ସାମାଜିକ-ସାଂସ୍କୃତିକ ନିର୍ମିତ, ସାମାଜିକ-ଅର୍ଥନୈତିକ ନିର୍ମିତ ଏବଂ ସାମାଜିକ ରାଜନୈତିକ ନିର୍ମିତ ଇତ୍ୟାଦି ଔପନ୍ୟାସିକଙ୍କ ଲେଖନୀ ମୂନରେ ପରିଶୀଳିତ ହୋଇ ତାହା କ୍ରମଶଃ ସ୍ଥାନୀୟତା ବା ଲୋକାଲାଇଜେସନ୍‌ରୁ ଜଗତିକରଣ ବା ଗ୍ଲୋବାଲାଇଜେସନ୍ ଆଡ଼କୁ ଗତିଶୀଳ ହୋଇଛି। ଯାହାକୁ ଉତ୍ତର ଉପନିବେଶବାଦୀ ଇତିହାସ ରଚନା ପରମ୍ପରାରେ ଗ୍ଲୋକାଲାଇଜେସନ୍ ଭାବରେ ଚିହ୍ନିତ କରାଯାଇଥାଏ।

ଏହି ଗ୍ଲୋକାଲାଇଜେସନ୍‌ର ଅନ୍ୟ ଏକ ପରିବେଷଣ ଭାବରେ 'ସମୁଦ୍ର ମଣିଷ'କୁ ଆଲୋଚନା କରାଯାଇପାରେ। ସାତଭାୟା ଓ କାନପୁର ଗାଆଁ ଏହି ଉପନ୍ୟାସର ଭୂଗୋଳ ଓ ଇତିହାସ। ସମୁଦ୍ରର ଆଁ ଭିତରେ ଲୁଚିଯାଇପାରେ ଯେଉଁ ଗାଁ - ତା'ର ନାଁ ସାତଭାୟା। ଏହି ଉପନ୍ୟାସରେ ସାତଭାୟା ତଥା କାନ୍‌ପୁର ଗାଁର ଜନଜୀବନକୁ ଅତି ଅନ୍ତରଙ୍ଗତାର ସହିତ ଉପସ୍ଥାପନ କରାଯାଇଛି। ଗ୍ରାମର ଇଷ୍ଟଦେବୀ

ପଞ୍ଚୁବରାହୀ, ବାଞ୍ଛା ମା' ପ୍ରଭୃତି ହେଉଛନ୍ତି ଏହି ଉପନ୍ୟାସର ଚରିତ୍ର। ସମୁଦ୍ର ଏବଂ ମଣିଷ ଭିତରର ବିଶ୍ୱାସ ଏବଂ ଅବିଶ୍ୱାସଗତ ସଂଘର୍ଷ ଏହି ଉପନ୍ୟାସର ପ୍ରମୁଖ ଅନୁସଙ୍ଗ। ଏହି ଦୁଇଟି ଗାଁର ବିଶ୍ୱାସ, ପରମ୍ପରା, ଧର୍ମଧାରଣା, ଅନ୍ଧବିଶ୍ୱାସ ପ୍ରଭୃତି ଉପନ୍ୟାସର କଥାବସ୍ତୁକୁ ଆରମ୍ଭ ବିନ୍ଦୁରୁ ପରିଣତି ଆଡ଼କୁ ନେଇଯିବାରେ ସହାୟକ ହୋଇଛି।

'ଜମ୍ବୁଲୋକ' ଉପନ୍ୟାସ ମଧ୍ୟ ଠିକ୍ 'ମୁହାଣ' ଏବଂ 'ସମୁଦ୍ର ମଣିଷ' ଭଳି ଭୂଗୋଳ, ଇତିହାସ, ଜନଜୀବନ, ପରମ୍ପରା ପ୍ରଭୃତିକୁ ଭିତ୍ତିକରି ସଂରଚିତ। ଏହି ଉପନ୍ୟାସର କ୍ରୋନୋଟପିକ୍ କେନ୍ଦ୍ର ହେଉଛି କେନ୍ଦ୍ରାପଡ଼ା ଜିଲ୍ଲାର ସମୁଦ୍ର କୂଳରେ ଗଢ଼ି ଉଠିଥିବା ଜମ୍ବୁ ଅଞ୍ଚଳ। ଯେଉଁ ଅଞ୍ଚଳଟି ଶରଣାର୍ଥୀମାନଙ୍କଦ୍ୱାରା ଅଧ୍ୟୁଷିତ ହୋଇ କ୍ରମଶଃ ଏକ ବିଶେଷ ଅଞ୍ଚଳରୂପେ ପରିଗଣିତ ହୋଇଛି। କ୍ରମଶଃ ଏହି ଅଞ୍ଚଳଗତ ସ୍ଥାନୀୟତାକୁ ଔପନ୍ୟାସିକ ବିଶ୍ୱାୟିତ କରିବା ପାଇଁ ପ୍ରୟାସ କରିଛନ୍ତି। ଏହି ଜମ୍ବୁ ଅଞ୍ଚଳରେ ଥିବା ଦିଶାବାରେଣୀ ବତୀଘର, ଭୋକ ଓ ଭୟର ଭୂଗୋଳ ହୁକିଟୋଲା, ମା ରାମଚଣ୍ଡୀ, ଜନଜୀବନଚର୍ଯ୍ୟା, ଗୋରାକବର ପୀଠ, ମତ୍ସ୍ୟଜୀବିକା, ରାମନଗର ବଜାର, ଅରଣ୍ୟ ଏବଂ ଆକାଶ, ସୂର୍ଯ୍ୟୋଦୟ ଏବଂ ସୂର୍ଯ୍ୟାସ୍ତ..... ପ୍ରଭୃତି ଚିତ୍ର ଓ ଚରିତ୍ରମାନେ ଚଳମାନ ହୋଇ ଉଠିଛନ୍ତି।

ବାଂଲାଦେଶୀ ଶରଣାର୍ଥୀମାନଙ୍କର ଅଭୟ ଇଲାକା ହେଉଛି ଜମ୍ବୁଲୋକ। ସେହି ଶରଣାର୍ଥୀମାନଙ୍କର ଅତୀତ, ବର୍ତ୍ତମାନ ଏବଂ ଭବିଷ୍ୟତ ଏହି ଉପନ୍ୟାସରେ ଚିତ୍ରିତ।

ଆଲୋଚିତ ତିନୋଟିଯାକ ଉପନ୍ୟାସର ଜଣେ ଉତ୍ତର ଉପନିବେଶବାଦୀ ଇତିହାସ ଲେଖକପରି ଦାୟିତ୍ୱ ଏଠାରେ ତୁଲାଇଛନ୍ତି ଔପନ୍ୟାସିକ ଭୀମ ପୃଷ୍ଟି। ଯଥାକ୍ରମେ ବାଲେଶ୍ୱରର ବଳରାମଗଡ଼ି ଏବଂ କେନ୍ଦ୍ରାପଡ଼ା ଜିଲ୍ଲାର ସାତଭାୟା ଏବଂ କାନପୁର ତଥା ଜମ୍ବୁ ଅଞ୍ଚଳର ସ୍ୱକୀୟ ଅବବୋଧ ଏବଂ ଅସ୍ମିତା ଏହି ଉପନ୍ୟାସ ତିନୋଟିର ପ୍ରଧାନ ଉପଜୀବ୍ୟ। ଏହି ଉପନ୍ୟାସଗୁଡ଼ିକୁ ପାଠ କଲେ ଜଣେ ପାଠକ ସମ୍ପୃକ୍ତ ଅଞ୍ଚଳର ନୃତାତ୍ତ୍ୱିକ, ରାଜନୀତିକ, ଆର୍ଥନୀତିକ, ସାମାଜିକ, ସାଂସ୍କୃତିକ ଐତିହ୍ୟ, ତଥା ପରମ୍ପରା ସମ୍ପର୍କରେ ଅବଗତ ହୋଇପାରିବ।

'କବିତାର ଉପନ୍ୟାସ'ରେ ଭୀମ ପୃଷ୍ଟି ଭଦ୍ରକ ଅଞ୍ଚଳରେ ପାଞ୍ଚଜଣ ସତୀର୍ଥ ସାହିତ୍ୟିକଙ୍କର ଜୀବନାଂଶକୁ ନେଇ ପରୀକ୍ଷାନିରୀକ୍ଷା କରିଛନ୍ତି। ସେହି ପାଞ୍ଚଜଣ ସତୀର୍ଥ ହେଉଛନ୍ତି - ସୋମନାଥ ଓଝା, ଅକ୍ଷୟ ଜେନା, ଶିଶିର ନାୟକ, ବସନ୍ତ ନାୟକ ଓ ବିଜୟ ଜେନା। ଏଥିରେ ମଧ୍ୟ ଭୂଗୋଳ ଓ ଇତିହାସ କେନ୍ଦ୍ରୀୟ ଭାବବସ୍ତୁ ପାଲଟିଛି। ଔପନ୍ୟାସିକ ଏହି ଉପନ୍ୟାସକୁ ଅଧେ ଉପନ୍ୟାସ ଓ ଅଧେ ଜୀବନ୍ୟାସ ବୋଲି କହିଛନ୍ତି। ଅର୍ଥାତ୍ ଇତିହାସ ବିଦ୍ୟା ଏବଂ ସାହିତ୍ୟିକ ବିଦ୍ୟାର ଅନ୍ତରଙ୍ଗ ସମନ୍ୱୟ ହେଉଛି 'କବିତାର

ଉପନ୍ୟାସ' ଉପନ୍ୟାସ। ଏଠି ଦୁଇଟି ଗାଁ ଯଥା କଷଟି ଓ ଚୁନିଦାର କଥା କୁହାଯାଇଛି। ତା ସହିତ କପାଳୀ ନଈ, ନଳବାଙ୍କ ଶ୍ମଶାନ, ଭଦ୍ରକ ମଇତାପୁର ଆଦି ସ୍ଥାନୀୟତା ଏହି ଉପନ୍ୟାସର କଥାବସ୍ତୁ ପାଲଟିଛି। ଏଠାରେ ଯେଉଁ ପାଞ୍ଚଜଣ ସତୀର୍ଥ ସାହିତ୍ୟିକ ରହିଛନ୍ତି ସେମାନଙ୍କର ପିଲାଦିନର ସ୍କୁଲ ଘର, ନଈ ପହଁରା, ଧୂଳି ଧୂସରିତ ଖେଳକୁଦ, ତା ସହିତ ସେମାନଙ୍କର କବିତାଚର୍ଚ୍ଚା, ବିଭିନ୍ନ ବାଦକୁ ନେଇ ତର୍କ ବିତର୍କ ଇତ୍ୟାଦି ଏହି ଉପନ୍ୟାସରେ ଅଭିବ୍ୟକ୍ତ ହୋଇଛି। ପ୍ରସଙ୍ଗ କ୍ରମେ ଉପନ୍ୟାସ ମଧ୍ୟକୁ ଚରିତ୍ର ହୋଇ ପ୍ରବେଶ କରିଛନ୍ତି କବି ପ୍ରସନ୍ନ ମିଶ୍ର, ଦୀପକ ମିଶ୍ର, ସୌଭାଗ୍ୟ ମିଶ୍ର, ଶ୍ରୀନିବାସ ଉଦ୍‌ଗୀତା, କମଳାକାନ୍ତ ଲେଙ୍କା, ଶୀତାଂଶୁ ଲେଙ୍କା, ଶକ୍ତି ଚଟ୍ଟୋପାଧ୍ୟାୟ, ବୀରେନ୍ଦ୍ରନାଥ ଚକ୍ରବର୍ତ୍ତୀ, ଅଜୟ କୁଅଁର, ଅରୁଣ ମିତ୍ର, ସମରେଶ ବସୁ, ସାଗରମୟ ଘୋଷ, ଅକ୍ଷୟ ବେହେରା, ରବୀନ୍ଦ୍ରନାଥ, ଆଶାପର୍ଣ୍ଣା ଦେବୀ ପ୍ରମୁଖ।

'କବିତାର ଉପନ୍ୟାସ' ଉପନ୍ୟାସଟିରେ ସାହିତ୍ୟ ସହିତ ସତସତିକା ଇତିହାସର ଅଭେଦ ଅନ୍ତରଙ୍ଗତା ସଂସାଧିତ ହୋଇଛି। ଅର୍ଥାତ୍ ଏଠାରେ History and Literture are inseparable ହୋଇଛି। ଭୀମ ପୃଷ୍ଟିଙ୍କର ଏହି ଯେଉଁ ଚାରୋଟି ଉପନ୍ୟାସକୁ ଏଠାରେ ଆଲୋଚନା ପରିସରଭୁକ୍ତ କରାଗଲା ତହିଁରେ ଅନ୍ତର୍ବିଦ୍ୟାମୂଳକ ସମ୍ପୃକ୍ତି, ନବ ଇତିହାସବାଦୀ ସମ୍ପୃକ୍ତି, ନୂତନ ସଂସ୍କୃତିତତ୍ତ୍ୱ ଭିତ୍ତିକ ସମ୍ପୃକ୍ତି, ଉତ୍ତର ଉପନିବେଶବାଦୀ ସମ୍ପୃକ୍ତି ପ୍ରଭୃତି ପ୍ରତିଫଳିତ ହୋଇଥିବାର ଲକ୍ଷ୍ୟ କରାଯାଏ।

॥ ଆଠ ॥

ସେକ୍ସୁଆଲ ପଲିଟିକ୍ସ ବନାମ ଜିଗୋଲୋ ଅନୁସଙ୍ଗ ବନାମ ସୁନୀତି ମୁଣ୍ଡଙ୍କ 'ଜିଗୋଲୋ (୨୦୦୪) ଏବଂ ଅନୀଲ ପାଢ଼ୀଙ୍କର 'ଓ ଏକାକୀ'।

୧୯୮୦ ବିଶ୍ୱସାହିତ୍ୟ ପ୍ରେକ୍ଷାପଟରେ ଜେଣ୍ଡର୍ସ ଷ୍ଟଡିଜ୍ ବା ଲୈଙ୍ଗିକ ଅଧ୍ୟୟନରେ ଯେଉଁ ଲୈଙ୍ଗିକ ଅସ୍ମିତା, ଲୈଙ୍ଗିକ ପ୍ରତିନିଧିଗତ ବିବିଧତା, ନାରୀ ଏବଂ ନାରୀବାଦୀ ବିମର୍ଶ, ଲୈଙ୍ଗିକ ରାଜନୀତି, ଲୈଙ୍ଗିକ କ୍ଷମତା ସଂରଚନା, ଲୈଙ୍ଗିକ ଉପଭୋକ୍ତାବାଦ ବା ଯୌନମୂଳକ ଉପଭୋକ୍ତାବାଦର ପ୍ରସଙ୍ଗ ଆସେ ତନ୍ମଧ୍ୟରେ ସମଲିଙ୍ଗୀ ଯୌନସମ୍ପର୍କ, ଟ୍ରାନ୍ସଜେଣ୍ଡର, ଲୈଙ୍ଗିକ ସ୍ଥାନାନ୍ତରୀକରଣ ତଥା ଜିଗୋଲୋ ବା ପୁରୁଷ ବେଶ୍ୟା ପ୍ରସଙ୍ଗ ଚର୍ଚ୍ଚା ପରିସରକୁ ଆସିଥାଏ।

ଆଜିକାଲି ଭାରତବର୍ଷର ବିଭିନ୍ନ ସହରରେ ଏହି ପୁରୁଷ ବେଶ୍ୟାମାନଙ୍କର ଦେହ ବ୍ୟବସାୟ ଚାଲିଛି। ସେହି ବୃତ୍ତିକୁ ଅବଲମ୍ବନ କରି ଜୀବନ ବଞ୍ଚୁଥିବା ଦୁଇଟି ଜିଗୋଲୋ ବା ପୁରୁଷବେଶ୍ୟାକୁ ନେଇ ଯଥାକ୍ରମେ ସୁନୀତି ମୁଣ୍ଡ 'ଜିଗାଲୋ' ଏବଂ

ଅନୀଲ କୁମାର ପାଢ଼ୀ 'ଓ ଏକାକୀ' ଉପନ୍ୟାସ ରଚନା କରିଛନ୍ତି। ଏହି ଉପନ୍ୟାସ ଦୁଇଟି ଯଥାକ୍ରମେ (୨୦୧୪) ଦକ୍ଷ ବୁକ୍‌ସ ଏବଂ (୨୦୧୭) ଓଡ଼ିଶା ବୁକ୍‌ଷ୍ଟୋର ଦ୍ୱାରା ପ୍ରକାଶିତ ହୋଇଛି। 'ଜିଗୋଲୋ' ଉପନ୍ୟାସର ପୁରୁଷବେଶ୍ୟାର ଭୂମିକାରେ ରାକେଶ୍ ମହାନ୍ତି (ରକି) ଏବଂ 'ଓ ଏକାକୀ' ଉପନ୍ୟାସରେ ବ୍ରଜସୁନ୍ଦର ନାମକ ଦୁଇଜଣ ଯୁବକ ଅବତୀର୍ଣ୍ଣ ହୋଇଛନ୍ତି। ଦୁଇଟିଯାକ ଉପନ୍ୟାସରେ ଘଟଣା ଓଡ଼ିଶା ବାହାରେ ସଂଘଟିତ ହୋଇଛି କିନ୍ତୁ ଶେଷରେ ତାହା ଓଡ଼ିଶାମୁଖୀ ହୋଇଛି। ଉପନ୍ୟାସର କଥାବସ୍ତୁକୁ ଚଳମାନ କରାଇବା ପାଇଁ ସୁନୀତି ମୁଣ୍ଡ ଦିଲ୍ଲୀ ମହାନଗରୀକୁ ଚୟନ କରିଥିବା ବେଳେ ଅନୀଲ କୁମାର ପାଢ଼ୀ ବିହାରକୁ ବାଛିଛନ୍ତି। ଏହି ଉପନ୍ୟାସ ଦୁଇଟିର ପରିଣତି ଅତ୍ୟନ୍ତ ହୃଦୟ ବିଦାରକ। ଦୁଇଜଣଯାକ ଜିଗୋଲୋ ଅପର୍ଯ୍ୟାପ୍ତ ଧନସମ୍ପତ୍ତି ଅର୍ଜନ କରିବି ଶେଷରେ ଜେଲ୍ ଦଣ୍ଡ ଭୋଗିଛନ୍ତି ସୁନୀତ ମୁଣ୍ଡଙ୍କର ରକି ଏବଂ ପାଗଳ ହୋଇଯାଇଛନ୍ତି....... ଅନୀଲ କୁମାର ପାଢ଼ୀଙ୍କର ସୁନ୍ଦରମ୍।

॥ ଶେଷକଥା ॥

୧୯୮୦ ପରବର୍ତ୍ତୀ ଆଙ୍ଗିକକୁ ନେଇ ବହୁ ପରୀକ୍ଷାନିରୀକ୍ଷା ହୋଇଛି। ଏହି ସମୟରେ ଅଣୁ ଉପନ୍ୟାସ, କାବ୍ୟ ଉପନ୍ୟାସ, ଚିତ୍ରୋପନ୍ୟାସ, ପୋପିକସନ୍ ଇତ୍ୟାଦି ମଧ୍ୟ ରଚନା କରାଯାଇଛି। ଔପନ୍ୟାସିକ ଦେବକୁମାର ରାୟଙ୍କର '୧୨ ନାରୀ' ହେଉଛି ଗୋଟିଏ ପୋପିକ୍‌ସନ୍। ପାରମିତା ଶତପଥୀଙ୍କର 'ପ୍ରାପ୍ତି' ସଂକଳନରେ ସ୍ଥାନିତ 'ମୁକ୍ତି', 'ସାଥି', 'ଝିଅ', 'କ୍ଷତ', 'ସେଲୀ', 'ପୁନଃ', 'ମୋହ', 'କ୍ଷମା', 'ଲୁହ' ଏବଂ 'ପ୍ରାପ୍ତି' ଉପନ୍ୟାସଗୁଡ଼ିକୁ ଉପନ୍ୟାସିକା ଭାବରେ ବିଚାର କରାଯାଇପାରେ। ସରୋଜିନୀ ସାହୁଙ୍କର 'ଗମ୍ଭିରି ଘର' ଏବଂ ଦିନନାଥ ପାଠୀଙ୍କର କେତେକ ଉପନ୍ୟାସରେ ଚିତ୍ର ସହିତ, ବକ୍ତବ୍ୟ ସଂଯୋଜିତ ହୋଇଛି। ଏଭଳି ଉପନ୍ୟାସକୁ ଚିତ୍ରୋପନ୍ୟାସ ଭାବରେ ନାମିତ କରାଯାଇପାରେ। ଅଣୁ ଉପନ୍ୟାସ ଭାବେ ରାଜେନ୍ଦ୍ର କିଶୋର ପଣ୍ଡାଙ୍କର 'ଶୋଷ ହେଲେ ଅମୃତ ନୁହେ, ପାଣି ଲୋଡ଼ା ହୁଏ'କୁ ଗ୍ରହଣ କରାଯାଇପାରେ। ଅଣୁ ଔପନ୍ୟାସିକ ଭାବରେ ଅଜୟ ସ୍ୱାଇଁ, ଚନ୍ଦ୍ରଶେଖର ରଥ, ନିବାରଣ ଜେନା ପ୍ରମୁଖ ମଧ୍ୟ କିଛି କିଛି ଅଣୁ ଉପନ୍ୟାସ ରଚନା କରିଛନ୍ତି।

ସେହିପରି ଅଣମାନବୀୟ ଚରିତ୍ରମାନଙ୍କୁ ନେଇ କଇଳାଶ ପଟ୍ଟନାୟକଙ୍କର 'ସ୍ଥାବର ଜଙ୍ଗମ' ରଚିତ। ଏଥିରେ ଚଳମାନତା ଏବଂ ସ୍ଥିରମାନତା ମଧ୍ୟରେ ସଂଘର୍ଷର ଚିତ୍ର ରହିଛି। ସମଲିଙ୍ଗୀ ଯୌନ ସମ୍ପର୍କକୁ ନେଇ ହିରଣ୍ମୟୀ ମିଶ୍ରଙ୍କ 'ମେଘ ପକ୍ଷୀର ଗୀତ' ରଚିତ। ମୁକ୍ତିବାଦ ବା ନାରୀବାଦ ଆଭିମୁଖ୍ୟକୁ ଭିତ୍ତିକରି ରଜନୀକାନ୍ତି ମହାନ୍ତିଙ୍କର

'ପୁଷ୍ୟାନକ୍ଷତ୍ରର ଇତିବୃତ୍ତ' ପରିକଳ୍ପିତ। ତା' ସହିତ ବିୟତ୍‌ପ୍ରଜ୍ଞା ତ୍ରିପାଠୀ, ଆଦିତେଶ୍ୱର ମିଶ୍ର, ଚନ୍ଦ୍ରଶେଖର ରଥ ପ୍ରମୁଖଙ୍କ ଉପନ୍ୟାସଗୁଡ଼ିକରେ ଚାଷୀ ଆତ୍ମହତ୍ୟା, ଅନାହାର ମୃତ୍ୟୁ, ଉପଭୋକ୍ତାବାଦୀ ସଂସ୍କୃତି, ସାଇବର ଠକେଇ, ମୁକ୍ତ ଯୌନାଭିବ୍ୟକ୍ତି, ନକ୍ସଲ ସମସ୍ୟା, ପ୍ରାକୃତିକ ବିପର୍ଯ୍ୟୟ ପ୍ରଭୃତିର ପ୍ରାସଙ୍ଗିକତାକୁ ଗ୍ରହଣ କରାଯାଇପାରେ; ଯାହାକୁ ୧୯୮୦ ପରବର୍ତ୍ତୀ ନବୀନ ସଂପୃକ୍ତି ବୋଲି କୁହାଯାଇପାରିବ।

■

ସହାୟକ ଗ୍ରନ୍ଥସୂଚୀ -

1. The Bakhtin Reader - Edited by Pan Morris Arnold, London 1994.
2. Sexuality - Joseph Bristow - Routledge, 2011
3. Critical Essays on Post Colonial Literature, Bijay Kumar Das, Atlantic, 2012
4. Postmodernism - Kevin hart - One world, Oxford 2006.
5. Contemporary Literary and Cultural Theory - Pramod K. Nayar Pearson - 2010.
6. Orientalism - Edward W. said - Penguin 2001.

'ଯୁଦ୍ଧ ଏବଂ ଉତ୍ତରାମାନେ' ବନାମ୍ 'ମୁଁ ଏବଂ ଆମ୍ଭେମାନେ'

ଯୁଦ୍ଧ କ'ଣ ନିତାନ୍ତ ଆବଶ୍ୟକ ? ଏଇ ଯେମିତି ଧର୍ମକୁ ନେଇ ଯୁଦ୍ଧ; ସାମ୍ରାଜ୍ୟ ବିସ୍ତାରକୁ ନେଇ ଯୁଦ୍ଧ; ଜାତିଆଣ ବିଭେଦକୁ ନେଇ ଯୁଦ୍ଧ; ଥିଲା-ବାଲା, ନଥିଲା-ବାଲା ମଧ୍ୟରେ ନ୍ୟାଯ୍ୟତାକୁ ନେଇ ଯୁଦ୍ଧ; କଳା-ଗୋରା-ଲାଲ-ହଳଦିଆ ବର୍ଣ୍ଣବୈଷମ୍ୟକୁ ନେଇ ଯୁଦ୍ଧ; ନାରୀପୁରୁଷର ଲୈଙ୍ଗିକ ବିନ୍ୟାସ ଏବଂ ତଜ୍ଜନିତ ନିପୀଡ଼ନକୁ ନେଇ ଯୁଦ୍ଧ ଏବଂ ଆହୁରି କେତେ କ'ଣ.... ।

କେତେକେ କହନ୍ତି - "ଯୁଦ୍ଧ ଆବଶ୍ୟକ"। ସେଥିପାଇଁ ସେମାନେ କୌଣସି ଗୋଟିଏ ବା ଏକାଧିକ ପକ୍ଷକୁ ସମର୍ଥନ କରି କୌଣସି ଗୋଟିଏ ବା ଏକାଧିକ ପକ୍ଷ ବିରୋଧରେ ଯୁଦ୍ଧ ଘୋଷଣା କରନ୍ତି। ଯୁଦ୍ଧ ସଂଘଟିତ ହୁଏ। ଯୁଦ୍ଧ ସଂଘଟିତ ହୁଏ ରାମ-ରାବଣ ମଧ୍ୟରେ, କୌରବ-ପାଣ୍ଡବ ମଧ୍ୟରେ, କଂସ-କୃଷ୍ଣ ମଧ୍ୟରେ, ପ୍ରାଚ୍ୟତ୍ୱ-ପାଶ୍ଚାତ୍ୟତ୍ୱ ମଧ୍ୟରେ। ତାହାପୁଣି କେତେବେଳେ ମହାଭାରତ ଯୁଦ୍ଧ ତ କେତେବେଳେ ଟ୍ରୟଯୁଦ୍ଧ ଆଉ କଳିଙ୍ଗ ଯୁଦ୍ଧ ଏବଂ କେତେବେଳେ ପାନିପଥ, ବକ୍ସାର ଆଉ କାର୍ଗିଲ।

ଯୁଦ୍ଧ ଅନବରତ ଚାଲିଛି। ଯିଏ ଜିତୁଛି- ପତାକା ଉଡ଼ାଉଛି। ଯିଏ ହାରୁଛି - ପତାକା ଓହ୍ଲାଉଛି। ସବୁବେଳେ ଯୁଦ୍ଧରେ ସୈନ୍ୟମାନେ ଯେତିକି ମୃତ୍ୟୁବରଣ କରନ୍ତି ବା ବିକଳାଙ୍ଗ ହୁଅନ୍ତି ବା କ୍ଷତିଗ୍ରସ୍ତ ହୁଅନ୍ତି ତା'ଠାରୁ ଯଥେଷ୍ଟ ବାହ୍ୟ କିମ୍ବା ଅନ୍ତର୍ଚେତନ ସ୍ତରରେ କ୍ଷତିଗ୍ରସ୍ତ ହୁଅନ୍ତି, ବିକଳାଙ୍ଗ ହୁଅନ୍ତି, ମୃତ୍ୟୁବରଣ କରନ୍ତି ତଥାକଥିତ ଜନସାଧାରଣ (civilians)। ସେମାନଙ୍କର ଧନଜୀବନ ନଷ୍ଟ ହୁଏ। ଚାଷଜମି

ଧ୍ୱସ୍ତବିଧ୍ୱସ୍ତ ହୋଇଯାଏ। ତା'ସହିତ ତାଙ୍କ ହୃଦୟରୂପକ ଶସ୍ୟକ୍ଷେତ୍ରରେ ନିଃସଙ୍ଗତାର ନିଆଁ ଚରିଯାଏ, ଚିରକାଳ।

ଏଇ ଯେମିତି ଅଗଷ୍ଟ ୬ ଏବଂ ୯, ୧୯୪୫ ମସିହାରେ ଜାପାନର ହିରୋସୀମା ଏବଂ ନାଗାସାକି ଉପରେ ଆମେରିକା ପରମାଣୁ ବୋମା ନିକ୍ଷେପ କରିବା ଦ୍ୱାରା ଜାପାନବାସୀଙ୍କର ହୃଦୟରୂପକ ସବୁଜ ଶସ୍ୟକ୍ଷେତ୍ରରେ ନିଆଁ ଚରିଯାଇଥିଲା; ଯାହା ଏବେ ବି ଅନିର୍ବାପିତ- ଠିକ୍ ସେହିପରି । ଏହି ବୋମା ନିକ୍ଷେପଣରେ ଏକ ଲକ୍ଷ ଅଣତିରିଶ ହଜାର ମୃତ୍ୟୁବରଣ କରିଥିଲେ। ତନ୍ମଧ୍ୟରୁ ଅଧିକାଂଶ ଥିଲେ ସିଭିଲିଏନ୍ସ। ଏ ହେଉଛି 'ଯୁଦ୍ଧ ଆବଶ୍ୟକ' ବୋଲି କହୁଥିବା ଯୁଦ୍ଧ ପକ୍ଷବାଦୀଙ୍କର ବର୍ବର କାରନାମାର କେତେକ ଦୃଷ୍ଟାନ୍ତ ।

ଆଉ କେତେକେ ଅଡ଼ିବସି କହନ୍ତି - "ଯୁଦ୍ଧ ଅନାବଶ୍ୟକ। ସୈନିକମାନେ ଦେଶର ନରହନ୍ତା।" ଏକଥା 'ୟୁଟୋପିଆ' ଗ୍ରନ୍ଥରେ ଘୋଷଣା କରିଥିବା ଟମାସ୍ ମୁରଙ୍କ ଭଳି ଯୁଦ୍ଧ ବଦଳରେ ସୌହାର୍ଦ୍ଦ୍ୟପୂର୍ଣ୍ଣ ସହସମ୍ବନ୍ଧ ଲୋଡୁଥିବା ମଣିଷମାନେ ହିଁ ଘୋଷଣା କରିଥା'ନ୍ତି। ସେମାନେ ଚାହାନ୍ତି ଯୁଦ୍ଧ ନ ହେଉ। ସୈନିକମାନେ ମୃତାହତ ନ ହୁଅନ୍ତୁ। ଜନସାଧାରଣଙ୍କ ଜୀବନରେ ଯୁଦ୍ଧଜନିତ ସଙ୍କଟ ତଥା ସନ୍ତ୍ରସ୍ତତା ଦେଖା ନଦେଉ। ସଭିଏଁ ସଭିଙ୍କର ପରିପୂରକ ହୋଇ ଜୀବନ ବଞ୍ଚନ୍ତୁ। କିନ୍ତୁ ସବୁ ସତ୍ତ୍ୱେ ତଥାପି ଯୁଦ୍ଧ ହୁଏ। ମଣିଷ ମରନ୍ତି। ମଣିଷଠାରୁ ଆରମ୍ଭ କରି ବିଭିନ୍ନ ଜୀବଜନ୍ତୁ ଅକଥନୀୟ ଯନ୍ତ୍ରଣାର ଶିକାର ହୁଅନ୍ତି । ରକ୍ତର ହୋରିଖେଳ ଚାଲେ। ବର୍ବରତା ବୃଦ୍ଧିପାଏ। କୂଟନୀତିର ଜାଲ ଭିତରେ ଛନ୍ଦିହୋଇ ମଣିଷ ନିଜର ସମସ୍ତ ସ୍ୱାଧୀନତାକୁ ହରାଇବା ପାଇଁ ବାଧ୍ୟ ହୁଏ।

ତେବେ ଯୁଦ୍ଧ ଯେ ଆବଶ୍ୟକ- ଏ କଥା ଏବଂ ଏହି ପ୍ରକ୍ରିୟାକୁ ତ୍ୱରାନ୍ୱିତ କରାଇବା ପଛରେ ପରୋକ୍ଷ ବା ପ୍ରତ୍ୟକ୍ଷ ଭାବରେ କେଉଁ କାରକର ଭୂମିକା ରହିଥାଏ ? ନିଶ୍ଚିତ ଭାବରେ ଏହାର ପଶ୍ଚାତ୍‌ରେ ଗୋଟେ ପ୍ରତିପତ୍ତିଶାଳୀ ଗୋଷ୍ଠୀର ମାନସ ସ୍ତରରେ ଥିବା ଆର୍କିଟେକ୍ଟୋନିକ୍ କମ୍ପୋନେଣ୍ଟ୍ କାର୍ଯ୍ୟ କରିଥାଏ। ଯେଉଁ କମ୍ପୋନେଣ୍ଟର ସାମଗ୍ରିକ ଗଢ଼ଣବ୍ୟବସ୍ଥାର ରିମୋଟ୍ କଣ୍ଟ୍ରୋଲ୍‌ର ଜଣେ ହେଜିମନିକ୍ ବା ପ୍ରତିପତ୍ତିଶାଳୀ କାରକ ହାତରେ ରହିଥାଏ। ଏହି କାରକ ଅତି ଚତୁରତାର ସହିତ ଏକ ନିର୍ଦ୍ଦିଷ୍ଟ ନ୍ୟସ୍ତସ୍ୱାର୍ଥ ପ୍ରଣୋଦିତ ସାମାଜିକ ଗୋଷ୍ଠୀ ଗଢ଼ିଥାଏ ଏବଂ ଏହି ଗୋଷ୍ଠୀ ସହିତ ଜଡ଼ିତ ହୋଇ ରହିଥାଏ କ୍ଷମତାର ବୀଭତ୍ସ ରାଜନୀତିକ ଷଡ଼ଯନ୍ତ୍ର। ସେଥିପାଇଁ ଏମାନେ ଆବଶ୍ୟକ ସ୍ଥଳେ ହିଂସାତ୍ମକ ପନ୍ଥା ଅବଲମ୍ବନ କରିଥାନ୍ତି। ପୁଣି ଆବଶ୍ୟକ ସ୍ଥଳେ ଏମାନେ କୌଣସି ହିଂସାତ୍ମକ ପନ୍ଥା ଗ୍ରହଣ ନ କରିବି ଅତି ଚତୁରତାର ସହିତ ବିଭିନ୍ନ ପ୍ରଚାରମାଧ୍ୟମ

ଜରିଆରେ ସେମାନଙ୍କର ସ୍ୱାର୍ଥପ୍ରଣୋଦିତ ଇଚ୍ଛାକୁ ସାଧାରଣଲୋକଙ୍କ ଉପରେ ଲଦିଦେଇ ନିଜର କ୍ଷମତାକୁ ଅତୁଟ ରଖିବାକୁ ଚେଷ୍ଟା କରନ୍ତି। ଏହି ହେଜିମନିକ୍ କାରକଟି ମୂଲ୍ୟବୋଧ, ନୈତିକତା, ଆଦର୍ଶବାଦ, ସାଂସ୍କୃତିକ ସତ୍ୟାଦର୍ଶ, ଦର୍ଶନ, ଧର୍ମୀୟ ବିଚାରଧାରା, ଜେହାଦ୍ ପ୍ରଭୃତିର ଦ୍ୱାହି ଦେଇ ସାଧାରଣ ମଣିଷକୁ ଏକ ଅପରିବର୍ତ୍ତନୀୟ ନିରଙ୍କୁଶ ବ୍ୟବସ୍ଥା ପ୍ରତି ଆକୃଷ୍ଟ କରି ବିଭିନ୍ନ ଉପାୟରେ ସେମାନଙ୍କୁ ପ୍ରବଞ୍ଚିତ କରାଇଥାନ୍ତି।

ଏ ପ୍ରବଞ୍ଚନା ରାମାୟଣରେ ବି ଅଛି, ମହାଭାରତରେ ବି ଅଛି। ଇଲିଆଡ୍‌ରେ ଅଛି, ଓଡ଼େସିରେ ବି ଅଛି। 'ଆପୋଲୋ ଏଣ୍ଡ୍ ଡାଫ୍‌ନି'ରେ ଅଛି, 'ଚନ୍ଦ୍ରଭାଗା' ରେ ବି ଅଛି। 'ଟାଇଟାନିକ୍'ରେ ଅଛି, 'ବାହୁବଳି'ରେ ବି ଅଛି। ସେଥିପାଇଁ ବିଭିନ୍ନ ଯୁଗରେ ଏହି ପ୍ରତିପତ୍ତିଶାଳୀ ଗୋଷ୍ଠୀଦ୍ୱାରା ରଚିତ ଷଡ଼ଯନ୍ତ୍ରପୂର୍ଣ୍ଣ ପ୍ରବଞ୍ଚନାର ସର୍ବଗ୍ରାସୀ ଅାଁ ଭିତରକୁ ଟାଣିହେଇ ବିଭିନ୍ନ ସ୍ଥାନ (milieu), କାଳ(moment), ପାତ୍ର(race) ନିଜ ନିଜର ଅସ୍ତିତ୍ୱ ଏବଂ ଅସ୍ମିତାକୁ ଜଳାଞ୍ଜଳି ଦେଇଛନ୍ତି। ସମୟ ଅତିକ୍ରାନ୍ତ ହୋଇଯାଇଛି। ସ୍ଥାନର ରୂପରେଖ ବଦଳି ଯାଇଛି। ପାତ୍ରମାନେ ମଧ୍ୟ ନିଜ ନିଜର ଅଭିନୟ ସାରି କାଳର କବଳିତ ହୋଇଯାଇଛନ୍ତି। କିନ୍ତୁ ରହିଯାଇଛି କଥା।

ସେଇ କଥା ଏବେ ବି ଗୋଟିଏ ଗୋଟିଏ ଚେତନା(consciousness) ରୂପରେ ହଜାର ହଜାର ବର୍ଷର ଆତୀତିକ ଦୂରତାକୁ ଭାଙ୍ଗିଦେଇ ଆମରି ବ୍ୟକ୍ତିଗତ, ଗୋଷ୍ଠୀଗତ କିମ୍ବା ବିଶ୍ୱଗତ ସ୍ଥାନ-କାଳ-ପାତ୍ର ମଧ୍ୟକୁ ସମ୍ପ୍ରସାରିତ ହୋଇଯାଉଛି। ଫଳରେ ଆମେ ଦେଖୁଛୁ ବ୍ରହ୍ମରାକ୍ଷସ ରାବଣ ଏବେ ମଧ୍ୟ ଆମ ଗହଣରେ ଆତଜାତ। ସେ କେତେବେଳେ ଏକମୁଣ୍ଡିଆ ତ କେତେବେଳେ ଦଶମୁଣ୍ଡିଆ । କେତେବେଳେ ପୁଣି ଭିକ୍ଷୁକ ସନ୍ନ୍ୟାସୀ ବେଶରେ ସର୍ବସମକ୍ଷରେ ସୀତାକୁ ଅପହରଣ କରିନେଉଛିତ ପୁଣି କେଉଁଠି ଗର୍ବୋଦ୍ଧତ ମଣିଷର ପ୍ରତିନିଧି ହୋଇ ନିପୀଡ଼କ ଦୁର୍ଯ୍ୟୋଧନ ପରି ନିଜର ଉତ୍କଟ ସାମ୍ରାଜ୍ୟଖୋର ପିପାସାକୁ ଚରିତାର୍ଥ କରିବାପାଇଁ ପ୍ରୟାସ ଜାରିରଖିଛି। 'no ମାନେ no' ଉଚ୍ଚାରଣ କରିସାରିବା ପରେ ବି ଲମ୍ପଟ ଆପୋଲୋ ଆଉ ସୂର୍ଯ୍ୟମାନେ ଡାଫ୍‌ନୀ ଆଉ ଚନ୍ଦ୍ରଭାଗାମାନଙ୍କ ପ୍ରତି ଦୁଷ୍କର୍ମ କରିବାକୁ କ୍ଷାନ୍ତ ହେଉନାହାନ୍ତି। ହଜାରେ ସଂରକ୍ଷଣ ଯୋଜନା ପରେ ବି ଡାଫ୍‌ନୀ, ଚନ୍ଦ୍ରଭାଗା, ଆସିଫା ଏବଂ ପ୍ରିୟଙ୍କାମାନେ ପୁରୁଷପ୍ରଧାନ ସମାଜ ସମ୍ମୁଖରେ ଅସୁରକ୍ଷିତ। ଆର୍ଥିକ-ସାମାଜିକ-ରାଜନୀତିକ ସ୍ତରରେ ଏବେ ମଧ୍ୟ ସେମାନେ ଅବହେଳିତ।

ସେହି କ୍ରମରେ ଏଠି ଏବେ ମଧ୍ୟ ଅଭିମନ୍ୟୁ ସେଇ ଉତ୍ସର୍ଗୀକୃତ ତଥା କ୍ରମ ସଂପ୍ରସାରିତ ଭୂମିକା ନିର୍ବାହ କରିବାପାଇଁ ଆମ ମଧ୍ୟରେ ଅବତୀର୍ଣ୍ଣ। ସମ୍ପତ୍ତି ଏବଂ

ଅଧିକାରକୁ ସାବ୍ୟସ୍ତ କରିବାକୁ ଯାଇ ଆଜି ସେ ଅଲବତ୍ ମରିବାକୁ ବାଧ୍ୟ। ଆଉ ସେଇ ଅଭିମନ୍ୟୁ ମୃତ୍ୟୁରେ ଉତ୍ତରାମାନେ ବି ଯନ୍ତ୍ରଣା ଜର୍ଜରିତ ହେବେ।

ଯୁଦ୍ଧ ସେଠି ବି ଥିଲା। ଏଠିବି ଅଛି। ସେଦିନ ବି ହେଉଥିଲା। ଆଜି ବି ହେଉଛି। କେବଳ ବଦଳିଯାଇଛି ସମୟ, ପରିବେଶ ଏବଂ ଚରିତ୍ର। ତଥାପି ବଦଳିନାହିଁ ଆବଶ୍ୟକତା; ବଦଳିନାହିଁ ସର୍ବଭୁକ୍ ମଣିଷର ଅକଳନ୍ତି ପ୍ରାଣିକ ଆସକ୍ତି। ସେ ବିବର୍ତ୍ତନ ଧାରାରେ ଭୂ-କୈନ୍ଦ୍ରିକ (geo-centric), ସୌର-କୈନ୍ଦ୍ରିକ (halio- centric), ଆପେକ୍ଷିକ(relative), ବୃତ୍ତୀୟ (circular) ଜ୍ଞାନବିଜ୍ଞାନ ଗୁଳା ଦେଇ ଏକବିଂଶ ଶତାବ୍ଦୀରେ ପଦାର୍ପିଥିଲେ ବି ତା'ର କ୍ଷୁଧା ଏବେ ବି ପ୍ରଶମିତ ହୋଇନାହିଁ। ସେଥିପାଇଁ ଯାବତୀୟ ହିଂସା, ଅସୂୟା, ପରଶ୍ରୀକାତରତା, ଈର୍ଷା, ଲୋଭ, ଆସକ୍ତି, ମୋହ ପ୍ରଭୃତିର ବଶବର୍ତ୍ତୀ ହେଇ କେତେବେଳେ ସେ କାହା ସହିତ ଯୁଦ୍ଧ କରୁଛି, ତା'ର କୌଣସି ହିସାବ ନିକାଶ ହେଇପାରୁନାହିଁ। ଏହାକୁ ଏକ ଆନୁକ୍ରମିକ ସଂଗ୍ରଥନ ଭାବରେ ବିଚାର କରାଯାଇପାରେ।

ଏହି ଆନୁକ୍ରମିକ ସଂଗ୍ରଥନକୁ ବାର୍ତ୍ତମାନିକ ପ୍ରେକ୍ଷାପଟରେ ଏକ ବାର୍ତ୍ତମାନିକ ଅନିବାର୍ଯ୍ୟ ପ୍ରାସଙ୍ଗିକତାକୁ ଦୃଷ୍ଟିରେ ରଖି କବି ହରିମିଶ୍ରଙ୍କର 'ଯୁଦ୍ଧ ଏବଂ ଉତ୍ତରାମାନେ' କାବ୍ୟର ପରିକଳ୍ପନା। କବି ହରିମିଶ୍ରଙ୍କର ଏଇ ଯେଉଁ କାବ୍ୟିକ ପ୍ରୟାସ-ଏହାକୁ ମିଥ୍‌ର ପୁନର୍ବିନ୍ୟାସ ବା ପୁନର୍କଥନ ବା ପୁନର୍ପ୍ରକଳ୍ପୀକରଣ ବା ସାଂପ୍ରତିକୀକରଣ କୁହାଯାଇପାର। ଏହାକୁ ଏକ ନବଇତିହାସବାଦୀ (newhistoricism) ଆକଳନ ମଧ୍ୟ କୁହାଯାଇପାରେ।

ତେବେ କବି ହରିମିଶ୍ର ମହାକବି ବ୍ୟାସଦେବଙ୍କ ରଚିତ ମହାଭାରତ ମଧ୍ୟରୁ କେତେକ ସ୍ଥାନ-ପ୍ରସ୍ଥ, କାଳ-ପ୍ରସ୍ଥ ଏବଂ ପାତ୍ର-ପ୍ରସ୍ଥକୁ ଘୋଷାଡ଼ି ଆଣି ସେମାନଙ୍କର ଚେତନାଗତ ସଂପୃକ୍ତିକୁ ବାର୍ତ୍ତମାନିକ ପ୍ରେକ୍ଷାପଟ୍ଟରେ ପ୍ରଦର୍ଶନ କରିବାକୁ ପ୍ରୟାସ କରିଛନ୍ତି। ଏଥିରେ ଅନେକତ୍ର ବ୍ୟଞ୍ଜନା ତଥା ବିଶ୍ଳେଷଣଧର୍ମିତାର ଛାପ ଲେସିତ। ଏଇ ଯେଉଁ ତ୍ରି-ପ୍ରସ୍ଥୀୟ(tri-dimensional) ବିସ୍ତାରଣ- ସେଥିପାଇଁ ସଂକଳନରେ ଉପସ୍ଥାପିତ ସ୍ଥାନ-ପ୍ରସ୍ଥ (milieu-dimension) : ଯଥା- ମର୍ତ୍ତ୍ୟ, ହସ୍ତିନା, କୁରୁକ୍ଷେତ୍ର, କୁରୁଶିବିର, ଭାରତ, ସଂସାର, ପୃଥିବୀ, ଦୁନିଆ, ଧର୍ମକ୍ଷେତ୍ର, ଆକାଶ, ଜଳ, ରଣାଙ୍ଗନ, ପାଣ୍ଡବଶିବିର; କାଳ-ପ୍ରସ୍ଥ (time-dimension) : ଯଥା - କାଲି, ଆଜି, ସଂଧ୍ୟା; ପାତ୍ର-ପ୍ରସ୍ଥ(race-dimension) : ଯଥା - ଅଭିମନ୍ୟୁ, କୁରୁପୁତ୍ର, ଧୃତରାଷ୍ଟ୍ର, ହସ୍ତୀ, ଯୋଦ୍ଧା, ବାପା, କନ୍ୟା, ମା, ଝିଅ, କୁରୁରାଜ, କୃଷ୍ଣ, ପ୍ରେମିକ, ବିବାହିତା, ଗର୍ଭିଣୀ, ବୋହୂ, ସ୍ୱାମୀ, ଶ୍ୱଶୁର, ଶାଶୁ, ନଣନ୍ଦ, ପାର୍ଥ ସାରଥୀ, ଜ୍ୟେଷ୍ଠପିତା, ଉତ୍ତରା, କ୍ଷତ୍ରୀୟ,

ପିତାମହ, ଜେଜେ, ନାତି, ଈଶ୍ୱର, ପିଲା, ପତଙ୍ଗ, ଗୃଧ୍ର, ଶ୍ୱାନ, ଶୃଗାଳ, ଶିଶୁ, ସେନାପତି, ଯୁଧିଷ୍ଠିର, ଭୀମ, ଦ୍ରୋଣ, କୃପ, ଶଲ୍ୟ, କର୍ଣ୍ଣ, ଦୁର୍ଯ୍ୟୋଧନ, ଦୁଃଶାସନ, ଲକ୍ଷ୍ମଣ, ରାଜା, ଜୟଦ୍ରଥ, ନକୁଳ, ସହଦେବ, ସୁଭଦ୍ରା, ଅର୍ଜୁନ, ପ୍ରେୟସୀ, ଅଙ୍ଗନା, ଗାନ୍ଧାରୀ, ଶକୁନି ପ୍ରଭୃତିର ଭୂମିକା ଅତ୍ୟନ୍ତ ଗୁରୁତ୍ୱପୂର୍ଣ୍ଣ ମନେହୁଏ । ସାହିତ୍ୟକୃତି ହେଉକି ଜୀବନଚର୍ଯ୍ୟା- ସର୍ବତ୍ର ସ୍ଥାନ ଏବଂ କାଳ-ପ୍ରସ୍ଥ ଅପେକ୍ଷା ପାତ୍ର-ପ୍ରସ୍ଥ ଅଧିକ ପ୍ରଭାବଶାଳୀ ହୋଇଥାଏ। ସେହି ନ୍ୟାୟରେ ହରିମିଶ୍ରଙ୍କ 'ଯୁଦ୍ଧ ଏବଂ ଉତ୍ତରାମାନେ' କାବ୍ୟରେ ସ୍ଥାନ ଏବଂ କାଳପ୍ରସ୍ଥ ଅପେକ୍ଷା ପାତ୍ର ପ୍ରସ୍ଥଙ୍କ ସଂଖ୍ୟା ଅଧିକ। ଏହା ହେବା ମଧ୍ୟ ସ୍ୱାଭାବିକ। ଏଇ ପାତ୍ର ପ୍ରସ୍ଥମାନଙ୍କ ଦ୍ୱାରା ସ୍ଥାନ ଏବଂ କାଳ ପ୍ରସ୍ଥର ମର୍ଯ୍ୟାଦା ବୃଦ୍ଧି ପାଇଥାଏ । ଆଉ ଅମର୍ଯ୍ୟାଦା ବି ବର୍ଦ୍ଧିତ ହୋଇଥାଏ।

ଉପରୋକ୍ତ ଅବଧାରଣାକୁ ଆହୁରି ସମର୍ଥିତ କରାଇବାପାଇଁ କାବ୍ୟଗ୍ରନ୍ଥର 'ପଦେ....' ସ୍ୱୀକାରୋକ୍ତିରୁ କିଛି ଅଂଶ ଉଦ୍ଧାର କରାଯାଇପାରେ। ଯଥା - "ଏଠି ମୋର କାମ୍ୟ ଐତିହାସିକ ସତ୍ୟାନ୍ୱେଷଣ ନୁହେଁ, ପରମ ସତ୍ୟାନ୍ୱେଷଣ। ମୋ ଲେଖା 'ରାମାଦିବତ୍ ପ୍ରବର୍ତ୍ତିତବ୍ୟଂ ନ ରାବଣାଦିବତ୍' ନ୍ୟାୟରେ କୌରବ ସପକ୍ଷବାଦୀ ନୁହେଁ; ବାସ୍ତବ ଶାନ୍ତିର ପକ୍ଷବାଦୀ। ମାନବତାବାଦର ସପକ୍ଷବାଦୀ। ସାମାଜିକ ଅଭିବୃଦ୍ଧିର ପକ୍ଷବାଦୀ । ଆଗେଇବାର ମନ୍ତ୍ରରେ ବିଶ୍ୱାସୀ। ମୋ ଲୁପ୍ତ ଚରିତ୍ର ସବୁବେଳେ ରକ୍ତପାତ ବିରୋଧୀ। ସେ ଯେମିତି ଅଭିମନ୍ୟୁର ମୃତ୍ୟୁରେ ମର୍ମାହତ; ସେମିତି ଲକ୍ଷ୍ମଣକୁମାରର। ଉଭୟ ପୌରାଣିକ ଚରିତ୍ର ମୂଳ ବିଷୟ ବାହାରେ ଆଉ କେହି ନୁହଁନ୍ତି- ଯୁଦ୍ଧର ପକ୍ଷ ଓ ପ୍ରତିପକ୍ଷ। ଉଭୟ ଘରେ ଉତ୍ତରାମାନେ ଭୋଗନ୍ତି ରାଜଶକ୍ତି ଦ୍ୱାରା ପରପୁଅ ହତ୍ୟାର କରୁଣ ପରିଣତି। ବେଶୀଦୂର ଯିବାକୁ ହେବନି....କାଶ୍ମୀରରେ ହେଉଥିବା ନରସଂହାର କଥା ଭାବି ଦେଖନ୍ତୁନା, ଯିଏ ବି ମରୁଛି ସିଏ ମଣିଷ। ତାର ଆଶା, ଆକାଂକ୍ଷା ଓ ସ୍ୱପ୍ନମାନେ କେମିତି ହଜିଯାଉଛନ୍ତି ଅନ୍ୟମାନଙ୍କର ମହତ୍ତ୍ୱାକାଂକ୍ଷାରେ।"

ଯେଉଁମାନେ 'ଯୁଦ୍ଧଂଦେହୀ' ବୋଲି ଡାକରା ଦେଇ ପ୍ରତିପକ୍ଷ ସହ ଯୁଦ୍ଧରେ ଲିପ୍ତ ହୁଅନ୍ତି ସେଠାରେ ଗୋଟେ ହେଜିମନିକ୍ ଆଦର୍ଶବାଦ (Maxim)କାର୍ଯ୍ୟ କରୁଥାଏ । ତେଣୁ ସେ ମହାଭାରତ ଯୁଦ୍ଧ ଜନିତ ମୃତ୍ୟୁ ହେଉ କି କାଶ୍ମୀରର ନରସଂହାର ଜନିତ ସନ୍ତ୍ରାସ- ସର୍ବତ୍ର ଗୋଟେ ବର୍ବରତା ରଂଗବୋଳା ଉଦ୍ଧତ ପ୍ରତିପତ୍ତିଶାଳୀ ଗୋଷ୍ଠୀର ହୃଦୟହୀନ ଚକ୍ରାନ୍ତ ହିଁ କାର୍ଯ୍ୟ କରିଥାଏ। ଏମାନେ କେତେକ ନିର୍ଦ୍ଦିଷ୍ଟ ମତବାଦ, ନୈତିକ ଜୀବନଚର୍ଯ୍ୟା, ସାମାଜିକ ମୂଲ୍ୟବୋଧ ତଥା ଧର୍ମ ଆଉ ଅଧର୍ମର ଦ୍ୱାହି ଦେଇ ଶାନ୍ତିକୁ ଜଳାଇପୋଡ଼ାଇ ନିଃଶେଷିତ କରିଦିଅନ୍ତି। ଏମାନେ ଧର୍ମଅଧର୍ମ, ପାପପୁଣ୍ୟ, ଆଲୋକଅନ୍ଧାର ପ୍ରଭୃତି ଦ୍ୱୈବିରୋଧିକ କାରକ ଗୁଡ଼ିକର ନାମ ନେଇ ସିଂହାସନ

ଲୋଡ଼ନ୍ତି । ଧୃତରାଷ୍ଟ୍ର ଭଳି ଅନ୍ଧ ହୋଇ ବି ଶାସନ କରନ୍ତି । ଏମାନେ ପୁତ୍ର, ପତ୍ନୀ, ରାଜ୍ୟ, ରାଜା କ'ଣ ସ୍ୱଚକ୍ଷୁରେ ଦର୍ଶନ ନ କରିପାରୁଥିଲେ ବି ପୁତ୍ରତ୍ୱ, ପତ୍ନୀତ୍ୱ, ରାଜ୍ୟତ୍ୱ, ରାଜାତ୍ୱ ସମ୍ବନ୍ଧୀୟ ଆଇନ ପ୍ରଣୟନ କରନ୍ତି । ପୁଣି ତାକୁ କାର୍ଯ୍ୟକାରୀ କରାଇବାକୁ ବି ମସୁଧା କରନ୍ତି । ଏଇମାନଙ୍କ ହାତରେ ସକଳ ସାମାଜିକ-ସାଂସ୍କୃତିକ-ଆର୍ଥନୀତିକ-ରାଜନୀତିକ କଳ ସଂଚାଳିତ ହୋଇଥାଏ । ଏମାନଙ୍କ ନିକଟରେ ନାରୀ ଗୋଟେ ଭୋଗ୍ୟବସ୍ତୁ । ଏମାନଙ୍କ ପିତୃପ୍ରଧାନ (Fallogocentric) ମାନସିକତାରେ ନାରୀ ଗୋଟେ ଅଧୀନସ୍ଥ ଏବଂ ନଗଣ୍ୟ ଇତର ଜୀବବିଶେଷ ଅର୍ଥାତ୍ commodity । କେବଳ ସେତିକି ନୁହେଁ ଏହି ପୁରୁଷପ୍ରଧାନ ବା hierarchical ପରିମଣ୍ଡଳ ଦ୍ୱାରା ନାରୀମାନଙ୍କର ଶରୀର, ଅନୁଭୂତି, ଭାଷା, ସାମାଜିକ ଏବଂ ଆର୍ଥିକ ବ୍ୟବସ୍ଥା ପ୍ରଭୃତି ଘୋର ଅବହେଳାର ଶୀକାର ହୋଇଥାଏ ଏଇଠି ।

ହରିମିଶ୍ରଙ୍କ ଭାଷାରେ – "ସ୍ତ୍ରୀ ସିଏ ତ କେବଳ/ସ୍ୱାମୀ ପାଇଁ .... ଜୀଅନ୍ତା କଣ୍ଢେଇ/ଜୀଇଁଥିଲେ ବି / ମଲେ ବି / ତା କଥାରେ ହାତ ପାଦ ନଚଉଥିବା/ ଏଇଥି ପାଇଁ ନା ? / ପୁରୁଷ କୁଆଡ଼େ / ତା' ଜୀବନର ସ୍ୱର୍ଗ / ତା' ଶରୀରର ମାଲିକ / ତା' ହୃଦୟର ଦେବତା ।"

ନିରଙ୍କୁଶ ପ୍ରତିପତ୍ତିଶାଳୀ ଗୋଷ୍ଠୀର ଅହଂକାର ପାଇଁ ଏଠି ସବୁ ଏଇଭଳି ଘଟେ । ସତ୍ୟ ଏବଂ ପ୍ରୀତି ଏଠି ବିବସ୍ତ୍ର ହୁଅନ୍ତି । ଏମାନଙ୍କର ଅହଂକାର ରୂପକ ଯୁଦ୍ଧକ୍ଷେତ୍ରରେ ବାପପୁଅ, ପ୍ରେମିକଭାବୁକ, ଭାଇଭଗାରି ପ୍ରଭୃତି ନିହତ ହୁଅନ୍ତି । ସେଥିପାଇଁ ମୃତଯୋଦ୍ଧାର ପତ୍ନୀ ଆଖିରୁ ଲୁହ ଶୁଖେନାହିଁ । କୁରୁରାଜା ରୂପୀ ହେଜିମନିକ୍ ଗୋଷ୍ଠୀର ଆତ୍ମାଭିମାନବଦ୍ଧ ଭୂଇଁରେ ସ୍ୱକୀୟ ଓରିମାନ୍ ମେଣ୍ଟେଇବାପାଇଁ ଯେଉଁ ଯୁଦ୍ଧ ରଚ୍ଯାଏ-ତଦ୍ୱାରା 'ଶଙ୍ଖାସିନ୍ଦୁର ହରେଇ ବଞ୍ଚିରହିଥିବା ନବବିବାହିତା ଗର୍ଭିଣୀ ବୋହୂଗୁଡ଼ା ପ୍ରତିମୁହୂର୍ତ୍ତରେ ମରୁଥାନ୍ତି । ବଢ଼ିଲା ଝିଅ ବାହା ମଧ୍ୟ ହୋଇପାରେ ନାହିଁ ।'

ଏହି ତଥାକଥିତ ପ୍ରତିପତ୍ତିଶାଳୀ ଗୋଷ୍ଠୀର ଚକ୍ରବ୍ୟୂହ ଭେଦ କରିବା ମହା ମୁସ୍କିଲ୍ । ଏଇମାନେ ହିଁ ଚକ୍ରୀ । ଏଇମାନେ ହିଁ 'ପାର୍ଥ ସାରଥୀ' । ଏଇମାନେ ହିଁ 'ପାର୍ଥିବର ସାରଥୀ' । ପୁଣି ଏଇମାନେ 'ଯୁଆଡ଼େ ଇଚ୍ଛା ସିଆଡ଼େ ନିଅନ୍ତି' ସରଳ ସିଭିଲିଆନ୍ ମାନଙ୍କୁ । ଏମାନେ Ideological State Apparatus ବା ISA ନାମରେ ସ୍କୁଲ୍, କଲେଜ୍, ଗଣମାଧ୍ୟମ, ମନ୍ଦିର, ଚର୍ଚ୍ଚ, ମସ୍‌ଜିଦ୍, ଗୁରୁଦ୍ୱାର, ଡାକ୍ତରଖାନା, ରାଜନୀତିକ ଦଳ ପ୍ରଭୃତି ତିଆରି କରିଥାନ୍ତି । ଫ୍ରେଞ୍ଚ୍ ମାର୍କ୍ସବାଦୀ ଦାର୍ଶନିକ ଏଇ ଧରଣର ଆଇଡୋଲୋଜିକୁ 'ଇଣ୍ଟରପେଲେସନ୍' ବୋଲି କହିଛନ୍ତି । ଏହି ଇଣ୍ଟରପେଲେସନ୍ ପ୍ରରୋଚନାରେ ପ୍ରରୋଚିତ ହୁଅନ୍ତି ଅଭିମନ୍ୟୁ ଭଳି ମଣିଷମାନେ । କାରଣ ସେମାନେ

ସେହି ISAର ଛଦ୍ମବେଶୀ ପ୍ରବଞ୍ଚନା ଦ୍ୱାରା କବଳିତ ହୋଇଥାନ୍ତି । ତେଣୁ "ଅଭିମନ୍ୟୁ ସେ/ଜ୍ୟେଷ୍ଠ ପିତାର ଆଦେଶରେ/କ୍ଷତ୍ରିୟର ଅଭିମାନରେ/ବାନ୍ଧିଲା ହାତରେ ବାହୁବନ୍ଧ/ ଦେହରେ ସାଞ୍ଜୁ/ମୁଣ୍ଡରେ ଶିରସ୍ତ୍ରାଣ/ପାଦରେ ଉପାନହ / ଧରିଲା ହାତରେ ଢାଲ ଆଉ ଧନୁ/ବାନ୍ଧିଲା ଅଣ୍ଟାରେ ଖଡ୍ଗ/ ପିଠିରେ ତୂଣୀର ।"

ସେମାନେ ଯେଉଁ ବିଦ୍ୟାଳୟରେ ପଢ଼ିଚନ୍ତି ସେଇଠି ସେମାନେ ସଂହାର ମାଧ୍ୟମରେ ପରିବର୍ତ୍ତନ ଆଣିବାକୁ ଶିକ୍ଷା କରିଛନ୍ତି; କିନ୍ତୁ ସର୍ଜନା ମାଧ୍ୟମରେ ନୁହେଁ। ତେଣୁ ସେମାନେ ବିଚରା ବନିଯାଇ ପତଙ୍ଗପରି ନିଆଁ ଗର୍ଭକୁ ଲମ୍ଫିତ ହୁଅନ୍ତି । ତାଙ୍କୁ କିଛି ଜଣା ପଡ଼େନାହିଁ । ସେମାନେ ଶିକ୍ଷା କରନ୍ତି ଗୋଟିଏ କୁଳ ରକ୍ଷା କରିବାକୁ ଯାଇ ସହସ୍ର କୁଳକୁ ଉଚ୍ଛନ୍ନ କରିଦେବାର ଗର୍ହିତତାକୁ । ଏହି ଶିକ୍ଷା ପଦ୍ଧତି ମଧ୍ୟ ସେହି ISAର ନିୟନ୍ତ୍ରକ କ୍ଷମତାଶାଳୀ ଗୋଷ୍ଠୀଙ୍କ ଦ୍ୱାରା ପରିଚାଳିତ । ତେଣୁ ଏଥିରେ 'ଯୁଦ୍ଧ ବିରତି' ପରିବର୍ତ୍ତେ 'ଯୁଦ୍ଧଂ ଦେହୀ' ଶିକ୍ଷା ଦିଆଯାଏ । ଏ ଧରଣର ପ୍ରେକ୍ଷାପଟରେ ଉତ୍ତରାମାନେ "ମୋ ସୁଖକୁ/ମୋ ସ୍ୱାମୀକୁ/ମୋ ପ୍ରେମିକକୁ/ ମୋ କାନିରେ ବାନ୍ଧି ରଖିବି.....।" ବୋଲି ଶହେଥର କହି ହେଲେ ବି ଅଭିମନ୍ୟୁମାନେ ଆଉ ସେଇ କ୍ଷମତାଶାଳୀ ପ୍ରତାରକଙ୍କ ଦ୍ୱାରା ଆୟୋଜିତ ଯୁଦ୍ଧକ୍ଷେତ୍ରରୁ ଜୀବନ ନେଇ ଲେଉଟି ଆସି ପାରନ୍ତି ନାହିଁ ।

ତେଣୁ "ଏବଂ ଶେଷରେ/ଏବଂ ଶେଷରେ" ସବୁକିଛି ଶେଷ ହୋଇଯାଉଥିବ । 'ସବୁକିଛି ଶେଷ ହେଇଯିବାର' ଖବର ଶୁଣି ଉତ୍ତରାମାନେ ଲୁଚି ଲୁଚି ଗୋପନରେ ଲୁହ ଗଡ଼ାଉଥିବେ; କିନ୍ତୁ ସର୍ବସମକ୍ଷରେ ମୃତଯୋଦ୍ଧାର ପତ୍ନୀ ଭାବରେ ଚିହ୍ନଟ କରାଇ ନିଜେ ନିଜକୁ ସ୍ୱାଭାବିକ ନିଷ୍କର୍ମ ଅବସ୍ଥାର ଅଧିକାରିଣୀ ବୋଲି ଜାହିର କରିବାକୁ ଚେଷ୍ଟା କରୁଥିବେ । ଏଇତ ଯୁଦ୍ଧର ଇତିବୃତ୍ତ ଏବଂ କ୍ରମ ପରିଣାମ । ଏ ଯୁଦ୍ଧରେ କେବେ 'ପାଣ୍ଡବେ କାନ୍ଦନ୍ତି' ତ ଆଉ 'କୌରବେ ହସନ୍ତି' । ପୁଣି କେବେ 'କୌରବେ କାନ୍ଦନ୍ତି' ତ ଆଉ କେବେ 'ପାଣ୍ଡବେ ହସନ୍ତି ।' ଯାହାର ଯେବେ ପାଳି ପଡ଼ିଲା ସେ ହସିଲା / ନହେଲେ କାନ୍ଦି କାନ୍ଦି ଉଚ୍ଛନ୍ନ ହେଲା । ଇଏ ବି ସେହି ପ୍ରତିପତ୍ତିଶାଳୀ ଗୋଷ୍ଠୀର ସାମ୍ବିଧାନିକ କାନୁନଗୁନ୍ଥା ଆଦର୍ଶବାଦ । ଏହି ଆଦର୍ଶବାଦରେ ପ୍ରତିଯୋଗିତା କିଭଳି କରିବାକୁ ହୁଏ ଶିଖାଯାଏ; କିନ୍ତୁ ସହଯୋଗିତା ସୂତ୍ରରେ ସମସ୍ତଙ୍କୁ ନେଇ ସାମୂହିକ ପରିପୂରକତା ସଂପର୍କର ଶିକ୍ଷା କେବେ ବି ପ୍ରଦାନ କରାଯାଏ ନାହିଁ । କଦାପି ବି ପ୍ରଦାନ କରାଯାଏନାହିଁ । ଏଠି ପୁଣି ଦରକାର ପଡ଼ିଲେ ସବୁକିଛି ଠୋକ୍‌ଠୋକ୍ ଆଉ ଅନମନୀୟ ଅବସ୍ଥାକୁ ଅବସ୍ଥାନ୍ତରିତ ହୁଏ ତ ପୁଣି ଆବଶ୍ୟକ ସ୍ଥଳେ ସବୁକିଛି ପତ୍‌ପତ୍ ନମନୀୟତାରେ ନରମିତ ହେଇଥାଏ । ଆବଶ୍ୟକସ୍ଥଳେ ଏଠାରେ ଯୁଦ୍ଧନିୟମକୁ

ଉଲ୍ଲଂଘନ ମଧ୍ୟ କରାଯାଇପାରେ। ତେଣୁ ଏ ଯେଉଁ ପକ୍ଷ-ପ୍ରତିପକ୍ଷ ଯୁଦ୍ଧ : ଏଠି ଅଭିମନ୍ୟୁ ପରି କିଶୋର ଯୋଦ୍ଧାମାନେ ମୃତ୍ୟୁବରଣ କରି "ଯୁଦ୍ଧ କ'ଣ/ପରିଣାମ କ'ଣ / ଲାଭ କା'ର/କ୍ଷତି କା'ର/ଦୁନିଆକୁ ବୁଝେଇ/ଯୋଉଠୁ ଆସିଥିଲା ସେଇଠି ଗଲା ଉଭେଇ।" ର ଆନୁକ୍ରମିକ ଏବଂ ଚିରାଚରିତ ବାରମ୍ବାରିତାକୁ ବରଣ କରିନିଅନ୍ତି। ଜଗତର ଜନଗଣଙ୍କ ମନ ହୁଏତ ଏଭଳି ଅକାଳ ଭିଆଣକୁ ବରଦାସ୍ତ କରି ନ ପାରି ସନ୍ତାପିତ ହୁଏ; ତଥାପି ଯୁଦ୍ଧ ଚାଲୁରହେ। ଚାଲୁ ରହେ ଗତକାଲି, ଆଜି ଆଉ କବିଙ୍କ ଶବ୍ଦରେ 'ଅପୁରିଦିନ'।

ମରନ୍ତି ବାପମାନେ, ସ୍ୱାମୀମାନେ, ପୁତ୍ରମାନେ, ପ୍ରେମିକମାନେ। ଯନ୍ତ୍ରଣା ଜର୍ଜରିତ ହୁଅନ୍ତି ବାପହରା ସନ୍ତାନମାନେ। ବିଧବା ହୁଅନ୍ତି ପତିହରା ପତ୍ନୀମାନେ। ଛାତିରେ ହାତ କଚାଡ଼ି କାନ୍ଦନ୍ତି ପୁତ୍ରହରା ମାତାମାନେ। ଆଖିରେ କାରୁଣ୍ୟର ଲୋତକ ଝରାଇ କାନ୍ଦିଥାନ୍ତି ପ୍ରେମିକହରା ପ୍ରେୟସୀମାନେ। ସବୁ ସତ୍ତ୍ୱେବି କୁରୁକ୍ଷେତ୍ର ପୁନଶ୍ଚ ରକ୍ତ ରଂଜିତ ହୁଏ। ଦ୍ରାସ୍, ବାଟାଲିକ୍, କାର୍ଗିଲ୍, ଇରାକ, ଆଫଗାନିସ୍ଥାନରେ ପୁନଶ୍ଚ ମହାଭାରତ ସମର ରଚନା କରାଯାଏ। ପୁନଶ୍ଚ... ପୁନଶ୍ଚ.... ପୁନଶ୍ଚ...। କବିଙ୍କ ସକମ୍ପ କଣ୍ଠରେ ପ୍ରଶ୍ନବାଚୀ... । ଏ ପ୍ରଶ୍ନବାଚୀ.- ସନ୍ତ୍ରାସର ଖୁସ୍‌ବୁରେ ମହମହ... ଯଥା- " ସଖୀଲୋ .. ./ ନାରୀର ହୃଦୟ ନେଇ ଟିକେ କହତ ଯୁଦ୍ଧ କ'ଣ ଅବଶ୍ୟମ୍ଭାବୀ... ? / ପାର୍ଥିବମାନେ କ'ଣ କେବଳ ଯୁଦ୍ଧପ୍ରେମୀ /ଯୁଦ୍ଧ କି ପ୍ରମାଣ କରେ / ଏମାନେ ସବୁ କେତେ ବିକାଶଗାମୀ ?"

କବି କୃଷ୍ଣଙ୍କୁ ବି ପ୍ରଶ୍ନ କରିଛନ୍ତି। ଯୁଦ୍ଧ ପାଇଁ ତାଙ୍କୁ ବି ଦାୟୀ କରିଛନ୍ତି। କବି ଲକ୍ଷ୍ୟ କରିଛନ୍ତି ଗୋଟେ ପକ୍ଷରେ ଦୁର୍ଯ୍ୟୋଧନର ସୂଚ୍ୟଗ୍ର ମେଦିନୀ ନ ପ୍ରଦାନିବାର ଗର୍ବୋଦ୍ଧତ ଉତ୍କଟ ଆଟୋପ। ଅପରପକ୍ଷରେ କୃଷ୍ଣକେଶବ-ରୂପୀ ଅବତାରରେ ଆତ୍ମାଭିମାନକୁ ଖାରଜ ନ କରିବାର ଅନିବାର୍ଯ୍ୟ ଅନମନୀୟତା। ଦୁଇଟିଯାକ ପକ୍ଷ ଏହି ଯୁଦ୍ଧସଂଘଟନ ପାଇଁ ଦାୟୀ। ଗୋଟେ ପକ୍ଷ ଅଭ୍ରଂକଷ ଅହଂକାରର ଉତ୍ତୁଙ୍ଗ ଆଧିପତ୍ୟରେ ଅଜ୍ଞାନାଚ୍ଛନ୍ନ; ଆଉ ଗୋଟିଏ ପକ୍ଷ ସଜ୍ଞାନତାଯୁକ୍ତ ହିପୋକ୍ରେସିରେ ମସ୍ତିଷ୍କଦ୍ୱାରା-ମନଦ୍ୱାରା-ବୁଦ୍ଧିଦ୍ୱାରା ପ୍ରରୋଚିତ। ତେଣୁ ଯୁଦ୍ଧ ଅବଶ୍ୟ ଘଟିବ ଏହା ନିଃସନ୍ଦେହ। ଏହାକୁ ଲକ୍ଷ୍ୟକରି କବି ଏଠାରେ ବିଦ୍ରୂପ ଛଳରେ କୃଷ୍ଣ-ପକ୍ଷକୁ ଅଙ୍ଗୁଳି ନିର୍ଦ୍ଦେଶକରି କହୁଛନ୍ତି- "...ଖାଲି ବାଡ଼ି ହଲେଇଲେ/ ଢୋଲରୁ ଶବ୍ଦ ବାହାରେନା/କି ଖାଲି ଢୋଲଥିଲେ/ବାଡ଼ି ନ ବାଜିଲେ/ସେଥିରୁ କେବେ ଶବ୍ଦ ଶୁଭେନା।"

ଏଠାରେ ଢୋଲ ହୋଇପାରନ୍ତି ଦୁର୍ଯ୍ୟୋଧନ-ପକ୍ଷ ଏବଂ ବାଡ଼ି ହୋଇପାରନ୍ତି

କୃଷ୍ଣ-ପକ୍ଷ। ଏହି 'ଦୁଃ' ଆଉ 'କୁ' ପାଇଁ ତ ବିଶ୍ୱରେ ଧର୍ମ ଧର୍ମ ମଧ୍ୟରେ, ମଣିଷ ମଣିଷ ମଧ୍ୟରେ ନୀତି ନୀତି ମଧ୍ୟରେ, ଯୋଜନା ଯୋଜନା ମଧ୍ୟରେ ରୀତିମତ୍ ଘୋଷଡ଼ାଟଣା ହୁଏ। ତେଣୁ କବି ହରିମିଶ୍ର ଉଭୟ ପକ୍ଷକୁ ଦାୟୀ କରି କହୁଛନ୍ତି- "ଦୁର୍ଯ୍ୟୋଧନ, ଦୁଃଶାସନ ଓ ଭୀମାର୍ଜୁନ ମାନଙ୍କୁ କହିଦିଅ/ଯୁଦ୍ଧରେ ନୁହେଁ/ଶ୍ରଦ୍ଧାରେ ଅଛି ଶାନ୍ତି/ମୃତ୍ୟୁରେ ନୁହେଁ/ଜୀବନରେ ଅଛି ଶାନ୍ତି/ସ୍ୱର୍ଗରେ ନୁହେଁ/ଜଗତରେ ଅଛି ଶାନ୍ତି/ଲୁହରେ ନୁହେଁ/ସ୍ନେହରେ ଅଛି ଶାନ୍ତି...।"

ବାଃ..... କବି ବାଃ-ଏକଦମ୍ ମଞ୍ଜକଥା କହିଛ। କିନ୍ତୁ ମଣିଷ ଯେ ଏକ ଅବିକଶିତ ଜୀବସତ୍ତା । ପଶୁ ସ୍ତରରୁ ଉଦ୍‌ବର୍ତ୍ତିତ ହୋଇ ସେ ମଣିଷ ହେଇଚି। ତେଣୁ ପୁରୁଣା ଗୁହାକୁ ସେ କ'ଣ ଏତେ ଶୀଘ୍ର ଛାଡ଼ି ପାରିବ ? ତେଣୁ ପୃଥିବୀକୁ ସେ ଭାଗ ଭାଗ କରିବାରେ ତତ୍ପର। ଆଉ ଶସ୍ତ୍ରାସ୍ତ୍ରମାନଙ୍କୁ ମହାସମୁଦ୍ରରେ ଫୋପାଡ଼ିବା ପାଇଁ ନାରାଜ। ଆଉ "ପୃଥିବୀକୁ/ଆକାଶକୁ/ବାୟୁକୁ/ଜଳକୁ/ଅଗ୍ନିକୁ/ପ୍ରକୃତିକୁ/ପୁରୁଷକୁ/ତାଙ୍କ ଇଛାନୁସାରେ ସର୍ଜିବାକୁ ପୂର୍ଣ୍ଣ ସ୍ୱାଧୀନତା"ସେ ଦେବନାହିଁ। ବରଂ ସେ କହିବ- ମୋ ସୁବିଧା ଏବଂ ଫାଇଦା ପାଇଁ ମୁଁ 'ମହାପ୍ରାଣୀ' ବୋଲି କହି ସାରିଲିଣି। 'ସର୍ବଶ୍ରେଷ୍ଠ ଉତ୍ତରାଧିକାରୀ' ବୋଲି କହି ମାଲିକାନାତ୍ୱ ଜାହିର କରିସାରିଲିଣି ଏବଂ 'ଅଧିକାର ମୋର ଜନ୍ମଗତ ଅଧିକାର' ବୋଲି ଗାଇ ଗାଇ ପୃଥିବୀ-ଆକାଶ-ବାୟୁ-ଜଳ ଆଦିକୁ ପ୍ରଦୂଷିତ କରିସାରିଲିଣି । ମୋର ସର୍ବଭୁକ୍ ପିପାସାକୁ ଚରିତାର୍ଥ କରିବାପାଇଁ ପ୍ରକୃତିକୁ ନିଶ୍ଚିହ୍ନ କରିସାରିଲିଣି। ଏହା ମଧ୍ୟ ଏକପ୍ରକାରର ଯୁଦ୍ଧ। ଅବଶ୍ୟ ଏ ଯୁଦ୍ଧରେ ଦୁଇଟି ପ୍ରତିକ୍ରିୟାଶୀଳ ପକ୍ଷ ନାହିଁ। କେବଳ ଗୋଟିଏ ପକ୍ଷ ତା'ର ନିଜ ସ୍ୱାର୍ଥସିଦ୍ଧି ପାଇଁ ଅପରପକ୍ଷର ଆବହମାନ ଜନ୍ମଗତ ଅଧିକାରକୁ କ୍ଷୁଣ୍ଣ କରୁଛି। ଏହାର ପରିଣାମ ହେଉଛି ମହାପ୍ରଳୟ। ପ୍ରତିଦ୍ୱନ୍ଦ୍ୱିତାମୂଳକ ଏଭଳି ଅଭ୍ୟାସ କ୍ରମଶଃ ମଣିଷମାନଙ୍କର 'ଆଜନ୍ମ ସଂସ୍କୃତି' ହେଇଗଲାଣି। ଏଠାରେ 'ଲକ୍ଷ୍ମଣକୁମାର' କିମ୍ବା 'ଅଭିମନ୍ୟୁ' ମୃତ୍ୟୁବରଣ କଲେ କିମ୍ବା ପଞ୍ଚମହାଭୂତ ପ୍ରଦୂଷିତ ହେଲେ ଏଇ ମଣିଷମାନଙ୍କର କିଛି ଯାଏ ଆସେ ନାହିଁ। ତେଣୁ ଏଠି ଯୁଦ୍ଧ ଚାଲିଛି ସବୁଦିନ।

ବେଳେବେଳେ ଯୁଦ୍ଧଖୋର ମଣିଷ ଯୁଦ୍ଧର କୁପରିଣାମ ଏବଂ ଭୟାବହତାକୁ ନେଇ ଆଉଟିପାଉଟି ହୁଏ। କ୍ଷାତ୍ରତ୍ୱର, ପୌରୁଷତ୍ୱର ରେରେକାରର ଦାୟରେ ଅଭିମନ୍ୟୁମାନେ ଅପମୃତ୍ୟୁ ବରଣ କରିସାରିବା ପରେ ଆତ୍ମାଭିମାନୀ କାରକଗଣ ପାପତାପରେ ସଢ଼ି ହୁଅନ୍ତି। ଫଳତଃ 'ଆଖିରେ ଆଖିଏ ଆଖିଏ ପ୍ରଶ୍ନ' ଏବଂ 'ମନରେ ଅଞ୍ଜୁଳା ଅଞ୍ଜୁଳା ସନ୍ଦେହ' ନେଇ ପାର୍ଥ, ସାରଥୀକୁ ଦେଖେ ଏବଂ ସାରଥୀ, ପାର୍ଥକୁ ଦେଖେ। ହୃଦୟରେ 'ହଁ' ଏବଂ 'ନା' ମଧ୍ୟରେ ଅବଶ୍ୟ କଳହ ଲାଗି ରହେ।

ଅର୍ଜୁନମାନେ, ଭୀମମାନେ, ନକୁଳମାନେ, ସହଦେବମାନେ, ଯୁଧିଷ୍ଠିରମାନେ ଆତ୍ମଗ୍ଲାନିରେ ମର୍ମାହତ ହୋଇ ଅସହ୍ୟ ଯନ୍ତ୍ରଣାରେ ଜର୍ଜରିତ ହୁଅନ୍ତି। ସେଇଠୁ ଗୋଟେ ପ୍ରତିପତ୍ତିଶାଳୀ ଅହଂସର୍ବସ୍ୱ ମଣିଷ ନିଜକୁ ପ୍ରଶ୍ନକରି ଯେଉଁ ଉତ୍ତର ପାଏ-ତାହା ଉତ୍ତର ନହୋଇ ଆଉ ଗୋଟେ ପ୍ରଶ୍ନର ଅପ୍ରତ୍ୟାଶିତ ଆପେକ୍ଷିକତାକୁ ଆଣି ସାମ୍ନାରେ ଥୋଇଦିଏ। ତଦ୍ଦ୍ୱାରା ବେନକାବ୍ ହୋଇଯାଏ 'ମୃତ୍ୟୁରେ ଥିବା ମିଥ୍ୟାର ଛଦ୍ମବେଶ'ଏବଂ 'ଧର୍ମରେ ଲୁଚିଥିବା ଅଧର୍ମର ଗୋପନୀୟତା' ଏବଂ 'ସଂସାରରେ ଥିବା ଅସଂସାରୀ ତତ୍ତ୍ୱସବୁ'।

ସବୁ ସତ୍ତ୍ୱେ ବି ବିଚରା କ୍ଷମତାଲିପ୍ସୁ ଯୁଦ୍ଧଖୋର ମଣିଷ ପୁନର୍ବାର ପ୍ରତିଶୋଧପରାୟଣ ହେଇ ପୁଣି ଯୁଦ୍ଧ କରିବାକୁ ଅଣ୍ଟାଭିଡ଼ି ତୟାର ହେଇଯାଏ। ପ୍ରତିଜ୍ଞାବଦ୍ଧ ହୁଏ। ଅସଲ ....ଜୟଦ୍ରଥମାନଙ୍କୁ ନିର୍ମୂଳ କରିବାପାଇଁ। ନିଜ ପାଖରେ ଗଚ୍ଛିତ ଥିବା 'ଯମ-କୁବେର-ବରୁଣ-ଇନ୍ଦ୍ର-ରୁଦ୍ରଙ୍କର' ଶସ୍ତ୍ର-କୈନ୍ଦ୍ରିକ ସାମର୍ଥ୍ୟକୁ ପୁନର୍ବାର ଦୁରୁପଯୋଗ କରିବାକୁ ଯୁଦ୍ଧ କରିବାକୁ ଦୌଡ଼ିଯାଏ ସେ।

ଏସବୁ ସତ୍ତ୍ୱେ ବି ଉତ୍ତରା ଏବଂ ସୁଭଦ୍ରାମାନଙ୍କ ହୃଦୟ କାରୁଣ୍ୟରେ ଲୁତ୍‌ପୁତ୍ ହୋଇଯାଏ। ସେମାନେ ଅଭିମନ୍ୟୁମାନଙ୍କର ତିରୋଧାନରେ ଏକ ନଷ୍ଟାଲଜିକ୍ ଆବେଗରେ ମୁହ୍ୟମାନ ହେଇଉଠନ୍ତି। କାର୍ଯ୍ୟ-କାରଣ ସମ୍ବନ୍ଧିତ କଥାନକ ଏବଂ ନିଉଟନୀୟ କ୍ରିୟା-ପ୍ରତିକ୍ରିୟା ତତ୍ତ୍ୱର ରୈଖିକ ପାର୍ଶ୍ୱ ସମ୍ବନ୍ଧରେ ନିଜକୁ ନିମଜ୍ଜିତ କରାଇ ଉପସ୍ଥିତ ମରଣାନ୍ତକ ବିରହର ଶୂନ୍ୟସ୍ଥାନକୁ ଅତିକ୍ରମ କରିବାକୁ ପ୍ରୟାସ କରନ୍ତି। ସେତେବେଳେ ଆଣ୍ଟୋନିଓ ଗ୍ରାମ୍‌ସ୍କିଙ୍କର ହେଜିମନିକ୍ ତତ୍ତ୍ୱ, ଲୁଇ ଆଲ୍‌ଥୁସର୍‌ଙ୍କ SIA ଏବଂ SRS (State Repressive Structure) ଏବଂ ପରିଶେଷରେ ମିସେଲ ଫୁକୋଙ୍କ Power Structure କଥା ଆଲୋଚନା ପରିସରକୁ ଆସେ । ଠିକ୍ ସେତିକି ବେଳକୁ କବି ହରିମିଶ୍ରଙ୍କର ସେଇ ପ୍ରସଙ୍ଗଗୁଡ଼ିକୁ ଖାପ ଖୁଆଇଲା ଭଳିଆ ନିମ୍ନୋକ୍ତ ଉକ୍ତିଗୁଡ଼ିକ ଏକ ସମାନ୍ତରାଳ ସମତାଳିକତା, ତଥା ସଶାବ୍ଦିକତା ସୃଷ୍ଟି କରିଥାଏ। ଯଥା - "କେତେ ନିର୍ଦ୍ଦୟ ଏ ରାଜାମାନେ..../ ପ୍ରତିପତ୍ତି ବିସ୍ତାରରୁ ଏମାନେ କ'ଣ ବା ପାଆନ୍ତି/ମାଆ କୋଳରୁ ପିଲା ଗୋଡ଼ାକୁ ଛଡ଼େଇ ନିଅନ୍ତି/ ଏଇ କ୍ରୂର ରାଜାମାନେ / ଗୋଟିଏ ଜୀବନରେ ଦଶଟା ଜୀବନ ଦିଅନ୍ତି/ ପରପୁରୁଷକୁ ଅସ୍ତ୍ର କରି/ ନିଜ ଅହଂକାର/ନିଜ ଭିତରର କ୍ରୋଧ/ ନିଜ ଭିତରର କାମ/ ନିଜ ଭିତରର ଲୋଭ/ନିଜ ଭିତରର ମୋହ / ନିଜ ଭିତରର ମଦ ଓ ମାତ୍ସର୍ଯ୍ୟକୁ/ ଚରିତାର୍ଥ କରନ୍ତି।"

ମିସେଲ୍ ଫୁକୋ ସେଦିନ କହିଥିଲେ- ଆମର ସକଳ ସାମାଜିକ-ସାଂସ୍କୃତିକ-

ଆର୍ଥନୀତିକ-ରାଜନୀତିକ ସଂପର୍କରେ ବିବିଧ କ୍ଷମତା ସଂରଚନା କାର୍ଯ୍ୟ କରିଥାଏ। ଆମର ପ୍ରତିଟି ସଂପର୍କ ତେଣୁ power ବା କ୍ଷମତା ପ୍ରରୋଚିତ ସଂପର୍କ। ଏହା ଯୌନମୂଳକ ହେଇପାରେ; ପାରିବାରିକ ହେଇପାରେ । ଆଞ୍ଚଳିକ ହେଇପାରେ; ରାଷ୍ଟ୍ରୀୟ ହେଇପାରେ । ପୁଣି ହେଇପାରେ ଅନ୍ତଃରାଷ୍ଟ୍ରୀୟ। ହରିମିଶ୍ର ଏଇ ସଂପୃକ୍ତିଗୁଡ଼ିକୁ ଭଲଭାବରେ ଉପଲବ୍ଧି କରି 'ଯୁଦ୍ଧ ଏବଂ ଉତ୍ତରାମାନେ....' ସଂକଳନରେ ଲିପିବଦ୍ଧ କରିଛନ୍ତି। ସେଥିରୁ ଗୋଟିଏ ଦୃଷ୍ଟାନ୍ତ ନିଆଯାଉ। ଯଥା.....

ସମସ୍ତ ସର୍ଜନ-ବ୍ୟବସ୍ଥାର ଅଧିପତି କୃଷ୍ଣ-କେଶବ-ହରିଙ୍କୁ ପାଞ୍ଚାଳୀର ପ୍ରଶ୍ନ। "ହେ କେଶବ/କୁହତ..../ ମୋ ଜୀବନର ଅର୍ଥ କ'ଣ ? / ମୁଁ କ'ଣ ଜନ୍ମ ନେଇଥିଲି ନାରୀତ୍ୱର ଅବମାନନା ପାଇଁ ? /ମୁଁ କ'ଣ ପୃଥିବୀକୁ ଆସିଥିଲି/ ପାଞ୍ଚ ଜଣଙ୍କୁ ବାହାହେବା ପାଇଁ/ ମୁଁ କ'ଣ ଜନ୍ମିଥିଲି/ ଜୁଆଖେଳରେ ପଣ ପାଲଟିବା ପାଇଁ ? /ମୁଁ କ'ଣ ଏ ପୃଥିବୀକୁ ଆସିଥିଲି/ ରାଜସଭାରେ/ଶ୍ୱଶୁର ଓ ଜ୍ଞାତିଙ୍କ ସାମ୍ନାରେ/ ବିବସନା ହେବା ପାଇଁ? / ମୁଁ କ'ଣ ଆସିଥିଲି/ବାରମ୍ବାର ଅଶ୍ଳୀଳତାର ଶିକାର ହେବାପାଇଁ ?/ମୁଁ କ'ଣ ଆସିଥିଲି/ଯୁଦ୍ଧ ଭିଏଇ/ଆଖି ଆଗେ ପୁତ୍ରର ମୃତ୍ୟୁ ଦେଖିବାପାଇଁ ?/ମୁଁ କ'ଣ ଜନ୍ମିଥିଲି/ ପୁତ୍ରବଧୂକୁ ବୈଧବ୍ୟ ଯନ୍ତ୍ରଣା ଦେବାପାଇଁ ?/ମୁଁ ..... ?/କୁହତ କେଶବ ?/ନାରୀର ଜୀବନଟାକୁ କାହିଁ ଏତେ ଦୁର୍ବିସହ କଲ ?/ସୀତାଠୁ ମୋ ଯାଏ/ ଦୋଷଗୁଡ଼ା କେବଳ ଆମରି କପାଳରେ ଲେଖିଲ ?"

ଏଠାରେ ପ୍ରଚଳିତ ସମାଜ ବ୍ୟବସ୍ଥା ବିରୋଧରେ ସ୍ୱର ଉତ୍ତୋଳନ କରାଇଛନ୍ତି କବି ହରିମିଶ୍ର। ଏଠାରେ ଦ୍ରୁପଦରାଜକନ୍ୟା ପାଞ୍ଚାଳି ଭଳି ଜଣେ ରୟାଲ୍ ମଣିଷର ଇଚ୍ଛା ଅନିଚ୍ଛାକୁ ଅବହେଳା କରି, ଅବମାନନା କରି ତାଙ୍କୁ ବସ୍ତୁସଦୃଶ ଯେଭଳି ପାଞ୍ଚଭାଗ କରି ଦିଆଗଲା-ତାହା ଏକ ଗୁରୁତ୍ୱପୂର୍ଣ୍ଣ ତଥା ସମ୍ବେଦନଶୀଳ ପ୍ରସଙ୍ଗ। ଏ ବ୍ୟବସ୍ଥା ପୁରୁଷ ପ୍ରଧାନ ସମାଜରେ କେଉଁ କାଳରୁ ଚେକାମାରି ରହିଆସିଛି। ଏ ବ୍ୟବସ୍ଥା ଆଜିର ପାଞ୍ଚାଳୀମାନଙ୍କ ଠାରେ ବି ଉପସ୍ଥିତ। ଜଣେ ନାରୀକୁ ଆମ ସମାଜରେ ମଣିଷ ଭଳି ଗଣାଯାଏ ନାହିଁ। ନାରୀକୁ ଗୋଟେ ଉପଭୋଗ୍ୟ ବସ୍ତୁ ଭାବରେ ବିଚାର କରାଯାଏ। ନାରୀକୁ ଗୋଟେ comodity ଭାବରେ ବିବେଚନା କରାଯାଏ। ନାରୀକୁ ଦୈହିକ ଏବଂ ସାମାଜିକ ସ୍ତରରେ ପୁରୁଷର ଗୋଟେ ଅଧୀନସ୍ଥ ଇତର ଜୀବ ଭାବରେ ହିସାବ କରାଯାଏ । ଇଏ ମଧ୍ୟ ଏକ ସୁଚିନ୍ତିତ ରାଜନୀତିକ କୌଶଳ। ତେଣୁ ଆମ ଏଷ୍ଟାବ୍ଲିଶମେଣ୍ଟରେ ଥିବା ସମସ୍ତ ମୂଲ୍ୟବୋଧ, ନୀତିଗତ ବିଚାର ତଥା ରାଜନୀତିକ ଦୃଷ୍ଟିକୋଣ ମଧ୍ୟରେ ଗୋଟେ ଫାଲୋଗୋସେଣ୍ଟ୍ରିଜିମ୍ କାର୍ଯ୍ୟ କରୁଛି। ଏହା ଏମିତି ଭାବରେ କାର୍ଯ୍ୟ କରୁଛି ଯେ, ତାକୁ ଚିହ୍ନଟ କରିବା ମୁସ୍କିଲ୍ ହୋଇପଡୁଛି। ପୁଣି

ଏହାକୁ ସମର୍ଥିତ କରାଇବା ପାଇଁ ଅନେକ କାର୍ଯ୍ୟ-କାରଣ ଏବଂ ପ୍ରାରବ୍ଧ ଭାଗ୍ୟବାଦକୁ ମଧ୍ୟ ସେଥିରେ ସଂଯୁକ୍ତ କରାଇ ତା ପଶ୍ଚାତ୍‌ରେ ଥିବା । ସମସ୍ତ ଷଡ଼ଯନ୍ତ୍ରକାରୀ ଆଭିମୁଖ୍ୟକୁ ଢାଙ୍କି ଦେବାପାଇଁ ବିଧିବଦ୍ଧ ଉଦ୍ୟମମାନ ଜାରି କରାଯାଇଛି । ତେଣୁ ଏଠାରେ ପାଞ୍ଚାଳୀ ହେଉ କି ଉତ୍ତରା-କାହାରି ନିସ୍ତାର ନାହିଁ । ଉତ୍ତରାର 'ଉତ୍ତର ଶରୀରରୁ ଆତ୍ମା କୁଆଡ଼େ ଚାଲିଗଲେ' ବି ସେଥିପ୍ରତି କେହି କର୍ଣ୍ଣପାତ କରନ୍ତି ନାହିଁ । ଏଠି ଧୃତରାଷ୍ଟ୍ର, ଦୁର୍ଯ୍ୟୋଧନ, କର୍ଣ୍ଣ, କୃପ, ଶୈଲ୍ୟ ଏବଂ ପିତାମହ ଭୀଷ୍ମମାନେ ନିରୁତ୍ତର । ଏମାନେ ଭାଙ୍ଗି ପାରନ୍ତି; କିନ୍ତୁ ଗଢ଼ିପାରନ୍ତି ନାହିଁ । ମାରିପାରନ୍ତି; କିନ୍ତୁ ଜୀଆଁଇ ପାରନ୍ତି ନାହିଁ । ଏମାନେ ଜଣହତ୍ୟା, ଗଣହତ୍ୟା, ଗୋଷ୍ଠୀହତ୍ୟା ଆଦି ଘଟାନ୍ତି । ଏମାନେ ସବୁ ଯୁଗରେ ଅଛନ୍ତି । ଆଉ ବର୍ତ୍ତମାନ ମଧ୍ୟ ସେମାନେ ସବୁ ଅଛନ୍ତି ।

ସବୁ କାଳରେ ସବୁ ସ୍ଥାନରେ ରହି- "ସବୁ ଛୋଟଙ୍କୁ /ବଡ଼ମାନେ ଗିଳୁଛନ୍ତି / ବଡ଼ ରାଷ୍ଟ୍ରମାନେ /ଛୋଟ ରାଷ୍ଟ୍ରମାନଙ୍କ ତଣ୍ଟି ଚିପୁଛନ୍ତି/ରାଷ୍ଟ୍ରନାୟକ ଗୋଡ଼ା ନିୟତି ସାଜିଛନ୍ତି....।" ଏଇମାନଙ୍କ ପାଇଁ ଏବେ ମଧ୍ୟ ଅଭିମନ୍ୟୁମାନେ ମରୁଛନ୍ତି । ଏଇମାନଙ୍କ ପାଇଁ ଉତ୍ତରାମାନଙ୍କର ଅକାଳ ବୈଧବ୍ୟଯୋଗର ଅବସାନ ଘଟୁନାହିଁ ।

ତେଣୁ ଏବେ ମଧ୍ୟ 'ଯୁଦ୍ଧ ଏବଂ ଉତ୍ତରାମାନେ'ର ପୁନରାବୃତ୍ତି ଘଟୁଚି ବିଶ୍ୱରେ । ସଂପ୍ରତି କ୍ଷମତାଶାଳୀ ଗୋଷ୍ଠୀର ମଣିଷମାନେ ଯୁଦ୍ଧକୁ ଏକ ଜାତୀୟତାବାଦୀ ସଂସ୍କୃତି ନାମରେ ମୋହର ଲଗାଇ-ଏହା ଯେ ଅତ୍ୟନ୍ତ ଉପାଦେୟ-ତାହା ପ୍ରମାଣ କରିସାରିଲେଣି । ତେଣୁ ଏଭଳି ଏକ ସଂକଟ ଜନକ ତଥା ଉଦ୍‌ବେଗ ଜନକ ସମକାଳୀନ ପ୍ରାସଙ୍ଗିକତାକୁ ସମ୍ମୁଖୀକୃତ କରାଇବା ପାଇଁ କବି ହରିମିଶ୍ର ଆଲୋଚ୍ୟ କାବ୍ୟରେ ଯେଭଳି ପ୍ରୟାସ କରିଛନ୍ତି, ତାହା ଆମ ସମସ୍ତଙ୍କ ପାଇଁ ବିଚାର୍ଯ୍ୟ । ଏହାକୁ ସାଂପ୍ରତିକ ଯୁଦ୍ଧଖୋର ବିଶ୍ୱ ମଣିଷ ପାଇଁ ଏକ ଚେତାବନୀ କହିଲେ ଅତ୍ୟୁକ୍ତି ହେବନାହିଁ ।

■

ସହାୟକ ଗ୍ରନ୍ଥସୂଚୀ:

୧) ମିଶ୍ର, ହରି, 'ଯୁଦ୍ଧ ଏବଂ ଉତ୍ତରାମାନେ', ଏଥେନାବୁକ୍ସ, ଭୁବନେଶ୍ୱର, ୨୦୧୯ ।

୨) ମିଶ୍ର, ଚିତ୍ତରଞ୍ଜନ, ସାଂପ୍ରତିକ ସାହିତ୍ୟ ଓ ତତ୍ତ୍ୱ ବିଚାର, ଗ୍ରନ୍ଥ ମନ୍ଦିର, କଟକ-୧, ୨୦୧୫ ।

୩) ଦାସ, ମନ୍ମଥନାଥ, ବିଶ୍ୱ ରାଜନୀତି ଓ ଇତିହାସ, ବିଂଶ ଶତାବ୍ଦୀ, ବିଦ୍ୟାପୁରୀ, ୨୦୧୧ ।

BLACK EAGLE BOOKS

www.blackeaglebooks.org
info@blackeaglebooks.org

Black Eagle Books, an independent publisher, was founded as a nonprofit organization in April, 2019. It is our mission to connect and engage the Indian diaspora and the world at large with the best of works of world literature published on a collaborative platform, with special emphasis on foregrounding Contemporary Classics and New Writing.

www.ingramcontent.com/pod-product-compliance
Lightning Source LLC
LaVergne TN
LVHW041633060526
838200LV00040B/1558
* 9 7 8 1 6 4 5 6 0 2 2 4 8 *

www.ingramcontent.com/pod-product-compliance
Lightning Source LLC
LaVergne TN
LVHW011836060526
838200LV00053B/4061
9781637306833